聂影 编著

CHINESE FOREST PRODUCT CIRCULATION MARKET AND TRADE

中国林产品：流通、市场与贸易

中国林业出版社

图书在版编目（CIP）数据

中国林产品：流通、市场与贸易/聂影编著.-北京：中国林业出版社，2007.12
ISBN 978-7-5038-5196-4

Ⅰ.中… Ⅱ.聂… Ⅲ.林产品-对外贸易-研究-中国 Ⅳ.F752.652.4
中国版本图书馆CIP数据核字（2008）第032188号

策　　划：邵权熙
责任编辑：纪　亮　卢　灵　许　琳
装帧设计：曹　来

出版　中国林业出版社（100009　北京西城区德内大街刘海胡同7号）
网址：www.cfph.com.cn
E-mail：cfphz@public.bta.net.cn　电话：（010）66184477
发行　新华书店
印刷　北京外文印刷厂
版次　2007年12月第1版
印次　2007年12月第1次
开本　889mm×1194mm　1/16
印张　24.75
字数　680千字

定价　90.00元

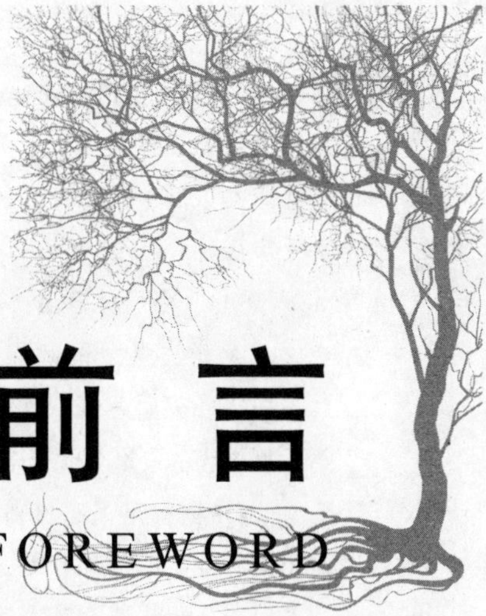

前言

FOREWORD

近年来，随着国民经济的快速发展和人民生活水平的提高，国内外市场对林产品的需求迅速增加，中国已成为世界林产品的消费大国、生产大国和进出口大国，迫切需要加强对林产品贸易与市场的研究，以推动中国林产品贸易的可持续发展。《中国林产品：流通、市场与贸易》正是在多年研究的基础上，国家林业局林产品贸易研究中心（SINO-RCETFOR）完成的一次最新研究成果。全书主要探讨新形势下中国林产品流通、林产品市场规范与创新、林产品外贸趋势及对策等问题。

《中国林产品：流通、市场与贸易》共分为林产品流通、林产品市场、林产品对外贸易三篇内容。

第一篇林产品流通由第一章到第四章构成。主要论述了中国林产品流通要素、林产品流通渠道、林产品流通管理体制及改革、林产品流通创新及期货交易等问题。林产品流通的实质是林产品市场供给与市场需求在动态运行中达到均衡的过程。对林产品流通来说，流通的主体和客体是研究的基础。本篇运用市场经济理论的基本原理，对近10多年林产品流通改革中存在的问题进行了分析，探讨了林产品流通与一般商品流通的差异性，对林产品流通渠道的完善和管理体制改革方向做出了相应回答。

第二篇林产品市场由第五章到第九章构成。分别论述了中国林产品市场环境、机制、体系及创新。通过对林产品市场自然环境与社会环境的论述，阐述林产品市场发展的自然与社会基础，在通过对林产品市场机制的论述，探寻林产品市场发展的内在机制及其它要素，然后通过对各子市场分别探讨，收集近10年来的资料，对各子市场的变迁进行了探究，试图回答各自市场变迁的主要因素以及可能的发展方向。本篇还通过林产品市场的一些变化，通过创新理论对林产品市场可能在将来发生的一些重大变化进行解释。

第三篇林产品对外贸易由第十章到第十三章构成。通过运用国际贸易理论，分析了中国林产品对外贸易的竞争优势及存在的问题。针对林产品贸易的商品结构变迁和交易国别，对中国林产品对外贸易的发展战略和政策调整提出了建议。提出林产品对外贸易的研究应利用国内和国际两种资源和两种市场，充分发挥中国林产品的比较优势，合理发展产业内贸易，以保障林业产业安全和中国林产品贸易的可持续发展。

《中国林产品：流通、市场与贸易》研究完稿期间，商务部、海关总署和国家林业局新的贸易政策陆续出台，调整后的出口退税标准及“加工贸易限制类商品目录”等都将会影响以后中国林产品的市场格局和外贸走势，我们的后续研究将对这些新的问题做进一步探讨。

参与《中国林产品：流通、市场与贸易》编撰工作的组成人员有：聂影、张智光、沈文星、杨红强、程南洋、俞小平、秦天堂、苏世伟、乔永平、曾华锋、曾杰杰、苏辉、王瑾、王丽萍等。其中程南洋、俞小平、杨红强分别负责和协调第一篇、第二篇、第三篇内容，聂影负责全书框架的制订及主持编写。

《中国林产品：流通、市场与贸易》在编著过程中，得到了多方支持与帮助。感谢中国林业出版社邵权熙、李宙、纪亮等同志的辛勤工作，感谢南京林业大学相关部门的关心与支持，感谢南京环星快印设备有限公司和江苏中瑞国际货运代理有限公司的帮助，感谢付春丽、张寒、王健、柳露、冯莉等同志的校对工作。对于国内外相关研究领域的专家学者的最新研究成果，在本研究参考借鉴时都作了注明，因疏漏可能仍有未注明的作者及文献，在此一并表示诚挚的感谢。

由于编著者水平的局限，本研究可能存在的疏漏与不足之处敬请读者指正，我们希望本书的出版能够促进与国内外同行开展更多的学术交流和探讨。

聂 影

2007年8月于南京

目录

CONTENTS

第二篇　林产品市场

第三篇　林产品贸易

导论

PROLEGOMENON

中国林业经过改革开放近30年的发展，目前面临着新的发展机遇与挑战。国家林业局林产品贸易研究中心（SINO–RCETFOR）在20世纪90年代中期对国家“八五”、“九五”木材流通问题进行了研究，《中国木材流通论》对当时适应社会主义市场经济建设木材流通的新问题作了系统回答。经过10多年的发展，林业成为中国国民经济建设的重要部门，国际林业科学和林产品市场环境不断发展变化，林产品市场和贸易存在许多需要回答的新课题。《中国林产品：流通、市场与贸易》结合多年研究成果，期望面对新形势，结合国家进一步深化改革开放的要求，对林产品流通渠道建设进行有益的思考，对林产品市场规范及其创新与林产品外贸趋势及对策进行系统研究。

研究中国林产品市场与贸易，首先面对国际林业发展方向和中国现实国情，结合林业产业分类标准，动态的认识林产品分类与定义的科学含义，依此进行林产品市场与贸易的研究才具有理论与现实意义。森林是陆地生态系统的主体，是人类发展不可缺少的自然资源。林业是生态建设的主体，也是国民经济的重要基础产业，肩负着优化生态环境和促进经济发展的双重使命，在国民经济和社会可持续发展中具有不可替代的作用。发达的林业是国家富足、民族繁荣、社会进步的重要标志之一，研究林产品市场与贸易对于中国循环经济的发展与和谐社会构建，推动经济可持续发展具有重要意义。

一、世界林业经营思想变迁

随着人口和社会经济的发展，世界木材和林产品的需求不断增加，而从环境保护角度考虑又不能过量采伐森林，特别是天然林。人工林在世界林业的发展中扮演着越来越重要的角色，它在增加木材产量、保护天然林资源方面起着越来越大的作用，并在促进地区经济发展、解决当地劳动力就业等方面也具有重要意义。目前世界木材总产量不断增加，供需矛盾却进一步加剧。国际贸易进一步扩大，林产品生产结构和消费结构也发生较大的变化。由于世界森林资源的分布和森林经营水平极不平衡，各国林产品供求关系也不尽相同，国际林产品贸易额越来越大，这也是世界经济全球化和贸易自由化的必然趋势。在林产品贸易中，原材料如原木所占比重越来越少，加工产品所占比重越来越大。而在加工产品中，初加工产品如锯材等所占比例越来越小，深加工产品如人造板、纸浆和纸制品等所占比重越来越大。研究林产品贸易与市场问题必须结合世界林业发展态势与中国森林资源状况及社会经济发展状况。

1669年，法国颁布《森林与水法令》，明确规定森林经营原则：既要满足木材生产，又不得影响自然更新。木材的极限和永恒生产首次被列入国家法规。18世纪末，德国提出了“永续生产”理论，对世界森林经营思想的演变产生了深远的影响。19世纪末，这一理论进入美国，一直到20世纪60年代，美国对森林经营思想发展完善，制定了“森林的多种利用和永续生产条例”，以法律的形式规定，美国的森林除生产木材外，还要在游憩、保护野生动物和环保等方面进行多种利用，而且要达到永续生产。

20世纪70年代，美国学者提出了森林多功能主导利用的经营思想，在理论上对森林的多种利用做了进一步完善。80年代，美国又提出了“新林业”理论，主张以森林生态学和景观生态学为基础，并吸收森林永续经营理论中的合理部分，以实现森林的经济效益、生态效益和社会效益相互统一的经营目标，建成不但能永续生产木材和其他林产品，而且也能持久发挥保护生物多样性及改善生态环境等多种效益的林业。80年代中期，“近自然林业”理论在中欧得到了复苏，欧洲许多国家都不同程度地采纳了基于生物多样性及改善生态环境的思想。

1987年，挪威首相布伦特兰夫人向世界环境与发展委员会提交了《我们共同的未来》的报告，在报告里提出了应致力一条环境保护与经济发展相结合的发展模式，并且对可持续发展作了明确的定义：既满足人的需要，又不损害后代人满足需要能力的发展。1990年国际热带木材组织（ITTO）率先制定了热带森林可持续经营指南，把可持续发展的概念转化为行动。1992年在巴西里约热内卢联合国环境与发展大会上签署的《关于森林问题的原则声明》，又一次明确地提出了森林的可持续经营。从此森林可持续经营和林业可持续发展成了各国森林经营和发展林业的准则。

从字义来看，永续经营和可持续经营并没有实质性差异，其分别译自于英文“Sustained Management”和“Sustainable Management”。但真正含义却存在着根本的差别。“永续经营”是针对几百年来对森林的破坏、木材生产发生危机的情况而提出的一种森林经营思想，其目的是确保森林可以源源不断地生产木材。而“可持续经营”是以保障满足当代和下一代人对社会、经济、生态、文化和精神诸方面的需求为目的。这些需求包括森林产品和服务，如木材及其产品、水、食物、饲料、药品、燃料、庇阴、就业、游憩、野生动物生境、景观多样性和自然保护区，以及其他森林产品，它强调的是森林多种功能的持久利用。从理论上讲，可持续经营是永续经营的升华。

从森林的永续利用到森林的可持续经营经过了质的飞跃，促其发展的主要动因在于森林无休止的破坏不仅仅导致木材及其产品的短缺，从而造成重大的经济损失，而且更重要的是，由于生物物种的不断丧失而导致生态失衡、自然灾害频发和气候变暖，严重地危害人类的生存环境。在1992年联合国环境与发展大会上，经各国首脑签署的《21世纪议程》和《关于森林问题的原则声明》等文件正式确立了森林可持续经营思想的主导地位。

森林经营思想的发展与演变也体现在历届世界林业大会的主题上。世界林业大会是国际林业的重要活动，也是各国林业工作者重要的交流场所。第一届大会于1926年在罗马举行，其后由于世界大战而中断。联合国粮农组织成立后，规定世界林业大会每6年召开一次。前5届大会的主题基本上是根据林业学科本身的发展确立的，其后的主题则把林业置于整个国民经济和人民生活之中。1966年在西班牙召开的第六届世界林业大会的主题是“林业在变化中的世界经济中的作用”，但会议的核心内容是讨论木材的作用和木材生产问题。1972年在阿根廷召开的第七届世界林业大会的主题为“林业与社会经济的发展”，首次把野生生物保护列入大会内容。1978年在雅加达举行的第八届世界林业大会的主题为“森林为人民”，强调林业的发展必须与山区开发和消除农民贫困相结合。正是在这次大会以后，社区林业（社会林业）得到了蓬勃发展。1985年在墨西哥召开的第九届世界林业大会，主题定为“森林资源如何为社会的综合发展服务”，强调了森林的多种利用和综合服务功能。1991年在法国召开的第十届大会主题是“森林：未来的遗产”，大会的首要议题是森林的生态效益。林学家们谈论最多的话题是控制温室效应、保持水土和涵养水源、生物多样性保护及乡村发展等，把森林的作用提到影响人类生存和地球前途的高度。这次大会为1992年的环发大会确立森林和林业问题的重要地位提供了舆论和理论基础。1997年在土耳其召开的第十一届大会的主题是“森林可持续：迈向21世纪”。森林可持续经营和林业可持续发展成为本届大会的重要内容。大会通过的《安塔利亚宣言》指出，“各种类型的森林不仅为世界人民提供重要的社会、经济及环境产品与服务，而且为保障食物供给、净化水和空气及保护土壤做出了重大贡献，实现可持续发展的关键就在于森林的可持续经营”。作为环发大会的后续行动，本次大会系统地总结了环发大会以来有关森林问题国际行动的进展，指出目前世界上有100多个国家参与了制定和实施森林可持续经营标准与指标的行动。2003年加拿大第十二届世界林业大会的主题“森林，生命的源泉”探讨了全球森林评估与可持续生活、森林经营活动的认证等问题。与会人员讨论了有关森林经营的政策、活动、问题和挑战，有利于巩固森林可持续发展的问题。

自上世纪50年代以来，人类对森林的利用已经逐渐由单一的木材及其产品转变为多种利用。特别是在许多西方国家，森林已成为全民的共同财富，林业成为社会的公益行业。爱护树木、保护森林成为全民的自觉意识和共同责任。近几年来，林业在我国的地位也发生了根本变化。过去那种轻视林业、歧视林业工作者的现象也得到初步扭转。我国的六大林业工程就是造福于中华民族的公益型事业，受到全社会的欢迎。研究中国林产品贸易与市场问题，必须重视可持续发展由单一木材及其产品转变为多种产品持久利用的发展思想，从这个角度分析，关注世界营林思想的最新前沿动态就显得尤为重要。

二、中国林业发展阶段回顾

我国幅员辽阔，气候多样，森林资源丰富。据第五次全国森林资源连续清查结果统计，全国林业用地面积2.63亿hm^2，森林面积1.59亿hm^2，森林覆盖率为16.55%；活立木总蓄积量为124.88亿m^3；森林蓄积量为112.67亿m^3。森林面积列世界第五位；森林蓄积量列第七位；人工林面积居世界第一位。从总体上讲，在我国林业几十年发展的风雨历程中，为适应我国社会主义建设和改革开放各个时期的不同需要，林业在国民经济总体布局中的定位经历了由“产业型”向“公益型”的转变，相应地，国家对林业所采取的政策也由“重取轻予”最终转向了“重予轻取”。我国林业的发展大致经历了下面几个各具特色的时期。

1.木材大生产时期（1949～1978年）

解放初期中国是贫林国家，新中国面对帝国主义的封锁，国内建设所急需的木材主要依靠自己生产。由于这一历史时期赋予林业的主要使命就是多生产木材以支援国家建设，因而相比较而言，林产品概念基本认同在森林原木层面，但保护和培育森林资源的力度是有限的，对森林资源长时期的过量采伐为后来林业的发展埋下了隐患。

2.改革开放初期（1978～1993年）

党的十一届三中全会进入了改革开放的新时期，1981年国务院做出《关于保护森林发展林业若干问题的决定》，以及第五届全国人民代表大会第四次会议通过《关于开展全民义务植树运动的决议》，植树造林对遏制森林资源锐减的势头、扭转资源危急的局面起到了重要作用。在这一时期里，尽管人们意识到了保护森林资源的重要性，并且不断加大人工造林的力度，但森林资源总体增长缓慢。据第三次和第四次全国森林资源清查统计数据，1988～1993年，森林面积从1.25亿hm^2仅增加到1.33亿hm^2，森林覆盖率从12.98%上升到13.92%。此时林产品分类仍然停留在木材层次，但对于人工林的重视程度极大提高。

3.建设两大体系时期（1993～1997年）

随着国家改革开放进程的加快，社会各行各业对木材等林产品的需求骤增。“建设比较完备的生态体系和比较发达的产业体系”便成为这一时期林业建设和发展的总体思路。1994年，原林业部提出要“深化林业改革”、“外拓空间，内建机制”，活跃林区经济，使林业经济发展壮大起来，以减轻森林资源的压力。与此同时，顺应世界“林业可持续发展”的潮流，原林业部在充分调查论证的基础上，制定了《中国21世纪议程林业行动计划》，为21世纪中国林业的发展描绘了宏伟蓝图。在建设“两大体系”的总体思路下，林业在向兼顾生态效益、经济效益和社会效益的方向发展。但这一时期，国家对林业建设与发展的扶持力度仍然不够，林业仍然在“自我振兴”。林业可持续发展对于林产品的界定给予了重要的发展思路，林产品随着中国林产工业发展迅速引入家具、造纸、非林产业领域，林产品在国民经济中地位迅速提高。

4.生态建设前期（1997～2000年）

国家的改革开放日益向纵深发展，林业也加快了其行业发展的步伐。生态建设初期，林业并没有形成系统而成熟的发展思路，同时也未能得到有关方面政策和资金的有力支持。1998年特大洪灾之后，党中央、国务院果断做出了“封山育林、退耕还林、恢复植被、保护生态”的决策，决定在政策上和资金上对林业进行重点扶持。这标志着国家对林业的定位已由过去的“产业型”转为“公益型”。为落实党中央、国务院的战略部署，林业立即启动了“天然林保护工程”，封山育林，退耕还林，让森林休养生息。“天保”工程对于林产品的直接影响在于林业生产及加工贸易依赖于人工林成分，中国林产品进口由此进入迅速扩张时期，此时林产品进口主要表现为木质林产品，尤以原木、锯材及纸浆为代表，国家进出口统计也主要为木质6大类林产品，其他非木质林产品相对发展缓慢。

5.生态建设时期（2000年～）

进入新世纪以来，林业在国民经济可持续发展中的重要地位与作用日益显示出来，国家开始从政策上和资金上给予林业以较大的倾斜和扶持，林业迎来了快速发展的良好机遇。但仅实施“天然林保护工程”，尚不能从根本上解决森林资源分布不均、生态环境恶化的问题。国家又实施了“退耕还林”工程，成效显著。当前林业正在经历着前所未有的深刻变化，正在由一项产业转向一项社会公益事业，由国民经济的组成部分转向既是国民经济的组成部分，更是生态建设的主体；造林方式和结构正在由基本以人工造林、造乔木为主转向按经营目的而采取不同的作业方式和植被组合。可以说，林业正处在一个重要的转折时期。传统林业的影子正在日趋淡化，现代林业的轮廓正在逐步显现。林产品的界定同样得以深化，木质产品、非木质产品、生态林产品、旅游产品等概念层出不穷，林产品领域扩张的同时，也造成了统计以及研究工作的某些困境。

三、中国林业统计与产业分类

林业产业是以获取经济效益和环境效益为目的，以森林资源为基础，以技术和资金为手段，有效地组织生产和提供各种物质和非物质产品的行业 。林业产业包括林木种植业、经济林培育业、花卉培育业、木材采运业、木竹加工业、人造板制造业、林化产品加工业、木浆造纸业、林副产品采集加工业、森林旅游业等第一、二、三产业。

在林业统计上，按照国民经济统计的要求，将林业产业总产值分成第一产业（农、林、牧、渔业）、第二产业和第三产业三个部分。在第一产业部分，将花卉和茶、桑、果、中药材在农业项下单列，将狩猎和捕捉动物在牧业项下单列，林业项下包括林木的培育和种植、木材采运、竹材采运和林产品的采集，同时，将为林业生产提供服务的活动作为林业服务业列入第一产业。第二产业部分分为采矿业、制造业和其他（电力、煤气及水的生产供应业），制造业本身又分为非木质林产品加工制造业，木材加工及竹、藤、棕、草制品业，木质、竹藤家具制造业，木、竹浆造纸及纸制品业，林产化学产品制造业，专用设备、仪器仪表制造业，木竹藤工艺品制造业，其他制造业等8个小项。第三产业分为交通运输、仓储及邮政业，信息传输、计算机服务和软件业，批发和零售业，住宿餐饮业，租赁与商务服务业，科学研究、技术服务和地质勘探业，水利、环境和公共设施管理业，居民服务和其他服务业，教育、卫生、社会保障和社会福利业、文化、体育和娱乐业，其他（金融、房地产、公共管理和社会组织）等12个小项。其中，自然保护区管理及野生动植物保护、森林风景名胜区管理、非自然保护区的人工森林公园管理在水利、环境和公共设施管理业项下单列。

林业第一产业，应包括木质林产品生产和非木质林产品生产。木质林产品生产涉及的亚产业就是木竹生产业，是以林地资源为劳动对象，以经营用材林和薪炭林为主要途径，从事木材与竹材培育、采伐、集运和贮存作业，向社会提供木材、竹材以满足生产和生活需要的一项林业产业。传统分类将木竹采运业列入森林工业，而将用材林、薪炭林的经营列入营林业。按照国民经济三次产业划分的新标准，归入第一产业中的“林业”。如果森林经营单位直接出售活立木，则在木竹采运最终计算增加值时，应当将购入立木的支出扣除，才能避免重复计算，使林业产业总产值真实。如果森林经营单位自己组织采运生产，则直接以木、竹产品的产值计算其成果，不应该再将营林产值 从产出成果的角度来重复计算。林木种植业和森林培育业未作为独立产业，是因为活立木并非最终产品或最终服务，这样做有利于避免重复计算成果，而且更有利于增强林业产业发展的目的性。

而非木质林产品生产涉及的亚产业则包括：经济林产业，是以林地为基础，以经济林（及母树林）为劳动对象，通过培育林木，向社会提供果品、油料、饮料、调料、工业原料、林木种子等产品的一项林业产业。花卉业，是以满足人们精神需求为目的，大规模商品化开发利用各种观赏植物资源，提供鲜花、盆花、切花、苗木、种子、种球等产品的新兴林业产业。动植物驯养繁育业，是指利用森林环境资源和有经济价值的野生动植物种质资源，驯养繁育野生动物和驯化栽培野生植物，大幅度提高有经济价值动植物的产量，更好地保护野生动植物资源，以满足社会对动植物产品需求的新兴林业产业。林副产品生产业，是指依托林地资源进行种植、养殖及林上、林下资源采集的产业。主要包括食用菌、山野菜、药材等的种植和林蛙等的养殖和天然林副产品的采集收获。

林业第二产业，包括木质林产品和非木质林产品的加工制造业。木质林产品加工业，应当包括：木竹加工和竹、藤、棕、草制品业，是指以原木及竹藤棕草为原料，通过制材、干燥、改性及重新组合等工艺，生产各种木竹材产品、人造板及木藤棕草制品的一系列加工制造产业的总称。木质、竹藤家具及工艺品制造业，是指以木材、锯材和人造板或者是竹材和藤条为主要原料，加工制造家具及工艺品的产业。木、竹浆造纸及纸制品业，是以木材为基本原料，利用化学或物理的方法，从木材中分离出纤维（木浆）并加工成纸张、纸板及纸制品的制造业。林产化学产品制造业，是指以林产品为原料，进行化学加工和利用，提供包括松香、烤胶、紫胶、木材热解品等各种林化产品的制造业。非木质林产品加工业，包括动植物产品加工业，是利用人工养殖（种植）的动物（植物）或合理捕杀（采集）的野生动物（植物）加工生产肉类、裘皮、药材、食品等产品的产业；林副产品加工业，是对种植、养殖和采集的林特副产品进行再加工，提供有更高使用价值，更便于消费者使用的产品的林业产业。

林业第三产业，包括森林生态服务业、森林旅游服务业和其他森林服务业。生态服务业，是指通过保护和培育森林资源，发挥其生态功能，以满足人们对森林生态效益需求的生产事业。森林旅游业，是指依托森林景观资源，以满足人们休闲需求为目的，提供野游、观光、休憩等活动条件的相关服务业。其他森林服务业，是利用科学试验林、国防林和革命纪念林等为教学、科研、国防和传统教育提供环境服务的物质生产事业。其他服务业，是为林业生产和林区社会生活提供的相关非森林服务业。

四、林产品动态分类与定义界定

世界林业发展与经营管理思想的变化，对于研究中国林产品贸易与市场提供新的要求，其首要任务必须对于林产品的界定做出相对合理的动态发展思考，林产品分类与定义的规范对于顺应世界林业可持续发展及研究林产品国际贸易与中国市场创新与建设提供必要的基础，也符合林业可持续发展思想“多种利用和永续生产”的基本要求。

林业问题从没像现在这样受到中国政府的重视和全民的关注。《中共中央、国务院关于加快林业发展的决定》给林业以明确的定位：必须把林业建设放在更加突出的位置，在贯彻可持续发展战略中，要赋予林业以重要地位；在生态建设中，要赋予林业以首要地位；在西部大开发中，要赋予林业以基础地位。各省、市、自治区政府先后制定了贯彻《中共中央、国务院关于加快林业发展的决定》的意见。这对我国林业的发展必将起到巨大的推动作用。

在保护森林的基础上，应对其进行合理的利用，可持续经营的目的就是为了永续利用。在注意发挥森林多种功能的前提下，不能忽略林产品的生产。林业除了是公益部门以外，还是产业部门；它除了要满足人们健身、休闲和娱乐等需求外，还要为工业、建筑业和人民的家居生活提供木材原料和产品。中国木材资源总量居世界第五，但人均木材的年消费量则排在120位。1998年以来，国家开始实施天然林保护工程，对国内森林采取逐年减伐措施，使国内木材市场出现较大供需缺口。“天保”工程使得每年进入流通领域的天然林商品材以10%的幅度递减，国内计划供给与林产品需求矛盾问题十分突出。木材作为中国重要稀缺资源，对于目前国内能源紧张的现实影响重大，基础建设等国家重点行业密切关注中国林产品对外贸易后期的发展态势。近年来，我国木材和林产品进口量增长迅速。从“十五”开始，林产品进口占全社会总消费均超过40%以上，远远超出供需一般缺口。林产品进口占全国进口贸易总额基本维持在4%左右，林产品进出口贸易差额成为中国整体对外贸易顺差中较少逆差产业，林产品贸易地位日益显著。因此必须重视森林培育与国际分工合作，正确认识中国林产品贸易与市场地位，以适应国民经济和人民生活的需要。

按照中国《国民经济行业分类》（GB/T4754——2002）的定义：一个行业（或产业）是指从事相同性质的经济活动的所有单位的集合。再根据产业分类定义的一般结构法则，林业就是指国民经济中以林业资源为基础的社会生产、加工及服务的产业链；林产品即指对林业所生产的原料或半成品进行加工的产品的总称。学术界对于林业概念的认识，主要认为林业是培育保护森林以取得木材和其他林产品，利用林木的自然特性以发挥防护作用的社会生产部门。包括造林、育林、护林、森林采伐和更新，木材和其他林产品的采集加工等。随着林业产业迅速发展，人们对于林业产业理解深化影响了对林产品的定义认识，目前普遍认为林业产业应该是一个完整的产业体系，以森林或林木资源为主要对象，包括产前、产中和产后的产业链。应该包括以下各种产业：林木种植业、林业规划设计业、森林培育业、林果、林药、菌类等的培育利用业、森林动物驯养业、森林狩猎业、森林采伐运输业、木材（含竹材）加工业、林产化工业、森林旅游业、森林保健业、林产品市场营销业。这种目前常用的林业产业概念，从林业可持续发展的角度来看，仍然是一种狭义的概念，其不包含生态建设，实际仍有拓展的空间。林业、林业产业概念的发展变化，对于林产品的分类与定义提出了动态调整的要求。

根据联合国粮农组织（FAO）林业部和欧洲经济委员会合作编制的《FAO林产品数据库》关于1961年以来的林产品年度生产和贸易的数据，其林产品定义参考了《林产品分类和定义》（FAO，1982，罗马）及《标准国际贸易分类》（SITC，1990，第三次修订本）。按照林产品作为商品在生产和国际贸易领域的属性划分，主要涉及5大类产品。

工业用圆木：对某些国家，锯木、胶板木、枕木以及其他工业用圆木的生产数据未加以区分。对一些工业用圆木生产数据缺乏的国家，通过将木材体积转换为圆木当量来估计。1988年，关税合作理事会的一些成员国在其贸易中引入修订的产品分类标准——“一致的商品分类和代码系统”（Harmonized Commodity Description and Coding System，HS），被联合国标准国际贸易分类（SITC，第三次修订）所采纳。虽然对大多数林产品来讲，只是从以前的分类直接转换即可，但对工业用圆木而言，在原木、纸浆用木和其他工业用圆木之间的细分，未包括在内。

燃料木材和木炭：燃料木材和木炭的生产数据在许多国家的木材使用中相当重要，由于无法得到这些国家的有关数据。主要通过以前可以得到的调查资料及修正调查数据来进行估算。估计这些国家年度间的产量变化与其人口变化成正比。

锯木：加拿大和美国采用每1000板英尺（Board Feet）折合2.36m^3(Cubic Meters)的名义转换系数进行锯木的折算。这一锯木转换系数使其锯木量总体来看低于其名义量。例如，据估计美国的包括松木和非松木在内的粗锯木的实际平均积蓄量比名义量低3%，而表面晒干的松木和粗干的非松木锯木的加权平均量比名义数量低27%。

胶板木：某些国家所报的胶板木产量包括国内合板生产所用的胶板，在可能的情况下进行了相应调整。

纤维板：非压缩的纤维板和压缩纤维板的生产量

有时没有区分，但在可能的情况下都是单独分开的。

为了统计方便，从1961年到1991年的联合国粮农组织（FAO）林产品年度生产和贸易的数据是通过年度问卷的方式获得，而1991年以后的数据则将问卷得到的数据和联合国统计办公室收集的数据结合起来汇总而得。由于数据没有采用标准单位，进行了单位转换。报告的贸易数量和价值可能与按平均单位价值重新估计不尽一致。在缺乏出口国资料获得情况下，以进口国的报告推算出口情况。

联合国粮农组织（FAO）林产品年度生产和贸易的数据中，生产和贸易统计以日历年度给出。“林产品数据库”提供的数据，不免缺少个别产品的产量、出口及进口数据。某些商品，短期内其数据会有，例如1970年粮农组织开始搜集回收纸的统计。近来“一致的商品贸易分类系统”的变化也使一些产品的生产和贸易数据无法得到，如锯木和胶板木。

以上传统林业生产经营的主体是木材，过去一直把木材以外的森林资源称为林副产品，随着林业可持续发展的经营管理思想的发展，世界各国对非木材林产品（Non-timber Forest Products）的重视逐步加强，非木材林产品的名称有很多种，如非木质林产品（Non-wood Forest Products）、林副产品（Minor-forest Products）、多种利用林产品（Multi-use Forest Products）、特殊林产品（Special Forest Products）等，经过多年的研究，联合国粮农组织（FAO）和国际林业研究中心（CIFOR）决定采用“非木质林产品”一词。1991年11月在泰国曼谷召开的“非木质林产品专家磋商会”上，将其定义为：在森林中或任何类似用途的土地上生产的所有可以更新的产品（木材、薪材、木炭、石料、水及旅游资源不包括在内）。非木材林产品的种类繁多，各国的划分也不一致，联合国粮农组织把非木材林产品划分为两大类，即适合于家庭自用的产品种类和适于进入市场的产品种类。前者是指森林食品、医疗保健产品、香水化妆品、野生动物蛋白质和木本食用油；后者是指竹藤编织制品、食用菌产品、昆虫产品（蚕丝、蜂蜜、紫胶等）、森林天然香料、树汁、树脂、树胶、糖汁和其他提取物，当然二者可兼用。

非木材林产品在热带森林可持续经营中发挥着至关重要的作用。热带地区盛产的八角、肉桂、松香等非木材林产品是当地社区居民赖以生存的最主要产品。近年来，随着中国国家天然林保护工程的实施，非木材林产品对我国热带地区的社会经济生活起着越来越重要的作用。热带地区森林资源中非木质林产品植物资源丰富。已知可利用的非木质林产品植物4000多种，非木质林产品种类繁多，如松脂、栲胶原料、油料原料、香料原料、干果、竹子、林下中草药等，其中八角、肉桂、松脂是最大宗的非木材林产品。

《中国林产品：流通、市场与贸易》关于林产品的界定，主要遵循国际组织的分类标准——《中华人民共和国加入WTO议定书》中的《附件8：第152减让表——中华人民共和国》依据，同时结合中国海关进出口统计林产品税号——《中国林业统计年鉴》中的《海关进出口主要林产品代码》标准，将林产品分为木质林产品和非木质林产品两大类。其中木质林产品包括：原木类；锯材类；单板类；胶合板；纤维板；刨花板；木制品；纸类（木浆类、纸和纸制品）；家具类和其他类10大项，每大类又分为若干小类（具体参见附件详细列表分类）。非木质林产品包括：苗木类；菌、竹笋、山菜类；果类；茶、咖啡类；调料、药材、补品类；林产化工；竹藤软木类7大类，每大类又分为若干小类（具体参见附件详细列表分类）。我们这种关于林产品的界定分类标准，有利于符合国际营林思想的动态发展需要，又方便于研究过程中的数据可获得性问题的解决，这种林产品的界定分类标准与国际间统计标准的一致性使得研究进行国际间比较具有实际意义。

《中国林产品：流通、市场与贸易》的研究除了遵循历史统计数据的一般原则，主要以木质林产品作为研究对象，同时考虑到世界林业经营思想的变化和中国对林业发展的新的要求，结合林产品定义的动态发展原则，部分的研究了非木质林产品的市场与贸易问题。期望通过这种尝试，使得林产品市场与贸易的研究尽可能的全面和深入。当然由于统计数据的不完整等问题，非木质林产品问题还有更多的工作需要认真系统地研究，这也是本研究后续工作的重要课题。

第一篇

林产品流通

PART 1 Circulation of Forest Product

本篇由第一章到第四章构成。主要论述了林产品流通要素、林产品流通渠道、林产品流通管理体制及改革、林产品流通创新及期货交易等问题，全面分析了中国林产品流通的发展现状和改革思路。林产品流通是随着市场经济和林业产业的发展而不断发展的，合理的林产品流通是保护生态环境、改善林业产业结构、提高林产品经营效益的重要途径。通过对林产品流通主客体本质属性的研究，分析了林产品流通要素的内在关系，揭示了林产品流通在动态运行中达到均衡的科学规律。结合市场经济理论的基本规律，通过对近10年来改革开放中林产品流通渠道存在问题的研究，对于林产品流通渠道的完善和管理体制改革方向做出了相应回答。参考国外林产品期货交易的发展趋势，通过比较林产品流通与一般商品流通的差异性特征，提出在中国建立林产品期货的路径选择。

第一章

林产品流通要素

CHAPTER 1 Elements of Forest Product Circulation

第一节　商品流通与林产品流通

一、商品流通的产生与发展

流通经济学的历史可以追溯到马克思的《资本论》，马克思对流通问题的研究是从商品交换开始的。马克思指出：“商品交换是在共同体的尽头，在它们与别的共同体或其成员接触的地方开始的”，而且是偶然的物物交换。但是，“交换的不断重复使交换成为有规则的社会过程，因此，随着时间的推移，至少有一部分劳动产品必定是有意为了交换而生产的”，这就使商品流通成为一种有目的的社会行为。货币出现以后，使商品流通（交换）分离成两个相对独立的阶段，即卖和买。卖和买不仅在空间上是分离的，而且在时间上也是不一致的。现代商品流通，指以货币为媒介所进行的商品交换。商品流通是社会再生产的重要环节，是连接生产与消费的桥梁和纽带，在实现产品、引导生产和启动消费方面有着不可替代的作用。商品流通有三种形式：简单商品流通、发达商品流通和现代商品流通。简单商品流通是商品流通的直接形式，是生产者之间或生产者与消费者之间以货币为媒介直接进行的商品交换。发达商品流通是商品流通的间接形式，在生产者与消费者之间出现了专门从事商品交换的商业或商人。可以看出，简单商品流通与发达商品流通交换的客体相同，都是商品，交换的媒介也相同，都是货币，两者之间的区别在于从事交换的主体不同，简单商品流通生产者与消费者是交换的主体，发达商品流通除了生产者与消费者之外，商业也成为交换的主体，在商品流通中发挥着主导的作用。商业是生产力发展到一定程度，社会分工进一步专业化的产物。商业的形成，使商品流通实现了质的飞跃，从简单商品流通发展到发达商品流通。生产力的发展促进了市场的发展，市场运行机制的现代化，则使商品流通实现了新的飞跃，从发达商品流通发展到现代商品流通。现代商品流通是商品流通的高级形式，是以市场为核心进行的商品交换，市场成为现代商品流通的灵魂。发达国家在市场经济体制下，已经进入了现代商品流通。我国正在建立和完善社会主义市场经济体制，正在向现代商品流通迈进的过程之中。

（一）计划体制下的流通模式

在资源紧张的短缺经济条件下，计划的目的是为了保证生产和生活的原料与商品的需要，为实现这一目的建立起来的流通模式主要由三个方面特征：

1.从企业产权角度看，流通企业属于国有或集体所有

企业的所有权决定了企业选择经营者、管理者甚至企业的具体经营方式，计划经济条件下中国企业所有制性质单一，建国初期全民所有制和集体所有制占99%以上，1985年公有制企业的比重仍然占有94%，流通企业基本上被国家占有并由和国家直接经营。

2.从企业经营目的看，流通企业重视完成计划指标而不是追求利润最大化

计划经济条件下，以低物价、低工资、配给制为主要内容以满足消费者的基本需求制度，使得交通运输部门只需完成计划部门的运输指标。企业按照国家计划指标进行生产所需要的原料由国家统一分配并保证安排运输，无需考虑经济效益，所以企业失去了利益激励的动力。

3.流通管理体制高度集中，流通渠道单一

我国传统的高度集中的流通体制在1957年以前就基本形成，没有赋予企业独立自主的地位。国有商业成为唯一经营渠道，商品与原料运输由计划部门统一调度。城市市场由国营商业、粮食部门垄断。农村市场由供销合作社垄断。

（二）改革初期的流通模式

中共十一届三中全会之后的中国经济改革，起初并没有一个明确的目标模式，而是着眼于调整经济结构和提高计划管理体制的效率，与之相适应的商品流通模式也逐步建立起来。

1.所有制结构变化冲击原有流通模式

80年代开始的乡镇企业迅速发展，对传统的流通体制带来了两方面冲击，一是乡镇企业采购的原材料大都是“计划外”的，形成了对“生产资料价格双轨制”的制度要求。二是乡镇企业的产品销售从一开始就面向市场，因而在产品定价、渠道选择、售后服务等方面都要以满足需求为目标，这和传统流通的“计划生产、计划调拨、计划分配”是背道而驰的。

2.追求利润最大化拓宽了流通渠道

生产企业的自销最初只限于企业计划外产量的部分，但迅速扩展至企业计划产量部分，生产企业自销的最初动机，一是急于摆脱传统体制下产品销售受商业支配的状态，从而获取部分产品销售权。二是对产品销售中商业利润的追逐。仅仅几年就形成了全国性的甚至是跨国性的生产企业产品自销网络，特别是在产地批发环节已形成相当大的优势，足以与原有商业网络相抗衡。

3.法律体系的逐步建立孕育了体制外流通市场

1981年、1984年，先后制定了城乡个体经济发展的具体政策，个体商业发展出现了第一次高潮，特别是广大农民进入了流通领域。1987年，国务院发布了《城乡个体工商户管理暂行条例》，从此个体商业的发展进入了法律化的阶段。法律体系的不断完善，促进了我国的非国有商业的迅速发展。商品流通的发展已经超出了计划范围，非国有生产和消费的流通，在体制外逐步成长起来。

（三）社会主义市场经济条件下的流通模式

1992年，中共十二大明确提出，我国经济体制改革的目标是建立社会主义市场经济体制，现代流通产业发展已经成为完善市场经济体制改革的重要内容。

1.流通产业国际化程度提高

1992年以来，流通企业发展更加迅速，跨国公司和合资企业的比重逐年增长，他们商业设施较为先进，经营管理观念新颖，经营方式独特，管理方法和手段比较科学。表现在经营业绩上是知名度迅速扩大，市场份额上升显著，盈利水平十分可观。尤其值得注意的是，引进外资的质量有所提高，改变了以往只注重引进资金数量，而忽视合资伙伴经营管理实力的做法。

2.流通组织形式不断创新

首先，以连锁经营为代表的新型零售商业组织的成长十分迅速。其次，通过资本扩张、兼并、联合等形式和途径，一些新型流通企业集团正在形成和发展。第三，生产企业向流通领域扩张趋势日益强烈，一些专营性流通网络初步形成。一些名牌生产企业通过建立区域性销售公司、专营门店、与零售批发企业建立代理契约关系等方式，建立了适应自身产品流通特性要求的商品销售网络，提高了商品流通效率。

3.流通产业发展迅速，信息化程度显著提高

至2003年，中国流通产业产值达6715.6亿元，分别占国民生产总值和第三产业产值的5.76%和17.27%，是1995年的2.2倍。流通产业的发展也促进了服务升级和信

息化程度的提高，从世界范围来看，流通产业的信息化是从20世纪70年代开始的，其主要内容是商品流通信息系统的开发与应用，一是“POS”系统，即销售时点信息管理系统；二是“VAN”系统，即附加价值通信网；三是“EOS”系统，即电子订货系统。四是网络交易的迅速兴起，使得商品交易与流通空间虚拟化。

总之，从计划经济体制流通模式向社会主义市场经济条件下流通模式的转变，主要包括流通客体的变革，即从行政配给制转变为自愿让渡、自由流通；流通主体的变革，即从行政性机构的附属物转变为独立经营、自负盈亏的商品经营者；流通载体的变革，即从行政性分配网络转变为完善、统一高效的市场网络；流通运行调控体系的变革，即从直接调控转变为间接调控。

二、流通在社会生产中的作用

社会再生产过程包括生产、交换、分配、消费四个环节，其中交换（即流通环节）是四个环节中必不可少的环节，在社会再生产中发挥着重要作用。

（一）流通制约着生产、消费和分配

1.商品流通是生产的前提条件

社会再生产过程包括三个阶段，即购买阶段、生产阶段和销售阶段。流通是生产获得必要的生产资料和实现产品销售的重要保障。马克思曾经说过，生产过程如果不能转入流通过程，看来就要陷入绝境，……没有流通，生产者一方面无法买到能继续生产所需要的原材料、能源等生产资料，而且，从事生产的劳动者也无法获得维持生存所必要的消费资料。另一方面，生产者生产出的产品就买不出去，从而就没有办法去实现自己的价值。

2.流通制约着生产的规模

生产者不能随意地扩大生产规模，而必须考虑它所生产商品的原料需求和市场需求程度在市场经济条件下，以销定产成为生产企业的常识和惯例。关于流通对生产规模的制约，马克思早就指出，当市场扩大，即交易范围扩大时，生产规模也就增大，生产也就分得更细，还会使生产方式发生变化。

3.流通影响着消费

一方面流通是市场供求信息传播的主要渠道，供求信息的传递包括两个过程：一是需求信息向供给者的传递，一是供给信息向消费者的传递。但是，供求信息的传递过程并不是一次性的，而是循环的。这种循环也不是供求信息的简单反复，而往往伴随着循环信息内容的变化。另一方面，流通将消费者所需商品由生产者送到消费者手中，并取得相应的流通收益。

4.流通决定着分配

在市场经济条件下，所有实物都是通过流通分配到各企业和消费者手中。在商品流通过程中，借助于商品价格这个杠杆可以进行国民收入的再分配，即各种交换过程形成的价格决定了参加交换各方的利益。

（二）流通是完善社会主义市场经济体制的重要环节

社会主义市场经济的实质是交换经济、流通经济。市场经济的本质——市场实现问题是通过流通完成的。商品流通的理论是马克思主义政治经济学的重要组成部分。马克思在《资本论》中研究资本主义生产过程时总是把生产过程和流通过程作为统一体来加以考察的。马克思指出：“资本主义生产过程，就整体来看，是生产过程和流通过程的统一。” 建国以来，随着对社会主义商品经济、市场经济认识的不断深化，人们对流通的认识也在不断深化，其发展轨迹是“无流通论”—“流通附属论”（流通被动、消极适应生产）—“流通过程独育论”（生产和流通是经济曲线的横坐标和纵坐标），但却较少涉及流通的本质—社会产品价值实现和实物替换。

西方经济学是从稀缺资源的配置来研究生产流通的，按改变商品形态的过程与转让商品控制的过程来区分，资源配置包括生产和交换。无论是生产或消费，交换都是有效利用资源所必不可少的。交换使生产的分散化与专门化成为可能；就消费而言，拥有不同禀赋或偏好的经济行为需要通过交换来获得最大利益。而交换的循环流动就构成了商品流通。最早阐发循环流动这一概念的是外科医生弗朗斯瓦魁奈。西方经济学既研究了封闭条件下的循环流动，同时更多地研究了开放条件下的循环流动问题。区际贸易、国际贸易、资本流动、国际投资等理论就是建立在这一分析基础之上的。所以，

流通既是以最少的投入（流通费用）获取最大产出（社会创造的价值和剩余价值总额），又是在市场竞争中实现商品供给者（生产者）、消费者、经营者的权利和利益。

（三）商品流通是经济发展的必然结果

商品流通并不是从来就有的，它是生产力发展到一定程度的产物。生产力的发达程度决定了商品流通的发达程度。生产力的发展既影响社会总供给和社会总需求，也影响商品流通的运行，从这个意义上说，生产力决定商品流通。另一方面，商品流通的发展又能促进生产力的进一步发展，商品流通的发展既影响生产力的发展速度，也影响生产力的结构和效益，从这个意义上说，商品流通反作用于生产力。从我国的情况看，解放以后，经过国民经济恢复和八个五年计划，社会生产力迅速发展，取得了举世瞩目的成就。特别是改革开放以来，我国成为世界上经济发展最快的国家之一，不考虑物价指数1978～2003年GDP年均增长速度达到14.92%，商品流通也得到了迅速发展，形成了以公有制为主渠道，多元化、多层次的流通格局。2004年，各种运输方式完成货物运输周转量66698亿t · km，比上年增长23.8%。其中，铁路19289亿t · km，增长11.8%；公路7596亿t · km，增长7.0%；水运38973亿t · km，增长35.7%；民航72亿t · km，增长24.0%；管道768亿t · km，增长3.9%。用相关系数计算公式：

$$R=\frac{\Sigma(X-\overline{X})(Y-\overline{Y})}{\Sigma(X-\overline{X})^2\,\Sigma(X-\overline{Y})^2}$$

对1995～2004年货物运输量与GDP相关性进行计算结果如下。

表1-1　GDP、第一产业、第二产业、第三产业与交通运输仓储邮电通信业之间相关系数

相关系数	GDP	第一产业	第二产业	第三产业	交通运输仓储邮电通信业	批发和零售贸易餐饮业
GDP	1	0.9859855	0.9993203	0.9985995	0.995053	0.9973709
第一产业	0.985985	1	0.980853	0.9785825	0.9714546	0.9897158
第二产业	0.9993203	0.980853	1	0.9979049	0.9942848	0.9946701
第三产业	0.9985995	0.9785825	0.9979049	1	0.9982476	0.9961447
交通运输仓储邮电通信业	0.995053	0.9714546	0.9942848	0.9982476	1	0.9917639
批发和零售贸易餐饮业	0.9973709	0.9897158	0.9946701	0.9961447	0.9917639	1

资料来源：《2005年中国统计年鉴》

在关系图中，交通运输仓储邮电通信业与GDP和第一、二、三产业之间的曲线变化趋势相近，证明它们之间存在着很强的相关关系。为进一步证明这一推断，下面运用数学模型进行定量分析。

假设交通运输仓储邮电通信业是GDP的函数，构建数学模型即$\mathrm{LnGDP}_i=\mathrm{C}+C_1\mathrm{Ln}T+C_2\mathrm{Ln}W$，其中C为常数项，$C_1$、$C_2$为弹性系数，$T$、$W$分别代表交通运输仓储邮电通信业及批发和零售贸易餐饮业产值，i=0、1、2、3分别代表国内生产总值、第一产业、第二产业、第三产业总产值，测算结果如下：

国内生产总值与交通运输仓储邮电通信业函数关系式：

$\mathrm{LnGDP}=3.529247453+0.9194125766^{*}\mathrm{Ln}T$　$R^2=0.994348$

t：　(34.91584)　(64.9802)　P=0.0000

第一产业增加值与交通运输仓储邮电通信业函数关系式：

$\mathrm{LnGDP}_1=3.428033085+0.7263994027^{*}\mathrm{Ln}T$ $R^2=0.985354$

t：　(27.0995)　(41.02323)　P=0.0000

第二产业增加值与交通运输仓储邮电通信业函数关系式：

$\mathrm{LnGDP}_2=2.56201328+0.9484184775^{*}\mathrm{Ln}T$ $R^2=0.990464$

t：　(18.87978)　(49.92826)　P=0.0000

从测算的结果看：运输与GDP和第一、二产业之间发展关系紧密，运输产业将随着经济增长而快速发展，运输业与第一产业和第二产业的弹性系数分别是0.7263994027和0.948418775，因此第二产业对运输业的发展推动作用比第一产业要强。

（四）商品流通是世界经济一体化发展的需要

货物贸易进出口，需要国内外服务企业为其提供相应的生产和生活服务，在国内服务体系健全、具有较强竞争力的基础上则有利于推动服务业的出口，而如果国内无法提供这些相关服务转而依赖于进口时，货物贸易的出口既有可能成为推动国内服务贸易出口的一次机遇，也有可能促进进口，加剧服务贸易发展的不平衡。2005年的服务贸易中，中国的运输服务只占服务贸易总额的27.734%左右，但是中国运输服务贸易逆差比重高达50%，因此中国运输业的发展远远不能满足经济全球化的需要。

一般来说，货物贸易的发展会推动服务贸易按照乘数效应发展，因此货物贸易对服务贸易的影响是连锁乘积关系，即：$U\Pi S^{v}$，取对数得到：$\mathrm{Ln}G=\mathrm{Ln}U+v\Sigma\mathrm{Ln}S$，其中S代表服务贸易额，G代表货物贸易额，U为常数项，v为弹性系数。在模型假设和以上相关性分析的基础上，选择与货物贸易进出口相关系数较高（相关系数大于0.95）几种服务贸易构建以下数学模型：

表1-2　货物贸易进、出口与运输服务进出口的相关系数

贸物关系（G） 相关系数（R） 服务贸易（S）	货物贸易出口（G_E）		货物贸易进口（G_I）	
	系数	服务贸易中排序	系数	服务贸易中排序
运输服务出口（S_{E_1}）	0.997778789	1	0.993139242	2
运输服务进口（S_{I_1}）	0.991658	1	0.990159	2

G_E-S_E：$\mathrm{Ln}G_E=\mathrm{Ln}A+a_1\mathrm{Ln}S_{E1}+a_2\mathrm{Ln}S_{E10}+a_3\mathrm{Ln}S_{E7}+a_4\mathrm{Ln}S_{E9}$

G_I-S_E：$\mathrm{Ln}G_I=\mathrm{Ln}B+b_1\mathrm{Ln}S_{E7}+b_2\mathrm{Ln}S_{E1}+b_3\mathrm{Ln}S_{E10}+b_4\mathrm{Ln}S_{E9}+b_5\mathrm{Ln}S_{E12}$

G_E-S_I：$\mathrm{Ln}G_E=\mathrm{Ln}C+c_1\mathrm{Ln}S_{I1}+c_2\mathrm{Ln}S_{I5}+c_3\mathrm{Ln}S_{I9}+c_4\mathrm{Ln}S_{I10}+c_5\mathrm{Ln}S_{I2}+c_6\mathrm{Ln}S_{I8}$

G_I-S_I：$\mathrm{Ln}G_I=\mathrm{Ln}D+d_1\mathrm{Ln}S_{I5}+d_2\mathrm{Ln}S_{I1}+d_3\mathrm{Ln}S_{I9}+d_4\mathrm{Ln}S_{I8}+d_5\mathrm{Ln}S_{I2}+d_6\mathrm{Ln}S_{I10}$

其中A、B、C、D为常数项，ai、bi、ci、di（i=1、2、…、6的自然数）为弹性系数，*SEj*、*SIj*（j=1～13）分别代表1运输、2旅游、3通讯服务、4建筑服务、5保险服务、6金融服务、7计算机和信息服务、8专有权利使用费和特许费、9咨询、10广告宣传、11电影音像、12其他商业服务、13别处未提到的政府服务的出口和进口，G_E、G_I分别代表货物贸易出口和进口。

根据以上模型，利用1997～2005年货物贸易与服务贸易进出口数据的经验分析，在对模型输出结果进行显著性检验的基础上，重新界定了与货物贸易相关的服务贸易类型，并对模型进行必要的修正。服务贸易结构变动与货物贸易的相关性检验模型进行了OLS估计，结果如表1-3：

货物贸易进出口与服务贸易出口结构变动OLS分析

表1-3　货物贸易进出口与服务贸易出口OLS估计结果

	S_{E1}弹性系数	S_{E7}弹性系数	S_{E10}弹性系数	
G_E	0.330175 (2.222) ***	0.123946 (2.188) **	0.289150 (2.841) ***	R^2=0.9945 $S.E.$=0.0491 $D.W.$=2.278
G_I	0.525374 (10.794) *	0.208933 (6.794) *		R^2=0.9971 $S.E.$=0.0357 $D.W.$=1.74

注：*、**、***分别表示在1%、5%和10%的统计水平上显著
资料来源：1997年以来国家外汇管理局《中国国际收支平衡表》数据

结果表明：货物贸易出口将推动运输的出口，货物贸易的进口也有利于推动运输出口。

表1-4　货物贸易进出口与服务贸易进口OLS估计结果

	S_{I1}弹性系数	S_{I5}弹性系数	S_{I8}弹性系数	S_{I9}弹性系数	
G_E	0.70564 (8.179) *	0.349676 (5.595) *			R^2=0.9937 $S.E.$=0.0480 $D.W.$=2.551
G_I	0.65275 (16.731) *	0.402625 (12.095) *	0.189596 (9.437) *	−0.135262 (−5.493) *	R^2=0.9995 $S.E.$=0.0171 $D.W.$=3.394

注：*表示在1%、5%和10%的统计水平上显著
资料来源：货物贸易进出口有利于推动服务贸易中运输的进口

表1-5　2005中国服务贸易差额构成

服务贸易	顺差（亿美元）	顺差比重（百分比）	逆差（亿美元）	逆差比重（百分比）	出口弹性	进口弹性
运输			130.21	50.12484	0.8555	1.3584
保险服务			66.501	25.59982		0.7523
计算机和信息服务	2.177	1.312679			0.3329	
专有权利使用费和特许费			51.639	19.87863		0.1896
咨询			8.614	3.315992		−0.135262
广告宣传	3.605	2.17373			0.289150	

资料来源：2005年国家外汇管理局《中国国际收支平衡表》数据，表中百分比为计算结果

表1−5中运输服务与货物进出口贸易相关程度最高，货物贸易的进出口同时推动运输贸易的进口和出

口，由于出口弹性系数之和0.8555小于进口弹性系数之和1.3584，因此中国运输服务存在着大量逆差而且有进一步扩大的趋势。1997～2005年运输服务逆差累计达765亿美元，这对中国流通业的发展提出了新的要求。随着货物贸易的快速增长，既要完善基础设施建设加快国内流通业的发展，又要积极发展远洋运输业和加快海外快速、安全的航道建设。

三、林产品流通与林业产业发展

林产品流通是随着市场经济的产生和林业产业的发展而不断发展起来的。但与一般商品不同，林产品生产对生态环境有着直接而显著的影响，因而为保护生态环境、最大限度地发挥林业产业的综合效益，林产品的生产和流通又受到很多其他因素的制约。林产品流通在林业产业发展中的重要地位和作用，是改善林产品的产业结构，提高林产品经营效益的重要途径之一。在经济体制转轨和世界大市场的逐步形成过程中，构成我国林产品流通的各种要素都发生了很大的变化。从林产品的流通主体看，林产品的生产者从分散的小规模经营与集中、规模的生产商并存，林产品的收购者收购方式更加灵活、收购渠道更加广泛，林产品的批发商面临着信息化和现代物流冲击的困境，林产品的消费者消费个性化特征明显、结构不断升级，林产品市场的管理者面临着经济效益和环境保护的双重压力；从林产品的客体看，我国林产品的产品结构不尽合理，既难以有充足的林业资源维持其持续生产，也难以满足现代产业市场发展的需要。另外，我国林产品的技术含量不高，产业经济效益低。所有的这些变化，一方面为把握我国林业产业的变迁规律，促进现代林业产业的逐步形成创造了条件，另一方面也对我国现代林业产业的构建提出了更高的要求。

（一）林产品流通在林业产业发展中的作用

林产品的生产和经营是跨领域、跨产业的过程，包括对木制林产品和非木制林产品的生产，涉及林业资源的培育、加工、流通等几个环节。在计划经济时期，林业资源的生产和加工是主要的环节，流通相对来说是最不重要的。以木材为代表的林产品长期以来一直是一类产品，国家实行统购统销，加上资源紧缺，供不应求，生产单位只要等着用户上门求货就行了。整个木材再生产过程完全听命于国家指令性计划，木材生产的产量、价格、销售去向以及工人的工资等都严格指令性计划安排。但从1979年改革开放以来，指令性计划的比重逐年下降，木材流通已经形成计划分配与市场调节相结合的新局面。特别是1985年南方集体林区实行木材放开经营之后，到目前全国木材都是通过市场流通进入消费者手里。在这种情况下，市场流通这个环节在整个林产品生产过程中的影响力就大大增加了。

1．*产品流通冲击资源保护*

林产品流通的迅速发展将有助于扩大林产品市场和提高林产品销售价格，进而促进林产品生产的扩大。以木材为例，木材市场开放和流通的迅速发展，对资源保护冲击很大，因为木材市场供求关系的变化，木材又始终处于供不应求，供需缺口较大的状态，这必然拉动木材的生产，从而影响到资源保护的问题。当木材需求量急增，木材价格上升时，生产者受经济利益驱动，不断扩大产量。这时乱砍滥伐，非法偷运木材，森林资源的保护就面临着巨大冲击。所以，在现实条件下，我们不对木材市场很好地加以管理，不对木材流通过程实行调控，就无法很好地保护森林资源。

2．*林产品流通影响企业生产规模和品种*

过去，林产品生产是完全不受市场需要影响的。现在，对于部分初级林产品，如木材等在执行国家限制采伐规定的前提之下，森工企业木材生产的数量、品种、规格都要适应市场，要根据市场的情况的变化来组织自己的经营和生产。对于其他市场化程度较高的林产品必须调整生产结构，不仅要满足市场个性化的需求，还要提高林产品的科技含量；不仅要满足国内市场的需要，还要不断拓展国外市场。因此必须完善林产品流通，使企业能充分把握市场供求信息，实现产品升级和更新换代，生产出能够满足市场需求的高质量的产品。

3．*林产品流通制约着林产品的消费和分配*

林产品流通环节对林产品消费的制约作用是巨大的。在我国，目前这种制约作用主要表现为现实流通中林产品的数量和品种制约了消费的数量和品种。就林产品流通对分配的影响而言，主要表现在两个方面：①决定着林业资源的分配。在计划体制下，林业资源的分配流向是按照国家的生产资料调配计划运行的。这种分配方式导致了大家争指标、要木材，造成了林业资源利用的巨大浪费。在市场体制下，林业资源的流向是根据市场价格的波动，流向那些增值最高，也就是能实现其最高效用的地方。这样市场调节代替了原先的计划分配，实现资源优化配置的分配功能。②决定着各种经济利益关系。在市场竞争中自然形成的林产品价格，决定了林产品生产者、经营者和消费者之间利益分配关系。而从国家到各级地方政府、各个部门在流通环节上征收的林产品税费，更是牵涉到多方面利益关系的再分配。

此外，林产品流通业是林业经济新的增长点。目前中国林业产业内部结构严重失衡，为林业产业提供资本、技术和市场服务的第三产业发展滞后，林产品流通属于第三产业范畴，其所提供的产品就是各类与流通相关的服务。

在林产品市场已经充分开放，除关系到生态环境及少数资源性产品外，计划生产的比重变得微不足道的今天，流通环节在整个林产品生产和再生产中的作用也就越来越大，它不仅直接影响着用户的消费，而且制约着林产品生产的规模和品种，冲击着森林资源的保护，并对与之有关的各部门、单位、个人经济利益和分配产生了至关重要的影响，所以如何搞好林产品流通，理顺林产品生产过程中各种矛盾和关系的枢纽与核心，成了林业系统深化改革的一个关键性问题。通过对林产品流通这个关键环节的建设，可以更加有效地保护森林资源，进一步拓宽林业产业市场，也可以通过市场信号间接地调节和引导木材生产者、经营者、消费者调整各种市场主体的行为，打击非法经营者、消除分配不公。从而实现改革林业经济体制，发展林业事业的总体目标。

（二）林业产业发展水平对林产品流通的制约

林产品生产与流通问题是在林业产业发展与转型的载体和核心，林产品的生产和流通是一个跨领域、跨时空的过程，从时空角度考察林产品生产具有以下特征：

1．林产品生产的个人劳动时间与社会劳动时间分离

中国已成为一个林业产业大国，但还不是一个林业产业强国，与世界发达国家相比，我们还有很大的差距：在国民生产总值中，林业产业所占比重较低，2003年林业产业总产值达5860亿元，其中林业第一产业3518亿元，占60%；第二产业2007亿元，占34%；第三产业335亿元，占6%。以木材及其他林业产业加工为主的第二产业加工企业规模小，技术水平低，精深加工产品少，木材综合利用率仅为60%左右；科技含量低，科技成果转化慢，林业产业科技贡献率仅为20%，远低于全国其他行业40%的平均水平。低水平的生产使得林业产业的生产工人的自然时间得不到充分的利用，不能构成社会所需要的经济时间。此外，联合国粮农组织公布的《世界森林资源评估报告》指出：中国的森林面积为1.34亿hm^2，占世界森林总面积的3.9%。中国人均森林面积列世界第119位。中国森林总蓄积量为97.8亿m^3，占世界森林总蓄积量的2.5%。世界人均拥有的森林蓄积量为71.8m^3，而中国人均森林蓄积量仅为8.6m^3。中国森林资源现状决定了林业生产的规模和方式，这种生产方式又决定了林业企业所生产的产品缺乏市场竞争力，企业劳动者所付出的生产时间并没有被市场所认可，带来相应的市场价值，导致个人的生产时间并没有转化为经济时间，使得个人劳动时间和社会劳动时间的分离。正如马克思所说："在这里具有决定意义的是，在过程的进行中，即在棉花变为棉纱时，消耗的是社会必要劳动时间。因为只有社会必要劳动时间才算是形成价值的劳动时间。"

2．林产品生产的自然力作用时间与劳动力作用时间的失衡

一般来说，产品的生产时间包括劳动力发生作用的劳动时间和自然力作用的自然时间。自然力作用时间是指与劳动过程长短无关，但受劳动产品性质和制造产品方式制约所中断时，劳动对象受自然作用的时间。在这个期间，劳动过程停止，但生产时间仍继续，所以，生产时间往往长于劳动时间。在林业产业中自然作用时间最为显著，并且很难缩短其作用时间，致使林业产业中自然力作用时间与劳动力作用时间的失衡。此外，森林资源的培育是一个漫长的过程。据统计，速生丰产林的种植时间最少需要6～8年，林木生产过程中的自然灾害

和病虫害、适宜的土地条件、栽培速生抗性强的优良品种、经营管护措施是否到位等，都是影响林木成材的重要因素。就森林资源培育的经济效益看，如杨树速生林平均每亩的经营成本为1400元左右，满足所有条件后，一亩的利润仅在1500～3000元。另外，还要面临若干年后的市场价格和改革政策的风险，因而导致没有企业愿意对营林的投资，林业产业发展面临着资金和资源缺乏的困境。

3．林业产业发展的个人空间与社会经济空间的割裂

个人空间主要是指个人劳动所涉及的范围，个人空间不一定能转化成有效的经济空间。经济空间可划分为生产空间和流通空间。就生产空间而言，生产空间包括产业的空间布局、狭义的生产场所和产品的生产范围。首先，中国初级林业产业的生产企业主要集中在资源较为丰富的林区，而林区的区位条件较差，离市场较远且交通不便，致使林业产业发展难以吸引到所需专业人才和发挥产业集聚效应。其次，广大农村林业企业的生产还停留在传统生产方式和自给自足的水平，与市场和社会很少发生联系，其活动的空间局限于家庭和自己有限的生产场所。尽管林业产业工人为生产和开发其产品耗费了很多时间和精力，但其产品市场适应能力差，不能获得相应的收益，其生产空间不能构成经济空间。就流通空间而言，中国林业产业的生产空间和市场空间也得不到有效的对接，缺乏将分散的林业产业有序合理的流入消费市场的有效渠道，在产品销售时面临种种困境。正因为中国林业产业的生产缺乏合理的空间布局和有效的流通环节，使得林业产业生产的个人空间与社会经济空间的割裂。

4．林业产业价值空间与市场价值空间不对称

与一般商品的生产不同，林业产业的生产要兼顾经济效益、社会效益和生态效益。对于资源类产品的生产，尤其是人工林的种植不仅能获取木材产品而且能够改善生态环境、涵养水源、净化空气等作用。由于林业产业的生态价值和社会价值得不到市场的认可，使得林业产业实际价值空间与市场所认可的价值空间不对称，影响了林业产业经营企业的生产效益。

印度加尔各答农业大学的一位教授，对一棵树算了两笔不同的账：一棵正常生长50年的树，按市场上的木材价值计算，最多值300多美元，但是如果按照它的生态效益来计算，其价值就远不止这些了。据粗略测算，一棵生长50年的树，每年可以生产出价值31250美元的氧气和价值2500美元的蛋白质，同时可以减轻大气污染（价值62500美元），涵养水源（价值31250美元），还可以为鸟类及其他动物提供栖息环境（价值31250美元）等等。将这些价值综合在一起，一棵树的价值就不是300美元了，而是20万美元了。

林业产业的发展水平影响和制约着林产品流通业的发展。首先，资源的分布不均与市场的分散性加剧了林产品流通的难度。中国交通运输业发展滞后，尤其是资源分布较集中的国有和集体林区，交通道路不能满足木材等林产品运输的需要，导致林产品流通速度慢、时间长，增加了林产品的生产成本。其次，中国林业产业发展技术水平较低，第一、二、三产业之间发展不均衡，重生产轻市场的传统经营理念也制约了林产品流通业的发展。最后，森林资源生产周期很长和生产规模较小的特点也制约了林产品的流通。中国林业产业发展水平决定了中国林产品流通规模和方式，反之，构建有效的林产品市场流通渠道是促进我国林业产业发展的重要途径，对于促进林产品生产的市场化、国际化和应对经济全球化的挑战具有重大意义。

（三）林业产业政策对林产品流通的制约

林业政策是党和国家以及国家各级林业管理部门为实现自己的林业建设任务而规定的一系列行动准则的总和。林业政策具有双重意义，即对于林业外部的社会作用和对于林业内部的管理作用。

1．林业政策的社会作用

1981年3月8日，中共中央、国务院《关于保护森林发展林业若干问题决定》指出：“发达的林业，是国家富足、民族繁荣、社会文明的标志之一。”在我国，林业是国民经济中越来越重要的组成部分。林业政策正是林业的社会功能的一种具体体现，它反映了社会主义现代化建设对林业的需要，又反过来指导林业去适应和服务于社会。在历史的长河中，森林是人类的养育者，“没有森林就没有人类”。随着林业科学技术的发

展，人们逐渐认识到森林具有巨大的经济效益、生态效益和社会效益。然而，在现代，森林给人类创造了空前的物质文明和精神文明的同时，森林不合理的开发利用也带来了一系列复杂而困难的经济和社会问题，如环境污染、生态失调、森林资源危机、木材产品匮乏等。毫无疑问，据此否定林业的贡献，甚至仍在加剧森林的破坏是完全错误的，但是认真解决这些问题也是很有必要的。如何解决？唯一正确的途径是依靠科学技术进步的力量，制定和实施正确的林业政策，保证林业经济建设协调而持续地发展。

2．林业政策的管理作用

林业政策既是用以指导人们行动的准则，那它本身就是一种管理行为，具有重要的管理作用。制定正确的林业政策对于林业发展的重要作用，主要体现在：①统一人们的思想。现代林业的社会化，使林业生产活动本身不仅是一项要投入大量人、财、物的社会实践，而且还要求社会其他各个领域给予扶持和协调。在这种情况下，没有统一的认识，林业生产活动是很难顺利进行的。运用政策手段，形成统一的意志会产生巨大的作用，促进各项管理的顺利实施。②维持林业经济运行的正常秩序和稳定。通过政策界定林业中人们的行为，明确哪些活动是受到保护和鼓励的，哪些活动是受到限制相反对的，即以政策的规范性来实现林业经济的正常运行。③协调各种经济关系。各项林业政策直接或间接地调节着林业经济运行中的各种关系。例如，以营林为基础的方针对于处理培育森林和采伐利用森林的关系起着重要作用；投资政策对于调节眼前利益和长远利益关系起着重要作用。④促进林业目标的实现、保护和培育、合理开发和利用森林资源发展林业，既是林业政策的重要目标，又是林业政策的重要内容。多年来，国家通过制定和逐步完善林业的产业政策、林产品价格政策、投资政策、科技政策等，充分发挥政策机制的作用，大大促进了林业的发展。

3．林业政策与林产品流通

在现代社会，林业政策是十分重要的，并且还由于现代社会发展的两个趋势使林业政策的重大作用更加突出了。一个是现代社会整体化趋势，即林业—经济—社会的各个方面有着越来越紧密的联系，可谓牵一发而动全身；一个是现代社会加速化趋势，即林业—经济—社会的各个方面都处于高速运行之中，从而不仅随时需要对策，而且其影响也可谓“立竿见影”。这样，一项林业政策的正确与否，都会通过各种联系，产生连锁反应，正确的政策，兴国兴林；失误的政策，误国误林。林业政策正确与否，不仅直接决定着林业本身的发展，而且对经济与社会的发展都具有重要的影响。

林业政策对林产品流通的制约主要体现在对森林资源采伐和动植物检疫上。对于森林资源的开采与利用首先必须取得相应的开采与采伐证，目的是控制森林资源总量发挥森林资源的生态效益，在林产品流通过程中必须加强对林产品的检疫，防止病虫害对森林资源的破坏和外来物种的入侵。

（四）市场体制对林产品流通的制约

市场可以在不受外力的影响下，自动地运行，在这种运行过程中，市场主体是受价值规律制约的，这就使它对影响其微观经济利益的市场信号十分敏感，这种市场机制的自发性和企业利益的独立性，很容易造成宏观经济上的盲目性和破坏性，这就是纯粹的市场机制的局限。

1．纯粹的市场机制会造成林产品供应与需要之间的失衡

市场机制的正常调节功能，在实际的运行过程中往往因出现了障碍，而无法完全发挥其作用。

首先，当林产品供不应求时，自发的市场可能不会去扩大生产，有时甚至会特意囤积货物，或者减少生产、以奇货可居使物价飞涨，从而获得暴利。在这种情况下，仅靠市场调节已无法缓解供求矛盾，必须进行宏观调控。当林产品价格下降时，生产供过于求的情况可能还会继续，这是由于过度竞争引起的。在过度竞争的情况下，各生产厂家拼命扩大生产，压低价格，甚至不惜亏损生产以挤垮竞争对手。这样必然造成产品的大量过剩。在价格低过盈亏平衡点之后，还无法抑制生产，就必须通过宏观调控来加以制约。

其次，纯粹的市场机制对林产品的调节不灵敏。在供不应求的情况下，许多产品可以通过市场机制的调节，自动地增加供应，但也有一些产品，对市场机制的调节反应很不灵敏。①价值较低的林产品。在现实中，

有些林产品产量少，价值较低，即使市场长期缺货也无人生产，这主要是因为赢利过小，刺激不起生产者的兴趣。②生产周期很长的林产品。有些林产品需要很长的生产间期，如造船、橡胶、农作物等等，市场机制对其调节作用就不灵敏。林业产业中木材、松香等林产品生产周期很长，很难在短期内做出调整。

2．纯粹的市场机制会误导林业产业的投资方向

从理论上看，通过使生产要素流向价格最高，即最需要它们的地方，市场机制能够自动实现资源的优化配置。但这种理想状态事实上并不容易达到。投资决策是人为做出的，企业投资者对经济发展的预测存在着准确性问题。信息处理和预测偏差就会造成投资失误。投资者信息处理和经济预测的局限性根源于下面的因素：

(1) 投资者所处地位的限制

投资者处于竞争地位，考虑的是微观利益的局部形势，往往缺乏对宏观经济活动的了解和判断力。加上同行竞争者之间的严密封锁，甚至故意提供假情报等等，这一切都影响了投资者所获信息的置信度与价值。

(2) 投资周期较长和经济运行复杂性的限制

从投资兴建企业到生产出产品进入市场之间，有一段较长的时间，在这段时间里，经济形势的变化取决于众多复杂的因素，要完全精确地预测各种经济参数的变动幅度是不可能的，这就使得每一种投资决策都天生地带有不同程度的风险性。

3．纯粹的市场机制会影响林产品生产的社会长远利益与整体利益

市场调节是以影响主体的微观物质利益为动力的。但是，社会的整体利益并不就是微观经济利益的简单累加，还有那些体现社会效益但需要巨大投资的公共事业的建设。特别是当这些事业没有直接可以收回的经济利益时，市场调节就显得无能为力。所以在环境保护、文化教育、基础研究、交通运输等这些十分重要的，有关社会长远利益和整体利益的公共事业领域，却不能依靠市场机制的作用。像造林育林，周期性很长，经济效益也不高，它的主要作用是社会生态效益。因此由于林业生产关系到生态保护和社会长远利益的特征，仅仅依靠市场机制的作用是不行的，完全的市场主体追逐自身的经济利益，必然会对森林资源造成毁灭性的破坏。所以就需要一个代表社会长远利益和整体利益的调控主体对木材工业加以宏观调控。

总之，纯粹的市场调节由于是以微观经济利益引导市场主体的行为，所以有着上述的各种局限。因此，我们在宏观经济管理活动中，不能纯粹依赖市场机制的自发作用，而必须从社会的长远利益和整体利益出发，对市场经济加以宏观调控。林业部门的生产经营活动关系到社会生态效益，因此，在林业经济管理过程中运用宏观调控就显得很有必要。

第二节　林产品流通主体

林产品流通主体是以独立形态参与林产品流通过程的经济实体。林产品流通过程是林产品从生产领域向消费领域运动的动态过程。因此，林产品流通主体既包括专门从事林产品流通经济活动的收购者、批发商、代理商和零售商，也包括具有流通行为倾向的生产者和消费者。前者为专业林产品流通主体，后者为兼业林产品流通主体。当然，在市场经济条件下，后者并不构成林产品流通的主要角色。即便如此，它们也都是作为林产品流通的主体而存在的，因而对它们的地位和作用都应该有所探讨。

一、林产品生产者分析

从林产品生产者是否具有法人资格来看，林产品的生产者应分为两类：一是以家庭为单位的林农生产者，这类生产者不具有法人资格，主要以林区家庭联产承包责任制的形式对林产品进行生产；二是具有法人资格的林产品生产企业。这两类林产品生产者在我国林业发展中扮演着不同的角色，发挥着不同的功能和作用。

（一）以家庭为单位的林农生产者

以家庭为单位的林农者主要集中在南方集体林区。南方集体林区包括湖南、湖北、安徽、浙江、福建、广东、广西、海南、贵州等10省区，是我国的三大林区之一，在我国林业建设中具有举足轻重的重要地位。同时，南方集体林区在历史上是个私有林区。1981年，中共中央、国务院发布了《关于保护森林发展林业若干问题的决定》，要求各地做好稳定山权、林权；划定自留山；确定林业生产责任的林业“三定”工作。在开展林业“三定”过程中，放宽了林业政策，明确规定农村居民在房前屋后的荒山荒滩和集体现有林，允许实行各种形式的生产责任制，荒山荒滩划给社员作自留山可长期使用。南方集体林区山林所有制发生变革，以土地集体所有、家庭经营、所有权和使用权再度分离为制度特征，再度实现了农民孜孜以求的土地经营形式——均山制和家庭经营。南方集体林区形成了集体经营和家庭经营为主体的双层经营体制。以浙江省为例，经过“三定”后，统管山占29.8%，责任山占44.3%，自留山占25%。家庭经营的山林（责任山加自留山）占70%左右。有人估计，南方集体林区九省，分林到户的有52%。以家庭为单位的林农生产具有以下特点：

1. 经营分散，生产规模小

南方集体林区在林业“三定”时，很多地方套用农业改革的经验，将责任山分林到户，把山林分得支离破碎。有的地方为体现分配上的公平，把好山差山、远山近山、大树小树作分别分配，结果造成一户多山和一山多主。这样的结果，一方面使得家庭人均拥有的林地少，家庭生产总量不高，进而导致农户家庭经营规模普遍偏小；另一方面，“一户多山、一山多主”的现状，将家庭经营的林地分散了。山林的过于分散，不仅分散了农民家庭的劳动力，超过了农民家庭的经营管理能力，难以管护好山林；而且又使家庭经营的林业生产难以形成经营规模，发挥规模经济效益。

2. 林农观念落后，经营单一

林区、山区交通不便、信息闭塞，经济发展水平低，林农观念落后，在生产经营上表现为：①经营的树种、林种结构单一，以用材林为主，且多年来以营造成杉木林为主；②产业结构单一，重视营林等种植业，忽视加工业和旅游业等二、三产业的发展。结果是获取的经济效益不佳。据调查，营造杉木林，扣除育林成本和采运成本，林农可获利200元/m^2左右（不计货币时间价值和林业税费），比营造工业林和经济林的收益要低得多。林农观念陈旧落后，把脱贫致富寄希望于单纯依赖林木的采育，对竹、木产业的研究开发不够重视，没有综合开发利用山区资源。

3. 生产技术水平低

以家庭为单位的林业生产技术水平低受到三个方面

的制约：一是由于生产规模小，林农在进行林业生产时不能采用先进的技术水平进行集约型生产；二是由于林农生产的林产品大多是初级林产品，而这些产品的生产地又集中于各个林区，天然林区的地理环境决定了林农在生产时不能采用先进的机器生产；三是由于林农分散在各个偏远的山区，信息闭塞，对于先进的生产技术不能及时、有效地掌握，因而，他们在对林产品进行加工和生产时，普遍采用的是简单粗放的生产方式。简单粗放的生产方式，既不利于提高林产品生产规模，又使林农生产的林产品缺乏市场竞争力。

4. 市场意识差，信息化程度低

林业家庭经营确立了林农山林经营的主体地位。但山区林农文化素质较低，大多数人缺乏市场经济观念，与外界交流少，信息相对闭塞，信息来源以见物观人的直接渠道为主，对现代传媒缺乏信任。而林农投资的趋利性最直接表现为林农决定经营什么和经营规模的大小。看到邻居或亲戚朋友干何事效益不错就纷纷仿效，而对于市场真正需要的林产品了解甚少，甚至漠不关心，这既易造成信息误导，形成销售上的过度竞争，同时又使社会经济资源过度浪费，影响经济效益。

由林业家庭经营的以上特点，我们可以看出，以家庭为单位的林业生产由于其生产规模小，生产总量不高，所以它是一种不具有生产规模的经济形式；另一方面，由于林农的文化素质不高，市场意识差，使得他们对市场的需求不能有效把握，市场开发能力较低。尽管如此，以家庭经营形式存在的林业生产，在我国林业发展中依然发挥着重要的作用。

（二）林业生产企业

据统计，2004年全国林业系统拥有各种经济性质单位48456个，比2003年下降0.29%。其中：国有单位47880个，占98.81%；集体单位386个，占0.80%；其他单位190个，占0.39%。林业生产企业具有如下特点：

1. 生产相对集中，规模大

林业生产企业是指专门对林产品进行加工生产的企业，它往往具有固定的厂房、机器设备和一定数量的工人等，因而，林业生产企业对林产品的加工生产就相对集中，与以家庭为单位的林农生产相比，林业生产企业的生产规模也相对较大。

2. 林产品技术含量高

在市场经济条件下，林业生产企业主要采用大机器式的集约型生产方式。集约型指主要依靠提高现有生产要素的效率，而实现经济增长。它的特征是，通过科技进步、劳动者素质的提高、管理水平的提高，达到经济效益高、产品的竞争力强、环境污染程度小和通货膨胀率低的目标。通过这种方式生产的林产品，与林农生产的林产品相比，技术含量普遍偏高。

3. 对资源性初级林产品进行垄断

对资源性初级林产品的垄断主要存在于国有林区。国有林区不只是表现为市场竞争的主体，而且它将更多地承担起实现国家、政府的社会目标的责任。国有林业企业的主要目标应是培育、管护森林资源，为社会经济发展提供生态效益和环境保护。因而，对于木材这样的资源性初级林产品，国有林区就必须进行限额采伐，沿用独家收购（即林业部门独家经营木材）制度，使林地经营者无权确定自身经营的林木何时采伐和采伐多少，从而实现对森林资源的保护和持续发展。

4. 劳动者素质低

我国林业系统劳动力文化素质总体来说有以下三个特点：一是中国林业劳动力文化程度偏低。据不完全统计，中国林业劳动力文化程度在农、林、牧、渔中有较明显的优势，但却明显低于国民经济其他行业的文化程度构成。二是木材采运业劳动力文化程度明显高于作为“林业”行业劳动力的文化程度。三是林区初、高中升学率偏低的状况反映了林区教育发展滞后的问题。就目前的情况而言，在林业生产方面，人才队伍总量不足，结构不合理，整体素质不高，尤其是缺乏高层次、复合型的人才；体制和政策障碍尚多，影响人才资源的整体开发和合理利用。而林产品加工业是木材的加工产品和其他林产品加工产品，产品原料或产品本身都要受到自然条件的影响，不同环境、不同自然条件下，产品存在较大的品质差异，同时，林产加工产品种类繁多，由于劳动者素质不高，因而就很难加工出深层次的林产品，使得初级加工产品比重较大，技术含量低，无法适应市场竞争，从而影响到林产品的流通。

5. 生产者的市场化程度

林业生产者在我国经济体制改革不断深入的情况下，逐渐从传统的计划经济体制下走出来，成为了市场的主体，但不能否认的是，他们的市场化程度还很低，市场意识还不是很强，具体表现在以下两个方面：

(1) 产品结构与市场结构的不对称。我国实行市场经济改革已经有20多年的时间，但在这20多年的时间里，我国并未实现真正的政企分开，尤其是在国有林业企业中，政企不分的现象还很严重，计划经济时期的管理体制仍在发挥作用。这就使得林业生产者不能成为真正的市场主体，不能很好地了解市场需求，往往出现生产出的产品并不是市场所真正需要的现象。

(2) 对市场信息的把握能力不强。市场的供需对林业生产者的影响往往是滞后的，如果对市场的需求信息不能提前把握，那么很可能出现这一时期紧缺的产品而过一段时间就供过于求的现象。事实上，目前林业生产者还不是真正意义上的市场主体，对于市场需求信息也就不能很好把握，因而，常造成流通的盲目性。

综上所述，我们可以看到，无论是以家庭为单位的林农生产者，还是专门的林业生产企业，他们都有市场化程度低，对市场信息反映不灵敏，生产的产品结构与市场结构不对称等特点，因而，为了能使生产的林产品符合市场的需求，实现林产品的顺利流通，就需要在生产者与市场之间搭起一个桥梁，而这个桥梁就是林产品的中间商。林产品的中间商是指介于生产者与消费者之间进行林产品流通的业务活动，以促进买卖交易达成的团体或个人，它具体包括林产品的收购者、批发商、代理商和零售商。林产品的各个中间商在其流通过程中具有不同的地位和作用。

二、林产品中间商

林产品的中间商主要包括林产品的收购商和批发商，林产品收购商与批发商的存在经营方式由我国林产品的生产特点决定的。

（一）林产品生产的特点

林产品不同于其他商品的一个特点就是，林产品在从生产者到批发商流通的过程中还要经过一个中间环节，也就是林产品的收购环节。林产品的收购是由林产品生产的特点决定的，林产品生产的特点有：

1．林产品生产的地域性和集中性

林产品生产的地域性是林产品收购环节存在的前提条件。由于生产林产品的地方大多都处于偏远山区，为了节约运输成本，林产品批发商不可能直接去山区批发林产品。另一方面，林产品生产也具有集中性的特点，尤其是对于木材类林产品的生产，它的生产主要集中于森林资源较为丰富的地区。林产品生产的地域性和集中性，必然要求收购者进入林区对林产品进行收购，从而为林产品的批发做好准备。

2．部分林产品生产规模小

对于林产品的生产，除了大型的国有林区外，也有许多林农在生产林产品。但林农生产的林产品数量相对较小，而且生产相对分散，因而林农生产的林产品只能在小范围的市场上进行流通和销售。这不仅不能很好地实行林农生产者的经济利益，而且也不利于满足外地消费者对林产品的需求和林产品大规模大范围地流通，针对这种情况，就需要有专门的个人或企业对林产品进行统一的收购，进而形成林产品流通的集散地，以满足不同区域的消费者对林产品的需求。

3．林产品的体积和重量问题

林产品的体积和重量问题也要求对林产品进行收购。比如木材类的林产品，由于其体积比较庞大而且很笨重，使得木材批发商不可能直接进入林区进行木材产品的批发。此外，木材类的林产品的采伐和流通也涉及到森林资源的利用和保护，如果随便允许个人或林产品经营企业进入林区采伐木材，就会不利于木材的可持续利用和森林资源的保护，因而必须由统一的、且持有木材采伐许可证的林业经营者进入林区收购木材。

（二）林产品收购者

基于林产品生产的以上特点，就必须对林产品进行收购，林产品的收购者在林产品流通中扮演着重要的角色，具体体现在：

1．集聚林产品

林产品收购就是林产品收购者将分散的林农生产的林产品集聚起来的过程。对林产品进行收购，能有效地

将一个地区或不同地区的林产品集聚起来，形成林产品流通的集散地，为林产品的后续流通奠定基础和条件。

2．为实现林产品顺利流通奠定基础

林产品作为特殊的商品，由生产者向消费者流通时，所经过的第一个环节就是林产品的收购。如果没有林产品的收购，林产品批发商就难以批发到所需要的林产品，而林产品的流通是以林产品作为载体的，没有林产品，那么林产品的流通就难以实现，也就难以满足人们对林产品的消费需求，进而也会影响到整个林业经济的生产。所以，林产品收购是其流通过程中必不可少的环节，而林产品收购者也是林产品流通过程中的一个很重要的流通主体。

3．能有效保护林农的经济利益

林产品的收购对于保护林农的经济利益具有积极的意义。对林产品进行收购，一方面可以使林农方便地把自己的林产品卖出去，实现经济利益；另一方面，国家在对林产品进行收购时，一般都会有一个相对稳定的且还合适的收购价格，这个价格是经过林业部门、物价部门以及相关管理部门共同协商而制定的，从而避免了市场上一些个体收购者对林农的林产品随意压价，损害林农的经济利益。因而从这个意义上说，对于林产品进行收购，在一定程度上有利于保护林农的经济利益。

4．为满足人们对林产品的需求提供可能

前面已经提到，林产品的生产具有地域性和集中性的特点，而林产品的需求又是广泛和分散的，林产品只有在不同区域进行流通，才能解决这一供需矛盾。而要实现林产品的流通，首先要对林产品进行收购，林产品的收购是实现林产品顺利流通的前提条件。所以，从这一点上说，林产品的收购能更好地满足不同区域的人们对林产品的消费需求。

林产品收购是林产品流通的一个重要环节，林产品收购者在林产品的流通中具有重要的地位和作用，因而，国家必须做好对林产品收购者的管理工作，以更好地发挥他们在林产品流通中的功能和作用。

（三）林产品批发商

批发商是为进一步转售、生产加工或为其他商业用途而出售商品的中间商。林产品的生产和销售也需要批发商的介入。

1．批发商的分类

批发商从不同的角度划分，可以有不同的类型：

(1) 按营销林产品的用途，可分为消费品用林产品批发商和生产用林产品批发商。

(2) 按经营林产品的范围，可分为专业批发商、综合批发商和工业分销商。

(3) 按林产品服务地区的范围大小，可分为全国批发商、区域批发商和地方批发商。担负全国性的林产品批发业务的叫全国批发商。区域批发商是指承担一个省、区范围的林产品批发业务和供应相邻省、区某些林产品业务的批发商。只担负某一市、县或某一贸易区林产品批发业务的叫地方批发商。

(4) 按是否拥有林产品所有权，可分为经销批发商和代理批发商。经销批发商是指拥有林产品所有权的批发商，代理批发商是指不拥有林产品所有权的批发商。

(5) 按服务的内容，可分为综合服务批发商和专业服务批发商。综合服务批发商是对林产品生产各零售商或用户提供市场经营的各种服务。

2．林产品批发商的作用

批发商的主要业务活动是批发林产品流转活动，即批发林产品的购、销、运、存活动。批发商的功能可概括为购买、销售、分配、运输、储存、资金融通、承担风险、信息服务等八大功能，它在整个营销渠道中占据重要地位。

(1) 集散林产品、分装编配。即通过购买，把各地区、各林业生产部门分散生产的林产品集中起来经过初步加工、整理、挑选、分级、编配和包装等活动，分散供应给零售企业和生产用户。

(2) 储运林产品。批发商通常有比较完善的运输设备和储存设备，可以为林产品生产企业和中间用户的购销提供林产品储运服务。批发商的特殊地位，决定了其集中储存林产品可以大量降低费用和运输成本，为购销双方带来利益。

(3) 信息咨询。批发商处于林产品生产企业与零售企业之间的中介地位，既便于了解生产情况，又便于了解全面的市场动态。可以为购销双方提供市场供需预测、产品技术变化、价格行情、储存方法及地点等方面的咨询服务。

(4) 稳定物价。由于批发商掌握了大量林产品资源，又具有储运林产品的功能，因而能起到控制市场林产品价格波动的作用。

(5) 资金融通。批发商可以向林产品用户提供融资服务。

(6) 承担市场风险。由于经销批发商拥有林产品的所有权，因而承担着失窃、损失、过时和降价等各种风险。

批发商在林产品再生产过程中是处于生产者与生产者、生产者与消费者之间的中介地位，是整个林产品实现再生产的中间环节。批发商的地位和作用对林产品的生产和流通具有很重要的影响作用，因而必须加强对林产品批发商经营活动的管理，以促使林产品更加快速地流通。

三、林产品消费者

林产品所面临的市场，不仅包括消费者市场，而且包括生产者市场、中间商市场和政府市场，即组织市场，组织市场在我国是一个很大的市场。了解各类市场的特点和影响消费购买行为的因素，对林产品市场流通是十分重要的。

（一）林产品生产者市场

生产者市场，也称产业市场或企业市场，是指这样的个人或组织：他们取得货物和劳务的目的是为生产其他林产品，以便出售、出租或供给他人。林产品生产者市场具有以下几个显著特点：

1. 买者数目较少，规模较大

在林产品的消费者市场上，购买者主要是消费者个人或家庭，购买者层次多。人数众多，但购买规模很小。在林产品生产者市场上，供需双方往往直接进行交易，而不经过中间商或零售商。特别是那些售价高、具有特殊要求的林化产品，或指定要求和规格制造的林产品，往往更是如此。绝大多数是组织团体，购买者的数目必然比消费者市场上的购买者的数目少得多，但购买规模却要大得多。比如对于木材产品的购买，在其生产者市场上，往往是那些需要以木材为原料进行加工其他木制产品的生产企业进行购买，虽然购买者不是很多，但其一次性购买的数量却非常大；而在消费者市场上，虽然面对的是成千上万的消费者，但他们的购买数量却很少，进行的也是零星的购买。因此，购买者的数目与购买的规模不同，是林产品生产者市场和消费者市场之间一个显著的不同。

2. 生产者市场的需求是一种“引伸需求”

由于林产品生产者市场出售的产品是用于生产消费用林产品的，因此，林产品生产者市场的需求由消费需求引伸出来。例如，林产品生产者采购木材是由于消费者需要家具、办公桌等消费品。林产品消费者市场的需求状况，直接影响着生产者市场的需求。因此，林产品生产者、市场上的营销者，要关心最终林产品消费者市场的需求状况，测度消费者市场的需求变化趋势，以把握林产品生产者市场的变化规律。

3. 生产者市场的需求是“缺乏弹性的需求”

在林产品生产者市场上，购买者对生产用林产品的需求受价格变动的影响不大，即需求价格弹性系数小。这是因为生产者市场上的林产品，不会因为价格上涨而减少购买数量，也不会因为价格下降而超量购买。它增减变化的原因可能有：①出现了节约原材料的新工艺、新方法；②发现新的代用品；③生产规模的“扩大或缩小”等。有些林产品在原材料总成本中所占的比重较小，如一些辅助材料。因而在需求上弹性系数更小，更缺乏弹性。

4. 生产者市场的需求是“波动的需求”

由于林产品生产者市场受消费者市场影响较大，而且对消费者市场的变化反应敏感，因此消费者市场需求的微小变动，会导致生产者市场需求的巨大波动。对此，西方经济学称之为“加速原理”。有时消费者需求的变动只有5%，却可能引起下期产业购买者需求100%的变动，因为生产者市场对经济情况的变动反应特别灵敏，但行动滞后，所以造成市场上供求状况的大起大落。在西方的许多企业，都实行“多角化经营”，尽可能增加林产品品种，以增强企业的适应能力和应变能力。

5. 购买者具有一定的专业知识

由于生产者市场上的林产品，特别是一些林化产品，需要一次购买的投资大，因此，负责采购工作的一般都是内行的专业人员。他们对林化产品的特性、质量等级等技术指标具有一定的鉴别能力和判断力，不同于消费者市场上的购买者对林产品的知识了解甚少。消费者市场上的购买动机，多数属于感情动机，受广告宣传的影响较大，而生产者市场上的购买者，购买的林产品主要是为了生产或转售，必须考虑成本和利润，因而往往是集体决策，理智动机购买，受广告宣传的影响较小。

6. 互惠

互惠即购买和供应者相互购买对方的产品，互相在价格上给予优惠。如造纸厂向化工厂购买所需的化工原料，而化工厂则购买造纸厂的纸张，用作包装材料，这样便可建立较稳固的产销关系。

林产品生产者市场的特点表明了林产品生产者市场是一个购买力强、购买规模巨大的市场。而就林产品而言，其主要的林产品木材往往需要先卖给林产品生产者，经过加工后再进行市场销售，卖给最终的消费者。从这一点上看，林产品的主要消费者应该是林产品生产者市场。

（二）林产品中间商市场

林产品中间商市场也称转销者市场，是指所有这种个人或组织，他们购买林产品是为了把其转卖或转租给别人，以获取利润。中间商市场由各种批发商和零售商组成。批发商是流通的中间环节，服务对象是零售商、消费用户等；零售商是流通的最终环节，服务对象是最终消费者。中间商采购林产品的目的，主要是转卖盈利。

在市场经济体制下，商品经济日益发达，林产品从生产到消费之间的流通，绝大部分都是由中间商实现的，只有很少一部分是由生产者直接卖给消费者和用户的，因此，中间商市场对市场营销来说，是一个十分重要的市场。一般来讲，中间商市场为客户提供的不是形式作用，而是时间、地点和所有权作用。与其他市场相比，它有其自身的一些特点：

1. 购买者数目较多且供应范围广泛

在各种商业形式组成的中间商市场上，中间商的数目多于林产品的供应者(生产者)，少于购买者(消费者)。其地理分布也较消费者集中，较生产者分散。

2. 中间商对林产品的需求属派生需求

中间商对林产品的需求是由消费者对林产品的需求派生而来的。因而，中间商对林产品的需求，包括林产品的品种、花色、样式、规格、价格、数量等，都要受到消费者市场需求状况的影响和制约。

3. 中间商讲究不同的林产品搭配组合

中间商购买林产品根据其组织形式和经营方式，讲究不同的林产品搭配组合。有些要求品种齐全、花色丰富、满足多种消费者需求；有些则专门经营一种或几种林产品，以求林产品搭配系列化，以满足消费者的某一种需要或某一类消费需要，但其目的都是为提高经营者的经济效益。

既然中间商是介于林产品生产者和消费者之间的中间环节，因而它与二者都有着十分密切的联系，对其产生重要的作用和影响，具体体现在：

1. 林产品中间商与生产者的关系，本质地体现了交换与生产的关系

中间商对生产者的作用表现为三个方面：一是中间商的存在和发展是林产品生产者存在和发展的必要条件；二是中间商的发展规模和速度制约着林产品生产者的规模和速度：三是中间商对生产者的林产品生产具有引导作用。

2. 林产品中间商与消费者的关系

任何一种经济活动的目的最终是为了消费。消费是社会存在和发展的基本条件和最终追求。中间商从各方面制约着林产品消费的发展。中间商对林产品消费的作用和影响主要表现在四个方面：一是中间商的存在与发展是实现林产品消费者消费需求的条件，中间商越发达，林产品流通就越快，消费需求就越能得到满足；二是中间商的组织形式与结构制约着林产品消费结构及其变化；三是中间商制约着消费者的消费形式和消费方法；四是中间商制约着林产品消费者的消费效益。

由于中间商对林产品的生产者和消费者都有着巨大的影响，因而必须重视中间商市场的发展，以加快林产

品在生产者和消费者之间的流通。

（三）林产品消费者市场

林产品消费者市场是指各个最终的消费者个人或用户。消费者市场的显著特点就是：①购买者的数量较大。它往往是由成千上万的消费者组成的。②购买数量、规模小。由于消费者购买林产品主要是用于消费，而不是用于生产，因而他的购买数量和规模都很小，不会一次性的大批量购买。③购买的经常性。这主要是相对与生产者市场来讲的。由于消费者购买的消费用林产品，本身数量就较少，而且又是用于消费的，这就决定了消费者会对林产品进行经常性的购买。④消费者的分散性。与生产者市场相比，消费者市场的消费者具有分散性的特点，他们往往分散在社会的各个地方，不像生产者市场上的购买者那样相对集中。

由此可以看出，林产品消费者市场虽然相对分散，购买力不似生产者市场那么强，但是林产品的消费者市场却是一个很大的、占有重要地位的市场。这是因为，林产品生产的目的是为了将林产品卖给最终消费者以实现其经济利益。即便是林产品的生产者和中间商，他们也都是为了“卖而买”的，都最终要将林产品卖给消费者。所以，搞活林产品消费者市场，是实现林产品再生产和流通的根本，如果林产品生产出来而卖不出去，那么生产者就很难再将资金回收回来，也就不能实现对林产品的再生产。

总之，林产品的各个消费主体之间是互有联系，互相牵扯的，哪一个市场搞不好，都会影响到其他市场的运作。因此，要实现林产品有序、合理、快速地流通，就必须加强各个市场的培育和管理，建立起高效、合理的市场运作机制。

四、林产品流通的管理者

在市场经济的新体制下，林产品流通的调控主体不再像过去计划体制时代那样，只是一两个主管部门，林业部门要会同贸易、工、商、税收、物价等形成对整个市场调控能力很强的综合职能部门，才能真正地调控林产品市场、管好林产品流通。但是，在组成调控主体这个控制系统的各部门中，除林业部门之外，其他各职能部门的主要特征就是，它们都参与了对整个国家各种市场的某项专业管理或服务，它们都不仅仅是针对林产品流通而设置的，是为管理全社会各种市场而设置的。我们可以将这样的职能部门称为横向管理部门。林业部门则不同，它是专门为了管理林产品，特别是木材的再生产过程而设置的，这样的部门可称为纵向管理部门。具体来看，对林产品流通进行管理的主体主要有以下几个：

（一）林业部门

1. 主体地位的决定因素

在有关部门共同组成的林产品流通宏观调控主体系统中，林业部门起主导作用，林业部门的主要职责有：指导林产品市场建设和运行，管好全国林产工业和多种林产品的经销，参与和协调林产品的分配、调拨工作。林业部门在林产品流通调控中的主体地位，是由以下几方面的因素决定的：

(1) 部分林产品流通受森林资源限制。初级林产品（如木材）是重要的生产资料，同时又是人民生活不可缺的生活资料。木材作为特殊的商品，有很多有别于其他商品的特点。木材流通改革除必须遵循社会主义市场经济的一般规律外，还必须重视木材商品的特殊性。由于木材是森林资源的主要产品，木材流通的特殊性是与森林资源的特点分不开的。森林资源的特点主要有：①森林是再生资源。通过天然或人工更新，科学管理，可以达到青山常在，永续利用。②森林资源生长周期长。林木由小到大，需经过几十年甚至上百年的时间，漫长的生长周期，受自然力的影响大，决定了木材生产离不开保护森林资源。③森林资源兼具多种效益。如防风固沙、涵养水源、调节气候等。因此，国家必须对林业采取不同于其他行业的产业政策。

(2) 林产品流通的特殊性。正是由于森林资源的特点，决定了林产品是一种特殊的商品，因此林产品流通除了有一般商品流通所必须遵循的市场经济的一般规律外，还具有以下特点：

一是林产品流通离不开林业的发展。林业发展是搞活流通的根本前提，林业既是一项产业，又是社会公益事业，搞好林产品流通，必须首先保护好森林资源，保护好森林资源是搞活林产品流通的前提和保障；反过来林产品流通搞活了，也会促进森林资源的保护与发展。所以，搞活林产品流通和保护森林资源是一个事物的两个方面，是互相促进、相辅相成的关系。

二是林产品流通过程中不能完全通过市场来调节。对一般商品流通来讲，市场的调节作用通过供求关系变动引起产品的价格变化，从而影响市场主体的行为，达到抑制或促进生产的目的。但由于我国是一个少林的国家，人均森林面积和蓄积均居世界后列，林产品生产不够丰富，使得林产品流通不能也不可能完全靠市场的调节。

三是国家必须实行对林产品流通的宏观调控。虽然国家的宏观调控在其他商品流通过程中也存在，但在林产品流通过程中国家宏观调控的地位更重要，作用也更明显。国家通过制定相应的法律、法规、政策，来制约林产品流通市场的主体行为，借助相应的金融、税收、财政、价格等经济手段，通过市场调节来达到对林产品流通的宏观调控，使林产品流通充分体现林产品商品的特殊性，从而保障流通的协调发展。

林业部门作为专门管理林产品再生产过程的纵向产业部门，最为关注的是与林产品的生产和流通紧密相关的社会生态效益，林产品流通的特殊性决定了，只有林业部门才会将自身利益和林产品流通宏观调控各项目标真正地全面地结合。

(3) 林业部门拥有管理林产品流通的经验。首先，林业部门有管理林产品流通的久远历史。在建国以来的林产品流通管理体制变迁过程中，由林业部门集中统一管理的有14年时间，积累了丰富的经验。其次，林业部门拥有完整的资源和林政管理机构及监督体系。林业部门在其长期的林产品流通管理过程中已形成了一套完整的林政管理机构，全国各省、区林业厅(局)均设有森林资源和林政管理机构。第三，针对主要的林产品木材的生产流通，林业部门建立了一系列法规和管理制度。这些制度主要有：森林采伐限额制度、凭证运输木材制度、木材销售总账制度、木材经营加工许可证制度，以及对木材生产、销售、运输实行的“三总量”控制等。

由此可见，林业部门在林产品流通调控中占据了主导地位。那么，在新的市场经济条件下，就要很好地发挥林业部门在流通中的调控职能，通过各种政策措施保障林产品的顺利流通。

2．林业部门的职能

林业部门对林产品生产的管理，主要有以下几个方面的内容：

(1) 协同计委确定林产品的生产量，尤其是对木材林产品生产量的确定。这是因为，木材的采伐量，是采用指令性计划的，严格控制木材的采伐量，即把木材供给的总量控制在资源所能承受的限度内。另一方面，也对木材采伐证实行管理，包括核定、发放和监督检查等。南方各地的“木材检查站”就是为此目的而设立的，检查站被赋予对过往的木材进行检查，包括对流通中的木材的必备文件如采伐证、运输证及育林金等缴纳凭证等文件的检查与监督，如果手续不全，则将受到各种处罚。这是用指令性计划及相应的行政强制手段对木材的供给进行源头控制和总量调节，以免导致生态环境受破坏的恶果。

(2) 在林产品进入市场后，对于某些特殊加工品的供给也进行了控制，如林业部根据国务院的有关决定，做出了对刨花板、热固性树脂装饰层压板、栲胶、紫胶等四种林产品实行许可证制度，以加强对林产工业产品的质量管理和监督，促进森林资源的合理利用。

(3) 对木材类林产品市场进行计量管理与监督。由于木材使用价值的质的多样性和复杂性，使评价和计量木材成为困难的事，但这又是木材市场交换的必要基础工作和前提条件。木材市场需要的是特殊的、与其他专业市场不可通用的计量标准。按国家规定的木材计量与检验标准对木材市场进行监督，是林业部门对木材市场管理的重要内容之一。木材检验的内容包括对木材尺寸检查、树种划分、等级评定、材积计算、树种区分等。要对如此复杂的内容进行规范的评价和测定，一是需要制订详细又明确的标准，二是要有相当素质的专职检验人员。对木材检验人员的素质培训、检查以及对国家规定的检验标准的执行情况进行检查监督，均是木材市场管理必要的工作内容。

(4) 财务管理。林业部门也对某些林产品实行财务管理。以木材为例，根据《森林法》第一章第六条中

（三）、（五）的规定："征收育林费，专门用于造林育林"，"建立林业基金制度"，林业部、财政部对进入市场的木材征收"两金"(育林基金和更改资金)的具体细则。育林基金是依法征收的，具有税收的性质，但它不作为财政收入，而是由林业部门征收和管理、使用，保证其专门用于造林、育林等。育林基金的征收环节是在木材收购环节上。财务管理也是林业管理部门对林产品市场管理的一个手段和一个方面的内容。

(5) 对林产品流向的管理。对林产品流向的计划、组织与控制，包括对林产品基本流向的计划、落实、监督，以及对长途运输计划的申报批准等管理。

（二）工商行政管理部门

工商行政管理部门对林产品流通的管理和协调职能主要体现在以下几个方面：

1．对林产品经营者的登记管理

在市场开放后，进入市场不仅有原来经营林产品的国营企业，而且有新增加的国营和集体企业，还有个体经营者。不管国有、集体企业还是个体经营者，要取得经营林产品的合法权利，都必须首先向工商行政管理部门登记，领取营业执照以取得合法经营者的资格。

登记的内容包括经营者(企业)的名称、地址、经济性质、法人代表姓名、开业时间、经营范围、经营方式、资金数额、职工或从业人数等内容。对于上述内容，在经营过程中如有变动，亦须进行登记。此外，歇业也须登记。

2．商标管理

商标管理又包括商标注册管理、商标使用管理。具体有以下的内容：

(1) 商标注册管理。企业使用商标，须向当地的工商行政管理部门提出申请，提交有关的文件，经审批之后方可使用。转移商标亦须按同样的程序办理。停止使用商标，也必须向工商行政管理部门缴销。

(2) 商标使用的检查、监督管理。工商行政管理部门负责对商标的使用情况进行检查和监督。商标一经审批，就须长期地固定使用，不得随意更换，以保证商标的信誉。有的商品不必使用商标的，也必须在商品上注明厂名、地址等，以便检查监督。如属优质商品，经工商行政管理部门核实后，可在商标上注明。

(3) 商标使用人的权利和义务。商标使用人对于已经审批使用的商标具有专用权、转移权及长期使用权。同时作为商标使用人，有保证商标的合法使用、保证商品质量和商标信誉的义务。工商行政管理部门保护商标使用人的合法权利，也负有监督商标使用人履行义务的责任。

3．合同管理

工商部门对林产品市场买卖关系中的经济合同进行管理，其内容包括，对合同的履行情况进行检查、监督，如果违反合同法工商行政管理部门有权督促其执行或提请有关部门裁决；对假合同、倒卖合同等进行调查处理，情节严重的，移交司法部门办理。

4．对林产品市场的管理

对林产品市场的管理，保护合法的林产品尤其是木材的流通和取缔非法经营者，保证林产品市场运行的有序性。这里重要的是弄清"管"与"活"的关系，管是为了活，为了搞活林产品市场，进而搞活林业经济，这是进行管理的目的。因此，要为搞活而管理，但要避免把市场往死里管、窒息林业经济活力的种种做法，坚持"管而不死，活而不乱"的原则。这样的原则要求：第一是必须保护合法经营，这有两个方面的含义：既要保护合法经营者的正当权益，取缔非法经营者，又要保护合法的林产品流通，这样才能有效地保护合法经营者的合法经营。在现实生活中，这方面的问题是比较突出的，不仅是非法经营者为数不小，而且木材类林产品中非法的木材也占相当的比重，流通秩序严重混乱。第二是必须坚持经常性的管理，才能保证市场交换活动的正常进行，保证市场运行的有序性。

（三）物价部门

在林产品价格管理中，物价管理部门的职能主要是协同林业部门、财政部门共同对林产品价格运动情况进行检查、监督和控制。

1．对木材价格的管理

目前，我国主要的林产品木材产品价格的指定有两种形式，一是计划性价格，二是指导性价格，这主要是针对南北方不同的林区而言的。在北方国营林区，对木材生产和流通仍实行以指令性计划管理为主，实行的是计划价格形式，这是由物价、财政和林业部门协同对计划价格水平进行测算、确定、调整、检查和控制。而在南方集体林区，取消了计划价格形式，但没有取消对木材价格的管理，由物价、林业和财政部门协同对木材收购价和销售价格实行指导性价格的管理形式，根据各不同时期供求等各方面的情况，确定最低收购保护价和最高销售价格，并进行检查、监督和调整。

2．对林价的管理

林价是活立木价值的货币表现形式。在立木交易尚未成为经常性的经济行为的情况下，林价也未能成为市场价格的正常形式。促林价同营林育林者的利益息息相关，因而直接关系到营林业的兴与衰。为了保证森林资源的正常更新和扩大再生产，国家对林价采取了特殊的管理形式，由物价部门、财政部门及林业部门制定林价制度，包括对林价水平、实现形式及林价的分配与使用等一系列细则进行明确的规定，用强制性的行政方法、行政手段来保证它的实施和贯彻。这是保护森林资源再生产的特殊管理方法，也是适合林业生产特点的特殊措施，即使是在市场经济的西方国家里，也实施林价制度来保证森林资源的更新与发展。

3．对非木材类林产品价格的管理

在市场经济体制下，商品的价格变动虽然是通过市场的供求变化来实现，但仅仅靠市场的调节，容易造成价格巨大波动，比如，对于供不应求的林产品，有的商家可能把货囤积起来，以高出产品价格很多倍的价格卖出，而对于供过于求的林产品，可能会以很低的价格卖出，高价卖出会损害到消费者的利益，而低价抛货，又会损害到其他经营者的利益，造成恶性竞争。基于这种现象，就需要物价部门对林产品的价格进行调节和控制。

（四）财政部门

财政部门是国家参与国民收入再分配的职能部门，在市场经济中，国家对商品进行宏观调控的手段之一就是财政手段。在林产品流通宏观调控中，财政部门的职能主要是：

1．监督林产品经营者的财务发生情况

财政部门可以通过检查林产品经营者是否遵守国家财经制度，企业有关财会人员是否履行职责来保证林产品经营企业在经济活动中的合法性。

2．监督林产品税收的缴纳

目前，林产品税收主要集中在流通领域，而在木材流通过程中，偷税漏税现象十分严重。财政部门通过监督和控制林产品税收的缴纳，特有助于林产品市场公正、合法的运行。

在林产品流通的调控中，除了以上的重要职能部门外，还有一些其他的职能部门，如交通运输、税收、司法、公安等也都通过发挥其专门职能来保证林产品流通过程通畅、公正地进行。此外，在对林产品流通进行宏观调控时，还必须由纵向管理部门——林业部门来牵头，出面协调各横向管理部门共同参与，从而形成一个灵敏有效的控制系统。

（五）林业协会

林业协会是由本行业小的企业自愿联合起来的民间组织，协会的章程、规划及领导等也是由参加协会的企业民主讨论决定。行业协会是社会化专业化的产物。随着生产社会化专业化的发展，一方面是不同部门不同企业之间的联系密切，另一方面是部门及部门之间的竞争激烈。为了保护企业自身的利益，为了协调部门内各企业之间及同其他部门的关系，需要组织行业协会，以保证市场经营的正常进行，活跃社会主义经济。林业协会是对本行业的经济活动进行管理的组织机构，是非行政性的管理组织。它作为联结、沟通政府和企业之间的桥梁，起着承上启下的作用。一方面它作为行业的代表，可以向国家政府组织反映本行业的情况和要求；另一方面它又可根据国家的总体政策和计划，对本行业内各企业的经济活动进行组织、协调、沟通、指导。林业协会既是同行业的民间组织，是一个不受行政区域限制的、可以跨地区跨部门的组织，也是行政管理组织的得力助手。

林业协会既不是行政组织，就不可能运用行政手段来对企业进行强制性的直接管理，它必须讲求经济核算，尊重经济规律的作用，运用经济手段实施行业管理。林业协会管理的主要内容是：

（1）制订林业协会的章程、标准等，合理组织本行业的供产销活动。

(2) 根据国家计划制订本林业发展规划和方向。

(3) 组织林业的技术、信息交流和专业化协作。

(4) 协调林业内各企业之间的关系，加强企业之间的联系，如进行林产品销售价格的交流和协调等。

通过这样的管理，就把各分散的企业组织了起来，并使各企业的经营活动能协调有序地进行，促进林业的合理分工和布局，提高林业的竞争能力和经济效益。

面对着日益激烈的竞争，为了协调林产品经营企业之间的关系，提高行业的经营能力，有的省已组织了林业协会，这些协会对林产品市场营销起到了积极的指导、协调、管理作用。

第三节　林产品流通客体

一、林产品流通客体的界定

流通客体就是指在生产领域与消费领域之间运行着的流通物。从自然属性来划分，商品流通客体包括消费品和生产资料两大类。从产业性质来划分，商品流通客体包括农产品、工业品和服务产品三大类。因此，林产品流通的客体就是指林产品流通过程中的载体，即是说流通过程中的所有林产品。

二、林产品流通客体的构成

我国虽然是缺林的国家，但在森林资源方面也存在着相当大的优势：首先，资源类型多，这主要指的树种多、树种组多、森林类型多和珍贵经济林木多。全世界木本植物2万余种，我国就有约8000余种，占世界木本植物种类的40%，其中乔木2000多种。同时，我国还有许多具有很高价值的树种，如银杏、红豆杉、橡胶树、红木、杜仲等。另一方面，独特的地理、气候条件等自然因素，使我国形成了森林资源类型多的特点。我国的森林类型主要有雨林、热带季雨林、亚热带常绿阔叶林、暖温带落叶阔叶林、温带针叶林与阔叶混交林、寒温带针叶林等多种。其次，我国的竹类资源十分丰富。竹类是一种可再生和持续利用的资源，具有生产快、繁殖力强、产量高、适应性广、用途多等特点。东南亚各国把竹林资源誉为“绿色金矿”。我国是世界上竹类资源最多的国家，共有40多属400多种，竹子的面积和蓄积及年产量均居世界之首。第三，我国盛产林副产品。我国林副产品资源丰富，其中不少产品产量位居世界前列，尤其是松香，产量高、质量好，在国际上享有很好的声誉。我国2004年松香出口34.29万t，比2003年增长13.84%。第四，我国森林资源发展空间很大。森林资源是决定林业生存和发展的基础。目前，我国不但有众多的林地，而且我国人工林规模也很大，这些都为我国森林资源的发展提供了广阔的空间。森林资源的丰富为我国林产品的生产提供了前提，也为我国林产品种类的繁多提供了基础。我国作为一个生产林产品的大国，生产的林产品十分丰富且种类繁多。但总的来说，我国的林产品主要分为两类：木质类林产品和非木质类林产品。这两类林产品构成了林产品流通的客体。

（一）木质林产品

木质类林产品是指木材或以木材为原料而加工出的林产品。木质林产品主要有8类：原木、锯材（包括特形材）、人造板及单板（包括单板、胶合板、刨花板、纤维板和强化木）、木制品、家具、木片、纸类（包括木浆、纸和纸制品、印刷品等）、其他（薪材、木炭等）。

1．原木

2004年，我国的木材产量在2003年开始出现增长的基础上继续回升，产量达到5197.33万m^3，增长9.21%，其中原木4712.09万m^3，增长9.08%。2004年，我国原木出口减少，出口6137m^3，出口额为195.9万美元。进口原木2630.85万m^3，进口额为28.04亿美元，分别比2003年增长3.35%和14.59%。原木进口量中，阔叶材占39.17%，进口量略有下降；针叶材占60.83%，与2003年相比，比重提高了1.83个百分点，进口量小幅回升。由此可以看出，在2004年，我国的原木进口增长总体上是进一步趋缓的。同时，2004年，进口原木的区域集中度有了明显的提高。依进口数量列前5位的是：俄罗斯（60.48%）、马来西亚（10.34%）、巴布亚新几内亚（5.00%）、缅甸（4.01%）、新西兰（3.18%）。

2．锯材

2004年，我国的锯材产量为1532.54万m^3，与2003年的1126.87万m^3相比，上升了405.67万m^3。但在2004年，我国的锯材出口总量减少，进口加速增长：

锯材（不包括特形材）出口48.93万m^3，出口额为2.20亿美元，分别比2003年下降9.98%和7.17%，其中针叶锯材出口快速增长，而阔叶锯材出口大幅下降；锯材进口605.17万m^3，进口额为13.87亿美元，分别增长8.10%和15.71%，其中针叶材进口174.59万m^3，占28.85%，阔叶材进口430.57万m^3，占71.15%，分别比2003年增长19.60%和4.05%。我国锯材主要出口日本（71.44%）、韩国（11.66%）；进口主要来自印度尼西亚（15.88%）、俄罗斯（13.78%）、泰国（13.78%）、美国（12.93%）和加拿大（7.26%）。

在锯材出口总量减少的同时，特形材的出口继续保持高速增长，出口额为2.78亿美元，比2003年增长47.87%。主要销往美国、日本、英国、加拿大、爱尔兰等地。

3. 人造板及单板

人造板工业在林业行业内属技术密集型产业，它是我国林业产业的支柱之一，是林产工业的核心。它的发展对调整林业产业结构、产品结构，合理利用森林资源，带动森林资源的定向培育，满足国民经济对林产品的不同需求，发挥着不同不可替代的作用。随着我国“天然林保护工程”的实施，我国利用的森林资源将由天然林转变为人工林，这种作用将日益显著。近几年来，我国的人造板工业发展很快。2004年，我国的人造板产量为4302万m^3，出口成倍增长，进口总量下降。从品种结构看，人造板出口中胶合板仍占主导地位，同时纤维板所占份额也快速提高。胶合板出口大幅增长的主要原因在于：一方面我国胶合板生产企业的生产技术不断提高，使得我国的胶合板的质量水平也得到了相应的提高；另一方面，我国的胶合板生产原料主要来自国内的木材，因而受国际木材价格上涨的影响小，这使我国的胶合板在国际市场上具有较强的价格竞争优势。人造板进口仍以胶合板和纤维板为主，但胶合板所占份额进一步提高，纤维板所占份额快速下降；在价格方面，刨花板的出口价格大幅下降，其他价格指标均有不同程度上涨。

2004年，单板出口增长趋缓，进口量大幅下降，价格全面上涨。单板出口11.05万m^3，出口额1.21亿美元，分别比2003年增长3.66%和9.01%；单板进口15.41万m^3，比2003年下降31.02%，进口额1.10亿美元，比2003年增长14.58%；进、出口平均价格分别上涨66.74%和5.12%。

4. 家具和木制品

家具属资源密集型的产品，我国有丰富的森林资源作后盾，生产成本低，出口有一定的优势。据中国家具协会统计，我国家具产业近年来不仅发展速度很快，而且家具出口也保持逐年上升的趋势。2004年，我国木家具进出口贸易高速增长，但增幅有所回落，出口增幅远高于进口，贸易顺差进一步扩大。2004年，我国木家具出口52.29亿美元，进口0.73亿美元，分别比2003年增长37.03%和19.67%，增幅分别回落了3.99个百分点和36.74个百分点。进出口贸易顺差51.56亿美元，比2003年增长37.31%。

2004年，我国木制品进出口增速加快，贸易顺差进一步扩大。木制品出口29.35亿美元、进口0.53亿美元，分别比2003年增长27.66%和51.43%，进出口贸易顺差28.82亿美元，比2003年扩大了27.30%。

5. 纸类

造纸工业是国民经济的基础产业，其产品总量的90%属于生产资料，10%用于生活消费。我国虽是纸类产品生产的大国，生产量也巨大，但与国际先进水平相比，仍然存在很大差距，表现在以下几个方面：原料结构严重失调；企业规模普遍偏小；浆纸品种少，档次低；严重污染环境等。

2004年，我国纸类产品进出口快速增长，贸易逆差进一步扩大；从产品结构看，进口总额中木浆和废纸的比重提高，纸和纸制品的比重下降；从进口数量与价格看，木浆和废纸进口增加，价格上涨；纸和纸制品进口数量减少、平均价格上涨，但生活用纸进口价格下降。2004年，纸类产品出口9.49亿美元，进口86.95亿美元，比2003年分别增长了30.92%和20.75%，进出口贸易逆差77.46亿美元，扩大了19.61%。出口产品以纸和纸制品、印刷品为主；进口产品以纸和纸制品、木浆、废纸为主，在纸和纸制品进出口额中，包装用纸和纸制品的份额最大，其次是书写印刷用纸和纸制品。总体来说，虽然2004年我国纸和纸制品进口数量减少了，但进口额却反而增加。存在这种现象的原因在于我国纸产品国内供给增加的主要是中低档产品，而某些中高档纸产品由于受原料、技术等因素的制约，国内供给仍然不能满足市场需求，需要大量进口，这就使进口产品构成中，高货值产品比例增加，而低货值产品比例则在降低。

（二）非木质林产品

非木质类林产品种类繁多，它既包括林区生长的林副特产品，如果类、药材、茶和菌、竹笋、山野菜类，也包括进行加工过的林化产品，如松香、活性炭、橡胶、棕榈油等。非木质林产品划分为7类：苗木类，菌、竹笋、山野菜类，果类，茶、咖啡类，调料、药材、补品类，林化产品类，竹、藤、软木类（含竹藤家具）。

1．林副特产品

主要包括经济产品、食用菌、中草药、小野浆果、山野菜和竹材等，它是森林资源的重要组成部分。发展和开发林副特产品是实现高效、优质和高产林业的要求，是使林区、山区富裕起来的重要途径。改革开放以来，我国林副特产品的生产有了很大的发展，多种经营产值每年以16%的速度增长，特别是经济林在林业生产中的地位不断提高。近年来，林副特产品的生产以成为各地脱贫致富、发展经济的主要途径，也是林业实现森林资源良性循环的主要途径。

(1) 果类产品

我国地域辽阔，气候多样，因而果品资源十分丰富。作为世界果树大国，我国果树栽培历史悠久，资源丰富，水果和干果达50余种，世界果树起源最早、种类最多的原产地和世界著名果树古国之一。果类产品是我国出口的最大宗非木质林产品。2004年，我国果类产品进出口快速增长，进口增幅高于出口增幅，贸易顺差进一步扩大。果类出口18.59亿美元，进口6.78亿美元，贸易顺差11.81亿美元，分别比2003年增长22.30%、30.64% 和17.98%。

(2) 菌、竹笋、山野菜类

2004年，菌、竹笋、山野菜类出口9.60亿美元，比2003年增长22.76%，其中：菌类出口7.58亿美元、竹笋出口1.82亿美元，分别比2003年增长23.08%和26.93%，山野菜出口0.20亿美元，比2003年减少8.82%；菌、竹笋、山野菜类进口0.04亿美元。

(3) 茶、咖啡类

2004年，茶、咖啡类出口5.64亿美元，进口1.63亿美元，分别比2003年增长20.51%和18.12%。出口产品以茶叶为主，茶叶出口28.02万t，出口额为4.37亿美元；进口以可可及其制品、咖啡及其制品为主，进口额分别为1.36亿美元和0.20亿美元。

(4) 竹、藤、软木类

2004年，竹、藤、软木类出口6.67亿美元，进口0.59亿美元，分别比2003年增长23.29%和11.32%。主要出口于美国（30.10%）、中国香港（15.87%）、日本（9.81%）、英国（5.17%）、德国（4.61%）；进口主要来自葡萄牙（26.79%）、印度尼西亚（24.09%）、越南（18.95%）、中国台湾（9.40%）、西班牙（8.41%）等地。

(5) 调料、药材、补品类

2004年，调料、药材、补品类出口4.30亿美元，比2003年增长10.26%，进口0.54亿美元。这类产品主要出口日本、中国香港、美国、韩国、越南等地。

(6) 苗木类

2004年，苗木类出口0.63亿美元，进口0.26亿美元，分别比2003年增长32.54%和9.87%。

2．林化产品类

林产化学工业是森林资源综合利用的重要组成部分，是提高森林经济效益的重要途径和林化现代化程度的标志之一。林产化工也是林业主要产业之一，林化产品是轻工、食品等工业的重要原材料，多数林化产品都有出口，其中，松香是我国的重要出口产品，占世界松香贸易总量的50%以上。几十年来，我国林化产品从4大类21个品种增加到现在的120多个品种。到目前为止，基本形成了以松香为主，以活性炭、栲胶、紫胶、松节油、樟脑等为辅的林产化学工业。因此，发展我国林化工业对外贸易，对于我国林业走向世界具有重要意义。

2004年，我国林化产品进出口快速增长，进口增幅远高于出口增幅，贸易逆差进一步扩大。2004年，我国林化产品出口4.58亿美元，进口36.91亿美元，比2003年分别增长17.44%和30.52%；进出口贸易逆差32.33亿美元，比2003年扩大了32.61%。出口林化产品主要是松香和活性炭，其中，松香出口34.29万t，出口平均价格为477.85美元/t；活性炭出口21.77万t，出口平均价格541.59美元/t。进口林化产品以棕榈油及其分离品、天然树胶及天然橡胶为主，其中，棕榈油及其分离品进口385.72万t，进口平均价格484.27美元/t；天然橡胶及天然树胶进口128.44万t，进口平均价格1186.96美元/t。我国的林化产品出口主要销往日本、美国、韩国、荷兰、比利时；进口主要来自马来西亚、印度尼西亚、泰国、越南和印度。

三、林产品客体结构存在的问题分析

（一）产品结构存在的问题分析

1．原木和与锯材

从1998年起，我国在17个省（自治区）实行了“天然林保护工程”，木材产量锐减。尽管我国2004年的木材产量有所回升，但从近十年看，我国木材产量呈现出减少的趋势。因此，商品及生活用材明显不足。据统计，2004年，我国进口原木和锯材的数量达3236.02万m^3，原木在进口增长总体上进一步趋缓，而锯材的进口则加速增长。木材品种结构的是否合理是由我国森林结构决定的。正是由于我国森林结构的不合理，导致了木材产品结构的不合理。森林结构的不合理表现在林种结构的不合理、林龄结构的不合理以及树种结构不合理三个方面。

(1) 林种结构的不合理

近年来，我国加大了对林种结构的调整，如防护林面积为5474.63万hm^2，特用林面积为638.02万hm^2，两者合计占林分面积的42.82%，上升了21个百分点；用材林面积7862.58万hm^2，占林分面积的55.07%，下降了19个百分点。但我国林种结构依然存在不合理，突出表现在用材林和防护林比重大，分别为55.07%和38.34%，而其他林种比重较少，特用林为4.47%，以及薪炭林为2.12%，薪炭林是林种面积比例最低的。

(2) 林龄结构的不合理

目前，我国林分每公顷株数增加了72株、蓄积量增加了2.59m^3，中龄林和近熟林面积比例提高了2.99个百分点，阔叶林和针阔混交林面积比例增加了3个百分点。龄组结构发生了可喜变化，但总的来说，依然存在着不合理的问题。林龄结构的不合理主要反映在幼、中龄林多，成熟林资源少的林分低龄化上，林龄结构严重失调。全国森林中幼龄林和中龄林占3/2以上，在用材林中，尤其是在老的国家林区已接近无成熟林可采伐的状态。

(3) 树种结构的不合理

在我国森林资源中，栎类、马尾松、杉木、桦木、落叶松5个优势树种（组）面积、蓄积所占比重较大，其面积合计7130.78万hm^2，占林分面积的49.94%；蓄积合计449414.98万m^3，占林分蓄积的37.15%。以冷杉、铁杉、云杉、高山松和云南松为优势树种的林分每公顷蓄积量较高。由此可见，我国的优势树种少，树种单一的现象仍比较严重，使得我国的木材不能很好地适应国内外木材市场的需求，从而导致我国的木材品种结构不尽合理。

2．人造板

据统计，我国已建成投产的人造板厂超过3000家，设计能力约为每年2000万m^3，形成了以胶合板、刨花板和中密度纤维板为主的人造板工业构架，继续保持增长的态势。2004年，我国人造板产量达到5446.49万m^3，比2003年增长19.61%，其中热带材人造板产量393.15万m^3，占全部人造板产量的7.22%。在全部人造板产量中，胶合板产量2098.62万m^3，与2003年基本持平；纤维板产量1560.46万m^3，比2003年增长38.30%；刨花板产量642.92万m^3，比2003年增长17.45%；其他人造板产量1144.49万m^3（细工板占76.97%），增长47.62%。

2004年，我国的人造板出口成倍增长，从品种结构看，出口仍以胶合板为主；进口则以胶合板和纤维板为主，但胶合板所占份额进一步提高，纤维板所占份额快速下降；价格方面，刨花板的出口价格大幅下降。2004年，胶合板、纤维板和刨花板进出口总量和结构变化在于：一方面，我国的胶合板生产技术不断得到改善，使得胶合板的质量得到了提高，同时胶合板的价格并未受到国际市场的影响，具有一定的价格优势；另一方面，我国的纤维板产业和刨花板产业仍处于发展水平较低的阶段。

我国人造板存在着产品结构不合理问题。不论是从产量还是从消费的角度看，我国的胶合板都占了很大的比例。近几年，发达国家胶合板呈负增长，其主要原因是原料的限制和部分被其他产品取代。我国的人造板在量上已达到了一定的规模，但绝大部分仅限素板大路货，功能型产品少，深加工比例小；定向刨花板、高性能复合板、无机胶粘剂人造板、特殊用途的板材比例偏小；特厚板和薄板比例偏低；防潮、防蛀、阻燃等功能板比例更少；深加工和高技术新产品比例很小；后成型板材、智能板材及环境板材亟待开发。

3．制浆造纸

我国的造纸工业虽然在国家产业的发展中占有重要的地位，而且就产量而言，也位居世界前列，但我国的浆纸品种少、档次低却是一个不争的事实。出现这样的结果在于：首先，我国造纸的原料结构严重失调。由于麦草资源廉价丰富和中国建国以后森林资源的匮乏，因而，我国的制浆原料主要以草类纤维（麦草、稻草、芦苇、蔗渣等）为主，占80%，而世界纸业是以木纤维（针叶树、阔叶树）为主，占95%。我国纸品仅600余种，50%属中低档产品，而发达国家拥有1000多种中高档产品。随着社会经济的迅猛发展，低档浆纸的需求愈来愈少，而我国还没有充足的能力去生产高档纸，只能依赖进口。其次，严重污染环境是促使浆纸产业结构进行调整的又一因素。麦草制浆所产生的黑液对环境危害极大，而且治理的难度大、技术要求高。面对环保的重负，中国被迫关闭了大量的年产1.7万t以下的小造纸厂，开始了浆纸产业结构的调整。

4．林化产品

我国林化产业的基本情况是：资源丰富、发展潜力大，有几个林化产品在国际市场上处于垄断地位，但由于多方面的原因，使资源优势并不能变为经济优势。这主要体现在以下几个方面：

一是我国林化产品生产规模小型化严重，深加工层次低，附加值低。生产规模小型化倾向是我国林化工业的基本特点，是制约我国林化产品开拓国际市场的重要因素之一，其中以松香生产规模小型化更为突出。据不完全统计，我国有松香厂300余个，栲胶厂35个，紫胶厂22个以及活性炭厂257个。主要林化产品的产量和品种都有较大增加，但林化产品的深加工还有待进一步加强。拿松香为例，虽然松香再加工产品的几大品种均有生产，但生产产量小，生产规模小，产品品种少，没有形成系列，深加工层次低，只有少量第三代产品生产，出口基本上是初级产品松香。

二是市场体系不健全、流通不畅已成为阻碍我国林化产品走向世界的又一重要因素。目前全国建立了不少商品交易中心，也建立了几个木材交易中心，而面广量大的林化产品则尚缺乏这一市场形式，林化产品市场地区分割，小型分散，信息闭塞，流通不畅，现有商品（特别是木材）交易中心还存在着许多问题，其中尤为突出的是：①会员结构不合理，代理工作未展开。如南京木材交易中心的8个会员中无供材大户、用材大户，这样就难形成像样的市场。同时代理未很好开展，大家进场不积极。②服务质量不高，尤其是信息服务滞后，不能提供权威性的市场预测信息，未能形成价格机制。我国香料植物资源丰富，芳香油年产量2万～3万t，其中按树芳香油在世界市场上占有垄断地位，年产量4500t以上，其中2580t出口，占世界贸易总量3000多t的80%以上，在西欧和北美的消费市场上均处在垄断地位。因此，中国产品对国际市场上按树芳香油的价格具有决定性影响。但是，由于市场体系不健全，西方一些主要消费者很难获得中国产品出口量的信息，也很难预测价格。我国按树芳香油也是个体农民或乡镇企业进行小规模分散生产，粗油售给精炼厂和化工厂，或直接出售给商业部门。小规模生产同样使资源受到很大破坏。

三是资源破坏严重，缺乏基地建设，造成原料严重不足，生产能力过剩。以松香为主的林化产品是资源约束性极强的商品。我国松香使以活立木采割树脂为主要原料来源，因此，在有限的资源的情况下，又缺乏基地建设，盲目扩大产量的大量小型松香厂的出现，必然会导致乱割滥采，造成松脂资源枯竭和严重破坏林木的生长。

5．果类

从1993年开始，我国果品总产量和果树栽培面积超过印度、巴西和美国，位居世界第一位。从品种来看，苹果和梨的产量均居世界各国之首。我国树种结构也趋于合理，名、特、优、稀树种和品种得到恢复和发展，果树品种更新换代速度加快。近年来，苹果、梨的面积在果树总面积中的比重有较大幅度的下降，而柑橘则由1994年27.2%上升到1995年的37.9%，树种结构趋于合理。同时，各地根据市场需求的变化，扩大了“高接换种”为代表的品种结构调整力度，辅之以配套技术的推广，扩大了优质水果种植面积。

尽管如此，我国的果品结构仍然不合理，适合加工的果品少。目前，我国果品产量的绝大多数是以鲜果消费为主的苹果、梨、柑橘、桃和油桃等，适合不同需要的不同特色品种和不同上市期的品种相对较少。在树种结构中，鲜果类面积偏大，干果类比例偏低，特别是苹果、梨、柑橘三大果树面积偏大，占果品总面积54%。从整个世界市场来看，虽然新鲜果品消费量很大，且在不断地增长，但加工果品消费的增长速度大大快于新鲜果品消费的增长速度。中国适合加工的果品品种较少，即使有一些适合加工的品种，也由于加工技术落后，大批量生产的成本和质量问题严重，难以进入国际市场。

（二）林产品进出口结构

我国林产品进出口结构比较复杂，如木材及其加工产品需要大规模进口，而松香、桐油、茶叶、竹类产品等林化、林副产品相对丰富，需大规模地出口。因此，就我国林业产业特点看，我国的林产工业应该属于进口资源加工型产业。

1. 林产品产业结构概念

广义的产业结构概念既是指产业间关系结构，又是指产业内的关系结构。据此，确定林业产业结构的概念就比较容易了。所谓林业产业结构，就是指林业内部的各种关系和比例。

这里，之所以对林产品产业结构给予如上定义，其理由主要缘于两个方面：一方面，是产业内的关系结构本身就包含在广义的产业结构之中；另一方面，产业内的关系结构就是指一特定的产业结构的观点已得到国际上专家的认可或共识。如专以产业内的企业间关系为研究对象的“产业组织理论”创始人美国的贝思，在1959年出版的《产业组织》一书中，就已把产业内的企业间关系列入产业组织理论的研究中了。后来，在1966年出版的《产业结构的国际比较》中，他所称的“产业结构”，明确所指的就是产业内的企业间关系。

2. 林业产业结构的主要内容

据上述林业及林业产业结构概念的指向，林业产业结构的主要内容应包括林业内部如下几个方面的关系或比例：

第一，是企业构成结构。主要有企业（这里的企业，不仅指作为微观经济主体的企业，还包括企业的集合，即所有从事营林或木材加工业的企业总和，或称营林行业或木材加工行业）所有制结构；企业和亚企业（公益事业）结构；企业规模结构等。

第二，是投入结构。主要包括：投资结构、劳动力结构；林地结构主要包括产品结构、产值结构、利税结构。若再细划，如在企业构成中，还可划分出营林与采运结构、营林中的林种结构等。

3. 林业产业结构

2004年，林业三次产业的产值结构比例由2003年的60.04：34.25：5.71调整为56.40：37.16：6.44。第一产业持续增长，但在产业结构中的比重继续呈下降趋势。与2003年相比，第一产业产值增长10.50%，在产业结构中的比重下降3.64个百分点。在第一产业中，以花卉、茶、桑、果、中药材为主导产品的产值达到1909.41亿元，占第一产业的比重为49.12%，同比增长14.39%；以营造林业产值、林产品采集产值、木竹材采运产值为全部内容的产值达到1563.52亿元，在第一产业中的比重为40.22%，同比增长5.88%；野生动物的狩猎、饲养繁殖等畜牧业，以及森林病虫害防治等林业服务业产值分别为138.79亿元、36.68亿元，在第一产业中的产值比重分别为3.57%和0.94%，同比增长23.27%和26.95%。

第二产业在木材加工及木、竹、藤、棕、草制品业的拉动下，增幅较大。2004年，林业第二产业实现产值2561.12亿元，比2003年增长27.58%，占林业总产值的37.16%，比2003年提高2.91个百分点。从产值结构看，木材加工及木、竹、藤、棕、草制品业产值最大，其他依次为木质、竹藤家具制造业、木竹浆造纸及纸制品业、非木质林产品加工制造业和木竹藤工艺品制造业。

第三产业增势强劲，比重增加。2004年，林业第三产业实现产值443.55亿元，比2003年增长32.48%，占林业总产值的6.44%，提高0.73个百分点。

四、调整林产品结构的必要性和方法

（一）调整林产品结构的必要性

对于林产品结构进行调整，对于发展我国的林产品，加强我国林产品市场竞争力，满足林产品消费市场需求等方面都有着举足轻重的意义。这主要体现在以下几个方面：

1．调整林产品结构是林产品结构优化的必然要求

目前，我国不论是哪类林产品，都存在着结构不合理问题。如在我国的人造板产业中，胶合板占有很大的比重，而纤维板和刨花板则很低；在果类产品中，主要是鲜果品多，如苹果、梨、桃和油桃等，而适合加工的果品却很少；在木材产品中，树种的相对单一，使得木材品种也不尽合理。林产品结构的不合理，对于我国林产品的发展有着巨大的影响。因而，进行林产品的结构调整，是为更好地发展我国林产品产业和促进林产品结构不断优化的必然要求。

2．满足林产品消费市场的必要条件

林产品的生产是为了更好地满足广大的消费者的消费需求。但我国有的林产品由于技术水平不高、生产规模小等原因，不能很好地满足人们的消费需求。如我国的纸类产品，由于原料的问题，大多地区只能生产出中低档纸产品，但随着经济的迅猛发展和人们生活水平的不断提高，消费者对中低档纸产品的消费需求下降，而对以木纤维为原料的中高档纸产品需求增多。因而，调整纸产品的品种结构，对满足我国消费者的消费需求和促进我国造纸业发展具有重大的意义。

3．促进我国林产品发展和对外贸易

2004年，我国林产品总体价格水平上涨，进出口贸易高速增长。进出口贸易总额达349.49亿美元，比2003年增长25.99%，其中：林产品出口额为163.01亿美元，增长33.22%；林产品进口额为186.48亿美元，增长20.29%，比2003年下降了0.44个百分点。2004年，林产品进出口贸易逆差为23.47亿美元，比2003年缩减了28.14%。尽管如此，由于我国林产品结构的不合理，使得我国林产品在对外贸易中并不占优势。比如说在造纸产业方面，尽管我国是生产纸和纸制品的大国，但我国的纸类产品由于中低档产品过多，而高档纸产品少，因而在国际竞争中缺乏优势；又比如林化产品的松香产品，由于我国生产规模小，技术水平低，产品品种少，没有形成系列，深加工层次低，出口的基本上是初级产品松香，致使我国松香这一优势产品未能很好地占领国际市场，转变为经济资源。因而能否调整林产品结构，是我国的林产品能否持续发展和进行对外贸易的关键。

（二）调整林产品结构的方法

林业结构调整遵循的原则是：稳步发展经济林，大力发展防护林、用材林、新炭林，重点抓好天然林保护、退耕还林、长江防护林工程建设，加快选育、引进优新品种步伐，合理布局，以调整林种、树种结构为重点，提高质量和效益。在重点区域大力发展茶业、花业、果业、蚕业，提高林业产业化经营水平和市场竞争力。以更好地满足社会对林产品的质量和品种多样化的需求，增加林产品总量，提高林业的经济效益。林业结构调整是一项复杂的系统工程，周期长、问题多、难度大。因此，必须采取有效措施，促使林业结构调整快速向前推进。

1．加快发展速生丰产林，调整林种树种结构

初级林产品的生产主要集中在速生丰产林的培育。我国速生丰产林起步于70年代末，到了80年代中期发展较快，引起了科研、生产部门的重视，对速生丰产林中的主要树种的材性、用途进行了广泛的研究，取得了很多的成果，对我国速生丰产林的利用和发展具有指导意义。目前有些成果已运用到生产中去了，取得了较好的经济效益。起步早的杨树、按树速生丰产林，现已采伐利用了。速生丰产用材林建设在我国刚起步时，仅局限于南方，造林树种以杉木为主，树种基本上单一。随着育苗技术和丰产林经营水平的提高，速生丰产林经营目标的多元化，造林树种也逐渐丰富起来。目前，我国主要的速生丰产林造林树种有杉、松（马民松、火炬松、湿地松、云南松等）、落叶松（日本落叶松、长白落叶松、兴安落叶松、华北落叶松等）、杨（毛白杨、北京杨、I—69、I—63、I—72等）、桉（尾叶桉、巨桉等）、刺槐、柳杉、白榆、泡桐（兰考泡桐、楸叶桐、豫林一号等）及南洋楹等数十种。从造林规模来看，其又以杉、松、泡桐、落叶松和桉树为主，估计占速生丰产林

造林总面积的90%以上。速生丰产林的发展为林产工业和造纸工业提供原料，同时也对缓解我国木材需大于供的矛盾将起到了很大作用。

2. 加强多层次开发和利用

草、灌、乔结合，长、中、短周期林产品生产结合，加强林业资源的多层次开发和利用。我国目前林木树种单一现象仍然很严重，林木种类的结构也不尽合理。同时，对于周期性的林产品，我国还未能很好地结合起来，造成林业资源的大量浪费。因此，我国应该在林木生产不断发展的同时，注重调整林种树种结构，积极引进新品、稀品和名品，提高良种覆盖率和林产品档次，大力发展名特优等高效林产品生产；针对林产品的生产周期，合理地安排生产，实现林业资源的综合利用和多层次开发。

3. 发挥地区优势，调整林产品生产布局

林产品的生产受地域、气候等自然条件的限制，各个地方的林产品生产不尽相同，因而，在发展林产品时，必须因地制宜，发展具有地方特色的林特产品、林副产品，形成地区优势，避免围绕市场转的现象：哪样产品市场需求大，也不考虑地方的实际情况，争相生产，从而造成大量资源的浪费。同时，还应该重视生产基地建设，如建设以长江以南地区的油茶、核桃等木本油料作物生产基地，茶叶基地等。

4. 加强科技开发，扩大生产规模，提高林产品的质量

我国某些林产品的结构不合理的因素在于我国生产技术水平低，生产规模小，深加工层次的产品很少，使得我国高质量的林产品品种相对较少。比如在人造板产业中，我国除了胶合板外，其他“二板”：纤维板和刨花板的生产技术水平都很低，其质量得不到提高，进而也就缺乏较强的市场竞争力；而在林化产品中，由于我国的生产技术水平跟不上，且生产规模小，使我国盛产的松香失去了独特的资源优势，在国民经济中还未充分发挥其经济优势。因此，加强科技开发，扩大林产品的生产规模，不断开发出深加工层次的林产品，是实现我国林产品结构调整的一个很重要的因素。

5. 加强政府对林业发展的投入和支持

对于林产品的结构调整，仅靠林业生产部门内部调整是不现实的，同时也是不科学的。林业生产者进行生产的主要目的就是赢利，在市场经济条件下，市场的需求状况在很大程度上决定了林业生产者的生产内容。一般是，市场需要什么，林业生产者就会加快生产什么，这既有积极的一面：能很好地满足人们对林产品的消费需求，但同时也有消极的一面：林业生产者的大力生产，会使某类林产品生产相对过剩，出现供大于需的状态，这在很大程度上造成了资源的浪费。而其他一些市场需求相对小、赢利少的产品，林业生产者却不愿意生产，这就会造成林产品结构的严重失调。因此，对于林产品结构的调整，我们还必须依靠强劲的政府支持和投入。

一是资金的投入。包括林业教育的投入和科技开发的投入。2004年，高中等林业教育、行业培训和人才开发工作继续保持良好的发展势头。全国普通高等林业院校招收研究生和其他高等学校、科研单位招收林科研究生3823人，比2003年增长32.9%。毕业研究生1329人，比2003年增长32.9%。而全国普通高等林业院校和其他普通高等学校的林科类本科、高职（专科）招生53763人，比2003年增长20.3%，而其他全国中等林业（园林）学校招生和其他中等职业院校招收林科学生也保持增长趋势。基于此，国家必须加大对林业教育资金的投入，尤其是一些重点门类的林业教育，以保证林业教育的实施，为我国林产品结构调整工作储备人才。

我国林产品的生产技术落后、品种少、深加工层次少，已是一个不争的事实。而要改变这种局面，对林产品结构进行合理的调整，进而达到优化，就要求我们必须加强对林产品的科技开发工作。2004年，我国林业科技成果取得了重大成就：各级科技成果管理机构认定的林业科技成果共228项，其中应用技术成果占成果总数的88%，有12项成果达国际领先水平、35项成果达国际先进水平、117项成果达国内领先水平、33项成果达国内先进水平等。这些科技成果的取得，离不开大量资金的支持。因此，国家应该加大对我国林产品科技工作投资的力度，以研究开发出更多新技术、新产品，为实现我国的林产品结构调整打下坚实的基础。

二是政策的制定。政策的制定和实施是保证林产品结构调整顺利进行的关键。在市场经济条件下，对商品生产的调节有两个杠杆：一个是市场供需情况这只“无

形的手”，另一个就是政府的宏观调控。而政府的宏观调控在一般情况下都是通过政策的实施来完成的。因此，政府必须建立健全相应的法规政策，以促进林产品结构的加快调整。

三是加强对林产品结构调整的管理。各级党委和政府要把林业结构调整工作列入重要议事日程，加强指导和组织协调，及时解决调整工作中存在的问题，以保证结构调整工作顺利进行；同时要进一步转变观念，充分认识林业结构调整的特殊性、复杂性和艰巨性，强化市场观念和质量意识，注重林桑茶果产品提质增效和以优取胜，逐步使林业生产由数量型向质量型转变、由粗放经营型向集约经营型转变，实现经济效益和生态效益的双赢。

第二章

林产品流通渠道

CHAPTER 2 Channels of Forest Product Circulation

第一节　林产品流通渠道的类型

一、林产品流通渠道的界定

所谓林产品流通渠道，是指林产品从生产领域向消费领域转移过程中所经过的路线。在这个路线上，生产是起点，流通是媒介，消费是终点。因此，林产品流通渠道总是由林产品生产者、流通者和消费者所组成。

林产品是社会商品的组成部分。从国际通用的统计口径来看，它是包括以森林资源为基础生产的木材和以木材为原料生产的各种产品，主要包括原木、锯材、木制人造板、各种木质成品和半成品、木浆、以木材为原料的各种纸及纸制品、林化产品等。从我国的统计口径来看，林产品包括林业部门和其他部门生产的上述各类产品，还包括种苗、花卉、种子、林业机械、园林机械、林区土特产品、林果类产品等。从以上统计口径看来，林产品所包括的产品种类繁多，品种多样。根据林产品适用的范围和使用目的的不同，我们将林产品分为生产用产品和消费用产品，相应地，其流通渠道也就分为生产用林产品流通渠道和消费用林产品流通渠道两种。

研究林产品流通渠道的目的是为了确定合理的林产品经营组织结构，使林产品的生产者和经营者选择合理的林产品经营路线，配置有效的经营机构，从而尽量缩短流通时间、加速资金周转、节省运输费用、提高经济效益。我们知道，不同性质的林产品，即使是相同的林产品，其最终目的不同，也会导致流通渠道的差异。对于产业用林产品，由于使用量、使用者和使用方式与一般消费用林产品不同，在构建流通渠道时必须与消费用林产品区别开来，着眼于如何实现资源的有效配置和降低流通成本，尽量使用短而窄的渠道；对于消费用林产品流通渠道的构建要在降低流通成本的同时，要方便消费者的购买，因而尽量使用相对长而宽的渠道。因而，本章主要讨论不同林产品在流通渠道上的不同选择。

二、商品与林产品流通渠道的类型

（一）商品流通渠道的类型

商品流通渠道类型多种多样，比较分析商品流通渠道的各种类型，有利于企业选择合适的销售渠道，提高经济效益。

1．直接渠道和间接渠道

在现实经济活动中，商品流通渠道的表现形式按照商品在流通过程中是否经过中间商来划分，大致可以分为两大类型：第一种类型是直接渠道，第二种类型是间接渠道。

(1) 直接渠道

直接渠道是生产者把商品销售给消费者，商品从生产者流向最后消费者或用户的过程中不经过任何中间商转手的销售渠道。产品由生产者直接销售给消费者或用户，它是最短的销售渠道。直接销售渠道是工业品销售的主要类型，因为有些工业品技术性强，价值高，而且批量大。除了企业推销产品，前店后厂、设立销售门市部、电话邮购、农贸市场等都是直接销售的主要形式。

直接渠道的优点在于，生产者和消费者能直接见面，因而，生产者可以直接掌握市场信息，组织生产。同时直接销售商品也能使消费者更好地了解、掌握商品的特点、性能和使用方法，维修方便。此外，没有中间商的介入，就减少了商品的周转环节，节省了流通的费用，为降低商品价格创造了有利条件。但这种销售渠道也有着自身的缺点：生产者直接销售商品，这必然分散人力、财力、物力和精力，加之广大消费者居住分散，用量较少，因而直接销售渠道不是消费品销售的主要形式。

(2) 间接渠道

间接渠道是以商业企业为中介、推动商品由生产领域进入消费领域，商品从生产者流向消费者或用户的过程中经过若干中间商转手的销售渠道。间接渠道是消费品销售渠道的主要类型，目前，无论是国内还是国外，大多数的消费品在从生产者流向消费者的过程中都要经过若干中间商，有些工业品(如次要设备、零件等)也要采用这种形式。

以上这两大类型的流通渠道可以分为以下基本结构：

① 生产者—消费者

② 生产者—零售商—消费者

③ 生产者—批发商—零售商—消费者

④ 生产者—代理商—批发商—零售商—消费者

在现实经济活动中，不同结构流通渠道有其存在的基础与市场适应性，因而都有自己特定的存在价值。

2. 宽渠道和窄渠道

现代市场学认为，商品流通渠道按其“宽度”，即渠道里每个层次中使用同种类型的中间商数目的多少，可以分为宽渠道和窄渠道。

(1) 宽渠道

生产者通过两个以上的同类型中间商销售自己的产品，称为宽渠道。宽渠道的优点在于：大批量生产的产品可以迅速地与消费者见面，增加销售量；同类中间商互相竞争，可以提高工作效率，并有利于企业对此进行评价、取舍。在商品生产发达的条件下，生产者一般都采用这种渠道。宽渠道也有缺点，主要表现在：中间商与生产者的合作关系不密切，推销某种商品不专一，不愿花更多的费用(如广告费、销售费用等)和精力。

(2) 窄渠道

商品生产者只选用一个中间商销售自己的产品，称为窄渠道。窄渠道仅限于一些专业技术较强，而且生产批量较小的商品生产者，选用的中间商需具备有关的专门知识和技能。窄渠道最大优点是生产者与中间商关系非常密切，相互间有很强的依附关系。表现在：生产者毫无保留地指导和支持中间商开展业务、两者均愿承担销售费用，提高渠道的竞争力，有利于企业对中间商的控制(销售方式、价格、服务等)。其缺点是生产者对中间商的依赖性过大，风险也较大。一旦关系改变，或生产量增加，会使企业陷入困境。

3. 长渠道和短渠道

现代市场学按照销售渠道经过的环节多少将渠道分为长渠道和短渠道两类。

(1) 长渠道

生产者使用两个以上的不同类型的中间商销售自己的商品，称为长渠道。如生产者—批发商—零售商—消费者的形式。

一般销售量大、面广的商品都适合采用长渠道销售。其优点是流通领域的一切职能均由批发商承担，减轻企业的负担，商品储运中的风险也减轻，新产品容易打开销路。其缺点主要是渠道长，环节多，一方面生产者难以掌握市场信息，另一方面不利于商品迅速占领市场。

(2) 短渠道

商品生产者直接销售或只经过一个环节销售自己的商品，称为短渠道。短渠道有很多优点：①由于环节少，可使商品迅速转移到消费者手中；②商品在流通领域时间短，损伤少，保鲜程度高；③有利于企业了解市场信息，增加中间商的职责感；④有利于节省总体上的流通费用。短渠道的主要弊端是企业分散过多精力，不利于生产。

4．多渠道和双重分销

在西方国家，由于“买方市场”普遍存在，使得商品供过于求，卖主之间竞争激烈。生产企业往往通过多条渠道将相同种类的产品送到不同的市场。即同一种产品，由于既卖给消费者用于生活消费，同时又卖给企业用于生产消费，生产企业通常通过若干不同的渠道将同一种产品送到不同的市场；有些企业还通过多条渠道将其产品送到同一顾客手中，这种多渠道结构也叫做“双重分销”。

生产企业通过多种渠道(互相竞争)销售自己不同包装的相同产品，比单一渠道能实现更深的“市场渗透”。

5．国内流通渠道和国际流通渠道

国内流通渠道就是指商品在国内市场流通时所采用的渠道，而国际流通渠道则是商品在不同国家间进行流通时所采取的流通渠道。商品流通区域的不同，决定了国内流通渠道和国际流通渠道的不同。相比较而言，在进行商品流通时，国际流通渠道比国内流通渠道更复杂，这是因为它除了要受到商品流通的各种因素影响外，还要受到国家政策、汇率、国际贸易政策以及出口国国内政策等因素的影响。尽管如此，在全球化的今天，进行商品的国际流通，对于拓宽商品市场、加快国内商品生产有着重大的促进作用。

（二）林产品流通渠道的类型

1．林产品流通的必要性

(1) 森林资源分布的现状

我国幅员辽阔，气候多样，森林资源十分丰富。据《我国第五次森林资源清查各省森林资源现状》显示，中国的森林总面积为1.536亿hm^2，森林覆盖率为16.5%。林分面积为1.343亿hm^2，占森林总面积的87.4%；可采伐森林资源2022万hm^2，占13.1%；竹林面积421万hm^2，占2.9%。在全国林分面积中，针叶林占50.7%，阔叶林占49.3%。林木蓄积量为113亿m^3，其中森林蓄积量为101亿m^3，占89.2%。国有林和集体林在森林总面积中所占比例分别为42%和58%，在总蓄积量中所占比例分别为75%和25%。尽管如此，我国的森林资源与世界相比，依然存在着森林覆盖率低、人均占有森林资源少的不足，我国的人均森林面积仅为0.128hm^2。

从我国森林资源地理区域分布特点来看，受自然条件制约和地区社会经济发展的不平衡因素的影响，我国的森林资源分布极不均衡，总的趋势是东北、西南、东南部多，西北部少。在东北、西南边远省（自治区）及东南、华南省（自治区）丘陵山地森林资源分布较多，辽阔的西北地区内蒙古和西藏的中西部地区，以及华北、中原、长江、黄河下游地区，森林资源分布稀少。据调查，仅黑龙江、吉林、内蒙古、四川、云南5省（自治区）森林面积/蓄积就占全国森林面积的42.7%、蓄积的58.6%；南方集体林区10省（自治区）森林面积、蓄积占全国森林面积、蓄积的38.4%和17.8%，其平均森林覆盖率为38.12%；而新疆、青海、甘肃、宁夏、西藏的大部分地区以及内蒙古西部森林资源十分稀少，有的地方森林覆盖率不足1%。中国森林资源集中分布在三大林区：东北林区、西南林区和东南、华南江陵山地林区。

森林资源分布不均衡，不仅在我国存在，就全世界来看，森林资源分布也极不均衡。据联合国粮食与农业组织有关材料表明，世界森林资源绝大部分集中在北半球。那里居住了地球上75%的人口，集中了95%以上的针叶林、90%以上的阔叶林和工业用材林。其中，俄罗斯森林资源最多，共有森林面积7.64亿hm^2，占世界森林面积的22.2%；蓄积807亿m^3，占世界森林总蓄积量的21%，其次是北美洲和南美洲。从人均占有的森林面积来看，按世界每人平均为0.6hm^2的标准来看，太平洋地区的人均占有量是最多的，为每人平均4.1hm^2；其次是北美洲，为2.8hm^2；亚洲最少，人均为0.2hm^2。从人均占有的森林蓄积量上看，世界平均每人是72hm^2，以南美洲最多，每人为500m^3；其次是太平洋地区，为315m^3；亚洲最少，仅有20m^3。

(2) 林产品的产量及需求情况

地理环境的不同、气候的差异以及森林资源分布的不均衡等因素决定了林产品的生产在不同的区域存在着很大的差异，这也为林产品在不同的国家和地区间的流通提供了可能。如表2-1所示，中北美洲和欧洲的各类林产品数量明显偏高，而非洲和大洋洲则相对较少。那么为了更好地满足林产品产量少的地方的人们的生产和生活方面的需求，我们就需要将不同的林产品在不同的区域间流通。从国家来看，不同的国家的林产品的产量和消费量也存在着很大的差异。如俄罗斯、加拿大、喀麦隆、加蓬、马来西亚、巴布新几内亚、智利等国的林产品就十分丰富，产量远大于本国国民对其的消费量，而亚洲的日本、菲律宾、韩国、泰国、越南、欧洲的意大利以及中北美洲的墨西哥等国，这些国家对林产品的需求量远大于其产量，往往是一种“入不敷出”的状态，那么为了解决这一矛盾，这些国家就必须向产量丰富的国家进口林产品，以满足本国国民对林产品的需求。其次，受地理环境和气候的影响，即便是林产品比较丰富的国家，也有可能出现某一类或多类林产品的紧缺，而其他林产品又极为丰富的情况。如喀麦隆和加蓬，他们的工业原木、锯材、人造板产量丰富，而在纸浆、纸和纸板的产量上却为零，还有林产品相对丰富的美国，除了工业原木外，其他林产品都需要从他国进口一些才能满足国内对其的需求。这是林产品流通的又一种可能。当然，林产品除了会在国家间进行流通外，在一个国家内部也存在不断地流通。比如在我国，由于森林资源分布的不均衡，主要集中在西南和东北林区，那么林产品的生产也就主要集中在这个地方，而对林产品需求的用户又分散在全国各地，这也就要求林产品必须在全国范围内不断地进行流通。从以上可以看出，林产品在不同的国家和区域间进行流通，不仅是必要的，而

表2-1　2000年世界主要国家林产品的产量、消费量

国家/地区	工业原木（千m^3）		锯材（千m^3）		人造板（千m^3）		纸浆（千t）		纸和纸板（千t）	
	产　量	消费量	产　量	消费量	产　量	消费量	产　量	消费量	产　量	消费量
世界总计	**1587715**	**1595188**	**390918**	**388361**	**195359**	**197343**	**184715**	**185364**	**324649**	**324224**
非洲合计	**66785**	**61665**	**7761**	**9924**	**2254**	**2172**	**2550**	**2326**	**3277**	**4281**
喀麦隆	1270	1051	800	5	98	24	—	1	—	38
加蓬	2584	84	117	14	251	86	—	—	—	6
尼日利亚	9418	9415	2000	2001	95	169	23	40	19	199
南非	18616	18231	1498	1878	476	474	1903	1743	2267	1820
亚洲合计	**222563**	**265875**	**61157**	**77226**	**58768**	**61805**	**40325**	**50516**	**97823**	**107103**
印度尼西亚	32997	32675	6500	4628	12635	6767	5587	3942	6995	4909
日本	15092	27750	14402	22964	4893	11191	10663	12984	30686	31826
马来西亚	17913	13151	4594	2701	6803	1457	124	184	851	1809
蒙古	445	451	300	299	2	5	—	—	—	5
缅甸	5539	4662	381	112	20	—	47	47	42	94
菲律宾	3079	3512	154	464	620	822	202	246	1056	1456
韩国	1592	9249	5194	6028	3513	6761	587	3108	9812	8166

（续）

国家/地区	工业原木（千m^3）		锯材（千m^3）		人造板（千m^3）		纸浆（千t）		纸和纸板（千t）	
	产　量	消费量	产　量	消费量	产　量	消费量	产　量	消费量	产　量	消费量
泰国	7800	8488	288	654	705	—	999	1164	2444	1916
越南	4183	4222	2950	3142	40	73	314	347	384	522
欧洲合计	**480118**	**465235**	**127844**	**114035**	**63275**	**60088**	**47008**	**51910**	**102039**	**90801**
芬兰	48529	60711	13390	5460	1860	621	11729	9711	12776	1672
法国	33500	31518	10540	12421	5593	6931	2561	4298	9798	10929
德国	37755	35787	16879	17302	13758	11935	2148	5787	18529	18087
意大利	3222	8483	1605	9275	5520	6274	588	4034	9273	11727
俄罗斯	125400	89650	19200	10196	5636	5832	6284	4538	5915	4076
瑞典	61600	69396	16560	5523	850	1295	11740	8839	10724	2442
中北美洲合计	**615136**	**613360**	**152281**	**151408**	**57534**	**63865**	**78910**	**69287**	**106463**	**105482**
加拿大	197373	199926	57641	21772	16215	5980	25543	14174	20226	8801
墨西哥	7420	7460	3387	4816	518	1172	385	990	4056	5572
美国	404735	400352	89151	122047	40516	56090	52914	54016	81792	89508
大洋洲合计	**49644**	**38210**	**8691**	**7426**	**3940**	**2484**	**4383**	**3944**	**3522**	**4162**
澳大利亚	24322	22999	4119	4622	1903	1396	2832	3140	2645	3312
新西兰	22613	14759	4352	2554	1948	1018	1551	801	877	730
巴布亚新几内亚	1708	—	70	42	79	40	—	—	—	16
南美洲合计	**153469**	**150842**	**33183**	**28340**	**9588**	**6930**	**11539**	**7379**	**11524**	**12394**
巴西	102994	102127	21200	19330	6283	4676	7390	5233	7354	7411
智利	25491	24979	6439	4164	1543	936	2687	564	1177	1093

注：资料来源为联合国粮食及农业组织《2005世界森林状况》

且也是必须的。

2．我国林产品所具有的特点

(1) 林产品的多样性及差异性

从国际通用的口径来看，林产品是包括以森林资源为基础而生产的木材和以木材为原料的各种产品，主要包括原木、锯材、木质人造板、各种木质和以木材为原料的各种纸制品、林化产品，等等。但从我国目前的统计口径来看，林产品主要包括林业部门和其他相关部门所生产的上述各类产品，同时还包括种苗、花卉、种子、林区土特产品、林果类产品等。可见林产品是千差万别的，这种差异性往往使得林产品的运输、配送、储存工作量增大。

(2) 供给地的地域性和集中性

我国是一个大国，幅员辽阔，森林资源分布却极不均匀，主要分布在东北林区及西南林区，且大多数比较边远，这样也就形成了林产品的生产重点集中在上述偏远地区。据统计，黑龙江、吉林、内蒙古三省区的有林地占全国有林地的28%，南方集体林十省区的有林地占全国的36%。我国林业用地及森林资源在各个省区分布的不均匀性，造成了林产品供给的地域性和集中性。这种林产品供给的地域性和集中性与需求的大量分散性显然是矛盾的，使林产品的运输成本大幅度提高。

(3) 需求的多样性和广泛性

从用户需求的角度分析，林产品的需求来自于社会的多个部门、多个行业，而且这些需求是多样的、广泛的，同时随着社会经济的不断发展，这种需求的多样性和广泛性还会继续扩大。而单个林产企业生产经营上的单一性，以及生产与消费信息的不对称性却加大了供需之间的矛盾，这就注定了林产企业的生产经营、物资配送活动必须具有更大的弹性，必须面向全社会，在经营管理上进行革新，实现供给创新，高度重视物流管理。

基于我国林产品的以上特点，流通渠道的选择就显得尤为重要。在前面已经提到，由于林产品的使用目的不同，因而其流通的渠道也是不同的，如何以最少的流通费用，选择合适的渠道，用最快的流通速度将林产品送到用户手里，以求最好的社会效益，这是我们所要讨论的问题。

3. 生产用林产品流通渠道

(1) 生产用林产品的概念

生产用林产品就是指用于再加工生产的林产品。它既包括木质类的林产品，如原木、锯材、人造板、单板等，同时也包括非木质类的林产品，如竹藤、软木、松香等。生产用林产品除了具有林产品所共有的特点外，还有其自身的特点：首先，生产用林产品由于是用于再生产的产品，因而，其需求量非常大；其次，由于生产用林产品是需要经过再加工后才能用于消费的，所以生产用的林产品大多数都是未加工的或是半成品，这就使其体积相对庞大，在流通时也比消费用林产品要求要高。

(2) 生产用林产品流通渠道

由于生产用林产品的自身特点，因此，其流通渠道较之一般的商品流通渠道是不同的，同时它也与消费用林产品的流通渠道有区别，主要采用的是短而窄的流通渠道。具体的流通渠道形式表现在以下几个方面。

① 生产者—消费者。也称直接渠道。这一流通渠道是指生产者将自己生产的商品，不经过商业环节直接推向市场，由消费者购买而进入消费领域。交换的参与者是生产者、消费者双方。其中生产者是产品流通的主体，承担着生产、销售双重职能，对“生产者—消费者”这一流通渠道发挥基础性作用；消费者则根据自己的需要选择商品。它对“生产者—消费者”这一流通渠道的价值和市场适应性具有决定影响；

“生产者—消费者”这一商品流通渠道的特点：第一，流转环节少。由于“生产者—消费者”这一流通渠道的生产者具有自产自销的性质。产销直接见面，是所有商品流通渠道中环节最少的。第二，单个流通费用最低。由于产销直接见面、消费者需求选择较稳定，因此促销方式简单、流通渠道管理与维护费用低。第三，可以有效地沟通产需信息，提高生产的针对性与目的性。第四，生产者经济效益较高。在“生产者—消费者”这一流通渠道中，生产者既可以获得正常的生产利益、又在一定程度上获得流通利益。

林产品生产者将自己的产品直接销售给消费者，中间不经过任何经营环节转手，这有利于建立产销之间固定的协作关系。实行直达运输，不仅可以密切产销关系，相互沟通信息，促使林业企业按消费者的需要供货，而且还可节省时间和流通费用。拿木材为例，如果大、中型造纸厂每年消耗数万立方米木材，可以由一个林业局供应几个小造纸厂或者一个大型造纸厂由几个林业局供应，并且尽量就近供应，这就可以缩短运输距离和流通时间，降低流通成本。由于生产用林产品是用于再生产，且使用量大，因而应尽量采用直接流通渠道，这既可以减少商品的周转环节，也可以节省流通费用，降低流通成本，从而为降低商品价格创造有利条件。

② 生产者—批发商—消费者。中国是一个地域广阔的国家，由于经济发展不平衡、森林资源分布不均匀等原因，使得林产品市场带有明显的区域性。我国国内林产品市场可划分为六个区域市场：沿海开放城市

市场、南方集体林区市场、华北中原区域市场、西南地区市场、北方国有林区市场和西北地区市场。由于林产品市场的区域性特征，因而林产品的流通渠道仅采用直接渠道是不能满足市场需要的，同时也是不现实的。此外，即便是在同一个林产品市场，它也不可能只采取一种流通渠道。这种流通渠道，是由林产品生产者先将产品卖给批发经营者，再由它转卖给消费者或经过几道批发经营者再卖给消费者的经营销售渠道。这种形式最适用于南方集体林区市场，也适用于不同区域间林产品的销售。批发商将集体经济单位或个体林业生产者分散生产的林产品集中起来供应消费者，可以节省流通时间和流通费用，使生产者集中精力搞好生产用林产品的再生产。近年来，出现了多种经济形式的批发商，深入林区收购林产品并运送给消费者。

③ 生产者—代理商—消费者。林产品从生产者到消费者时先经过代理商，它是受生产者的委托经销林产品，并收取一定的手续费。代理商与经营者的区别在于是否拥有木材所有权。代理商的形式在一些地方起着有益的作用，对集体、个体林产品生产者来说可以节省流通费用。

作为生产用的林产品的流通渠道主要有以上三种，这三种流通渠道形式不是独立地起作用的，如一种林产品生产者针对不同的消费者会采取不同的流通渠道，使资源的配置能够得到尽可能的优化。但无论采用哪种渠道，在生产用林产品的流通上，都应尽量考虑到流通环节的减少，流通成本的降低，采用短而窄的销售渠道。

4．消费用林产品流通渠道

(1) 消费用林产品的概念

消费用林产品是指直接被人们用来消费的林产品。如木制家具、木制品、纸产品、水果、调料、药材等。

消费用林产品的消费者相对于生产用林产品的消费者而言，有几个不同的方面：首先，二者使用的目的不同。消费用林产品，顾名思义，它是供给消费者最终使用的，是消耗品，而生产用林产品则不同，生产用林产品主要是用于生产其他林产品的生产者使用。其次，二者在使用量上的不同。消费用林产品的消费者由于是最终的消费者，因而使用林产品的量是非常少的，而生产用林产品的消费者是将其购买来进行加工再生产的，因而其一次性购买量是非常大的。最后，由于消费用林产品的消费者相对分散而且广，不像生产用林产品的消费者那么集中（有的甚至建立起了产销之间固定的协作关系），那么在选择流通渠道的时候，不仅要考虑它的流通成本，而且还要考虑到是否方便消费者购买。

(2) 消费用林产品流通渠道

基于消费用林产品自身的特点，消费用林产品的流通渠道，与生产用林产品的流通渠道有很大的不同，它往往更复杂，因为它不仅要考虑到降低流通成本，而且还要方便消费者的购买。因而，在对消费用林产品进行流通的时候，应当尽可能地采取相对宽而长的渠道。具体主要有以下五种形式：

① 生产者—消费者。这是消费用林产品流通渠道中最单纯、最简单的渠道，特点是林产品从生产者向消费者流转的过程中，没有中间商介入，林产品由生产者直接销售给消费者。生产企业的推销员通过送货上门、电话销售、邮购以及设立销售门市部等形式，将产品直接供应给消费者。这是一种环节最少、渠道最短的直接流通渠道。

② 生产者—零售商—消费者。这种流通渠道在生产者与消费者之间只有零售商介入，也是比较简单的一种流通渠道。在“生产者—零售商—消费者”这一商品流通渠道结构中，参与流通的主体包括生产者、零售商、消费者三个方面，其中生产者、零售商在流通中有较明确、系统的分工。部分消费用林产品生产者采用这种渠道，将它们的产品直接供给大型零售商店，再由零售商店销售给消费者。

③ 生产者—批发商—零售商—消费者。在这一流通渠道中，由生产者、批发商、零售商多种类型的流通主体参与，形成多流通环节的纵向流通分工体系。这是发达商品经济条件下的一种常用的商品流通渠道。这种流通渠道，流通环节较多，流通链长，能使商品进入广阔的市场；能充分利用流通职能分工的细化，较好地利用各类流通企业的优势，加快商品流通过程，提高商品流通质量；市场信息质量较高，由于不同类型的流通企业参与经营活动，以及市场覆盖面广，能在广阔范围内收集市场需求信息，而且不同类型企业间所提供的信息可以相互补充，因而信息内容能较准确地反映市场需求

趋势；经营风险进一步分散，提高了流通参与企业的抗风险能力。庞大的流通网络及信息保障，降低了经营风险发生的概率。这一流通渠道，在企业中较为普遍地被采用，特别是小型生产企业，它们生产的产品零星、分散，需要批发商将产品集中起来供应给零售商。另外，一些小型零售企业进货零星，也不便直接从生产企业进货，而是从批发商那里进货。多数小型生产企业和零售商都认为这是一种理想的流通渠道。因而，小型的消费用林产品生产者和小型的林产品零售商可以采用这种流通形式。但这种渠道较长，环节较多，从而增加流通费用，使林产品价格提高，但它却能方便消费者购买林产品。

④生产者—代理商—零售商—消费者。这种流通渠道与前一种渠道不同之处是用代理商代替批发商。代理商与批发商不同之处是代理商一般都具备某类商品的专业知识。技术性较高的林产品生产企业，一般都采这种销售渠道，它有利于此类产品的销售，但环节较多，渠道也较长。

⑤生产者—代理商—批发商—零售商—消费者。这种渠道环节最多，渠道最长，费用也最多。但一些林产品技术性很高，又需要零星销售时，就需采用这种形式。

以上是关于消费用林产品流通渠道的几种基本形式分析，只是一般的理论指导，在消费用林产品的流通中，到底采用何种流通渠道，还有待于具体问题具体分析，但总的原则是，既要使流通成本降到最低，又要使得消费者能很方便地购买。

总之，在对林产品进行流通时，无论是消费用林产品还是生产用林产品，无论林产品是在国内不同区域间的流通还是出口到国外市场，都不会仅采取一个流通模式，它往往是将几种流通形式结合起来的，那么这就要求我们对林产品的流通渠道进行选择，进而建起低成本、高效率的流通渠道。

三、选择林产品流通渠道的影响因素

在市场经济条件下，影响、决定林产品流通渠道的因素主要有：

（一）林产品流通渠道的选择受经济规律的影响和制约

林产品经营者从事流通活动的最终目的是赢利。为此，他必须使自己的经营活动适应林产品市场需要，而且在组织产品流通过程中，以最少的投入获得最大的产出。在实行林产品流通过程中，遵循产品的价值规律、供求规律、竞争规律、节约时间规律，是林产品经营者实现其经营目的的前提。

（二）林产品因素对流通渠道的影响

林产品属性包括产品的自然属性与经济属性。林产品的自然属性是指形成林产品品质的物理、化学性能及由此形成的林产品使用价值。产品的自然属性决定了林产品在流通领域所停留的时间，以及林产品销售的技术要求、林产品接近消费者的方式与网点数量。这些都是决定林产品流通渠道的长短、宽窄的基本因素。林产品的经济属性是指由林产品自身的经济寿命周期及林产品经营者的能力、社会信誉所决定的满足需求的状况及经济关系。同一种林产品在不同经济寿命周期内，对流通渠道有不同的要求，因而流通渠道的具体表现形式也各不相同。林产品是林业经营的客体，但同时又是影响林产品流通渠道形式变化的“决定性”因素。这是因为，所谓的流通渠道，指的是林产品的流通渠道，没有产品，就无所谓林产品流通渠道可言。林产品种类繁多，且不断更新，对其流通渠道要求不一，从而导致林产品流通渠道多样性。一般来说，林产品自身因素对其流通渠道的影响体现在以下几个方面：

1．林产品种类

不同种类的林产品，其使用价值往往存在一些差异。在组织林产品流通时，对于非选择性或较少选择性的林产品，其流通渠道可以长些，可以选择产销分离或产销结合的流通渠道中长渠道的流通形式；而对于选择性强和有强烈消费偏好的林产品，其流通渠道可以短些。

2．林产品的易腐性

林产品的易腐性包含着林产品实质性的易腐性和林产品的流行期短两个方面的内容，对于这类林产品应尽量采用较短的流通渠道，或产销合一的流通渠道形式。

比如水果类的林产品，对其保鲜程度要求高，因此应尽量采用较短的流通渠道。

3．林产品的体积和重量

对于体积庞大而笨重的林产品，如木材类林产品，通常宜采取较短的流通渠道，尽量减少由生产者到消费者之间转运的次数；反之，则可采取较长的流通渠道。

4．林产品的技术和服务要求

对于技术性和服务要求高的林产品，一般宜采取直接联系的流通渠道；而对于技术性要求少和服务不经常的林产品，如一般的消费用林产品，可以采取较长的流通渠道或多环节的流通渠道。

（三）林产品市场的性质、容量、区域性等因素对流通渠道的选择也有影响

1．市场的性质

一般地，生产资料市场的林产品宜采用不包括零售商在内的产销分离或产销结合的流通渠道形式；而消费品市场的林产品通常采用包含零售商在内的产销分离或产销结合的流通渠道形式。

2．市场的容量

林产品市场容量是指林产品消费者数量和购买力的大小。一般地，消费者数量多与购买力大的林产品，宜采用长而宽的流通渠道形式，以应付繁多的交易需求；反之，宜采用短而窄的流通渠道形式，由林业生产者直接供应林产品给顾客。

3．市场的区域性

由于林产品供给地的集中性和区域性，从而使得市场呈现出区域性特征。这又与林产品消费者的分散性相矛盾。因而，对于消费者集中程度较高的市场，可采用直接销售林产品给客户的流通渠道形式；对于消费者较为分散的市场，可采用经过多层中间环节的流通渠道形式销售林产品给顾客。

（四）生产方面的因素对流通渠道的选择也有影响

1．林业生产力的发展水平

随着林业生产力水平的不断提高，林产品生产的社会化程度会随之加强，林产品生产率也就会愈来愈高，林产品市场流通规模会愈来愈大。这就要求林产品流通渠道把产、供、销诸方面交结在一起，从而使流通渠道变宽或变长。

2．林产品生产者自身的因素

任何一条流通渠道，都是由有各自利益动机的经营主体之间的交换行为的集合组成。一条流通渠道的整体效果，必须通过与主体之间的行为协调才能达成。因此，林产品流通渠道的选择，必须建立在共同利益目标最大化的条件下各自利益均衡的利益机制。此外，产品经营者的能力、社会信誉等因素，对林产品流通渠道的表现形式及流通渠道的承载能力也有着重要的影响。一个经营能力强大的经营者，拥有较健全的营销网络和众多的营业网点及有效的营销手段，这些为缩短林产品流通渠道、扩大流通渠道的宽度奠定了坚实的基础；反之，则有可能选择长渠道和窄渠道。

此外，林产品流通渠道还受到国家流通政策、林产品生产者与经营者市场战略的影响。

第二节 林产品流通环节

一、林产品流通环节的构成

（一）商品流通环节

商品流通过程，既是商品价值流通过程与实物流通过程的统一，同时也是商品从生产者手中经过各个流通环节，进入到消费者手中的运动过程。

商品流通环节，是指组成商品流通过程的每次买卖行为。由于商品交换在时间和空间上的分离，通常在商品流通过程中要发生多次交换，其中每次交换就是每次买卖行为，由商业经营者与生产者、消费者或商人之间来进行。一般地，商品流通过程如图所示：

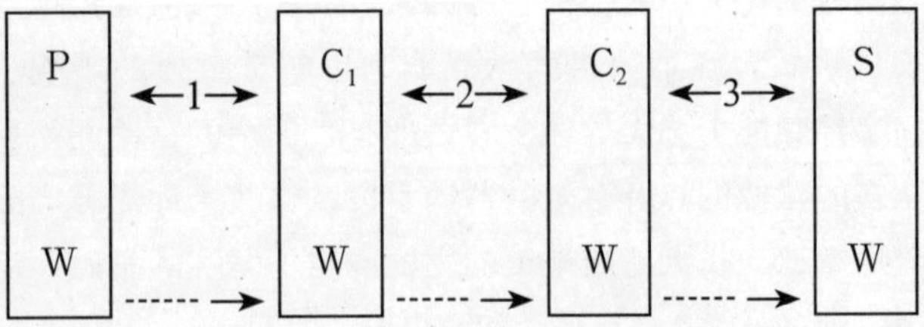

图2-1 商品流通过程图

图示中：←1→表示交换关系，…→表示实物运动，P表示生产者，C_1与C_2，表示商人，S表示最终消费者。

从上图可以看出，一般的商品流通过程，发生过3次交换行为（或经过3个环节）：第一次是生产者与商人之间的交换（$P-C_1$）；第二次是商人与商人之间的交换（C_1-C_2）；第三次是商人与消费者之间的交换(C_2-S)。

商品流通过程，就是由先后有序的若干次买卖行为组成的序列，商品只有借助于这些买卖行为，才能从生产者手中最终转入到消费者手中。因此，商品流通环节是构成商品流通过程的基本要素。

（二）林产品的流通环节

林产品流通环节，指林产品从生产领域向消费领域转移的过程中所经过的各种环节。林产品离开生产领域后，进入不同的流通渠道，林产品在这些流通渠道中，需要经过某些环节，逐步向消费领域转移，才能完成其实体的转移和价值的实现。

林产品流通的主要环节，一般包括收购、销售、贮藏和运输四大环节。在流通过程中，这四大环节彼此存在着内在的联系。在市场经济条件下，林产品空间位置的转移运动（运输和贮藏）总是以林产品所有权的转移（收购和销售）作为前提条件的。也就是说，林产品运输和贮藏总是随着林产品收购和销售工作的进行而发生的。因此，四大环节中，起主导作用的是收购和销售。然而，运输和贮藏也是不可缺少的条件，没有运输和贮藏，收购和销售很难进行。

有些林产品，还应包括加工这一重要环节。例如木地板、纸张以及其他一些消费用林产品，都需要进行加工，然后再卖给广大消费者，加工的质量对消费用林产品的流通影响很大。

此外，林产品流通还有一些必要的辅助环节。从技术角度考虑，由于林产品是生物产品，许多林产品生产出来以后，常常要经过检验、整理、分级、包装等环节；有些林产品还必须经过必要的处理，以延长保鲜期和防止病虫危害。

1．林产品的购进

林产品的购进是商业企业从林业生产部门收购其产品的经济活动过程。通过林产品购进这一环节，林产品离开生产领域，开始了它在流通领域的运动，经过储存、运输、销售等环节，完成林产品从G—W—G的运动变化，最终脱离流通领域，进入消费领域，完成其运动的全过程。林产品购进是林产品流转的第一个环节，是其进入流通领域的大门，因此它对林产品流转过程中的其他环节，特别是对于产品销售及商业企业效益的好坏，都具有很重要的影响。商业企业的一切经济活动都必须围绕商品销售这一中心环节来进行。商品购进也是如此，即购进的商品是为了卖出去，而不能是占有它。因此，商品购进的原则也不能离开这一中心。基于此，林产品在购进中就必须遵循下面几个原则：

(1) 林产品购进的原则

① 以销定购原则。销就是销售，而销售反映的又是市场需求的变化情况。商业企业在购进林产品时，必须以市场需求变化情况为依据，根据市场需求的变化情况购进林产品。随着商品经济的发展，市场变化日趋复杂，消费需求也在不断的变化，这就要求企业要对市场进行充分的调查，研究市场的变化情况，并根据市场的变化情况购进产品，这样才能保证企业购进的林产品在品种、规格、花色、价格等方面与需求相适应，才能保证企业商品销售的通畅。如果不以销售为依据，而是凭想象、凭估计盲目进货，就可能造成林产品积压，使企业销售困难，效益下降。另外，以销售情况为依据购进林品，还能够促进生产企业按照市场需求来安排生产，使生产、商业、消费协调起来，充分发挥商业对林产品生产的反作用。

② 以购促销、勤进快销的原则。有些林产品由于消费者对它不太了解或有误解，影响了这些产品的销售。在这种情况下，商业就应充分利用与消费者联系密切、点多面广等优势，利用各种促销手段，让消费者了解这些林产品，这样做往往能有效地促进这些林产品的销售。有些新的林产品在进入市场的初期，更需要通过商业使这些产品打入市场。商业企业在购进林产品时，一方面要了解需求的情况，同时，还应看到一些新产品和暂时市场销售疲软的商品的销售潜力，适时适量购进这些林产品，把握住市场时机，常常能产生出奇制胜的效果。勤进快销主要是对零售企业而言的，零售企业一般规模不大，资金有限，不可能购进大批量林产品，且也不宜存放过多，而应根据市场情况少批量、多次数购进林产品。

③ 储存保销的原则。为使柜台货架商品丰满，避免断档脱销的现象发生，无论是批发企业还是零售企业都应对林产品保持一定的储备，这也是保证销售林产品的企业能顺利经营的必不可少的条件。当然，由于批发企业和零售企业在流通中所处的地位和作用不同，所以，林产品储存的数量也是不同的。一般来说，零售企业不宜储存大量的林产品，以能保证销售的正常进行为宜。而批发企业的林产品储备量应该大些，因为它要承担调节林产品供需在时间和空间方面矛盾的任务。只有拥有充足的产品储备，才能完成这一任务。同时，无论是批发企业还是零售企业的产品储存都要有一个限度，否则，林产品的储存就会变为林产品积压。

④ 促进和引导生产的原则。通过林产品购进这一环节，使销售企业与生产厂家发生了联系。销售企业在购进林产品的过程中，也对林产品的生产厂家的生产活动具有一定的反作用，这具体表现在两个方面：一是积极收购适合市场需求的林产品，通过扩大产品收购来刺激这些林产品的生产；二是拒绝收购市场反应冷淡的、市场供大于求的林产品。比如，有的林产品由于设计不合理、质量低劣等原因，消费者不愿采用，对于这类产品，销售企业通过拒收迫使生产厂家对其进行改进，以适应市场需要。否则，如果继续收购其产品，对生产者、对销售企业、对消费者都不利。还有些林产品在市场上已经出现了供给大于需求的现象，对于这类产品，销售业通过拒收，可以使一些生产同类的产品、但其产品又质次价高、管理不善的企业停产、转产，以调整产业结构。

(2) 林产品购进的程序

销售企业在购进商品时，要先进行一些准备工作，如实行市场调查，了解供货者的生产情况、信誉等，还要对进货渠道进行选择，根据不同商品及企业的特点，选择适合企业经营的进货渠道。最后，还要确定进货的地点、时间，保证购进的商品能按时按量到达商业企业。购进这一环节工作的好坏，是企业经营好坏的前提，所以，按照一定的程序做好购进工作是非常必要的。

1) 购进林产品前的准备工作

企业决定购进产品时，要先对市场、供货者及企业本身的状况进行调查分析，在进货决策前做到心中有数，确保购进回来的产品能够销出去。

①市场调查。市场调查的内容包括林产品在市场上的反应，同类企业在市场上的竞争情况。比如市场反应良好，销售旺盛的林产品，应快进、多进，争取提前占领市场，反之，则少进或不进。有些产品的同类企业已占了市场，并且市场地位也比较巩固，而本企业又不具备同其竞争的能力，就不宜硬碰硬的去竞争，而应避实就虚，去开发其他的林产品。

②供货者调查。即对企业的供货厂家有一个全面的了解。了解供货者的生产技术水平，生产能力和经营能力。技术水平高、生产经营能力强的企业，其产品的质量就高，而且也稳定。因为产品的质量如何是企业在经营中保持不败的一个重要因素。此外，还要了解供货者的信誉如何，即供货者是否能按期、按质、按量交货等。

③企业状况分析。主要是分析企业的资金、库存和经营能力。要分析一下企业的资金是否充足，能不能满足购买林产品的需要，如支付是否有缺口，资金有没有来源等。然后还要分析企业的库存情况，如：库存量的大小，是否有积压，积压严重不严重，库存结构是否合理等。最后还要分析企业的经营能力，衡量一下企业能否经营购进的林产品。

2）购进渠道的选择

购进渠道是林产品流通渠道的组成部分，是指林产品从生产领域进入流通领域的这段通道。购进渠道的选择，对于销售企业获得林产品资源，加速林产品的流转，对于企业经营状况的好坏，都有很大影响。因此，购进渠道应本着多渠道、少环节、经济合理的原则，结合本企业的具体情况来选择。多渠道购进商品是由我国生产、流通和消费的特点所决定的。由于我国生产力水平的不一致性，导致了在生产、流通和消费领域的多层次性。从销售企业的角度看，它面对的生产领域是由多种成份构成的，它面对的消费领域也是由多种层次构成的，所以销售企业所处的流通领域也是由多种成份构成的。在这种纷繁复杂的市场体系中，如果仅靠单一的购进渠道是不能在竞争中站住脚的。因而，只有广开购进渠道，才能促进生产，满足消费，提高企业的经济效益。少环节就是在购进产品时尽量减少不必要的中间环节。这也是林产品在流通过程中应注意的关键。在可能的情况下，如果能从生产企业进货，就不必要经过几道环节从中间商进货，能从本地购进就不从外埠购进。经济合理，就是要从进货的距离、选用的运输工具、林产品在途时间等方面综合考虑，争取花最少的费用、以最短的路程、用最快的时间购进林产品。

2．林产品的销售

林产品销售是指借助一定的物质技术设备，采用一定的力法，把购进的林产品卖出去，实现商品由实物形式到价值形式转化的经济活动的总称。林产品销售是林产流通的最终环节和企业经营活动的中心，在流通中占有非常重要的地位。

从流通总体来考察，在林产品流通领域内，存在着两种不同的林产品销售。一是在商业企业之间发生的销售行为，如批发企业与批发企业之间的销售和批发企业与零售企业之间的销售。这类商品销售的特点是销售后的林产品仍然停留在流通领域，林产品的价位和使用价值还未最终实现，而且这种销售行为在一种林产品上可能会发生多次。一般把这种销售称为林产品的中间销售。二是销售企业对消费者的林产品销售。这种销售的特点是销售后的林产品脱离开林产品的流通领域，进入消费领域。林产品的价值和使用价值最终得以实现，一般把这种销售称为林产品的最终销售。从企业的角度来考察林产品销售时，我们就会发现，对于销售企业来说，无论它的销售行为是中间销售，还是最终销售，它们的价值形式都是由林产品到价值（W—G)的转化，完成林产品价值形态(G—W—G')变化的全过程，从这一点上看，二者是相同的。销售的方式主要有门市销售、市场销售、订货会议销售和其他一些类型的销售。

(1) 门市销售

这种销售方式既有零售企业也有批发企业，其特点是固定的售货场所，规律的工作时间，顾客能得到较全面的服务。大多数销售企业采取这种方式。从零售企业来看，门市销售又可分为：

杂货店。主要坐落于居民生活区，门市面积不大，经营的林产品主要是人们日常生活中必需的消费类林产品。这种销售方式是城市发展配套设施不可缺少的因素，它对于方便群众生活，便利消费者购买，起了很大的作用。

专营商店。以经营一种或几种林产品为主，如装饰用木材市场、家具市场、水果市场、花卉市场等。这种销售方式的专业性很强，所经营的产品在规格、花色、品种、厂牌等方面比较齐全，消费者常常可以选到满意的商品。

超级市场。这是一种开架无人售货，自我服务的商场，其营业面积宽大，购物环境舒适，由于无人售货自我服务，一方面顾客可以随心所欲的挑选自己喜欢的商品，另一方面企业也可以节约活劳动支出，提高效率。这种销售方式主要适用于消费类的林产品，如纸制品、水果、木制品等。

(2) 市场销售

这种销售形式的特点是在同一个场所集中了许多销售企业，所售商品既有批发也有零售。在经济不发达时期，林产品的流通范围仅在国内某一小区域内，以乡村集市交换为主，流通环节较为单一：林产品生产者—乡村集市—消费者。流通方式的特点是：流通的范围较小，品种少，林产品仅为当地的某一产品，数量也不大，因而交换的规模也比较窄小。伴随着市场经济的发展和林产品的规模生产，形成了林产品“集散地”，即专门销售林产品的专业市场。

(3) 订货会议销售

这是一种供货和经销双方在同一地点、确定时间提供和选购商品的一种形式。订货会议有全国性的，由林业生产部门组织召开，这种订货会议一般为专业性的。还有地方性的，以推销地方林产品为主，地方性订货会议有专业性，也有综合性。订货会议能在同一地点了解到地区或全国的林产品情况，便于比较、选购，还能调剂商品供需在地区间的分配。专业性全国订货会议常常能反映出某类产品在年度内的生产和需求状况，对于合理安排生产、满足消费需求方面起到了积极作用。

当然，林产品的销售形式是多种多样的，而林产品的种类也是繁多的。因而，在林产品的销售过程中，应当根据林产品自身的特点，采取不同的销售方式。

3. 林产品的储存

林产品储存，即林产品资本形式的储存。它是流通过程中的林产品储存形式。林产品储存是林产品经济的必然产物，是保证林产品流通得以连续进行的必要条件。林产品储存，也叫林产品储备，是指林产品生产部门或商业部门供最终出售的待售商品。只要当林产品作为商品资本而存在(商品处在流通过程中，即停留在市场上的商品)，它们都是林产品储存。林产品储存，从其外观看，具有静止的形态，但其本质却是流动性的。林产品储存，表面上看来，它是林产品在流通过程的停滞，实际上是林产品离开生产过程之后，进入消费过程之前的一种特殊的商品运动形式。

(1) 林产品储存的分类

林产品储存可分为两类：周转储存和季节储存。周转储存，亦即经常性储存，是指林业企业为维持正常经营所需要的林产品库存。季节储存是指因生产和消费在季节上不一致所引起的林产品库存。

(2) 影响林产品储存量的因素

① 市场需求量。林产品是为保证市场需求的，因此必须与市场需求相适应。在市场供求基本均衡的前提下，市场需求量与销售量基本一致，它的变化要求林产品储存量与之同方向变化；在市场供求不平衡的情况下，销售量不能真实反映需求量，林产品储存量的确定就能以需求量作依据，而不能以销售量作依据。

② 林产品生产量。林产品的生产量与储存量也呈同方向变化。生产量大，储存也大，生产量小，储量就少。

③ 林产品的生产周期。林产品的储存随着销售而不断减少，而要补充减少了的储存，只能从各该林产品的生产中获得，因而，各种林产品的储存量与它们的生产周期相关，即生产周期越长的，其储存量越大；反之亦然。

④ 林产品的保存期限。林产品储存过程中必须使其使用价值不致丧失。因而，林产品储存量与林产品的保存期密切相关：保存期长的，可多储存一些，反之，则少储存一些。

⑤ 产销之间的距离和交通运输条件。产销两地的距离越远，就越应该增加林产品的储存量，而发达便利的运输条件又可相对减少相关产品储存量。

⑥ 仓库技术条件与管理水平。仓库保管设施越完善，越先进，仓库管理水平越高，不仅可提高仓库利用率，而且能将仓储损耗降低到最低限度，故可增大林产

品的储存量。

⑦林业企业的进货周期。进货周期越长，要求林产品储存越大；反之，要求林产品储存越小。

总之，影响林产品储存量的因素很多，林业企业确定林产品储存量时，应综合考虑上述因素。

(3) 林产品的保管和养护

在林产品储存过程中，对其所进行的保养和维护工作，称为林产品的养护。林产品由生产部门进入流通领域后，需要分别对不同性质的林产品，在不同储存条件下采取不同的技术措施，以防止其质量劣化。林产品由于其自身的特点，更应注意在储存的过程中，进行保养和维护。比如木材在储存过程中，就要注意保持通风和干燥，避免潮湿；而有的水果类的林产品，由于其保鲜期较短，且极易腐烂，因而，更要采取相应的技术措施对其进行保管和养护。林产品保管与养护的基本要求是：

第一，根据林产品的不同性质和包装，选择适当的存放地点并堆垛，尽量合理利用仓库的面积和容积。

第二，建立健全林产品养护制度，根据不同林产品的性质采取与之相适应的科学养护方法，尽量减少林产品在管理过程中的损耗。

第三，设立严格的林产品保管账、卡，健全林产品进出库记录，定期对账(与会计商品账核对)、盘点，做到账卡、账账、账实相符。

第四，建立与健全仓库安全保卫制度，确保人员、产品与设备安全。

4. 林产品的运输

林产品生产者与消费者进行商品交换的过程，事实上也是林产品在空间上发生位移的过程。而这一位移过程又是靠物流运输来完成的。物流运输是指物的载运及输送，它是在不同地域范围内，对物进行空间位移，以改变物的空间位置为目的的活动。运输是生产的直接组成部分，没有运输，林产品生产内部的各环节就无法联结；同时运输也是生产过程的延续，没有运输，货物不实现空间上的位移就不会有物流的产生和发展。林产品的运输应贯彻“及时、准确、安全、经济”的原则。这要求林产品在运输时不但要快速准确地送到目的地，而且也要保证林产品的完整和安全，同时还要注意选择合理的运输路线和运输方式，节约运输费用。

二、不同环节在林产品流通中的重要作用

(一) 收购环节

林产品与其他商品不同之处在于，林产品在生产者生产出来之后，会有专门的从事林产品购销业务的企业或单位到林产品生产地进行收购，他们再将林产品运到专业的林产品市场批发给批发商或者零售商进行林产品的销售。其流通环节表现为：生产者—收购者—林产品专业市场—批发零售商—消费者。

1. 林产品的购进是林产品顺畅销售的前提条件

企业能否把握市场机会，充分满足各种不同市场林产品的需求，随市场需求的变化而改变自己的策略，是企业销售好坏的关键。而这些条件的前提是林产品的购进。根据市场的变化情况适时适量的购进林产品，使企业经营的林产品在规格、品种等方面都能与市场需求相适合，使林产品购进与销售及其他环节构成一个良性循环的统一体，就能保证企业销售的顺畅进行。相反，如果在购进环节不考虑市场需求的变化情况，盲目进货，其结果必然是造成林产品积压，资金周转缓慢，销售停滞，使企业陷入困境。

2. 林产品购进是否合理，影响其储存工作和流通的速度

由于产品生产与消费之间在时空方面存在着差异性，林产品在离开生产领域，尚未进入消费领域之前，总要经过一定的储存和运输环节。一般来讲，企业总是力求减少产品的储存和运输环节的停留，加快其流转的速度，以促进企业效益的提高。如果林产品购进在时间和地点上能够与其储存和运输协调起来，在时间上，适时进货，尽量避免产品储存时间的延长，防止其在储存环节的超需要停留。在地点上，林产品购进应力求缩短产销之间的空间距离，减少过远运输、迂回运输。这样，林产品的购进与储存、运输相协调，直接促进其储运工作，反之，就可能造成林产品在储存时间和运输距离上的不必要延长，加重储运环节的负担，影响林产品流转速度的提高，还可能造

成不必要的人力、财力的浪费。

3．林产品购进也是企业扩大货源、满足不同消费需求的关键

随着社会经济的发展，在生产不断发展的基础上，人民生活水平不断提高，消费水平和消费方式也在不断发生变化。这就要求企业不断地开发新的林产品货源，把适合市场需求、满足消费者需要的新品种介绍到市场上去，扩大自己的货源。另一方面，消费需求的不断变化，也对企业经营提出了新的要求，企业只有在不断扩大货源、购进市场需求的林产品的前提下，才能适应市场的变化，才能既促进生产，又满足消费，使企业在激烈的市场竞争中立于不败之地。

（二）销售环节

林产品销售表面上看，仅仅是一种售卖行为，但事实上，它对于生产、消费及企业本身都有很大影响。林产品销售的作用表现在：

1．促进林产品的不断流通

销售是流通的最后一个环节，流通的其他几个环节也都是为了销售这一最终环节。商品购进是为了及时把商品卖出去，商品储存是为了保证销售的连续不断，商品运输是为了把商品从产地转移至销地，实现商品销售。同时，销售也是企业生存发展的生命线，企业的购进产品是为了把它卖出去，只有把购进的商品卖出去，商业成本才能收回，才能赚回利润，企业才能运行和发展。否则，如果购进的商品卖不出去，商业企业就会陷入困境，甚至破产倒闭，那么商品的流通就无法再继续进行。因此，可以说，林产品的销售是保证林产品持续不断地流通的关键。

2．推动林产品从流通领域向消费领域的转移，实现其价值

商品销售是商业企业组织商品流通的最后环节，通过销售使商品从流通领域进入消费领域，实现商品的价值。这一过程对于林业生产者来说具有极为重要的作用，因为生产者只有把林产品卖出去，他在生产前的投入才能收回，再生产才能继续进行。如果销售这一过程实现不了，不仅扩大再生产不能进行，就是简单再生产也难以维持。所以，销售就成为再生产的核心问题。现代社会生产企业越来越重视产品的销路问题，道理就在于此。

3．满足消费需求，促进林产品生产与消费的紧密结合

经过销售后，林产品进入消费领域，消费领域存在着两种不同的消费需求，一是生活用林产品的消费需求，二是生产用林产品的消费需求。这两种需求虽然截然不同，但不论哪种需求，只有通过林产品销售，才能得到满足。通过销售环节把生产用林产品出售给生产企业，促使生产连续不断的进行，把生活用林产品出售给广大消费者，满足各种不同的生活消费要求，就能实现生产与消费的结合。

（三）储存环节

商品储存作为社会再生产赖以顺利进行的客观要素，它对再生产的每个环节都起着重要的保证作用：对于直接生产过程来说，商品储存以生产资料形式的储存保证生产的连续性；对于分配来说，商品储存又以社会总产品和国民收入的重要体现(物质内容)形式成为分配的必要条件；对于交换来说，商品储存是保证商品流通过程不致中断的手段；对于消费来说，商品储存又是源源不断满足个人消费需要的物质基础。可以认为，没有商品储存，社会再生产就无法进行。储存环节在林产品流通中的作用有：

1．保证林产品流通连续进行的必要条件

林产品在从离开生产领域到最终进入消费领域之前，都要有一定程度的产品储存，才能保证流通的顺利进行。如果没有产品的储存，林产品的后续流通就无法进行。

2．为林业生产企业的资金循环创造有利条件

生产企业的总资金分为货币资金、储备资金、生产资金和商品资金四种形态。并依次发生着形态变化，由一种形态转化为另一种形态。这种不断转化资金形态的过程就是资金循环。而林业生产企业的资金循环仅靠企业内部是不可能完成的，必须依靠企业与外部的交换才能奏效；林产品储存正是在这方面给生产企业提供了条件：以林产品储存给生产企业供应生产资料，使其货币资金转化为储备资金；收购其产品形成林产品储存，使

其商品资金转化为货币资金，使生产企业资金得以顺利周转。

3．及时满足消费者的消费需求

消费者的消费是每时每刻不断进行的，其所需要的生活资料也是逐渐购买的，林产品储存就能及时满足他们逐渐购买，不断消费的需要。

4．调节林产品供求矛盾

这就是所谓“蓄水池”作用的发挥。当市场上的林产品供过于求时，可多储存一些；当市场上的产品供不应求时，可减少储存，增加市场供应量。虽然其调节作用不能从根本上解决林产品的供求矛盾，但却是不可缺少的。

5．提高林业企业经济效益

因为林产品储存可保证林产品源源不断地供应，这就有利于扩大产品销售，提高企业经济效益。

林产品经企业采购接收进仓，到销售出库之前，都处于被保管和养护阶段。这阶段对加强林产品的保管与养护，保护林产品的使用价值，减少产品损耗，降低流通费用水平，提高企业经济效益；对提高仓库利用率，方便购销业展开；对维护消费者合法权益，都具有十分重要的意义。销售企业对此应予以足够的重视。

（四）运输环节

1．实现林产品顺利流通的关键

林产品的流通是物流、商流和信息流的统一过程。而运输又是物流的主要功能要素之一。物流是“物”的物理性运动，而运输是改变空间状态的重要手段，运输配以搬运、配送等活动，就能圆满完成改变空间状态的全部任务。可以说，没有运输，产品的销售就无法进行，因为只有最终将产品出售到消费者手中，才算完成了真正意义上的一次林产品流通。

2．保证林产品生产能够持续进行的必要条件

运输是社会物质生产的必要条件之一。马克思将运输称之为“第四个物质生产部门”，是将运输看成是生产过程的继续，即是说，没有运输，生产过程就不能最后完成。运输虽然只是产品在空间位置上发生了变动，但也正是这一变化，才能使生产能够继续进行。这具体表现在两个方面：一是在生产过程中，它是生产的直接组成部分，没有运输，生产内部的各环节就无法联结；二是从社会再生产上看，运输是生产过程的继续，这一活动联结生产与再生产，生产与消费，联结社会生活中的各部门和各行业。运输对林产品来说尤为重要。拿木材为例，木材大多生长在偏远的山区，如果不能将砍伐的木材从山区里运输出来，不但不能实现木材经营者的经济效益，而且也会影响到人们对其的生活需求。

3．“提高”林产品的使用价值

同种林产品由于空间场所的不同，其使用价值的实现程度则不同，其效益的实现也不同。由于改变场所而发挥了最大的使用价值，通过运输，将林产品运到场所效用最高的地方，就能发挥其潜力，实现资源的优化配置。从这个意义上来说，相当于通过运输提高了林产品的使用价值。

三、林产品流通环节的优化

（一）影响林产品流通环节多少的因素

适度的林产品流通环节是组织合理的林产品流通过程的重要内容。在林产品流通过程中，林产品流通环节过多，就会延长其流通时间，增加流通费用，加重消费者负担。林产品流通环节过少，又不利于开展林产品大流通。因此，适度的林产品流通环节是合理组织林产品流通应考虑的一个重大问题。

适度的林产品流通环节，从根本上来讲，主要取决于林产品流通的实际需要。具体来说，应考虑如下因素：

1．林产品生产布局和林产品经营特点

有的林产品生产集中在一两个城市，销售遍及全国，林产品的集散矛盾很大，需要经过多渠道流通环节。而地产地销的林产品，或者鲜活易腐的林产品，则要求经过最少的流通环节，尽量实行产销直接交易。

2．供求双方之间距离的远近及交通运输状况

一般地，距离相差较远的，流通环节可能会多一些；相差较近的，流通环节可能少一些。交通运输条件差的地方，组织林产品流通其环节可能会多一些；交通运输条件好的地方，组织林产品流通其环节可能会少一些。

3. 林产品价格状况

每一个流通环节都要耗费一定的流通费用，并取得一定的利润，而且都要在林产品进销价格中得到补偿。因此，林产品的进销差价与流通环节的增减有关。如果林产品进销差价过大，就可能造成流通环节过多，使经营企业吃“环节饭”。所以，合理制订林产品价格，特别是批发价格与零售价格，建立合理的林产品差价体系，对于促使流通环节合理化具有重要影响。

4. 政策规定

国家的经济政策，如商品管理政策、价格管理政策等，都会影响林产品流通环节的选择。

总之，在社会主义市场经济条件下，为了合理组织林产品流通，迅速地将林产品从生产领域转入消费领域，应尽量减少不必要或不合理的流通环节，以达到资源的最佳配置。

（二）林产品流通环节优化

不同的林产品或同一林产品向不同的行销区域运动，由于多种因素的影响，所需要的流通环节的多少是不等的。因此，我们必须在研究流通环节的影响因素这一基础上，做到流通环节的优化。流通环节的优化，不能简单地以流通环节的多少为标准，更不能不加区别地认为环节越少越好。流通环节的优化，是根据林产品的生产、流通、消费的特点与要求，综合衡量各项影响因素，选择最必要的流通环节，以最快的速度、最少的费用，完成从生产者向消费者的运动，实现最佳的社会经济效益。

流通环节优化的内涵主要是批发环节的合理性。评价流通环节优化、合理化的标准是林产品流通的经济效益，即增减每一道流通环节，是否比原来所经过的环节更能缩短林产品的流通时间，更能节省流通费用，更能发挥林产品效用。只有对上述标准进行综合分析与评价，才能科学地确定贸易环节的合理性。贸易环节必须能够保证林产品流通的正常进行，在这个前提下，尽量减少不必要的流通环节，使流通环节合理化。

林产品流通环节的合理衔接，是保证林产品流通畅通的关键。林产品流通环节的安排必须有利于生产者，并且照顾消费者的利益。只有让林业生产者得到合理的经济实惠，才能有效的调动发展林业生产的积极性。那么，如何能使林产品的流通环节更加合理化，这是我们所要讨论的问题。

1. 多渠道经营，减少不必要的流通环节

林产品流通环节的优化，就是要求林产品在流通过程中经过的环节要尽可能少。林产品流通对林业生产的发展有积极的促进作用。但流通的规模是由林业生产规模决定的。林产品进入流通后要开放渠道、多渠道经营，才能保证生产者得到经济实惠。林产品经营环节微利经营的实质就是林产品流通过程中转手环节要少，不能使中间经营牟取过多利益，经营环节要为生产者服务。多渠道经营林产品的流通环节从根本上改变了限制过死和与民争利的弊端，从而能大大减少不必要的流通环节，保护林产品生产者和消费者的利益。

2. 国家政策的调控，促进流通环节工作

国家应想法设法调动各种经济力量来促进林产品流通的发展，通过竞争促进流通环节的工作。我们知道，林产品经营环节过多不仅会造成产品价格的轮番上涨，而且在一定程度上还会降低其流通的速度。这是因为在林产品供不应求的情况下，大部分经营者都会产生惜售行为，从而降低林产品流通的速度。在这种情况下，国家就应采取相应的措施，减少林产品流通的环节，加快林产品流通的速度，以缓和林产品供不应求的局面。

3. 建立健全林产品流通的信息系统

经营环节的存在是依靠用户对其产品的购买，而有些用户由于收集到的信息不全面，影响了他对供货对象的选择，从而选择了那些本属多余的中间环节，这在客观上也支持了那些中间环节的存在。因此，健全林产品流通的信息系统，加速信息流通，有利于克服林产品经营环节的盲目增加。

4. 合理设置林产品经营环节

按照降低全社会林产品流通的总成本和加快林产品流通速度的要求规划出全国以及各地区林产品经营环节的布局。针对林产品的特点以及我国森林资源的分布状况，在布局林产品经营环节时，应充分考虑靠近资源地。同时，应在主要林产品消费地和中心城市设置林产品经营环节以发挥大中城市的综合功能。

5. 消除非经济因素对企业的干预，确立企业的自

主经营地位

实践证明，一些林产品经营环节是权力等非经济因素的产物。因此，只有消除权利等非经济因素才能使那些不必要的经营环节自行消亡。不仅如此，由于一些企业还没有真正取得经营主体的地位，从而尚缺乏刚性的利益约束，因而，也在一定程度上助长了一部分经营环节的存在。可见，确立企业的经营主体地位，不仅是体制改革的需要，而且也是减少不必要的经营环节的需要。

就林产品转运环节的优化而言，应主要从物流合理化的角度来考虑，从宏观来看，应该大体确定林产品的流向并通过有关的经济政策促进企业按林产品的合理流向来组织林产品的流通；从微观来看，应该通过对林产品实体流通成本的核算，促进企业调整林产品的进货道渠，合理布局或选择中转站、仓库和码头以减少重复运输和重复装卸的现象，节约林产品流通成本和时间。

第三节　林产品流通渠道的管理

一、林产品流通渠道的矛盾与冲突

（一）林产品流通渠道冲突的定义及类型

国外对渠道冲突的定义有很多，比较权威的是Louis W.Stern和Adel LEI－Ansary（1996）提出的定义，他们认为渠道冲突指的是这样一种状态，即某个渠道成员发现其他某个或某些渠道成员正在阻止或妨碍自己完成目标。因而，我们可以将林产品流通渠道冲突定义为，林产品流通渠道冲突是指组成林产品营销渠道各个成员之间的一种敌对的或者不和谐的状态。一般地说，林产品渠道冲突包括以下三种类型：

(1) 水平渠道冲突，指的是同一林产品流通渠道模式中，同一层次中间商之间的冲突。例如，某地区经营某类林产品的中间商可能认为同一地区经营同一林产品的另一家中间商在定价、促销和售后服务等方面过于进取，抢了他的生意，造成了两家中间商之间的不满与冲突。

(2) 垂直渠道冲突，指在同一林产品流通渠道中不同层次林业生产企业之间的冲突，这种冲突较之水平渠道冲突要更常见。例如，林产品批发商与零售商之间的冲突、批发商与制造商之间的冲突。

(3) 不同渠道之间的冲突，指的是不同渠道服务于同一目标市场时所产生的冲突。比如，某一经营林产品的企业，对其传统的分销渠道进行调整，建立起新的流通渠道，这就会受到来自其他传统经销商的抵制。

（二）渠道冲突的根本原因

1．林产品流通渠道冲突的原因

Louis W.Stern和Adel LEI－Ansary（1996）认为渠道冲突产生的根本原因有三个：目标不相容、归属差异、对现实认知的差异等。同样地，在林产品的流通渠道冲突中，也存在着这三个方面的原因：

(1) 目标不相容。在如何实现林产品渠道的整体目标上，或者说在渠道的运作过程中，各个渠道成员都会有各自的主张和要求。例如，林产品生产者希望占有更大的市场，获得更多的销售增长额及利润；但大多数零售商，尤其是小型零售商，希望在本地市场上维持一种舒适的地位，即当销售额和利润达到满意的水平时，就满足于安逸的生活；生产者希望中间商只销售自己的产品，但销售商只要有销路就不关心销售哪种品牌的林产品。因此，当渠道成员个体目标出现不相容时，冲突就不可避免地会产生。

(2) 归属差异。归属差异是指林产品流通渠道成员在有关目标顾客、销售区域、渠道功能分工和技术等方面归属上存在的矛盾和差异，这些矛盾和差异若处理不当，容易产生冲突。

(3) 对现实认知的差异。对现实认知的差异是指林产品流通渠道成员之间对渠道中事件、状态和形式的看法与态度存在分歧。这种差异主要包括：对现实事件当前状况的理解，对其未来发展的可能性的预测和进行抉择时对信息的掌握情况，对各种抉择后果的认识情况以及对目标与价值观念理解等方面的差异。渠道成员的认知主要取决于其先前的经验以及可获取信息的数量和质量。

2．激发林产品流通渠道冲突的直接原因

直接原因是指最表面的原因，在所有渠道成员看来，渠道冲突无非由于在价格、存货等项目上彼此间有不同的要求和想法。这些因素表现在现实的渠道冲突事件中。

(1) 价格因素。渠道各层级之间的价差时常是渠道冲突的诱因。林产品生产者常抱怨分销商的销售价格过高或过低，影响了其产品形象和市场定位。而分销商则抱怨给其的折扣过低。

(2) 存货水平。林产品生产者和分销商为了各自的利益目标都希望把存货水平控制在最低。分销商的存货水平过低时，会导致无法及时向用户供货而引起销售损失，甚至会失去顾客。同时，如果分销商的存货水平过低，他们就会要求厂家保持较高的存货水平，这又影响到生产者的利益。

(3) 大客户因素。冲突的另一可能来源是林产品生产者与最终用户（通常是大用户）建立直接购销关系。由于某些林产品市场大客户的需求占总销售量的比重较大，其购买量大或有特殊的服务要求，所以生产厂家宁愿直接与大客户交易，而把余下的市场交给分销商，从而威胁到分销商的生存。

(4) 侵占对方资金。林产品生产者希望分销商先付款、再发货，而分销商则希望先发货、后付款。尤其是在林产品市场需求不确定的情况下，分销商希望采用代销等方式，但这样会增加生产者的资金占用。

(5) 技术咨询与服务障碍。如果分销商不能提供良好的技术咨询和服务，林产品生产者就会绕过分销商采用直接销售的方式。因为对某些用户来说，技术咨询与服务水平如何对其选购合适的林产品至关重要。

(6) 分销商经营竞争对手的产品。当前，尤其是在工业林产品市场上，用户对品牌的忠诚度并不高，分销商经营第二产品线或竞争对手的产品线会给林产品生产者带来较大的竞争压力。但分销商则希望通过经营第二甚至第三产品线，扩大其经营规模，并免受生产者的控制。

3. *林产品流通渠道冲突的深层次原因*

上述直接原因是渠道冲突的现实表现，是对大量案例的归纳总结。深入研究下去，渠道成员对于这些因素的不同意见和看法源于自己的利益、目标、权利、地位等不同。

(1) 林产品生产企业与渠道中间商追求的经济目标不一致。如供货商要求高价出售，并倾向于现金交易，而购买者则期望支付低价，并要求优惠的商业信用；生产者追求占有更大的市场，获得更多的销售增长额及利润；而大多数零售商，尤其是小型零售商，只满足于适当或较低的销售额及利润；生产者希望中间商将折扣让给买方，而中间商宁愿将折扣留给自己；生产者希望中间商为它的品牌做广告，中间商则要求生产者负担广告费用。

(2) 渠道成员的任务和权利不明确。例如，有些林产品生产者自己的销售队伍和它的授权经销商在同时向同一大客户推销供货。地区边界、销售信贷等方面任务和权利的模糊和混乱也会导致冲突。

(3) 渠道成员的市场知觉差异。例如，林产品生产者预测近期经济前景良好，要求经销商的存货水平高一些，而经销商可能并不这样认为，不愿保留较多的存货。

(4) 中间商对林产品生产者存在过多依赖。

4. *林产品市场环境上的原因*

林产品流通渠道冲突不仅产生于渠道成员的利益冲突，市场环境的改变会带来对现有渠道状况进行改变的要求。新的流通形式，新的商业形态给企业、商家和市场带来了前所未有的冲击。例如分销渠道的创新，新业态的出现，渠道成员为了拓展市场、扩大销量、扩大市场份额，企业为了推广新产品、拓展新渠道、实施新计划而发生的各种冲突。另外一个重要的市场环境因素是地方保护、地方政策的影响，假冒伪劣产品的横行，不正当竞争的市场环境也是诱发渠道冲突的原因之一。

在渠道成员组成的“超组织”中，具有独立所有权的各渠道成员追求自身经济利益最大化的结果必将导致渠道成员之间的冲突。经济利益和社会分工把这些渠道成员联系在一起，使得他们相互依赖。而渠道冲突就根源于渠道成员之间所固有的相互依赖，作为一种功能性的相互依赖关系，需要渠道成员之间有最低层次上的合作。然而，各渠道成员都力图获得最大限度的自主权，于是依赖问题的建立就带来了利益的冲突。

二、协调林产品流通中矛盾与冲突的方式

林产品在商品经济还不发达的时期，往往只在一个小的区域里流通，流通范围小，流通的规模也不大，一般是林产品中的某一类产品。随着市场经济的发展，林产品的流通形式也发生了变化：由原来的一个小区

域流通到更大的区域，从国内流通到国外；品种也不断增加，种类繁多。流通的过程也由原来单纯的“林产品生产者—乡村市场—消费者”转变为今天的“林产品生产者—收购者—林产品市场—批发商—零售商—消费者”。流通环节的增多，使流通过程变得更为复杂。各个渠道成员为了自身利益的最大化，就必然会与其他渠道成员产生矛盾与冲突。对于这种冲突，不是一个或几个渠道成员就能解决的，它需要所有渠道成员协同起来，才能维护现有的渠道关系，实现渠道整体利益的最大化。具体来说，有以下几种方式：

1．采取多渠道流通，保护林业生产者的利益

进行多渠道流通就是要求实现：在同一地区对同一种林产品采用多种渠道进行销售；在不同的地区对某一产品采取不同的渠道；根据产品的不同采取不同的流通渠道。多渠道流通可以使林业经营企业失去垄断经营权，进而失去垄断经营利润。在过去，林产品生产出来后，一般由专门的林业部门进行收购，价格也由林业部门决定，使得广大的林业生产者在产品的销售中处于被动的地位。低廉的价格不仅损害了林业生产者的利益，大大地挫伤了林业生产者的积极性，同时也极大地影响了林产品的生产和消费。而多渠道流通可以使生产者有选择出售林产品的机会，林产品生产后，林农可以自愿出售，林农和生产者所关心的是如何取得较大的经济实惠，这就要求有条件的地区要允许林产品经营者进入产区市场，收购木材后，多渠道经营。进行多渠道流通，不仅可以弥补单一的渠道形式，较大地占有市场覆盖面，加强市场渗透，而且也能引入竞争机制，使更多的潜在竞争者进入市场，打破林业经营企业的垄断，保护林业生产者的利益，提高林农的林业生产经营积极性，为林业的可持续发展夯实基础。

2．整合林产品供应链，建立关系营销渠道

由传统的销售渠道模式向现代销售渠道模式发展。在传统林产品销售渠道模式中，各成员都是一个分离的企业个体，各自追求利益的最大化，相互之间不受其他机构的控制。而现代林产品销售渠道模式，是用一定的方式将销售渠道系统中各环节的成员联合起来，在保证上游渠道成员和下游渠道成员双赢的情况下，协调行动，共同发展，为渠道成员创造价值。这样就使同处一条价值链的林业生产企业之间，由过去各自为政的买卖关系成为一种战略合作关系，从而为消除渠道冲突提供了有力的保障。

3．运用渠道权力，消除逆向控制渠道冲突

在计划经济时期，国内企业营销渠道基本上是一种以制造商为中心的传统渠道模式。在这种模式下，制造企业成为渠道的领导者，中间商尽管拥有重要的渠道资源，但也不得不处于从属地位。而在市场转型期，特别是在90年代后期，随着买方市场的形成，渠道权力中心呈现向渠道下游转移的趋势。一些实力强大的零售企业特别是连锁企业，他们逐渐掌握了渠道的控制权。为了追求自身利益的最大化，这些下游节点企业往往会基于自己的利益，与上游供应商进行短期博弈，反向控制其他渠道成员，从而损害了其他渠道成员的利益。渠道权力是指在特定渠道中，一个渠道成员控制另一个渠道成员的能力。运用渠道权力进行渠道冲突的控制的具体做法是：利用强制权力惩罚那些不服从或不合作的渠道成员；利用奖赏权力激励渠道成员；利用法定权力约束利益冲突；利用声誉权力提高渠道成员的认同等。

4．规范国内林产品市场

中国市场目前还处于一个转型市场阶段，或称一个转型市场，而这个转型市场是一个不成熟的市场。与之相应的是政府政策多变，法规不健全，管理缺位；市场秩序混乱，假冒侵权严重；商业信誉极度缺乏，商业信用低等。所有这些现存的问题使得国内林业经营企业的渠道环境十分复杂，营销渠道环境的复杂性为企业的渠道冲突提供了沃土。因而，完善国内林产品市场，建立健全相关法规，有利于消除渠道冲突。

5．加强网络基础设施建设，建立林产品的网络经营机制

随着计算机技术、网络信息技术的发展，现代商品流通已经从现实世界走向虚拟的网络世界。网络的应用，加速了林产品信息在生产者、经营者以及消费者之间的流通。生产者可以及时了解到进货商信息和消费需求信息，经营者也可以通过网络了解到更多的进货渠道，从而避免了一个渠道成员对另一个渠道成员过分依赖，进而产生渠道冲突。另一方面，网络渠道的建立，也可以加速林产品的流通速度，减少流通环节，节约流

通成本。

三、林产品流通渠道的管理

林区管理以及在流通领域验证放行和市场管理都要严，这种严是根据林业生产的长远利益的要求决定的。

一是要从林产品的永续经营出发，控制林产品的生产量；

二是要保护生产者的利益，使林农和生产者能从培育森林过程得到经济利益；

三是要求一个口子出，多渠道流通。

企业对自己角色无法准确界定，使渠道管理存在误区，造成这一误区的原因为：由于传统经济形成的优势角色转换不及时，企业对自己是渠道的领导者还是建设者认识不清或模糊，造成两个极端——要么在渠道中滥用权力，管得过多；要么放任自流，撒手不管，最终导致企业渠道体系的不稳定。在渠道设计、分销商的选择方面缺乏科学性和统一规划；企业渠道运作和维护管理缺位，包括在企业渠道成员角色和权力分配上，没能承担起其应尽的职责，信息管理不到位以及对营销人员特别是销售人员管理不力等。诸如此类的问题与原因，为企业的渠道冲突埋下了祸根。

还有一个需要说明的问题是，在林产品流通领域还要不要允许多种经济成份并存。当林产品流通领域出现一些混乱以后，有人认为在林产品流通领域不应该允许多种经济成份的并存，其理由是，林产品不同于一般的商品。对林产品的生产和流通必须充分考虑生态环境及森林资源的保护，而非国有林产品流通企业在从事林产品生产和流通时，一般很少考虑森林资源的保护和生态环境的平衡，特别在木材流通领域，更容易采用一些不正当手段和不规范的行为来进行近乎野蛮的经营，从而，在一定程度上扰乱了林产品流通秩序。但在我们看来，由于林产品流通领域多种经济成份的存在，尤其是个体、私营林产品者的存在，的确使林产品流通领域产生了一定程度的混乱，但是，这种混乱的真正原因并不是多种经济成份，尤其是个体、私营林产品的存在，而是我国林产品生产和流通领域的各种法制(包括立法和司法)的不健全、不严肃和不规范。因此，积极的办法是，在大力发展多渠道林产品流通的同时，加强林产品流通领域的法制建设，真正做到有法必依，执法必严。唯有如此，才能使林产品流通活而不乱，管而不死，真正实现林产品的市场流通。

第四节 林产品流通渠道的创新

一、林产品流通渠道的开拓与巩固

信息是资源，信息是财富，信息是企业的生命，这已是被实践反复证明的真理。林业生产和流通企业的最终目的，是要出产品、见效益。要实现这一目的，领导者们必须高度重视林产品流通工作，关键是抓好林产品流通信息，靠信息促进流通，靠流通带动发展。因此，研究林产品流通信息渠道，适应市场经济的需要，是林业生产和流通企业发展的一项重要课题。

（一）林产品生产及流通企业信息现状及问题

(1) 林业生产及流通企业绝大多数地处偏远地区，交通不便，基础通讯设施落后。销区又大多远在千里之外，彼此传递信息的途径只能靠信函、报纸期刊、电话、传真机等。由于信函、报纸传递的信息，时效性差，信息针对性不强；电话与传真机上获得的信息比较单一，而且费用很高。往往是销区行情已变，而企业要在一个滞后期后才能知道。至于指导企业生产经营的、有针对性的信息更是少之。

(2) 林业生产和流通企业为了弥补信息源的不足，这些年也相应的成立了信息科，配有专职信息员，负责收集、整理来自各方面的信息，在一定程度上为企业的进步和发展起到了积极的推动作用。但在信息化社会里，面对瞬息万变、捉摸不定的市场信息，靠手工来处理，势必造成数据单一、信息量少、缺乏代表性，决策者对此信息是很难采用的，最终迫使决策者回到凭直觉和经验决策的老路上。信息部提供的信息只能作为一个参考。

(3) 林业生产和流通企业通过电话和传真机向外发送供求信息、销售动态，往往由于受经费和交往关系的限制以及信息有一定的偏好性，得到的都是点式传递信息，使信息的扩散具有一定的局限性，使林业产品流通企业丧失了许多合作发展的机会；另一方面企业通过电话和传真机获得的一些信息，尽管具有一定的时效性，但是信息的针对性差，对企业的经营也起不到多大作用。

(4) 林业生产和流通企业的管理者和经营决策者，在做出某项决策之前，都要花费大量的时间、人力和物力去索取信息。由于各区域性收集的信息具有一定的局限性和滞后性，这些信息只有参考价值，而无指导意义。

由于林产品流通信息渠道不畅，产生了以上现象，给林业生产、流通企业造成了许多不良后果。主要表现为：盲目生产，产品不对路；盲目销售，产供销脱节；盲目立项，经济效益低。

（二）林产品生产及流通企业对信息的要求

要使林产品生产、流通企业尽快了解市场、进入市场、驾驭市场，实现正确的信息引导，拓宽信息来源，改善信息渠道就显得特别重要。从林产品生产和流通企业的实际出发，目前迫切需要具有以下特性的信息：

1．及时性信息

林产品流通信息更是变幻莫测，销区林产品价格已上涨，产区还是以低价出售，造成林产品生产和流通企业经济的极大损失，这是经常发生的。另外，由于现有信息渠道的限制，得不到及时的信息，也使企业丧失了许多合作与发展的机会。因此，林产品生产与流通企业迫切需要及时的信息。

2．准确性信息

不准确的信息也会给企业造成巨大的损失。如1994年国内需求的胶合板信息失真，某些企业大量进口胶合板，严重冲击国内胶合板市场，造成大量胶合板积压，产品与资金严重浪费，给这些企业造成了巨大的经济损失。准确的信息是引导企业进入市场的关键。

3．全面性信息

林产品生产、流通、企业既要及时准确地掌握林产品市场价格，又要了解林产品需求方经济状况、经营范围与能力、债权债务、资产状况、履约能力、信誉度等，以免上当受骗，遭受经济损失。这就要求信息不但及时、准确，还要全面。

4．指导性信息

林产品生产流通企业的进步与发展，关键在于企业的领导者与经营者做出合理的决策，准确、全面的信息是决策的基础，指导性信息是决策的导向。企业的领导者与经营者不仅急需准确、全面的信息，而且还需要林产品流通行业的专家、学者对林产品未来市场发展态势的分析预测(产品产量、价格、流向等)，给他们提供指导性信息，为企业做出有效的决策奠定理论基础。

（三）林产品生产与流通信息的新渠道

随着计算机技术的发展，北京国家木材交易市场最近建立起了中国林产品信息计算机网，实现了企业对信息四性要求的愿望。

1．中国林产品信息计算机网的建立

北京国家木材交易市场既是林产品交易的中心，又是信息发布的中心，目前每周出版两期《林产品信息总汇快讯》，每半月出版一期《林产品信息总汇》。但是由于靠手工处理大量信息，加之编辑、出版、发行，所以很难保证信息的数量和时效性。这些已严重影响市场功能的正常发挥，因而引进了先进通讯技术和设备，建立了中国林产品信息计算机网。

2．林产品信息计算机网的内容与功能

信息网向用户提供八大类信息、一个专用信息公告板(BBS)和电子邮件(E-mail)服务。每一大类下设子目录及相应的栏目，可按时间、信息来源、栏目来检索查询所需信息。这八类信息包括：国家经济政策信息、市场动态信息、价格行情信息、交易信息、运输信息、价格行情信息、交易信息和运输信息。

3．林产品生产流通企业进入新信息渠道的条件

林产品信息网能为企业提供及时、准确、全面和具有指导意义的信息，但也要求企业具备基本的入网条件。作为计算机信息网的网员应具备CPU386以上的微机(或286原装机也可以)一台、调制解调器一个、全国直拨电话线一条、打印机一台和网络用软件。近几年随着计算机应用的推广和普及，林区大都购买了不同类型的计算机(或PC兼容机)。据不完全统计，全国林业企业有90%以上的单位有386以上档次的计算机，并配有相应的计算机管理人员，绝大多数地区开通了全国直拨电话线。由于这些设备的存在，大部分企业入网的前期投入不过6000元(调制解调器与软件和服务费)即可联机入网，一般微机管理人员经过短期培训，就能熟练掌握该网的使用技术。

总之，新的林产品生产流通信息渠道的开通，从根本上扭转了林业生产、流通企业信息不畅的困境，摆脱了企业想发信息无人知道，想得信息又无来源的被动局面。林产品信息网给林业行业提供了及时、有效、准确、全面的具有指导意义的信息，它必将在完善市场体系、培育统一开放的大市场，引导企业正确掌握行情，参与市场竞争，协调供求关系和加速林业企业产品结构调整等方面起到积极的推动作用，并为我国林业生产流通企业早日跨入国际市场奠定了坚实基础。

二、林产品的商流与物流

林产品作为一种商品，其流通过程与一般的商品流通过程一样，也包括两种流程，一种是“商流”，也叫“交易流程”或“所有权流程”，即林产品所有权的转移过程，这是通过一次或多次的交易活动来完成的。将林产品的所有权多次转移而到达最后的消费者或使用者手中。因此，林产品的“商流”指的是，通过交易活动而发生的林产品价值形式的变化和所有权的转移过程。

另一种是“物流”，也就是“实体流程”，即林产品的实体运动过程，这是通过运输、储存及其他机构的配合来完成的。林产品实体的流通，包括包装、运输、装卸、储存等活动，反映林产品在时间和空间上的变换。

“商流”和“物流”既是一般商品运动中相互依存的两个方面，也是林产品流通的两个方面。它们既有联系，又有区别，既结合又分离。两者的起点和终点是

结合在一起的，中间则往往不一致。70年代西方有人发现，如果把降低物耗增加的利润称为第一利润的源泉，把节约工耗增加的利润称为第二利润的源泉，那么降低物流费用而增加的利润可以称为第三利润的源泉，而且前途无量。

1．*林产品的商流活动*

商品的流通分为商流和物流，流通首先是从商流开始的。商流的产生由于市场的扩大造成了生产与消费之间的社会阻隔，即生产者与消费者的不一致，流通通过生产者与消费者之间商品所有权的转移来实现价值效用，从而将生产与消费有机联系起来，这种流通活动就是通常的市场买卖活动。林产品的商流是商品交换最本质的内容。商流的核心是商业合约，交易者在市场上找到合适的交易伙伴后，通过合约将交易的各种条件固定下来，这交易的合约是具有法律意义的。在市场经济条件下，商流过程是在自愿、合法、公平竞争的条件下完成的。

林产品流通中的商流活动主要涉及以下几个方面：

(1) 林产品交易的方式。交易的方式指交易者在交易中所采用的方法和手段。按确定价格及其他交易条件的方式，主要有三种：协商交易、拍卖、招标。按交货文献的时间不同，交易方式又可分为现货交易和期货交易。按有无媒介，林产品交易方式可分为易货交易和以货币为媒介的交易。协商交易指的是交易者之间通过交流信息，相互磋商确定交易条件；拍卖则是众多交易者就某一特定的交易条件（主要是价格）通过一定程序的公开竞争使交易条件确定下来；招标是众多交易者就某一特定的交易条件通过一定的程序秘密竞争使交易条件确定下来。按交货文献的时间不同，交易方式又可分为现货交易和期货交易。我国正处在从计划经济向市场经济过渡的时期，各种市场经济的交易方式，也进入了林产品贸易领域，但各种交易方式还亟待规范。

(2) 交易合约。交易合约有多种形式，林产品交易合同是其主要形式，也是商流的核心部分。合同的主要内容包括林产品的品名、品质、数量、价格、包装、装运、保险、支付、检验、索赔、不可抗力和仲裁等交易条件。合同是在交易双方之间签订的，有效的合同受法律保护。

(3) 商流渠道。由于有中间商的介入，商流渠道就产生了变化，由林产品生产者和使用者之间的交易渠道变为林产品生产者—中间商—消费者的交易渠道。

2．*林产品的物流活动*

由于林产品生产的地域性与消费的普遍性、林木生产长期性和受多种因素(自然条件、国家政策等)影响的复杂性与消费的全年性之间的对立，造成了林产品供给与消费之间的矛盾。解决这个矛盾，靠的就是发展现代林产品物流。因此怎样降低林产品生产与流通的成本，提高林业的整体效益，就成为我们要十分关注的问题。

(1) 林产品的物流特点。一般来讲，林产品指木材和以木材为原料的各种产品，主要包括原木、锯材、人造板、纸制品、林化产品，还包括林木种苗、种子、花卉、林果、林下产品等。由此可见，林产品生产部门所涉及的范围是较大的。此外，我国的森林资源生长地基本处于边远山区且分布不均衡(主要分布在西南和东北林区)，各省区的林业资源分布也不均匀。而在国民经济的发展中，林产品的使用范围又是非常广泛，且大多数林产品在完成采伐后一般要经过林地、林场储木场堆放，才能运输到车站、各级中间商、各级生产商的仓库，继而进入生产。因此，林产品供给的地域局限性与需求的广泛与分散性势必造成其物流节点多，距离长，且运输量大，致使物流成本较高。

另外，由于林产品生产的长期性，短期内难以再生，森工企业的采伐地经常变化，也是导致物流节点多的一个因素。在生产过程中，由于许多林产品的体积较大，加工的工艺环节多，也会使林产品生产运营过程中的物流节点增多。从另一方面来讲，由于林产品成品品种繁多，市场需求的产品差异大，故使林产品的标准化程度低，很易导致林产品交易过程中的物流效用降低。再者，由于林产品生产的特殊性，长期以来我国林产工业的发展简单、粗放，管理相对落后。计算机技术的运用滞后，在林产品物流信息适时采集、传递、处理方面的开发运用非常薄弱，致使林产品物流渠道不通畅，从而影响林产工业的发展。

(2) 林产品物流问题解决的对策。目前，我国的林产品物流还存在着许多问题：物流企业与原材料供应企业、生产企业、销售企业、顾客之间信息沟通存在障碍；产品运输、仓储等成本偏高；物流效率低下；物流技术手段落后。这些问题的存在使得林产品物流一度成为林产业发展的"瓶颈"。因此，解决林产品的物流问题，建立起完善林产品流通体系（如图2-2）具有很强的现实意义。而要解决林产品物流问题，应做好以下几个方面的工作。

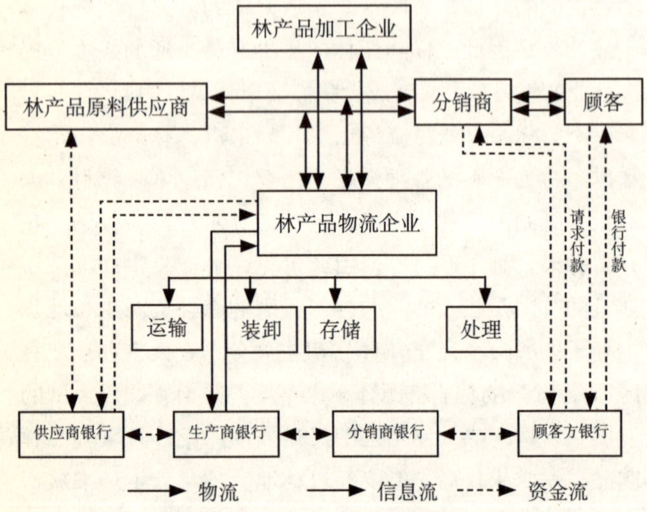

图2-2 林产品物流流程图

① 实行林产品标准化。林产品的标准比较难以确定。林产品品种繁多、种类多样、个体产品形状大小不一，既包括各种生产资料产品，可以进行再加工生产，也包括那些直接为人们日常生活服务的生活消费产品，并且很多林产品的生产区域也不一样，这就使得林产品在质量、规格等方面都存在着一定的差异性。在计量上除一部分如木材、胶合板、纸等产品外，大部分林产品难以像其他产品那样实行严格的标准化，因此就比较难以适应物流和市场交易的需要，大大降低了物资流通的效率。而且这个问题将造成林产品物流包装标准与物流设施标准间的缺口，严重影响运输工具的装载率、装卸设备的载荷率以及仓储设施的空间利用率。林产品的物流及商业标准化程度不高，没有形成行业内的标准，给林产品的物流和交易带来了较多困难，而且增加了物流成本，使得物流活动的空间效用和时间效用无法得到更好的体现。因而，实行林产品标准化，有利于减少物流成本，提高物流速度。

② 大力提高林产企业信息化水平。现代物流体系的核心是信息技术的应用，信息技术也是现代物流技术的核心。信息技术将原来割裂的各个物流环节整合在一起，以体现现代物流体系的特征。首先，林产企业要加强信息管理系统的建设。通过林产工业管理信息系统，对企业各部门工作进行不断的改进，增加计划性，协调生产过程中涉及的各个环节，缩短生产准备周期，增加了与外部协作单位的技术和生产信息的及时交互，节约了生产成本，缩短了原料供应期，从而使生产过程更加流畅，提高生产效率。其次，林产企业要加强网络的基础设施建设。近年来，我国林产品的总量在不断的增加，品种也在日益丰富，但是企业的经营手段落后。因此，我国林产企业应该紧跟时代潮流，充分认识到现代化与信息化在当今社会经济发展中的重要性，努力加强网络基础设施建设及相关的人才队伍建设，只有网络基础设施的进一步完善，我国的林产企业才能与市场建立起良好的运作关系，使企业及时、准确掌握林产品市场的动向、趋势，为林产企业提供更好的物流管理决策依据。再次，林产企业必须加紧实现EDI技术。EDI是信息流和物流相结合的关键技术，通过建立企业间的数据交换网来实现企业间数据处理、数据加工等事务作业的自动化、及时化和信息化；同时通过有关销售信息和库存信息的共享来实现经营活动的效率化。林产企业只有先实现EDI，才具备与其他企业沟通的条件，才能使各种商业交易行为实现电子化。

③ 积极引入第三方物流。我国企业物流配送系统的发展滞后，在国内，物流成本过高已是不争的事实。据统计，运输和仓储成本占到总成本的30%～40%；占食品和家畜产品的60%；占某些化工产品的70%～80%。平均而言，存货加运货周期超过30天。整个物流配送系统不仅落后、缺乏整合，而且由于历史的原因，在一定程度上具有垄断性。这些都不利于林产品的快速流通。发展第三方物流是我国物流业由传统模式向现代模式转变的关键。第三方物流不仅有利于林业生产企业集中资源进行生产，而且还有利于企业减少流通费用，节约流通成本。因而第三方物流的引入，能够保证林产品流通渠道的畅通。

三、现代流通与林产品流通渠道的构建

（一）流通现代化与现代流通方式

1．流通现代化的内涵

随着社会经济的发展，流通在我国国民经济中的地位和作用越来越突出，流通已从传统经济的“末端”行为跃升为现代经济的“先导”行业。而流通现代化则是指伴随着工业化社会和信息化社会而在商品流通领域产生的变革、创新过程。因此，流通现代化是一个动态的变化过程，对我国来说，就是我国流通产业追赶和达到世界先进水平的过程，或者说具有世界先进水平和满足现代经济需要的产业状态。这是随着社会、经济、技术的发展而不断适应生产、消费及流通自身发展的动态过程，它具体包括流通观念的现代化、流通组织的现代化、流通方式的现代化、流通的现代化和流通技术的现代化。

从我国流通业发展的现状来看，流通观念革命的标志——“流通先导”的观念已基本确立，而随着网络、自动化等技术的发展，流通业“技术密集型”特征也越来越明显，企业内联网、外联网以及因特网的出现，为流通业采用现代化的流通技术提供了现代化的平台，而流通制度建设伴随着现代市场经济制度的建设过程，不可能一蹴而就。因此，在流通现代化建设中，推进流通方式和组织形式的现代化，具有特别重要的意义。

2．现代流通方式的诞生

从历史上看，流通方式的演化经历了一个漫长的过程。在商品流通产生之后，流通方式由走街串巷的叫卖发展为有固定场所的店铺，由商贾合一发展为批发与零售分工。而真正具有重大历史意义的流通方式变革出现于工业革命之后的“流通革命”。流通革命的历史，可以追溯到西方国家的三次零售革命，零售业由百货商店发展到连锁店，再到20世纪30年代产生的超级市场。超级市场将专业化、社会化生产方式引入零售业，并为后来运用电子技术，尤其是计算机网络技术进行信息化管理创造了条件。

流通革命则是零售革命的进一步延伸和拓展，零售革命给整个流通业带来的巨大压力，迫使整个流通渠道的所有环节，包括制造业、批发业、物流业等，都不得不在经营方式、组织形式以及管理技术上进行变革，即流通革命，它所带来的流通方式的巨大变化，主要表现在以下几个方面：

(1) 零售业态的多样化。流通革命首先是零售业经营方式的革命，继而不断涌现出新的零售业态。随着零售革命的深入，在原来传统超市的基础上，又相继出现了大型综合超市、仓诸店、购物中心以及便利店等多种业态形式，从而形成多种业态并存的零售格局。

(2) 批发机能的复合化。批发业面对价格破坏和渠道缩短的挑战，也调整了自己的经营战略，通过开发各种新的机能，如商品配送机能、商品开发机能和零售支援机能等，开辟出新的经营领域，从而摆脱了困境，在变革中获得了新生。

(3) 物流功能的社会化。在流通革命过程中，原来依附于商流过程的物流过程摆脱了对生产和销售的依赖，从商流中独立出来，成为承担储存保管、流通加工、运输配送、委托代理等一揽子作业的物流企业。物流业的产生使流通领域内部的社会分工进一步深化，从而大大提高了流通的效率，物流业也成为除制造业、商业之外的“第三利润源”。

(4) 流通组织的连锁化。连锁经营使流通企业在规模扩张的过程中，克服了企业发展过程的空间地域障碍，为流通企业的规模化经营提供了一条有效的途径，同时为一些小规模的流通企业提高组织化程度创造了条件，提高了他们的生存能力和市场竞争力。

(5) 流通管理信息化。流通技术的革命，特别是信息化技术的应用为流通业拓展市场，提高全球市场的管理水平提供了技术基础。先进技术的应用促使企业改变其原有的经营方式和业务流程，从而导致了新的流通方式的产生。

3．现代流通方式的主要特征

现代流通方式，是指动用现代管理思想与理念，采用现代科学技术手段，对传统流通方式进行了重大改革与创新的流通方式，它既可以是新的流通经营方式，也可以是新的流通组织形式，还可以是新的流通组织本

身。具体来说，现代流通方式与传统流通方式相比，有以下基本特征：

(1) 就流通平台而言，现代流通基于信息技术。以信息技术为核心的新技术革命改变了整个流通产业的运作方式和盈利模式，打破了时间和空间的限制，实现了近乎零距离、零时间的交易，实现了生产者和消费者的及时互动，流通渠道趋于扁平化。

(2) 就流通组织而言，现代流通基于物流中心。目前，物流配送业已成为整个国民经济的战略性产业，是现代化大流通中先进生产力的代表，具有将仓储业、交流运输业、配送业、批发业、零售业等高度整合融为一体的能力。近几年来，不仅第三方物流发展迅速，而且第四方物流（即所谓专门为整合第三方物流提供服务的“皮包公司”）的地位正在日益提升。

(3) 就流通模式而言，现代流通基于网络流通。以市场需求为起点，由供应商、经销商、生产商组成市场供给方的完整供应链，这个供应链上的企业按照现代物流技术和理念整合成一个虚拟的企业群体。这样，过去单个企业之间的竞争，变成了一个群体企业与另一个群体企业之间的竞争，一个供应链与另一个供应链之间的竞争。

(4) 就流通形态而言，现代流通基于虚拟运作。传统流通企业是以产权关系为纽带，实现纵向一体化经营，而现代流通企业基于核心能力，实现横向一体化或虚拟一体化运营。这种形态以提升核心竞争力为目标，集中经营核心业务，而其他一些非核心业务则尽可能实行外包，随着大量企业的核心业务与非核心业务分离，外包业务比重不断提高，流通速度大为加快。

总之，随着流通现代化的发展，适应现代生产和消费发展要求、符合规模经济和交易费用节约原则、体现先进的管理思想和理念、采用先进的流通技术和管理技术的新型流通模式不断被创造出来。

（二）林产品流通渠道的构建

随着林产品生产规模的不断扩大，林产品的流通规模也随之扩大。传统的流通渠道已经不能适应现代林产品流通的规模和人们对林产品需求的速度，因而，必须构建起新的流通渠道，扩大林产品流通的规模，提高林产品流通的速度，以满足广大消费者对林产品的需求。

1．建立网络经营机制

我国林产企业应大力开展林产品的网上经营，充分发挥网上销售的沟通优势、效率优势、客户接触优势、信息优势、时空优势、创新优势、服务优势以及协作优势等。建立网上经营是林产企业与客户沟通、连接的有效方式。利用微机网络，进行网上销售活动，建立网上销售网络。使企业的林产品信息与全国乃至世界的网络连接起来。利用互联网络系统还可以使林产企业的后端(生产、库存与财务等)和前台用户、市场与销售等紧密地结合起来，从而使林产企业可以随时了解用户的需求，合理地安排生产并付运，这样库存量就会减少，减少了库存也就减少了库存成本，相应地也就大大降低了我国林产企业生产经营过程中的总成本。

2．开拓新的林产品市场

市场创新理论认为，市场创新是在技术创新和产品创新基础上的新形式。毫无疑问，渠道创新就意味着市场创新，而市场开拓是市场创新向深度和广度的扩张，本质上是进入新市场。因此，渠道创新除对原有渠道的创新外，新市场开拓更具实效性，它可使渠道变得更宽阔和更有效率。对于我国的林产品生产企业而言，由于渠道过度集中于国内市场，使渠道不仅拥挤不堪，效率不断缺损，而且也使得渠道成员之间竞争加剧；因此，最具战略意义、而且也是最容易获得效益的应该是国内农村市场和国际市场的开拓。

第三章

林产品流通管理体制

CHAPTER 3 Management System of Forest Product Circulation

第一节　我国林产品流通管理体制的历史沿革

一、我国林产品流通组织与调控的沿革

（一）我国商品流通体制改革的阶段

党的十一届三中全会以来，随着经济体制的改革，社会商品流通体制发生了深刻的变化，传统的商品流通组织与调控体系被打破，彻底改变了过去封闭、单一、僵化的状况，基本形成了“多条流通渠道，多种经济成分，多种经营方式、少环节”的商品流通格局。我国商品流通体制的改革，大致经历了三个阶段：

（1）第一个阶段从1979年至1983年。这个阶段以“计划经济和市场调节相结合”为原则，着重调整了日用工业品和农副产品的计划管理体制，扩大了市场调节范围，改革了商品购销体制，打破了国有商业和供销合作社一统天下的经营管理体系。

（2）第二个阶段从1984年至1988年。这个阶段以“建立有计划的商品经济体制”为指导思想，对企业体制、价格制度、经营形式、组织结构等方面进行了多元化改革。

（3）第三阶段从1988年至今。这个阶段对生产资料的计划管理体制进行了全面的改革，生产资料计划管理的品种、数量大幅度减少，物资流通企业开始以较快的步伐走向市场，参与竞争。1992年明确，并建立了社会主义市场经济体制的目标，流通领域加速了走向市场的步伐，流通企业体制和行政管理体制都作了较大的调整，公司体制改革开始试行，行政管理也逐步走向行业化。整个流通体制按照社会主义市场经济体制的要求进行了更大力度的改革开放。

（二）我国林产品流通管理体制的历史沿革

建国以来，随着我国经济管理体制的不断改革，各个时期管理调控林产品流通的机构主体及调控方式都不断地发生了变化。我们拿木材的流通管理体制改革为例。木材是林业的主产品，在所有林产品中占有很大一部分，不仅自身是消费品，而且也是其他一些林产品的加工原料，如木制家具、纸和纸浆、木制品等。同时，木材也是人类对森林进行砍伐后产生的一种产品，这种产品是在对生态的整体功能有所削弱甚至破坏而产生的。基于这些特点，在对木材进行流通时，不仅要考虑到生态的整体功能和森林资源的可持续发展，而且又要使以木材为主或以木材为加工原料进行生产的林产品能够满足人们的物质生产、生活的需要。也正因如此，

我国自建国来，对木材流通的管理体制进行了多次的改革。木材流通体制的历史沿革表明了我国林产品流通管理体制的历史变迁。我国林产品流通管理体制的变革大致经历了以下几个阶段：

1. 自由购销阶段(1949～1952年)

建国初期，北方森林大部分收归国家，形成国有林区，南方森林在土改中分给了农民，形成集体林区，这个时期的林产品流通处于自由购销的阶段。拿木材为例，当时木材供应量73%由国营企业提供，27%是收购农民的木材。而且在当时，供销社、集体、个人均可购销木材。

这个时期我国木材流通管理、经营机构主要为以下几个：1949年，东北地区首先成立了全民所有制的木材经营业务机构——东北燃料和木材公司。1950～1952年的国民经济恢复时期，木材的分配、调运、销售等流通管理由中国煤业建筑器材公司及所属各大行政区分支机构负责。1950年3月，中央人民政府贸易部决定成立全国性的国营木材流通管理机构——中国煤业建筑器材公司，并按照行政管理体制的层次，成立了分支机构。由此可知，在自由购销阶段对木材流通进行管理的机构主要是农林部门和隶属于贸易部的中国煤业建筑器材公司。

2. 统购统销阶段(1953～1978年)

1949～1979年的30年间，除了国民经济恢复时期，我国商品流通领域，同时存在着纵向产品分配调拨和横向商品流通，市场机制的作用一直受到排斥和限制。30年间，总的趋势是不断强化商品流通的直接计划管理和控制程度，不断扩大产品纵向分配、调拨的范围。可以说，这一时期的流通经济政策带上了浓浓的计划经济的色彩。

1946～1979年，我国所实行的传统的高度集权的计划经济管理体制，是以对包括商品流通在内的国民经济全过程实施直接管理为主要特征的。几乎无所不包的指令性计划体系替代了微观经济活动的决策，管理和调控基本上是一体的。因此，对商品流通流程的宏观调控或介入从根本上是通过直接的计划管理付诸实施的，体现在流通经济政策上带有明显的行政性，而忽视和排斥了市场机制的作用。其主要内容有：实行单一的流通所有制结构；工业品统购包销；主要农副产品实行统购、派购；重要消费品凭票限量供应和分配；物资直接计划分配；价格集中统一管理；国家管制、统负盈亏的高度集中的外贸政策等。

在这种经济政策的实施下，这个阶段的林产品流通管理体制，以高度集中的计划调配为主要持征。在这一阶段，我国对木材流通的管理也实行高度集中的管理体制，这主要有几方面的原因：第一，木材在我国是一种短缺物资，为保证建国初期重点建设的需要，只能计划分配，集中管理。第二，当时根本没有木材宏观管理的经验，只能照搬前苏联高度集权的物资供应模式。第三，长期经济“过热”没有多余木材可供市场交换，因而也不必培育木材市场等。高度集中的流通管理体制随不利于林产品的流通和发展，但却是与当时的林产品发展规模和情况相适应的。

3. “双轨制”阶段(1979～1992年)

1979年以后，我国进入改革开放和发展市场经济时期。我国的改革一直是坚持市场取向的改革，党的十四大明确规定了建立社会主义市场经济体制是我国经济体制改革的目标。与经济体制改革相一致，我国流通领域也在进行着革命。一方面，由计划经济的流通体制向市场经济的流通体制转变；另一方面，由传统的商业向现代化的流通产业转变。正是在这双重流通革命中，我国新时期的流通经济政策产生并为之服务。新时期流通政策改革的内容主要有：调整旧的计划经济的流通体制；调整商品购销形式；改革物资流通体制；流通企业转换经营机制；改革商品计划管理；改革流通行政管理体制等。

正是在这种流通经济政策的指引下，我国的商品流通结构发生了很大的变化，改变了计划经济的流通体制下单一的全民所有制流通结构，实现了多种经济成分并存的格局。与之相应地，林产品的流通结构也发生了转变。就木材的流通而言，从1979年开始国家逐渐放宽了木材流通政策，流通渠道由过去的单一调拨变为多渠道流通，统配材的比重逐年减少，非统配材的比重逐年上升。这一阶段，木材流通体制的主要特征表现在木材的议购议销与统购统销并存，市场的自我调节与国家的计划分配并存，随行就市的市场价格与国家的指令性、指导性价格并存。

在“双轨制”阶段里，木材流通的管理调控主体主要由计委、林业、物资、物价、交通运输等部门相互协调来形成。具体分工是：统配材由计委管计划，林业部门负责生产组织资源和协调供货及调运中的有关事宜，物资部门按计划制定木材分配方案，林业和物资两部共同组织统配木材订货。非统配木材则一直由林业部门管理。

4. 有管理的自由购销阶段（1993年至今）

现阶段，我国进入了社会主义市场经济蓬勃发展的时期。市场经济是以市场为基础进行资源配置的经济，是商品经济发展到一定阶段的产物。市场经济的本质是竞争，通过竞争，让效率和效益的高低来决定企业的优胜劣汰。但市场经济的发展依然需要国家进行宏观调控，这种调控与计划经济体制下的调控又是有区别的：计划经济体制下政府对经济实行的是一种直接的计划管理，而在市场经济体制下政府对经济实行的是间接管理。随着经济体制改革的加深，我国的林产品流通体制也随之发生变化。

一方面，进一步开放林产品市场。开放林产品市场，顺应了国家宏观改革大趋势，有利于优化资源配置，降低交易成本；能理顺林产品价格，提供林产品市场信息，有利于林产品加工业的发展；开放林产品市场，特别是取消林业部门一家进山收购木材的经营特权，使林农有产品处置权，让林产品直接进入市场，产销直接见面，可以减少中间环节及各环节盘剥，从而保护林农的应得利益，增加林农收益；开放林产品市场，有利于纠正林业部门的腐败现象。林业部门的腐败现象主要是指隐瞒或私自出卖木材采伐许可证，未经许可以低于市场价格出卖木材，违反规定批准采伐公有林的禁采树种或超量采伐，允许非法采伐，出卖国家政策和竞争者的信息。

另一方面，国家深化了对林产品流通体制的改革。任何一种形式的宏观调控都是在特定的经济体制下生成并发挥其功能的。市场经济的发展，必然要求建立与之相适应的宏观调控体系。这就决定了，在市场经济体制下，国家对林产品流通的管理是间接，只能是通过经济手段、法律手段以及必要的行政手段进行调控和管理，而不能像以往计划经济体制下，进行直接计划管理。同时，市场经济也要求林产品市场必须放开，通过市场竞争来调节产品的生产和流通。林产品生产出来以后，除了一些木材产品以外，大多都可以进行自由买卖。因而，从某种意义上说，我国现行的林产品流通已进入到有管理的自由购销阶段。

第二节　现行林产品流通管理体制存在的问题

一、国内外林产品流通管理体制的比较

（一）前苏联的林产品流通管理体制

在1918～1988年的70年中，为适应不同阶段生产力发展的需要，苏联工业管理体制经历了部门管理(1957年以前)、区域管理(1957～1965年)、部门管理为主(1966～1985年)以及区域与部门管理相结合(1985年以后)的发展过程。当然，森林工业和森林业的行政管理体制也随之变化和完善。1966年以前，森林业和森林工业的主管部门不仅变化多，而且此两业曾几次分家又合并。1966～1988年间，森林业和森林工业分立的体制得以稳定；森林业由苏联国家林业委员会主管；森林工业在1980年前分别由苏联森林采运木材加工工业部、制浆造纸工业部以及微生物工业管理总局主管，到1980年，此两部一举合并，成立苏联森林采运创浆造纸木材加工工业部，使森林工业成为完整的体系。合并的目的是改善森林资源利用，提高木材综合利用率，并提高中央、地方各级机构对完成部门任务的责任心。

1975年至80年代初，苏联森林工业遵循部门管理为主的原则，由四级管理转向三级管理制。上层管理机构是苏联森工部的各专业生产局，主管联合公司和企业的业务领导和生产计划；中层机构是各专业进行工业核算的全苏工业联合公司、加盟共和国森工部；基层单位有综合体、生产联合公司、科学生产联合公司、联合加工厂、企业，还有苏联森工部系统内的科研、设计、物资供应、建筑、安装调试、教学等单位。采取这种管理方案的初衷是要解决下列问题：减少大量小型企业，取消多余的中间环节以减少管理层次，提高管理机构的专业化水平；建立科学生产一体化新组织形式(即科学生产联合公司)，以加速“科学—生产”循环，使经济引导机构更接近生产，将大部分生产经营活动集中于企业、联合公司，以保证管理的及时性。但是，在这种结构下，中层和上层环节主要的管理功能是制定生产计划并检查其完成，而部门管理的下列重要功能实际上被忽略。

80年代初至1987年，苏联森工部由部门管理为主开始转向区域与部门管理相结合，后来上、中、基三层的组织机构都发生过分、合、改建等纷繁的变化。在中层机构变化中，有着重要意义的是加强了部门原则和区域原则的结合，即在一些州、边疆区、自治共和国建立了区域森工联合公司。

1988年3月至1991年底的管理体制，为根本改革森林业与森林工业的管理，更有效地监督森林资源的利用，提高生产效率，并过渡到用新的经济办法进行经营，减消多余的管理环节。1988年3月，国家做出决定，在原苏联国家林业委员会和原苏联木材采运制浆造纸木材加工工业部基础上，分别成立苏联国家森林委员会(以下简称“森林委”)和苏联森林工业部。此森林委负责管理全国的森林资源，贯彻国家的林业经营和森林资源利用的科技政策，对森林的状况、利用、再生产和森林防火、保护进行监督。但该委员会不直接领导森林业和森林工业的生产。少林地区的林业企业由各加盟共和国的林业机构(林业部)管理，在俄罗斯共和国进行木材工业性生产的多林地区，一切森林业和森林工业集中于苏联森林工业部所属企业。在严格监督森林利用方面，除苏联国家森林委履行此职责外，还由人民代表苏维埃通过林业机关履行，与生态因子有关的森林资源利用与再生产，同时还受苏联国家自然委员会监督。苏联森林工业部负责主管森林工业，其职能是组织开发和利用森林资源，以满足国民经济和公民对林产品的需求，并且负责林产品出口。该部直接领导俄罗斯共和国境内多林地区的森林工业企业、联合公司，也直接领导其他加盟共和

国境内的大型森工企业。

1988年以来，林业开始推行新的经营形式，例如企业转向全面经济核算、自筹资金、租赁和租赁承包以及合作经营等等，到1990年下半年里出现企业的完全独立经营和企业由苏联森工部内分出的迹象。据1990年8月报道，在俄罗斯联邦共和国境内，拥有上百个森林业和森工企业、10多万职工和10多亿卢布产值的原克拉斯诺亚尔斯克区域性森工联合公司，已改组成“叶尼塞林业康采恩”，它已经不再隶属于苏联森工部管辖。这种“康采恩”内包括生产、外贸、银行、研究设计施工、林机制造、物资技术供应服务同等企业和单位，由它们组成一个封闭的工艺循环。据称，组建“康采恩”的目的是，根据国家订货和经济合同来满足工业和人民对林产品的需求，在最小的生产耗费下获得最大的利润。

（二）美国林产品流通管理体制

美国有较丰富的森林资源，森林面积在世界上仅次于前苏联、巴西和加拿大，居第四位。主要林产品产量均列世界前茅，其中原木、锯材、木质板、纸浆等产量居世界首位。美国同时又是木材和林产品的消费大国，其主要林产品的人均年消费量都居世界之首。美国的人口只占世界人口的5%左右，但它却消费了全世界15%的原木，44%的胶合板，32%的纤维板，18%的刨花板，38%的木浆和37%的纸与纸板。

从上世纪末美国成为世界第一经济大国以来，林业的发展也相当迅速。森林经营水平逐渐提高，许多高技术在林业上也得到应用。目前林业不仅是美国的一个独立产业部门，同时已经成为服务于全国人民的社会公益部门。在世界森林资源日益减少的情况下，美国的森林资源由于经营得法，虽然每年采伐4亿～5亿m^3，但总的森林蓄积量仍有逐渐增加的趋势。美国的林业之所以能得到不断的发展，除其具有的有利条件外，与其产业政策对头并不断地加以调整和完善有很重要的关系。同没有一项明确的产业政策一样，美国似乎没有一项连续而协调的林业产业政策，至今尚无一部综合的森林法。但在其全部的资本主义发展过程中，美国确实制定了各种各样的单项法令和条例。这些法令和条例对于指导全国的林业发展起到了很大作用。

1．扶持小私有林主

当前美国用树林的集约经营潜力还很大。占全国用材林面积58%的小私有林，大多数实行较粗放的经营。而这一部分森林担负着全国一半以上的木材供应。长期以来，政府和森林管理部门采取不少倾斜政策，帮助小私有林主提高经营水平。

政府对小私有林的支助有直接援助和间接援助。直接援助主要指财政补助和技术援助。政府对小林主的造林和林分改良给以经济补贴。已实施的有“农业保持计划”、“林业鼓励计划”等。间接援助措施主要包括优惠税率、贷款、保险以及签订租赁合同等。

森工企业出于各种目的(其中主要是为了从小林主购得木材)，也对小林主实行一些援助，在提高这部分林地的经营水平中发挥了重要作用。其中一项卓有成效的措施就是在小私有林中实行“标准林场”制度。 标准林场的做法是1941年由美国森林协会的前身美国林产工业协会发起的，其宗旨是通过各种支助提高小私有林的经营水平。70年代以来，有些森工企业把本公司邻近的所有“标准林场”组织起来，组成一个“标准林场家系”，对这个家系的成员，公司负责帮助他们制定林场经营规划，经常检查工作，召开会议乃至组织一些社会活动。作为报酬，公司通常要求拥有这些林场的木材先买权。政府和有关部门也对“标准林场”给予高度重视。从1974年开始，每年评选全国各级优秀林场主，并给予荣誉和奖励。全国获奖者在白宫举行的特别仪式上得到总统的承认。各州和地区的优胜者也得到地方当局的承认。

2．以立法手段影响林业的发展

美国是法制比较健全的国家，凡事都要立法(自建国以来涉及林业的法令条例就有100多个)。自1876年制定第一个有关林业的联邦法令以来，联邦和州已经颁布了许多林业法令。其中较为重要的有：1911年的“威克斯法令(weeks Law)”，授权联邦政府与州在林地防火保护方面进行合作，同时授权联邦政府从私人手中购置通航河岸两旁的林地，作为国有林，用以保护通航河流。1924年“克拉克—麦克纳利条例”扩大了威克斯法令规定的联邦政府的购地范围，在通航河流流域区内，用于生产木材的林地也可购置。该条例还授权农业部长与州签订合作协定，以保护州有林和私有林免遭林火危害。州与私有林主承担不少于一半的成本费。该法的其他条款包括林业税收，与州合作营造防护林、农地林业的经营等。1928年的“麦克斯威尼—麦克纳利法”，提供了有关林业科研的组织法规。确立了12个地区林业试验站和1个林产品研究所的林业研究体系，并保证10年期间的研究经费。1947年的“森林病虫害防治条例”，加强了联邦与州及私有林主的合作，以防治森林病虫害的大发生。1960年的“多种利用与永续生产条例”规定了国有林的经营原则是游乐、放牧生产木材、保护集水区、野生动物栖息等多项目标。1974年的“森林与牧地可更新资源规划条例”规定了各种资源的质量和数量指标、林务局研究工作的范围、管理重点及对州和小私有林主的资助等。条例的重点是搞好全国森林资源的保护，但也注意木材生产、畜牧和野生动物等其他可更新资源的综合经营管理。该法令要求林务局制定长远规划，确保美国在环境质量不受影响的情况下有足够的木材供应。1976年的“国有林经营管理条例”进一步明确了国有林的经营管理原则。但美国迄今尚无一项全国性的综合森林法。

3．建立用树林基地

美国虽然森林资源比较丰富，但因其对木材和林产品的消费过大，本国的木材生产仍满足不了自己的需求。在木材年采伐量4亿多m^3的情况下，每年还要进口数千万m^3的木材。多年来美国森林更新方法一直以天然更新为主，人工造林只占更新面积的一小部分。近年来，人工造林面积有逐渐扩大的趋势。美国南部地势平坦，气候条件优越，近年来这里已经逐渐发展成为全国的主要用材林基地。全国造林面积的80%以上集中在这里，80%以上的种子园也建在这里。1969年以后在南部地区开始了规模庞大的“第三森林”计划，旨在用人工林取代天然林。目前美国大量采伐的南方松木材就主要来自于人工林。

4．重视开展爱林护林教育

美国历史上的森林火灾十分严重，1930年全国发生森林火灾19万次，以后每年的林火面积在数百万公顷以上。因此美国官方十分重视护林防火运动，除在经费上给予保证，健全防火体系、加强灭火研究以外，发动了声势浩大的护林爱林运动。其中具有代表性的全国规模的宣传运动是“斯莫基熊运动”和“绿化运动”。“斯莫基熊运动”始于第二次世界大战期间，它以一只头戴林务官帽，身着灭火员服的熊为广告标志，由一家职业广告公司通过各种途径广为宣传。“斯莫基”于1945年第一次以“小心十有九次RT以避免林火”的口号出现。两年后又出现了另一个类似的口号：“记住，只有你可以防止林火”。这一口号一直持续到70年代。与此同时，华盛顿国家动物园展出一只被林火严重烧伤的，取名为“斯莫基”的活熊，以此唤起人们对林火的憎恶。直到现在，“斯莫基”已经成为美国传统的预防林火的标志。南部的另一家广告公司在整个南部地区利用电影、电视、广播及报纸等宣传工具进行防火宣传。据估计，这项宣传运动30年来共为美国节省3170多亿美元可能因林火而损失的资金。“绿化运动”首先于1941年始于华盛顿州，随后发展到西部其他各州，后来遍及全国。诸如“绿化×××州”的标语口号随处可见。1～10年级的学生每年都参加张贴这类标语竞赛。1872年由内布拉斯加州发起，各州相继建立了挖树节。目的也是唤起社会各界人士对树木的爱护。美国将对森林保护的意

（三）巴西林产品流通管理体制

从巴西近百年，特别是近30年林业产业形成和发展的过程，可以看出它走的是一条适合自己国情的发展道路。“巴西林业发展模式”的实践提供给我们的经验和教训是：

1．林业发展目标和产业政策的连续性

巴西是世界上森林资源的大国，它的森林面积与蓄积量都居发展中国家的第一位。但在60年代之前，它的林业发展与其自然资源的地位是不相符的。60年代以后，国家制定了目标明确的林业发展战略，并实施一系列的政治、经济技术措施推动发展战略的实现。首先根据全国自然条件和经济发展水平，划分了五个林业发展地区，它们是北部、中西部、东北部、东南部和南部地区。东南部和南部工业发达，技术条件好，生态环境也适于发展人工林，所以在这两个区内大力发展按树人工林，形成基地，建设纸浆厂和纸厂，发展纸产业，并以此推动全国其他地区同类工业的发展。在东北部、北部

和中西部地区建立包括林业在内的综合发展中心，其目的是充分利用当地森林及其他资源优势。1974年以来，在法定亚马逊地区已建立了17个发展中心。例如，朗多尼亚发展中心，就是一个包括木材采伐、森林经营管理、畜牧、黄金、锡矿及铁矿开采等多个项目的发展中心。

从经济措施和技术措施方面保证目标的实现，是巴西一条重要经验。1966年，巴西颁布财政刺激政策发展人工林以后，一直执行这一政策，而且不断在实践中加以修改完善。在国家缺乏造林资金的情况下，充分调动了企业主甚至包括中小农场主造林的积极性，使全国造林面积始终稳定在50万hm^2/年左右，造林效益如何是保证造林者积极性的重要前提。提高效益，除自然因素外，重要的还有技术条件。几乎所有的大型纸浆厂、纸厂或者企业集团都投入大量资金进行科学研究，解决人工林培育中的各种技术问题。如Aracruz纤维公司设有造林研究所，经多年研究，已经在桉树无性系造林方面取得了突破性进展并付诸生产实践，成为世界人工营造桉树林的典型。

2．加强出口导向产品的投资和生产

虽然巴西1989年林产品出口额仅占世界林产品的1.85%，占巴西贸易额的5%，但是从整个林业产业来说，它还是突出强调林产品的深加工度，提高其附加值，反过来再推动本产业的发展。前面提及的纸浆、纸业就是投资的重点。

3．科技－工业－贸易－体化，促进林产工业的发展

巴西纸浆和纸厂多为私人企业所有。它们建厂原则之一就是把企业建设在科工贸一体化的基础之上。以贸易，特别是对外贸易为导向，以科学研究为推动力，提高企业综合素质。它们的硫酸盐桉树浆能在世界站稳脚跟，并占据了第一位就有赖于此。

4．合理的林业管理体制对实施林业产业起着良好的宏观的调控和指导作用

全国林业行政规划，国有林的经营管理以及国家级森林资源清查工作由巴西国家林业发展研究所负责。它的国家级行政领导机构是巴西农业部下设的林业司。林产工业由国家工业部门负责；私人企业有自己自发组织的行业协会，如巴西纸浆和纸协会，其职责是协调和交流各企业生产、贸易和科技方面的情况，对国家发展纸工业也能起着参谋作用。协会下属的各企业除了进行林产品生产之外，还组织营造人工林，技术问题尽量自己解决，遇到大的科技问题，也求助于巴西国家林业发展研究所。银行发放贷款和各项林业基金，起着金融调控和税收控制作用，如发放营造人工林贷款和落实财政刺激政策等。这样，行政指导、科学研究，林产工业、森林培育形成脉络分明的体系，即各行其职，又互相沟通和配合，国家只通过政策法规起着宏观调控作用。

二、林产品流通管理体制存在的问题

以木材为主的林产品流通在长期计划经济的体制下，国家采取的是统购统销的政策。1979年改革开放之后，林产品流通体制也进行了改革。比如说木材产品的流通，除了国家统配之外，允许部分木材在市场上自销。特别是1995年对南方集体林区取消统购统销后，木材流通的开放程度日益扩大，目前，统购材的比重大约只占木材生产总量的1/10。随着非统配材的比重的逐年增加，木材市场也日益发展和活跃起来。但是，另一方面随着改革开放和市场机制的不断引入，传统的木材流通管理体系受到了巨大冲击，传统的管理手段在市场经济的新形势下已经失去了效用。而一整套新的管理体制和管理手段则还没有形成。因此，在木材流通的开放过程中，由于许多管理配套措施没有跟上。新旧政策之间的衔接不够完善，出现了一系列突出的问题。与此相应地，林产品的流通管理体制也存在着很大的问题，具体体现在以下几个方面：

（一）政企不分，传统的流通管理体制依然存在

指令性计划分配的依然存在，淡化了市场机制对林产品流通的调节作用。到1992年，我国主要林区生产的木材，其流通仍有很大一部分受指令性计划控制，使企业不能依据市场的供求变化和经济效益来组织生产、选择用户，而国家也拿不到优质产品，其实质是计划排斥了市场。行政命令减弱了市场机制对林产品的生产和流通的调节作用。其结果一方面限制了企业生产、经营的积极性。企业不需要关心销售，只争取国家给予的资

金、物资来提高自己的“实力”，困难由国家承担，企业成了国家的附属物。另一方面，林产品从生产领域转移到消费领域，需要国家庞大的计划分配机构经过安排上调计划到组织订货的数十道程序，为平衡而平衡，但总量的短缺、质量的不平衡以及结构性积压的矛盾一直是愈演愈烈。

（二）林产品价格的形成机制不合理

林产品价格的形成机制是与指令性计划分配制度相一致的。以木材为例，统配材价格由国家统一制订，非统配材价格由国家或者省级主管部门制订指导价格，木材价格没有真正反映其商品的价值，木材价格严重扭曲。长期以来，我国木材价格偏低，不反映木材商品的价值，忽视了林业生产企业的利益，从而压抑了企业造林营林的积极性，造成了“重采轻造”的恶果。由于价格的人为干预，使市场机制运行要素之一的价格信号不能反映真实的市场供求状况，而且木材商品的低价格水平刺激了对木材的不合理消费，造成了资源的浪费。

（三）林产品市场法规不够健全，交易行为不够规范

我国现存的林产品市场由于受地域等因素的影响，缺少必要的统筹规划，统一市场尚未形成，也就无法制订行之有效的管理市场的统一规则，各地区、各部门制订的政策时常相互冲突，不能协调。在市场建设问题上，重视有形市场设施建设，对于管理、信息、通讯和法规等软件系统不够重视。因此，林产品流通秩序存在一定的混乱，交易行为不规范。主要表现在以下几个方面：

第一，是非法经营和不正当经营问题。这个在木材林产品上体现得尤为突出。据保守估计，个体户经营的木材中有50%是无证木材，国营和集体木材经营者也存在无照经营的问题。此外，个体木材经营者行贿现象相当严重，木材经营所涉及的一些环节因此受到影响。

第二，是偷税漏税问题。这个问题无论是在其他商品经营还是在林产品的经营中都存在，但在林产品经营中更突出一些。拿木材经营为例，木材税费负担较重，在南方林区，税费要占销售收入的60%以上，一些非法木材经营者偷税漏税，以获得高额的非法赢利。

第三，是不平等竞争问题。由于林产品在销售过程中，成本、质量和数量等人为因素较多，容易形成不公平竞争。

第四，是市场法规不完善。虽然国家已经有了《商标法》、《反不正当竞争法》等法规，但在林产品流通领域规范市场行为的法规仍不完善。林产品市场交易信用程度低，履约率低，订货合同不规范，拖欠货款和延期交货的现象比较普遍，同时又缺乏有力的保障手段。因此，在林产品交易中出现现金交易，以避风险。这种交易方式与流通的现代化、社会化很不相适应。

（四）各项流通政策制定的不尽合理

针对林产品流通中存在的问题，国务院、林业部和其他各部委、各级地方政府及其管理部门都曾陆续制定各种政策。但有时候，一项政策颁布后，它想要达到的调控目标达到了，但它的负作用却带来了一系列问题，妨碍了更重要政策的实施。另外政出多门的现象十分严重，所以各项政策之间的协调非常重要。

如木材流通中出现的问题：首先是整顿木材检查站的问题，整顿木材检查站、纠正不正之风确实有许多积极的作用，但在实施过程中，由于没有其他更有力的查禁偷运木材措施加以配套，大量的木材检查站撤销之后，负作用就产生了，不利于森林资源的保护。其次，在税费征收方面，除了国家规定的税费之外，各地有许多“土政策”、“土规定”加收税费。造成重复征税，使林农负担过重，偷税漏税风行。这就是在林业税费问题上各地区、各部门的政策没有很好地协调的结果。第三，部门之间的协调问题，木材实行凭证运输，需要林业、铁路、交通各部门合作进行，但由于政策和协作的不协调，木材被大量放行，木材检查工作的成效被大量削弱。由此，各部门在制定政策时，往往只考虑本位利益和眼前利益，不顾国家大局和长远利益，认真研究所制定政策可能出现的负作用不够，这一切都妨碍了国家总的方针政策的贯彻落实。

（五）宏观调控程度低，监督管理力度不足

林产品市场开放以后，旧的流通体制已冲破，在新旧体制交替中，许多新情况、新问题出现了，虽然国家

采取宏观调控措施，但由于调控程度和管理力度不够，在林产品流通领域存在不少问题：一是对主要林产品木材资源的管理力度不够；二是对改变市场信号，调控企业行为的能力不足；三是法规不健全，监督管理的措施不利；四是宏观可控程度低，导致市场运行盲目性和周期性紊乱。

林产品流通管理体制中的诸多问题，不利于在市场经济体制下实现林产品合理、快速地流通，进而阻碍了林产品企业生产和林业产业的发展。因此，为了加快林产品的流通，促进林业产业的发展，就必须深化对林产品流通管理体制的改革。

第三节　林产品流通宏观调控的必要性

一、林产品流通调控的必要性

商品流通调控，是指国家遵循社会主义市场经济体制的要求，综合运用各种调控手段，对商品流通进行调节与控制。调控的宗旨是为了从总量上、结构上大体实现供求的动态平衡，以利于优化资源配置，实行生产与消费的动态统一，促进国民经济持续稳定协调发展。林产品市场的发展现状表明仅靠市场的调节，是不可能的，市场还存在着很大的缺陷，这就要求国家必须对林产品的市场和流通进行调控。

林产品作为商品，它既有一般商品的共性，也具有自身的特殊性。因此，对林产品流通进行调控，除了适应社会化大生产和生产资料公有制的客观要求外，也具有特殊的必要性，体现在以下几个方面：

（一）发挥林业产业综合效益的需要

2004年，林业经济总量显著增长。全年林业总产值达到6892.21亿元（按现价计算），比2003年增加1031.88亿元，增长17.61%。其中第一、第二、第三产业实现产值分别为3887.54亿元、2561.12亿元和443.55亿元，分别比2003年增长10.50%和32.48%。

分地区看，浙江、山东、福建、江苏、河北、湖南、广东和江西8省林业产业总产值均超过300亿元，8省林业产业总产值合计占全国林业产业总产值的57.12%。

2004年，全国林业产业总产值大幅度增长的主要原因：一是六大林业重点工程实施以来，各地结合林业结构调整种植的经济林、竹林已陆续进入产出期；二是速生丰产林、工业原料林生产的发展与木材加工、人造板业的发展相互促进，加之市场需求旺盛，木材及林产工业产品的产量和价格均有不同程度的增长。

在市场经济体制下，社会经济的高速、健康发展需要国家进行宏观调控，同样，林业产业的大力发展也离不开国家有效的宏观调控。国家对林业产业的调控体现在以下几个方面：一是实行森林采伐限额制度和采伐许可证制度，以保证森林资源的可持续利用。二是实行木材生产商品化，建立起符合商品生产规律和我国林业实际情况的，既有利于资源培育和管理，又有利于资源合理利用、限制资源过量消耗的木材生产和森林资源再生产的运行机制。三是取消木材统购，开放木材市场。这对理顺木材价格，搞活农村经济，发展林业具有重大的意义。四是实行木材综合利用及节约代用政策。利用林区采伐、加工和造林的剩余物生产木片，进行小材小料加工，发展人造板产业，并给予了许多优惠政策以保护林区剩余物的有效利用。这不仅减少了资源的浪费，而且也提高了木材的利用率。五是实行林产工业企业生产许可证制。近年来，国家实行林产工业企业生产许可证制，是对一些危及人身安全和国家产业政策、技术政策及资源管理政策限制的产品，加强宏观调控和管理而采取的一项重要措施。

国家在对林业产业的发展进行调控的同时，也采取了一些扶持政策，以保证林业产业的快速发展，具体措施有：采取减免税收政策，如从1991年起，对利用林区剩余物为原料生产的产品和小径材及发生亏损的次加工材、薪材免征产品税、增值税等；增加林业投入，2004年，林业系统到位各类建设资金510.29亿元，比2003年增长8.27%；放开非木质林产品市场和价格，鼓励发展非木质林产品等。

国家对林业产业的发展进行有效的宏观调控，这不仅能使森林资源能够得到合理有效的利用，实现资源的可持续发展，而且也能使林业产业结构不断得到调整，从而发挥林业产业的综合效益。

（二）市场发展的需要

林产品市场是商品市场的重要组成部分，它是林产品商品交换的场所和领域。在林产品市场中，林产品商品完成从生产领域到消费领域的流通过程，实现林产品商品价值和完成林产品商品使用价值的交换，这个过程也体现了市场参与者，包括买方、卖方和各种中介组织或个人之间的关系。林产品市场具有以下几个方面的特点：林产品的供给受森林资源的约束；林产品供给的地域性、产品价格受供求的影响速度和强度较低；林产品需求的广泛性和多样性以及难以形成单一专业化的林产品市场等。基于以上特点，林产品市场的发展如何与森林资源的再生产和扩大再生产是分不开的，二者相辅相成，一方面，森林资源的丰度决定了林产品市场的宽度；另一方面，林产品市场的发育成长又推动了林业生产力的发展。

虽然林产品市场的发展与森林资源的生产存在着非常大的相关性，但无论是在计划经济体制下还是在市场经济体制下，林产品市场的发展都要受到国家的宏观调控。这是由于一方面，在市场经济体制下，林产品市场如果缺乏国家的宏观指导和调控，就会陷入一种无序、病态的状态中；另一方面，国家通过各种措施和政策对林产品的流通和市场的发展进行调控，如税收政策、财政政策、价格政策等，能够使得林产品市场有序健康地发展，进而促进我国的林业产业的大力发展。

但就目前我国的林业产业发展来看，还存在很多问题。从微观上看，我国林业工业企业经营机制还没有从传统的计划经济模式中走出来，缺乏市场经济、自由竞争意识。目前，虽然转换企业经营机制的改革已经开始，但是真正建立一个新型的符合市场经济要求和国际惯例的企业经营机制，还需要一个相当长的时间过程。在加入WTO后，国外企业将大举进军我国市场、不可避免地会给这些企业造成冲击，本来就不景气的国有企业可能雪上加霜；一些规模小、效率低的乡镇企业和民营企业可能会被兼并，甚至破产；作为以市场换技术、换资本为代价而成立的中外合资企业，也可能会因外方母公司产品直接输入我国市场而“断奶”；部分产业可能被国际跨国公司所控制。要解决以上问题，使我国的林业企业在加入WTO后能很好地应对机遇和挑战，我国林产品市场能够得到很好的保护和发展，这在很大程度上依赖于国家在加入WTO以后的林业政策。因而，从这个意义上说，国家对林产品流通进行宏观调控也是出于发展我国林产品市场的需要。

（三）产业变迁的需要

解放以来，流通大致经历了三个阶段：①计划供应阶段：其基本特征是对生产资料和消费资料，实行集中统一的指令性计划分配。②走向市场阶段：其基本特征是，实行指令性计划、指导性计划与自由购销相结合，市场比重逐步加大、但其基本职能仍是供与销。③流通市场化、产业化阶段：其基本特征是突破单一贸易形式，而转向以贸易为依托，背靠金融，发展实业，实行技工贸、内外贸一体化。

流通产业是第三产业的基础产业。第三产业的发展水平是衡量现代化社会经济发达程度的重要标志，而流通领域的市场行情往往是反映整个国民经济运行是否正常的晴雨表。同样地，林产品流通业作为林业第三产业的基础产业，它的发展水平也反映出了我国现代林业的发展状况。

目前，我国林业第三产业仍然占有重要地位，这与我国林产品流通业的发展是分不开的。尽管传统的林产品流通业受木材产量调减的影响，木材运输量和贸易量都有所下降，但林产品加工业带动了木材以外林产品的运输和贸易，林产品流通市场化程度不断加深促进了林产品流通业的进一步发展，使之继续保持了较快的增长势头。传统林业第三产业仍然在林业第三产业中占有重要地位，并仍以较快的速度增长。据国家林业局统计，2004年，与林产品流通相关的传统林业第三产业产值达433.55亿元，比2003年增长32.48%。尽管如此，我国当前林产品流通业仍然存在着问题：

(1) 林产品流通业受计划经济体制影响深远，市场体系不健全。在传统计划经济体制下，以木材为主的林产品流通一直采取计划收购、统一调拨的形式。受这种计划体制的惯性影响，林产品流通企业市场主体意识不强，缺乏竞争意识，造成经营上的恶性循环，这在木材流通业中尤为突出。

(2) 林产品流通业处在新旧更替的矛盾中。这体现在传统林产品流通业日渐萎缩，而新兴林产品流通业还待加强。随着林业六大重点工程的实施，木材采伐量逐年下降，以木材流通业为主的传统林产品流通业不断萎缩。同时，新兴的林产品流通业，如产业化经营中的流通，特色林产品的流通，既缺乏必要的物质条件，又缺乏必需的流通环境，急需进一步加强。

(3) 林产品流通市场发展不完善。目前，林产品流通市场还在竞争无序的状态，缺乏应有的规范。随着国有垄断林产品流通的体制被逐渐打破，大量民营经济组织进入林产品流通业。在给林产品流通业带来活力的同时，由于缺乏必要的自律性，加上宏观调控不健全，导致"黑木材"、无证运输、恶性竞争等不规范现象时有发生，造成林产品流通业的混乱，影响了流通业进一步发展。

因此，为了尽快建立起现代林产品流通业的运行机制，加快林业第三产业发展的步伐，就必须加强国家对林产品流通的调控。

（四）经济全球化发展的需要

当前，世界经济进入飞速发展时期，全球经济发展的一体化，既为我国林业经济的发展带来了机遇，同时也带来了挑战。目前，我国林产工业部门的管理体制和企业经营机制，都还不能适应加入WTO后的新形势。加入WTO，无疑将会对目前的经济体制产生重大冲击。

从宏观上看，我国林产工业管理体制存在的问题是：①我国现行的林业经济体制还存在条块分割，政企职责不分，产权和经营权不清，国家对企业管理得过多过死，企业经营自主权不足等问题；②国家对林业企业投入少，税费征收重，企业包袱沉重，企业自我技术改造和自我发展的能力不够；③企业分散、各自封闭，没有参与国际竞争的思想准备和经济能力，也没有一个非官方的组织在国际贸易中代表行业，保护行业在国际市场上的利益，同时，缺乏一个了解国内外林产工业发展趋势、国内外市场行情，及时沟通产业信息的组织；④外贸管理体制改革跟不上形势发展的需要，外贸手续繁杂，办理时间过长，无法适应加入WTO后的新形势。

在新的林业经营发展指导思想要求下，必将推动宏观的林业管理体制的改革，为林业企业的发展创造一个公平合理、自主发展、竞争有序的宏观环境，适应全球国际化的进程。例如，国外林业企业除了纳税之外，不再为政府承担办社会的职能，而我国政企不分，林业企业办社会负担太重。国外的木材价格构成，是由直接生产费用加上间接的管理费用再加上利税构成的。而我国企业的木材成本还要加上企业养老保险和办社会等一些非经营性支出，自然价格要高于国外产品，加入WTO后，市场一体化，价格平等竞争，企业只有在卸下沉重社会包袱的情况下才能轻装前进，平等竞争。这就要求加快社会保障制度的改革，彻底改变当前政企不分的局面，因此，加入WTO将有力推动我国林业管理体制各方面的改革，也将有利于林业经营发展指导思想的转变：一是森工企业的工作重心由过去以产业林业为主转变到建设完备的生态林业体系上来；二是从过去单纯取材性消耗森林资源转变到积极保护并培育森林资源上来；三是从过去以牺牲生态效益(超耗资源)来追逐经济效益，转变到牺牲经济效益(调减木材产量)来保护生态效益上来。

二、林产品流通调控的内容

林产品流通是一个很复杂系统，它牵扯到国家管理的很多方面的工作，因此，国家对林产品流通调控的内容也就很纷繁复杂。具体来看，有以下诸多方面：

从流通的主体结构看，在社会主义初级阶段，由于生产力水平的多层次性，导致林产品生产的多种经济形式和经营形式的流通主体必然长期并存。因此，对林产品流通主体的宏观管理不仅要管国有企业，而且也要管个体企业、私营企业等；不仅要管独营的林业生产企业，而且要管合营、联营的林业生产企业；不仅要管大型、中型林业企业，而且要管众多的小型企业。

从流通的客体结构看，宏观管理不仅要管消费用林产品的流通，而且要管作为生产资料用的林产品的流通；不仅要管国内林产品的流通，而且要管进口的国外林产品的流通。

从流通的空间范围看，宏观管理既要管林产品生产较发达地区的林产品流通，也要管较落后地区的林产品流通；既要协调国内不同地区之间的林产品贸易，也要协调林产品的对外贸易；既要管区域林产品流通，也要调控全国范围的林产品流通。

从流通的时间看，既要管理林产品的现货交易，又要管理其合同交易、期货交易等。

从林产品流通渠道看，既要管理好林产品生产者直接把产品销售给消费者的直接渠道，生产部门的推销渠道，也要管理各种林业企业渠道和林业生产部门与商业部门结合的渠道。

由此可见，社会主义初级阶段林产品流通的宏观管理所涉及的对象很复杂，因此要管理好林产品流通必须对之进行综合管理。这种管理从目前看至少需要林产品流通专业主管部门、综合经济部门(计划、财政、信贷等部门)、经济监督部门(审计、工商行政管理和司法等部门)以及国有资产管理部门协同配合。同时，还必须通过建立林业协会等民间组织，辅助管理部门加强对林产品流通主体的自我管理。

第四节 林产品流通宏观调控体制的构建

在社会主义市场经济条件下，林产品流通是带动林业再生产各个环节协调运行，以及林业总产品顺利实现的纽带。而商品流通经济的宏观调控，就是国家从宏观上对林产品流通进行调节、控制和引导，把林产品流通纳入整个社会经济运行的轨道，朝着既定的方向，达到一定的社会经济目标。对林产品流通经济的宏观调控，主要是通过一定的林产品流通宏观调控组织系统，综合地运用各种调控方式及其调控手段，以保证林产品流通沿着正确的轨道有效地运行。

林产品流通宏观管理的最终目的，是为了组织好林产品市场上的商品流通。为此，一方面必须充分发挥林产品流通对生产的反作用，积极引导林业生产部门生产适销对路的产品；另一方面应当及时调整流通产业政策，合理布置流通力，调控流通规模和方向，同时要实行两权分离，使国有流通业能与其他流通主体平等竞争，发挥其主导作用。

一、宏观调控体制构建的基本原则

改革开放以来，我国的林产品流通体制已经彻底改变了封闭、单一、僵化的状况，基本形成了多条流通渠道、多种经济成分、多种经营方式并存的流通格局；林产品市场体系已经初步形成；宏观调控手段日臻完善，对外开放不断扩大等等。但是，从总体上来说，还存在着流通企业经营机制不完善，国家对林产品流通宏观调控的手段不健全等问题。因此，必须继续深化流通体制的改革，加快改革步伐。对于我国林产品进行宏观调控体制构建应遵循以下原则：

（一）必须与我国经济体制改革的总体目标相适应

我国经济体制改革的目标是适应社会主义市场经济体制。市场经济是主要以市场为资源配置手段的经济运行方式，它是规范化、制度化的现代经济制度。其主要特点是：自由公平的竞争；通过市场形成价格；政府间接干预；企业优胜劣汰。林产品流通体制的改革必须适应以上特点。

（二）必须与林产品流通产业的发展相适应

商品流通体制改革的根本目的是解放与发展流通生产力，林产品流通体制改革的目的也是如此。发展是改革的出发点和归宿点，改革是发展的途径。在林产品流通体制的改革中，要始终把改革与发展统一起来、综合起来，既要克服离开发展搞改革，单纯为改革而改革，又要反对离开改革谈发展，要从深化改革中求发展，而不是寄希望于政府的优惠政策或是通过限制别人来发展自己。

（三）必须有利于促进林产品生产的发展及适应社会消费的需要

社会分工越发展，林产品生产越是社会化、专业化，企业之间通过交换进行的协作关系就越复杂。随着生产和消费在时间、空间等方面矛盾的扩大。城乡、地区、部门之间通过林产品流通领域进行的经济联系也日益扩大和频繁。因而，林产品流通已经成为社会化大生产的重要条件。在社会化大生产的条件下。林产品流通一方面承担着社会生产过程的先驱者职能，另一方面又承担着实现者的功能。所以林产品流通体制的改革必须有利于促进林业产业生产的发展。与此同时，随着居民生活水平的日益提高，消费需求也日趋多样化、多层次化、高级化。消费需求的变化必然要求林产品流通组织与营销方式的变化，从而也必然要求林产品流通体制的改革与之相适应。

（四）必须有利于森林资源的保护

我们知道，林产品中有很大部分的生产和发展都受到森林资源的限制，因而，要实现林产品持续健康的发展，满足人们对林产品的大量需求，就必须在大力发展林产品生产时，注重对森林资源的保护。与第五次全国森林资源清查（1994～1998年）相比，第六次全国森林资源清查（1999～2003年）结果表明，在这两次清查间隔期内，我国森林资源发生了较大的变化：森林面积、蓄积继续保持双增长，森林资源质量有所提高；防护林面积比重大幅度增加，林种结构得到较大改善；林木采伐消耗量持续增长的局面得到初步扭转，超限额采伐消耗数量明显下降；林地总量有所增加，林地流失问题得到一定程度的缓解等。

尽管如此，我国森林资源保护和发展仍存在着很大的问题：一是总量不足，森林覆盖率仅相当于世界平均水平的61.25%，居世界第130位；人均森林面积0.132hm^2，不到世界平均水平的1/4；人均森林蓄积9.421m^3，不到世界平均水平的1/6。二是分布不均，东部、中部地区森林覆盖率为61.39%，西部地区只有12.54%，而西北5省、自治区的森林覆盖率更低，仅为5.86%。三是质量不高，全国林分平均每公顷蓄积量只有84.73m^3，相当于世界平均水平的84.86%，林木龄组结构也不尽合理。四是经营管理水平不高。林地流失、林木过量采伐现象依然存在。因而，在对林产品进行生产和流通时，实现对森林资源的保护和发展也是调控的重要任务和目标之一。

（五）树立“大林业”、大流通的思想观念

摈弃片面强调国有林产品流通企业主导的观点，承认各种林产品流通主体的平等竞争地位。打破传统的区域限制和地方保护主义，以实现林产品在全国范围内不同地区间的流通。积极展开林产品的国际贸易，实现林产品在国际间的流通。

二、确定科学的调控目标

（一）林产品市场的现状

自我国进行改革开放以来，林产品流通已打破计划经济体制下的渠道单一、计划调拨的局面，形成了交叉经营、多渠道流通、多方竞争的新局面，大步走向市场经济的道路。市场经济体制下的林产品市场也随之发展起来，但在新形势下，林产品市场的发展也出现了一系列的新问题。这主要表现在：

1. 条块分割严重，难以形成统一的林产品市场

全国统一的林产品市场是市场经济发展的要求，也是流通社会化、现代化的要求，应该为建设统一的林产品大市场而努力。但就目前的情况来看，狭隘封闭性的区域性市场仍占主要地位，市场的覆盖面窄，地域发展也不平衡，林产品市场的主要产品大多以初级林产品为主，深加工产品的数量、品种较少，林产品销区的市场建设薄弱。同时，有些部门、有些地区为了本部门本地区的利益，划条条块块，进行地区封锁，使得统一的林产品市场难以形成，进而阻碍了林产品在不同区域之间的流通。

2. 林产品市场结构不完善

目前，我国的林产品市场结构尚不完善，所以市场的各种调节功能也很难以发挥出来。体现在：第一，市场主体结构不完善。虽然林产品市场具有了多种经济成份的林产品经营者，但作为市场主体的企业，其结构、机制、行为还需进一步改革和规范，以适应市场经济的需求。特别是国有林产品生产企业，尚处于体制转换当中，很多地方还不完善。第二，市场客体结构不完善。林产品市场的客体主要指林产品品种、技术、信息等。目前，作为主要交换对象的木材商品品种结构尚不完善，技术、信息等市场也未形成。第三，林产品市场结构不健全。目前，林产品交易品种结构不完善，期货市场刚刚起步，按地域区分的各层次市场还不完善，统一开放的林产品市场体系尚未形成。还不可能充分利用市场作用，进行资源总体配置，利用价格信号调节供求关系。

3. 产品市场主体经营机制不成熟

企业作为市场的主体，对于市场的运行状况起着决定性的作用，从国有林产品流通企业、林产品生产企业和集体、个体的状况可以反映出林产品市场的不成熟。

国有林产品流通企业从运行机制、组织结构、营销方式等方面都尚未适应市场经济的客观要求。林产品生产者由于长期受旧体制影响，习惯于政府的指挥和庇护，习惯于官商作风，从思想观念到经营机制，从机构设置到管理制度都不适应市场经济的要求。有的地方还

未真正实现政企分开，企业还不能做到自主经营、自负盈亏、自我发展、自我约束，在竞争中缺乏活力。集体企业和个体企业在竞争中显示一定的活力，但素质较差，有些存在一定程度的违法乱纪现象，对于林产品市场的健康发展和林产品有序流通产生了不利影响。

林产品市场的现状，使我们看到了林产品流通宏观调控的必要性和迫切性。以上的各种问题，不管是加强林产品市场管理，整顿流通秩序，还是优化产品结构，提高市场主体的竞争力都是不可能仅仅依靠市场机制来自行解决的，而是需要一个代表社会整体利益和长期利益的调控主体从宏观上对此加以协调和控制。因而，为了促进林产品的有序流通和林产品市场的健康发展，国家必须加强对林产品流通的宏观调控。

（二）林产品流通调控的目标

宏观调控是政府对经济活动进行干预和协调的一种方式。林产品流通的宏观调控就是指政府通过对林产品市场主体行为的调节来干预林产品流通过程。林产品市场的发展现状必然要求国家对林产品的流通进行调控和管理。进行林产品流通的宏观调控要实现的目标主要有以下几个：

1．促使林产品供求在结构上相适应

一般来说，市场商品总供给与总需求的基本平衡，是以市场商品供求结构相适应为基础的。如果市场供求在总量上平衡，而商品供应结构与商品需求结构不相适应，那么，社会生产和社会消费之间仍然不能平衡。因此，从长远看，促使林产品供求在结构上相适应，保证林业经济的稳定发展，是进行林产品流通宏观调控的重要目标。

在市场经济条件下，商品供给结构应以需求结构为转移。因此，林产品流通宏观调控的着眼点，首先是要组织好林产品供应，自觉地引导消费，并且通过市场上林产品销售情况的调查分析，预测消费需求结构的变化趋势。其次是要依据消费需求结构来引导生产，调整供给结构，也就是要把市场需求结构变化的信息，传递给国家宏观决策部门，作为国家调整林业产业结构和制定投资政策的依据，并通过各种经济机制的调节作用去引导供给结构的变动，使之与需求结构的变动相适应。再次是要利用价格杠杆的作用，有计划地调控市场各类林产品的价格水平，促使市场林产品的供求结构趋向基本平衡。

2．保证林产品流通运行畅通无阻

保证林产品流通运行畅通无阻是实现上述两大宏观调控目标的基础，也是林产品流通宏观调控实现的基本目标。国家对林产品流通运行的调控，从宏观角度来看，是对林产品流通总体运行的调控；从微观角度来看，是对林产品流通企业经营的调控。

为了保证林产品流通宏观运行畅通无阻，在宏观调控中应当主要把握好的问题是：一要林业网点布局合理。林业网点的布局直接形成林产品运行的网络，这是林业生产力布局在流通领域的具体反映。合理的林业布局，有利于沟通生产和消费，加速产品流转，提高林产品流通运行的效率。因此，在宏观调控中，要科学地规划林业产业网点，为林产品流通运行奠定物质基础和组织保证。二要形成适度的林产品流通规模，使林产品流通规模与生产规模和消费规模相适应。如果林产品流通规模过小，就难以承担产品从生产领域到消费领域的转移，就会阻碍生产，抑制消费，林产品流通就不可能顺畅；反之林产品流通规模超过流通的实际需要，则会造成浪费，导致林产品流通运行效率下降。因此在宏观调控中必须把林产品流通规模控制在适度的范围内。三要保持林产品流通行业结构合理，包括所有制结构、经营结构、技术结构等。在林产品流通规模既定的条件下，林产品流通运行能力和效率取决于林产品流通行业结构的合理程度。总之，林产品流通宏观调控必须保证整个林产品流通行业布局的科学性、流通规模的适度性和流通行业结构的合理性，以保障企业运行的畅通和高效。

3．确保林业产业的可持续发展

林产品不同于一般的商品，它的生产和流通与森林资源的利用有很密切的关系，尤其是对于木材产品而言更是如此，木材的采伐和利用完全要受到森林资源的限制。我国是一个少林的国家，人均占有森林蓄积量很小，而当前，国内对木材的需求量还很大。2004年，我国木材市场呈现出以下特点：一是木材供需总量呈增长态势，市场购销两旺，价格总体平稳；二是木材市场供求的地区差异明显；三是进口木材产品增长趋缓，但仍

占国内市场的1/3。进口木材产品大量占据国内市场，是与我国的森林资源的利用状况有很大关系的。因此，国家对木材流通的宏观调控，一方面是为了使木材产品能够很好地满足人们日益增长的消费需求，另一方面，也是为了实现我国林业产业的可持续发展。

4．促进林业生产者间的充分竞争

市场经济要求市场机制作为调节社会资源配置的主要手段，用市场机制发挥作用的条件是竞争。没有竞争，就不可能有市场机制的作用，市场机制的效应是建立在各市场主体竞争的基础上的。各市场主体根据自身的条件在市场上凭借自己的产品，采用价格、广告等手段，在市场上一逐高低，社会资源的合理配置也就在竞争中实现。充分竞争的涵义是非常丰富的，它包括市场微观主体的自主决策能力，即各种市场微观主体都能够在利益驱动的基础上做出自己的经营决策的能力；也包括有利于竞争开展的经济环境，即政治的、法律的以及社会文化方面的环境。因此，必须进一步深化对林产品流通体制的改革，改变旧体制下那种政企不分，政府对林产品的流通管得过多、过死的局面，使林业生产者真正成为市场的主体，发挥其自身的竞争力，从而搞活林产品流通市场。

5．实现林产品市场的有序化

市场经济的一大难题就是生产和流通的无政府状态。这种无政府状态不仅表现在投资引起的生产力布局的无序化，更多的表现在市场机制功能性缺陷引发的流通秩序的混乱。开放林产品市场一方面有利于调动林业生产者的积极性，加速林产品的流通，但另一方面，由于市场机制作用的缺陷，又会带来很多的新问题，如非价格竞争、暴利性经营、非正常性流通垄断、市场与部门分割、过度竞争等。流通秩序的混乱会给林产品的消费者、生产者和国家造成极大的损害，不利于林业经济的发展。因此，对林产品流通调控的一个重要方面就是要建立起有序的林产品流通体系，保证林产品市场机制的正常运行。

6．促进林产品市场结构不断完善

当前我国的林产品市场体系还不健全，市场结构还不完整，对林产品流通进行宏观调控，也在于促使林产品市场结构不断调整，进而建立起完整的市场结构。

7．实现林产品大规模、大范围流通

森林资源的地域性和集中性，决定了林产品供给地的区域性和集中性。过去，经济的不发达、生产力水平低、市场经济发展缓慢等原因，使得林农对林产品的生产处于一种自给自足的状态，只将很少的一部分拿到市场上进行买卖。随着经济的发展、生产力水平的提高，林农加大了对林产品的生产，使得更多的林产品流通到市场上，进行交换。但这种市场只是区域性很强的小市

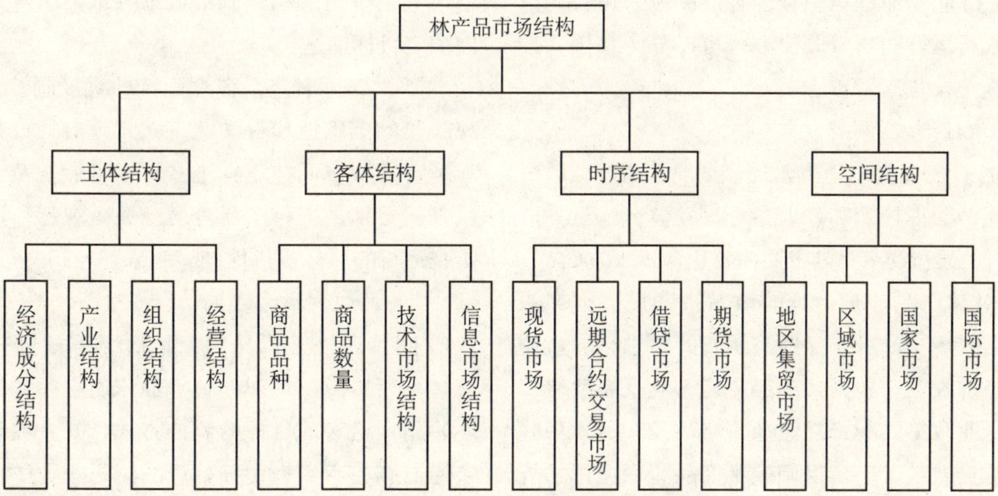

图3-1　林产品市场结构图

场，同时，有些地方、有些部门为了自身的利益和发展，往往采取一些行政命令和措施，实行区域封锁，使得外地的林产品难以进入当地市场，阻碍了林产品在不同区域间的流通，影响了林产经济的发展。同时，由于受供求关系的制约，林产品在区域市场上要进行大规模的流通是很难实现的。因此，如何打破区域封锁，实现林产品大规模、大范围地流通，也是宏观调控需要实现的重要目标之一。

此外，林产品流通宏观调控也要重视对林产品流通企业微观运行的引导，如通过调控市场，健全市场组织，完善市场规则，以充分发挥市场机制对林产品流通微观运行的调节作用；通过行政、法律等调控手段，促使林产品流通企业在法律规范内运行；通过协调服务，为林产品流通企业的微观运行提供有序的市场环境和平等竞争的条件以及必要的经营场所、设施等。从而使林产品流通企业外有压力、内有动力、对市场变化反应灵敏，形成自我完善、自我发展、自我约束的产品流通企业微观运行体系，进而使林产品流通宏观运行与微观运行相统一，保证整个林产品流通运行的健康发展。

三、选择合理的调控方式

（一）宏观调控的方式

林产品流通经济宏观调控方式，是国家作为调控主体为实现其经济职能而组织和管理林产品流通运行的方式。林产品流通运行的宏观调控方式可以分为直接调控方式和间接调控方式。

1．直接调控方式

林产品流通宏观直接调控方式，是国家通过行政命令、政策法规、管理规章和计划指导等具体形式对林产品流通运行的干预和约束，其主要内容包含以下方面：

第一，对林产品流通运行的政策性调控。国家依照林业经济发展规划和林产品经济运行的要求，通过制定一系列的经济政策，包括林产品流通行业发展战略、林产品流通行业政策、林产品流通价格政策和财政税收政策、银行信贷政策等，用以调控林产品流通运行的规模、结构和发展趋势，使之与整个社会经济运行相适应。政策性调控虽然不直接干预林产品流通主体的经营活动，但却为林产品流通运行规定了范围和运行的规模，既体现了国家宏观经济调控的目标要求，又反映了市场机制自发调节的客观要求，而且是对林产品流通宏观直接调控的基本形式。

第二，对林产品流通运行的计划性调控。社会主义市场经济是建立在生产资料公有制基础之上的，因此客观上要求对林产品流通运行实施有计划的调控，以保证林业经济有计划按比例地发展。国家对林产品流通运行的计划调控，主要是根据林产品经济发展的要求来制订指导性计划，使计划调控的方向与林产品经济客观规律的作用方向保持一致，从而为林产品流通运行创造一个良性循环的经济环境，引导林产品流通运行活而有序地运转。

第三，对某些林产品经营的直接调控。我国社会主义市场经济体制还处于建立和完善的过程中，市场发展很不完善，价格体系扭曲，市场机制的调节功能十分薄弱，以市场调节为基础的资源配置方式尚未形成。因此，需要由国家对某些主要林产品的供求采取直接调控，确保其流通运行的稳定发展。以木材产品流通为例，木材类林产品在我国属于比较短缺的商品，为了满足人们对木材类林产品的消费需求，国家就必须对木材类林产品的经营进行直接调控。直接调控的主要方法是：控制木材的采伐量、上市量和储备量，建立储备基金，调节市场供求。同时通过控制和调节木材的市场价格，利用价格变动，调节市场供求，引导木材流通运行向预定目标前进。

当然，对林产品流通运行的直接调控，应当力求宏观决策的准确性和科学性，尤其是对林产品流通企业微观运行的直接调控不宜过多，尽可能规范于林产品经济原则的要求，把林产品流通企业微观运行同林产品流通宏观运行的目标有机地统一起来。

2．间接调控方式

间接调控方式是国家运用经济杠杆来调节和控制市场，而后由市场引导林产品流通主体的微观运行，最终达到一定宏观目标的调控方式。其主要特点：一是国家通过调控市场来引导林产品流通企业的微观运行。国家必须促进林产品市场发育，完善市场体系，提高市场调节的能力，不断健全市场规则，维护市场秩序，为企业提供平等竞争的条件，同时要限制林产品市场自发调节的消极作用，从而增强林产品流通企业微观运行的可控性，纳入国家宏观调控的轨道。二是采用各种经济手段。通过市场供求关系的变动，影响林产品流通企业的微观运行，使之符合宏观调控的要求。如国家把价格、利率、工资等经济参数输入市场，用来影响各林产品生产者、经营者和消费者之间的利益格局，引导他们做出相应的微观决策，从而使间接调控成为宏观调控的有效方式。三是林产品流通企业应当具有充分的经营自主权，使之成为以追求市场目标为出发点的独立的经济实体，这样才能使国家宏观调控的旨意，通过市场传导到企业的微观运行，达到宏观调控的目的。

（二）宏观调控的手段

林产品流通经济宏观调控是通过国家(各级政府的经济职能管理机构)运用一系列调控手段加以实施的。在社会主义市场经济条件下，林产品流通宏观调控手段，一般包括经济手段、法律手段和行政手段。

1．经济手段

(1) 经济手段的特征

经济手段是国家及其经济管理机构通过运用各种经济杠杆，用以调整不同经济主体的物质利益关系，引导和调节商品流通运行的一种手段。在社会主义市场经济体制下经济手段发挥作用的范围也变得越来越大了。经济手段与行政手段、法律手段相比，具有自身的特征：

首先，经济手段是一种柔性调节手段。经济杠杆是被调节者自愿地而不是被迫地服从调控主体预期目标的，这与行政手段和法律手段用强制方法使调节对象不得不按照调控主体的要求行事是不同的。在市场经济条件下，企业成为独立的商品生产者和经营者，管理经济的方法必然是以经济手段为主。

其次，经济手段的利益性原则。宏观调控的经济手段是建立在被调节者对局部利益和个人利益的关心之上的。就是说，经济杠杆的运用，是以承认人们关心和争取切身利益的必然性为出发点的，当然，以调控主体来说，其目的是宏观经济，但是，要达到这个目的，就必须使被调节者看到切身利益并由此出发决定自己的经济行为，从而客观上服从调控主体所制定的预期目标。经济手段正是把个人和局部利益同国家和全局利益联结起来，使微观的积极性服务于宏观目标的最有效手段。

第三，经济手段调控的间接性。运用经济杠杆对管理对象所进行的调节是一种间接调节，经济杠杆并不给被调节者规定生产、流通、分配和消费的计划指标，也不给其规定生产经营活动和消耗范围，它是通过给予调节对象以有利或不利条件，使它们从切身的利益出发，被诱导到国家预期的计划目标上去。因此它有利于保持企业的主动性、自发性和独创性。但另一方面经济杠杆对破坏社会秩序或违反国家法律行为的限制作用也是有限的，至多只能作为辅导手段起到一些诱导作用。

(2) 经济手段在林产品流通中的作用

由于经济手段的特征，使得经济手段在国民经济管理中扮演着重要的角色。经济手段主要包括运用价格、税收、信贷等经济杠杆。它们在林产品流通调控中具有不同的功能和作用。

1）价格杠杆。由于市场价格是商品价值实现状况的标度。直接关系着卖者与买者、生产者与消费者的经济利益，价格的每一变动都会引起不同市场主体之间经济利益的转移。因此，可以利用价格的杠杆作用来调控市场供求关系，调控商品流通运行的速度和结构，以保证商品流通宏观调控目标的实现。价格杠杆的基本特征有：调节的双向性。这就是说，当我们将一种产品的价格进行调整之后，立即就对供求双方的经济利益关系形成了影响，这种影响是双向的影响——反应的连锁性。这是指当国家对一种商品的价格进行调整后，就会引起与之相关的一系列商品价格的连锁变动；波动的趋向性。在市场经济的条件下，价格不是固定不变的，而是波动不定的，而这种波动有着明显的趋向性，也就是趋向于某个稳定价格，这个稳定价格，是供应和需求之间达到平衡的产物。充分认识和利用价格波动趋向稳定性这种特征，对于保持社会商品的供求平衡，协调市场关系具有十分重要的意义。

在林产品流通的不同环节上，林产品价格有收购价格、销售价格（出厂价格、批发价格、零售价格等）不同的形式。国家对这些不同的价格采用不同的管理方式。

① 收购价格。对于林产品的收购价格，国家主要采

用固定价格和浮动价格这两种方式来加以管理。所谓固定价格是指在一定时间内，价格水平相对稳定的价格。这种价格由于它直接体现了国家的意志，价格形成的各个方面直接决定于国家，因此，它是价格杠杆的最典型形式。国家在对木材产品中的统配材结算时，采用固定价格的形式。当然，固定价格也不是一成不变的价格，如果国家价格成了僵死的价格，它就失去了价格杠杆的意义。随着社会条件和价格决定因素的变动，固定价格必须进行不断地调整，以促进国家生产和消费计划的完成。

浮动价格是指以某个价格水平为基准可在一定程度内浮动的价格。它有三种形式：可按一定幅度上下波动的标准价；可按一定幅度向上浮动的最高限价；可按一定幅度向下浮动的最低限价(或称保护价格)。浮动价格体现了价格决定权力的分散化和价格决定主体的多元化，大多数林产品的收购价格一般采用浮动价格的形式。

不管是以固定价格还是浮动价格的方式，国家部门及单位在制定林产品收购价格及其浮动方式和水平时，都应该认真研究，慎之又慎，林产品收购价格的制定，直接决定了林产品生产者的收入和效益，密切地关系着林业资金投入量和林业生产的发展速度，还牵涉到与之相连的各种经济关系。因此，各级政府和单位只有在充分了解价格杠杆的三种基本特征和客观研究各种现实经济关系的基础上，才能对林产品收购价格做出科学合理的定价。

② 销售价格。从开放林产品市场并取消国家、省区指导价格之后，林产品的销售价格实行“随行就市”，但这并不意味着国家对市场就没有管理和调节的方法，市场价格从表面上看完全是内供求双方自由协议而成的，但事实上一种价格水平的最终形成，必然受到国家计划和经济杠杆的严格制约。对于林产品的市价，国家可以通过行政手段和经济手段两种方式来加以调节。

价格杠杆的应用能稳定林产品市场，加速林产品的流通，但其调节功能也是有一定的局限性，尤其是扭曲的价格体系反而会给林产品流通运行造成障碍。所以，要充分发挥价格杠杆的宏观调控作用，必须进一步理顺林产品市场的物价，建立合理的价格体系和价格管理体制。

2）信贷杠杆。信贷杠杆也是重要的经济调节手段之一。信贷杠杆作用是靠银行发放贷款的形式体现出来的。银行靠贷款的发放和收回、款数的大小、利率的高低、期限的长短来影响货款者的经济利益，从而引导其按照宏观调控的目标来实施自己的行为。信贷杠杆在林产品生产和流通中的作用有：

① 从林业行业来看，由于我国森林资源短缺，林业生产的生态效益和经济效益都要求国家对林业采取重点扶持政策。利用信贷杠杆可以采取以下扶持和优惠政策：其一，通过增加林业贷款的方式，增加对林业的投入；其二，延长林业贷款的偿还期限；其三，对用于营林业投入的贷款，采取低息。

② 提高林业生产企业的管理水平。从宏观上看，运用信贷杠杆利于调节整个国民经济的发展速度和调整产业结构；从微观上看，运用信贷杠杆可以促进企业内部的更新改造，提高管理水平和经济效益。具体地表现为：一是运用信贷杠杆可以加速资金周转，提高资金的效益和内部管理的水平。二是运用信贷杠杆可以鼓励新的林产品开发，使企业产品结构不断优化。三是运用信贷杠杆可以有力地推动企业的技术改造。

产品品种少，技术水平落后，资金使用效益差是林业企业长期存在的问题。只要我们善于使用信贷这个有力的经济杠杆，就能帮助林业企业从长期的困境中摆脱出来。

3）税收杠杆。税收是国家按照法律的规定，对经济主体和个人强制地无偿取得财政收入的一种手段。税收的特征有：强制性与无偿性。税收杠杆的运用是凭借国家权力进行的，它依照法律程序向企业和个人强制地收取，而不以被征收者是否同意为转移——征收的灵活性。税收杠杆可以根据国家的不同政策要求、不同经济成份、不同部门、不同行业、不同环节、不同资源条件、不同技术装备水平等，分别实行种类不同。高低不同的税收，或实行减税、免税、退税，或加成征收、加倍征收等。这就是说，税收杠杆区别对待的对象是众多的，它所能采取的区别对待的方式又是多样的。国家完全可以根据不同的调节目的选用各种不同的区别对待的手段。这是使用和调整的简易性。对税收杠杆的使用，比其他的经济杠杆更为简便易行，这主要是因为税收所引起的连锁反应比较小，它只影响国家与纳税人之间的经济利益关系。

税收杠杆对林产品流通运行的调控主要表现在：调节林产品生产和流通，促进林产品供给和需求趋向平衡；调节林业企业的盈利水平，促进企业改善经营管理；调节收入分配，促使林产品生产各个环节的收益平均化、合理化；控制各种不正当的林产品经营行为，保障公平竞争的市场环境。同时，税收是价格的组成部分，通过对不同林产品规定不同的税率，调节产品的盈利水平，从而调节不同的林产品经营，并保持林产品价格的基本稳定。

林产品流通宏观调控的各种经济手段，各有适应的范围，其作用程度也不尽相同，都存在一定的局限性，并且林产品流通运行又是十分复杂的经济现象。因此，必须根据各种经济杠杆的特点、功能和作用范围，互相配合综合运用，发挥它们综合调控的效能，而且还要重视经济手段与其他调控手段的综合运用。

2. 法律手段

宏观调控的法律手段，就是调控主体运用经济法规来管理、调节调控对象行为的方法。法律手段的实质是一种超经济的国家强制力，它通过各种必须遵守的法律准则来支持、肯定或纠正、否定经济行为，以调节和控制经济运行。

随着计划经济体制向市场经济体制的过渡，法律变得越来越重要。在林产品流通的宏观调控中也是如此，过去，我们习惯于用行政手段来调节企业的行为，现在，随着林产品市场的开放，政企分开和权力下放，法律手段在整个林产品流通宏观调控手段体系中的地位变得越来越举足轻重。

法律在林产品流通宏观调控手段体系中的重要地位是由其自身的基本特点所决定的。这些特征主要表现为：

(1) 权威性与强制性。这表现在经济法制定的权威性和执行的强制性。经济法是统治阶级的意志在经济领域的法律表现。它的制定是以国家权力为基础和前提的，它是调整社会经济关系的最高准则，是社会的所有经济实体和个人都必须无条件遵守的规定，因而具有权威性。经济法的权威性派生出它的强制性。一旦发生侵犯和违反经济法律的行为，任何经济实体和个人都将受到国家权力的强制纠正，以保证经济法律的严肃性。经济法津和法则是在国家权力范围内强制实施的。

(2) 制定的客观性和规范性。经济法既然是调整经济关系的法律，所以它必须按照客观经济规律，正确处理各种组织之间以及它们与个人之间的经济关系；经济法律和法则是用十分严格和明确的语言加以表述的，只有这样才能使人们对其形成共同的、准确的理解，对其内容不发生歧义，达到经济法律的可操作性。

(3) 作用的稳定性和长期性。在用行政手段管理经济的过程中，也需要制定许多规章制度，这些规章制度都是针对经济活动中的具体事件而定，待经济情况发生变化之后，它们也就失去了效力。而经济法律与之相比，则是有稳定性和长期性的特征。它所规定的是经济活动中较为稳定和长期的关系。

(4) 适用范围广。与一般的经济政策相比，经济法律除了稳定性以外，还有另一个特征就是普遍性、适用性。经济法律对其所规定的所有对象，只要在国家权力的管辖范围之内均是有效的，所以，它具有普遍性和全局性的特征。

由于法律手段的上述特征，因而它在宏观调控中起着重要的规范作用。它的规范作用主要体现在以下两个方面：

① 建立市场运行的基本秩序。商品经济越发展。市场上的经济活动也就越复杂。所以，必须通过经济法律来建立和维持市场秩序，才能保证经济活动的顺利进行。规范市场秩序的法律主要有：市场管理法、适度竞争法、反垄断法、经济合同法等。

② 规范经济主体的行为。国家通过经济法律手段，可对市场上进行活动的经济主体加强监督和控制，促使它们在法律许可的范围内从事经济活动。对经济主体和行为进行规范的经济法律很多，例如：工业企业法、劳动法、工资法、商标法、统汁法、审计法、会计法等。

总之，法律手段在宏观调控中的重要意义就是规范市场主体的行为，建立市场秩序。它为整个市场经济体制的建立，起到一个确立基本框架和运行规则的作用。

法律手段的内容包括经济立法、经济司法和经济仲裁。经济立法是把处理各种经济利益关系的基本原则用以条理和规范，用法律条文确定下来，用来指导经济过程，约束经济主体的行为。经济司法是指依法审理经济案件的机构、制度、程序及其活动，是经济法规得以实施的保证。经济仲裁是对经济纠纷根据法律做出判断和裁决，以保证合法的经济行为，制裁违法的经济行为。在商品流通运行的调控过程中，运用法律手段在于按确定的权利、责任、义务关系，用以调整国家、企业和公民之间的经济关系，维持市场竞争的正常秩序，限制商品流通运行中的越轨行为、惩治破坏宏观经济要求的违法行为，使整个国民经济健康地发展。

林产品流通领域和其他的经济领域一样，要保证经济秩序的正常进行必须加强司法，当前着重应做好的工作是：及时处理经济纠纷，严厉打击经济犯罪活动，健全和完善司法队伍。

3．行政手段

宏观调控的行政手段是指调控主体依靠行政组织，运用行政命令、指示、规定、指令性计划等非经济性的强制性手段，直接指挥和组织被管理对象的经济活动，以达到预期目标的调控手段。行政手段和法律手段、经济手段一样，也是宏观调控的重要手段之一。行政手段的特征有：①权威性。行政手段的特点是依靠国家机关的权力，通过命令、指示等方式直接指挥经济活动，具有高度的权威性。②强制性。行政命令和指示的贯彻，要通过行政组织，行政组织在运行过程中，严格执行下级服从上级的原则，具有很强的强制性。③无偿性。行政组织与上级、下级之间发生的经济关系不是等价交换关系，因而在调用人、财、物时都可以是无偿的。④针对性。行政手段的命令和指示总是针对每个对象和事物而发的。

在商品流通运行中行政调控手段主要表现在：一是对市场的管理。完善市场组织，健全市场制度，维护市场秩序。二是对商品流通主体的管理。规划商品流通企业的布局，审查企业资格，确定合理的结构等。三是对商品的管理。健全商品检验制度，严禁假冒伪劣商品进入市场，并按照商品购销体制，疏通流通渠道，搞活商品经营。四是对价格的管理。检查监督价格政策贯彻落实情况等。此外，还有经济合同管理、商标管理和广告管理等。

在现行的林产品流通管理体制中，在林产品流通的各个环节上都运用了行政调控手段：①对资源的管理。为了保护森林资源，采用木材采伐证和木材运输证制度，实行限额采伐。②对林产品市场的管理。行政手段在林产品市场管理方面的运用主要表现为：A、登记管理。凡是要经营林产品者，不管是国营单位、集体单位，还是个体经营者都必须向工商行政管理部门登记，申请营业执照。B、商标管理。企业凡要使用商标，需向当地的工商行政管理部门提出申请，一经批准，必须长期固定使用。对未经批准，擅自使用商标或擅自使用他人商标者，要加以处罚。C、对林产品的管理。为了防止以次充好，保证林产品的数量和质量，政府必须对流通中的林产品进行管理。

由于林业经济管理牵涉到资源保护和生态平衡，所以必须善于在宏观调控中运用行政管理这个强有力的手段。但是行政手段并不意味着强迫命令，必须了解被调控的经济实体的微观利益和真实愿望，认真研究客观经济规律，从而使我们制定的各项行政干预措施和计划指令更加科学化和客观化。

综上所述，林产品流通的宏观调控包括经济手段、法律手段和行政手段，其中经济手段是首要的调控手段，法律手段和行政手段也是必不可少的，必须综合运用，逐步形成各种调控手段互相制约、互相协调、有机结合的林产品流通宏观调控体系，保证林产品流通运行活而不乱、健康发展。

（三）加强宏观调控的对策

当前，我国政府对林产品流通的宏观调控主要体现在入世后，采取何种政策使我国的林产品流通更加顺畅，林业产业更加快速发展。而要实现这一目标，关键就在于政府是否能抓住机遇。加入WTO后，履行承诺的主体是政府，政府要从管制与审批的管理模式中摆脱出来，建立一个全面、彻底的市场机制。换句话说，加入WTO后，我国政府对经济的管理将从参与微观活动转变为重视宏观调节，将逐步把精力集中在少数关系到国计民生的重要领域，如农业、林业、生态保护、基础设施建设等。这就要求我们顺应新的形势，切实转变政府职能，抓住国家高度重视生态建设的有利时机，发挥后发效应，加快林产品的生产和流通。新的形势下，我国政府应从以下几方面努力，以迎接加入WTO后的挑战和增强我国林业经济的国际竞争力。

(1) 要深化林产品流通体制改革。培育多元化市场主体，形成国家、集体、个人一齐上的新局面。同时，要对交通运输、商品流通进行系统整合和优化重组，加快山区交通基础设施和信息基础设施建设，积极发展现代林产品物流业。

(2) 要加快林产品市场体系建设。在进一步完善原有的林产品市场及专业市场的基础上，建设一批林产品交易市场和工贸小区，扶持一批林产品专业批发市场及林特龙头企业，发展林产品购销组织和贩销大户，建立各类专业协会和合作社，成立林产品流通联合体。

(3) 要加强市场管理。尽快建立与国际接轨的质量标准体系和价格确定原则，强化市场管理，形成竞争有序、统一开放的市场格局，为林产品流通业营造良好的发展环境。

(4) 要理顺管理体制。建立横向高度协调、灵活有效的综合协调机制，明晰各部门管理权限，建立权责利协调的管理体制。

(5) 高政府宏观调控的能力。当前，面对市场经济的发展和加入WTO后的机遇和挑战，政府应该不断加强宏观调控能力，尽量减少政府的直接行政审批行为和直接控制资源行为，代之于用经济手段为主，必要的法律手段和行政手段为辅，来引导、宏观调控市场，使林产品流通行政管理制度化、法制化、规范化、程序化，更加透明、有责任而守信。积极争取税费改革，调整不合理的部分，实行轻税薄费，减轻经营者的负担，变“重取轻予”为“重予轻取”，保护林产品生产者的合法利益，使其的生产积极性能被充分调动起来，形成有利于刺激林业生产发展的良性机制。

(6) 转变政府职能，建立新的林产品流通行政管理体系。调整林产品流通的行政管理机构，秉着精简、高效的原则，将国内贸易和对外贸易合并管理，解决流通环节分割和部门分割状况。转变政府职能，由过去管行业、管国有林业企业经营和林产品调拨，转为面向全社会管理流通产业政策、法规建设以及对流通主体及其行为的评估、监督与调控。

(7) 完善林产品流通的法律、法规体系，具体体现在以下几个方面：①要建立健全流通领域的法人实体与市场主体的法律，进一步完善各类主体的自律机制和约束机制；②加快制定规范林产品市场主体行为的法律，如“商品交易法”等，使整个市场的交易行为更加规范化、制度化；③建立与完善确保林产品流通秩序、强化宏观调控的法律，用法律形式实施国家的宏观调控措施；④建立有效的执法机构，使林产品流通领域既有完备的法律法规，又能切实做到执法必严，违法必究。

总之，要建立起适合我国林产品流通的管理体制还任重道远，还需要长期的努力。

第四章

林产品期货交易

CHAPTER 4 Futures Trading of Forest Product

第一节 林产品期货市场的产生与发展

一、林产品信息与林产品期货市场

期货市场是一个信息加工厂，投入的是信息产出的价格。信息在期货交易中具有非常重要的作用，期货合约上市必须构建信息平台，因而也就有了信息生产的功能。林产品期货的信息生产涵盖了各种相关事件的发生到公开信息再到交易的全部过程。根据信息生产过程，信息生产大体分为两个层次：时间信息与交易信息。第一层次的信息侧重原始信息，及其在基础上加工、扩散形成的派生性信息。而第二层次的信息则是为交易双方提供的信息提示，显然这层信息生产侧重于市场微观结构层次。期货市场的参与者来自全国乃至世界各地，源源不断地将各种影响商品供求的信息汇集到期货交易所内，并以交易价格的形式反映出来，摆脱了场外交易分散性所导致的信息局域性。而交易价格的变化往往预示着林产品相关事件发生了变化，因而不仅引起交易者的密切关注，同时也会引起相关企业等诸多主体的关注。

自从20世纪70年代以来，金融期货（外汇期货、股价指数期货和利率期货）成为期货中的新成员，全世界期货合同的数量和种类大大增加。从上个世纪后期，期货越来越超越传统的领域，不仅被引入到普遍认为不可能的部门（例如电力、冻虾、纸），而且不断跨越国度，开始从美国到欧洲，再到日本，甚至在发展中国家迅速发展。

顺应这一潮流，也由于期货市场的独特功能，我国自1990年起建立了自己的期货市场。此后的十几年里，我国期货市场在不断的整顿与规范中曲折发展，目前已取得了较好的成果。如上海期货交易所推出的铜期货合约交易，不仅在价格发现、风险规避等方面发挥了巨大作用，有效的推动了我国铜业快速健康的发展，也使得上海期货交易所自身取得了巨大成功，成为全球铜的三大定价中心之一。

林业作为一个重要的产业群，能否利用期货市场的功能，加快自身的发展？从目前的情况来看，不少发达国家甚至发展中国家已经开始对这一问题进行探索。美国木材期货交易有多年的历史，90年代推出胶合板期货交易；西欧于1997年成功的推出了纸浆期货；马来西亚正逐步推出热带胶合板期货；俄罗斯也推出了木材期货。我国在1993年推出胶合板期货交易，但在后来的全国性的期货市场治理整顿中停止了交易。作为国务院保留的有限的十二种期货产品之一，却时至今日仍未能恢复交易。我国林产品期货市场陷入停滞，事实上已经夭折了。

2004年年初，国务院《关于推进资本市场改革开放和稳定发展的若干意见》明确提出：“稳步发展期货市场，在严格控制风险的前提下，逐步推出为大宗商品生产者和消费者提供发现价格和套期保值功能的商品期货品种；要建立以市场为主导的品种创新机制。”这一战略性决策不仅解决了期货市场眼前推出新品种的“个案”问题，更重要的是，从政府决策的高度将期货市场实质性的改革归结到了期货新品种推出机制。

在这样的背景下，重新探索林产品期货对于林业产业的意义与作用，研究林产品期货市场的发展问题显得很有必要。

二、林产品期货交易的功能

（一）林产品期货的概念

一般而言，期货市场是进行标准化合约买卖的场所。这种买卖的参与者主要是转移价格波动风险的生产经营者和因承受价格波动风险而获利的投机者，他们在交易所内依法公平竞争进行交易，并且以保证金制度作为保证。这种买卖的目的不是为了获得实物，一般较少实物交割。

期货市场交易的对象是期货合约，指在交易所内达成的受法律和规则约束的契约。该契约明确规定了商品的品质、数量、交易时间、合约到期月份、最小变动价位、每日价格最大波动限制、最后交易日、交割日期与流程等内容，或者说，除了价格在成交时确定外，其他各项条款都是既定的。期货合约有时简称期货。

期货合约的标的物称为期货商品，其内容广泛，包括各类初级商品、重要金属、黄金、利率、外汇及股价指数等。因而期货种类很多，根据期货商品的不同，或者说期货合约中明确规定的商品种类的不同，可以划分为商品期货、金融期货等，商品期货中又有农副产品期货、能源期货、金属期货等类型。

所谓林产品期货，指的是以林产品作为期货商品的一类特殊形式的商品期货。

林产品本身含义广泛，种类很多。根据一般理解，林产品指的是在森林中或任何类似用途的土地上生产的所有可以更新的产品(石料、水及旅游资源不包括在内)。林产品分为木质林产品与非木材林产品，其中非木材林产品又被称为林副产品，　因而传统意义上的林产品指的是木质林产品，也是狭义的林产品概念，本文所说的林产品指的是后者，即木质林产品，包括工业用圆木、锯木、木制人造板、木材纸浆和纸、薪柴与木炭六大类（见FAO关于林产品的分类）。

那么林产品期货有何特点呢?

首先，林产品期货交易与传统的现货交易相比具有明显的特点：

1．交易方式发生巨大改变

现货交易是进行实际林产品的交易活动，交易过程与林产品所有权的转移同步进行。而期货交易是以各种林产品期货合约为内容的买卖，整个交易过程仅仅体现林产品所有权的转移，与林产品实体的转移没有直接的联系。无论买卖多少次，只有最后的持约人才有履行实物交割的义务。而其他人只需在期货合约期满之前做相反方向的买卖，了解原有交易，结算差额即可。另外，现货交易随时随地可以进行，具体交易内容由交易双方一对一谈判商定，有较强的灵活性。而期货交易必须在规范化的市场中依法公开、公平、公正的进行。

2．交易目的不同

现货交易中，目的是为了获取商品或出售商品，实现林产品价值与使用价值的转化。而期货交易的目的是为了转移价格风险或进行投机获利，实现价值与风险的转化。

3．交易的主客体对象不同

林产品期货交易的主体主要是一些避险者和投机者，交易的客体是期货合约，期货合约的表的物是符合上市条件的林产品；现货交易的是林产品本身，而交易主体是任何拥有林产品和商品的企业或个人。

4．交易程序不同

现货交易中卖方要有林产品才可以出卖，买方需要支付现金方可买入。这为正常的交易程序。而期货交易可以顺序颠倒，既无商品可以先卖，不需要商品也可以买。

5．交易的保障机制不同

现货交易以信用和法律为保障；而期货交易以保证

金制度为保障来保证交易者的履约。

其次，林产品期货与其他商品期货相比，其特点也比较明显，而且主要取决于期货商品本身的特点。林产品均由木材通过物理或化学加工而成，而相比其他商品或原材料而言，木材有生产周期长、生产地区分布广泛、用途广泛的特点。

6．生产周期长

木材从整地、育苗直到砍伐的生产周期一般长达10年以上，有的甚至长达五六十年，即使是速生林，其时间也需要五六年。另一方面，当木材成熟后，适合砍伐的时间也较长，往往有2～3年的适伐龄。因而可能形成木材价格与生产上的特殊性：短时间内的价格变化仅仅影响砍伐这一木材生产环节，长时间的价格变化趋势对育林产生重要影响。同时，长周期的生产环节导致育林成本高，风险加剧。

7．木材生产的区域非常广泛，生产的方式多样

木材生产者即林农遍布全国各地，而且既可以是单人单独作业，也可以由财团投巨资进行集约型、大规模生产；既可以在房前屋后、山地平原就地栽插，也可以漫山遍野大规模栽种。因而木材生产与价格之间存在这样的特点：不同品种的木材价格存在较大差异，但一定程度上又存在较大的关联性，容易形成价格的互动；不同区域存在价格信息传递滞缓的现象，同一品种在不同区域价格相差较大；木材信息不对称，林农尤其是未能形成规模化集约化的生产者了解价格与生产的信息匮乏，在木材交易中处于弱势地位，议价能力较低，经常成为价格的被动接受者。

8．木材砍伐前的形态为活林木

活林木具有极强的外部性与社会效益，因而在世界各国均受到鼓励和支持，甚至存在各种各样的补贴。而砍伐后的木材流通环节却有可能被抑制，甚至遭受多种管制。因而木材流通的经营者风险较高，加剧了木材价格的不稳定性。

9．木材用途广泛，林业产业链长

作为林业产业的初级产品，木材的用途非常广泛，是多种产品的主要原材料与其他原料（如金属、人工合成材料或玻璃）结合在一起，应用于家具和建筑行业；木材加工制成板材、贴面板、平板等材料；直接用于成品制作，制成木支承结构、木材部件、家具、木制品）；木材深加工应用制成纤维素、纸张、纤维板等。

林业产业本身产业链长：从整地、育苗、护林、砍伐、制材、运输、初加工、深加工直到最终用途的成品，横跨第一产业、第二产业进而涉及第三产业。

因而，林产品期货的特点便表现在以下几个方面：

1．极有可能形成系列期货商品市场

所谓系列期货，强调某一产业自上游至下游的主要产品或用途广泛的半成品均有期货交易，其优点是各商品的生产、加工及用途上关联性较高，在期货市场上互动性较好，有利于投资者的跨品种套利，降低投资者交易成本，稳定市场。如美国CBOT的大豆期货系列由大豆、豆油、豆三种期货构成，利于客户进行跨品种套利交易，既降低投资者个人的风险，又稳定了三者的价格关系，有利于市场的整体发展。如果能够形成木材、合板、木浆与纸等期货，对于整体市场发展比较有利。

2．林产品期货参与者广泛，涉及到众多投资者

林产品市场的参与者非常广泛，涉及到生产者、消费者、交易中介以及监管者。从生产者看，生产主体为林场、其他林产品生产企业以及林农等个人或个体户。消费者更加广泛，既有木材及其他初级林产品加工的下游企业，如造纸厂、家具厂等，又有房地产建筑商等最终消费者。交易中介指的是专门以经营林产品买卖的商品流通企业。监管者除了一般的政府部门如工商税务、物价、质检等部门外，这里主要指的是林业政府部门。当然，国外部门作为产品市场的重要组成部分，在我国林产品市场中具有重要的地位，尤其是在林产品的供给上，国外部门的影响极其巨大。

作为林产品市场的组成部分，林产品期货市场也应涉及到上述参与者，同时由于期货市场本身的特点，还有部分承担额外风险的投机者的存在。因此林产品期货的另一特点是参与者广泛，涉及到众多投资者。

3．林产品市场的价格体系的互动

林产品市场的价格体系指的是由各种林产品的市场价格组成的相互联系的有机整体。由于均来源于森林及类似用途的土地，因而各种林产品相互之间存在不同程度的关联性，价格上也有一定程度的关联，各种林产品的价格因此形成一定的体系，林产品各子

市场价格互动迹象明显。各种林产品价格（非木材林产品除外）的共同特点是供给弹性的特殊性，价格下降，产品的供给弹性相对较大，但是价格上升，产品的供给弹性相对较弱。

（二）林产品期货的避险功能

它主要是针对期货市场中的套期保值者而言的。套期保值者通过期货合约的买卖，将价格波动可能造成的风险转移到期货市场的投机者身上。与此同时，套期保值者将价格波动可能造成的收益也转了出去，从而为期货市场上的投机者提供了获利的机会。在市场经济活动中，无论是商品的生产者、经营者还是消费者，无论是债权人还是债务人，都会遇到这样或那样的风险，包括自然风险、信用风险、购买力风险、财务风险、汇率风险、利率风险、管理风险、市场风险等。这些风险的存在，不仅会使有关当事人蒙受损失，而且还会对社会经济活动的正常进行产生不利的影响。期货市场的出现为人们有效地回避风险提供了一个重要的工具。由于期货市场价格与现货市场价格走势的一致性和二者时间上的差异性，商品的生产经营者、消费者、债权人、债务人，可以在现货市场与期货市场上分别以两种完全不同的身份出现，进行数量相同或相近的同一商品或类似商品的反向交易。即：如果在现货市场上为买方，那么在期货市场上就是卖方；反之，如果在现货市场上为卖方，在期货市场上就是买方。这样一来，交易者在一个市场上蒙受的损失，就可以通过另一市场的收益进行弥补。需要说明的是，期货市场上的套期保值者转移风险的程度取决于投机者的多少以及投机的程度。如果投机者的数量多、投资量大，那么，套期保值者转移风险的可能性就越大、转移的程度也越高。

（三）林产品期货的价格发现功能

发现价格的功能，是指期货市场上的价格不是人为规定的，而是根据商品供求，在交易场内通过公开竞争“发现”的，即自发形成的。它客观上反映出众多的买方和卖方对目前乃至未来一段时间供求状况的综合观点。商品价格要受到政治、经济、心理等许多方面因素的影响，因而，价格的形成是一个复杂的过程。期货市场的出现，为快速形成较为公正、合理的市场价格创造了十分有利的条件。在期货市场上，大量的商品生产者、经营者通过委托指令把各自掌握的有关商品成本、供求状况、发展趋势等信息及经验集中地反映出来，然后，通过激烈的讨价还价，便形成了一个公认的较为公平合理的价格。这种“公正”价格是期货市场公平竞争的结果。首先，期货市场集中了大量的不同目的的交易者，确保了市场的流动性，能够较客观地反映市场供求状况。其次，期货市场为公平竞争提供了可靠的法律保障。如禁止操纵市场、平等竞争、场内公开化交易等，从而使形成的价格能够真实地反映出供求双方的意向和预测。第三，期货市场还提供了一系列体制上的保障，如会员制、保证金制、公开叫价制、层层分担风险制等，使公平竞争的原则得以贯彻执行。正是由于上述原因，期货市场形成的价格对社会生产经营具有较强的指导性。以此为基准，商品生产经营者可以不断改善经营管理，努力提高经济效益。第四，期货市场价格作为一种迅速可靠的经济信息资料，对分析和预测国内、国际经济的发展趋势，也能起到重要的作用。

（四）林产品期货的其他功能

1．减缓价格波动幅度

在期货市场上，由于存在大量的短期投资者，他们迅速进出市场、贱买贵卖，从而，使市场价格的涨跌幅度得到一定程度的缓和。当价格下跌时，投机者大量入市增加了需求，使价格上升；反之，当价格暴涨时，投机者大量抛空，使供给增加，价格下降。

2．促进市场新秩序的形成

随着商品经济的发展，市场秩序也经历了一个由简单到复杂、由不规范到逐渐规范的过程。在商品交易所产生以前，市场秩序较为混乱，商业欺诈、随意毁约等问题十分突出。交易所出现后，交易方式发生了革命性的变化。在严格的法律、规则的保障下，具有制度化、程序化、公开化和竞争性等显著特征的期货市场，有力地促进了市场有序化的进程。不仅早期的期货市场对市场秩序的建立和完善起到了积极的作用，而且，就现代期货市场而言，它在禁止垄断、保证自由竞争和公平交易等方面，同样功不可没。

3．促进基础设施的建设和区域经济的发展

期货市场的建立和发展，客观上促进了交通、仓贮业的发展以及区域经济的繁荣。

4．合理利用各种闲置资金

无论是发达国家，还是欠发达国家，都存在一定的社会闲置资金。由于期货市场投资具有时间短、见效快的特点，公司企业和居民个人都可以将暂时闲置的资金用于期货风险投资，以获取风险利润。从这个意义上讲，期货市场对于激活社会资金，充分发挥资金的使用效益具有一定的作用。

5．促进经济国际化

随着期货市场的建立和发展，其公开竞争性使市场透明度不断提高，区域性障碍被突破，交易的范围迅速扩大，国内经济联系随之不断加强。80年代以后，期货市场跨越国界，成为世界交易中心，从而有力地推动了经济国际化的进程。如芝加哥商品交易所集中了世界绝大部分农产品期货贸易和大约40%的世界期货交易，所形成的价格成为国际农产品市场的基准价格。实际上，期货市场所形成的公正的价格，对供求的调节和资源的合理配置已经超越国界。从这个意义上讲，期货市场的国际化对于推进世界经济的一体化，具有十分特殊的意义。

三、林产品期货交易现状及趋势

1．国外林产品期货现状

自从20世纪70年代以来，金融期货（外汇期货、股价指数期货和利率期货）成为期货中的新成员，全世界期货合同的数量和种类大大增加。从上个世纪后期，期货越来越超越传统的领域，不仅被引入到普遍认为不可能的部门（例如电力、冻虾、纸），而且不断跨越国度，开始从美国到欧洲，再到日本，甚至在发展中国家迅速发展。

国外林产品期货的发展也是如此。自美国与50年代推出木材期货以来的三十多年里，林产品期货发展一直比较缓慢。但从90年代开始，林产品期货开始迅速增加，范围扩大，更多国家陆续推出多个不同林产品的期货合约。据不完全统计，90年代以来，先后开通的林产品期货合约主要有：1993年，中国上海交易所与苏州交易所推出胶合板期货合约；1994年美国芝加哥期货交易所（CBOT）推出木制板材期货合约；1996年芝加哥商品交易所（CME）引进软木胶合板期货合约；欧洲成功推出纸与纸浆期货合约，两个在Scandinavian竞争着的交易所都引进了纸浆期货合同，芬兰期权交易所（FOEX）在1997年2月引进了第一个合同，瑞典OM集团在1997年下半年引进。另据有关资料显示，俄罗斯较重要的期货交易所之一，沃尔库塔交易所于90年代初中期开通了木材期货交易。1990年以后，还有关于日本、印尼以及欧洲许多关于木材、胶合板期货合约可行性研究的报道，但限于资料收集的困难，至今未见关于这些地方这类合约正式的交易。

从美国以及欧洲目前已上市的林产品期货合约来看，林产品期货发展相对缓慢，交易量并不大，但是，林产品期货在不断发展，品种不断增加，地域不断扩大。

2．我国林产品期货现状

我国各级林业部门曾经多次探讨准备林产品期货合约交易，典型的有福建南平的纸浆期货，吉林长春的木材期货，苏州与上海的胶合板期货。其中大部分林产品期货均未能成功上市，仅有1993年在苏州及上海上市的胶合板期货取得了一定的成功，在国内外产生了一定的影响。

以上海胶合板期货为例，其标的物主要是从印尼进口的胶合板，或者其他有折扣或优惠的胶合板（在交割时，马来西亚的胶合板有折扣）。一个标准是200块4×8英寸的胶合板；厚度是2.7～3.2mm；质量标准用BB/SS标准（英国标准）或JPIC；交割可能的地点是9个上海和宁波的仓库，1个在上海附近的港口；胶合板交割时需要海关的证明，证明它是符合规定标准的。若质量存在争议，政府进出口检验局再对产品质量进行核实；合同交易时间是单月。

两个交易所的胶合板期货比较活跃。推出当年，两市交易量达到18亿元，然后迅速增加，1994年为2647亿元1995年到高峰，交易量高达31094亿元，占当年所有期货交易量的30.7%，为我国当年所有商品期货之首。其后，逐年递减，1996年12742亿元，1997年815亿，1998

年39亿元，最后交易停止。

就上海交易所而言，尽管从1995年后流量有所下降，每周的胶合板交易量（从1995年200亿美元到1996年700亿美元）超过了全国一年的进口额，相对于庞大的交易量。上海胶合板交割量较低（大部分交割量占交易量的1.5%～3%，还要看月份），但与进口量相比，它可能是通过交易所进行的最大的实物贸易产品。

3．我国林产品期货夭折的原因分析

我国林产品期货市场近5年的运行，期间有过辉煌，但最终于1998年停止交易。随后的5年中，在其他保留的品种不断改良重新推出的同时，甚至2004年已经推出棉花、大豆及燃品油期货的情况下，胶合板期货却没有任何恢复交易的倾向。在研究林产品期货发展的情况下，我们有必要重新探析当年胶合板期货夭折的原因。

(1) 期货市场本身问题导致胶合板期货最终夭折

① 交易所盈利倾向严重。为了多收交易手续费不择手段刺激交易量，放纵投机，疏于监管，甚至串通大户操纵市场，导致恶性事故不断发生，最后不得不自食恶果。交割制度不完善、朝令夕改、或明或暗限制交割是引发多起恶性“多逼空”事件的重要原因：上海胶合板（以进口板为基准的交割制度与现货市场充斥走私板相矛盾，交割过程中要求出示进口批文等复印件，批文造假严重，多头耗12亿元巨资接货，损失惨重）、苏州红小豆（名义上对交割不限制，实际执行中限制交割）、海南咖啡（由限量交割一吨到放开交割量为一万吨，远远超过国内产量和消费量，导致“多逼空”；后修改交割规则，提高替代品的贴水比例，又导致咖啡暴跌）、天津红小豆（限交割六万吨，而且质量控制极严）等事件。交割制度将现货和期货市场割裂开来使期货市场走上与现货市场背离的歪路。

② 交易品种小。就像股市上的小盘股，易被操纵；外加上限制交割使盘子更小。如郑州绿豆，我国年产量只有几十万吨，而目前郑交所的日交易量一般都超过十万手，相当于100多万吨现货量；多年来郑州当地的粮食系统通过控制现货，在绿豆期货市场上如鱼得水，获利不匪。海南咖啡，我国咖啡年产量仅几千吨，而且差不多都是定产定销，比绿豆盘子还小；扩大交割量以后大量进口咖啡，国内消费不了，最后只有在仓库烂掉。进口胶合板同样如此，1995～1996年间，操纵现象明显，不仅上海与苏州两个市场价格相差较大，而且与现货市场的价格差（基差）波动剧烈。尤其是上海交易所价格离谱，多头为了保证自己利益，一度出现耗资12亿元巨资接货，并最终导致多、双方两败俱伤。这一现象不仅无助于胶合板市场的价格体系的完备，套期保值者无处适从，一般的中小投机者也被迫退出市场。

③ 经纪公司恶性竞争。为拉客户放松风险控制，客户爆仓以后给交易所带来交割风险。海南橡胶9708合约某大户在不同席位上拼命拉高，临近交割日，眼见现货市场低迷，不愿接现货，将低位买单平仓套现，高位买单扔下不管，几十万吨现货由交易所接去。1996年以来，国内发生了多起经纪公司老总席卷客户保证金潜逃的恶性案件，“哈中包”、“新国大”等，影响极坏。

正是因为期货市场运行不顺畅、监管不规范、规则不健全导致我国期货市场问题重生，因而政府不得不整顿规范，绝大部分品种被停止交易，甚至取消，胶合板市场也同样未能幸免于难，被暂停交易。

(2) 胶合板现货市场本身原因

国内现货市场发育不完全，胶合板企业不少，但是规模不大，质量不稳定，因而当时规定的交割商品为进口胶合板，主要是印尼的特定企业的胶合板，以及作为替代物的马来西亚的部分企业的胶合板。

当时的商品进出口限制较多，存在大量的走私现象，甚至出现严重的进口批文等复印件与批文造假，导致现货市场上胶合板价格紊乱。

胶合板期货市场上投机现象严重，套期保值者太少。由于交易的期货商品为进口的胶合板，与国内生产的胶合板价格关联度较低，国内生产企业本身很难充分利用期货市场进行保值，而国外生产企业限于我国政策，无法进入我国交易所进行交易，导致国外生产企业同样无法利用期货市场保值。因此，套期保值者的缺位，必然导致这一市场的先天性缺陷，投机过剩，最终走向关闭。

4．林产品期货交易的发展趋势

(1) 酝酿阶段（1987年底至1990年10月）：80年代末，经过十年改革开放，我国经济体制改革进入到了价格体系改革的攻坚阶段。当时的价格体系为双轨制，即计划价格与市场价格并行。但自实行双轨制起，农产品、工业品的自由价格部分波动就十分大，形成了计划价与市场价的巨大价差，造成双重体制间的摩擦，如产生了计划内平价转卖市场价等问题，导致市场秩序混乱：一方面存在大量的欺诈、垄断等现象，另一方面则出现有些农产品 “买难、卖难”。于是，放开价格之后如何建立一套形成市场价格的机制，便成为80年代末的一个重大课题。1987年底，国务院发展研究中心价格组的研究专家将期货市场问题列入1988年的重点课题计划，不久在中央和国务院领导的亲自过问下成立“期货市场研究工作小组”。1988年，李鹏总理对期货研究小组的研究报告做出批示：“同意试点。但要结合中国的实际情况来制订方案。”从此，中国期货业进入了酝酿期。由于农产品价格最先实行双轨制，流通中有出现价格的大幅波动，所以，最先试点农产品的方案被顺利通过，于是1990年10月12日中国郑州粮食批发市场作为我国第一个农产品交易所正式开业，从此拉开了我国现代期货业的帷幕。

(2) 混乱无序的初始阶段（1990年10月至1994年9月）：继郑交所建立之后，深圳有色金属交易所和苏州商品交易所在1991年6月前后相继成立；上海金属交易所在1992年5月成立。1992年10月，深圳有色金属交易所推出中国第一个标准化期货合约——特级铝标准合约。期货交易所数量多，最高峰达到50多家，中央和地方一齐上，其中上海就有7家，交易品种多，可以从事外盘期货交易；一些品种交易比较活跃，投机性强，价格波动较大，如线材、白糖、汽油、柴油、原油等，交易极不规范；后来的许多交易制度尚未建立起来，如涨跌停板制度、浮动盈利不能开仓制度、针对套期保值交易者的保证金制度等；外盘期货客户交易亏损严重，且发生多起有外资（主要是港台）背景的经纪公司欺诈客户的重大案件，如南京“金中富”、深圳“百事高”、上海“润丰”、河南“财鑫”等。

(3) 逐步规范的适度发展阶段（1994年9月至1996年12月）：外盘期货交易被停止；国债期货因“3·27”事件暂停上市。1995年之后，15家交易所取得试点地位，照顾到地区分布和部门利益；一些规范管理、控制风险的措施如涨跌停板制度、交易编码制度、控制持仓制度等先后出台。主要交易品种有：国债（后被停）、玉米（后被取消）、红小豆（后被停）、咖啡（后被取消）、天然橡胶、绿豆、大豆、铜、铝。

(4) 严格监管下的有限试点阶段（1996年12月至2000年12月）：随着越来越多的期货品种被取消或期货资金逐渐流入股市，期货业的生存问题突出起来，许多经纪公司难以为继，出现几起期货公司老总席卷客户资金潜逃的案件（如“哈尔滨中包期货事件”、“新国大期货事件”等）；外加上东南亚金融危机的爆发加深了管理层对衍生工具的戒备和防范心理。期货市场监管愈来愈严，国务院“27”号文件(1998年8月1日，国务院发出《关于进一步整顿和规范期货市场的通知》（国发［1998］27号）)的出台表明管理层对期货的打压态度。

(5) 转折复苏阶段（2001年1月至2004年3月）：2000年底，中国期货业协会成立被认为是管理层对期货整顿取得成效的一种肯定。2001年3月，期货被写进了朱镕基总理向人大提交的十五计划纲要，纲要中明确提出：“稳步发展期货市场。”国家对这个市场进行了长达6年的整顿，使全国期货交易总量从1995年的17万亿，以每年40%的速度下滑，在2000年萎缩至1.6万亿，不到原先的1／10。至于活跃在市场上的资金，也只剩50个亿，仅相当于一只股票的规模。此后几年，期货交易量明显回升，期货市场进入复苏阶段。

(6) 稳步发展阶段（2004年3月至今）：2004年，国务院《关于推进资本市场改革开放和稳定发展的若干意见》出台，其后，中国期货市场终于迎来了新品种的上市。6月1日，郑商所推出棉花期货；8月25日，上海期交所推出燃料油期货；9月22日，大商所推出玉米期货。我国期货市场进入了稳步发展阶段。

顺应这些变化，再度研究林产品期货上市的意义与可行性，具有重要意义。

第二节　林产品期货市场在林业产业发展中的作用

一、我国林业产业现状及问题分析

（一）林业产业现状

1. 林业产业原材料供应紧张，森林资源不足

林业产业最重要的基础是木材供应与森林资源，其中森林资源起关键性作用。然而，中国森林资源现状是绝对量较大，覆盖率低，人均占有量少，地域分布不均衡，林龄结构不合理，可采资源不足。而同时，由于国民经济的快速发展，林产品需求旺盛，木材的需求量却年年快速递增。1998年开始实施天然林保护工程，国内森林逐年减伐，进一步加剧了国内木材市场的供应缺口。

目前，国内木材需求量已达到3亿～3.3亿m^3，按照国家下达的“十五”期间森林采伐限额，每年只能提供1.4亿～1.5亿m^3，如果严格按照国家限额计划采伐，国内木材市场供应缺口达1.6亿m^3以上。按历年森林消耗数据，国内目前最大可能提供木材2.3亿m^3（在森林超采1.2亿m^3的情况下），因此木材供应缺口至少也为0.7亿～1亿m^3。预计到2005年木材需求至少3.9亿m^3，木材供应缺口至少1.4亿m^3；2015年木材需求达4.8亿m^3，缺口为1.9亿m^3。

目前，在我国自有森林资源不足的情况下，依靠进口木材弥补需求不足，这也使我国林产品（含原木、锯材、胶合板、单板、纸浆及废纸、纸及纸板）成为我国主要的进口产品。1981年进口总额11.2亿美元，到1998年已增加到63.4亿美元，增长了5倍多。1981～1992年，中国大约累计进口了220.6亿美元林产品，按各种进口商品金额计算，林产品进口额位居第四位，仅落后于钢材、粮食和化肥。近几年，随着国内资源和市场需求的变化，进口商品结构也发生了明显变化。1996年、1997年林产品进口额上升至第三位，仅落后于钢材、石油，到1998年林产品进口额升至63.4亿美元，已跃居各种进口商品之首，所占进口额比重也由1981～1992年间平均占2.5%，到1998年占到4.5%。此后几年，林产品进口额继续增长，虽然少于石油进口额，但仍未当前中国最主要的进口商品之一。

2. 林产工业生产水平低，技术落后，竞争力弱

我国胶合板、纸浆、纸张等产品在对外竞争中不仅劣势明显，而且有的劣势还在加大。决定产品竞争力的2个最主要因素是产品的价格和质量。产品的价格取决于产品的生产成本，原料成本和劳动力成本构成了生产成本的主要部分。我国森林资源相对稀缺，其相对价格较高，使得我国林产工业在原料成本上居于不利地位。我国又是一个劳动力资源极为丰裕的国家，劳动力成本低廉，因而我国林产工业在劳动力成本上相对有利。原料成本相对较高和劳动力成本相对低廉构成一定的互补关系。产品的质量主要取决于生产的技术水平。在我国林产工业企业中，具有国际先进水平和国内先进水平的所占比重甚小，技术水平普遍较低，工艺陈旧，产品质量差，档次低。国家林业局经济发展研究中心王信建等同志曾采用柯布——道格拉斯函数，利用第三次全国普查的资料进行分析，得出我国纸及纸制品的技术进步率为4.2%，居林产工业产品之首；锯材的技术进步率为－0.17%。

3. 我国用材林发展空间大，有较良好的基础

森林资源发展空间大。我国森林资源总的变化趋势是：森林面积逐年增加，每年以205万hm^2速度递增，林木生长量开始大于消耗量，森林资源的发展在数量上开始走出“低谷”，扭转了长期以来森林资源下降的局面，实现了森林面积和森林蓄积的“双增长”。森林资源是决定林业生存和发展的基础。加入WTO后冲击的重点虽然是林产工业，但竞争的焦点却在于林业产品，而林产品的关键原料在于森林资源。我国森林资源的发展空间在世界上占有很大优势，表现在：①我国目前尚有4693万hm^2宜林地，大部分可用于发展用材林。其中1/3

适合发展速生丰产用材林。众多的林地为我国发展森林资源提供了广阔的空间，说明发展森林资源具有很大的潜在优势；②目前，我国实施了天然林保护工程和生态林业建设，但是每年尚能生产工业用材4000万m^3左右，对我国林产工业生存和发展是一个巨大的支持。③我国人工林规模大，发展迅猛。目前我国人工用林面积已达4667万hm^2，居世界首位。专家们预测，2000年后大约年均可增加工业用材 1000万m^3。如果进一步加强管理，提高单位蓄积量，其工业用材产量将成倍的增加，到2020年工业用材的一半将由人工林来解决，可见我国人工林的优势所在。

再者，森林资源培育业属于劳动密集型产业，我国林业有丰富的劳动力资源。目前我国林业和林产工业富余劳动力达100余万，我国农村有1亿个剩余劳动力和1/2的剩余劳动时间，利用潜力巨大。这就为我国森林资源培育提供了劳动力的保障。我国劳动力的特点是劳务工资低，与发达国家比较，相差20倍，与亚洲“四小龙”的劳务工资相比也相差近10倍。因此，我国森林资源培育生产的林产品的劳务成本较低，这对于劳动密集型产品来说，就构成了较为明显的竞争优势。无论是在国际市场上，还是在国内市场上，与国外产品相比都具有成本竞争优势。

同时，我国民间资金量庞大，为林业投资提供了很好的后备资金。改革开放以来，我国居民的收入已增长了几十倍。目前城镇居民的收入年增长率为5%，乡村约为2.2%以上。标志一个国家居民生活水平的恩格尔系数，中国已从1991年的53.8%，下降到了目前的约46%。恩格尔系数，60%以上为贫困，50%～60%为温饱，40%～50%为小康。无疑中国已脱离低收入国家行列，进入了中下收入的小康行列。目前，全国个人储蓄总额已达10万亿元以上，而且还在快速增长。虽然这些储蓄主要存在于城镇地区，部分乡村和林区还没有摆脱贫困，但总体上来说，在我国已存在着巨额私人资金向林业流动的可能性。

（二）我国木材资源存在的问题

1．我国森林资源与世界比较，森林覆盖率低，人年均占有森林资源少

我国土地面积约占世界总量的7%，人口占世界总量的22%，而森林面积仅占世界的4.6%，全国森林面积15894.1万hm^2，林木总蓄积量不足世界总量的 3%，活立木总蓄积量 124.9亿m^3。人均森林面积和人均蓄积量，分别排列世界的第120位和121位，森林覆盖率排列在第142位。因此，以森林资源为基础的木材资源，严重缺乏。

2．我国林地利用率不高，树木利用率低

现有林业用地中林地资源的质量不高，无林地和疏林地仅占25%（表4-1），我国有林地面积仅占林地面积的60%，而瑞典为98%，日本为96%，美国为95%。我国树木利用率低，树木出材率仅为25%；而世界林业发达国家则全树利用，甚至对整个森林系统都能充分利用。我国树木利用率低，又进一步加剧了木材资源的消耗。由于森林资源的不足，引起了我国生态环境的恶化、林产品供给不足。林业经济危困，严重地影响了我国林业的发展。

3．我国林木集约经营水平低，大部分森林为粗放经营

全国现有3507万hm^2中幼龄林亟需抚育，林分质量低。世界林业发达国家森林集约经营水平高，从建立种子园到良种选育，使用种子园生产的优良无性系种子，林木生长的遗传增益可达10%以上。造林地经过抚育措施，林木生长量提高30%～50%，甚至提高6～7倍。而

表4-1　2002年全国林业用地各类土地面积

	林业用地合计	有林地	疏林地	灌木林地	未成林造林地	苗圃地	无林地
数量（万hm^2）	25704.7	15363.2	719.5	3444.6	461.5	12.3	5703.7
比重（%）	100.00	59.77	2.8	13.4	1.79	12.3	22.2

我国在建立种子园、无性系、基因工程、定向培育、林木施肥方面的工作还有待发展。我国森林质量呈下降趋势，生长量低，全国平均每公顷蓄积量为84m^3，世界平均为114m^3。我国大径材蓄积比例减少，人工林树种单一，结构不合理，稳定性差，次生林面积大，单位产量低。我国人工用材林发展始于20世纪60年代，40余年来，我国共造已成林人工林4666.69万hm^2，未成林人工林46151万hm^2，合计已拥有人工林512820万hm^2。我国平均每年造林面积400万～480万hm^2，每年义务植树25亿株。我国已是世界有名的人工林大国。但是，我国人工林质量很差。在512820万hm^2人工林中，被列为用材林的有2914.42万hm^2，其平均蓄积为34.76m^3/hm^2，平均生长量仅为3m^3/（hm^2·年）。这就是说，人工用材林的总蓄积只有约101亿m^3，出材率最多为86亿m^3；我国40年造林的总成果，只够用2年。我国每公顷用材林平均蓄积量为72.50m^3，成过熟林蓄积量27.50m^3，与世界林业发达国家比较处于低产出、低效益的状态。

4．我国木材资源分布极不均衡

受自然条件制约和地区社会经济发展的不平衡因素的影响，我国森林资源分布极不均衡，东北、西南和东南各地森林资源较多，华北、中原和西北各地森林资源分布少，差异极大。森林资源主要集中分布在几大林区。据调查，仅黑龙江、吉林、内蒙古、四川、云南5省（自治区）森林面积、蓄积就占全国森林面积的42.7%、蓄积的58.6%；南方集体林区10省（自治区）森林面积、蓄积占全国森林面积、蓄积的38%和17.8%，其平均森林覆盖率为38.12%；而生态环境极其脆弱的西部地区，如新疆、青海、甘肃、宁夏、西藏的大部分地区以及内蒙古西部森林资源十分稀少，有的省（自治区）森林覆盖率不足1%，并且不断恶化。

森林资源分布不均的特点还反映在与人口、经济发展关系的不平衡上。现有森林主要分布在远离人口密集、经济发达的地域，不仅增加了经营利用森林的费用，尤其是运输费用，也使人们的生活环境得不到森林资源的直接保护，降低了生活质量。

5．我国人工用材林面积大，中幼林面积比重大，单位面积蓄积量和生长量低

1999年，全国现有人工用材林2415万hm^2是巴西（700万hm^2）、新西兰（160万hm^2）、印度尼西亚（600万hm^2）三国之和的165%。其中国有林区9省（自治区）[内蒙古、吉林、黑龙江、四川（含重庆）、云南、陕西、甘肃、青海、新疆] 721万hm^2，约占30%，集体林区10省（自治区）（浙江、安徽、福建、江西、湖北、湖南、广东、广西、海南、贵州）1441万hm^2，约占60%，少林区10省（自治区、直辖市）（北京、天津、上海、河北、山西、辽宁、江苏、山东、河南、宁夏）242万hm^2约占10%。全国人工用材林的中幼龄林面积占85%，近熟林、成熟林、过熟林只占15%。我国三大区域每公顷蓄积量和年生长量相差不大，并不因气候、树种的速生性不同有较大的差别，这说明我国人工用材林的林分质量普遍不高。可以看出我国人工用材林建设，走的是只图面积大、不求质量高的按计划经济行政指令完成任务的路子，致使林地生产力低，林农生产积极性低，科技含量低，造成了低投人、低产出、低效益的局面。

目前，国产木材无论在质量和数量上都无法满足日益增长的需求，发展人工林、提倡木材节约和增加木材进口势在必行。而长远来看，发展人工林尤其是人用材林是较理想的解决方案。

（三）制约用材林建设的主要因素

从以上分析可以看出，随着我国经济的高速发展和人口的不断增长，木材供需缺口越来越大。而我国木材产量却徘徊不前，完全依靠进口也是不现实的和不可能的。从长远看，大力发展人工用材林，是保证林业国际竞争力资源基础、提高国内木材供给能力的根本途径。但我国用材林建设却正处于历史低谷，制约用材林建设的主要因素主要有：

1．木材税费负担过重

目前，对木材征收的税费项目达10多种，有些地区超过20种，税费征收额占木材销售价的30%～60%，有的超过70%～80%。按征收部门大体分为3类，各占1/3。一是国家税收，包括农林特产税、增值税、城市建设税、营业税、教育附加费等；二是林业部门征收的税费，主要有育林基金、更改基金、林区建设保护费、检疫费、检测费、木材出省资源补偿费等；三是地方附加收费，

主要是县、乡统筹，村提留，乡木材代销费，工商交易费，水利建设资金及各种集资，摊派等。目前，福建省每m^3木材销售收入中，属于中央和省级征收的税费12道，占65%左右，县、乡、村搭车收费约占11%～24%，林农所得仅为木材销售价的不到15%、广东省每m^3木材销售收入中林农所得仅为21%。与其他行业横向比，种粮只征收农业税，每亩100斤（约3.33kg/hm^2），折合52元，约占亩产总收入的14%，就是国家实行高税赋的烟叶，平均也只是34%。与林业自身比，种植经济林只征收一道农林特产税。与国外比相差较大，而一些发达国家实行零税率，即使是一些发展中国家也比我国低许多。

值得一提的是，一些地方把完整的林业生产过程，人为地划分为营林、森工、流通销售三大过程，使税收计征环节改变，征税范围扩大，以致多税并列，重复收税。这种利益分配的不合理，使用材林经营者收益减少，难以维持简单再生产，更谈不上扩大再生产，严重影响了企事业单位、林农培育森林资源与经营林业的积极性，从而使一些地区的森林资源存量和数量下降，进而必然影响我国建立比较完善的生态体系和比较发达的林业产业体系，必然造成林业人力与资本严重流失，制约林业再生产和林业由粗放经营向集约经营转换，已成为当前制约用材林发展的严重问题。

2．资金投入严重不足

一是国家扶持力度偏低。用材林发展主要靠林业贴息贷款。但是，林业贴息贷款占总规模的比重已由1988年的42%下降到目前的不足10%；贷款期限短，一般是5年，有的连3年也难以保证。一般杨树、按树7年，马尾松造纸林至少15年，油松、落叶松用材林30～50年才能采伐，势必造成新贷还旧贷。林业贴息贷款名义利率低，实际执行利率高，导致贴息贷款的转移。

二是单位造林成本逐年增高。据测算，目前用材林造林平均成本约为200元/亩。各地育林基金投入不到20%，造成每亩造林经费缺口160多元，制约了用材林建设。

三是用材林建设周期长。投入大、比较效益低，经营者面临未来自然灾害和市场波动的双重风险，难以吸引其他资金投入。林业内部育林基金也大量外流，多向见效快、回报高的经济林或其他产业转移。

3．用材林建设科技含量低，林分含量较差

由于多种原因，群众经营用材林积极性降低，整地、造林、种苗、管护等难以按速生丰产林有关技术标准执行，监督检查措施也难以落实，以致用材林基地建设质量较差，1980年后建成的用材林基地平均蓄积量较低，而且因管护不力，许多又沦为不合格基地，甚至被经济果木林、经济作物等所取代。

以上三个方面的因素导致投资者对育林生产的积极性不高，应林业发展缓慢。

（四）制约用材林发展原因的进一步分析

深入分析以上制约因素，我们可以发现制约用材林发展的深层次的原因有以下几个方面：

1．木材等初级林产品价格信号的扭曲或缺失

初级林产品生产过程中的一个明显特征在于林产品生产的分散性。正如上文所述，我国林产品尤其是森林资源的分布非常不均衡，各地市差距相当巨大。所以从空间上来看，林产品的生产具有地域上的广阔性和分散性，信息渠道和物流条件的限制，使得某地的林产品价格往往是局部供给和需求力量对比的结果，信息不畅造成价格不一。这样形成的价格有很多局限性，主要表现在：①价格的非统一性。在林产品现货市场上，不同的品质、不同的交易地区，甚至地区间不同的消费习惯、交易习惯，都会产生不同的价格。甚至可以说，有多少现货市场就有多少现货价格。②价格形成的非公开性、非竞争性。从价格的形成看，现货价的形成竞争机制并不严格，由于交易的范围有限，林产品价格形成往往是一对一谈判，并非公开的竞买竞卖，因此容易形成局部的垄断势力使林产品小生产者的利益受损。③价格的非代表性、非权威性。现货价格形成机制的局限，致使林产品现货市场上同一种商品的价格也表现多样，而且可能存在较大价差，并且这些价格中没有一个可以具有代表性和权威性，价格信号不能有效发出，让生产者无所适从。④各地林业政策的不同，资源禀赋的差异，导致价格差异。

林产品现货市场中所产生的混乱的价格以及信息传导的不畅，一方面带来高昂的交易成本，孳生了臃肿的流通中间环节，而最终使消费者和生产者的利益受到损

害；另一方面由于价格信号不能有效发出，不能对生产和流通形成指导，市场经济体系中价格的核心作用不能有效发挥，整个经济体系效率受到严重损失。

典型的便在于许多民众认为育林活动从经济效益来看是不经济的。加上几十年来计划体制下强调社会效益的育林模式加固了这一观念。但事实上，从有关资料以及实践来看，用材林的生产同样有一定的经济效益。何本虎在其研究生论文《人工原料林经济效益研究》中的测算表明，人工林投资要高于社会平均利润率；而根据中泰信托投资有限责任公司于2004年年初推出的《速生杨林木财产信托优先信托权益投资计划》，即使是信托人的年信托受益也达到5%，可以进一步佐证林业投资仍然具有一定的经济效益。另外，从江苏省苏北平原人工林实践来看，居民投资林业的热情确实比较高，甚至形成当地的主要产业之一。据不完全统计，1995年年底为止，已有15家以上的跨国企业在中国投资造林，而近几年来，这一趋势明显加快，部分企业尤其是制浆造纸企业不断投巨资于造纸林基地，如博汇纸业、石岘纸业等上市公司于近期先后公告，投巨资于造纸林基地，这一趋势也证明育林活动的回报不应当低于社会平均利润率。

另一方面，初级林产品生产的长周期性，导致林产品价格具有较强的时间性特征，导致初级林产品价格时间上的不连续或者说林产品价格的波动。价格信号容易被扭曲。

所以，木材等初级林产品价格信号的扭曲是制约林业生产的深层次原因之一。

2. 林产品生产者风险管理手段的匮乏

相对工业品甚至是一般的农产品而言，育林活动的生产周期很长，即使是速生丰产林，其生产周期也长达3～5年。这一长周期导致投资者风险加剧。一方面，时间长，相应的占用资金周期长，资金成本高；另一方面，自然灾害等发生的概率相应增加，风险加大。当然，投资初期即要测算3～5年后产品的价格，难度很大，价格波动再次推动了育林投资的风险。

风险的扩大必然要求风险管理手段的丰富。但是我国目前条件下，育林生产者风险管理手段相当匮乏。既没有相应的林木保险，也没有较成熟的活林木交易场所。这种风险管理手段匮乏的结果是导致投资者不敢轻易涉足林业生产投资。

而初级产品的价格波动以及风险管理手段的匮乏，又进一步蔓延至相应得中下游生产。例如，我国的人造板产业，号称有世界上最多的生产厂家，产量仅次于美国，但是，规模小，科技含量低、产品质量档次低，发展无序成为致命的弱点，在国际竞争中处于弱势地位。原因在于原材料的制约，无论是价格波动，还是数量质量方面，均难以得到保证，因而大多数投资者均以相对的短期投资为主，不能过分追求长期的利益回报。我国的制浆造纸行业同样如此，缺乏规模效益，污染严重。

3. 木材等初级林产品流通渠道的变异

作为一种生产资料，木材的流通受到太多的限制，流通成本高昂。由于林木的社会效益显著，保护森林成为地方政府的职责之一，因而国家及各地政府对林木的砍伐有诸多规定，同时在流通环节，使用环节也有相应的制度。而在我国目前管理体制下，即使是林业相对发达的林区，木材流通环节成本也相当高，典型表现在税费过高，砍伐、运输申请较为困难。据有关统计，在福建林区，每立方米木材的税费总额高达330元。另外，有的企业即使是自己投资造林，待林子成熟后，由于采伐成本高、税负过重，甚至无法申请到砍伐指标，而根本无法采伐利用。

因此，用材林建设中，价格信号的扭曲、长生产周期导致用材林生产者收入不高、风险较大，生产欲望不强烈，因而林业生产投资不足；科技含量低是因为林业科技发展或转化出现了问题，也可以归集到林业生产投资不足，研发力量薄弱；而税负高企，原因复杂，但其中一部分原因是林木生产区经济不景气，当地政府把林木税费当作当地政府主要的财政收入来源，导致林业发展缓慢，因而又导致林业生产投入不足，政府部门有为维持地方政府开支而进一步提高费率的动力，形成恶性循环，严重制约了生产者投入资金扩大甚至维持生产的意愿。

林产品期货市场能部分解决以上问题。林产品期货市场的价格发现尤其是价格趋势的发现，对林产品价格体系的确立及其信息的传导具有重要重用；而套期保值功能为投资者通过风险管理工具，减少了投资者的风险；而政府利用林产品期货的价格信息，有利于推动林产品价格市场定价及制定有关生态效益补贴政策，减轻投资者经营压力；对于地方政府，通过林业投资的成本及林产品价格的测算，能够在本着发展林业的背景下制定合理的税费政策，使林业投资者有利可图。因此，林产品期货市场能够部分的解决制约林产品发展尤其是其瓶颈用材林发展的问题。

二、林产品期货对于林产品价格信息体系的积极影响

初级林产品生产具有两个明显的特征，一是林产品生产的分散性，因而导致各地林产品尤其是初级产品价格的差别巨大，二是林产品生产的长周期性，导致林产品价格具有较强的时间性特征，因而导致林产品价格时间上的不连续或者说林产品价格的波动。

（一）林产品期货有助于减少林产品价格的波动

林产品价格的产生具有强烈的时间性特征，供给和需求在时间上的不对称导致价格剧烈波动。这种波动具体而言又表现在两个方面：首先，林产品价格在一年中由于相对的集中供给和长年消费导致价格呈现季节性波动；其次，林产品价格在不同的年份间由于缺乏长期定价机制而呈现周期性波动。

我们首先来看第一个问题。经济学的原理告诉我们，价格是供给和需求双方力量决定的结果，平稳的供给和平稳的需求才能产生平稳的价格。但是对于林产品尤其是木材等初级林产品而言，生产具有季节性特征，虽然从一个长期来供给和需求是平衡的，但在一个短期内，供给和需求却在时间上形成错位，一时供给大大超过需求，一时需求大大超过供给，导致价格呈现季节性的剧烈波动。这样的波动无论对与供给方还是需求方而言都会带来巨大的损失。

19世纪中期，芝加哥已经发展成为美国中西部最重要的商品集散地，大量的农产品存放此地，然后再运往各地和装船出口，因此大量的农产品在芝加哥进行买卖。在当时的现货市场上，谷物的价格随行就市，根据季节的交替频繁变动。每年谷物收获季节，生产者用车载船装，沿着公路、运河将谷物运到芝加哥寻找买主，往往是谷物短时间内大量上市，使市场饱和，价格下跌到一文不值的境地。当时又缺少足够的存储设施，经常造成谷物烂在大街上，生产者受到很大的打击。到第二年春天，谷物匮乏，价格上涨，消费者的利益又会受到损害。解决这个问题，从物质上看是需求更多的存储设施，将收获季节过剩的农产品储存起来，在谷物匮乏的时候再投向市场，以平衡供给和需求之间的矛盾。但是光有存储设施是不够的，更重要的是建立一种远期定价机制，给那些谷物的存储商人以指导。期货市场正是在这种背景下，在经济自然发展过程中，顺应市场的需求而产生的。期货市场的建立提供了这样一种机制，它使农产品的供给者可以在一年中的任何时候，按照他认为的任何合适的价格出售自己的产品，如果远期的价格合适，足以弥补仓储成本，那么他就储存货物到期交割；反之，他就将谷物在现时的市场上出售。这样期货市场就在农产品供给和需求的矛盾之中建立起了一种缓冲机制，这种机制使得农产品供给和需求的季节性矛盾随之而解。

我们再来看第二个问题。不同于工业品，林产品在生产和流通过程中具有较强的年度特征。工业品可以常年生产常年消费，因而工业品的现货价格是连续的；而林产品尤其是初级产品往往是常年消费却相对集中供给，单靠林产品的现货市场产生的现货价格不具备连续性，即林产品现货市场反映的仅仅是即期的供求关系和即期价格。换句话来说，缺乏期货或远期交易机制的现货市场，只有在产品上市时产生一个当年价格。生产者根据当年价格做出生产决策，必然产生所谓的蛛网效应，即价格上升扩大生产增加供给，价格下跌缩小生产减少供给……如此循环往复，带来价格、生产、市场供求的周期波动。这种周而复始的价格波动，给农产品的生产者和消费者带来了巨大的损失。这是因为价格是市场经济体系的核心，价格信号对于商品的生产和消费至关重要，由于价格的剧烈波动会反作用于真实的物资产品的生产，所以剧烈的价格波动会带来生产规模的剧烈调整，而每一次剧烈调整的背后都是社会资源的浪费和社会福利的损失。

造成蛛网效应的原因在于人们依据过去的价格来决

定当期的生产，而当期的生产本应该由下一期的价格决定，人们之所以采用上一期的价格，是因为无法预知未来的价格。期货市场的建立可以很好地解决上述问题。期货市场提供一种连续的定价机制，买卖双方可以在期货市场上充分表达他们对于未来商品供求的意愿。这种提前表达出来的对于未来商品的需求基本反映了未来商品的真实需求，并且由于这种信息是连续的、权威的、预先的，一旦未来的供给和需求有变化也会预先反映出来，给生产者以调整的时间。生产者按照这种反映真实需求的价格信号进行生产，可以避免生产资源的极大浪费，社会福利也由此得以大大增加。

国外文献中对于这方面的实证研究已经非常广泛，在一项研究中，人们对比了开展期货交易前后某地的土豆价格波动。在没有期货交易之前，土豆的价格呈现出明显的蛛网特征，而在引入期货交易之后，已经看不出土豆价格的周期性变化了。

总之，由于期货市场提供了一种使资源在不同的时间区域内得到合理配置的机制，可以有效熨平林产品价格的时间性波动，从而使林产品生产和流通中的时间性矛盾得以解决。

（二）林产品期货有助于形成林产品价格权威信息

林产品生产过程中的一个明显特征在于林产品生产的分散性。正如上文所述，我国林产品尤其是森林资源的分布非常不均衡，各地市差距相当巨大。所以从空间上来看，林产品的生产具有地域上的广阔性和分散性，信息渠道和物流条件的限制，使得某地的林产品价格往往是局部供给和需求力量对比的结果，信息不畅造成价格不一。这样形成的价格有很多局限性，主要表现在：①价格的非统一性。在林产品现货市场上，不同的品质、不同的交易地区，甚至地区间不同的消费习惯、交易习惯，都会产生不同的价格。甚至可以说，有多少现货市场就有多少现货价格。②价格形成的非公开性、非竞争性。从价格的形成看，现货价的形成竞争机制并不严格，由于交易的范围有限，林产品价格形成往往是一对一谈判，并非公开的竞买竞卖，因此容易形成局部的垄断势力使林产品小生产者的利益受损。③价格的非代表性、非权威性。现货价格形成机制的局限，致使林产品现货市场上同一种商品的价格也表现多样，而且可能存在较大价差，并且这些价格中没有一个可以具有代表性和权威性，价格信号不能有效发出，让生产者无所适从。④各地林业政策的不同，资源禀赋的差异，导致价格差异。

林产品现货市场中所产生的混乱的价格以及信息传导的不畅，一方面带来高昂的交易成本，孳生了臃肿的流通中间环节，而最终使消费者和生产者的利益受到损害；另一方面由于价格信号不能有效发出，不能对生产和流通形成指导，市场经济体系中价格的核心作用不能有效发挥，整个经济体系效率受到严重损失。

林产品现货市场之所以有这么多的缺陷性，关键在于它受到林产品自身生产流通特性的限制，而无法产生经济学上的均衡价格。所谓均衡价格，是指在一个完全竞争的市场环境下，通过买卖双方的充分竞价，而形成的使供给和需求达到均衡的价格，在均衡价格下，市场出清，社会福利达到最大化。

均衡价格只有在完全竞争的市场类型中才可能达到。完全竞争的市场类型应该满足下列几个条件：进入和退出市场容易，产品同质，大量的买卖双方，每个市场参与者都掌握全部信息。按道理，大多数林产品市场应该属于完全竞争的市场类型。但是在现实社会中，这样一个完全理想化的农产品现货市场几乎是不存在的。而期货市场却可以是现实生活中最接近完全竞争市场的一个极佳例子，可以满足经济学上所描述的严格特征。

首先，期货市场集中了大量的供求信息。供求决定价格，什么样的供求决定什么样的价格。一个乡村集市范围的供求，只能决定乡村集市的价格，区域的供求决定区域的价格。供求越集中，形成的价格信息中反映供求的真实度越高，市场的半径越大、覆盖面越广，其价格越有代表性。一个期货市场的建立，至少成为区域性的交易中心，甚至成为一国乃至全球某种产品的交易中心，这样产生出来的价格自然能够反映出真实的供求信息，具有无可比拟的权威性和代表性。

其次，期货市场的三公原则保证了价格竞争的充分性。期货市场的参与者可以很容易地进入或退出市场，在市场上自由平等地竞价交易，谁也没有特别的权力，不能凭借权力的因素而影响价格；在价格形成的过程中，所有的行为都是公正的，按照交易规则来进行，而不是偏向任何一方；买卖双方在市场上的行为都是公开的，买卖数量和方向都会立刻为市场所知。这些条件保证了价格真正反映了竞争的供求，排除了各种价格扭曲的现象，也避免了现货市场中的种种价格垄断行为。

再次，期货市场的信息是透明的，并且具有良好的传导机制。在交易过程中，信息的重要性不言而喻，甚至可以说谁占有信息谁就占有超额利润。在农产品现货市场上，因为信息渠道的不畅，大的交易商往往凭借对交易信息的占有而诈取了中小生产者的利益。但在期货市场上，信息是高度透明的，任何影响供求的信息都因集中交易机制而马上有人收集发表，传递到交易所，立刻反映到交易价格上去，为市场上的所有参与者所知，大家在获取信息面前是完全平等的。现代化的通讯信息手段，也为期货市场的信息传递提供了便利。在期货市场上信息的占有是公平的，这就避免了现货交易中依靠信息的独占或信息占有的非均衡获取高额利润的现象。

最后，期货市场的高度组织性，保证了交易有次序地进行。一个运行良好的市场，首先必须是一个有次序的市场。期货交易在高度组织化的交易所进行，遵循一系列严格的交易规则，交易结算由独立的结算机构进行，并且受到政府部门的监管。每一个市场交易者的利益都受到严格的保障，每一笔达成的交易都能够严格的执行，这些条件保证了期货交易安全有序地进行，也保证了价格的真实性和权威性。

总之，由于期货市场具有以下特征：集中交易、公平竞价、信息公开、有序竞争，反映出真实的市场供给和需求之间的力量对比，因而期货市场是现实中最接近完全竞争的市场，从而可以产生出均衡价格。有学者甚至认为，产生均衡价格是期货市场最重要的作用，期货市场因为产生均衡价格而处于市场经济价格体系的核心。

期货市场所产生的均衡价格具有重要意义。这种均衡价格由于其权威性和预见性具有正的外部性，借助期货市场发达的信息传导机制可以反馈于现货市场，对林产品现货的生产和流通产生重要的指导作用。对于林产品的生产者来说，期货市场提供的价格信号是准确的而且是超前的，如果远期价格上升，提示生产者增加产量，反之则警告生产者控制产量。通过这种方式避免了社会资源的浪费。对于林产品的贸易流通来说，期货价格对现货交易的双方提供了权威的依据，买卖双方只需要在期货价格的基础上谈判一个品质或交割地的升贴水，这就大大降低了交易成本。在发达国家，成熟的期货市场甚至可以使有形的现货市场消失，所谓的现货市场只是在期货市场形成价格的基础上，通过发达的物流系统而实现的物流过程。对于政府的宏观决策者来说，期货价格给他们进行宏观决策和政策制定提供了很好的参考。

三、林产品期货能够为林产品生产企业提供良好的价格风险管理机制

期货市场具有这样的功能，可以处理与林产品销售和定价有关的问题，从而引进高级的管理方法来应对这些挑战。根据大量调查表明，采用更好的管理方法，即价格风险管理，获得了广泛的效益。例如，据最近的KPMG调查发现，在采用风险管理的银行中，利润增长的55%归功于这个新策略，特别地：

改进资产—负债管理后，利润增长15%。

更有效地利用资源，利润增长8%。

与老客户关系管理，利润增长20%。

新增客户和贸易线，利润增加10%。

其他因素占2%。

具体到林业投资，期货市场具有以下特点，了解这些特点可以帮助经营者管理价格变动的风险。

首先，经营者无需过多的担心销售。期货市场具有保证交割的功能，期货合约的出售者可以通过持有合约到期后通过交割产品的方式出售其产品，当然，也可以实现对冲交易，获得价格差，然后在现货市场售出商品，通过套期保值，减少产品价格波动的风险。

其次，经营者无需过多的担心原料供应。期货市场同时提供了保证供应的机制。经营者可以根据生产时间安排需要的原料，并按期限买入有关期限的以原材料为交割物的期货合约，既减少了原材料的库存，又能达到保证供应以及价格波动的风险，锁定了原材料成本，在我国原材料占产品成本比重较高的林产加工业中，具有

重要的意义。

最后，由于期货市场的公开信息，使得活立木交易成为可能。活立木市场对于营林者而言具有相当重要的意义，由于生产周期太长，一旦遇到意外事件，经营者无法按照原计划继续投入资金经营时，活立木市场为其提供了良好的转让、退出机制。当前，我国活立木交易之所以难以进行，最主要的障碍来自价格。由于缺乏有效的可供参考的有效的市场价格信息，活立木的定价显得随意与困难，因而导致了活立木作为一项资产流动性极差，在转让过程中遭受损失的可能性很大，从而客观上导致了持有者风险很高，持有价值较低。活立木投资的吸引力较低，育林产业难以吸引投资。

四、林产品期货对于林业投融资体制的积极影响

林产品期货机制提供的避险功能能够有效降低林产品经营者的风险，从而吸引更多资本流入林业产业。我国林业产业的一个突出问题是林业投资主要依赖于国家财政投入，而庞大的民营资本却驻足不前。林产品期货市场为林产品生产企业提供了良好的价格风险管理机制，有助于林产品生产企业改善经营，从而吸引民营资本进入林产品生产，改善我国目前林业投融资体制。

资金投入严重不足。一是国家扶持力度偏低。用材林发展主要靠林业贴息贷款。但是，林业贴息贷款占总规模的比重已由1988年的42%下降到目前的不足10%；贷款期限短，一般仅为5年，而杨树、桉树造纸林最快7年，马尾松造纸林至少15年，油松、落叶松用材林30～50年才能采伐，势必造成新贷还旧贷。林业贴息贷款名义利率低，实际执行利率高，导致贴息贷款的转移。二是单位造林成本逐年增高。据测算，目前用材林造林平均成本约为3000元/hm^2。各地育林基金投入不足20%，造成每公顷造林经费缺口2400多元，制约了用材林建设。三是用材林建设周期长，投入大，比较效益低，经营者面临未来自然灾害和市场波动的双重风险，难以吸引其他资金投入。即使是林业内部的育林基金也大量外流，多向见效快、回报高的经济林或其他产业转移。

林业产业一个主要问题就在于我国的林业投资渠道单一，基本依赖于政府投入，成规模的民间资本投入极少。究其原因，一是长期以来形成的林业生态效应大于经济效益的观点，二是林业投资周期长，效益低，风险难以转化；当然，还有非市场性因素如过高的税费和流通环节的困难等原因。可是，根据有关资料和实践，林业投资仍然是一个有利可图的产业。根据何本虎《人工原料林经济效益研究》中的测算，林业投资高于社会平均利润率；而根据中泰信托投资有限责任公司于2004年年初推出的《速生杨林木财产信托优先信托权益投资计划》，即使是信托人的年信托受益也达到5%，可以进一步佐证林业投资仍然具有一定的经济效益。因此，客观而言，民营资本较少涉足林业投资的最主要原因在于林业投资风险难以转移。由于林业投资，尤其是营林业，投资周期长达10年以上，而且需要一定规模才有可能持续经营，因而投资相当庞大，粗略估算，10年后才开始有主营业务收入。

林产品期货能够为投资者提供价格信息，能够为投资者提供风险管理工具，有助于活立木交易市场的形成，因而有助于改善林业产业投资、融资体系。

五、市场信息代替政府纽带，整合林业产业群

期货市场既是信息使用者又是信息生成者，在现代通讯技术广泛应用的条件下，期货市场可以接收来自世界各地的信息，期货市场上新生成的信息也可以通过先进的通讯手段迅速传播出去，并以各种媒体传播于世，世界各地的期货市场之间形成了一个信息运动网络，信息的传递打破了时空界限，使全球联为一体，形成国际化的信息。

一般在国际性的大交易所中，都配置了先进的卫星通讯设备，世界各地的信息，例如各地交易最新价格、世界各地气候状况，有关金融商业的消息和政府政策等可以迅速地传到交易所，并通过大型显示版式计算机终端显示出来，这种卫星通讯提供的信息可以说是一种国际共享信息，只要具备条件，都可以接收。而期货交易所生成的

价格信息也可通过这些设备迅速传向世界各地。在交易所外，各国新闻媒体，如报纸、电视，每天都向公众发布最新期货交易消息和行情，随着世界性的传媒的传递，期货市场上的信息在场外也实现了国际化。

众所周知，林业不是一个狭窄的产业，而是一个产业群。从产业生态的角度来思考，林业横跨了三大产业的所有门类。森林培育应该属于第一产业，森林工业属于第二产业，林业的服务、林业的环境属于第三产业。其中一些较大的产业又可以分为一些较小的产业群。森林工业包括木材采运业、木材加工业、林产化工业等。从产业生态的角度看，林业本身是一个巨大的产业平台，在这个产业平台上，一系列相关产业都是可以互相促进、共同繁荣的。森林培育业可以促进森林旅游业、林产品加工业、花卉业和林业科技的繁荣发展，而林业教育和科研的发展，又能为以上的这些产业成长提供巨大的支持。长期以来，我们林业各产业是各自独立经营、封闭运行的，开放的力度很差，包括对内对外，除了行政的纽带以外，彼此之间并没有全方位的、复杂的利益关系来约束和调节。一旦政府行政纽带一断，进入市场经济以后就不适应，林业原来的十大公司就是一个例子。这就是说，我国的林业产业还没有形成良性运作的产业生态体系林业产业还缺乏良好的微观运行机制，林业科研机构、林业企业、林业教育机构以及各种支持性的组织之间相互依赖，改革还不到位，但有些改革已经迈出了步子，如教育改革迈出了一步，科研院所推向市场等。林业经济优势的保持有赖于以上各方面形成良好的微观运行机制，如果这些组织机构缺乏良好的互动机制，林业产业就不可能有竞争的优势。因此，而林产品期货市场提供的价格信息，完全有可能被政府、企业及有关科研机构、教育机构所利用，重新构筑以经济利益为纽带、价格信息为核心的全方位的、复杂的利益关系。

六、政府可以利用期货市场价格信息，改良林业产业补贴政策

林业产业尤其是育林业的公共效益，需要政府的补助与扶持，但是目前的有关措施难以到位，因而往往采用非市场化的手段，通过高税费、设关卡等措施来保证森林覆盖率。但这样做导致林农育林积极性下降，民营资金等资金缺乏进入意愿。

而美国的玉米补贴政策对我们有较好的借鉴作用。美国政府主导区域性合作社制度，推动农场主参与期货交易。同时制定政策引导玉米生产者进入期货市场保值。美国政府在农业保护政策的执行过程中，将玉米生产与玉米期货期权交易联系起来，积极鼓励和支持农民利用期货市场进行套期保值交易，为保值者提供广阔的政策空间。在美国政府1936年通过的限制投机法律时，被赦免的套期保值种类还很少，而且要求与其现货交易商品相同，数量要严格相等，方向相反。此后，被赦免的品种逐步放宽。1976年允许通过玉米期货为未来玉米加工产品进行保值，以及通过玉米期货为销售玉米种子和甜玉米进行保值。从1993年开始，美国农业部鼓励伊利诺斯州、俄亥俄州和印第安州的部分农场主进入CBOT 期权市场购买玉米的看跌期权，以维持玉米的价格水平，从而替代政府的农业支持政策。具体方式是，美国政府支付农场主购买玉米期权的权利金，通过把农业补贴政策与期权交易结合起来，帮助农场主利用期货市场套期保值、规避风险。根据美国农业部统计，1993年农场主参与期权交易的数量为956家，1994年为1285家，1996年达到1569家，呈明显上升态势。

正是由于美国政府采用的这种充分利用期货期权市场功能对农业生产者进行补贴，引导玉米生产者通过直接与间接方式参与期货市场，使得美国CBOT成为世界玉米的定价中心，并推动了玉米产业的持续高速的发展。

我国林业政策完全可以借鉴这一方式，鼓励木材生产者进入期货市场，并利用木材期货价格对木材生产者（育林者）采取灵活的补贴措施，保证育林者的利益，鼓励投资育林业，在提供社会所需要的木材的同时保障森林覆盖率。

总之，由于期货市场的价格发现、风险管理功能，在林产品的生产与使用的过程中，企业不仅可以充分利用林产品期货市场产生的价格信息指导生产、销售，并可以利用期货机制进行价格风险管理，一方面减少林业企业的经营风险，保证林业企业获得正常的利润，从而增加林业对民营、外资等多渠道资本的吸引力；另一方

面，通过林产品期货市场提供的相对权威的价格信息及其收集、反馈渠道，有助于政府部门采用市场化手段加强对林业产业的调控与管理，包括育林业补贴的措施。

七、林产品期货对我国期货市场发展的意义

期货品种是期货市场赖以生存和发展的基本资源，期货市场的价格发现和规避风险的功能是依托于期货交易品种展开的。上市品种过少，不仅不能满足大多数行业规避风险的需求，而且容易积聚市场系统性风险——巨量资金相对集中在少数几个品种上，形成堆积效应，使个别品种不堪重负，造成市场过度投机。这种情况2003年在天胶RU306、硬麦WT309等事件上已有充分体现。尽管无论是从生产商、贸易商的套期保值需求出发，还是从投资者日益增多的投资需求出发，期货新品种上市都迫在眉睫，林产品期货的上市有助于期货市场本身容量的扩大，有助于期货市场本身的发展。

我国期货市场目前的主要问题在于品种单调，市场容量有限，参与者少，期货系列不足。林产品期货的开展，有利于解决这一问题。

（一）林产品有较长的产业链，横跨多个部门，参与者多

众所周知，林业不是一个狭窄的产业，而是一个产业群。从产业生态的角度来思考，林业横跨了三大产业的所有门类。森林培育应该属于第一产业，森林工业属于第二产业，林业的服务、林业的环境属于第三产业。其中一些较大的产业又可以分为一些较小的产业群。森林工业包括木材采运业、木材加工业、林产化工业等。从产业生态的角度看，林业本身是一个巨大的产业平台，在这个产业平台上。一系列相关产业都是可以互相促进、共同繁荣的。

对于林业第一产业，也就是森林资源的培育，主要是包括育苗、营林、森林保护等方面。天然林禁伐保护以后，该产业正面临以采伐天然林为主逐步转向以采伐人工林为主的转变，正在调整营林组织结构和供需结构，加大人工林建设的力度，逐步适应市场的发展。

林业第二产业主要是森工工业，即以森林资源为基础的工业，包括采运、加工、造纸、人造板、林产化工等，无论产值、投资额、劳动就业人数都占有重要位置。1953年，森工工业劳动力占林业部门全部劳动力的79.99%，1992年为50%，到1998年为48%；营林投资与森工投资由1952年的0.1941：1转换为1992年的0.8828： 1，森工投资有所下降，但仍然超过营林的投资。近年来，我国的投资结构又发生了重大变化，国家主要通过资本金的注入、拨改贷来扶持企业。投资由1953年的91.2%下降到1985年的47%，因此从林业第二产业内部看，发生了以下几个变化和发展趋势：

(1) 森工采运业及其劳动力呈下降趋势。随着天然林保护工程的实施，原先采运工人逐步过渡到护林、育林。

(2) 木材加工逐年呈上升态势。特别是近5年，林产化工业上呈上升态势，但发展速度不如木材加工业、家具业发展迅速。而且随着入世及市场的开放，出口正快速增加，家具业继续快速发展；人造板业的硬质纤维板日趋萎缩，刨花板5年来呈递减的趋势，胶合板和中密度板发展速度较快；制材业日趋萎缩；木制玩具有较大幅度的发展。

(3) 制浆造纸有较大发展。木浆及废纸的进口量在逐年增加，进口依存度大。由于国内原材料加工能力的影响，目前木浆及废纸的进口量仍然在增加，纸张的发展速度很快，新的大型纸厂对外资的依存度增大，纸张的进口也将逐年增大，特别是结构性缺乏的产品基本上依赖进口。

我国林业第三产业，包括文化教育、林业科技、森林旅游、环境产业等。据分析，我国林业部门第三产业从业人数呈上升趋势。第三产业从业人数所占林业行业从业人数，1953年是9%，1980年为13.6%，1992年为16.7%，1998年为26.58%。我国林业部门的第三产业作为林业部门的新兴产业具有旺盛的生命力。随着传统林业向现代林业的跨越，生态林业的转化，经营目标的多元化在生态良性循环的基础上走可持续发展的道路，森林环境产业必将有长足的发展，必将引起林业部门和全社会的关注，与此同时林业部门的第一、第二产业更加依赖科学技术和良好服务环境，提高自身的素质。可

见，林业第三产业在林业产业结构中将占据越来越重要的地位，有必要也有可能成为林业的一个支柱产业。

正是从育种、育林、林木护理、采伐、运输、初加工、化学加工、物理加工等生产乃至教育、科研，环境保护等过程涉及一系列产业及众多企业，林产品价格的变化容易引起多方的关注，因而林产品期货容易吸引众多投资者的参与，改善我国期货市场参与者较少，动机单一的问题。

（二）林产品流通量较大，导致期货市场扩容可能性增加

随着我国经济步入稳步发展阶段，生产建设的扩大和人民生活水平的提高进一步刺激着木材消费，1998～2002年，木材消费需求以平均每年1430万m^3的速度迅猛增加，按2002年原木进口单价（88美元/m^3）计算，相当每年增加木材需求达100多亿元人民币（近8.8亿美元）。按原木价估算，2002年中国木材市场容量近2400多亿元人民币(300多亿美元)；如果按木制品终极产品生产的工业增加值率的平均50%的保守估计，木业市场容量约达3600亿元人民币。而到2005年，按木制品终极产品价估算的木业市场容量将约达4200亿元人民币，2015年约达5100亿元人民币。

根据期货发达国家的经验，现货市场与期货市场交易量的比例约为1：50～100；如果我国林产品市场中有10%的产品引入期货交易机制，那么我国期货市场容量将大幅度增加。

（三）林业产业较长的产业链，容易形成多种产品期货的互动

从育种、育林、林木护理、采伐、运输、初加工、化学加工、物理加工等生产，中间产品较多。如以制浆造纸为例，林木砍伐形成木材，削制成木片，木片制浆形成浆板，浆板加工形成纸，而纸有可能进一步加工为特种纸，甚至纸制品。而这些中间产品，又存在多种用途，形成各种中间产品的交易市场，将众多企业联系在一起。所以，理论上说，这些中间产品完全可能在一定条件下引入期货交易机制，形成系列期货市场。目前的大豆产业，在我国以及美国等国家已经构成了大豆、豆箔以及豆油系列期货，形成多种产品期货的互动。

综上述，林产品期货能够对期货市场的发展起到较好地推动作用，有助于我国期货市场的发展。

第三节　林产品期货交易发展问题研究

一、林产品现货市场与期货市场的关系

（一）现货市场是期货市场运行与发展的前提条件和物质基础

1．期货市场的产生是现货市场不断进行外延扩张和内涵深化的结果

就交易方式而言，期货交易是从现货商品的现金交易发展而来的。由于商品交易规模的扩大而显示出的交易方式的有限性，以及由于这种有限性所带来的商业危机的可能性，共同引发了商品交换中的时间性矛盾和空间性矛盾。随着这种矛盾的不断尖锐与激化，导致了远期合约交易方式的产生。由于市场范围的不断拓展，商品交易在不同地区和不同时间经常出现价格变动很大的现象，远期合约交易的双方经常因为价格的变动而违约，从而又反过来进一步加剧了商品经济社会的基本矛盾——私人劳动与社会劳动之间的矛盾。这一矛盾的最终缓解，是通过商品交易合约的标准化，通过专门交易商品合约的有组织的市场的建立得以完成。这种有组织的市场就是以交易所为核心的期货市场。

2．期货市场的运行与发展是建立在市场运行实际需要的物质基础之上的

在现代市场体系的运行过程中，期货市场价格与现货市场价格之间的关系是，现货价格是期货价格变动的基础。而期货价格则在基本反映现货市场价格变动趋势的前提下，通过对现货市场供求的调整作用而不断地使现货价格逐步趋于均衡。商品期货交易业务的开展显然必须以现货市场为基础。在期货市场的运行过程中，现货或实物的交割是联结期货市场与现货市场的纽带。因为交割本身既是期货市场的组成部分，也是现货市场的组成部分，或者说是期货市场落在现货市场上的那一部分。可见，现货交割的必要性在于使期货价格最终能够复归于现货市场价格，从而使现货市场真正成为期货市场运行与发展的物质基础。

3．在现货市场与期货市场之间存在着某种内在数量比例关系

在现代市场体系的运行过程中，期货市场与现货市场之间所存在的数量比例关系状况，往往决定着整个市场关系的良好状态。无论是商品期货还是金融期货，其价格总量上实际都含着现货价格，二者之间的差额构成了期货交易中的基差。这种基差一般要随着交割期的临近而不断趋于缩小。在商品期货交易过程中，基差的变动具有明显的规律性：如果基差超出了一定量的限制，那么，期货市场就会由于过分脱离现货市场基础而发生性质上的变异，沦为纯粹的投机市场。在期货市场内部，现货的套期保值业务量也要与投机业务量保持一定的比例，如果突破这种比例，便会发生两种相反的现象：如果套期保值者相对过多，就会降低期货市场的流动性，从而使现货保值业务因为难以找到承担风险的投机者而不能将风险转移出去；如果投机者相对过多，就会增大期货交易中的非理性行为，使套期保值者难以追寻到真实的保值部位，从而降低期货市场对于现货市场运行风险的回避程度。

（二）期货市场能够引导和调节现货市场的发展

期货市场的发展要以现货市场为基础，但是，一旦期货市场在现货市场内在要求的推动下得以形成和发展起来，它就会反作用于现货市场，并通过其独特的经济功能来能动地调节和引导现货市场的运行和发展。这种调节和引导作用体现在以下几个方面：

1．通过交易者套期保值来锁定成本，实现对现货市场的调节和引导

在现货市场上所形成的价格，无论是依靠政府的直

接行政干预所形成的计划生产价格，还是在完全自由竞争市场形成的市场自由价格，都是一种信号短促的现货市场价格。在前一种情况下，政府的行政性干预约束一旦背离市场价值规律，生产者受物质利益关系的引导，必将或明或暗地、迅速地改变其生产经营的方向和生产结构，从而使全社会的生产过程深深地陷入“提价—多产—降价—少产—再提价—滥产”的经济震荡之中。在后一种情况下，现货市场自由价格作为一种即期市场上产生的完全受市场供求支配的自由生产价格，是一种波动性更大，有时甚至使有生产经营经验的厂商也目瞪口呆的短期市场价格。这些生产经营者充其量只是这些价格的接受者，它们只能跟着短促的现货价格信号走，因而往往使生产经营活动滞后于市场供求关系的变化，导致社会经济运行过程的波动性和震荡性。这种波动性和震荡性的直接原因是厂商的生产经营成本事前无法确定。正是这种生产成本的不确定性，增加了生产过程的不确定性和国家政策的不确定性。

解决这一问题的出路在于发展期货市场，通过期货市场当事人之间公开竞价、公平交易，在买进同一种现货商品的同时，卖出相同数量的期货，进行充分的市场选择和合理的套期保值，便可达到回避价格波动的风险、锁住预期经营成本的目的。也正是由于期货市场具有这样一种经济功能，才形成了期货市场调节和引导现货市场的功能和机制。

2．通过对未来价格的预期作用来调节和引导现货市场

在不存在期货市场的情况下，现货市场上的商品价格不仅具有短促性和易变性，而且市场价格的形成过程以及价格本身的传播信号还具有分散性、不确切性和滞后性。这些问题对于企业来说，都是其生产经营过程中的一种内在风险，直接影响着企业的经营成效。而在期货市场出现以后，情况就大不相同了。

在期货市场上，直接进场代表交易人士进行交易的是具有期货交易所会员资格的期货经纪公司的出市代表。这反映出期货市场的有组织性和入市的严格性。在期货交易场所内，出市代表直接接受其公司在场外的经纪人与客户所发出的期货买卖指令，在场内按照时间优先、自由竞价、自动撮合的原理和公开、公正、公平的原则进行交易。这里，交易场所实际上就成了众多买者和卖者的集合地。这些买者和卖者通过下达交易指令，把自己关于现货市场商品供求关系及其变动趋势的判断送至场内，由此期货市场也就成了众多影响现货市场商品供给和需求的因素的集合，从而形成了一种能够比较准确地反映商品供求关系及其变动趋势的期货价格。越是接近实物交割期，这种价格的预测性、公开性、连续性和真实性就越明显。这也就是所谓期货市场的价格发现机制的基本内容。期货市场正是通过这种价格发现机制来综合、加工、处理、认定和传播两种性质的市场信息，发挥其对现货市场的引导作用。

3．期货市场又是通过自己的交易规则来实现对现货市场的调节和引导的

如前所述，期货市场是一种有组织的现代市场，在这种市场上，市场交易主体的充分自主行为与市场整体的高度组织性是有机地和内在地结合在一起的。这就是说，市场当事人在从事期货交易的过程中，可以完全凭自己的主观判断行事。然而，这并不表示市场当事人(出市代表、经纪人和场外交易人士)可以完全不顾及市场的交易规则而随心所欲地行事。恰恰相反，交易规则是一切交易人士所必须认真遵守的。例如，期货市场交易规则中规定，当一种期货商品的价格在一个很短的时间内上涨或跌落至某一种价位时，为了避免因期货价格的大幅度波动而导致现货市场供求关系过度震荡，交易人士就得暂时停止交易。这样一来，交易当事人便可面对现实，进行一番冷静的思考，然后继续开始新一轮理智的交易。这实际上是把本来要在现货市场上进行的交易前移到了期货市场上。期货市场不仅减缓了现货市场运行的冲突和矛盾，而且降低了现货市场的交易成本，从而起到了调节和引导现货市场的作用。

二、林产品能否作为期货商品

从林产品的特点来看，大部分林产品基本具备以下条件：

首先，大部分林产品均适宜贮藏，无论是木材、胶合板还是纸、纸浆，保存时间都较长。

其次，从现货规模来看，目前的规模已经超过50亿

美元。1998～2002年，木材消费需求以平均每年1430万m^3的速度迅猛增加，按2002年原木进口单价（88美元/m^3）计算，相当每年增加木材需求达100多亿元人民币（近8.8亿美元）。按原木价估算，2002年中国木材市场容量近2400多亿元人民币(300多亿美元)；如果以木制品终极产品生产的工业增加值率按平均50%的保守估计，木业市场容量约达3600亿元人民币。而到2005年，按木制品终极产品价估算的木业市场容量将约达4200亿元人民币，2015年约达5100亿元人民币。当然，如果单从某一具体品种来看，其规模或许会小于50亿美元，因而会受到一定的影响。但如果考虑到林产品相互之间的替代性及其紧密相关性，价格垄断的可能性基本不存在，潜在的套期保值者数量庞大，因而，现货规模足以支撑林产品期货的活跃。

再次，从价格的波动性看，随着市场经济体制的深入，木材等林产品的价格起伏较大，波动明显。从以下有关数据可以看出。

如国内进口纸浆的价格指数，2001年5月为基数100；在2002年4月，价格位于低谷，仅有97左右；但在2002年8月为127，随后几个月急剧下挫至102；2003年年初价格反弹，至7月高点达134，税后下降，几度波折；至2004年7月，价格上升至162。在一年半的时间内，进口软木浆价格最大波动为60%波动明显。

另外，从木材价格的变化来看，同样具有明显的波动性。

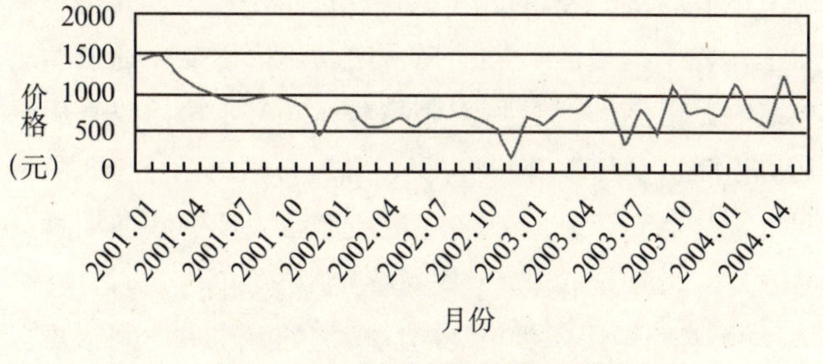

图4-2　历年原木价格走势

根据笔者从山东调查时获得的资料，板材、胶合板均具有类似的情况，价格变化明显。

至于同质性以及无限制供给两个条件，严格来讲，林产品在一定程度上并不能满足，这也构成了我国林产品期货之所以发展缓慢的重要原因。我们有必要借鉴其他国家的经验以及其他期货品种的经验，用发展的眼光来看待这两个方面的问题。

（一）林产品的同质性

无疑，期货商品的同质性至关重要，它是期货交易所凭以结算的标准，是连接现货市场与期货市场的重要环节。林产品，尤其是木材，由于受气候、土壤、日照等多方面的影响，其物理结构与化学结构均有不同。其实，绝大多数农产品均有这样的问题，但是，经过多年的发展，成熟的期货交易所已经找到了解决办法。

一是采用期货合约本身允许有所变通。期货合约质量等级标准化并不是绝对的标准化，世界上绝大多数期货交易所都允许实物交割时的商品质量和等级可以与和约上规定的质量和等级有所出入，但与此同时，必须在交割价格上做出调整，或进行补贴或打点折扣。当然，也有部分交易所在规定了期货商品标准等级的同时，也规定该期货商品的其他等级也可以进行交易。如日本名古屋粮谷砂糖交易所在规定中国黄豆为标准的同时，也规定美国产黄豆也可作为交货品。交货人用交易所认可的另一等级的商品替代标准等级商品进行实物交付时，收货人无权拒绝接受。替代商品的实际价格按它在等级上是高于还是低于标准等级的商品而进行加价或减价。不过，这些可供交割用的替代品之间的等级差价，也是有交易所规定，并根据期货市场行情的变动情况及时调整。

二是期货商品往往根据用途来确定等级与品质。只要期货商品的用途不发生变化而且不会改变该规定商品的价值，或者说，指定用途的主要特质没有变化而且并不因为某些次要的变化导致商品价格明显变化，那么，这些商品就可以用于交割。

如美国芝加哥商业交易所进行的木材期货和期权交易，交易的产品品质规定为建筑用材，长度为8～20英尺，规格多为2×4，交易的木材品种如前所述：美国、加拿大、哥伦比亚铁杉、阿尔卑斯杉树、云杉、北美松树。交割的木材须捆好放在大平板车上。交易所规定，每份合同为13万板英尺（1板英尺=12平方英寸×1寸）。在这里，木材的长度没有严格规定，具有相当大的弹性，但是总的数量是控制的，即13万板英尺；木材的种类也没有非常严格规定，可以在铁杉、阿尔卑斯杉树、云杉、北美松树之间进行选择；而且对产地要求也不高，可以是美国，也可以是加拿大等地生产的制定木材。

三是我国林业的发展为林产品同质性奠定了较良好的基础。目前我国鼓励发展的是人工用材林，而对防护林的砍伐严厉禁止，因此，将来林产品的主要原材料主要来自于人工用材林，尤其是人工速生丰产林。而其经营特点是集约经营，所产木材品种、采伐年限、地区均相对一致，因而其品质相对于现在的粗放式经营更易接近。

所以，从发展趋势来看，林产品的同质性基本能够满足期货商品的要求，尤其是在指定用途以及普遍使用人工用材林生产的木材时，更容易达到要求。

（二）无限制供给

另一个困扰我国林产品期货发展的问题是林产品能否无限制供给，或者，我们更关注的是林产品价格能否由市场完全竞价形成。

我国在1998年实施天然林保护工程后，国内森林逐年减伐，木材的砍伐严格控制，木材及其他林产品的运输均受到严格管理。因此，价格在表面上是放开的，由市场自主定价，但是由于源头及流通环节管制过多，导致木材的价格受到国家政策甚至是主要林区地方政府的影响甚大，并进而影响到后续的以木材为生产材料的其他林产品的价格；而且，我国木材自主供给能力弱，主要由补缺性的国际单边进口来弥补，因而又受到汇率、进口关税的变动影响，而汇率及进口关税又深受政府影响。从这层意义上说，我国林产品价格不是市场完全竞价形成的，而是受到政府影响巨大。

所幸的是，美国大豆期货的经验以及我国上半年推出的燃品油期货为我们解决这一问题提供了宝贵的借鉴经验。

在决定大豆价格的过程中，往往能够见到政府的影子。政府对农产品价格的干预可以采取很多形式，比如支持价格、最低限价、农产品存储计划等。无论采取何种形式，如果农产品的均衡价格受到政府政策的严重干预，而不能由市场的力量自由决定，那么期货市场品种的活跃程度肯定会大受影响。美国大豆推出以来，长时期内交易均不活跃，主要原因是受美国政府保护农业政策的影响较大。在20世纪60年代后，美国逐步改变大豆的保护措施，减少政府对大豆价格的影响力。其中之一是国家谷物储备系统减少储备的大豆量。在60年代美国储备系统储备的大豆量超过大豆年产量的10%，到1973年却不再持有任何的大豆储备。这些措施使得农产品价格完全受市场的因素决定，成为美国大豆期货交易从1970年代以来持续成交活跃的一个重要原因。

美国大豆期货给与我们的启示是，期货市场与现货市场共同发展，相互促进，形成良性循环。既不能因为政府的干预就停止期货交易，也不能因为存在期货交易就急促的停止政府对产业的保护。因此，在我国林业产业目前的情况下，应该给予林产品期货试点的机会，借助期货市场的力量，不断改进政府对林业产业尤其是育林业的保护，形成期货、现货市场的相互促进。

我国经过多年的研究，终于在近期推出了7年来的首批新的三个期货品种，其中之一是现货市场受到政府严格管理的燃品油期货。我国石油的价格形成机制几经变革，到目前仍然深受政府影响。1998年，我国政府宣布石油由政府定价改为政府指导价。由国家计划发展委员会制定并公布各省、自治区、直辖市汽油、柴油（标准品）零售中准价格，由两大石油公司在上下8%的幅度内制定具体的零售价格。2001年，国家计委对油价机制调整为国内油价不直接与国际油价挂钩，而是在国际油价上下波动5%～8%的幅度内保持油价不变。而作为石油加工过程中的最后一道产品，燃品油价格受原油波动影响很大，因而即使是我国燃品油在2001年价格放开后，其价格间接受到政府影响。从8月25日推出至今，燃品油期货交易活跃，甚至已经超过新加坡同期的石油期货交易量，跃居亚洲第一。

我国燃品油期货市场的成功之处（也许时间太短，并不能证明我国燃品油期货市场就已经成功，但至少运行的几个月来看，开局已经非常成功）在于，我国自2001年以来，不断放松国内企业通过新加坡纸油市场进行期货交易，并且将国内油价与国际油价通过国际石油期货市场紧密联系起来，使得我国相关企业和投资者经历了多年的期货交易经历，较好的掌握了期货市场的利用，并因此培养了众多期货人才、培养了通过期货市场套期保值的意识。同时更重要的是，政府鼓励燃品油的进口，取消石油进口的配额，使燃品油价格与国际油价完全同步，促使投资者意识到政府在燃品油市场上有一定的影响力，但并不是绝对的控制者，甚至并不是有力的影响者。从而在一定程度上给投资者予以燃品油“无限供给”、“市场定价”的信心，较成功的解决了政府影响与无限制供给矛盾的问题。

我国林产品同样可以借鉴这一思路。近几年，我国林产品进口贸易的条件不断放松，进口金额仅次于石油，在一定程度上政府对木材及其他林产品的影响力逐步下降，因而完全有可能解决这一矛盾。

随着我国经济步入稳步发展阶段，生产建设的扩大和人民生活水平的提高进一步刺激着木材消费。从现货市场的规模上来看，要林产品现货市场已具备较大规模，林产品价格已经难以被单个或部分企业所控制，但仍然存在受政府影响较大的影响。而我国目前推出的燃品油期货则可以视为在受政府影响较大程度下的一种试点，而林产品与石油相近的另外一点是，进口规模较大，也较自由，因而我国林产品期货的试点可以在一定程度上借鉴燃品油期货开办与运行情况。

综以上述，我国部分林产品已经符合期货商品的条件，能够成为期货商品。当然，如果单从某一具体品种来看，其规模或许会小于50亿美元，因而会受到一定的影响。但如果考虑到林产品相互之间的替代性及其紧密相关性，价格垄断的可能性基本不存在，潜在的套期保值者数量庞大，因而，现货规模足以支撑林产品期货的活跃。

三、我国林产品期货发展的路径选择

在现货市场不发达的条件下能否开展期货交易？是否应当等到现货市场发育完善后，再开展相应的期货交易？笔者认为：一个市场的发展主要取决于市场的客观需求，它是不以人的意志为转移的。在短期内市场需求可能被压抑，甚至被异化，但这是要付出沉重代价的，其先例不胜枚举。国外许多期货市场，就是在市场需求的推动下自发地产生的，中国的期货市场则是在市场的客观需求和政府推动的共同作用下产生的。可见，现货市场的发达程度和条件是否完全具备，并不是决定能否进行期货市场试点和推出某个品种的惟一依据，关键要看市场需求。从中国改革开放20年的情况看，市场经济对期货市场的需求是毋庸置疑的。特别是随着中国加入WTO和国有企业改革的深入，改制后的国有企业对许多品种期货交易的需求更加迫切。为此，我们应当在加强监管的前提下，采取有效措施，切实满足这种合理需求，促进期货市场的健康发展。因此，尽管我国林产品现货市场不够发达，我国期货市场也存在一定问题，但是基于部分林产品能够满足期货商品所需要的条件，而我国林业产业的发展也亟需推出林产品期货交易，因而，我们有必要以发展的视角探讨在目前条件下逐步引入林产品期货合约的路径。

国外期货市场发展的经验表明：一般而言，期货品种的开发并不是一件简单的商品选择问题，失败率很高，品种的创新更替速度快，有其自身的发展规律性。具体到中国的林产品期货品种战略，我们必须借鉴国际上的成功经验，掌握期货规律，结合国内的实际情况，找准方向，大胆试点，争取在我国开发出成功的林产品期货品种，满足我国林业产业发展的需要。

具体而言，中国林产品期货品种战略应考虑三个原则：制度环境、比较优势以及现实经济活动的需要。

1．制度环境原则

制度环境原则指要选择行业制度环境较适宜的品种来开发。转型经济的制度环境主要考察品种定价的市场化程度、相关企业的运作机制和风险处理战略。一般而言，品种定价的市场化程度越高，行业内现代企业制度越完善，就越适合推出相关的期货品种。我国林业产业作为产业群，内部细分多个子行业，大部分子行业的产品已经是市场定价，市场化程度较高。如胶合板等人造板、纸浆与纸等子行业。相对而言，由于我国木质纸浆与纸仍受到国家一定的保护，市场化程度略低于胶合板，就制度环境而言，优先可以考虑胶合板期货的上市交易。

2．比较优势原则

在国际期货发展格局中，各个期货市场均有特定的经营品种和交易规模。当某个品种在某一期货市场已发育成熟，形成规模，在其覆盖的交易半径内，其他期货市场是很难在相同品种的交易上超越前者的。例如，当前真正发达的，能够发挥国际效应的期货交易中心集中于几个著名的期货市场，而且交易的品种也形成自然分工，如美国芝加哥的农产品期货市场以经营谷物为主，纽约的农产品市场以经营农产品原料为主，伦敦期货市场则是世界性的矿产交易中心，主要交易有色金属。可以说，世界上现在交易的任何一个期货品种，都形成相应的占主导地位的交易中心。

因此，如何选择一国期货品种的发展重点，实质上是寻找一国在世界经济贸易中的比较优势问题。因此，要考虑要素禀赋差异，选择有本国优势的品种，或考虑能够充分发挥规模经济的商品上，另外一个值得关注的是，还要考虑期货交易的区域差别（区域内比较优势）。

3．现实经济活动需要原则

期货作为衍生产品与基础产品的发展是紧密相连的，任何一种期货品种的出现都是由于现实经济活动的实际需要，其出现的时序是与现实经济发展的时序步调一致。

根据上述三原则以及我国林业产业各子行业的现状，结合国际上目前已经推出的林产品期货合约看，我们认为，可以考虑胶合板期货、纸与纸浆期货、木材期货的先后顺序并最终发展期货期权。

我国上海商品交易所及苏州交易所曾经推出胶合板期货交易达五年之久，有一定成功经验，虽然最终在我国期货市场治理整顿中停止了交易，但能够成为保留而没有取消的仅有的12种期货品种之一，说明管理当局对当时胶合板交易还是基本认可的。在目前我国期货市场不断发展的背景下，重新审视当年失败的教训，尽早为恢复胶合板期货交易做好准备。而且，从林业产业各自行业的情况来看，林产品期货应当优先发展胶合板期货。

当年胶合板期货失败的原因在第二部分已经有过分析，主要是当时我国期货市场发展过快，期货交易制度不健全，投机过度；市场诚信基础薄弱，作假严重；现货市场与期货市场严重脱节，以进口胶合板作为上市商品，能够进入市场交易的国内投资者不便利用期货市场套期保值，而需要套期保值的国外胶合板生产企业不能进行交易。

从目前情况来看，至少以上部分因素已经发生了较大变化。

首先，我国胶合板产业发展迅速，现货市场日趋完善。生产企业迅速壮大，产品质量稳步提高，但生产者的风险也伴随我国经济对外依存度的提高而增加。根据有关资料分析，我国1994年胶合板的产量仅为260万m^3，但1997年后快速增加，1997年当年为759万m^3，2000年为992万m^3（1998年后，全国产值500万以下的企业未纳入统计）。另外，1997年亚洲金融危机后，我国胶合板质量上也有大幅度的提高，产品质量标准趋于统一。为我国胶合板充当期货商品奠定了良好的基础。

其次，我国期货市场逐步步入良性化发展。我国期货市场经过长时间的治理整顿与逐渐发展，部分期货品种如铜、铝的成功交易，使得期货交易制度不断健全，套期保值者比例加大，投机过度的现象有一定的缓解。因此，这为增加交易品种奠定了基础，今年先后推出3个期货品种，便是证明。因此我国林产品期货交易恢复试点有一定的基础。

林产品期货应当优先发展胶合板期货。

胶合板产业在我国林产品中相对具有比较优势。1999年后，随着亚洲金融危机的好转，印尼与马来西亚的胶合板价格的上扬和我国木材进口零关税的实施，我国胶合板数量与质量都有大幅度提高，并凭借价格优势抢占市场，在国际贸易中逐步摆脱弱势地位，进口量大规模下降，出口量明显增加。相对于我国纸浆、木材及其他林产品（家具除外）在国际贸易的弱势地位，我国胶合板具有一定的比较优势。

胶合板产业市场环境制度相对较佳。从林业产业的各自行业来看，由于我国胶合板产业已经有一定比较优势，因而政府保护政策较少，产品价格基本由市场定价。而其他林产品如纸与纸浆、木材的价格，受我国政策影响比较明显。

胶合板产业发展需要期货交易。由于以下几个方面的原因，我国胶合板价格波动明显：我国国民经济的发展，市场化程度不断提高，宏观经济发展波动加剧；我国胶合板产业的原材料、产品销售与国外市场联系紧密，受国际经济影响显著；木材价格变化加大。因而，作为一个获取社会平均利润的胶合板产业而言，其生产者非常需要风险管理工具，对胶合板期货的需求比较强烈。

另外，经过1993～1998年五年的期货交易，胶合板产业内也培养了一定数量的期货专业人才，相对其他子行业而言，胶合板产业推出期货容易被接受。因此，我国发展林产品期货品种应当首选恢复胶合板期货。

在胶合板期货恢复交易后，林产品还可以考虑纸与纸浆期货、木材期货。之所以选择这两个品种，主要原因在于：国际上已经有过期货交易的先例，技术相对成熟，而且其交易半径对我国内的辐射比较有限，在我国发展相应的期货交易具有区域比较优势；其次，这两个子行业需要期货交易来规避风险，发现价格。

但是，相对而言，纸与纸浆产业的市场环境制度以及现货市场基础优于木材产业，因而，在两者的选择中，应当考虑纸与纸浆期货优先，木材期货次后。

另外，考虑到期货的进一步发展，我国在胶合板、纸与纸浆期货以及木材期货逐步开通及稳健发展后，可以探讨林产品期货期权的开设。

第二篇

林产品市场

PART 2 Forest Product Market

本篇由第五章到第九章构成。主要论述了市场经济条件下的林产品市场环境、林产品市场机制、林产品市场体系及林产品市场创新等问题，全面剖析了中国林产品市场运行中存在的问题，对中国林产品市场的改革发展提出了对策建议。林产品市场作为林产品交换的环境和条件的总和，对于优化林业资源配置和引导社会合理消费意义重大。通过对林产品市场资源环境与经济环境的研究，揭示了林产品市场发展的自然及社会基础。结合市场经济价值规律和林产品本身的特性，研究了林产品市场发展的内在机制及约束要素。通过对林产品细分市场的系统分析，就专业产品的市场变迁及其主要影响因素做了全面的研究。结合林产品市场的发展规律和改革中存在的问题，对未来林产品市场创新提出了可行的政策建议。

第五章

林产品市场环境

CHAPTER 5 Market Environment of Forest Product

第一节　林产品自然资源环境

自然环境俗称自然条件，包括大气、水、岩石、土地、生物等。这些都是人类生存的必然条件，离开这些条件，人类社会就无法延续。联合国环境规划署提出自然资源的概念是：在一定时间和一定自然环境下，能产生经济效益，以提高人类当前和将来福利的自然因素和条件。这一定义包含有潜化自然环境中可以被利用的部分资源。

自然资源是人类社会生存最基本的条件。没有足够的土地资源，没有气候、土壤、水资源的协调匹配，整个国民经济，尤其是种植业、林业等部门就要受到极大限制。

一、中国土地资源

中国领土总面积约960万平方千米，约占亚洲陆地面积的1/4，约占全世界陆地面积的1/15，仅次于俄罗斯和加拿大，居世界第三位。由于土地的水、热条件组合的差异和复杂的地形地质条件，悠久的农业历史，多样的土地利用方式，形成了中国极其多种多样的土地资源类型，极有利于农林牧副渔生产的全面发展，同时也充分说明了因地制宜的重要性。

中国地形多样，类型齐全，山地、高原、丘陵、盆地、平原、戈壁、沙漠、洞穴无不典型壮观。地形分布的规律是地势西高东低，呈三级阶梯，自西而东，逐级下降（如图5-1）。青藏高原是中国西高东低三级阶梯地势的最高台阶，号称“世界屋脊”。最高台阶边缘是昆仑山—祁连山—龙门山—大凉山。越过边缘即降到海拔1000～2000m的第二级台阶，由内蒙古高原、黄土高原、云贵高原、四川盆地、塔里木盆地和准噶尔盆地组成。越过第二级台阶的东缘大兴安岭—太行山—巫山—雪峰山，即降到海拔500m以下的第三级台阶，由东北平原、华北平原、长江中下游平原和江南丘陵、闽粤丘陵组成。

中国是多山国家，平原少，山地多，陆地高差悬殊。山地、高原、丘陵等约占总面积的66%，平地约占34%。全国近70%的县区分布于山区。山地和高原多集中于西部地区。山地一般高差大，土层薄，土地的适宜性单一，宜耕性差，且生态系统一般较脆弱，如果利用不当，极易引起水土流失和资源破坏。但山地，尤其是中国南方山地，水源条件好，适宜于林木生长和多种经营的发展。西北地区的山地是中国主要牧场，又为平原地区农业灌溉水源的集水区，因而，山地在西北地区农业自然资源的组中国地势西高东低，由西南部的青藏高原向东部海滨级级下降，呈阶梯壮分布，青藏高原是中国地势的第一阶梯，平均海拔在4000m以上。从青藏高原往北到中国的边境线，往东到大兴安岭－太行山－巫山－雪峰山一线，是以高原、盆地为主的第二级阶梯，海拔多在1000～2000m之间，再往东是平原和丘陵交错构成的第三阶梯，海拔多在500m以下。

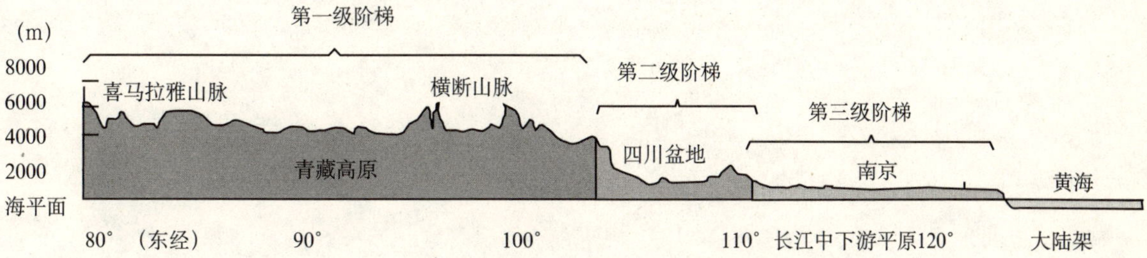

图5-1　中国地形剖面示意图（沿北纬32°）

成中和农业生产结构中占有特殊重要地位。

2005年国土资源部土地利用变更调查结果显示，中国现有耕地12208.27万hm^2（18.31亿亩），园地1154.90万hm^2（1.73亿亩），林地23574.11万hm^2（35.36亿亩），牧草地26214.38万hm^2（39.32亿亩），其他农用地2553.09万hm^2（3.83亿亩）。与2004年相比，耕地面积减少0.30%，净减少36.16万hm^2（542.4万亩），园地面积增加2.31%，林地面积增加0.30%，牧草地面积减少0.21%。（数据来自国土资源部网站）

中国宜林地较多，宜农地较少。根据第六次全国森林资源清查（1999～2003年）结果，全国林业用地面积28280.34万hm^2，其中：有林地面积16901.93万hm^2，疏林地面积599.96万hm^2，灌木林地面积4529.68万hm^2，未成林造林地面积489.36万hm^2，苗圃地面积27.09万hm^2。　在有林地中，林分面积14278.67万hm^2，占84.48%；经济林2139.00万hm^2，占12.66%；竹林484.26万hm^2，占2.86%。

中国可供进一步发展生产的后备土地资源约1.225亿hm^2。宜林宜牧的荒山荒地约9000多万hm^2，而宜于种植作物、人工牧草的后备土地资源，从多方面材料估算仅约0.33亿hm^2。相反，如流动沙丘、戈壁和海拔在3000m以上人类不易利用的土地等这类无效的土地面积共约3.487亿hm^2，约占中国土地总面积的36.3%，所占比例相当大。

中国东南部季风区土地生产力较高，目前已集中全国耕地与林地的92%左右，农业人口与农业总产值的95%左右，是中国重要的农区与林区，而且实际也为畜牧业比重大的地区。但区内自然灾害频繁；森林分布不均。在东南部季风区内，土地资源的性质和农业生产条件差别也很大。西北内陆区光照充足，热量也较丰富，但干旱少雨，水源少，沙漠、戈壁、盐碱面积大，其中东半部为草原与荒漠草原；西半部为极端干旱的荒漠，无灌溉即无农业，土地自然生产力低。青藏高原地区大部分海拔在3000m以上，日照虽充足，但热量不足，高而寒冷，土地自然生产力低，而且不易利用。总之，中国土地资源分布不平衡，土地组成诸因素大部分不协调，区域间差异大。

二、中国水资源

根据水利部门的估算，中国河川径流总量为27115亿m^3，地下水资源量为8288亿m^3（地质部门计算为8700亿m^3），由于地表水与地下水可以互相转化，因此两者之间有一部分重复量，扣除重复水量后，全国水资源总量为28124亿m^3。

地表水资源中国河川年径流总量为27115亿m^3，占全世界径流总量的5.8%，占亚洲径流总量的18.8%。但按人口平均，每人每年拥有水量尚不及2700m^3，只相当

表5-1 中国分区年降水、年河川径流、年地下水、年水资源总量统计

分区	计算面积（km^2）	年降水量		年河川径流		年地下水（亿m^3）	年水资源总量（亿m^3）
		总量（亿m^3）	深（mm）	总量（亿m^3）	深（mm）		
黑龙江流域片	903 418	4 476	496	1 166	129	431	1352
辽河流域片	345 027	1 901	551	487	141	194	577
海滦河流域片	318 161	1 781	560	288	91	265	421
黄河流域片	794 712	3 691	164	661	83	406	744
淮河流域片	329 211	2 803	860	741	225	393	961
长江流域片	1 808 500	19 360	1 071	9 513	526	2 464	9 613
珠江流域片	58 041	8 967	1 554	4 685	807	1 115	4 708
浙闽台诸河片	2 398 038	4 216	1 758	2 557	1 066	613	2 592
西南诸河片	851 406	9 346	1 098	5 853	688	1 544	5 853
内陆诸河片	3 321 713	5 113	154	1 064	32	820	1 200
额尔齐斯河片	52 730	208	395	100	190	43	103
全国	9 545 322	61 889	648	27 115	284	8 288	28 124

注：(1)引自钱正英．中国水利．北京：水利电力出版社；(2)本表数字按1956～1979年资料统计。

于世界平均数的1/4。

河川径流地区分布特点为，中国河川径流虽丰，但地区分布却很不均匀。中国各河径流量的大小相差悬殊，长江为中国最大河流，其多年平均径流总量为9755亿m^3，占全国径流总量的1/3以上，仅次于南美洲的亚马逊河和非洲的刚果河，居世界第三位。其次为珠江，为3360亿m^3。雅鲁藏布江第三，为1395.4亿m^3。黄河虽是中国第二大河，但水量却只居第八位。

中国河川径流主要集中在作物生长需水量最多的夏季，是个有利条件，但也有不利之处，有些地区春季径流少，易受春旱，而夏秋季径流又过多，易遭洪涝灾害。据不完全统计，从公元前206年至公元1949年的2155年期间，就发生较大水灾1092次，较大旱灾1056次，几乎平均每年发生一次水灾或一次旱灾。

中国的地下水资源约为8288亿m^3/年（或8700亿m^3/年），相当于河川径流总量的30%左右。但地区分布很不平衡，北方15个省、市、自治区和苏北、皖北地区的地下水资源为3000多亿m^3/年；南方各省、市、自治区为5000多亿m^3/年。中国地下水资源从开发利用来看，集中分布在几个大平原和盆地地区。全国14个主要平原和盆地的面积仅为全国的16%，而其地下水资源约1900亿m^3/年，占全国地下水资源的23%。这些平原和盆地主要分布在秦岭淮河以北的北方地区。其中最多的有松辽平原、黄淮海平原、天山山前平原、三江平原等。北方地区由于平原面积大，耕地面积占全国的50%以上，但因地表径流不丰富，故地下水占有重要地位。全国现有井灌面积1130多万hm^2，地下水年开采量400亿m^3，而具备井灌条件的耕地面积共约3300多万hm^2，因而地下水还有很大的开发前景。至于山区，主要是基岩裂隙水，一般埋藏深而水量贫乏。

三、林产品自然资源

中国森林资源。中国森林树种丰富，宜林区广。根据第六次全国森林资源清查（1999～2003年）结果，全国森林面积17490.92万hm^2，森林覆盖率18.21%，活立木总蓄积136.18亿m^3，森林蓄积124.56亿m^3。我国森林面积占世界森林面积的4.5%，列居第五位，森林蓄积占世界森林蓄积的3.2%，列居第六位。世界有木本植物20000余种，中国有8000余种，占世界的40%，其中乔木树种2800种，占中国木本植物35%，而纬度与中国相近的美国仅有乔木树种810种。

第六次全国森林资源清查（1999～2003年）与第五次全国森林资源清查（1994～1998年）比较，间隔期内森林资源有较大变化（图5–2），体现为：森林面积、蓄积继续保持双增长，森林资源质量有所提高；防护林面积比重大幅度增加，林种结构得到较大改善；林木采伐消耗量持续增长的局面得到初步扭转，超限额采伐消耗数量明显下降；林地总量有所增加，林地流失问题得到一定程度的缓解；林木枯损量在总消耗量中的比重增大，自然灾害对森林资源的危害有所扩大。

间隔期内森林面积持续增长。森林面积增加1596.83万hm^2，森林覆盖率由16.55%增加到18.21%，提高了1.66个百分点。森林蓄积稳步增加。林木年均净生长量4.97亿m^3，年均采伐消耗量为3.65亿m^3，继续呈现长大于消的趋势。活立木总蓄积量净增7.98亿m^3，年均增加1.60亿m^3；森林蓄积量净增8.89亿m^3，年均净增1.78亿m^3。森林质量有所改善。林分每公顷株数增加了72株、蓄积量增加了2.59m^3，中龄林和近熟林面积比例提高了2.99个百分点，阔叶林和针阔混交林面积比例增加厂3个百分点，龄组结构、树种结构发生可喜变化。林种结构渐趋合理。防护林面积5474.63万hm^2，特用林面积638.02万hm^2，两者合计占林分面积的42.81%，上升了21个百分点；用材林面积7862.58万hm^2，占林分面积的55.07%，下降了19个百分点。非公有制林业成效突显。非公有制森林面积比例为20.32%，森林蓄积比例为6.77%。在现有的未成林造林地中，非公有制比例达41.14%。

当然，森林资源保护和发展的问题不容忽视。一是总量不足。我国森林覆盖率低，森林蓄积量少。森林覆盖率仅相当于世界平均水平的61.52%，居世界第130位。人均森林面积0.132hm^2，不到世界平均水平的1/4，居世界第134位。人均森林蓄积9.421m^3，不到世界平均水平的1/6，居世界第122位。二是我国森林资源地区分布不均。东部地区森林覆盖率为34.27%，中部地区为27.12%，西部地区只有12.54%，而占国土面积32.19%的西北5省区森林覆盖率只有5.86%。三是质量不高。全国林分平均每公顷蓄积量只有84.73m^3，相当于世界

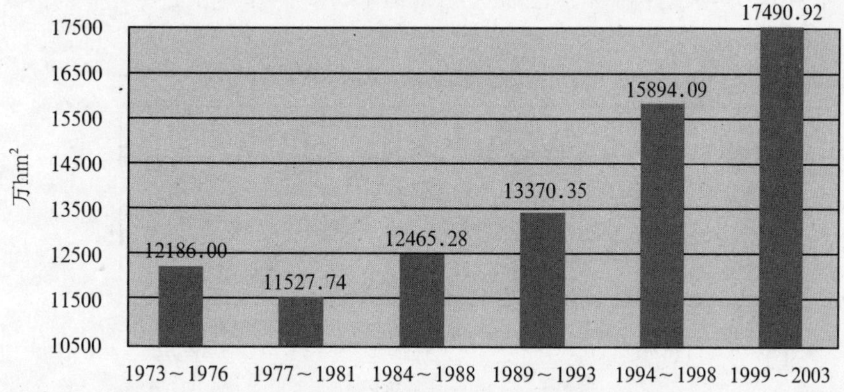

图5–2　全国第六次森林清查结果

资料来源：《中国林业统计年鉴》

平均水平的84.86%，居世界第84位。林分平均胸径只有13.8cm，林木龄组结构不尽合理。四是经营管理水平有待加强。人工林经营水平不高，树种单一现象仍比较严重，森林生态系统的整体功能还非常脆弱。林地流失、林木过量采伐现象依然存在。可采资源严重不足，与社会需求之间的矛盾仍相当尖锐，保护和发展森林资源任务仍非常艰巨。

森林面积按土地权属划分，国有7334.33万hm^2，占42.45%；集体9944.37万hm^2，占57.55%。森林面积按林木权属划分，国有7284.98万hm^2，占42.16%；集体6483.58万hm^2，占37.52%；个体3510.14万hm^2，占20.32%。在现有未成林造林地中个体比例达41.14%，非公有制林业发展迅猛。所有制形式和投资结构开始趋向多元化。

在林分中，幼龄林面积4723.79万hm^2，蓄积128496.60万m^3；中龄林面积4964.37万hm^2，蓄积342572.18万m^3；近熟林面积1998.73万hm^2，蓄积224550.99万m^3；成熟林面积1714.79万hm^2，蓄积301660.98万m^3；过熟林面积876.99万hm^2，蓄积212482.93万m^3。幼中龄面积所占比重较大，幼龄林、中龄林面积占林分面积的67.85%，蓄积占林分蓄积的38.94%，林业发展后劲较大（图5–3）。

中国幅员辽阔，由于各地自然条件不同，加之植物种类繁多，森林植物和森林类型极为丰富多样。根据第六次全国森林资源清查（1999～2003年）结果，林分针叶林、阔叶林、针阔混交林的面积比为47：50：3。林分生长发育状况较好，林木生活力等级达到中等、良好以上的林分面积比例分别为50.58%、42.22%；没有病虫危害的森林面积占79.91%，受病虫危害达到重、中、轻度的森林面积比例分别为0.54%、2.50%和17.05%。森林资源中，栎类、马尾松、杉木、桦木、落叶松5个优势树种（组）面积、蓄积所占比重较大。以冷杉、铁杉、云杉、高山松和云南松为优势树种的林分每公顷蓄积量较高。

东北针叶林及针阔叶混交林。中国主要天然林区，其西北部的大兴安岭主要是落叶松（兴安落叶松）林和采伐后的桦木、山杨次生林，部分地区有樟子松林，沿河流有杨树和钻天柳（亦称朝鲜柳），东南部有生长不良的蒙古栎林。小兴安岭主要是红松林和针阔叶混交林，针叶树除红松外有落叶松、鱼鳞松、红皮云杉和冷杉（臭松）；阔叶树有椴树、水曲柳、核桃楸、黄波罗、榆树和槭树类及多种桦木和杨树。长白山区的森林与小兴安岭林区相近似，但阔叶树种的比重增加，并有沙松（冷杉一种）和长白赤松。

西南亚高山针叶林和针阔叶混交林。位于青藏高原的东南部，是中国第二重要天然林区。林区针叶树有多种冷杉、云杉及落叶松、高山松、铁杉；阔叶树有多种桦木、槭树、高山栎。在海拔较低处还有椴树、榆树、槭树和高山松、华山松等，海拔更低的山坡出现壳斗科、樟科等常绿阔叶树。本区因位于长江许多支流的上游，森林涵养水源的功能应充分重视。

南方松杉林和常绿阔叶林及油茶、油桐等经济林。这一地区主要森林树种有马尾松、黄山松、杉木、柳杉、柏木，多种竹类（主要有毛竹、淡竹、桂竹、刚

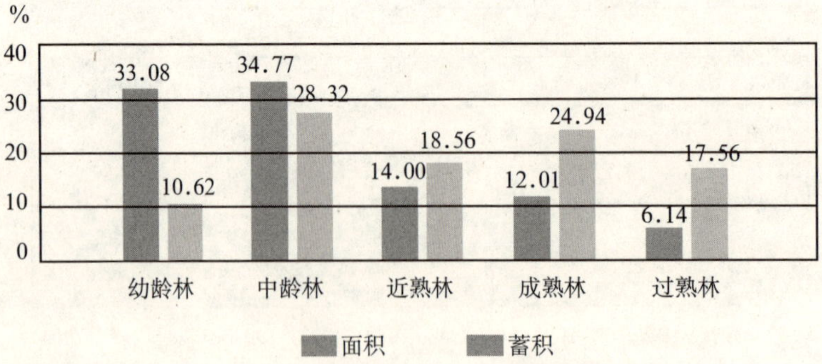

图5–3　林分各林龄组面积和蓄积比例示意

资料来源：《2005年中国林业发展报告》

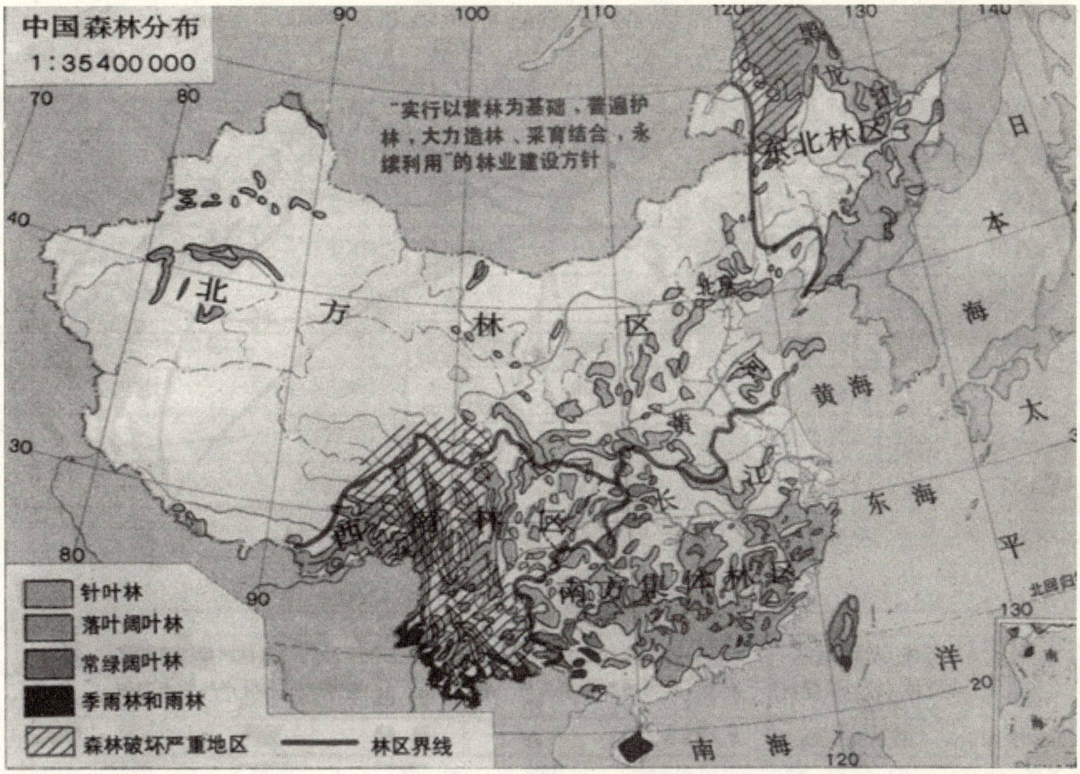

图5-4　中国森林分布图

竹、南部还有丛生竹）和多种常绿阔叶树（主要有樟树、楠木、栲类、石栎、常绿青冈、木荷、木莲、阿丁枫、胆八树等）。此外有许多落叶阔叶树如多种栎类（包括栓皮栎、麻栎、小叶栎、槲栎）、山毛榉、枫香、檫树、拟赤杨、光皮桦等。中国多种特有树种原产于此。针叶树中有银杏、水杉、杉木、金钱松、银杉、台湾杉、白头杉、福建柏；阔叶树有珙桐、杜仲、喜树、观光木、伯乐树、香果树等。多种经济林产品重要的有油茶、油桐、乌桕、漆、棕榈、厚朴、杜仲、白蜡。南方山区面积大，气候条件好，林业生产潜力大。

华北落叶阔叶林及油松、侧柏林。这一林区的范围，大致北自辽宁南部，南到淮河以北，包括华北广大山区。目前仅有散生的小片栎类、桦木、山杨为主的落叶阔叶林和小片的侧柏、油松等针叶林。在水分条件较好的山谷局部地区有少数白蜡、槭树、椴树、青杨等生长。在海拔较高山地还有小片华北落叶松、云杉（青杆和白杆）及少数冷杉。

华南热带季雨林。分布于北回归线以南地区。主要林区有海南岛及南海诸岛、台湾省南部及云南红河哈尼族彝族自治州和西双版纳地区。森林基本上属热带季雨林，在湿润的山谷树木板根现象较明显，林下有高大的树蕨、棕榈科植物，树干附生兰科、蕨类及天南星科植物，显出热带雨林的景观。这一林区蕴育和保存极为丰富的森林植物，有青梅、坡垒、龙脑香、娑罗双树等龙脑香科树木，并有蝴蝶树、人面子、番龙眼、山楝、麻楝、卵叶阿丁枫等热带树种，在西双版纳和广西最南部还有野生团花树。此外，陆均松、鸡毛松在海南岛和云南南部也有分布。在海拔较高的山地则有以常绿壳斗科树木为主的常绿阔叶树林。在低海拔及河谷雨量较少处旱生型现象明显，如海南岛南部有厚皮树，闭花木、合欢属（黑格、白格）、刺竹等近似稀树草原的旱生型热带林。

中国森林除分布于上述各林区外，在广阔的西北干旱、半干旱地区，绿洲境内及沿河流以及一定高度的山地也有森林分布，如新疆塔里木河流域的胡杨林，天山、祁连山中山地段的云杉林等。此外，在中国东部分布着大大小小的平原、盆地和三角洲，原有天然林早已破坏，只有零星散生的树种和小片丛林。20世纪50年代以来营造了农田防护林、农林间种和四旁植树。

随着经济的发展和人民生活水平的提高，现有木材已远远不能满足需求，而且将长期困扰我们，天然林资源已出现危机。从1981年开始，我国进口木材及制品逐年增加，到1999年，我国进口锯材217.8万m^3，胶合板104万m^3，还有其他木制品如纸浆、纸等。

木材消费主要集中在三个行业即建筑及装修业、家具及造纸业。1999年建筑及装修业消耗3000万m^3，家具业消耗2400万m^3，造纸业消耗1650万m^3，总计1.44亿m^3。其中建筑及装修业用材，杨树可替代86%，家具业可替代28%，造纸业可替代60%，需杨木1920万m^3。

第二节　林产品社会资源环境

森林作为地球陆地生态系统的主体，在维持区域乃至全球生态环境中具有不可替代的独特作用，兼有经济效益、社会效益和生态效益三大效益，是陆地生态系统的主体和支柱，是人类赖以生存的最重要的自然资源。

一、经济与资本资源

可持续发展战略的核心思想是健康的经济发展，应建立在生态持续能力、社会公正和人民积极参与发展决策的基础上，而生态的可持续能力，是要以林业建设的可持续性为保证。一个国家或地区的林业发展状况，始终与那个国家或地区的经济状况密切联系在一起。世界上林业发达的国家如美国、英国、日本、韩国、德国、法国等国家对林业采取政策扶持和投资的倾向。至于作为国家经济支柱之一的芬兰、加拿大，更是有国家的重点支持。经济实力较强的国家，林业的投资在绝对量方面是很高的。

表5-2　1950～1999年我国林业固定资产投资情况

时　期	林业固定资产投资额（亿元）	占三个时期总投资额比重（%）
1950～1979年	169.46	19.01
1980～1991年	236.72	26.55
1992～1999年	485.42	54.44
本表已扣除物价上涨因素		

资料来源：张彩虹．《林业投资与林业经济增长的研究》．北京：中国林业出版社，2001

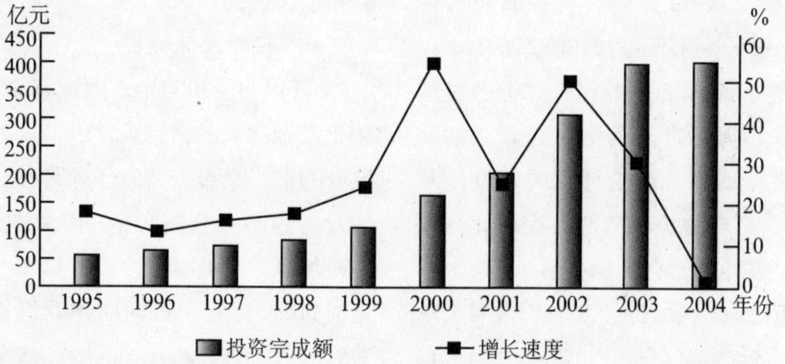

图5-5　1995～2004年林业固定资产投资完成额及增长示意图

资料来源：《2005年中国林业发展报告》

（一） 我国林业投资情况

从我国50多年的情况来看，在计划经济时代财政状况始终不尽人意，对林业的投资是有限的。有限的投资主要用木材生产方面，森林培育的资金严重不足，加上利用效率低，政策多变，森林资源几次遭受大规模的破坏，所以林业发展十分缓慢。

由表5-2可以看到前30年林业固定资产投资只有169.46亿元，占49年中林业固定资产总投资额的19.01%，不到1/5。而后19年投资额达722.14亿元，占49年中总投资额的80.09%，超过4/5。其中：最近8年的投资占49年总投资额的54.44%，是改革前30年的2.86倍。尤其是1998～1999年的投资达169.38亿元，相当于改革前30年的投资额。

改革开放以来，特别是近几年，国家对林业建设十分重视，所以在林业建设，尤其是我国六大林业重点工程自1998年陆续启动实施以来，已经累计完成投资1263.63亿元，林业建设的投入有飞跃的变化，见图5-5。

中国林业展现出许多令人欣喜的积极变化，表明了新世纪以来，国家对林业的重视，巨额投资、政策扶持开始显现效益。六大林业重点工程涉及全国97%以上的县（市、区、旗），规划造林任务0.76亿hm^2，规划投资几千亿元人民币，建设内容包括资源保护、国土绿化、水土流失治理、防沙治沙、湿地保护、生物多样性保护和商品林基地建设等各个领域，在世界生态建设工程中有多项占据第一位。"十五"期间，天然林保护工程累计完成荒山造林432.82万hm^2，森林管护面积每年保持在9000万hm^2左右，累计少采伐木材13082.5万m^3；退耕还林工程累计完成造林1734.20万hm^2，其中退耕造林783.45万hm^2；京津风沙源治理工程累计完成造林面积219.14万hm^2；"三北"四期工程累计完成建设任务271.50万hm^2，长江流域等5项防护林二期工程累计完成造林面积128.93万hm^2；累计新建自然保护区763处，新增自然保护区面积1700万hm^2，新增保护区面积占国土总面积的1.67%；全国18个重点省区已经营造速丰林348.13万hm^2，改造低质用材林22万hm^2。工程区生态状况得到明显改善，经济社会健康发展。（见国家林业局网站http//www.forestry.gov.cn）

通过对我国53年以来的林业投资状况分析可以发现，我国林业可持续发展中面临着林业投资不足、投资来源稳定性较差、林业资金使用效率较低等问题，因此林业投资状况的分析对林业可持续发展有着很好的现实意义。

林业投资中固定资产是各种建设资金投入的最终凝结，所以固定资产规模的变化最能说明林业资金的投入规模状况。如2004年林业系统实际投入各类建设资金510.29亿元，而林业固定资产投资为411.87亿元，占比80.7%，而且固定资产投资数据较林业投资要完整的多，因此，对林业投资状况的分析主要以林业固定资产投资状况为主。

（二）我国林业固定资产投资总额、来源、投资方向分析

1．我国林业固定资产投资总量分析

我国林业投资总量方面的几点特征：林业固定资产资金投入呈逐年增长趋势，自1950～2004年，55年间共投入资金2446.07亿元。从数量上看，20世纪90年代后期林业投资额大幅度稳定增长。自1950～1989年林业固定资产投资总额370.58亿元，约为1990～2004年投资额2075.47亿的1/6。1999年林业投资总额突破100亿元，自2000～2002年三年间投资总量1099.85亿元，大于1950～1999年林业投资总额934.34亿元。从增长率来看，90年代前计划经济时期（包括有计划的商品经济时期）年均增长率21.6%，90年代后市场经济时期年均增长率24.10%，两者相差不大，90年代前增长率波动明显大于90年代后。

2．投资来源分析

自1950～2004年，国家资金共投入1642.83亿元，占林业资金投入的67.2%。1950～1958年，国家投资是林业投资的惟一来源（1951年除外），9年间国家投资为11.71亿元，占林业投资总额的0.58%。这个时期，国家投资高速增长，年均增速为54.45%。1959～1979年国家投资完成114.5亿元，占同期林业投资的72%。国家投资增速为5.02%，大大小于上期54.45%的水平；非国家投资完成43.5亿元，占同期林业投资的28%。非国家投资增速为8.35%，是同期国家投资增速的1.67倍。这两个时期是

表5-3　1981～2004年全国林业系统固定资产投资完成额

年　份	固定资产投资总额	营林固定资产投资			森工固定资产投资			
		合计	基本建设	更新改造	合　计	基本建设	更新改造	其他投资
1981	140752	51231	51231		89521	81959	7563	
1982	168725	54403	54403		114321	64442	10166	39713
1983	164399	46578	46578		117822	73066	15414	29341
1984	180111	53300	53300		126811	78863	14059	33889
1985	183303	61898	61898		121405	76700	12771	31934
1986	231994	60296	59191	1105	171698	78862	16095	76741
1987	295048	69691	68157	1534	225357	87292	25651	111504
1988	261413	83782	81559	2223	177631	79603	37930	60098
1989	237553	93261	92160	1101	144292	75567	33100	35625
1990	246131	100957	100024	933	145174	84966	28508	31700
1991	272236	109462	107639	1823	162774	104359	27322	31093
1992	329800	140826	137411	3415	188974	120749	34766	33519
1993	409238	162777	158849	3928	246461	145700	54853	45908
1994	476997	194633	189541	5092	282364	173920	56376	52068
1995	563972	212546	208531	4015	351426	206932	112608	31886
1996	638626	295283	278722	16561	343343	203809	96678	42856
1997	741802	392904	384653	8251	348898	215739	80701	52458
1998	874648	610303	606051	4252	264345	164192	61143	39010
1999	1084077	917812	915591	2221	166265	79703	50288	36274
2000	1677712	1510541	1506583	3958	167171	62672	65347	39152
2001	2095636	1919835	1916182	3653	175801	61071	63968	50762
2002	3152374	2976388	2961367	15021	175986	101037	39574	35375
2003	4072782	3892793	3884708	8085	179989	67196	59867	52926
2004	4118669	3989023	3984506	4517	129646	55980	35139	38527

资料来源：《2005年中国林业发展报告》

我国经济体制改革中的计划经济时期。1980～1997年国家投资为210.2亿元，占同期林业投资的37%，国家投资占比下降很大，比上期下降近一倍；国家投资的增速进一步下降，年均为4.4%。非国家投资完成408.5亿元，占同期林业投资的63%，接近同期国家投资总额的2倍，非国家投资增速14.5%，接近同期国家投资增速的3倍。这个时期包含了有计划的商品经济时期和市场经济时期，从林业投资角度看，是国家投资衰减期，非国有资金快速增长期。1998～2003年。国家投资为930.6亿元，占同期林业投资的77%；同时国家投资年均增速达42.5%，为上期的10倍。非国家投资完成315.1亿元，占同期林业投资的23%，略多于同期国家投资的1/3，相比上期绝对量出现下降，非国家投资增速9.65%，略多于同期国家投资增速的1/5。这个时期是国家投资的超速增长期，非国有投资的回落期。由此可知，我国林业国家投资占比和增速存在明显的两头高、中间低的特点，非国有投资则相反。从投资数量增长趋势看，国家投资总量始终正增长，且在近期出现超常规高速增长；而非国家投资则在出现了负增长。经济体制变革和经济实力增强都决定着林业投资的规模和速度。（见李树生，韩春明．中国林业投资状况分析．吉林省经济管理干部学院学报，2005年（6）：78）

3．国家经济布局重点转移对林业的影响分析

建国初期，国家经济建设的重点局限于东北地区和华北地区。我国最大林区的东北林区首先得到重点开发。东北地区的森林资源所提供的木材源源不断运向东北南部、关内华北地区和朝鲜战争前线。20世纪60～70年代，西北、西南地区（二线建设）成为我国经济建设布局的重点地区，所以秦岭地区、白龙江流域、金沙江、大渡河、雅砻江流域的天然林成为我国开发的重点林区。改革开放以来，东部沿海成为我国改革开放的前沿阵地，那里的林业建设也得到迅速发展，如福建、广东、广西和江西、湖南省的林区得到全面开发，林产品贸易也蓬勃发展。一些非重点林区的林业也相应得到发展，如山东、辽宁、河北、江苏和北京等地都有较快的发展。随着西部大开发的到来，西部地区成为我国林业建设的重点区域，注重生态林业的建设。例如，长江、黄河上游和天山、祁连山、阿尔泰山等地都是天然林保护工程的重点地区。

4．林业投资方向分析

国家投资重点方向是林业重点工程。据统计，八五期间林业重点工程投资50.57亿元，占比同期营林投资82.02亿元的61.66%；九五期间林业重点工程投资277.82亿元，占比同期林业372.68亿元的74.55%；十五期间林业重点工程投资467051亿元，占比同期营林投资489.62亿元95.48%。林业重点工程投资偏重生态工程。如，“九五”时期林业重点工程投资294.82亿元，其中生态工程投资272.49亿元，占比达92.43%，而商品用材林基地投资22.33亿元，仅占7.57%，二者的投资比为12：1。六大重点工程的全面启动和顺利实施，加快了我国林业由木材生产为主向以生态建设为主、由以采伐天然林为主向以采伐人工林为主、由毁林开荒向退耕还林、由无偿使用森林生态效益向有偿使用森林生态效益、由部门办林业向全社会办林业的历史转变。2004年，中央林业资金仍然以天然林资源保护工程、退耕还林工程、三北及长江流域等重点防护林体系建设工程等为主要投入对象，见图5–6。

（三）我国林业资本中存在的主要问题

1．林业投资中的主要问题是资金不足

从我国林业投资50多年来的总体情况看，资金不足一直是林业投资中的主要问题。以1998年为例，林业固定资产投资总额为87.46亿元，成为当时历史最高，但是与全社会固定资产投资总量28457亿元相比，仅占0.3%。据统计，仅营林投入不足累计数额达753530.62万元，按5%的低利率折合现值近300亿元。一方面现有的林业生态环保建设投资项目投资不足，许多地区林业企业欠债累累，濒临破产；另一方面，应该开工的林业生态环保建设项目，因为资金不足而不断推迟或大规模缩减开支。

2．林业资本市场流动性低，限制了其他社会资本的投入

首先，由于国家对林木采伐实行计划管制，限制或削弱了林业投资者对其经营成果合法占有、使用和自主处理的权利，资本一旦投入林业项目，其流动在时间和空间上都受到强烈约束。其次，全国范围内森林资源资

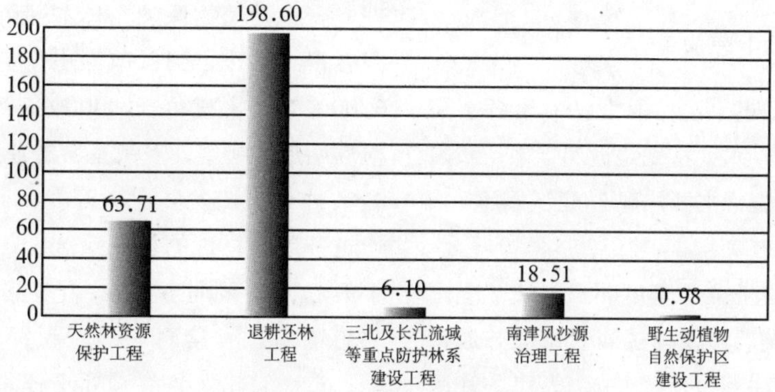

图5-6 2004年中央林业资金投向示意

资料来源：《2005年中国林业发展报告》

产化管理水平还很低，没有建立起完整统一的森林资源资产评估制度和完善的森林资本交易市场机制，林业资本投资的转让和退出基本失去便利性甚至公平性。2001年5月，永安林业（集团）股份有限公司以公司拥有的4.35万hm^2速生丰产林木所有权及林地使用权，向国家开发银行抵押担保，贷款13760万元。这片林地平均每亩只担保抵押210元，远低于其实际价值。

3. 林业资本结构不合理

一是资本负债结构不合理。自有资本和借入资本比例严重失调。据不完全统计，我国森工企业平均资产负债率高达96.8%。二是金融品种结构不合理。1998年全社会林业固定资产投资总计为85.58亿元，其中债券31.2亿元，占投资总额的36.5%，发行股票筹资仅4.5亿元，不足林业投资总额的5.3%。三是贷款结构不合理。国内贷款占绝对多数，林业利用外资数量偏少。大量贷款违背林业生长规律，短期贷款比例偏高。四是资本投向结构不合理。营林与森工、生态林与商品林，都有很多矛盾。五是投资主体结构不合理。政府投资比重大，社会投资比重小，地方与国家投资比例也严重失调。

4. 政府机制既“越位”又“缺位”

比如：计划下达和资金拨付到位滞后的问题迟迟得不到根本解决；个别地方存在重复安排投资的现象；部分省份（自治区、直辖市）工程配套资金落实情况不实，存在虚假配套现象；个别单位存在擅自改变计划，截留、挤占、挪用林业投资资金等问题。经国家审计署2000年对13个省（区、市、林业集团公司）1998年到2000年6月资金使用情况的审计，查出违规违纪使用天保工程专项资金占审计资金总额的12.79%，其中有挤占、挪用工程资金，擅自改变资金用途，截留、转移工程资金，虚报工程项目、虚列工程支出等。另外还表现在林业造、封、抚、防等事业经费没有纳入正常公共财政；对生长周期长、市场变化大的商品林经营，没有平抑市场价格风险的社会保障体系。这些都使得林业资本市场的发展受到阻碍。

加快中国林业资本市场建设要解决的问题很多，主要包括林业资本市场法律定位、培育多元投资主体、林业资本市场“软、硬”环境建设等，是一个庞大而复杂的课题。当前最重要的还是要从创新和发展资本投资工具入手，规范市场行为，完善市场体系，努力促进市场资本的流动，提高市场配置资本资源的效率。

二、政策与法规环境

以德治国和依法治国是文明社会的标志之一。建立有效的法制社会，是促进全社会政治、经济繁荣的根本保证。改革开放以来，我国已经向法制化社会迈出了重要的一步。每年都有重要的法律、条例由全国人民代表大会及其常委会和国务院所制定颁布。我们林业法制建设也取得了重要的成绩，近20年来涉及到林业系统的法律、条例几十个。并加强了林业公安队伍建设，开展了林业专项行动，加大了林业普法力度，为保护林业建设起到了重要的作用。

（一）我国林业法制建设的主要成果

随着我国林业建设重心的转变，林业法制发挥了积极的保障作用。新中国成立以来，特别是近20年来，我国林业法制建设取得了长足进展，主要体现在四个方面：

1．林业法律体系初步形成

改革开放以来，我国林业立法速度明显加快，全国人民代表大会及其常委会先后审议通过或者修改并颁布实施了《中华人民共和国森林法》、《中华人民共和国野生动物保护法》、《中华人民共和国种子法》和《中华人民共和国防沙治沙法》等多部相关法律。国务院先后发布实施了《关于开展全民义务植树运动的实施办法》、《森林和野生动物类型自然保护区管理办法》、《森林法实施细则》、《森林采伐更新管理办法》、《森林防火条例》、《森林病虫害防治条例》、《陆生野生动物保护实施条例》、《植物检疫条例》、《自然保护区条例》、《野生植物保护条例》、《植物新品种保护条例》、《退耕还林条例》等20多个行政法规。各省区市根据当地实际，公布施行了300多件地方性林业法规和规章。除了上述有关林业法律、法规以外，《中华人民共和国刑法》等有关法律、法规也有一些涉及林业的修改规定。到2000年底，我国由林业牵头执行（或参加牵头执行）的国际多边公约或者双边协定有4项，包括：《联合国防治荒漠化公约》、《濒危野生动植物物种国际贸易公约》、《关于特别是作为水禽栖息地的国际重要湿地公约》和《国际植物新品种保护公约》。参与执行的有4项：《保护臭氧层维也纳公约》、《联合国气候变化框架公约》及其《京都议定书》、《生物多样性公约》。我国由林业部门负责制定的有关环境资源保护的双边协定有5个，即：《中日候鸟保护协定》、《中澳候鸟保护协定》、《中美自然保护议定书》、《中印老虎保护协定》和《中俄老虎保护协定》。这些法律、法规对加强我国森林资源、野生动植物资源的保护、培育和合理利用，开展全民义务植树活动和防沙治沙工作，建设管理自然保护区等发挥了重要的作用，促进了依法治林的开展。

2．林业行政执法不断加强

林业执法机构和队伍建设不断加强，林政资源管理、野生动植物保护、林木种苗管理等方面的行政执法内容得到强化。到目前为止，全国共建立森林公安机构6700多个，木材检查站4000多个，各级森林病虫害防治检疫站近2000个，乡镇基层林业工作站4.7万个；全国有各类林业执法人员近20万人，其中森林公安5万多人。通过开展经常性的林业执法，每年查处林业行政案件几十万起、侦破刑事案件1万多起；通过开展“绿剑”、“春雷”、“猎鹰”、“天保”等不同形式的专项行动，严厉打击了各类破坏森林和野生动植物资源的违法犯罪活动，有效地保护了林业建设成果。

3．林业行政行为进一步规范化、法制化，林业执法监督机制初步形成

为了规范林业行政执法行为，保护国家利益不受侵犯，维护行政管理对象的合法权益，近年来，逐步建立了林业行政执法监督机制。制定了《林业行政执法证件管理办法》、《林业行政处罚程序规定》，明确了实施行政处罚的主体、权限、程序等内容，在全国范围实行了统一的林业行政处罚文书格式；制定了《林业行政执法监督办法》，建立了有关报告制度、行政处罚听证制度、重大案件讨论审查制度、错案追究制度等。国家林业局还对1949年到2002年底发布的21万件各类部门规章、规范性文件进行了全面清理。

4．林业普法宣传取得明显成效

通过开展“植树节”、“爱鸟周”、“防治荒漠化与干旱日”、“全国法制宣传日”等活动，运用广播、电视、报刊和印发读本、挂图、宣传辅导材料等多种形式，向社会广泛普及了林业法律法规知识。各级林业主管部门通过举办多种类型、不同层次的培训班、法律知识考试等，大大提高了林业各级领导干部和行政执法人员的法律素质，增强了依法行政的理念和能力，为全面推进林业依法行政奠定了坚实基础。

（二）当前我国林业发展的主要政策

1．加强重点工程政策扶持

全面停止长江上游、黄河上中游地区的木材生产，大幅度削减东北内蒙古等重点国有林区的木材产量。大力加强森林资源保护，杜绝超限额采伐。解决国有企业长期的债务拖欠问题，加快工程区内荒山荒地的造林。

积极开发利用林下资源。面向林区职工，积极推行国有林区森林资源承包经营。当前国务院对退耕还林的政策是，巩固成果，确保质量，完善政策，稳步推进。对三北、长江等防护林工程，国家提供一定的种苗和造林补助。速生丰产林是以发挥经济效益为主，以地方投资、企业投资、民间投资、外资等投入为主，国家给予政策性贴息贷款扶持，并在种苗和病虫害防治等方面给予适当补助。国家的农业综合开发资金，对经济林、花卉等示范基地，给予适当补助。

2．深化林业产权制度改革

要明晰产权，尽快核发林权证。已经划定的自留山，由农户长期无偿使用，不得强行收回。自留山上的林木一律归农户所有。对能够绿化而不能及时造林绿化的要采取措施限期绿化分包到户的责任山，要保持承包关系的稳定。承包户不愿意继续承包的，可以交回集体经济组织另行处理。对于目前仍由集体统一管理的山林，要区分情况，分类指导，积极探索一些有效的经营形式。比如实行分户承包经营、拍卖等。

3．加快推进森林、林木和林地使用权的合理流转

各种社会主体都可以通过承包、租赁、转让、拍卖、协商划拨的形式参与。林子可以作为一种特殊商品买卖。森林、林木和林地使用权可依法继承、抵押、担保、入股和作为合资、合作的出资或条件。积极培育林木市场，开展森林资源的资产评估。规范流转程序，加强流转管理。国家林业局正在抓紧制定流转办法，报国务院批准后实施。

4．放手发展非公有制林业

国家鼓励各种社会主体跨私有制、跨行业、跨地区投资发展林业。凡是有能力的农户、城镇居民、科技人员、私营企业主、外国投资者、企事业单位，或机关团体的干部、职工，都可以合伙参与林业开发。非公有制林业具有合法地位。在对待公有制林业和非公有制林业，要实行统一的税费政策、资源利用政策和投融资政策。

5．深化重点国有林区和国有林场、苗圃管理体制改革

国有森工企业要按照政企分开的原则，剥离森工企业的森林资源管理职能，分离企业承担的社会管理职能，转由政府承担。深化国有林场改革，逐步将其分别界定为生态公益型林场和商品经营型林场。生态公益型林场要以保护和培育森林资源为主要任务，按从事公益事业单位管理，所需资金按行政隶属关系由同级政府承担。商品经营型林场和国有苗圃要全面推行企业化管理，按市场机制运作，增强发展活力。加快公有制林业管理体制改革，鼓励打破行政区域界限，按照市场经济原则或自愿互利原则，采取联合、兼并、股份制等形式组建跨地区的林场和苗圃联合体，实现规模经营，降低经营成本，提高经济效益。

6．实行林业分类经营管理体制

在充分发挥森林多方面功能的前提下，按照主要用途的不同，将全国林业区分为公益林业和商品林业两大类，分别采取不同的管理体制、经营机制和政策措施。公益林业要按照公益事业进行管理，以政府投资为主，吸引社会力量，共同建设。凡纳入公益林管理的森林资源，以政府投资为主，政府将以多种方式对投资者给予合理补偿。在造林上，要逐步改变现行的造林投入和管理方式，逐步推行招投标制、报账制。在经营管护上，国家投资建立森林生态效益补偿基金，按照事权划分原则，分别由中央政府和各级地方政府承担。目前纳入国家重点生态公益林的资金由中央预算支付。商品林业要按照基础产业进行管理，主要由市场配置资源，政府给予必要扶持。

7．加强对林业发展的金融支持

国家对林业实行长期限、低利息的信贷扶持政策，具体贷款期限可根据林木的生长周期由银行和企业协商确定，并视情况给予一定的财政贴息。国家要求有关金融机构对个人造林育林，适当放宽贷款条件，扩大面向农户和林业职工的小额信贷和联保贷款。林业经营者可依法以林木抵押申请银行贷款。鼓励林业企业市融资。

8．减轻林业税费负担

按照农村税费改革的总体要求，逐步取消原木、原竹的农业特产税。取消对林农和其他林业生产经营者的各种不合理收费。改革育林基金征收、管理和使用办法。征收的育林基金要逐步全部返还给林业生产经营者，基层林业管理单位因此出现的经费缺口由财政解决。（见：魏殿生．我国林业发展的主要政策[J]．今日国土，2005，5(5)：38～39．）

（三）当前我国林业管理改革的几个典型

1. 东北、内蒙古重点国有林区森林资源管理体制改革

2004年6月，国家林业局下发了《关于东北、内蒙古重点国有林区森林资源管理体制改革试点的意见》（以下简称《意见》），提出了改革的目标、原则和总体思路，对改革试点工作进行了具体安排，并提出要求。按照《意见》的要求，在内蒙古大兴安岭根河林业局、阿里河林业局，吉林红石林业局、汪清林业局，黑龙江鹤北林业局、汤旺河林业局和大兴安岭西林吉林业局7个具有代表性的森工企业局，进行重点国有林区森林资源管理体制改革试点。利用两年的时间，研究解决在计划经济体制下形成的以木材生产为主的政企不分、资企不分、责权不清的森林资源管理体制阻碍林业生产力发展的问题。在试点过程中，遵循"国家所有、强化监管、产权清晰、责权明确、资企分开、委托经营"的原则，建立权责利相统一，管资产和管人、管事相结合的森林资源管理体制。按照政企分开的原则，由专门设立的国有林管理机构代表国家行使国有森林资源管理职能并履行出资人职责，享有所有者权益。

2. 福建集体林权制度改革

2003年4月，福建省人民政府下发了《关于推进集体林权制度改革的意见》（以下简称《意见》），决定用3年的时间，对全省林木所有权无争议但林地使用权尚未明晰的集体商品林及县级人民政府规划的商品林宜林地的林权制度进行改革。集体林权制度改革坚持的原则：一是依法办事。按照《农村土地承包法》和《村民委员会组织法》的有关要求，本集体经济组织内部成员平等享有承包经营集体山林的权利，改革重大事项严格按程序经村民会议或村民代表会议讨论通过。二是分类指导。对山林依赖性强的，原则上均山，保证"耕者有其山"；对山林依赖性一般的，先保证愿意经营森林的村民有山可耕，再将剩余山林发包给外村能人或其他经济组织，使不愿经营森林的村民也能分享到利益；对山林依赖性不强的，经村民会议或村民代表会议通过，用公开竞争的方式发包给企业或大户经营，村民作为集体经济组织成员共享土地所有者的利益。三是尊重历史。对已明确林权，并为实践证明是行之有效且大部分群众满意的经营形式，均予以维护。对在改革前签订的合同，只要是合法、规范、真实有效并切实履行的，均予以维护；对不完善和不规范的合同，则采取"动钱不动山"的办法加以调整，使之得到完善和规范。四是利益兼顾。在坚持把林业经营收益的大头留给林农的同时，保障集体经济组织的合法权益。

3. 浙江省加快非公林业发展

浙江省山地比重大，集体山林占绝大部分。改革开放以来，浙江省采取有力措施，加快非公有制林业发展。非公有制经济产值占林业第一、二、三产业产值的比重分别达到73.5%、94%和61.8%，临安、安吉等林业经济强县的农民收入50%以上来自林业，相当一部分山区农民依靠林业走上了富裕之路。在加快非公有制林业发展上，浙江省的主要做法和经验是：首先，解放思想，放宽政策，鼓励和引导民间资本投入林业，不限制市场准入，不限制发展比例，不限制发展速度，不限制经营方式，不限制经营规模。其次，充分尊重群众的首创精神，加快体制和机制创新。2001年，按照"明确所有权，稳定承包权，搞活使用权"和"依法、自愿、有偿"的原则，积极稳妥地推行森林、林木和林地使用权的有偿流转，通过租赁、拍卖、承包、抵押、中外合资、股份合作等多种形式，促进资金、劳力、技术、土地、林木等生产要素的合理流动和优化组合，搞好林业经营，收到了明显效果。第三，一手抓特色基地建设，一手抓龙头企业发展，推动林业产业化经营。目前，全省已发展不同类型林业龙头企业500多家，连接各类基地50多万hm^2，带动农户180多万户。第四，加强林业产业协会、专业合作组织建设。同时，引导和扶持林业专业经济合作组织的发展，使之在组织农民、教育农民、培训农民、提高农民、信息服务、推广技术、品牌建设、市场开拓等方面发挥越来越大的作用。第五，转变政府职能，强化公共服务，为非公有制林业发展创造良好环境。

（四）林业法制存在的问题

林业法制建设在我国依法治林过程中发挥着不可替代的作用，为保障林业健康、稳定、快速地发展做出了

应有的贡献，取得了很大的成绩。但是，现行林业法制建设也存在着不完善的地方，特别是与实施可持续发展战略的要求相比，还有一定的差距，主要表现在：

1．林业立法尚不能保障林业发展的需要

目前，林业立法还没有形成与现代林业发展相适应的林业法律体系，还不能完全保障实施可持续发展战略和林业跨越式发展的需要。首先，林业立法存在“空白”。为适应实施可持续发展战略和林业跨越式发展的需要，国家已经对林业建设中实施的各项工程整合为六大工程。林业立法工作也要以这六大工程为中心，进一步建立健全有关法律、法规，以适应六大工程建设的需要。其次，林业立法周期过长。在林业立法过程中，由于受相关利益的制约和某些管理体制的限制，在一些具体法律的起草或者在某些具体法律制度的设立上，各部门或者各单位互不相让，层层讨论协商，往往难以达成一致意见或者达成一致意见要花费很长的时间，与依法治国的要求极不协调。第三，林业立法的配套制度不完善。我国是一个地域广阔的大国，为了适应全国各地的情况，中央立法往往规定得过于原则，如《中华人民共和国防沙治沙法》、《中华人民共和国种子法》等，应当根据林业实际情况制定相应的配套法规或者规章，以保证这些法律的顺利实施，否则就影响了法律的实施效果。

2．林业执法工作存在问题

林业执法工作中有法不依、执法不严、徇私枉法问题时有发生。这已成为当前法制建设中最突出的问题。原因主要有：①地方保护主义和官僚主义。一些地方政府、部门和单位重眼前利益轻长远利益，地方保护主义和部门保护主义严重；有的领导存在着对法人犯法不治罪等严重错误认识，企业法人和政府领导违法案件不断发生，成为当前森林资源案件的主体。2000～2001年5月，国家林业局受理的550起案件中，企业法人违法案件176起，占32%；政府领导行为违法案件345起，占63%；两项合计占95%。②对违法犯罪行为打击不力。近年来，全国年均发生各类林业行政案件50万至60万起，其中，盗伐滥伐、毁林开垦、乱占林地和违法运输、经营加工木材案件数量居高不下，大案、要案还时有发生。③监管制度不完善。缺乏规范的案件报告制度，缺乏严格的责任追究制度。④执法队伍素质有待提高。林业执法内容的复杂性、专业性等特点，决定了从事林业执法工作的人员必须具备较高的素质，掌握一定的法律知识和专门的林业知识。⑤执法体制不顺。从林业执法的主体资格来看，有的执法主体不是行政机关。⑥从林业执法条件来看，有的执法机构执法经费没有固定来源。

3．普法工作发展不平衡

林业普法是林业法制建设的基础性工作。只有人们对国家的法律有基本的了解，遵法守法，规范各种行为，才能依法行使自己的权利和履行自己的义务。目前林业普法工作开展还不平衡：①一些地方领导干部对普法工作的重要性认识不足，没有把普法工作摆上议事日程，普法工作机构不健全，普法经费不落实，没有认真执行考核验收制度，致使这些地方的普法工作水平整体较低。②在一些边远的林区，由于经济、文化发展水平限制，信息传播手段落后，普法培训工作难以开展。个别地方还受封建迷信思潮影响或者是家族宗法观念至上，追求法律意识的动力不足。③一些地方由于客观条件限制，森林资源稀少，对林业的地位和作用认识不深，林业主管部门机构不健全，对林业法律、法规的宣传、执行不到位。

三、劳动力与科技资源

1994年，国际人口与发展大会明确提出：“持续发展的中心是人”。《中国21世纪议程》指出：“可持续发展以人为本位”。我国人口众多，劳动力充裕，为发展林业提供了充足的人力资源。但是，我国劳动力分布不均，且素质普遍不高。因此，一方面，林业的发展缺乏高层次的人才，另一方面，又存在着巨大的就业压力和失业困境。

（一）我国林业劳动力缺乏和林业劳动力失业情况并存

我国东北林区的人口多数来自山东、河北。他们大多数是农民，还有少量的转业军人。西南林区的工人，主要是来自四川盆地的农民。职工在林区工作后，陆续把家属也带到林区。家属开始没有介入林业生产。随着林业生产的发展需要，部分家属参加了林业生产和林区生活服务的后勤工作、多种经营项目等。为家属在林区就业创造了条件，使职工、家属都能安居，共同为林区的开发贡献力量。但是，随着职工家属在林区定居，林区人口迅速增加，加之，天然林保护等一系列政策的出台，我国林区的劳动力过剩问题就显现了。目前，大部分国有林业企业面临资源枯竭，经济困难，为解决劳动力就业的问题增加了更大的难度。这个问题的解决必须依赖于调整林区经济结构，提高经营管理水平。否则，过剩的劳动力将是甩不掉的沉重包袱。

同时，劳动力素质又是影响到林业发展的关键因素。我国普遍地区，甚至在劳动力过剩的林区，仍然缺乏高素质的林业人才。林业生产中的营林生产是一种自然再生产和社会再生产交错在一起的生物性物质生产，其科学性非常强，要求林业经营者和生产者既要懂自然科学、技术科学，又要懂得社会科学，尤其是应具有经济学的头脑。在知识经济时代，不论是生态环境建设，还是林业经济的结构调整，林业人力资本作为生产要素将越来越多地发挥举足轻重的作用。但是我国林业人力资源表现为劳动技能低、结构不合理、人才资源质量不高等特点，林业可持续发展的“瓶颈”，严重制约我国林业的协调发展。所以高素质的劳动力是林业现代化的基础。

（二）培养复合型的林业创新人才，是林业集约化发展的源泉

舒尔茨说：“在现有的劳动者既缺乏技术又缺乏知识的条件下，通过增加常规资本，也能获取某些进展，但是，增长率则肯定是十分有限的。离开大量的人力投资，要取得现代农业的成果和达到现代工业的富足程度是完全不可能的。”（见：[美]西奥多威舒尔茨．论人力资本投资[M]．北京：北京经济学院出版社，1992）现代经济发展已经证明，就一个国家或地区的经济增长而言，物质资本的多寡固然重要，但人的素质提高对经济增长的贡献比物质资本和劳动力数量的增加重要得多。其一，高质量人力资源可以替代自然资源以缓解资源的短缺。其二，高质量的人力资源不仅能深度开发和有效利用自然资源，而且能够创造出新的物质资源以弥补原有的不足。其三，高素质的人力资源对经济增长可以发挥倍数效应。据美国经济学家对1900～1957年的测算，物质资本投资增加4.5倍，利润只增加3.55倍，人力资本投资增加3.5倍，利润却增加17.55倍，后者是前者利润的5倍（见：人口研究编辑部．人口是中国现代化的主要障碍吗[J]．人口研究，1996（1）：260～261），其倍数效应十分明显。

目前，世界上很多国家把发展的重点都不约而同地集中在人力资源的有效利用上，这主要是因为人力资源是一种可再生的生物性资源；人力资源在经济活动中是居于主导地位的能动性资源。长期以来，我国林业的发展处于弱势地位，林业总产值占GDP的比重不足2%，到1998年底，我国林业的科技进步贡献率只有27.2%，远低于农业的40%，更低于发达国家的60%（见：普映山．论当前中国林业技术创新的首要战略[J]．世界林业研究，1998（2）：69～75）。这也导致了我国林业经济增长属典型的粗放型经营，表现在产业及产品结构单一，林产品的品种、质量及档次都不能满足现代市场经济条件下人们对林产品的需求。另外，国有独立核算林业企业的亏损面较大，西部地区的林业企业及产业发展在实施“天保工程”和“退耕还林还草工程”之后，其面临的困境更加严重。造成这种状况的原因是多方面的，但主要原因是尚未形成林业产业的创新机制，林业产业结构不合理，高附加值、科技含量高的产品少，多数为劳动密集型原木生产、粗加工低价格的林产品。要实现我国林业经济增长由粗放型向集约型转变，就必须坚持科技的主导作用，必须加大对林业人力资本的投入，使科学技术真正变成第一生产力。

世界科技日新月异，林业产业正在面临着一场新的革命，一些高新技术如生物工程、信息技术、遥感技术、地理信息系统技术、全球定位系统技术以及新材料技术等已在林业上逐步得到应用。集约化经营的森林培育技术、生态林业工程技术、荒漠化防治技术、林业产业化工程配套技术等已经成为现代林业发展的战略重点。林业的发展模式，既不成其为劳动密集型产业，又不成其为资本密集型产业，而应该成为知识密集型产业和事业。由此可见，要实现本世纪林业发展的战略目标，完成林业肩负的历史使命，必须依靠一支高素质的林业科技队伍，必须培养一批复合型的创新人才。

（三）发展林业能够提供广阔的就业空间

1．林业用地开发利用的潜力

全国林业用地面积40亿亩，其中林地面积23.8亿亩，利用率为57%，尚有约15亿亩利用不充分或未利用。另外，全国还有8亿亩可治理的沙地，两者合计尚有23亿亩可利用的土地。如果按每个劳动力利用50亩计，可安置4600万人。目前，我国正在实施六大林业重点工程，按照规划，今后十年仅造林任务就达11.4亿亩，仅按此一项任务计算，今后十年可安置2280万人。

2．物种资源利用的潜力

我国物种资源十分丰富，是世界上动植物种最多的国家之一，有高等植物约3万余种，约占世界总种数的10.5%；有脊椎动物4400种，约占世界总种类的10%以上。人类的吃穿用都与动植物有着密切的关系。目前，我国已开发利用的树种达1000多种，经济价值十分可观。银杏叶提取的黄酮和红豆杉提取的紫杉醇已高于黄金的价值。对每种现有经济物种资源的开发利用都可以形成新的产业，从而创造一系列的就业岗位。

3．林业产业开发的潜力

林业产业开发，不仅是造林、营林、木材生产和加工，还包括林产化工、林机制造、森林旅游、森林食品、森林药材、经济林、花卉和竹产业，等等，既包括第一产业，也包括第二产业和第三产业，既适合农村开发，也适合城镇开发。生态旅游是国际公认的朝阳产业。据报道，近几年来，全球生态旅游年增长率高达30%，我国森林旅游资源十分丰富，前景十分广阔。花卉业已成为世界最具活力的产业之一，到2000年全球花卉产值已超过2000亿美元。我国有悠久的花卉栽培史，品种丰富，开发和就业潜力巨大。

4．林产品市场的潜力

目前，我国已由短缺经济时代进入过剩经济时代，70%的产品过剩，多年市场疲软。而林产品无论是国内市场还是国际市场还有很大的潜力。从国内市场看，木材产品严重短缺，20世纪90年代以来，我国进口木浆、木浆纸、原木、锯材、胶合板等林产品呈快速增长之势。目前，我国人均消费木材仅为0.2m^3，而世界人均消耗木材为0.65m^3。如果我国人均木材消费量达到世界平均水平，需要增加木材产量5.6亿m^3，约为我国现有木材产量的3.7倍，国内市场空间很大。从国际市场看，世界森林资源呈下降趋势，而木材消耗量呈增长趋势。1990～1995年世界森林面积减少8.44亿亩，木材消耗量增加了36%。

从现实看，无论是我国还是世界各国，都证实了林业经济的潜力和吸纳劳动力的能力。目前，我国约有个体造林户数1160万户，造林1.8亿亩，吸收了大量农村劳动力，仅宁波市从事林特产业生产经营活动的农民就已达到100万人。从世界范围内看，一些发达国家仍把林业当做主导产业，并以此推动私人投资和经济增长，扩大城乡就业。许多城市居民经营林业，农村居民经营林业，不仅为一些城乡居民提供了收入保障，还使小城镇和农村形成优美的生态环境。芬兰国土面积仅33.8万km^2，约500万人，其中林业从业人员80万人，每6个人中就有1人从事林业。

（四）科学技术的影响

技术是解决生产和生活实际问题的手段和方法的总和，科学技术包括以下两个方面：一是知识、经验、信息等软技术，常常起着决定性作用；二是工具、装备、设备等。这是硬技术，是技术的物化。科学技术是生产力的一部分，是第一生产力。自然环境只是为了经济发展提供可能性，而技术则把这种可能性变成现实性。过去，人们总认为林业就是挖坑栽树，简单的重复劳动，技术含量不高。现在完全不同了，林木育种和培育已进入生物高科技领域，育苗进入工厂化的大生产。生命科学的发展给林业科学提供理论基础。世界和中国林业的发展又加速对林业科学的发展要求，并促进林业科学的发展。截至1998年底，全国取得重大林业科技成果奖5100项，其中获得国家级奖励306项，林业部（国家林业局）科技奖1769项，以上两项奖励占39%。近20年来在遗传育种方面培育了优良品种数十个，选育了2000多种优良种源优良家系和无性系，占全国人工造林树种70%～80%，平均材积增长达15%～22.5%。为解决中国用材做出了重大贡献。我国林业科学工作者还为我国经济林优良品种的培育和引种做出了贡献，促进了我国经济林发展。我国林产加工业较改革开放以前有较快的发展。可以说，我国已经成为世界林产加工的大国。但是我国的林产加工，仍然是以初级产品为主的国家。我国在原料利用率、产品品种、产品质量、设备利用率、胶合剂，环境保护方面与世界发达国家比较，差距很大。

1．20世纪林业科学技术的主要成就

(1) 形成了系统的集约育林技术。树木遗传改良成为实现人工林高产的重要手段。种源选择、家系选择、无性系选择及母树林、种子园、采穗圃及杂交育种等常规育种方法不断完善；多倍体育种、细胞融合、基因转移等非常规育种与常规育种技术的结合，为林木育种事业带来了勃勃生机。繁殖技术多样化、苗木生产容器化和工厂化发展迅速；培育技术向集成配套方向迈出重要一步，造林地的清理、立地分类与选择、整地方式、植苗技术、密度控制、病虫控制、土壤改良、地力维护、幼林抚育及森林管护、间伐及主伐方式等，都是森林培育中必不可少的技术环节。数据处理与计算机技术的结合，为实现森林经营的科学决策提供了可靠的技术保证。20世纪70年代，以生产工业原材料为主的森林定向培育技术体系应运而生，特定用材的定向培育同原料专一的加工工业结合，组成了以可再生资源为原料的现代木材工业。造林材料也是高度定向化的。如适于营造纸浆用材林的无性系、生产加工用材的无性系以及其他特用材的树种或无性系等。森林培育方案和效果的评价，也从单一的材积收获量标准向经济效益目标或经济效益与环境效益综合目标评价方向发展。完善的模型系统与先进的计算机技术相结合，实现了培育全过程的动态监控，把人工林的集约栽培推上了一个新台阶。

(2) 林产工业跨入现代工业的行列。进入本世纪、木材工业逐步改变了以原木为主要原料的加工体系，向人造板、制浆造纸用木材综合利用的方向转化，实现了木质产品多元化与机械改进的配套。高精度加工技术、全树利用技术和加工过程控制的自动化，为木材工业树立了新的形象。近40多年来，林产品加工科技领域的主要成就有：成功地开发利用了木材加工剩余物和废纸资源，解决了制约林产工业发展的原料短缺问题，通过开发新型人造板和人造成材，实现了以实质原料生产的产品取代优质原料产品（锯材和胶合板）的目标；通过大量移植和应用现代科技成果，使林产工业这一传统产业跨入了现代工业的行列；实现了生产过程的自动化。

(3) 确立了林业在环境保护和人类社会发展中的重要地位。当代林业发展的一个最重要方面，就是林业不再是以木材生产为单一目标的粗放产业，林产品生产多样化和森林效益多元化，在很大程度上代表了林业发展的主流。人们对森林在全球气候变暖、环境恶化和生物多样性急剧减少等一系列变化中的重要作用加深了认识，开始意识到人类生存兴亡与森林的密切关系，开始懂得怎样才能获得对自己生存、生活最需要的长远的物质利益。因此，一个以林业作为全球可持续发展基础的新时代已经到来，林业正在向多功能、多价值和多目标经营的方向转化，人类社会对森林的期望将越来越高。

2．目前我国林业科技存在的问题

我国林业科技与林业先进国家的最大差距就是林业科技人才和林业科技经费的投入。虽然改革开放以来扩大了林业教育，并恢复了林业高层次人才的培养制度。但是随着市场经济的发育和发展。林业人才的流失量严重，不仅林业院校现有毕业生很少进入林业科研机构，而且原来已在林业基层科研单位工作的科技人员大量流向大城市的其他行业。假如说我国整体科研设备落后，科研条件差的话，那么我国林业科技设备更为落后，林业科技环境就更差了，多数试验基地远不能满足科研要求，而且屡遭破坏，林地被蚕食。

我国林业科技经费投入之少是世界大国中少有的国家之一。以美国、日本、加拿大、新西兰等国为例，研究人员每人每年研究经费为5万至15万美元，而我国的课题经费平均每人每年还不到人民币2万元。以事业费为例，每人每年只有人民币1万元，相差达40～120倍。

21世纪是科学立国时代，谁掌握最新最高的科学技术谁就走在世界的前列。科学家、优秀的管理人才、先进工作者都将是社会的中坚，他们将掌握着时代的脉搏。

3．中国林业科学技术未来的研究方向

首先是宏观方面的战略研究：为完成林业发展任务而服务，即为完整的生态体系和发达的产业体系服务。要认真研究全国和各地区林业发展战略目标、林业发展规模、林业经济和林业内部各部结构，尤其是营林的林种结构、林业生产布局、林业经济区划、投资渠道、林业政策和地方性政策法规。研究以上这些内容必须结合当地经济发展规划和林业经济发展规划，将全国的林业发展战略目标纳入到当地经济、大农业（土地利用）的战略目标之中，使它真正成为当地的战略行动而不被落空。这就必须下很大的力量参与我国国土整治规划，参与全国及各地区社会经济的长远规划，参与全国性或地区性的土地利用规划、全国性的经济区划、综合农业区划和林业经济区划。为此要搞全国性的林业地理环境调查。要求林业经济、林业地理、环境生态、森林经理等人才进行全国及典型区域的调查、研究各地区林业的现状，在区域小的地位和作用，为适应地区经济发展和林业发展所必须做出生态和产业的调整等。

其次是为林业微观发展的研究：分子生物学、细胞生物学、生物工程已经向生命微观世界发展。为遗传育种学科发展提供良好的条件。造林学科已将造林树种与立地微量元素的关系时进一步量化，使树木造林成活率、成林率、成材率更进一步提高，并可以逐步做到按人工控制的方向发展。目前，我们森林培育方面与世界先进水平还有一定的差距，还要继续研究提高黄土高原、岩石裸露、石灰岩山地的造林成活率、成林率、成材率，并研究如何降低造林成本等。

第三节　林产品交易与环境问题

随着人类社会经济的不断发展，人们对社会的发展观念、消费观念以及医疗保健观念也不断发生变化，特别是在21世纪的今天，环境问题的不断加剧和资源的日益稀缺使各个国家纷纷倡导社会的可持续发展。近几年来，人们对环境问题的态度发生了转变，对环境问题的关注远远超过了对贸易的关注，这也使得各国以及国际社会不断加强对环境的管制，一些环境贸易措施也相应出台，影响着国际贸易的正常进行。环境与国际贸易的关系日益密切，环境作为一种新的贸易资源和新的贸易产业正以新的面貌受到世人关注。

贸易问题和环境问题是对立统一的关系。贸易的目的是维护一个公开的、无歧视的和公正的多边贸易体制，同时提高人类的生活水平和根据可持续发展的目标最佳地利用资源。环境保护的目的是改善所有人的生活水平，更好地保护和管理生态系统，争取一个更为重要、更为繁荣的未来。所以贸易与环境保护的根本目的是一致的，两者都是促进人类生产、改善人类生活的重要手段，均致力于促进人类自然资源的最优化配置，真正达到可持续发展，因此环境与贸易本质上是统一的。但是由于贸易与环境各自的具体目标不同，两者又是相互对立的。国际贸易政策的目标是消除贸易障碍，减少政府的干预和管制，实现贸易自由化；环境保护的目标是为防止市场失灵（包括自由贸易）对环境的消极影响，通过政府的干预和管制，保护和改善环境。正确地认识贸易与环境的对立统一关系，为我们更好的解决贸易与环境问题打下了厚实的基础。贸易与环境之间应当有一种协调机制使全球的环境与自由贸易相互协调发展。

一、贸易与环境问题备受世界的瞩目的原因

一些国家利用环境因素，以保护自然资源、生态环境和人类健康为由，制定严格的环保技术标准或使用绿色的产品包装制度、绿色环境标志等来限制外国的产品，增强本国产品的竞争能力，从而达到保护本国产品和市场的目的。这种标准只适用于发达国家，而对于发展中国家或者不发达国家则根本达不到这种标准，因此这种环境壁垒带有明显的歧视性质，这与WTO倡导的自由贸易的非歧视原则是相违背的。

由国际贸易给环境带来的问题日益突出。换句话说就是国际贸易与环境两者之间的发展不协调，突出表现在一部分对环境会造成影响的敏感产品的进出口贸易上。

农产品和畜牧产品及矿产品的大量出口，造成局部地区的自然资源骤减，严重恶化了当地的生态环境，石材的出口造成景观的破坏和水土流失。

随着世界经济全球化的发展，国际产业结构发生的重大调整致使发达国家将污染密集型产业向发展中国家转移。发展中国家因生产外国的污染严重的产品，造成本国的环境严重恶化，但发展中国家由于技术和资金等方面的不足，没有足够的能力去治理，由此引起严重的环境污染，这就造成了发达国家的环境外部性问题没有内部化，加剧了环境问题的国际化。

二、贸易与环境研究的主要理论观点

贸易与环境是一个多纬度的、错综复杂的问题，环境问题可以影响到生产成本、贸易模式、产业选址以及贸易利得。有关贸易与环境研究的文献最早出现于20世70年代初。目前，有关贸易与环境的理论研究归纳为以下几个方面：

1．贸易诱致型环境退化假说（Trade—in—duced Degradation HyPothesis）

大多数环境经济学家认为贸易对环境的直接影响是不利的，因为自由贸易追求的是利润最大化，生产没

有考虑社会和环境成本，贸易是导致环境问题的直接原因，不加限制的贸易会使生态环境遭到破坏，在环境政策宽松的国家，贸易对环境的危害更大。

2．环境库兹涅茨假说（Ekc－Environmental KuZne ts Curve HyPothesis

坚持“贸易有益论”的经济学家认为，区域性与全球性的贸易自由化并非环境恶化的根本原因，采用贸易限制手段解决环境问题只会造成进一步的扭曲，而基于比较优势的专业化分工能够促进全球资源的有效配置和合理利用，有利于环境保护。更大程度上的开放市场，推进贸易自由化进程是减少环境污染的有效途径。Selden和Song（1994）提出了关于经济增长与污染物排放关系的“环境库兹涅茨曲线”概念，倒U型的EKc曲线表明，环境恶化与人均GDP在经济发展的起步阶段呈正向变动关系，当人均GDP达到一定水平后，二者表现为反向变化关系，多种污染物的排放将随着经济发展向上升而后下降。Grossman和Kruger（1991）对NAFTA环境效应进行研究，最早使用了“贸易—环境”一般均衡模型，将贸易对环境的影响分为相互关连的三个方面，提出了贸易对环境的三大效应即规模效应、结构效应和技术效应。规模效应被认为具有加剧环境恶化的作用，但当生产结构的变化从所谓的“肮脏产品”向更清洁的产品转换或采用清洁生产技术生产时，环境状况在实施贸易自由化后反而会得到改善。

3．污染产业迁移假说（Dirty Industry Migration/Flight HyPothesis）

污染产业转移之所以被广泛关注，是因为这预示着欠发达国家将承担由发达国家消费产生的污染。污染产业转移到欠发达国家，将减缓该国提高环境保护标准的进程，甚至引起一些国家环保标准“向底线赛跑”。各国政府在企业迁移上也同样存在竞争。国际贸易可以改变跨国产出结构，即环境规制较为宽松的贫困国家，将专业化生产“肮脏”产品，而环境规制严格的国家则专业化生产清洁产品。比如英国《卫报》2005年3月28日披露，荷兰垃圾检查人员在荷兰鹿特丹港截获了数十个准备运往中国的集装箱，里面装的全是被伪装成废纸的超过1000吨的有毒生活垃圾。广东汕头贵屿镇，始于1995年的电子垃圾产业，每年处理逾百万吨来自美国、日本、韩国等地的电子垃圾。由于处理手段极其原始，只能通过焚烧、破碎、倾倒、浓酸提取贵重金属、废液直接排放等方法处理，造成了极为严重的生态恶果。

4．向底线赛跑假说（Racing to the Bottoln Hy－pothesis）

全球贸易自由化的一个结果是，各国政府有降低环境保护标准或放松环保规制的动机，以维护本国污染密集型产业的竞争力，从而出现所谓“向底线赛跑”，甚至“生态倾销”现象，由于污染企业威胁将把工厂迁移到发展中国家的“污染天堂”中去而使环境标准崩溃，可能导致国际环境条件的两极分化。

5．波特假说（Porter Hypothesis）

Porter 和Linde（1995）认为，如果将环境规制与国际竞争力之间的讨论置于动态的分析框架下，即考虑环境规制变动下生产技术、产品和生产过程改进的可能性，则严厉的环境规制与产业国际竞争力提高之间必然存在因果关系。环境管制增加了厂商所面临的限制条件，但同时也给予厂商改革的动力，厂商可能弥补环境管制造成的成本损失。世界银行关于贸易与环境问题的研究发现，越是实行贸易开放政策的国家，其污染密集工业增长率越低。

6．环境规制与FDI和企业选址

严格的环境规制会降低企业的利润，企业在利益的驱动下，有可能向环境规制较为宽松的国家投资。采取宽松环境政策的国家是否能够吸引更多外国直接投资，一国环境控制成本的差异是否会达到以致污染密集型产业迁徙到那些环境管制较为宽松的欠发达国家去，是该领域研究的重点。比如发达国家间接向发展中国家转移环境污染企业、行业和设备。在国际投资领域，如果东道国与投资者双方之间的绿色壁垒存在差异，投资项目便极有可能造成对其中一方的损害。

三、林产品贸易与环境研究的进展与实证方法

林产品贸易与环境问题的理论和实证研究在20世纪80年代逐渐兴起，90年代中期形成一个高潮。在乌拉丰回

合谈判中，美国、加拿大、芬兰、奥地利、新加坡、香港、日本、欧盟、韩国、新西兰签订了到2004年实现纸产品“零关税”的“零关税协议”；大多数家具生产国达成1999年削减关税的协议。这类多边谈判，对研究起到了推波助澜的作用。但是贸易自由化与环境的实证研究还是受到很大的局限，例如，对非关税壁垒环境影响的研究很少，而对不同政策选择的实证研究几乎没有，主要原因是经济和环境的关系复杂，缺乏可靠数据。

林产品贸易与环境实证研究的常用方法：贸易与环境实证研究的常用方法包括投入产出模型（简称I-O模型）和一般均衡模型和局部均衡模型。在林产品贸易与环境研究中，大多数研究采用多部门、一般均衡模型对林产品关税减让的环境影响进行了分析。尽管任何模型都不能准确地描述关税自由化的结果，不过，在大量林业部门模型中，贸易为生产和消费提供了可靠的风向标是清楚的，模型可以清楚地示范变化的大致方向和程度。部门模型提供了贸易和生产、消费联系变化的分析框架，但用来预测木材采伐的环境效应却很困难。土地所有者对市场的反应、采伐资源条件、国内政策和制度、市场结构都是决定森林受影响的程度及分布的重要因素。

在研究林产品贸易与环境问题的众多模型中，值得一提的是，美国农业部林务局、太平洋西北地区研究站林业科学实验室、威斯康辛大学和华盛顿大学，在美国贸易代表署和白宫环境质量委员会管理下进行的联合研究及相关研究使用的两个不同却互补的模型。其一是全球林产品模型（简称GFPM）；其二是华盛顿大学森林资源学院林产品国际贸易研究中心的全球贸易模型（简称CGTM）。它们提供了一种手段，在一致的框架内可清楚地说明和量化市场力，检查关税自由化引起的变化数量和方向（尤其是关税削减导致价格变化过而引起的消费数量变化和由于市场机会导致的生产数量和布局的变化）。

四、林产品贸易与环境的关系

一般来说，贸易不是决定环境好坏的主要因子，但也并不是一点影响都没有。但是贸易政策及贸易实践对环境还是有一定影响的。这些影响也许是正面的，也许是负面的，从森林到林产品，直至消费过程，这些影响都无所不在。现实是森林资源存在过度的开采和利用。而可持续发展的资源一旦遭受到破坏，产生以危害生态环境为主要特征的外部环境负效应，其危害上的代际性会使后代所遭受的损害远非眼前收到的经济利益能够补偿是学者们相同的认识。但是对林产品贸易和环境变化趋势之间的关系试图给出更多的结论是困难的，甚至是轻率的。许多文献讨论了这个主题，却存在着截然相反的观点。

(1) 多数研究者认为林产品国际贸易不是影响全球森林资源的主要因素。在大多数国家，毁林最主要的原因是农业补贴、大规模的工业开发、人口压力、缺乏可靠的土地所有和占有安排、薪材需求、国内木材采伐和消费需求、缺乏森林可持续发展的经济环境。尽管在某些出口国家，林产品贸易对环境的影响显著一些，特别是为了取得木材的国际贸易利益，发展中国家限于经济发展水平资金和技术条件的限制，加速了森林资源的砍伐。例如，近10年印尼热带森林的消失速度增长了1倍，每年有200多万hm^2热带雨林遭到毁灭。在非洲，森林破坏造成了非洲的生态危机：沙漠化不断扩张，干旱周期性肆虐，饥荒蔓延，成为经济最贫困的一个洲（见：沈孝辉．木材生产和贸易呼唤认证与道义），但是林产品国际贸易不是影响全球森林资源和管理的主要因素。有些学者认为发达国家对木材的大量消费导致森林资源的砍伐。20世纪60年代到70年代，菲律宾成为世界木材的主要出口国，但它却为此失去了90%的森林资源，造成原始森林锐减，水土流失严重，生态失衡问题加剧。而1980～1990年，年均木材进口量占世界木材出口总额40%的日本，其本国的森林面积却有增无减，森林覆盖率达65%（见：俞海山．国际贸易外部效应的表现、特点及消减对策．国际贸易问题，2004（2）：5）。

(2) 有的学者认为农业才是造成热带森林采伐的主要原因。尽管一些研究表明，木材采伐、贸易对环境的影响相对较小，但是木材商品的生产和出口却被证实为导致热带森林采伐的因素之一。Sader等人用卫星时间系列方法分析了人类迁移和农业扩张对Maya热带雨林的影响，认为在1990～1995年间，受冲击的地区的森林皆伐率几乎是受保护地区的12倍。许多作者承认农业对森林采伐的直接影响，但是，对木材采伐是否是森林退化并最终导致有林地永久性转化为其他用地的因素存在争议。有学者提出了热带国家80%的森林采伐（以森林的永久丧失为标志）是因为农业，有人追溯了苏丹森林采伐进而使林地永久性转化为其他用地到水溶性阿拉伯树胶国际贸易崩溃的轨迹，有人分析了橡胶和棕榈油市场繁荣对马来西亚森林采伐进而使林地永久性转化为其他用地的影响，结论是，与林业竞争使用土地的其他部门的贸易对森林的影响是显著的，只是这种影响难以精确量化。

(3) 非法木材贸易对环境的破坏作用。在世界范围内，非法木材采伐和贸易威胁到了环境。在许多森林资源丰富的国家，尤其在一些发展中国家，非法木材采伐甚至超过了合法采伐量。世界银行估计仅非法采伐木材的经济价值每年就达100亿美元，柬埔寨20世纪90年代末非法采伐量占木材产量的90%，而巴西亚马逊非法采伐量超过其木材产量的80%。大规模的非法采伐导致菲律宾森林在20世纪80年代期间迅速退化，以至于今天有90%的原始森林都因非法采伐而消失了。而国际市场却为非法采伐的木材提供了一个通道。欧盟国家进口木材的一半以上和西方八国进口木材的1/3以上属于非法来源，其中甚至还包括受濒危野生动植物物种国际贸易公约保护的物种，如美国进口的桃花心木有大约25%属于非法来源（见庞波，夏友富．木材及其产品进口与生态环境保护，2005（12）：37）。非法木材贸易不仅刺激了非法采伐，使本来就脆弱的生态系统岌岌可危，更使人类保护森林和环境的努力成为徒劳。

(4) 其他因素的影响。发达国家和发展中国家的经验表明，其他因素，尤其是土地占有权和公共土地的管理决策，对森林采伐问题同样重要。FAO对各国的研究表明，土地使用权是土地使用变化（即林地永久性转为其他用地）的主要决定因素；遥感调查表明，在森林变化过程中，森林直接转化为永久性农地比林农轮作更加突出；另外，经测算，森林面积变化率与人口密度、人口增长率、农村人口比例是负相关关系，相关系数分别为0.04、0.26、0.38；与人均GDP是正相关关系，相关系数为0.21。（见：缪东玲，张民照，党凤兰．林产品贸易与环境实证研究综述．世界林业研究，40：39）

经过上述讨论，我们可以明显的看出，国际间林产品贸易与环境之间的关系是一个复杂的问题。这也是一个问题的两条途径，即从贸易到环境，从环境到贸易。贸易虽然不是影响环境的主要因子，但在不同的区域，政策可能对贸易产生一定的影响。如果这些政策能被适当地采用，可能对环境带来重要的影响。然而大多数环境问题是由多方面综合因素造成的，如果想通过贸易行动单方面解决它们，往往达不到预期效果。如果在某些情况下，贸易可以作为解决环境问题的一种手段的话，那么则需弄清所有掺入其中的问题，并且对贸易及环境政策进行调整。

五、环境规定对我国林产品贸易的影响

环境规定对我国林产品贸易的影响主要表现在绿色壁垒对我国出口贸易的限制。中国出口产品正面临越来越多的主要来自发达国家的绿色壁垒的挑战，可以说，几乎所有的产品已经或即将受到绿色壁垒的影响，因此绿色壁垒将成为21世纪初期林产品贸易的巨大障碍。

1. 对市场准入的影响

绿色壁垒的直接影响，就是我国许多产品由于环保、安全因素无法进入目标市场或被迫退出目标市场。造成这种状况的原因有三：一是我国出口产品不符合进口国的标准要求，被拒之门外；二是贸易对象国任意提高标准，致使出口企业无法达到；三是标准提高增加了出口成本，一些出口企业无法承担费用，不得不退出市场。2002年，欧盟国家以食品安全为由对我国部分食品出口进行封关，直接影响林产品出口创汇。欧盟此举还引起了连锁反应，挪威、匈牙利等国先后封关，日、韩、沙特等国也相继提高了检验标准。

2. 对产品竞争力的影响

绿色贸易壁垒的间接影响表现在对产品竞争力的影响。一是环保、安全等的投入都直接增加了产品成本，从而丧失了产品价格优势，削弱了其在国际市场上的竞争力。二是国内缺乏先进的测试设备，进口大量设备增加了出口企业成本。三是企业要获取相关认证的费

用也相应增加了企业的成本。多数发达国家通过立法对来自发展中国家的比较有优势的环境敏感性产品采用绿色标志认证、征收绿色关税和附加税或实施反补贴等手段加以限制。目前我国大多数出口的还是技术含量低、附加值低的产品，如果增加环保成本将抵消我国劳动力成本低的优势；出口企业为了申请环境标志来赢得销售优势，则必须缴纳相当数量的标志申请费和使用年费，还有较大数额的环境检验、测试、评估等费用，这会使成本加大。这些在一定程度上降低我国产品的国际竞争力。但如果企业以不控制国内污染的方法增强我国产品的国际竞争力，最终将导致国际竞争力低下和环境破坏严重的恶性循环。2002年以来，日本对我国出口的农产品增加检测农残的品目达43种，大大增加了检验费用，从而达到迫使日本进口商减少订货的目的。例如，日本对我国出口蔬菜的进口通关放慢，造成蔬菜品质下降，同时由于抽样数量增加检验费用从原来每批次5万日元提高到80万日元，高额的费用迫使日本进口商陆续取消我国的订单。

3. 对拓宽国际市场的影响

我国的出口产品中以劳动密集型产品为主，受环保因素影响较大，出口市场又集中在欧、美、日等发达国家和地区，这些国家和地区往往出于保护本国劳动者就业等方面的需要，在产品的安全、环保、卫生等方面制定了较高的标准，我国相当数量的传统优势产品频繁遭受国外技术性壁垒，出口纷纷受阻，严重影响我国出口产品开拓市场，有的甚至被迫退出了市场。商务部最新调查表明，2002年，我国71%的出口企业，39%的出口产品受到国外技术性壁垒的限制，造成损失170亿美元，相当于当年出口额的5.2%。

六、我国应当采取的对策

（一）建立可持续发展的进出口商品结构

降低初级产品在出口商品结构中所占的比重，限制或减少造成自然资源破坏和附加值小的初级产品的出口，如应大幅度降低木材及其制成品的关税税率。

我们知道，森林资源的合理开发和保护直接关系到生态环境质量。我国木材生产量1995年达最高峰，为6767万m^3，随着保护天然林工程的实施，到1999年木材生产量降至5049万m^3。根据世界银行（1997）提供的数据，中国人均自然资本略高于日本人均自然资本，但是日本人均森林资源资本却是中国的2.4倍，森林覆盖率高达65%，尽管如此，日本长期大量进口世界木材资源，1998年占世界木材市场总量的22.4%，而中国仅占世界总量的4.7%。这表明中国需要继续保持木材及其加工产品和相关产品（如纸和纸浆）的进口关税低税率，甚至实行零关税。大幅度进口木材及加工产品，扩大利用世界森林资源的能力，保护和增加本国森林的资源。（兰天．贸易与跨国界环境污染[M]．北京：经济管理出版社，2004）

（二）提高木材利用率、增加产品加工的附加值

我国虽然是木材进口大国，但是在木材使用过程中还存在浪费现象。特别是在提高工业木材剩余物的利用效率方面还具有很大潜力。在欧洲国家能源供应中占一定比例的生物质能，就以书皮、锯屑、木块、木粉等林产品加工剩余物为主，并采用热电联供。因此，加工木材废弃物不仅利用效率高，而且作为能量的利用效率也很高。我国木材的粗加工和深加工过程中产生的剩余物，如果能得到有效利用，作为原材料和能源的来源，对提升我国能源使用层次和水平具有极大的促进作用。此外，我国文化业发展迅速，报刊、图书发行激增。废纸回收由于可以满足全部或大部分印刷及书写纸（除某些等级的纸，如卫生纸和高级纸张）的材料需要，因此国内造纸业对废纸的需求也不断增加，我国使用的废纸大部分从美国和欧洲进口。相对发达国家较高的废纸回收率，我国的废纸回收率较低，不到20%，而日本的废纸回收率达到65%。因此废纸回收再利用在我国不仅有极大的发展潜力，而且能杜绝浪费，促进环境保护，并减轻我国对国际废纸市场的依赖。最后，在我国与有关国家的森林资源开发与合作过程中，我们应立足长远，将重点放在提高木材深加工和拓展产业链上，这样不仅能提高产品的附加值，增加收入，更重要的是通过提高产品的综合利用率以节约木材耗用，这也是我们作为负责任的木行进口大国服务于森林可持续发展和环保的需要。

（三）开发可替代产品，提高可替代资源的利用效率

我国森林资源虽然匮乏，开发木材的可替代产品自然成为解决我国木材供应紧张的一个有效途径。就相关可利用资源而言，薪炭林、农业剩余物秸秆和竹材都具有广阔的发展前景。其中，薪炭林是我国森林发展的一个战略林种，也是农村燃料的主要来源。发展薪炭林，不仅可以改善林种树种结构、维护和改善生态和大气自然环境，并且对促进秸秆、畜粪还田和农村发展具有重大的战略作用。其次，农业剩余物秸秆作为可开发的最佳木材替代品，不仅资源量丰富，而且具有很高的利用价值。农作物秸秆产量每年约7亿吨，可用作能源的资源量约为2.8亿～3.5亿吨。如果能将其中的5%加以利用，就可生产2000万m^3人造板。此外，我国还是位居世界第一的竹材大国，竹材不仅具有一次造林，永续利用、强度高、硬度大、韧性好等优良胜能，而且可以比相同面积的树林多释放35%的氧气，因此竹材的开发和利用对生态环境保护具有重要意义。随着新技术新工艺的推广使用，竹材的应用前景更加广阔。竹木复合建筑材不仅开辟了木材和竹材利用的新途径，而且也可以促进人工林间伐材和竹材的有效利用。我国虽然在林产品的技术方面相对落后，但可以结合可替代资源的具体情况，借鉴和引进有关技术，开发出适合国情的可替代林产品利用技术，这也是我国林业走可持续发展道路的一个重要方面。

（四）加快完善环境标志制度和法制进程

绿色壁垒具备隐蔽性和歧视性，它的实施手段形态各异，科技含量高，涵盖范围广泛。但是绿色壁垒必须要通过技术标准来进行限制，进口国制定的标准应该具有通用性，不允许来自不同出口国的同一商品搞双重标准。如果进口国来自多个国家，就很难使用这种手段，而当进口商品为一个国家所垄断的时候，则比较容易实施绿色壁垒，针对性也强。作为发展中国家，严格的环境标准显然与中国的基本国情不符，而过低的标准既达不到环保的目的，又易给进口国留下口实。对于合理的绿色壁垒，中国要大力发展环保产业，努力提高出口产品的技术含量，优化出口产品结构。国家应当制定科学的绿色产业发展战略，积极采用和引进对环境无害的技术和设备，鼓励研制和开发绿色产品，提倡绿色消费和出口产品的绿色包装。在经济活动中引导企业积极引进并推广开发清洁生产技术和环保设备，开发成本低、质量高，符合国际技术标准的“绿色产品”，提高中国产品的环保竞争力。

中国作为最大的发展中国家，中国的出口产品和行业就面临着巨大的挑战，中国因绿色壁垒所遭受的损失非常巨大。因此，要提高产品质量，针对出口产品不同的市场流向，有针对性地加强出口企业的产品质量认证（ISO9000，HACCP）与环境认证（ISO14000，德国的“蓝色天使”认证、欧洲的“环保标准”认证和日本的“生态认证”）。为了使中国企业及其产品适应国际市场对出口产品环境标准的要求，中国应通过立法程序明确国家标准，在全国范围内推广使用。同时，还应制定实施国家标准的管理法规，以便使达标认定工作规范化。采用严格标准，不仅有利于中国绿色产业及产品进入国际市场，而且有利于阻止国外污染严重的生产项目、设备、设施向中国转移，避免污染转嫁。

（五）加快我国的森林认证工作和林业的可持续经营管理

由于经过认证的森林来自可持续经营的林业，对环境的影响不大或者是在生态的恢复能力范围之内。因此，一些曾对森林认证持反对和观望态度的政府也开始积极探索和尝试开展适合本国的森林认证体系。另一方面，正在形成的世界“环境敏感市场”，对经森林认证产品的需求也在不断增加，从而对我国家具和其他木制品的出口形成了巨大的压力。我国相关产品要进入该市场并扩大市场份额，进行森林认证就成为大势所趋。截至2003年底，国内已有50多家企业获得了产销监管链的认证。相对木制品的广大经营企业而言，认证推广工作潜力巨大。但目前制约木材经营企业进行森林认证的主要因素是成本较高，国内尚未形成林产品的认证市场机制。不少厂家虽然也认为森林认证势在必行，但出于经济方面的考虑，他们或持观望态度或非自愿进行认证。而我国要实现森林的可持续经营，也需要尽快建立起以国际通行标准（PSC）为基础的自我认证体系。该体系

应充分借鉴相关发展中国家的经验和教训（如马来西亚和印尼），以处理好本国的认证体系与国际体系之间的衔接，避免以后出现的不同认证体系难以协调，本国认证体系难以获得国外认可的问题，并最终实现适合国情的林业可持续经营管理。

（六）积极参与贸易与环境问题的国际合作

要使中国在21世纪的国际竞争中占据有利地位，最根本的途径是使自己成为国际竞争“游戏规则”的制定者，只有这样，才能最大限度地保障自己的权益。国际规则制定的过程实际上就是各国国家利益和力量的斗争与协调过程。目前，中国积极参与了世界贸易与环境委员会的会议，密切注视着国际贸易与环境政策的影响。中国还参加了联合国环境署与联合国贸发会议联合组织的贸易与环境问题非正式高级圆桌会议、联合国环境署与国际商会举办的企业环境行为部长级会议、可持续发展委员会关于贸易与环境的讨论等。中国应更加积极地参与有关国际环境保护组织和贸易组织的活动和谈判，了解世界环境保护发展的新动态及可能对中国对外贸易带来的潜在影响，表明立场，争取公平合理的谈判地位。扩大中国在一些国际环保立法和贸易立法方面的影响，认真履行作为一个发展中国家所应承担的与其能力和水平相适应的责任与义务，同广大发展中国家紧密合作，以集体的力量进行斗争，努力寻求作为发展中国家在国际贸易中应有的差别待遇，阻止滥用环保法规、滥用贸易协定条款推行贸易保护主义的企图。及时调整中国有关的环境贸易政策，努力向国际接轨，这对提高中国的国际声誉，维护发展中国家的权益，减少不必要的损失，都会起到积极的作用。

世界经济的全球化使每个身处其中的国家彼此的依赖性进一步增强，环境保护的范围不再局限于我们单个的国家，林产品贸易也不单纯是一个企业或一个国家的事情，而要通过国际贸易来最终推动人类可持续发展目标的实现。

第六章

林产品市场机制

CHAPTER 6 Market Mechanism of Forest Product

第一节　林产品市场机制概述

一、林产品市场机制的内涵

机制一词来源于希腊语，意指机器运转过程中各个零部件之间相互联系、相互作用、互为因果的联结关系及运转方式。后来机制一词被引入生物学、医学、经济学等领域。

林产品市场机制是林产品市场经济运行中最主要的调节手段和方式，是通过林产品市场价格的波动、市场主体之间的竞争、市场供求关系的变化而调节经济运行的机制，是促使林产品市场有序运行的机理和形式。林产品市场机制是林产品市场内在诸要素（价格、供求、竞争等）相互联系、相互影响、相互适应、相互制约、相互作用、自我协调的一种自组织能力，是市场经济规律赖以发挥作用的条件，因此是市场经济内在的调节机制。

林产品市场机制存在于市场体系之中，它是通过一系列具体机制，主要是价格机制、供求机制和竞争机制等实现的，其中价格机制是市场机制发挥作用的中心机制。这些机制之间相互联系、互为条件，从而组成一个有机制约的体系。

二、林产品市场机制的基本要素

林产品市场机制的基本要素是价格、供求、竞争等。这些要素在市场上相互适应、相互制约、自动协调、自行组织，构成了市场经济的内在调节机制。

（一）林产品价格

价格是林产品市场机制的一个重要要素，林产品价格是林产品价值与货币价值的比例关系，是林产品价值的货币表现。

1. 林产品价格的构成

林产品价格是林产品价值的货币表现，价值是林产品价格的基础。林产品价值是由生产过程中已消耗的生产资料的价值和劳动者新创造的价值两部分组成的。劳动者新创造的价值又包括为自己所创造的价值和为社会所创造的价值。与此相对应，林产品商品价值的货币表现分为物质消耗支出、劳动报酬（工资）支出和盈利三个部分。其中前两部分支出构成林产品生产成本。林产品的价格、成本和价值之间的关系可用图6-1表示。

2．林产品价格的种类

林产品的价格，按照经营环节，分为出厂价格、批发价格和零售价格三类。出厂价格是生产企业将产品销售给商业批发机构或其他需用单位所使用的价格，由产品成本、销售税金和利润构成。批发价格是指商业批发机构将商品销售给零售企业所使用的价格，由产品出厂价格加上商业批发机构的商品流通费、税金和利润构成。零售价格是商品零售企业将产品销售给消费者所使用的价格，也称市场零售价格，是由批发价格加上零售企业的商品流通费、税金和利润构成。上述三种价格形成了林产品从生产到消费的价格体系。三种价格的构成及相互关系见图6-2。

正确制定上述三种价格，形成三者之间合理的差价，有利于调节林产品生产和市场供求，指导消费，促进国民经济持续稳定发展。

林产品差价是指林产品由于流通环节、购销地区、购销季节或质量不同而形成的不同价格之间的差额。

林产品差价主要有以下几种形式：

购销差价，是指同一种林产品在同一产地同一时间内购进价格和销售价格之间的差额。地区差价是指同一种林产品在同一时期内因销售地区不同而形成的价格差额。批零差价是指同一种林产品在同一时间同一市场上批发价格与零售价格之间的差额。

质量差价是指一种林产品在同一时间同一市场上由于质量（品种、品质、规格、等级等）不同而形成价格之间的差额。

3．影响林产品价格变动的因素

影响林产品价格变动的因素主要有：

(1) 林产品供给与需求的变动

林产品供给与需求不同组合的变动，都会引起价格的变动，供给减少但需求不变，或者供给不变但需求增加，都会推动价格上升。供给增加但需求不变，或者供

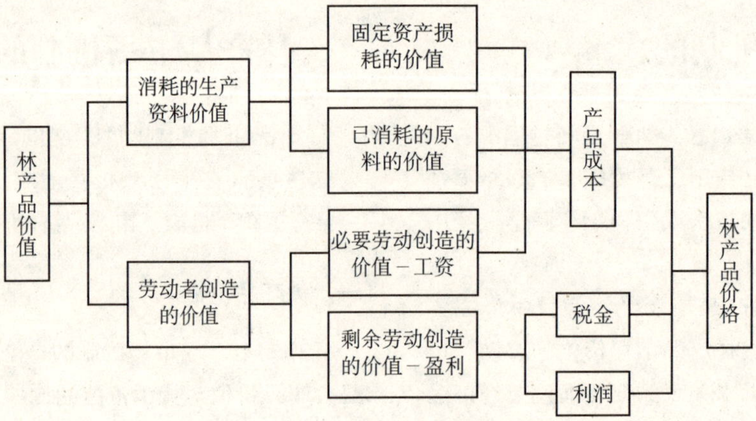

6-1　林产品价格的构成

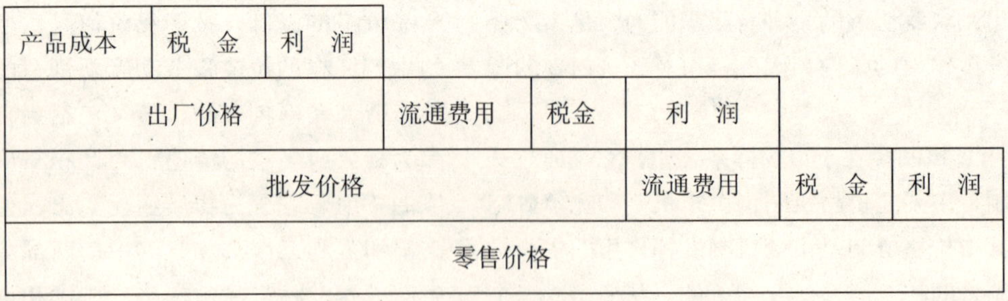

图6-2　三种价格的构成

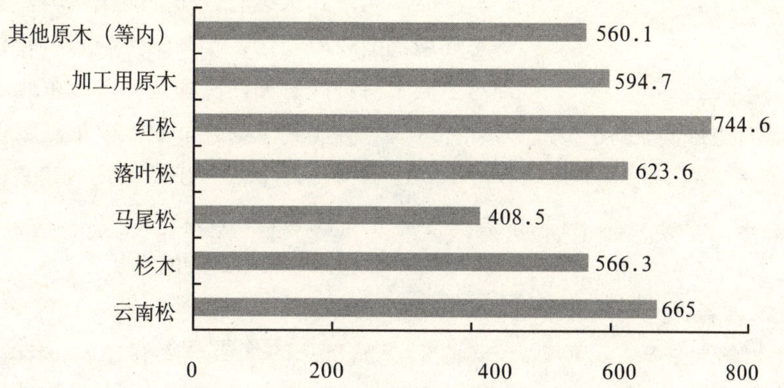

图6-3　2004年中国原木平均购进价格

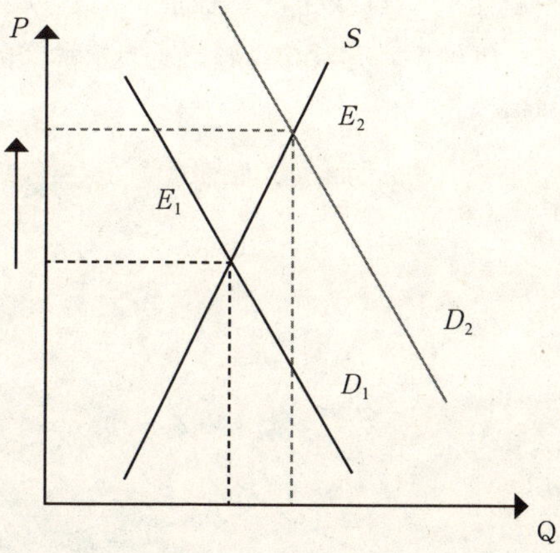

图6-4　供给不变，需求增加→价格上升

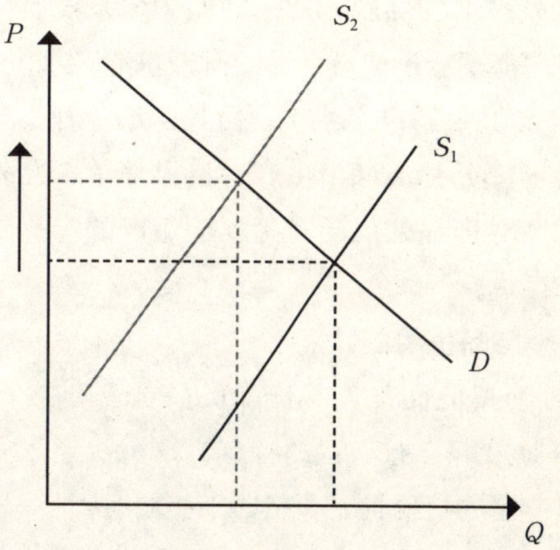

图6-5　需求不变，供给减少→价格上升

给不变但需求减少，则会引起价格下降。只有当供给和需求都为变，或者都同一方向和同一幅度变化时，价格才会保持稳定。

(2) 林产品所包含的价值量的变化

如果由于技术进步等原因使得生产林产品的劳动生产率提高，生产单位林产品的社会必要劳动时间降低，单位林产品所包含的价值量下降，则林产品价格也随之下降；反之，价格上升。

(3) 货币价值的变动

林产品价格是林产品价值的货币表现。用公式表示为：

$$\text{林产品价格}=\frac{\text{林产品价值}}{\text{货币价值}}$$

在林产品价值不变的条件下，如果货币升值，则林产品价格下降；反之，则林产品价格上升。

(4) 政府的政策

一是税收政策对林产品价格的影响。例如流转税（增值税、营业税、消费税）是加进林产品销售价格的，如果提高流转税的税率，就会引起林产品价格相应上涨，而如果降低流转税的税率，则会引起林产品价格的下降。二是价格改革对林产品价格的影响。政府定价范围的变化，政府对定价的冻结或调整，对定价规则和价格管理的改变，都会引起林产品价格的变化。例如改革开放以来，我国逐步放开对木材等林产品价格的管制，木材等林产品的价格由原来的政府统一定价，到现在的随行就市，林产品价格逐步能反映其资源的稀缺程度、市场的供求状况。

（二）林产品供求

林产品供求关系是林产品市场机制的一个基本构成要素。

1．林产品供给

(1) 林产品供给的概念

林产品供给是指林产品生产经营者在一定时期内在不同价格水平下愿意而且能够出售的某种林产品的数量。林产品产品供给的形成必须同时具备两个条件：一是生产经营者有出售林产品的愿望；二是生产经营者有供应能力。如果只有出售林产品的愿望而没有供应林产品能力，或虽然有供应林产品的能力但并没有出售林产品的愿望，都不能形成林产品的有效供给。

林产品供给来自于生产，但其供给量并不等于生产量，因为一部分林产品由生产者自己消费，此外，在一定时期内，林产品的供给量除本期生产的产品外，还包括以前的存货。

(2) 林产品供给的特点

相对于其他商品，林产品的资源基础、产品的功能、消费对象等都有自己的特点，这就决定了林产品供给也具有一定的特殊性。概括起来主要有：

① 由于林地是林产品生产不可替代的基本生产资料，而林地又是有限的稀缺资源，所以在一定地域和技术条件下，林产品的可能供给总量是有限的，不会随价格的提高而无限增长。价格的提高只能在一定的范围内促进林产品供给量的增加。

② 林产品生产周期较一般商品生产周期长。林产品的生产过程是经济再生产和自然再生产交织的过程，这一过程是不能间断的，且不能违背自然规律。如果林产品供给不足，无论价格多高，都无法在短期内增加供给。

③ 林产品供给受自然条件影响较大。土地、温度、光照、降水等众多因素对林产品生产都会产生重要影响，自然条件的不确定性增加了林产品生产的风险，直接影响林产品供给，给林产品的供给带来了较多的不稳定性和不可控性。

④ 林产品供给的政府调控程度较大。由于林产品的供给涉及国计民生，与生态环境息息相关，政府往往对林产品的生产和供给进行必要的宏观调控。如为保护生态环境我国政府于1997年开始实施了天然林保护工程，对主要木材产区，如西南国有林区、东北及内蒙古等国有林区天然林实施了禁伐、限伐政策。工程区的天然林的木材产量由1997年3205万m^3调减到2003年的1214.5万m^3，调减的幅度达到62.11%。

(3) 影响林产品供给的因素

① 林产品自身的价格

林产品自身的价格是影响林产品供给的决定性因素。在正常情况下，林产品价格影响林农与林业生产者的收入，从而影响其生产的积极性，致使林农增加或减少林产品供给，即林产品价格下降，林农减少生产与供给；林产品价格上升，林农生产积极性提高，就会增加林产品的生产与供给。可用图6–6形象地表示林产品供给量与价格的关系。

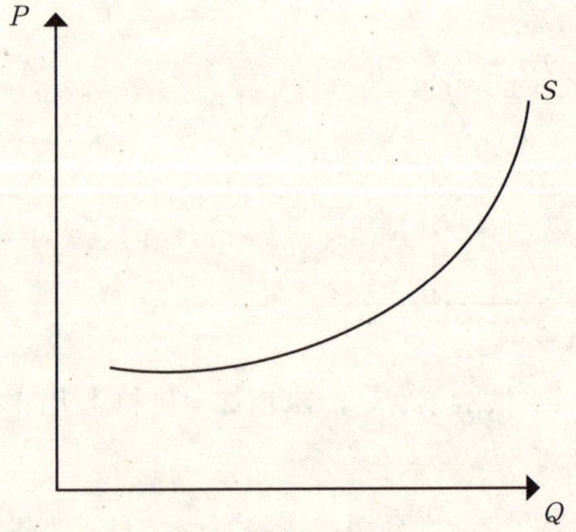

图6–6　林产品供给曲线

图6–6中，横轴Q代表供给量，纵轴P代表价格，S为林产品供给曲线。林产品供给曲线是一条从左下方向右上方倾斜的曲线，说明林产品的供给量与价格之间是同方向变化的关系。

② 林产品生产要素的价格

如果林产品生产要素的价格上升，就会使林产品的成本增加，从而在林产品价格不变的情况下，利润减少，供给量下降；反之，如果林产品生产价格上升，就会使林产品的成本减少，在林产品价格不变的情况下，利润上升，供给量增加。

③ 林业资源及其开发利用的技术水平

林业资源从基础条件上决定了林产品生产的可能性，资源条件的优劣也决定了林产品生产的多与少。我国是一个森林资源稀缺的国家，据第六次森林资源清查显示，我国森林覆盖率仅相当于世界平均水平的61.25%，这就在一定程度上制约了我国木材等林产品的供给，使得木材等林产品供不应求。林产品的增长，虽然可以通过劳动集约、土地集约或资本集约来实现，但劳动、土地、资本集约相对于林产品产量的增加是有限的。如果要继续增加林产品产量，就要充分发挥科学技术的作用。目前我国的森林资源出材率和木材综合利用率分别为61%和63%，而发达国家一般在90%左右。按我国目前生产规模和加工能力计算，森林资源出材率和木材综合利用率每提高1个百分点，相当于增加木材供给100万m^3和40万m^3。

④ 政府的林业产业政策

政府的林业产业政策包括林业税收、林业信贷等政策，这些政策的实施通过市场调节影响到林产品生产者的经济利益，从而影响林产品的供给。如在2000年农村税费改革试点工作开展前，我国南方集体林区征收的林业税费包括育林基金、维简费、农业特产税、增值税、教育费附加、城市维护建设税、森林植被恢复费、森工企业管理费、野生动植物资源保护管理费、乡统筹、村提留等多达30余种，占销售收入的40%～60%。林业税费加重了林农的负担，减少了林农和生产者的收益，使林农的所得只能维持作为木材生产者的应有补偿，“甚至卖木材得来的收人还不够缴税费”，挫伤了林业生产者的积极性，减少了木材等林产品的有效供给。

(4) 林产品供给价格弹性

① 林产品供给价格弹性的概念

林产品供给价格弹性，简称林产品供给弹性，是指林产品价格变动的百分比所引起的需求量变动的百分比，即林产品供给量对价格变动反应的灵敏程度。

用Es表示林产品供给弹性，用$\Delta Q/Q$表示林产品供给量变动的百分比，用$\Delta P/P$表示林产品价格变动的百分比，则林产品供给弹性公式为：

$$Es=\frac{\Delta Q/Q}{\Delta P/P}$$

② 影响林产品供给弹性的因素

影响林产品供给弹性的主要因素包括：林产品生产周期的长短，林产品生产规模变化的难易程度，林产品价格变动的影响期长短和随着林产品产量的增加其成本增加的程度。

林产品生产周期的长短。如果林产品生产周期长，价格在生产周期内的变动不足以对林产品的供给量产生影响，供给弹性就小。这是因为林产品生产者还来不及调整其生产规模，形成新的生产能力，价格就可能发生新的变化，从而就不能影响本期的供给量。而如果林产品生产周期短，在价格变动的周期中，生产者有时间调整生产规模，改变林产品的供给量，其供给弹性就大。

林产品生产规模变化的难易程度。如果林产品的生产规模容易改变，其供给弹性就大；则之，如果林产品的生产规模不容易改变，其供给弹性就小。一般说来，劳动密集型林产品的生产规模容易变动，其供给弹性就大；而资金密集型或技术密集型的林产品其生产规模变动的难度较大，其供给弹性就小。

林产品价格变动的影响期长短。如果林产品价格变动的影响期长，生产者能及时对生产做出调整，改变供给量，则供给弹性大；如果林产品价格变动的影响期短，生产者来不及对生产做出调整，则供给弹性就较小。

随着林产品产量的增加其成本增加的程度。如果林产品产量增加的程度大于其成本增加的程度，则其供给弹性大；反之，供给弹性则小。

总之，林产品供给由于受到自然条件的影响大，生产周期一般较长，加之受到土地面积的限制和林业生产本身特点的约束，不可能迅速或无限扩大生产，形成有效供给，因此林产品供给价格弹性普遍较小。

2．*林产品需求*

(1) 林产品需求的概念

林产品需求是指在一定时期内，在不同价格水平下，消费者愿意并且能够购买的某种林产品的数量。形成有效需求必须同时具备两个条件：一是消费者有购买愿望；二是消费者具有支付能力。

(2) 影响林产品需求的因素

① 消费者水平

对某种林产品是否形成需求或需求多少，消费者的收入水平起着决定性作用。一般来说，消费者收入水平越高，对一定价格林产品的需求就越大；反之，收入水平越低，需求量就越小。消费者收入水平的高低与某种林产品的消费呈同方向变化，但是不同林产品需求的变化程度是不同的。改革开放以来随着我国经济的持续、稳定和快速发展，居民收入水平不断提高，对木材等林产品的需求与消费呈现出强劲的增长态势。据专家测算，1999年我国商品材消费量在1.44亿m^3，其中建筑及装修业为3000万m^3，家具制造业2400万m^3，造纸业5350万m^3，农业用材2000万m^3，工业及基地用材1650万m^3，预计到2010年，商品材总需求量将达到2.44亿m^3，比1999年增加1亿m^3，增长69.4%，平均递增5%左右。

② 林产品自身的价格

一般情况下，林产品价格越低，对林产品的需求量越大；反之，林产品的价格越高，对其需求量越小。

可用图6-7形象地表示林产品需求量与价格的关系。图6-7中，横轴Q代表需求量，纵轴P代表价格，D为需求曲线。需求曲线是一条从左上方向右下方倾斜的曲线，说明林产品的需求量与价格呈反方向变化的关系。

林产品的需求量与价格呈反方向变动的原因可用替代效应和收入效应解释。

替代效应是指在实际收入不变的情况下，某种林产品价格变化对其需求量的影响。如果某种林产品价格上升，而效用相同的其他产品价格未变，那么，其他产品的相对价格就下降，消费者就用其他产品来替代这种林产品，从而减少了对这种林产品的需求量。这种由于某种林产品价格上升而引起的其他产品对该种林产品的替代就是替代效应。替代效应使得价格上升的林产品的需求量减少。

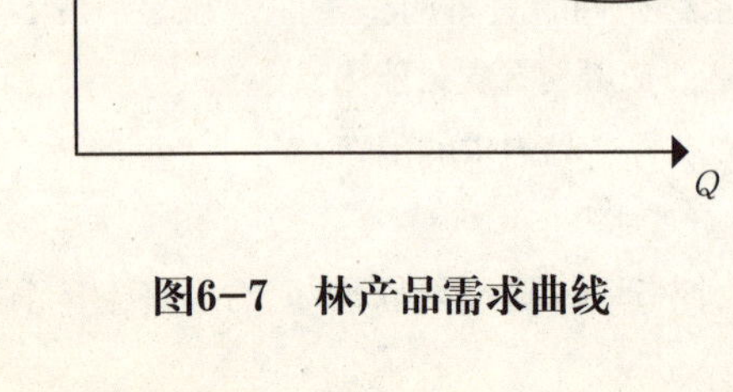

图6-7　林产品需求曲线

收入效应指的是在货币收入不变的情况下，某种林产品的价格变化对其需求量的影响。如果某种林产品价格上升，而消费者的货币收入不变，则消费者的实际收入减少，从而对某种林产品的需求就会减少。

林产品价格与其需求量呈反方向变动的关系是替代效应和收入效应共同作用的结果。

③ 相关商品的价格

对某一种林产品的需求，不仅取决于其自身的价格，还取决于其他相关商品的价格。相关商品主要包括两种情况：一是替代品的价格。替代品是指都能满足人们某种需要的，在效用上可以相互替代的商品。如果商品A和商品B是替代品，当商品A价格保持不变，另一种商品B的价格上升，这时商品A价格相对于商品B价格较低，消费者就会增加对商品A的需求；反之，如果另一种商品B的价格下降，这时商品A价格相对于商品B价格较高，消费者就会减少对商品A的需求。即商品A的需求量与其替代品商品B的价格同方向变化。例如在建筑上木材与钢材是替代品，如果钢材价格上升，人们就会增加对木材的需求。

二是互补品的价格。互补品是指两种共同使用才能满足人们某种需要的商品。如果商品A和商品B是互补品，当商品A价格保持不变，另一种商品B的价格上升，对商品B的需求量就会下降，从而对商品A的需求量也会相应减少；反之，如果另一种商品B的价格下降，对商品B的需求量就会上升，从而对其互补品A的需求量也会相应增加。即商品A的需求量与其互补品B的价格反方向变化。

④ 人口的数量与结构

人口数量的增减必然会直接到林产品的需求数量。林产品需求与人口数量呈正比变化。此外人口结构的变化也会影响到对林产品的需求。例如年轻人，特别是适龄结婚人口的增加会增加对家具等林产品的需求。

⑤ 消费者的偏好与消费观念

不同的家庭、不同的消费者有不同的偏好。如果消费者对某种林产品缺乏兴趣，即使该种林产品的价格不变，其需求量也会减少。如果消费者对某种林产品的偏好和消费观念发生变化，则对该种林产品的需求就会随之发生相应变化。例如随着绿色消费观念的深入人心，木材产品由于具有天然、绿色、环保、可再生及可循环利用等特点而符合人们的消费需求，从而使得人们对木材等林产品的需求增加。

⑥ 中间需求的变化

林产品中间需求是指林产品加工业及相关产业对林产品用作生产资料的市场需求。随着国民经济的发展和工业化进程的加快，林产品用于建筑、化工、食品等的需求日益增加。如我国近年来人造板产业发展迅速，拉动了木材的需求量，使得1998～2003年非单板型人造板用材量从728.70万m^3迅速增长到2512.51万m^3（见表6–1），尤其是2001年之后，非单板型人造板用材量呈现出加快增长的态势，年增增长率达到35.82%。此外由于建筑业、造纸业和家具业的快速发展也拉动了木材需求的上扬。2004年，建筑业、造纸业和家具用材增幅分别达31.06%、18.29%和20.45%。

⑦ 消费者对林产品未来价格的预期

如果消费者预期未来某种林产品价格会上升，将会增加对此种林产品的现实需求；相反，如果消费者预期某种林产品的未来价格下降，将会减少对此种林产品的现实需求。

表6–1　1998～2003年非单板型人造板产量及用材量统计（万m^3）

	1998	1999	2000	2001	2002	2003
纤维板产量	219.50	390.60	514.43	570.11	767.42	1128.00
刨花板产量	266.30	240.96	286.77	344.53	369.31	547.00
非单板型人造板用材量	728.70	947.34	1201.81	1371.96	1705.09	2512.51

资料来源：田园，宋维明，程宝栋．国木材市场供给结构分析．森林工程，2005（5）

（3）林产品需求价格弹性

林产品需求价格弹性，简称林产品需求弹性，是指林产品价格变动的百分比所引起的需求量变动的百分比，即林产品需求对价格变动反应的灵敏程度。

用E_d表示林产品需求弹性，用$\Delta Q/Q$表示林产品需求量变动的百分比，用$\Delta P/P$表示林产品价格变动的百分比，则林产品需求弹性公式为：

$$E_d=\frac{\Delta Q/Q}{\Delta P/P}$$

不同林产品的需求弹性差别很大，有多种因素影响林产品的需求弹性的大小，影响林产品需求弹性的主要因素有：

① 林产品的替代品数量及替代程度。如果某种林产品的替代品越多，替代程度越高，需求量就越容易对价格变化做出反应，从而需求弹性会越大；反之，则需求弹性越小。

② 林产品用途的广泛性。如果某种林产品用途越广泛，当其价格变化时，就会从多种用途影响其需求量，所以需求弹性也就越大；反之，则需求弹性越小。

③ 林产品在家庭总支出中所占比重的大小。如果某种林产品在消费者家庭总支出中所占比重越小，消费者对其价格变化的反应越不灵敏，则需求弹性越小；反之，则需求弹性越大。

④ 以林产品为原料的加工制造业对某种林产品的依赖程度。如果以林产品为原料的加工制造业对某种林产品的依赖程度大，则该种林产品价格的变动不会对此种林产品的需求量产生很大影响，需求弹性就小；反之，依赖程度小，则需求弹性大。

此外，林产品的必需程度等因素也会对林产品需求弹性产生影响。

总之，林产品的需求弹性大小是上述诸因素共同决定的，不同的林产品的需求弹性差别会很大。

3、林产品的供求均衡

林产品供求均衡是指在某种价格条件下，市场上某种农产品的供给量和需求量恰好相等。供给与需求相等时的价格称之为均衡价格，供给与需求相等时的数量称为均衡数量，如图6–8所示。图中横轴表示林产品数量，纵轴表示林产品价格，D表示林产品的需求曲线，S表示林产品的供给曲线，供给与需求两条曲线的交点称为均衡点，用E表示，P_E为均衡价格，Q_E为均衡数量。

林产品市场的均衡反映了林产品市场需求与供给这两种相反力量变化影响市场价格变动的趋势，以及市场

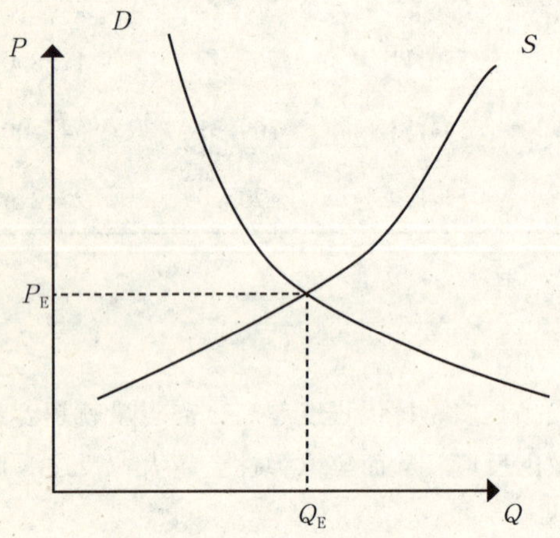

图6–8　林产品供求均衡

价格变动影响需求与供给变动的趋势。如果林产品市场需求大于市场供给，市场价格将会提高，根据需求规律和供给规律，价格提高，需求会减少，供给增加，一直到市场需求量等于市场供给量为止。相反，如果市场需求小于市场供给，价格下降将会增加需求，减少供给，直到供给与需求相等为止。当需求量与供给量相等时，价格不再具有变动的趋势，而是处于一种相对静止的均衡状态。因为在这种价格水平下，买者愿意而且能够购买的林产品数量与卖者愿意而且能够出售的林产品数量正好相等，既不存在过度需求，也不存在过度供给，市场处于均衡状态。

在市场经济条件下，林产品市场的均衡价格主要是由林产品供给与需求之间的相互影响、相互竞争过程中自发形成的，是价格自发决定的过程。

（三）林产品市场竞争

竞争是林产品市场机制的又一个要素。竞争是林产品市场中各市场主体为了争夺有利的生产和销售条件，为了获得更大的经济利益而展开的相互斗争与较量，是林产品市场中各经济主体一种相互联系、相互排斥的经济关系，是市场供求两种力量对立统一的矛盾运动。竞争是商品经济、市场经济中的必然现象，没有竞争就没有真正的市场经济。竞争使价值得以确定，使价值规律的调节作用显示出来。

价值规律所包含的商品生产者的平等权利是市场竞争的基础。由于社会分工，林产品生产者之间的利益是相互对立的，是市场把彼此分割开来的生产者联系在一起。在林产品市场上所有的林产品生产者都处于同等社会地位，因而具有平等的实现自己经济利益的权力。林产品生产者的平等权利，只能通过等价交换来实现。另一方面，市场上的买卖双方之间，生产同种林产品的企业之间的利益，在一定程度上是一种此消彼长的关系，其利益实现程度的大小，须依据各自行为的优劣而定，而这种优劣的比较，又是由购买者的“货币选票”决定的，所以竞争就是在这种利益平等而又矛盾的基础上产生的社会选择机制。

林产品市场主体对利益最大化的追求是竞争的根本原因。就林产品生产者、经营者而言，他们从事林产品生产、经营的目标是实现利润最大化，力求以最小的投入获得最大的产出。就林产品消费者而言，他们力图以一定的货币购买尽可能多的物美价廉的林产品。于是林产品生产者、经营者、消费者各经济主体为了实现各自的利益必然展开激烈的竞争。

按照市场主体来划分，竞争主要有三种类型，即卖方（生产者、供给者）之间的竞争、买方（消费者、需求者）之间的竞争和买卖双方之间的竞争。

卖方的竞争按照竞争的领域和内容来划分，可以分成两种竞争类型：

第一种类型是林业部门内部的竞争，既生产和经营林产品的企业之间竞争。竞争的主要内容是争夺林产品销售市场，提高本企业的市场占有率以获得更大利润。林业部门内部的竞争根据竞争手段又分为价格竞争和非价格竞争。价格竞争是以较低的价格销售自己的林产品，从而提高市场占有率的竞争。其途径是改进技术，改善经营管理，提高劳动生产率，使林产品的个别价格低于市场价格。价格竞争是最常用的手段，也是最基本的竞争手段。非价格竞争是在林产品价格相同的情况下，企业通过提高林产品质量，改善销售服务，扩大广告宣传等途径来争取消费者，提高市场占有率的竞争。

第二种类型是林业部门与其他部门之间的竞争，即生产和经营林产品的企业与生产和经营其他商品或服务的企业之间的竞争。竞争的主要内容是争取有利的投资领域。竞争的手段主要是在林业部门与其他部门之间转移投资，重新配置资源。因为市场需求是不断变化的，商品和服务的供求关系也不断变化，一些部门的商品出现供不应求，价格上涨，盈利增加；而另一些部门的商品则出现供大于求，价格下跌，盈利减少甚至亏损。于是盈利较低的部门向盈利较高的部门转移投资，或者由其他投资者向盈利较高的部门注入新的投资，这是市场经济中的常规。图6–9说明了林业部门与其他部门之间的竞争。

买方之间的竞争要通过买卖双方的竞争而起作用，所以可归入买卖双方的竞争之中。

买卖双方的竞争是指供给者与需求者之间的竞争。林产品供给者，总希望自己生产经营的商品价格卖得高一些，而林产品的需求者总希望价格低一些，买卖双方由此展开竞争。讨价还价是这种竞争的基本特征。竞争的结果如何，最终由竞争双方的力量对比来决定，从

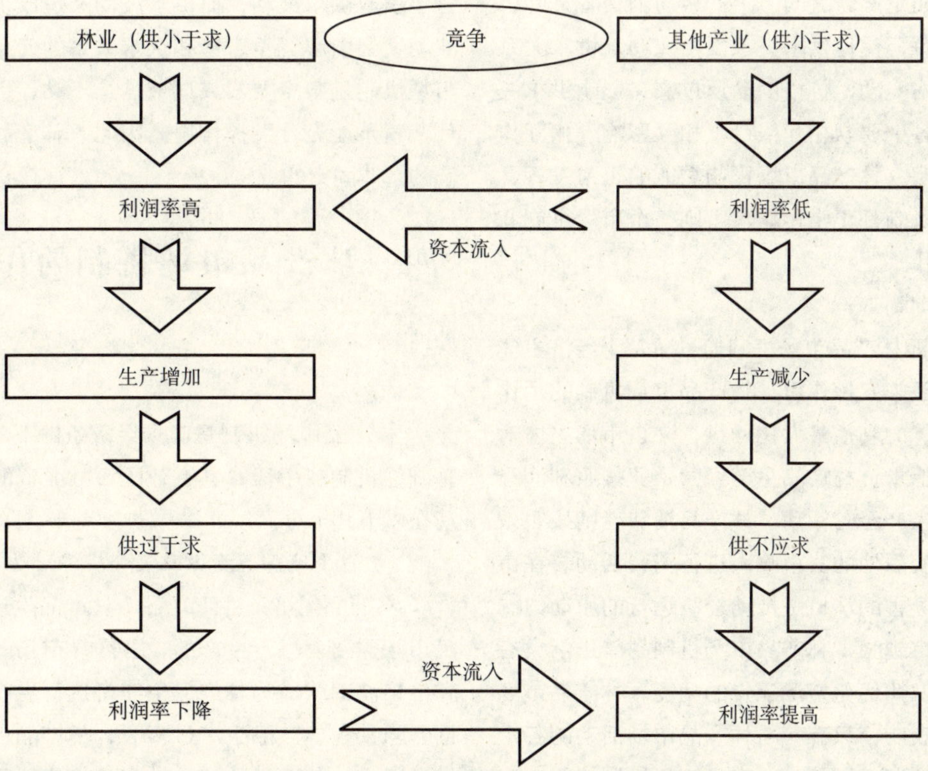

图6–9　林业部门与其他部门之间的竞争

而形成林产品市场上不同的交易价格。市场上林产品短缺，供不应求，这时市场上居主导地位的是卖方，买方则处于从属地位。买方为了能够买到商品就会展开竞争，争相购买，推动价格上升。这种由卖方左右的市场状况，叫卖方市场。市场上如果出现林产品供大于求，这时买方便有更大的挑选林产品和更多购买的机会，处于主导地位；而卖方则处于从属的地位，卖方为了销售各自的林产品就会展开竞争，不得不降价销售。这种由买方左右的市场状况，叫买方市场。

三、林产品市场机制的特点

林产品市场机制的基本要素价格、供求、竞争等相互联系、相互制约、相互作用、共同发挥配置资源的功能。因此林产品市场机制有如下特点：

1．联动性

联动性即林产品市场机制中任何一个基本要素或机制的作用都会引起其他机制的连锁反应，并自动求得其他机制的配合。如生产者之间、生产者与消费者之间、消费者之间的竞争，使得供求关系发生变动，供求关系变化又会引起价格变动，价格变动反过来又影响供求关系，市场机制的各个要素相互依存，相互影响，相互作用。这一特点表明，林产品市场机制功能的正常发挥，需要所有要素或机制都正常运作，否则整个市场机制就无法有效发挥作用。

2．利益约束性

利益制约性即林产品市场机制通过对每个经济主体的经济利益的损益来发挥作用。林产品市场机制的运作动力来自市场主体的利益最大化动机，来自市场主体对自身物质利益的追求。林产品生产经营企业按照利润最大化的原则从事生产经营活动，林产品消费者则按照效用最大化原则来使用他的货币收入进行消费活动。在市场上，人们趋利避害的动机是推动经济运行的原动力。利益的激励和约束越强，林产品市场机制越能正常、有效地运作，越能发挥优化资源配置的功能。林产品市场机制的这一特点表明，只有参与林产品市场活动的各个主体是独立的经济利益主体，林产品市场机制才能真正发挥作用。

3．客观性、内在性

客观性、内在性即林产品市场机制的作用来自其内在机理，而不是由社会的或外部力量造成的，其发挥作用的过程不以任何人、任何组织的意志为转移。林产品市场机制不是由一个社会中心按照统一的意志进行运作的，而是依赖于市场机制内在的各个要素之间的相互作用。市场中各个具有独立利益的经济主体在利益动机的驱使下，不断依据市场情况改变自己的决策，从而使得价格、供求、竞争等市场机制的各要素之间相互影响、相互制约，在市场经济运行中自动发挥调节功能。林产品市场机制的这一特点要求人们在利用林产品市场机制时，必须以不损伤林产品市场机制的内在机理为前提。

4．动态性

动态性即林产品市场机制是在运动、变化之中发生作用。它是一系列市场要素互为因果、环环相扣，表现为一个不断推演、不断反复的运动过程，正是各个要素相互传导、相互作用，才使林产品市场机制处于不断的运动变化中，才能发挥其相应的作用。比如林产品市场竞争引起供求波动，而供求波动又造成价格涨落，价格波动又会引起竞争态势和供求关系的变化。如果林产品市场机制是某个要素或环节静止不动，那么其他要素或环节就不能充分发挥作用。因此，林产品市场机制是动态的，非固定的。

四、林产品市场机制的作用及其局限性

林产品市场机制是市场经济条件下配置林业资源的基础性机制或手段，其有效配置林业资源的作用主要表现在以下几个方面：

1．自发地调节资源配置和经济活动

在商品经济条件下，各个林产品生产者都是为了满足市场需要而进行生产的，林产品市场的供求关系变动和价格波动就成为林产品生产者进行生产决策的主要依据。当某种林产品生产过多时，林产品市场上就会出现供过于求，从而导致该种林产品价格下跌，使该种林产品生产者收入减少。这时该种林产品生产者就会把他所

拥有的生产资源转向其他有利可图的林产品生产或其他产品部门。反之，当某种林产品生产过少，市场需求大于供给，价格就会上升，林产品生产者就能够得到更多的经济利益，从而吸引其他生产者把资源转入到这种林产品的生产上来。所以，林产品市场供求关系变动和价格波动对生产者生产行为的调节，实际上是背后的经济利益关系在起作用。正是通过价格的波动，市场机制自发地调节着资源配置，从而实现供需之间的大体平衡。

2．改进生产技术，改善经营管理水平

促使林产品生产经营者改进生产技术和改善经营管理水平，充分有效地使用资源。在林产品市场中，由于各个经济利益主体的生产经营条件和管理水平等各个方面千差万别，各自生产的个别劳动时间各有不同，但是单个林产品生产者不能自行控制产品价格，而只能接受由成千上万生产者在市场活动的竞争中共同决定的价格。这就决定了每个林产品生产经营者在既定的价格条件下，为了盈利避免亏损就必须使自己的个别劳动时间低于社会必要劳动时间。在公平竞争的环境下为降低个别劳动时间获得较高收益只能依靠提高生产技术、改善经营管理水平、不断创新等途径。由于生产技术的提高，经营管理水平的改善，不断加大了创新，使劳动生产率大大提高，这样就会使有限的林业资源得到更加充分有效的利用，增加林业产出水平。

3．在林业经济活动中造成优胜劣汰

在林业经济活动中，林产品价格的波动和竞争反映的是人们相互之间的经济利益关系，而处理这种经济利益关系的正是通过林产品市场机制来实现的。林产品市场机制把市场主体追求最大利益的内在动机转化为强大的外在压力。对于每一个林产品生产经营者来说，在市场竞争中要么取胜要么失败，要么盈利要么亏损，要么发展壮大要么被淘汰出局。在市场经济活动中，不管各个林产品生产者的主观愿望如何，只有当他的个别劳动时间符合或低于社会必要劳动时间时，他的劳动才能得到社会的承认，他的利益才能实现，否则就有可能被淘汰。因此林产品市场机制在客观上就使具有较高劳动生产率的林产品生产者能够在市场竞争中取得优势，从而得到较多的经济利益，得以进一步发展壮大。而在生产经营中处于劣势的林产品生产者，则难以实现自身的经济利益，最终不可避免地被市场所淘汰，从而提高整个经济的质量和效率。

上述分析表明，在市场经济中，林产品市场机制是林业资源配置和调节的首要基本手段。但是市场机制配置资源的作用并非是万能的，而有着自身固有的局限性：

1．盲目性

林产品市场机制调节具有盲目性，这是因为林产品市场机制是通过价格、供求和竞争的联合作用，来诱导林产品生产者做出经营决策。在市场经济条件下，林产品生产企业是自主经营、自负盈亏的经济实体，企业每做出一项决策首先考虑的是企业自身的利益。企业总是随着市场信息的变化和主观预期适时地调整生产经营战略，由于企业掌握的信息是完全的，这就不可避免地使企业活动具有自发性。当一个企业接收到某种市场信息而做出反应时，它无法知道别的企业会采取什么行动，再加上企业在自身利益的驱动下会考虑采取某些封锁、保密措施，肯定会导致商品生产者的行为带有盲目性。例如我国于1999年1月1日起取消了原木和锯材的关税限制，并且实行边境小额贸易政策（进口增值税减半）后，国内木材市场需求不断看好，在高利润的驱动下，众多中小经营者纷纷参与木材进口业务，众多商家各自为战，彼此信息不通，盲目进口，导致了众多同类进口材同时到港，最终只能以低价销售处理。仅2003年3季度，福建省漳州就有30万m^3的新西兰辐射松到港，导致了大量库存的出现，最终进口商被迫以折价进行销售，直接造成经济损失1000万元。这就是林产品市场机制调节盲目性所导致的恶果。

2．时滞性

林产品市场机制调节的时滞性是指林产品价格信号传递到市场引起供求变化的过程中间有一个时间间隔。从林产品市场供求出现不平衡开始，到引起价格波动，给企业发出短缺或过剩信号，再到企业调整自身的生产方向，然后才能实现市场上新的供求平衡，这需要一个很长的时间。特别是林产品生产由于其生产周期很长，资源流入比较困难，这种调节的滞后效应更加突出。

3．微观性和短期性

林产品市场机制是以企业追求局部短期利益为基点的经济机制，在企业之间达成某种均衡，不一定符合

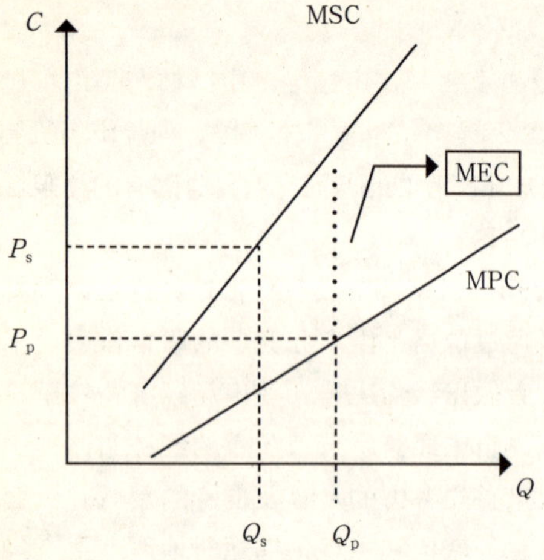

图6-10 负外部性

宏观的整体利益，而且也不利于企业形成规范的长期的理性预期。某些企业在一定时期获得较好的经济效益，但这种效益的获得却可能是以牺牲某些宏观效益为代价的。林产品市场机制自动调节林产品总量和结构上的均衡往往经过较长的时间，而且一般是通过价格的某种剧烈波动，在社会付出很大浪费中实现的。特别是随着宏观经济环境日趋复杂，其均衡功能日显不足。

4．外部性

外部性是指一个经济主体的经济活动对另一个经济主体造成的影响并没有通过市场价格反映出来。外部性包括正外部性和负外部性。外部性的存在使得与私人边际成本相对应的市场价格不能反映社会为这项经济活动所付出的全部代价，这种定价制度的缺陷，会使资源配置不能达到最优状态。价格扭曲，信息传递失真，会造成经济效率的损失。这样具有正外部性的林产品可能生产不足，而具有负外部性的林产品可能生产过多，这必然破坏森林资源的有效配置。

对于生态公益林而言，具有保持水土、涵养水源、防风固沙、调节气候、净化空气、美化环境等维护生态、保护环境的功能，在发挥这功能的时候就产生了大量的正外部性，但是其生产者却无法从市场价格中得到补偿，导致人们不愿意从事生态公益林生产经营活动。

而对于另外一些林产品的生产经营活动，在获取一定林产品的同时却又可能对生态环境造成严重的破坏。由于企业是从自身利益出发追求私人边际成本等于私人边际收益的，而不考虑自身经济活动给社会带来的成本。特别是外在成本无须支付时，所以往往会在自身利益的驱使下对林业资源进行掠夺性使用。

图6-10说明了负外部性。横轴表示产量，纵轴表示成本。MPC表示边际私人成本，MSC表示边际社会成本，MEC表示边际外在成本。当存在负外部性时，边际社会成本MSC大于边际私人成本MPC，差额就是边际外在成本MEC。假设这是一个竞争性市场，生产者根据边际私人成本等于价格（边际收益）这一利润最大化原则，决定生产产量为Q_P。而从社会角度看，该生产者的产量太多，有效产量应当是Q_S，即价格等于生产的边际社会成本——边际私人成本加上边际外在成本。

因此，林产品市场机制绝非万能的，仅靠市场机制的作用，林业资源的闲置和浪费都是不可避免的。在发挥林产品市场机制的基础性作用的同时加以宏观调控也是必要的。

第二节　林产品价格机制

林产品价格机制是林产品市场机制的核心。因为要增强林产品市场机制在林业经济调节中的作用，就要充分发挥价格的各种职能。同时市场价格又是林产品市场机制中传递供求关系变化最灵敏的信号。

一、林产品价格机制的内涵

所谓林产品价格机制，是指市场经济中林产品价格的决定、形成和波动的矛盾运动及其有机联系。从宏观和动态的角度来看，林产品市场价格机制就是通过林产品价格的矛盾运动，促使供求关系走向相对平衡和保证资源有效、合理配置与使用的经济机制。用图6-11说明林产品市场价格机制。

如果林产品市场价格为P_1，$P_1>P_0$，从需求曲线上找出当价格为P_1时，需求量为Q_1，从供给曲线上找出当价格为P_1时，供给量为Q_2；供给大于需求，市场上出现超额供给，超额量为Q_1Q_2。如果市场上有这么多的林产品卖不出，林产品供给者之间就会展开激烈的竞争，产生一个把价格压低的力量，随着价格下降，需求量会增加，供给量地减少，直到需求量和供给量两者相等，市场价格回得到均衡价格为止。如果市场价格低于均衡价格，相反的过程就会发生。总之，价格与供求之间相互影响、相互依存、相互作用，使市场达到均衡状态。

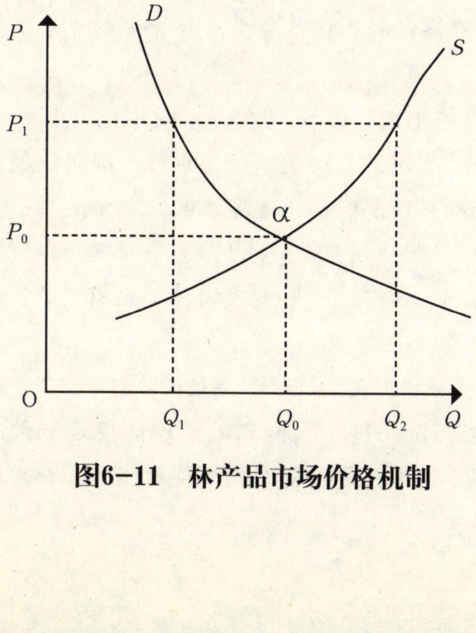

图6-11　林产品市场价格机制

二、林产品价格机制正常作用的条件

1. 林产品生产经营者行为的自主化与市场化

在市场经济中，林产品生产经营者是林业经济活动的主体，所有林产品生产者都要具有进行林产品生产经营所需要的全部权力，从而才能自觉地面向市场，追踪市场行情，自主地开展生产经营活动。这样才能保证林产品生产经营者及时按照市场供求状况调整价格，根据市场价格的变化做出灵活而迅速的反应，促使林产品市场价格机制充分发挥作用。我国实行的限额采伐政策，对于保护生态环境确实是必要的。但是对于商品林而言，林木到了采伐期，却可能由于得不到采伐指标办不到采伐证而不能采伐，则在一定程度上约束了林产品生产者，挫伤了其生产的积极性，也限制了林产品价格机制的正常作用。

2. 林产品供求机制的灵活性

林产品供求机制与林产品价格机制相互联系，互为因果。没有林产品供求关系的矛盾运动，林产品市场价格也就不可能发生波动；没有林产品供求者之间的竞争，林产品均衡价格也就无从形成。所以，林产品供求机制是否灵活，直接影响到林产品价格机制的运行。由于林产品生产周期较长，所以增加了林产品生产者对市场信号反应的难度，林产品供求机制的灵活性在一定程度上受挫，在一定程度上限制了林产品价格机制的作用。

3. 林产品市场体系的完备性

一是各类林产品市场本身的成熟与完善，二是各类林产品市场之间紧密联系，形成统一的大市场。林产品价格机制是以林产品市场作为其运行的基础，它与市场共存亡。因此林产品市场的发育程度，决定了林产品价格机制的运行程度。形成统一的完备的林产品市场体系是林产品价格机制在更大的空间上和更深的程度上运行的内在要求。随着我国经济体制改革的逐步深化，市场的封闭状态已经初步打破，横向经济联系不断得到加强。但是由于完善的市场体系尚未形成，市场信号难以较为准确地反映需求与供给，在很大程度上限制了市场机制的作用。所以从根本上说，建立和完善林产品市场体系，就是为了充分发挥市场多元化功能的整体效应，从而促进林产品市场机制作用的发挥。

4．林产品市场竞争的完全性

林产品市场竞争的完全性是指竞争不受任何限制或干扰，参与市场竞争的主体是自主经营、自负盈亏的林产品生产者和经营者，他们的市场地位是平等的。任何市场主体都不能凭借经济的或政治的特权参与市场竞争。特别是林产品价格只由市场因素决定，而不受其他人为因素的限制。也就是说没有垄断或国家干预市场活动，特别是干预价格的形成及其作用。在存在垄断或国家干预的情况下，价格机制的正常作用就会受到某种限制。

三、林产品价格机制的作用

林产品价格机制的作用，主要体现在以下几个方面：

1．价格机制对林产品供求关系的调节作用

林产品价格是影响林产品供给与需求的最重要的因素，林产品价格的变动促使林产品供求双方做出新的决策，调整自己的行为。一方面在利益动机的驱使下，价格机制可以引导企业的投资和经营行为，可以使社会资源和生产要素配置于社会需要的部门和行业，促进该行业的发展。另一方面，可以引导消费者进行合理的消费。价格综合反映了市场供求的状况、产品的质量、经济的发展趋势等信息，因而价格能给消费者提供足够多的产品信息，引导消费者进行合理的消费。长期以来我国木材等主要林产品供求关系紧张，这与林产品价格不合理有一定关系。实践证明，木材等林产品价格过低，一方面直接影响了林产品生产者的收入，挫伤了人们保护森林、发展林业的积极性，甚至出现毁林开荒，毁林放牧，森林资源遭到严重破坏；另一方面造成了木材使用过程中大量浪费，从而加剧了木材等产品的供需矛盾。

近年来，木材等林产品价格不断上涨，一方面促进林区生产的积极性，林农造林营林的积极性不断提高，造林营林成了林农的自觉行为，森林资源迅速增长，木材等林产品的生产供应量也随之增加，如2005年，福建省造林面积突破13.33万hm^2，比往年翻一番，非公有制造林比重由2003年的不足50%上升至2005年的70.7%。南平市共完成造林面积2.48万hm^2，是2004年造林面积的206.3%，其中个私造林面积1.87万hm^2，占全部面积的75.5%。三明市2005年全市完成造林2.48万hm^2，同比增长58.3%，比2003年改革初期1.17万hm^2翻了一番多。另一方面，由于木材等林产品的价格上涨，木材等林产品的使用者提高了对木材等林产品的利用率，原来的枝丫材、小径材现在都被充分利用。此外也促进木材代用品的发展，如用农作物秸秆作为人造板材料制作板材、竹藤家具、铁艺装饰品的流行等。

2．价格机制对林产品生产经营者的检验作用

市场经济中，林产品生产者和经营者生产经营的好坏、产品质量的高低以及是否盈利、盈利水平的高低都要通过市场来检验。而市场检验的工具是价格，林产品价格低，质量优则受到消费者欢迎，产品的销售量就大、利润就高，经营者在优胜劣汰的竞争中就能获胜，反之就会被市场淘汰。

3．价格机制是林产品生产经营者的竞争工具和手段

从总体上而言，市场在一定时期内对某种林产品的需求量是一定的，但是对于个别林产品生产经营者来说，市场对其产品的需求是变动的，单个的林产品生产经营者可以通过价格等手段进行竞争，提高自己产品的市场占有率。这样，价格就成为林产品市场竞争的有力工具和手段。

4．价格机制是宏观经济调控的依据和工具

市场经济条件下，国家的宏观调控是一种间接调控。国家不应像计划经济时代那样直接干预林产品生产

经营企业的具体事务，而是通过制定各种宏观政策、运用各种经济杠杆来调节和规范企业的生产经营活动。对于国家的宏观经济调控而言，价格机制能够提供相关的经济信息特别是林产品价格总水平变动的信息，反映林产品市场上供求关系变化的情况，从而使国家的宏观经济调控具有针对性和科学性，增强宏观经济调控的效果，所以是国家宏观经济调控的重要经济杠杆之一。

第三节　林产品供求机制

林产品供求机制是林产品市场机制的主体，其相关要素的变动都围绕着供求关系而展开。在林产品市场，供求连接着各市场主体，其变动对林产品价格起重要作用。

一、林产品供求机制的内涵

林产品供求机制是指协调林产品供求关系矛盾运动的机制，具体是指林产品市场供给和需求在价格等诸多因素影响下发生变动，使得供求关系从供求不平衡（供不应求或供过于求）趋向于供求相对平衡；从原有的供求相对平衡状况出发，产生新的供求不平衡，从而再次达到新的更高层次的供求相对平衡的循环往复的过程。简言之，林产品供求机制的运行表现为：供求不平衡→供求相对平衡→供求新的不平衡→供求更高层次的相对平衡。用图6−12说明林产品供求机制。

图6−12说明了林产品供求机制的作用。假设原来林产品市场的均衡点E_1，是由需求曲线D_1和供给曲线S决定的。现在假设供给不变，由于消费者收入增加，导致对林产品需求增加，使得需求曲线从D_1右移到D_2。在P_1价格水平下，就会出现超额需求，超额量为Q_1Q_4。这时买者为了购买到所需的林产品就会展开激烈的竞争，促使价格上升，直到上升到P_2，这时需求等于供给，在E_2点重新达到均衡。如果由于某种原因导致需求减少则会发生相反的情况。

二、林产品供求机制正常作用的条件

林产品供求机制的正常运行需要下列市场条件：

1．价格信号的真实性

价格是供求关系变动的信号灯和指示器，如果价格信号失真，就不能反映真正的市场供给与需求；或者供求关系的矛盾运动不能产生真实的价格信号，这样供求机制不仅运行受阻，而且，即使能够运行，也失去了它应有的功能和作用。

2．生产要素的自由流动

某种产品市场供给的增减，往往意味着生产该种产

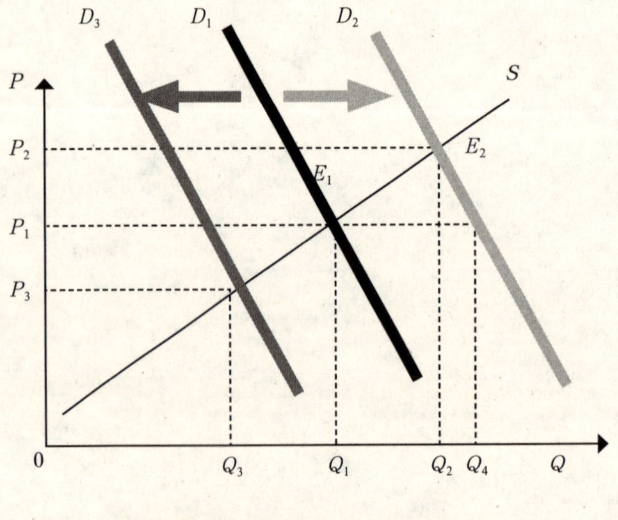

图6−12　林产品供求机制

品的部门所使用的生产要素的数量的变化。因此如果生产要素不能自由流动，供求关系的矛盾运动就难以顺畅地进行。我国林产品生产的在很大程度上取决于林业资源、土地资源等，由于这些资源并不能完全自由流动，因而在某种程度上限制了林产品供求机制作用的发挥，从而使我国林产品市场上供求矛盾突出，长期处于一种供不应求的状态。

3．市场进入的竞争性

市场进入的竞争性是指即使林产品市场上已经存在一个企业，而别的企业仍然可以以同样的成本进入该市场，同样该企业也可能退出。如果林产品市场供给被某一或几个企业所控制，其他企业无法参与竞争，不仅使得林产品市场供给难以反映市场需求的变化，而且林产品价格也不能反映市场供求关系的变化。因此林产品市场机制的运行离不开市场进入的竞争性。

三、林产品供求机制的作用

林产品供求机制的运行具有以下几个方面的作用：

1．调节林产品市场价格

马克思曾指出："如果求大于供，价格就会上涨，因而就会刺激供应；只要市场上供应一增加，价格又会下跌。而如果供过于求，价格就会急剧下降，因而需求又增加。"供求关系的矛盾运动过程，往往就是价格上下波动的过程，而且供求关系变动的状况，决定了价格波动的状况。例如1998年底，国内企业盲目进口大批外国木材，大量进口木材涌入国内市场，国内市场大打价格战，引起市场价格的下滑。多年来一直畅销的进口木材出现销售受阻，价格倒挂现象，进口的优质大径材和珍稀树种材价格下降幅度在1000元/m^3以上。

2．调整林产品生产经营活动

从企业角度看，它只有根据市场需求组织生产经营，产品才能卖得出去；只有根据市场供求关系的变化调整经营规模和策略，才能获得利润最大化。例如从2002年起，中国木材市场上木材生产者、木加工和经营者，更加理智地面对市场变化，木材产区、木材销区及木材进出口商依据市场供求变化主动调整经营方式，积极开发适销对路的产品，通过提高产品质量，改善售后服务应对市场。目前国内厂商已不再盲目扩大林产品进口量，而是根据市场需求，少批量、多批次、多品种、高档化地引进产品。林区也改变观念，积极发展木材加工业，东北市场上多年来滞销的小材、次材、加工剩余物，受到市场欢迎。

从上面分析来看，供求机制在市场上发生作用，其作用的特点是：①供求机制与价格、竞争等紧密联系并通过它们的变动来实现自身的功能。也就是说供求机制的作用同价格机制、竞争机制互为条件，供求机制的作用需要价格机制、竞争机制等机制作用的正常发挥。②供求关系的双方在市场活动中经常或处于优势或处于劣势，且优势劣势互相交替，因而供求关系总是处于摇摆不定的态势。③供求机制是供求双方矛盾运动的平衡机制，供求机制的作用是否正常以及作用强度如何与供求格局密切相关。

第四节　林产品竞争机制

一、林产品竞争机制的内涵

林产品竞争机制是指在市场经济中，各经济主体在一定的经济利益驱使下，运用价格的、非价格的手段，通过合法的市场竞争，从而导致优胜劣汰的经济联系。林产品市场竞争机制的运行过程，是各经济主体之间经济利益的调整过程。这一过程可概括为：经济主体受利益的驱动→运用价格、非价格手段相互竞争→市场占有率发生变化→优胜劣汰，获胜者维护了原有利益或取得更多利益；失败者利益减少，甚至亏损，退出竞争。

林产品市场竞争机制的运行，是循环往复的运动过程。一次竞争刚见端倪，新的竞争又接踵而至。林产品竞争机制的运行总是与林产品价格机制和林产品供求机制的运行紧密结合，相互制约、相互促进。林产品价格的波动、供求关系的变化必然引起竞争，竞争又会导致价格的波动和供求关系的变化。这三种机制相互交织在一起共同构成了林产品市场机制的内容。

二、林产品竞争机制正常作用的条件

林产品竞争机制充分而有效地运行，取决于诸多条件。这些条件主要包括：

1. 良好的竞争环境或竞争格局

主要包括：①经济主体之间地位的平等。竞争是各经济利益主体之间对利益的相互角逐，如果存在经济主体之间获取利益权利的人为的或天然的不平等，竞争将受到严重阻碍。因此竞争要求各经济主体能处于同一条起跑线上。②具有能够自由进出的统一市场。竞争离不开市场，它是对市场份额的重新分配。如果经济主体不能自由地进出市场，那么参与市场竞争的经济主体就会因数量较少而无法充分地展开竞争或因失败者无法被淘汰而失去竞争的意义。③生产要素的自由流动。竞争是社会资源在各经济主体之间重新分配的过程，如果生产要素不能自由流动，社会资源就难以实现重新分配，竞争当然不能有效地开展。

2. 完备的市场竞争规则

林产品市场上经济主体成千上万，各主体的利益千差万别，每一主体都会从自身利益出发，做出自己的决策。如果没有完备的竞争规则的约束和协调，各主体间的竞争各自为政，会带有极大的盲目性，容易造成林业资源的极大浪费，市场经济的运行也会一片混乱。为使林产品市场有序有效地运行，竞争本身也必须是有序的，为此需要制定相应的竞争法规或制度，以对市场竞争进行规范。林产品市场竞争规则是为了维护市场竞争秩序、保证各市场主体公平竞争而由政府部门、行业公会或商会制定的条例、规则、法规和法律等。它主要包括两方面的内容：一是保证市场主体有公平竞争的环境，如打破地区封锁、部门分割、消除垄断；二是规范企业的竞争行为，如禁止使用非法的不合理的竞争手段。世界上许多国家都制定了类似《反垄断法》等法规来规范企业的竞争行为，维护市场竞争秩序。

3. 正当的竞争手段

林产品竞争手段包括价格手段和非价格手段两种。利用价格手段进行竞争，是指企业之间互相以低廉的销售价格来扩大林产品的销售。这种竞争可以促进林产品生产企业降低成本，扩大批量生产，提高效率，以便能在低价销售的情况下获得更多的利润，起到薄利多销作用；利用非价格手段进行竞争，是指企业在林产品的品种、质量、包装、销售手段（广告、分期付款等）、售后服务（送货上门等）等多方面的竞争。这种竞争能够推动企业不断改善提高林产品质量，增加林产品品种，改进服务，提高林产品生产经营企业的信誉等。如果采用损人利己等不正当手段进行竞争，则会对市场经济的运行造成极大的损害。要规范林产品市场主体的竞争行为，禁止市场主体的非法竞争行为。应禁止的非法竞争行为主要有：用虚假广告和欺骗资料来招揽顾客；散布有关竞争对手的不符合事实的流言蜚语；阻止第三者同竞争对手的正常业务往来；采用不正当的手段压价供应；单方面地把风险强加给弱者；把回扣和行贿等不正当行为作为竞争手段等。

三、林产品竞争机制的作用

作为林产品市场运行的重要调节机制之一，竞争机制具有以下作用：

1．促使林业资源优化配置

竞争机制是一种选择机制，市场经济正是通过竞争，才使资源在不同部门之间与同一部门内部进行流动，从而实现资源优化配置，林产品竞争机制也不例外。这是因为林产品生产企业在为实现自身利益而与其他企业进行竞争时，在一定的人力、技术、资金和自然条件下，必然会在不同的投资机会中进行选择，确定最有利的投资方向和资源最有效的组合，从而达到资源优化配置的效果。实践证明，竞争越充分，林产品市场越能正常、有效地运行，越能充分发挥优化林业资源配置的作用。

2．促进林产品生产经营者技术进步和经营管理水平的提高

林产品企业之间的竞争首先是比较各自商品的个别劳动消耗量，使商品的个别价值低于由社会必要劳动时间决定的社会价值，从而在竞争中保持主动和优势地位。要做到这一点，根本的办法是率先采用新技术，及时掌握新信息，较大幅度地提高劳动生产率，按照林产品市场需求的变化不断优化生产经营结构。为此又必然迫使林产品生产经营者，改进生产经营管理方式，提高生产经营管理水平。这样竞争作为一种外在压力能够转化为的内在动力，使其林产品生产经营者主动关心技术进步，更新设备，改进服务质量，使企业充满活力。

3．导致联合或垄断

竞争参与主体，总是力求打败和吞并对手，这样，为了使自己保持竞争的优势地位或改变自己的不利处境。一些企业会在互利、自愿的基础上进行各种形式的联合，以增强竞争力；同时，在生产集中的过程中也会形成垄断。竞争导致垄断，一般而言，会限制竞争，从而限制生产要素的有效使用。但是对于林业这样一个具有规模经济效益的行业而言，在既定的技术条件下，产品生产相对集中，可以发挥规模经济的作用。而目前我国林产品生产中一个较为突出的问题就是林业企业规模普遍较小，难以形成一定的经济规模。通过竞争，大企业吞并小企业，或中小企业联合起来形成较大规模的企业，有利于发挥规模效应，提高企业竞争力。

4．优胜劣汰，优化企业结构

对于企业而言，竞争机制在发挥其优化资源配置作用的过程中，同时也是对企业生产经营状况进行市场评价和选择。劳动生产率高，资源利用效率佳的企业，将成为市场竞争的优胜者；劳动生产率低，资源利用率差的企业，无疑将成为市场竞争的失败者，被市场所淘汰。因此优胜劣汰，是市场竞争无情的结局。这种优胜劣汰的作用一方面使进入市场的企业力求取得高效益，另一方面也对已进入市场的企业进行了公开的筛选，淘汰落后企业使企业结构得到调整和优化。

第七章

林产品市场体系（上）

CHAPTER 7 Market System of Forest Product（Ⅰ）

第一节 林产品市场体系概述

森林的功能公益性及资产公有性，直接导致了林业产业事业以国有企业为主导。社会主义市场经济体制的建设和林业事业的进一步发展，要求林产品市场进一步成熟起来。林产品市场是市场经济体系中富有特色的专业性市场，既具有一般市场的共性，又具有自身特色。

一、林产品市场的涵义与分类

林产品市场是随着用于交换的林产品的出现而产生的，并随着林产品交换的发展而发展。在人们劳动所生产的林产品还不够维持自身生存的原始社会，不可能有剩余的林产品用于交换，因此也不会出现林产品市场。随着生产力的发展，人们生产的林产品除了满足自身需要之外还有剩余，才有可能出现林产品商品交换，随之产生林产品市场。

1．林产品市场的涵义

林产品市场是买卖双方实现林产品所有权交换的场所或活动。狭义的林产品市场是指进行林产品所有权交换的具体场所。广义的林产品市场则是指任何其他形式的林产品交易活动，它不一定需要占据一定的空间，例如通过信函或电话、传真、计算机网络等现代通讯工具进行的林产品交易。

有的林产品属于生产资料，如木材产品，耐存放，无需包装，因而其现货市场的基础设施比较简单；有的林产品属于生活资料，比如经济林产品，除了林产化工原料外，基本上属于消费品，不耐储存，且需细心包装，因而其市场所需的各种设施均比木材市场复杂一些。总之，这两种市场所交易的产品虽然均出自森林，但是，一种属于生产资料市场，另一种属于消费品市场，二者之间存在质的差异。

2．林产品市场的分类

按经营客体划分为：木材市场、纸浆市场、家具市场等；可以进一步细分，有多少种林产品，就可以细分为多少个市场。按地域划分为：国内市场与国外市场；国内市场按交易地点又有多种划分，如南京市场、苏州市场等。按经营层次划分为：批发市场与零售市场等。按交割时间划分为：现货市场、远期市场与期货期权市场。按经营对象所处阶段划分为活力木市场、林地市场等。

二、林产品市场的基本要素

狭义的林产品市场一般由以下三个基本要素组成：

1．交易设施与对象

交易设施包括进行林产品交换所需要的场所，以及计量工具、蒙盖用具、冷藏设备和仓库等必要的设施。交易对象指的是木材、家具、纸与纸浆等林产品以及非木材林产品等。种类极其繁多，而且各种品种之间差别甚大。

2．价格体系

林产品市场的价格体系指的是由各种林产品的市场价格组成的相互联系的有机整体。由于均来源于森林及类似用途的土地，因而各种林产品相互之间存在不同程度的关联性，价格上也有一定程度的关联，各种林产品的价格因此形成一定的体系。各种林产品价格（非木材林产品除外）的共同特点是供给弹性的特殊性，价格下降，产品的供给弹性相对较大，但是价格上升，产品的供给弹性相对较弱。

3．参与者

林产品交易参与者指参与林产品交易的当事人。林产品市场的参与者非常广泛，涉及到生产者、消费者、交易中介以及监管者。①生产者：把自己生产的林产品用于销售，以求得到收入，补偿生产费用并获得利润。从生产者看，生产主体为林场、其他林产品生产企业以及林农等个人或个体户。②消费和使用者：购买林产品用于满足自身的生活消费需求或用于满足进一步加工生产的需要。消费者更加广泛，既有木材及其他初级林产品加工的下游企业，如造纸厂、家具厂等，又有房地产建筑商等最终消费者。他们在市场交易活动中的作用是通过购买和消费，使用林产品，从而使林产品商品生产达到最终目的，即实现商品的价值和使用价值。③交易中介：既不是林产品的直接生产者，又不是林产品的直接消费者和使用者，而是专门以经营林产品买卖的商品流通企业。他们既买又卖，购买林产品是为了出卖林产品。从生产者手中买进消费者和使用者需要的林产品，运到消费者和使用者所在的地方卖给消费者和使用者。他们出卖林产品的价格要高于购买林产品的价格，以便补偿买卖活动中的费用，并能得到一定的利润。④监管者：除了一般的政府部门如工商税务、物价、质检等部门外，这里主要指的是林业政府部门。

三、林产品市场主体

林产品市场运行的市场主体可以划分为两个部分：一是林业生产者。他们在市场中的活动表现为出售自己生产的林产品。二是收购林产品介入流通的市场主体，包括收购商、出口商、批发商、零售商、用户等。他们在市场中的活动表现为参与林产品在市场中的进一步流通。在我国参与林产品流通的各类市场主体中，除了传统的商业组织外，近年来相继出现了诸多形式的经济组织，形成了多种成分共同发展的格局。首先是农民个体组织，其数量占据了市场主体的绝大部分。从形式上看，既有单个的家庭，也有以亲缘或地缘关系结成的联合体、专业协会等。从性质上看，有的为纯生产型，即农民参与市场流通，仅仅是为了销售自己生产的林产品，主要职业仍是林产品生产者；有的为纯商业型，即农民自己不生产林产品，而只是常年从事林产品中介和运销；有的则介于上述两者之间，既从事林产品生产，也参与他人林产品的购销活动。目前各地出现的农民经纪人和运销户基本上属于这一类型。其次是集体组织，主要为各类批发市场、集贸市场，以及龙头企业。再次为各类合作经济组织，包括集体经济组织、集体与其他组织、农民个体之间相互组建的各类股份制、合作制等形式的经营组织。

我国林产品流通市场主体具有一定的弱点。主要表现在：缺少代表农民利益的代理人或中介组织。目前农村社区性经济合作组织兴办的流通实体、绝大多数企业，由于不是农民参股的法人团体（企业），没有采用委托交易的运行机制，故而实质上都不能与农民结成利益与共、风险共担的有机整体，不能真正代表农民利益，不能代表农民成为市场主体。部分国有流通企业在部分林产品流通中居于垄断地位，其他各类流通企业无法与之形成竞争。但随着林产品供求关系的变化和市场化进程的推进，流通份额逐步下降，主渠道作用逐渐丧失。作为市场主体之一的农民异常分散弱小。我国农村林产品生产的基本单位是农户生产规模小商品率低，而且不具有法人地位。从根本上说，在市场经济中具有本质上的弱点。绝大多数通过改革进入林产品流通领域的经济实体实力不强，经营行为不够规范；面广量大的个体，私营经济组织化程度低，经营上的盲目性、投机性大，缺少林产品流通业主审批和林产品流通运行规则的法律规范，林产品市场信息网络不健全。

衡量市场主体的发育程度有两个基本标准：一是是否真正成为独立自主的经营主体；二是市场主体的组织化程度。广大农民虽然已进入流通领域，但由于我国农村小商品生产方式的客观存在，农民作为市场主体基本处于小型化、分散化状态，难以成为有较高组织化程度的市场主体。农民与其他主体之间的地位是不平等的。与其他市场主体相比，农民进入市场的实践是最晚的，作为市场主体的地位是最低下的。这种弱势境况，决定了农民在进入市场的过程中，势必影响到其参与市场竞争的平等主体地位。因此，为了使农民成为真正的市场主体，提高农民进入市场的组织化程度，迫切需要农产品流通中介组织的介入，作为农民利益的代表，在小农、企业、市场之间架起一座桥梁。

四、林产品交易的特点

林产品市场交易结构主要指的是林产品的零售市场与批发市场。目前，批发市场相对于其他产品市场，尚处于发展阶段，规模偏小，未能在林产品流通中发挥应有的作用。传统的交易环节主要体现为没有商流与物流之分，直接表现为林场等林产品生产者与林产品供给者直接见面，看货成交。目前的变化来自于商流与物流区分，林产品的供应链与资金供应链分离，往往通过对样品的认可或对产品标准认可后达成交易，而后可能通过多个环节进行价值的流转，最后由生产者直接将林产品发送至指定地点或最终消费者所在地。

与其他产品贸易相比较，林产品贸易具有鲜明的特点：

1．受自然条件影响大

林产品具有季节性，消费却比较均衡；上市极为分散，消费则相对集中；上市数量和质量不稳定，年际间地区波动大。比如，南方某地人们通常在春、夏季采集植物的嫩芽、枝叶和花，如水蕨菜、香椿、椿头、山葱、白花等；在秋、冬季采集植物的果实、块根、块茎及昆虫，如椎栗、薯芋、野核桃、蜂蜜、蜂蛹等；菌类、笋类则多半在夏、秋季节采集，如香菇、木耳、空竹笋、刺竹笋等。

2．经营技术性强

林产品商品品种繁多，比如花卉品种的新趋势就有易拉罐花卉、茶用花卉、食用花卉、盆景花卉、净化空气花卉、多元花卉等。因此，林产品等级规格复杂，分级难度大，需经营者具有丰富的经验和专门知识。林产品中鲜活商品、易腐商品多，运输途程远，需特殊的储存和运输设备。

3．市场制约因素多

林产品是人民基本生活消费品，其经营活动不仅受到市场供求、价格变化的影响，还受到人民生活水平、消费习惯和国家政策的影响。

五、加强林产品市场体系建设的措施及建议

中国多年来的林产品贸易历程，表明其在保证国家经济建设和人民生活需求方面发挥了重要作用，而且具有以下鲜明特征。近几年来，由于我国天然林保护工程等一些措施的实施，加上中国国内市场需求结构出现明显变化，中国的原木、锯材、木浆进口量出现了连续增长现象，各种纸产品、纸浆，因国内需求量不断扩大，依然保持较高的进口量。出口林产品结构不断优化，家具已成为最重要的出口林产品。近几年来，随着林产品工业的发展和外商投资企业的迅速增加，家具和纸、纸板等高附加值产品的出口量不断增加，林产品出口结构日趋优化。到2004年，家具出口额已急剧增加到175777874件，出口额遥遥领先于其他林产品。见表7–1。

林产品市场体系建设除需遵循贸易工作的一般要求外，还必须根据林产品本身的特点，努力做好以下几方面的工作：

1．加强林产品市场基础建设，改善林产品物流条件

根据林产品的流向，仓储设施，交通条件合理布

表7-1 1995～2004年中国主要林产品进出口数量

产品			单位	1995	1996	1997	1998	1999	2000	2001	2002	2003	2004
原木	针叶原木	出口	m^3	23561	13558	6025	4330	3708	1135	646		417	
		进口	m^3	617359	653038	955363	1486280	4573354	6400661	9142210	15782950	15019747	16003654
	阔叶原木	出口	m^3	73588	50612	57294	27596	19308	25576	17093	10957	8980	6137
		进口	m^3	1965242	2532444	3506948	3336762	5562329	7211085	7721541	8550093	10435720	10304868
	合计	出口	m^3	97149	64170	63319	31926	23016	26711	17739	10957	9397	6137
		进口	m^3	2582601	3185482	4462311	4823042	10135683	13611746	16863751	24333043	25455467	26308522
锯材		出口	m^3	408860	384064	389640	258081	354591	414336	449748	448337	543013	489331
		进口	m^3	862990	938483	131473	1690315	2756371	3613693	4034120	5483706	5598051	6051670
单板		出口	m^3	28184	26899	40625	45060	48495	53430	62324	93120	106626	110498
		进口	m^3	341638	380222	454029	538658	641292	649488	335736	286652	223395	154142
特形板		出口	t	32358	43509	37379	38224	68745	80277	78006	99850	146197	221247
		进口	t	25861	12858	15148	34590	24799	11548	13000	23384	22566	11962
刨花板		出口	m^3	8347	10459	16911	10967	16865	26273	24958	51183	67463	130751
		进口	m^3	55232	107613	147860	156329	248146	343773	447559	589686	623999	652594
纤维板		出口	m^3	62642	56141	36975	19779	18577	35308	26815	80338	85035	509945
		进口	m^3	273448	340132	462826	572401	794880	1014513	1070243	1251646	1394223	1377045
胶合板		出口	m^3	129018	176834	437703	176876	422542	686991	965361	1792423	2040470	4305484
		进口	m^3	2082925	1775110	1488436	1690636	1042430	1001808	650859	636130	797810	799298
家具		出口	件	34029260	3955951	53740664	68081315	78374918	91340898	93611649	117969289	142179765	175777874
		进口	件	712125	481962	600136	803745	728154	624847	576391	571981	876469	851909
木片		出口	t	1897652	1848712	1948365	1570723	1600959	1854972	1771351	159915	1137770	1094162
		进口	t	607	1259	2060	1522	2835	1202	3596	52271	279741	302680
木浆		出口	t	28517	11794	16388	13327	1676	12829	5776	4839	3763	1504
		进口	t	778617	1457572	1529007	2179198	3080230	3294418	4873085	5232622	5988591	7214995
纸和纸制品		出口	t	148910	119835	146108	141244	134646	263340	352519	364822	502382	576634
		进口	t	2868379	4125104	4956593	4023409	5529826	5049529	4693795	5285423	5301144	5100886

（续）

产品			单位	1995	1996	1997	1998	1999	2000	2001	2002	2003	2004
木炭		出口	t	26077	32688	45612	46842	63429	81540	97690	103759	106615	68141
		进口	t	1655	603	1047	3153	4952	24852	31278	21839	26654	31066
松香		出口	t	215392	175345	204693	253925	261060	281420	302279	356308	301173	342888
		进口	t	1018	1400	1755	1323	1228	1556	836	1131	1924	2152
水果	柑橘果	出口	t	143321	166128	223122	175458	176291	200271	171240	216847	292034	361385
		进口	t	4906	6895	13836	5592	29685	61861	67860	58195	76637	66889
	鲜苹果	出口	t	108946	164976	188443	170255	219196	297651	303558	438738	609052	774131
		进口	t	13746	7658	11542	8587	27433	25475	39371	56014	41524	37281
	鲜梨	出口	t	90631	88113	120395	112676	121435	146425	182270	243438	296962	318218
		进口	t	177	816	364	8523	1844	633	622	746	689	500

资料来源：《2005年中国林业发展报告》

局，逐步形成龙头企业牵头的市场网络，强化市场内部管理和市场机制的完善，积极引进现代企业制度进行股份制改革，积极运用期货、拍卖、代理等现代经营方式。

2．优化林产品质量，降低林产品成本

要从大力推广科学技术和提高林业生产入手，优化产品质量。在开放经济条件下竞争激烈、林产品“卖难”、增产不增收的另一个重要原因是产品质量不高。特别在国际贸易当中，产品质量直接影响贸易的可持续发展。提高林业技术水平，发展现代业，发展农村专业合作经济组织，实现产业化经营，降低林产品生产成本，是解决问题的根本途径。

3．实行多渠道流通，重视培育中介组织，加速林产品流转

一方面支持鼓励和发展农民自办购销组织。另一方面支持农民合作经济组织以及行业组织等开展林产品加工，销售服务，积极促进林产品流通。

4．发展信息主导型林产品批发市场

利用现有农村经济信息系统，建立信息主导型林产品批发市场促进交易。另外，在资金条件允许的情况下，鼓励单位和个人采取网上交易等现代经营手段。

六、林产品市场与贸易对国民经济可持续发展的意义

森林是陆地生态系统的主体，林业是一项重要的公益事业和基础产业，承担着生态建设和林产品供给的双重任务。在贯彻可持续发展战略中，要赋予林业以重要地位；在生态建设中，要赋予林业以首要地位；在西部大开发中，要赋予林业以基础地位。而当前我国森林资源的现状是：总量不足、资源匮乏、无后备资源可采、生态失衡。我国的森林覆盖率只有18.21%，相当于世界森林覆盖率（27%）的61.3%；全国人均森林面积和人均森林蓄积分别相当于世界人均水平的1/5或1/8。森林质量不高，平均每公顷蓄积量只有78.06m^3，相当于世界平均水平的68%；林业用地逐年减少，平均每年有216.3万hm^2林业用地转为非林业用地。森林资源结构严重失调，分布严重不均。东部沿海11个省市区的森林覆盖率为26.59%，而西部11个省市区的森林覆盖率为9.06%，严重影响到国土生态安全。全国生态状况整体恶化的趋势并未从根本上遏制，受沙漠化影响的人口已达4亿之

多，国土沙化面积达262万km^2，占国土面积的27.3%。一些极端环保主义者，把森林资源匮乏、生态失衡、土地沙漠化的责任推到了林产品贸易上。

有个很经典的说法是“人和鹰都吃鸡”，鹰多的地方鸡少，人多的地方鸡也多，为啥？因为人会养鸡而鹰不会，这就是人和动物最大的区别。推而广之，也就是说，林产品市场和贸易的发展会促进森林的保护和生态环境的改善，或者说不会像一些环保人士说的那样，是破坏环境的元凶。人吃鸡更会养鸡，鹰吃鸡吃一个少一个。做林产品市场也是这样，能拿定单算有本事，能培养出源源不断的市场才是大本事。实际上促进林产品市场与贸易对国民经济可持续发展具有十分重要的意义。

林产品市场与贸易对生产资源进行合理配置。调整产业结构，生产要素合理流动，形成优化组合，使林业产业组织结构趋向合理，促使林业步入现代经济主列。林产品市场与贸易可以促进地方产业经济发展。浙江萧山的苗木产业、苏北杨树产业、浙江南浔的人造板产业都是很好的例证。林产品市场与贸易可以促进原始森林资源保护。林产品市场发达后可以促进人工林培育，刺激替代品市场发育，从而保护原始森林资源。

第二节 木材市场

木材是最主要的林产品，是人类利用森林的主要形式之一。从经济角度对木材的定义是：利用森林立木的树干、枝条和伐根等木质部分而生产的产品总称。木材的分类很多，但主要的分类形式是根据木材的使用目的和产品的加工特点，如原木、锯材、薪炭材等。

由于木材是最主要的林产品，这就决定了木材市场在整个林产品市场中的主体地位。木材市场作为林产品市场的一个重要组成部分，在木材生产、分配、流通和消费过程中有着极为重要的作用。分析木材市场有助于实现生产者的经济利益，满足消费者的需求，使木材资源得到最优配置。

一、木材市场分类及特点

1．木材市场的分类

木材市场有狭义和广义之分。狭义的木材市场是指木材产品交易的场所。广义的木材市场则是指木材产品交易行为的总和。它不仅包括各种具体的林产品市场，还包括林产品交换中的各种经济关系，如林产品交换原则与交换方式，人们在交换中的地位、作用和相互关系，林产品流通渠道与流通环节，林产品需求与供给的宏观调控等。经济学研究的市场是广义的市场，而不只是个别的具体的交易场所。但是广义的市场运动规律要在具体的市场上体现出来，因此研究广义市场必须从考察具体市场入手。

木材市场可以从不同的角度去划分。根据交易的主要材种可分为原木市场、锯材市场、薪材市场等，其中又以原木市场、锯材市场为主；根据地域空间可分为国内市场和国际市场；根据木材流通的空间距离可分为产地初级市场、中心集散地市场和销地市场；根据木材交易方式可分为现货市场和期货市场；根据供求状况可分为买方市场和卖方市场；根据市场竞争状态可分为完全竞争市场、完全垄断市场、垄断竞争市场和寡头垄断市场。

2．木材市场的特点

木材市场和其他商品一样，受市场机制的支配，也要通过市场交换及运输、储存等活动才能完成从生产到消费的转移过程。但是木材市场的商品物流大多源于森林资源，其生产流通和消费不同于其他商品，这就使得木材市场具有与许多其他商品市场不同的特点。

(1) 木材市场受供给约束强烈。木材是森林的主要产品之一，森林资源是木材生产赖以进行的基础和物质条件。由于受森林资源生产量、生产周期及土地有限性等条件的制约，木材不能像其他产品那样通过提高社会劳动生产率就可以较大幅度地增加供给。这样木材产品市场就不能完全“按需供给”，木材产品供给方也不能“以需定产”。此外，由于林业发展不仅要考虑市场对木材产品的需求，还要发挥其生态效益和社会效益，许多国家对森林资源实行保护政策，对木材生产实行严格控制，这也使木材产品市场的供给受到限制。

(2) 木材供给的地域性。由于自然、历史和人口等因素的影响，致使森林资源的分布很不均匀。这种不均匀性必然造成木材产品供给的地域性。

(3) 木材需求的多样性和广泛性。木材是当今四大材料（钢材、水泥、木材及塑料）中唯一可再生又可循环利用的生物资源，具有质量轻、强度高、吸音、绝缘、美观、易于加工、优质纤维含量高等优良特性，因而作为国民经济生产建设的主要生产资料和人民生活不可缺少的生活资料，广泛用于建筑、装饰、造纸、家具制造、采矿支护、包装、交通、胶合板生产、农村能源和国民经济生产、居民生活的其他方面，具有需求的广泛性。

(4) 木材运输的重要性。由于木材供给的强地域性和木材需求的广泛性使得木材运输成为木材流通中的关键环节，运输能力和流向成为制约木材供给的重要因素之一。木材体积大且十分笨重，因此木材运输困难并且木材运输成本在木材生产成本中所占比重较大。

(5) 木材供给弹性小。木材商品的供给弹性小，这是和木材供给约束和木材供给地域性强的特点紧密相关。由于森林资源的生物特点、长周期约束、限伐政策，还有木材运输受到运能、运力的限制，在木材价格变化时，木材供给不能迅速做出灵敏反应。当然，木材商品中因品种不同，其生产周期不同，供给弹性也会有差异。

二、木材产品市场供求状况

1．木材产品市场供给状况

木材产品的供给受资源制约，在很大程度上依赖于森林资源状况。我国属于森林资源贫乏的国家之一。据中国第六次全国森林资源清查（1999～2003年）显示，我国森林资源呈现出以下几个特点：

一是森林资源总量不足。中国目前森林面积1.75hm^2，森林蓄积124.56亿m^3，森林面积和森林蓄积虽然居世界前列，但我国森林覆盖率仅为18.21%，只相当于世界森林覆盖率 29.60% 的61.52%，居世界第130位；人均森林面积0.132hm^2，仅为世界平均水平的22%，居世界第134位；人均森林蓄积9.421m^3，仅为世界平均水平的14.58%，居世界第122位，见表7-2。

二是森林资源分布不均。东部地区森林覆盖率为34.27%，中部地区为27.12%，西部地区只有12.54%，而占国土面积32.19%的西北5省区森林覆盖率只有5.86%。

三是森林资源质量不高。全国林分平均每公顷蓄积量只有84.73m^3，相当于世界平均水平的84.86%，居世界第84位。林分平均胸径只有13.8cm，林龄组结构不尽合理（见表7-3），幼中龄林面积所占比重较大，占林分面积的67.85%。人工林保存面积0.53亿hm^2，即7.95亿亩，蓄积15.05亿m^3，人工林面积居世界首位，但人工林经营水平不高，树种单一现象还比较严重。

有鉴于此，我国林业正在经历由以木材生产为主向以生态建设为主的历史性转变。特别是为了保护森林资源，发挥森林资源的生态和社会效益，我国政府自1998年在17个省（自治区）实施天然林保护工程控制木材采伐量并加大对超限额采伐和乱砍滥伐监督处罚力度以来，国内商品材产量呈逐年减少之势。

我国的木材产量主要包括商品材、农民自用材及农民烧材三部分。国内商品材又由两部分组成：一是国家计划生产的木材，二是超限额采伐和乱砍滥伐流入市场的计划外超采木材。国家计划内木材产量是国家林业局每年正式公布的数据（见表7-4），比较系统且具有权威性，但这一数据明显偏低，只能反映全国一部分木材产量，反映我国历年计划内木材生产的变化趋势，而不能作为木材供给分析的依据。

80年代以来，我国统计的国家计划木材产量大体稳定在6000万m^{3}左右，各年份之间变化不大。由表7-4可以看出，1995年以后呈逐渐下降之势，特别是自1998年实施天保工程之后。自“天保”工程实施后，国内木材资源供应量大幅度减少，特别是天然林的比重越来越小。在2001年国家计划内采伐的5100万m^{3}中，天然林占38%左右，人工林则占到62%左右。在东北国有林区，工作重点转移到如何提高木材加工和综合利用率上。南方集体林区实施“天保”工程后，属于长江上游的四川省林区已基本停伐林木，而云南、贵州两省也大幅压减林木采伐计划，广东、广西、江西、湖南、浙江等林木产区也实施了限额采伐，本土林木资源供应受到极大限制。1998～2002年各年木材产量下降幅度分别为6.7%、12.2%、9.8%、3.6%和2.55%，2002年达到最低水平，全国木材产量4436.07万m^3，其中原木产量4127.21万m^3，比2001年下降了1.66%；薪材产量308.86万m^3，比2001年下降了13.00%。2003年在连续7年减产之后首次略有增长。这主要是由于天然林保护工程的实施推动了中国天然林资源的恢复性增长以及人工速生丰产林木材供给能力的增强。超限额采伐问题依然十分严重，在第六次森林资源清查期间，全国年均超限额采伐达7554.21万m^3。

按有关专家根据森林资源消耗情况推算，我国木材的实际供给量远远大于国家计划木材产量，推算的数据相对来说更接近于我国木材生产的实际情况。

从木材供给的地区结构来看，受自然条件制约和地区社会经济发展的不平衡性因素影响，我国森林资源分布极不均衡，大部分分布在400mm等降雨量线以东，且各省差异比较大。东北、西南和东南各地森林资源较多，华北、中原和西北各地森林资源分布少。如江西、浙江的森林覆盖率在50%以上，而青海的森林覆盖率只

表7-2 我国森林资源与世界比较

项　目	世　界	中　国	排　位
森林面积（hm^2）	38.69亿	1.75亿	5
森林蓄积量（m^3）	3863.5亿	124.56亿	6
人均森林面积（hm^2）	0.6	0.132	134
人均森林蓄积（m^3）	64.627	9.421	122

资料来源：《2005年中国林业发展报告》

表7-3 林分各林龄组面积和蓄积量及比例

	幼龄林	中龄林	近熟林	成熟林	过熟林
面　积（万hm^2）	4723.79	4964.37	1998.73	1714.79	876.99
比　例（%）	33.08	34.77	14.00	12.01	6.14
蓄　积（万m^3）	128496.60	342572.18	224550.99	301660.98	212482.93
比　例（%）	10.62	28.32	18.56	24.94	17.56

资料来源：《2005年中国林业发展报告》

表7-4 1990～2004年我国计划内木材产量及木材供给情况估算表

单位：万m^3

年　份	计划内产量	国内总供给量	年　份	计划内产量	国内总供给量
1990	5571.00	21169.8	1998	5966.20	22671.56
1991	5807.30	22067.74	1999	5236.80	19899.84
1992	6173.60	23459.68	2000	4723.97	17951.09
1993	6392.20	24290.36	2001	4552.03	17297.71
1994	6615.10	25137.38	2002	4436.07	16857.07
1995	6766.90	25714.22	2003	4758.87	18083.71
1996	6710.27	25499.03	2004	5197.33	19749.85
1997	6394.79	24300.2	2005		

资料来源：《2005年中国林业发展报告》，国内木材实际总产量为计划内产量的3.8倍（见：我国木材市场的预测与分析·林业工作研究，1993（2））

有0.43%。与此相适应，木材生产地区分布也很不均衡，我国木材的主产区在东北、西南和中南、华东的南部地区。按照2002年各地区木材产量计算，排在前十位的地区依次分别为黑龙江、福建、湖南、吉林、广西、内蒙古、江西、广东、安徽和浙江，产量合计为3467.65万m^3，占当年全国木材产量的78.17%。

2．木材产品市场需求状况

(1) 木材消费需求总量大，且呈继续增长之势

随着我国经济步入稳步发展阶段，生产建设的扩大和人民生活水平的提高，极大地刺激着木材消费，木材的消费需求总量很大。目前，我国人造板、纸浆、纸及纸板（含非木浆）消费需求量已居世界第二位；原木消费需求量（包括农民自用材和培植用材），居世界第三位。据悉，1999年我国商品材消费需求量为1.43亿m^3，与1981年的7560万m^3相比将近翻了一番，年增长约4%。近十年木材消费需求以平均每年1000万m^3的速度迅猛增加。

(2) 人均消费水平低

改革开放前，我国木材人均消费水平很低，只相当于世界人均水平的两三成。随着经济的发展，人民生活水平的提高，木材及木制品的消费总量很大，但我国木材人均消费水平仍很低。1991年人均消费0.205m^3，2001年增长到0.52m^3，人均消费量增长迅速，但仍低于世界人均0.7m^3的水平，见表7-6。

(3) 木材消费结构

木材消费总量主要由工业与建筑用材、农民自用材、农民烧材及出口四部分构成。木材消耗主要集中在三个行业：建筑及装修业、家具制造业和造纸业，见表7-7。2002年，建筑及装修业消耗8838.01万m^3，占71.4%；家具业消耗1402.8万m^3，占11.3%；造纸业消耗963万m^3，占7.8%。与2002年相比，2004年的消费结构有所变化，建筑业用材量所占比重由2002年71.4%下降到2004年的48.9%，而造纸业用材量急剧上升，由2002年963万m^3增加到2004年的7539.48万m^3，所占比重也由2002年7.8%上升到2004年的33.5%。

(4) 木材消费利用率低。

我国的木材综合利用率目前只有60%左右，而先进国家一般都在80%以上。有的国家达90%。我国木材用量很大，如果木材综合利用率能有显著提高，则相当于增产大量木材，或可在满足同样需求的情况下大幅度减少采伐量。人工林木材和小径材、间伐材未能高效利用。我国人工林已经有了一个很大的发展，其面积居世界之首，并已拥有一定的木材蓄积量，问题是树种少，而且材质较差，小径材和间伐材的数量也很大。我国科技人员对这些木材的加工利用技术进行过多方面的探索，但由于科研和开发的力度远远不够，这些木材的利用档次和利用率目前都很低。这也是一项巨大的浪费。

三、木材产品市场竞争力分析

（一）木材产品市场竞争力的内涵

木材产品市场竞争力是指在开放的市场条件下，一个国家或地区提供的木材产品所具有的开拓市场、占据市场并获得利润的能力。

木材产品市场竞争力包含以下几层含义：

(1) 木材产品市场竞争力是一个广泛的概念，并非仅指国际竞争力。在开放的市场条件下，国际市场和国内市场都是木材产品市场的组成部分。木材产品市场竞争既包括一国木材产品在国际市场上与其他国家木材产品的竞争，也包括地区或某一生产经营者生产的木材产品在国内市场上相互之间以及与进口木材产品之间的竞争。木材产品市场竞争力体现在国内外市场上竞争力的统一。木材产品要具有国际竞争力必须首先具有在国内市场上的竞争力优势，只有在国内市场上有优势的产品才能在国际市场上发挥出国际竞争力优势。不具有国内竞争力就无法抵挡国外同类产品的冲击。就地区木材产品而言，由于我国生产的木材产品的绝大部分都在国内市场销售，国内市场竞争相对于国际市场竞争更为重要。

(2) 木材产品市场竞争力与竞争所发生的特定市场相关，即同一木材产品在不同的市场上参与竞争会显示出不同的竞争力水平。

(3) 木材产品市场竞争力是一个相对概念。一个主体无法实现竞争，竞争力是不同林业生产力相互比较形成的概念。

表7-5　2002～2004年各年木材消耗量

	2002年		2003年		2004年	
	总量（万m^3）	比重（%）	总量（万m^3）	比重（%）	总量（万m^3）	比重（%）
总计用材量	18340.43	100	22843.00	100	30710.47	100
工业及建筑业用材	12376.7	67.48	17127	74.98	22482.69	73.21
农民自用材和烧材	4905.2	26.75	3562.56	15.60	4286.20	13.96
出口材	1058.53	5.77	2151.84	9.42	3941.58	12.83

资料来源：《中国林业发展报告（2003～2005）》

表7-6　中国人均年木材消费量

年　份	人口数（万人）	人均木材消费量（m^3/年）	年　份	人口数　（万人）	人均木材消费量（m^3/年）
1990	114333	0.197	1996	122389	0.31
1991	115803	0.205	1997	123626	0.35
1992	117171	0.22	1998	124761	0.40
1993	118517	0.235	1999	125786	0.41
1994	119850	0.25	2000	126743	0.49
1995	121121	0.29	2001	127627	0.52

资料来源：《2003年中国经济年鉴》；李育才《面向21世纪的中国林业发展战略》

表7-7　2002年和2004年我国主要领域木材消耗情况

部　门	2002年		2004年	
	木材消耗量（万m^3）	所占比重（%）	木材消耗量（万m^3）	所占比重（%）
建筑业	8838.01	71.4	10984.12	48.9
家具业	1402.8	11.3	2780.66	12.4
造纸业	963	7.8	7539.48	33.5
煤炭业	734.9	5.9	832.40	3.7
车船制造业	269.2	2.2	346.03	1.5
化工业	77.2	1.4		
铁路部门	44.34			
化纤业	47.4			

资料来源：2003年、2005年《中国林业发展报告》

(4) 木材产品市场竞争力在市场上反映为赢得市场份额和取得利润的能力。

（二）木材产品市场竞争力的分解

木材产品市场竞争力的影响因素涉及到生产、流通过程中的诸多因素，因此可将木材产品市场竞争力划分为价格竞争力和非价格竞争力两个相对独立而又密切相关的方面，其中价格、质量是最直接、最主要的影响因素。随着中国加入世界贸易组织，木材产品竞争的空间范围扩大，竞争的内容也更加丰富，在价格、质量竞争之外，还形成了品牌、包装、信誉等产品营销能力的竞争。

1. 价格竞争力

木材产品价格竞争力是决定木材产品竞争力的关键因素。价格竞争力的实质是单位木材产品成本的竞争，成本不仅包括木材生产成本，还包括木材流通成本，并且木材流通成本在其总成本中占有重要位置。可以说单位木材产品的成本是产品竞争力的关键，成本的高低决定了竞争力的高低，即在其他条件相同的情况下，成本低，竞争力强；成本高，竞争力弱。资源比较优势是价格竞争力的内在决定因素，从长远看，只有具有木材资源比较优势的木材产品，才会具有较稳定的价格竞争力。

2. 质量竞争力

木材产品质量竞争力是决定其竞争力的核心部分。现阶段木材产品的市场竞争已从单纯的价格竞争转变为价格和质量的双重竞争，而且越来越多的木材产品正在转向以质量竞争为主。木材产品质量的好坏，体现在木材产品使用价值的大小和满足消费需要程度的高低。木材产品质量的高低，决定木材产品在市场竞争中的地位，决定木材产品市场竞争力的高低。一般来说，在价格一定的情况下，质量越好，竞争力越强；质量越差，竞争力越弱。

3. 营销竞争力

木材产品营销竞争力是决定木材产品竞争力的重要保证。木材产品的价值必须通过市场交换来实现，木材产品的成本优势和质量优势能转化为竞争优势需要由市场检验和衡量。市场营销是木材产品市场竞争力实现的载体。木材产品市场营销能力决定了木材产品在市场中的地位和份额，从而直接体现了木材产品市场竞争力的大小。健全营销体系、营销手段和方法所体现出来的综合竞争能力对木材产品市场竞争力会产生类似乘数效应的作用。一个拥有成本优势和质量优势的木材产品，完全可能因为其市场营销能力欠缺而实现不了较高的市场竞争力；而在市场竞争力的木材产品，即使成本和质量优势不那么明显，也完全可能取得竞争优势，体现出较强的市场竞争力。

（三）木材产品市场竞争的主要特征

木材产品的市场竞争服从竞争力理论的一般规律，但同时又具有鲜明的特征。木材产品在生产加工过程、产品形态、市场营销和市场需求等方面都具有自身的特征。木材产品市场竞争的特征主要由木材产品生产特

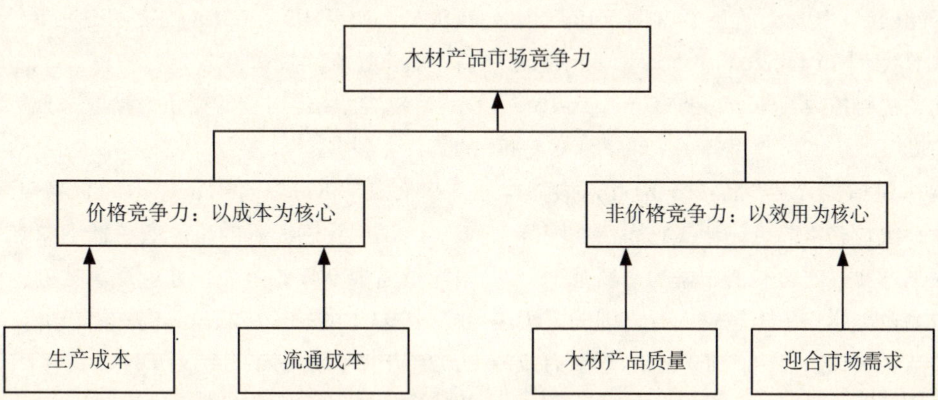

图7-1　木材产品市场竞争力的分解

征、木材产品特征和木材产品需求特征三个方面共同决定的。具体而言，木材产品市场竞争的主要特征包括：

(1) 高度的自然资源依赖是木材产品竞争区别于工业品竞争的首要特征。木材产品受到地区土壤、气候、水源等资源条件的硬制约，这是造成国家或地区间木材产品品种和质量差异的首要原因，并且是单个的生产者乃至政府都无法控制和改变的。这一特征使得资源禀赋对木材产品市场竞争具有比工业品重要得多的影响。

(2) 木材产品质量特征的隐蔽性使木材产品非价格竞争具有明显的信息不对称特征。木材产品的质量特征有些是可以被直接观察的，有些则隐蔽性很强，即消费者无法在购买前对木材产品质量作出判断，甚至在购买、消费之后仍然难以了解。而这些隐蔽性较强的质量特征又正逐步成为消费者关注的焦点。因此信息问题的解决成为木材产品有序竞争和非价格竞争力培育的重要前提。

(3) 木材产品差异化竞争的前景广阔。作为直接消费者，具有不同地理、气候、历史、文化背景的消费者的消费偏好多种多样；作为工业原料，木材产品的用途与加工前景极其广阔。这种特征产生两个影响：第一，木材产品的买方类型多样，其购买目的和消费偏好各不相同，为木材产品差异化生产和经营提供了极大的可能性和基础；第二，作为生产原料，其下游产业的发展对初级木材产品市场竞争的策略与绩效有重要影响。

（四）木材产品市场竞争力的测定

在评价一个国家某种产品或产业的国际竞争力时，主要使用的衡量竞争力大小的指数有国际市场占有率、贸易竞争力指数（Normalized Trade Balance，NTB）和显示性比较优势指数（Revealed Comparative Advantage，RCA）。

国际市场占有率是指一国某产品（产业）出口额占世界该产品（产业）出口总额的百分比。它表示在国际市场竞争中，一国某产品（产业）所占据的市场范围。国际市场占有率越高，国际竞争力越强，反之则弱。国际市场占有率反映了该国该产品（产业）国际竞争力或竞争地位的变化。

贸易竞争力指数，又称贸易分工指数，是指在一定时期内，一国某产品（产业）的出口额与进口额之差除以该产品（产业）进口额和出口额之和。用公式表示为：

$$NTB_{it}=(X_{it}-M_{it})/(X_{it}+M_{it})$$

式中，X，M分别表示出口额和进口额，i表示某一产业或产品。

贸易竞争力指数介于－1和+1之间。贸易竞争力指数大于零，表示该国该产品（产业）的生产效率高于国际水平，具有竞争优势，绝对值越大，优势越明显；贸易竞争力指数小于零，表示该国该产品（产业）的生产效率低于国际水平，处于竞争劣势，绝对值越大，劣势越明显；贸易竞争力指数等于零，则表示该国该产品（产业）的生产效率和国际水平相当，其进出口纯属在国际间进行品种交换。

显示性比较优势指数是美国经济学家巴拉萨（Balassa）于1965年测算国际贸易比较优势时提出的。所谓显示性比较优势指数是指一个国家某种产品（产业）出口额占其出口总值的份额与世界该种产品（产业）出口份额的比率。用公式表示为：

$$RCA_{ia}=(X_{ia}/X_{it})/(X_{wja}/X_{wjt})$$

式中，X_{ia}是国家i在产品a上的出口，X_{wja}是产品在世界市场上的出口。X_{it}是i国在t时期的总出口，X_{wjt}是世界市场上在t时期的总出口。显示性比较优势指数反映了一个国家某一产品（产业）的出口与世界平均出口水平的相对优势，它剔除了国家总量波动和世界总量波动的影响，较好地反映了该产品的国际竞争力。如果$RCA_{ia}>1$，则说明i国在a产品（产业）出口具有显示比较优势；如果RCAia<1，则说明i国在a产品（产业）出口不具有显示比较优势。

本文主要运用贸易竞争力指数来分析我国木材产品的国际竞争力。

从表7-8可以看出，原木的贸易竞争力指数小于零。这说明我国原木的生产效率低于国际平均水平，在国际贸易中不具竞争力，处于竞争劣势。贸易竞争力指数从1993年的－0.732开始，基本上处于下降的趋势，2002年下降到－0.997，接近于NTB的下限临界值－1，说明我国原木的国际贸易竞争力低下，完全处于贸易劣势地位。

表7-8　1993～2002年原木的贸易竞争力指数

年　份	1993	1994	1995	1996	1997	1998	1999	2000	2001	2002
NTB	−0.732	−0.818	−0.773	−0.879	−0.917	−0.959	−0.987	−0.990	−0.993	−0.997

资料来源：《2003年中国林业发展报告》

四、木材产品市场前景分析

（一）木材产品市场供求矛盾分析

1．木材产品市场需求旺盛，国内供给严重不足

近年来，随着我国经济建设持续快速发展和城镇化建设的不断推进，国内对木材原材料和加工产品的需求日益增长。据统计，2003年中国全社会木材消费量达到2.83亿m^3，其中建筑及房屋装修用材为6226万m^3，家具用材为3168万m^3。目前，西电东送、西气东输、南水北调、青藏铁路、国家重点大型矿山等项目的建设全面铺开，特别是随着西部大开发进入实质性阶段，各项政策和资金正逐步到位。这些都增加了对木材的需求。同时，随着绿色消费观念的深入人心，人们对“绿色”木材资源需求比以往更大。

而纵观国内木材市场供给，由于“天保”工程实施，天然林资源木材供给能力受到很大限制，人工林资源木材供给能力不断上涨，但由于树种结构单一，短期内无法有效提供大量木材，所以供给总体趋紧。

随着国民经济和社会事业的发展，在相当长的一段时期内，国内木材市场将持续保持供应紧俏、需求旺盛的势头。供不应求的总量矛盾将在较长时期内存在。

2．木材产品市场结构性矛盾突出

木材产品市场不仅总量矛盾尖锐，而且供需结构失衡。从木材材种结构上来看，国内生产的商品材主要矛盾在于优质大径材资源贫乏，供应严重不足。按照木材需要径级估算，大、中径级木材市场需求为55%以上，而国家大、中径级木材市场供给仅占40%，供需结构不合理。

另据第五次全国森林资源清查，我国的森林资源中，用材林成过熟面积为1468.57万hm^2，蓄积量 27.40亿hm^2，仅分别占用材林面积和蓄积的14.7%和38%，并且，用材林成过熟林面积和蓄积还在以年均3.3万hm^2和2700万m^3的速度减少。我国木材主产区东北、内蒙古重点国有林成过熟林面积和蓄积比第四次全国森林资源清查时期分别减少了50多万hm^2和9600万m^3，目前中幼龄林中的采伐量占到总采伐量的50%以上，很多国有森工企业可采资源已经枯竭。从林种结构来看，用材林成过熟林中针叶林蓄积量占用材林成过熟林蓄积量的64.2%，阔叶林占35.8%。尤其是随着天然林资源保护工程的实施，我国东北和西南林区的优质木材大幅度减少，进入市场的天然林大径级木材资源进一步短缺。特别是后续人工林资源树种单一，多为针叶林，难以满足国民经济对多材种的需求。

通过以上分析，我们可以看出，我国木材市场供求状况是比较紧张的。

（二）木材产品市场未来发展趋势分析

1．木材需求预测

木材与国民经济和人民生活密切相关。木材的需求受经济增长速度、人民消费水平、替代品的发展等众多因素的影响，可变因素多，因果关系复杂，因此需求预测的难度较大。这里主要从总量方面进行分析。

根据表中所示的历年国内生产总值与木材总消费量的关系，使用回归预测方法，得出如下因果关系式：

$$Y_t=2.18032X_t-34438.24$$

其中：Y_t——表示t年木材需求量预测值（万m^3）；

X_t——表示t年国内生产总值（亿元）。

根据全面小康社会的建设目标，2010年国内生产总值要比2000年翻一番，2000年国内生产总值为89468.1亿元，可以得出2010年国内生产总值为178936.2亿元，

则2010年木材需求量为355699.94万m^3。另据姚昌恬的预测，2015年木材需求量将达43780万～44280万m^3。总之，随着我国经济发展与人们生活水平的提高，木材需求量将不断增加。

2、未来木材供应

(1) 近期进口木材将继续发挥其补充国内木材市场供给不足的作用

为了缓解国内木材市场日益扩大的供需缺口以及配合天然林保护工程等林业生态工程的开展，中国政府于1999年1月1日起对原木进口实行零关税政策，同时继续实施边境小额贸易政策（进口增值税减半）以及推行进口原木加工锯材复出口政策，这共同推动了木材进口的快速增长。自1997年以来，进口材在中国木材供给中占有越来越重要的地位。表7-10显示，进口木材占中国木材总供给量的比例由1997年的24%迅速上升到2004年的54%。

表7-11数据显示，原木进口从1997年的446.2万m^3迅速上升至2004年的2630.9万m^3，年均增长32.67%；锯材进口从1997年的133.2万m^3上升至2004年的605.2万m^3，年均增长25.49%。进口木材不仅弥补了中国木材总量上的供给缺口，而且大大缓解了结构上的供给压力，有效满足了中国家具业、地板业以及建筑装饰业对于优质大径级木材的用材需求，进口木材承担着补充国内木材市场供给不足的重要作用。

(2) 长期来看，人工林将成为我国木材供给的主要来源

有专家指出，如果一个国家的某种材料的进口量占其消费总量的30%～50%时，则该种材料处于国家安全警

表7-9　国内生产总值与木材消费量

年　份	国内生产总值（亿元）	木材总消费量（万m^3）	年　份	国内生产总值（亿元）	木材总消费量（万m^3）
1990	18547.9	22523.6	1997	74462.6	43269.1
1991	21617.8	23739.62	1998	78345.2	49904.4
1992	26638.1	25777.62	1999	82067.5	51572.26
1993	34634.4	27851.5	2000	89468.1	62404.07
1994	46759.4	29962.5	2001	97314.8	66366.04
1995	58478.1	35125.09			
1996	67884.6	37940.59			

注：木材总消费量根据表7-5计算得出，资料来源《2003年中国统计年鉴》

表7-10　1997～2004年中国木材供给结构的变化（%）

年　份	1997	1998	1999	2000	2001	2002	2003	2004
进　口	0.24	0.27	0.34	0.38	0.44	0.48	0.51	0.54
国　内	0.76	0.73	0.66	0.62	0.56	0.52	0.49	0.46

资料来源：程宝栋，宋维明. 中国木材产业资源基础及可持续性分析. 林业资源管理，2006 (1)

表7-11　1990～2004年中国木材产品进口情况

年　份	原　　木		锯　　材	
	数量（万m^3）	金额（万美元）	数量（万m^3）	金额（万美元）
1990	419.3	46629	25.2	3172
1991	409.7	47003	30.6	3169
1992	467.0	49554	97.4	9044
1993	345.9	45904	120.8	15308
1994	333.5	43037	89.6	14562
1995	258.3	36837	86.3	14913
1996	318.5	45778	93.8	18009
1997	446.2	67703	133.1	26811
1998	482.3	59909	169.0	34826
1999	1013.6	124863	275.6	66194
2000	1361.2	165564	361.4	98203
2001	1686.4	169398	403.4	98852
2002	2433.3	213826	548.4	116746
2003	2545.6	244715	559.8	119879
2004	2630.9	280432	605.2	138714

资料来源：《2005年中国林业发展报告》；姚昌恬《WTO与中国林业》

戒线以下。我国的木材进口量占全国木材消费的比重超过30%，处在国家木材安全警戒线边缘。

木材进口为保护我国森林资源，保障国内市场供给做出了应有的贡献，但从长远看，长期依赖进口并非良策。一是随着环境问题日益国际化，各国都在不断加大对森林特别是天然林的保护，采取众多手段限制了原木的出口。木材资源是一种特殊的生产资源，与生态环境息息相关。很多木材出口国都已经意识到生态环境的重要性，纷纷采取出口限制政策。如马来西亚、印度尼西亚已经减少了对中国的原木出口，所以从长远来看，国际木材供给将呈现出一种下降趋势。在这种情况下，如果长期依赖木材进口，很有可能出现木材供给的突然中断，影响到国内木材产业的安全。二是我国的木材进口如此之大，是世界市场难以长期承受的。我国现已成为世界木材及林产品进口第二大国，近年来进口木材及其制品耗汇均在100亿美元以上，成为仅次于石油、钢铁的第三大用汇产品。巨大的国内需求会促使国际木材价格上涨，从而使木材产品进口的贸易条件恶化。也引起了国际一些政府及非政府组织的强烈反对。由于进口木材具有极强的不确定性，长期以进口木材来满足国内需求是不可持续的。因此要实现木材产业的可持续发展，必须立足国内。由于天然林资源逐渐成为生态保护的主体，可采伐量逐年减少，在此情况下，人工林就成为我国木材供给的主要来源。

从我国目前的现状来看，第六次全国森林资源清查表明，我国森林资源的消耗发生了可喜的转变，我国天然林资源的消耗在下降，人工林资源的消耗在上升。本次清查间隔期，天然林资源消耗下降了7个百分点，人工林资源消耗量上升了7个百分点。

从人工林的发展前景来看，发展后劲很足。尽管中国有世界上最大面积的人工林，如到2003年为止，中国人工林保存面积达到0.53亿hm^2，位居世界第一位。但是单位蓄积量只有46.59m^3/hm^2，仅为世界平均水平的36.4%。从人工林生产的现实条件来看，中国国土面积辽阔，林地资源条件优越，大部分地区适宜林木生长，尤其是东半部的亚热带和暖温带地区。中国林业用地面积为28280.34万hm^2，其中尚有6000万hm^2宜林地，有1400多万hm^2可用于发展用材林，其中1/3适合发展速生丰产用材林。从资金投入来看，2001年国家林业局正式启动了速生丰产林工程，该工程计划投资718亿元，建设速生丰产林基地1333万hm^2，工程建设期为2001～2015年。到2005年为止，已完成速生丰产林面积30.35万hm^2。工程规划到2015年，可以达到2亿亩以上的速生丰产林的规模，届时每年可以从速生丰产林当中生产出木材13000万m^3左右。届时我国能基本实现国内木材供给主体由人工林替代天然林。

第三节　板材产品市场

一、板材产品市场分类及特点

（一）人造板的定义

人造板是指以木材或其他植物纤维材料为原料，经机械加工分离成各种形状的单元后，再经组合压制成的板材。

单元：单板、竹片、板材、木条、大片刨花、刨花、纤维等。

添加剂：阻燃剂、防虫剂、防水剂、防腐剂等。

产品形状：平面状、异状（曲面、弯曲）、表面模压等。

例如：单板×脲醛树脂×平面状=脲醛树脂胶合板

单板、木条×脲醛树脂胶×平面状=细木工板

刨花×豚醛树脂胶/防水剂=普通刨花板

（二）人造板的分类

1. 按组成木质（非木质）单元分类

(1) 以单板、板、片为主的产品，又分为普通胶合板、结构胶合板、功能胶合板和细木工板。

一类胶合板为耐气候、耐沸水胶合板，由此及彼有耐久、耐高温、能蒸汽处理的优点；二类胶合板为耐水胶合板，能在冷水中浸渍和短时间热水浸渍；三类胶合板为耐潮胶合板，能在冷水中短时间浸渍，适于室内常温下使用，用于家具和一般建筑；四类胶合板为不耐潮胶合板，在室内常态下使用，一般用途胶合板用材有榉木、椴木、水曲柳、桦木、榆木、杨木等。胶合板的构成原则：一是对称原则。对称中心平面两侧的单板，无论树种单板厚度、层数、制造方法、纤维方向和单板的含水率都应该互相对应。因此，当胶合板含水率变化时，其结构稳定，不会产生变形、开裂等缺陷；反之，如果对称中心平面两侧对应层有某些差异，将会使对称中心平面两侧单板的应力不相等，使胶合板产生变形、开裂。二是奇数层原则。由于胶合板的结构是相邻层单板的纤维方向互相垂直，又必须符合对称原则，因此它的总层数必定是奇数。奇数层胶合板弯曲时最大的水平剪应力作用在中心单板上，使其有较大的强度。偶数层胶合板弯曲时最大的水平剪应力作用在胶层上而不是作用在单板上，易使胶层破坏，降低了胶合板强度。

(2) 以刨花为主的产品，又分为单层结构刨花板、多层结构刨花板、渐变结构刨花板、定向结构板（OSB）。刨花板的优点是具有良好的吸音和隔音性能；各部方向的性能基本相同，结构比较均匀；加工性能好，可按照需要加工或较大幅面的板件，根据用途选择厚度规格，不需要再在厚度上加工；易于实现自动化、连续化生产，便于储存；刨花板表面平整，纹理逼真，容重均匀，厚度误差小，耐污染，耐老化，美观，可进行油漆和各种贴面；不需经干燥，可以直接使用。其缺点包括密度较重，因而用其加工制作的家具重量较大；刨花板边缘粗糙，容易吸湿，作家具边缘暴露部位要采取相应的封边措施处理，以防止变形；握螺钉力低于木材。

(3) 以纤维为主的产品。按原料可分为：木质纤维板、非木质纤维板；按处理方式可分为：特硬质纤维板、普通硬质纤维板；按容重可分为：硬质纤维板（又称高密度纤维板）、半硬质纤维板（又称中密度纤维板）、软质纤维板（又称低密度纤维板）。其特点为：在结构上不仅比天然木材均匀，而且完全避免了节子、腐蚀、虫蛀等缺陷，同时中密度纤维板胀缩性小；便于加工、起线；表面平整，易于粘贴饰面；变形小，翘曲小；内部结构均匀，有较高的抗弯强度和冲击强度。纤维板好坏质量差别很大。

2. 按生产过程类型分类

按成型时板坯的含水率大小分成干法、湿法和半干法。

3. 按使用性能分类

结构材料的使用性能主要是力学性能扣耐老化性；

功能材料的使用性能主要是装饰性、阻燃性、抗虫性、抗腐性，对电、光、磁、热、声等的性能。

（三）常用人造板的特点及用途

1．大芯板

大芯板又称细木工板，是将原木切割成条，拼接成芯，外贴面材加工而成，一般为五层结构。主要用做家具的面板、门扇窗框的龙骨框架等。面材按层数可分为三合板、五合板等，按树种可分为柳桉、榉木、柚木等。

2．胶合板

胶合板是将原木沿年轮方向旋切成大张单板，经干燥、涂胶后按相邻单板层木纹方向相互垂直的原则组坯、胶合而成的板材。单板层数为奇数，一般为三层至十三层，常见的有三合板、五合板、九合板和十三合板。

3．饰面板

全称为装饰单板贴面胶合板，是将天然木材或科技木刨切成一定厚度的薄片，粘附于胶合板表面，然后热压而成的一种用于室内装修或家具制造的表面材料。常见的饰面板分为天然木质单板饰面板和人造薄木饰面板。人造薄木贴面与天然木质单板贴面的外观区别在于前者的纹理基本为通直纹理或图案有规则；而后者为天然木质花纹，纹理图案自然，变异性比较大、无规则。其特点：既具有了木材的优美花纹，又达到了充分利用木材资源，降低了成本。

4．纤维板

纤维板是用木材或植物纤维作主要原料，经机械分

表7-12　人造板按照性能分类

依性能分	依特性分	产品名称
结构人造板	定向结构材	胶合层积木（又称集成材）
		单板层积材（LVL）
		木（竹）条层积材（PSL）
		重组木（Scrimber）
		胶合板
		定向结构大片板（OSB）
		定向结构华夫板（OWP）
		细木工板
	高密度板	木材层积塑料
		塑化胶合板
		高密度纤维板（HDF）
		高密度刨花板（HDP）
功能人造板	装 饰	贴面的各种人造板
	阻 燃	阻燃人造板
	抗 虫	抗虫人造板
	抗 腐	抗腐人造板
	抗静电	抗静电人造板
	曲 面	曲 面（弯曲、成型）人造板

离成单体纤维，加入添加剂制成板坯，通过热压或胶粘剂组合成人造板。厚度主要有3、4、5mm三种。纤维板因做过防水处理，其吸湿性比木材小，形状稳定性、抗菌性都较好。纤维板很容易进行涂饰加工。各种油质、胶质的漆类均可涂饰在纤维板上，使其美观耐用。纤维板本身又是一种美观的装饰板材，可覆贴在被装饰或需要保温的结构件上，也可用各种花样美观的胶纸薄膜及塑料贴面、单板或轻金属薄板等材料胶贴在纤维板表面上。硬质纤维板是木材的优良代用品，可用于室内地面装饰，也可用于室内墙面装饰、装修，制作硬质纤维板室内隔断墙，用双面包箱的方法达到隔音的目的。经冲制，钻孔，硬质纤维板还可制成吸声板应用于建筑的吊顶工程。

5. 刨花板

刨花板又称碎料板，是将木材加工剩余物、小径木、木屑等物切削成一定规格的碎片，经过干燥，拌以胶料、硬化剂、防水剂等，在一定的温度、压力下压制成的一种人造板。刨花板在建筑装饰装修中主要用作隔断墙、室内墙面装饰板。使用中，通常需要在刨花板表面覆盖塑料贴面。未经贴面的刨花板多用于护墙板的基层板等，只起承托作用。中密度（750kg/m^3）刨花板和高密度（1000kg/m^3）刨花板含胶量相当可观，可利用其制成可直接安装形式的半成品建筑装饰板。

6. 塑料贴面板

塑料贴面板（防火板）是由三种不同的纸，浸渍不同的胶热压而成，它具有优良的耐磨、耐酸碱、阻燃、易清洁及耐水性能等。粘贴于其他板材表面，常用于家具或厨柜。

7、宝丽板

宝丽板是在人造板表面贴一张印有图案并已涂饰好聚酯类的装饰纸。宝丽板表面漆膜，具有很高的光泽，坚硬耐磨，有很好的装饰性。

8. 桦丽板

桦丽板是用涂过氨基树脂的装饰纸，采用热压法贴于人造板表面制成，表面多为柔光。因热压时间很短，常把这种板叫“短周期”复合板。

9. 纸质饰面人造板

它是以人造板为基材，在其表面贴一种印有木纹或其他图案并浸渍或涂饰合成树脂特制而成的基饰面材料，它的各种表面性能比其他贴面板稍差。

10. 复合地板

目前市场上的复合地板主要有两大类：一类是实木复合地板，另一类是强化复合地板。强化木地板，学名为浸渍纸饰面层压木质地板，是以一层或多层专用浸滞热固性氨基树脂，铺装在刨花板、中密度纤维板、高密度纤维板等人造板基板表面，背面加平衡层，正面加耐磨层，经热压而成的地板。

（四）板材产品市场的分类与特点

改革开放前，人造板市场几乎是一片空白。胶合板、刨花板、纤维板（三板）等大宗基础性材料大多依照指令性计划实现产需衔接，不存在真正意义的商品交换，也就不存在板材市场。家庭装饰装修材料在当时无论是生产还是消费都处于很低的水平，产量很少，也无市场可言。改革开放以后，特别是提出社会主义市场经济模式以后，各类人造板商品市场蓬勃发展，经营品种（按品种、规格、花色）繁多。

本章研究的板材市场以胶合板、刨花板、纤维板（三板）市场为主。目前来看，人造板市场发展特点为：

从总的发展格局看，人造板市场的发展速度、数量、规模、档次、质量和成功率等方面均显示出：东南沿海经济发达地区比中西部经济欠发达地区、南方比北方、城市比农村、特大中心城市比中心城市、人造板消费需求旺盛地区比需求不足地区、人造板生产发达比不发达地区、交通发达比不发达地区占有优势的特征。

从组办方式看，自营型市场大多为各类经济组织及个人根据市场需求自发组办的；摊办制市场有些是政府倡导支持并以某种方式参与、由企业承办的。

从市场的经济类型看，包括国有、集体、私营、个体、股份制等多种形式；从市场经营者的经济性质和归属看，主要是人造板流通企业、人造板生产企业、家具、建筑用材企业、有关事业单位等；从经营品种范围和市场辐射面来看，既有综合市场，又有专业市场，既有地区市场，又有跨地区市场；从经营商品类别和来源看，大多数市场主要经营国产人造板，也经营进口人造板。

从市场经营方式和组织形式看，如前所述，有采用摊位制经营方式的，也有自营型经济方式的。摊位制市场不直接从事商品经营，而依靠招商设摊，提供管理和服务，收取租金和管理费用，对市场进行经营，因而在市场组织中不设商品营销机构；自营型市场则依靠直接从事商品经营，取得收入，保证市场自下而上发展，在其组织中一定要有商品营销机构。

从商品经营方式看，基本都是以批发经营为主，零售经营为辅，有的市场还采取了总经销、总代理的方式。市场功能、业务内容逐步增加。一些摊位制市场的功能和业务从单出租交易场所、设施，向提供仓储、运输、信息、结算、商务办公、食宿等全方位服务方式发展；有的自营型市场从单一购销业务发展到为厂家做广告宣传、为顾客送货等。三板价格由高到低的顺序为胶合板、纤维板和刨花板。2004年三者的平均出厂价以此为1582.60元/m^3、776.60元/m^3、605.10元/m^3。见图7-2。

对于具体的板材市场，其特点有所不同。下面分别按照三板的市场特点逐一进行分析。

1．胶合板的市场特点分析

(1) 产量方面，我国已成为世界第一大胶合板生产国，年产量达到1000万m^3。据统计，每年有超过100万m^3的出口量，出口总量仅次于胶合板王国印度尼西亚。目前，印尼国内的108家大中型胶合板生产企业已有1/3倒闭，1/3处境艰难。这一切都是因为中国近年来迅猛发展的"家庭式"胶合板生产对世界胶合板业的冲击。从90年代后期，以意杨为代表的人工速生林的发展使得中国胶合板业在材料与资源方面有了优势。意杨胶合板以价格低廉的优势迅速占领国内市场，彻底改变了进口印尼板长期占有国内胶合板市场统治地位的局面。

(2) 胶合板已从"机器化大投入"转变为国内的"农民化"作业。胶合板在机器化生产上具有投资规模大、成本高的不足，印尼等传统胶合板强国忽视了中国的市场变化，一大批在公司满足于现状，机器投资规模大，投资成本高，原材料的利用率不足。在印尼，直径小于25cm的材料就烧掉，而在中国，25cm的材料是利用率最多的材料之一。所以在短短几年时间里，中国培育出了山东临沂，浙江嘉善，江苏徐州、邳州，河北左阁庄等工厂密布的加工集散地，每一处都有上千家胶合板工厂。而且这些工厂分工合作，有专门做旋切的，有专门做芯板的，有专门做成品的，形成了产业链结构，大大加快了国内胶合板制造的发展速度，同时由于产业链的形成，加上现代的生产方式，制造成本相当低。

(3) 普通胶合板面临中密度纤维板的极大竞争。中国的胶合板原材料价格一般在400～600元/m^3，按50%的材料利用率计算，成本在800～1200元/m^3。而成品售价一般在1200～1400/m^3元左右。相同情况的中密度纤维板原材料价格200～300元/m^3，材料利用率达到95%，而成品却要卖到1600～2000元/m^3。

(4) 我国胶合板工业面临的主要问题。一是企业数量

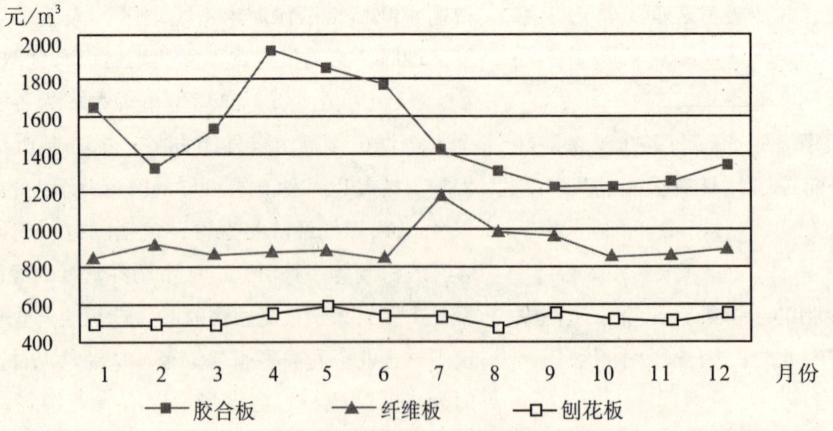

资料来源：《2005中国林业发展报告》

图7-2　2004年人造板出厂价格变动情况表

庞大，但企业规模小，技术力量差。现有的大小胶合板企业（经工商注册）5000家之多，其中90%的企业规模在年产1万m^3以下，仅少数达到年产2万m^3以上。绝大多数能正常生产的均是私营企业和个体小企业。队伍庞大的个体企业，技术装备落后，从表面看其原材料利用率较高，但产品质量差，严重扰乱胶合板产品市场。除少数几家近几年新建的合资或私营胶合板厂产量能上规模外，绝大多数企业的年产量只有几千m^3，形不成规模效益。二是多数企业创新能力处于停滞状态。由于其负担大，无创新，技术改造力不从心，如果国家没有较大的资金投入来启动，大部分国有企业生存无望，人才外流严重，企业发展没有后劲。少部分较好的运营企业，也是技术和装备落后，产品品种单一，产品质量低下，满足不了不断发展的高质量产品的需要，企业生存空间日趋缩小。另一方面市场急需高质量产品和新产品得不到满足，只能依靠进口。我国整个胶合板工业发展仍未能步入良性发展轨道。三是胶合板行业竞争无序。目前我国尚不能依靠并具有操作性的胶合板行业政策可循，宏观、微观均得不到控制。从全国范围看，仍未创造相对平等的市场竞争机制，税收杠杆不能起到胶合板行业宏观调控的作用，行业政策及生产许可证制度得不到落实和执行。企业着眼点低，相互攀比、残杀，没有精力和能力站在整个市场的高度来策划企业的发展和平衡自身在市场中的位置。四是胶合板原材料限制。胶合板的生产需要优质大径材，受资源再生性的制约，供给资源面临枯竭。加上世界上大多数国家出于生态保护考虑，限制原木出口，政府增加消费附加税等，控制其消费量。另外，胶合板是通过旋切的方式复合而成，难以克服木材自身张力带来的变形影响，因此，中国胶合板的产量呈逐年下降的趋势。所以未来的发展方向是：普通胶合板将被中密度纤维板替代，中密度纤维板的市场份额将更大，前景也将大于胶合板，这也是人造板的发展规律。

发展高层次的胶合板将是未来的胶合板增长方向。要想使胶合板在质和量上有所突破，必须发展高层次质量的胶合板，这样才能在价格、质量、工艺、原材料等方面与其他人造板相竞争和抗衡。

(5) 胶合板进出口贸易状况。20世纪90年代中期，我国胶合板开始出口，主要方式为一般贸易。近年来加工贸易异军突起，总体上表现为进口原材料、出口产成品。2001年，胶合板的来料加工贸易已占胶合板进口总量50%，单板的进料加工也连年增加，占进口总量的42%。胶合板的加工贸易不仅推动了胶合板产业结构的升级和产品结构的优化，还增加了劳动就业机会，每年可获得较大的贸易顺差，为增加进口提供了安全保障。但胶合板加工贸易附加值低，长期依赖加工贸易，会使我国胶合板产业陷入价值链的较低层次，不利于我国胶合板产业由大变强。（林板．我国胶合板出口势猛，困难重重[J]．人造板通讯，2005，12（4）：33～34）

作为传统的人造板产品，20世纪我国一直是胶合板进口大国。2001年起，胶合板进出口贸易首次出现贸易顺差，出口量大于进口量31.4万m^3，以后保持着此种势

表7-13　2000～2005年我国胶合板的进出口数量及价值

年　份	数量/ 万 m^3				价值/ 万美元			
	进　口	同比/ %	出　口	同比/ %	进　口	同比/ %	出　口	同比/ %
2000	100.28	−3.80	68.98	+63.27	43683.85	+4.01	18895.52	+54.85
2001	65.14	−35.04	96.55	+39.97	25448.48	−41.74	24244.02	+28.31
2002	63.61	−2.35	179.29	+85.70	25872.49	+1.67	42699.51	+76.12
2003	78.46	+23.35	204.11	+13.84	34735.70	+34.28	49575.52	+16.10
2004	78.00	−0.59	429.09	+110.21	34747.64	+0.03	124474.62	+151.08
2005	58.91	−26.00	599.00	+30.00	27668.00	−28.00	278500.00	+27.00

头发展，出口量连续4年大于进口量。2005年胶合板出口比进口增加500万m^3，为2001年的6.2倍，出口货值增加25亿美元，确立了我国胶合板出口大国的地位，见表7-13（陈嘉文．中国林业产业和贸易的国际化进程[C]．中国森林对话机制第一次国际研讨会，2005）。

2．纤维板的市场特点分析

纤维板的生产，以“次、小、薪”材为原材料，适合中国资源再生性、速生性的特点，供给上又享受国家政策的扶持，资源供给矛盾不突出。随着纤维板品质的认同，产品性价比的提高及应用领域的拓展，其生产和消费比重呈现逐步上升的态势。我国纤维板生产能力经历了2003～2004年度的高速增长，2005年度的增长速度减缓。由表7-14，2005年度我国（不含港澳台，以下同）新投入运行的纤维板生产线56条，合计增加年生产能力335万m^3，其中新增连续平压中/高密度纤维板生产线3条，年生产能力共45万m^3；连续辊压中密度纤维板生产线1条，年生产能力为10万m^3。至2005年底，纤维板总生产能力达到年产2261万m^3；预计2006年我国纤维板生产能力的增长速度将进一步减缓，至年底总生产能力将接近2440万m^3（图7-3）。（肖小兵．2005年度我国纤维板生产发展状况[J]．木材工业，2006，2）。随着生产能力的扩大，质量的提高，我国纤维板产品开始呈现进口量下降、出口量增长的态势（图7-4）。

3．刨花板的市场特点分析

我国刨花板生产起步晚于胶合板而早于中密度纤维板。60年代由瑞士、德国引进3套挤压法刨花板生产设

表7-14　近年新增纤维板生产能力

年　度	数量/条	合计生产能力（万m^3·R^{-1}）	单线平均生产能力（万m^3·R^{-1}）
2002	52	218	4.2
2003	72	368	5.1
2004	77	513	6.7
2005	56	335	6.0

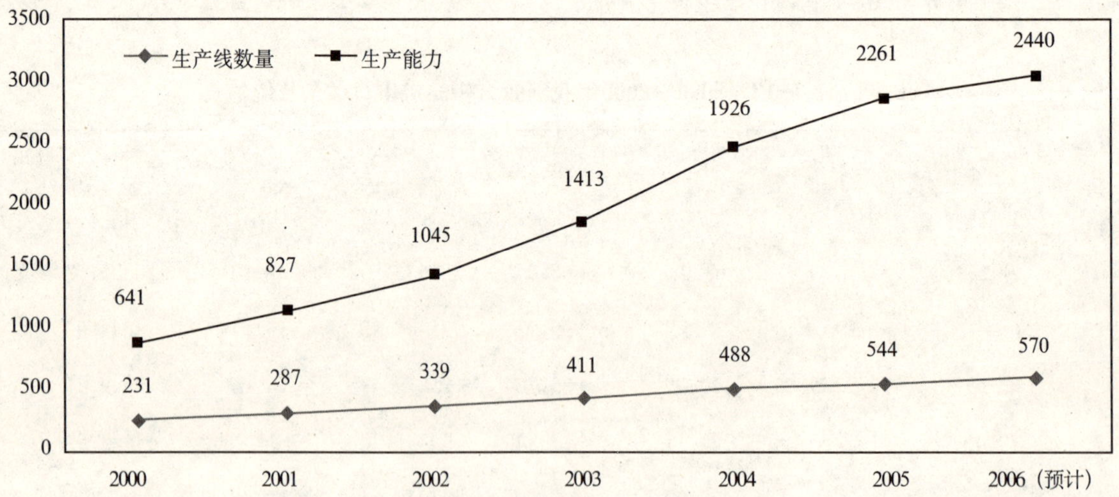

图7-3　近年我国纤维板生产能力增长曲线图

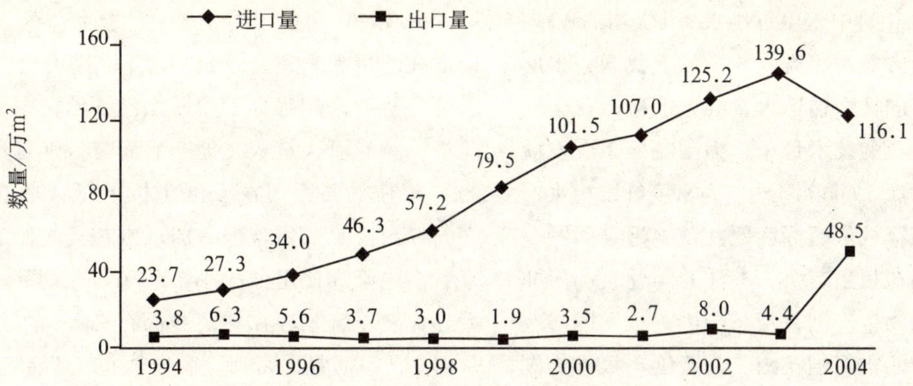

图7-4　近年我国纤维板进出口状况

资料来源：肖小兵．2005年度我国纤维板生产发展状况[J]．木材工业

备。1968年，北京木材建成第一个国产平压法刨花板生产车间，随后林业部组织“攻关小组”，设计建设了一批中、小型刨花板厂，各地又陆续引进国外主机或整条生产线，使我国初具小规模刨花板生产。1977年，全国刨花板产量仅2万～3万m^3，1985年增至18万m^3。进入90年代，刨花板有了较快的发展，1995年产量达到435万m^3，但1997年，受市场等因素的影响，下降至360万m^3。

刨花板生产工艺相对较简单，生产原料广泛，建厂投资少，生产成本低，适用于生产家具、室内装修、音箱制作、包装材料，因而在90年代一个时期中得到了较快的发展，1995年产量曾达到了435万m^3，发展速度在当时居“三板”之首。

此后的10年间，由于一些厂家放松了质量控制，蜂拥而上的众多小厂家用简陋粗糙的设备生产的刨花板质量低劣，损害了刨花板的声誉，造成刨花板不中用的不良影响，加之中密度纤维板生产的快速发展，中密度纤维易于二次加工的结构特征，导致我国刨花板的销售陷入低谷，产量由1995年的435万m^3降至1997年的360万m^3，2003年产量回升并升至547万m^3。

中国的刨花板生产以木质原料为主，此外还利用了部分非木质原料，如农业剩余物：甘蔗渣、亚麻秆、竹子、麦秆、稻秆。胶粘剂以脲醛胶为主，少部分特殊用途的板子为酚醛胶，产品为渐变结构或三层结构。产品规格一般为2440mm×1220mm×(8～40)mm。除木质与非木质刨花板外，还生产少量的水泥刨花板、石膏刨花板、少量的定向刨花板。中国的刨花板用于家具生产、室内装修、音箱制作。水泥刨花板、石膏刨花板用作建筑材料。中国的刨花板家具除供应国内市场外，还销往国外市场。

我国刨花板生产发展的优势。由于刨花板中的刨花比中密度纤维板中的纤维比表面积小得多，所以吸水膨胀率也就小得多，加上其强度高、生产成本低、原料来源广泛等优点，应该说刨花板比中密度纤维板更有市场空间，可广泛用于家具业、厨具业、装修业等行业。虽然我国的刨花板总产量排世界前列，但是人均占有量却很低，并且产品质量有待提高，每年还需进口大量高质量的刨花板，因此高质量刨花板的市场空间是广阔的。

刨花板的原料来源广泛，不仅能利用木材原料，而且还能利用大量的非木材原料。近几年来，随着我国天然林保护工程的实施，刨花板相对其他板种更具有原料优势。刨花板生产在木材原料的利用上，可以利用采伐造材和加工剩余物等“三剩”材，还可利用等外材、小径材和薪炭材；20世纪后期至今，人工速生林蓬勃发展，刨花板生产的原料逐步扩展到利用速生丰产林的速生材。刨花板生产的原料、加工、市场的关系，将由传统的“林工商”模式发展成为“商工林”的新型市场链，开创以市场带工业、工业促林业的良性发展道路。由于种树的收益比种粮高，农民种树的积极性空前高涨，不仅保证了刨花板生产的原料供应，而且还可使广大农民脱贫致富，目前江苏北部的杨树产业链可见一斑。

我国刨花板工业相对中密度纤维板工业起步早，培养锻炼了很多刨花板方面的优秀人才，加上我国有多所林业高等院校，每年向社会输送大量的人造板专业毕业生，他们逐渐成为企业的技术骨干，为刨花板工业发展提供了必要的技术保障。如同部分中/高密度纤维板生产企业存在的游离甲醛释放量超标问题、粉尘污染问题一样，环境污染也是刨花板生产令人关注的问题。利用非木质原料即农业剩余物生产刨花板将会进一步发展与改善。目前小批量生产的水泥刨花板、石膏刨花板作为刨花板市场的稀有品种会有一定的增长。定向刨花板在国外，尤其是北美得到了广泛的应用与发展。随着我国人造板市场的发展，刨花板在未来也将有“用武之地”。

二、板材产品市场供给与需求现状

1. 板材产品市场供给现状

人造板工业的发展依存于冶金、机械、电子、化工等工业的综合技术水平。改革开放以后，随着我国整体工业技术水平的发展和提高，国际合作交流的日益广泛和深入，中国的人造板加工业经历了一个“快速”发展时期。50年代，中国最为传统的人造板产品—胶合板实现产业化；50年代后期至60年代中期，湿法纤维板实现了国产设备的工业化生产，在此基础上发展和壮大了中国林业机械制造业；60年代后期至70年代中期，刨花板生产初具规模；80年代后期，中密度纤维板经过近十年的徘徊进入了快速发展时期。与此同时，国内外木材工业的各种产品和技术，都已渗透到中国木材工业的发展和产业结构的调整中，缩短了中国木材工业与世界同行业先进水平的距离。中国人造板主要产品的生产，有引进世界先进水平的成套现代化的生产设备，也有经过吸收消化后的国产成套中小型生产设备，既有引进国外的技术，也有自主研究开发的技术；有与国外类似的大型企业，也有适合中国国情的中小型企业。

多年来，我国人造板市场发展成绩最为显著的当属胶合板；其产量超过刨花板和纤维板产量的总和，占人造板总产量的几近50%，而且品种丰富、质量提高，在满足国内市场需求的情况下，出口量已超出进口量。中密度纤维板应该属于人造板市场中进步速度最快的产品。据统计，目前国内生产中纤板生产线将近300条，生产潜在能量尚未完全释放。时下高密度纤维板（HDF）市场走势越来越强，不少厂家已开始转向生产。至于刨花板，相对于人造板其他产品而言，则是用于发展缓慢的了，其主要原因在于刨花板市场管理混乱，竞争无序，导致产品质量难保。但从刨花板制作的原材料角度来看，由于其使用“次小新”和“三剩”，符合国家的大环保要求，其存在与发展仍有必要。当然，前提是必须提高产品质量，否则，很难通过市场检验。

(1) 我国胶合板生产现状

原料：国产胶合板树种有北方的桦木、锻木、杨木，南方的马尾松、荷木、拟赤杨；此外人工林意杨已发展成目前生产胶合板的主要原料。较多企业采用进口单板或在国内加工的进口材单板生产三层胶合板的面、背板，树种主要有柳桉、奥古曼、山桂花等，芯板则采用意杨厚板。

数量：全国现有胶合板生产企业2000家（已注册）。

产量：我国已成为世界第一大胶合板生产国，年产量达到1000万m^3。据统计，每年有超过100万m^3的出口量，出口总量仅次于胶合板王国印度尼西亚。

种类：国产胶合板的品种，除普通胶合板外，还大量生产水泥模板用胶合板，多种竹材胶合板以及表面经各种装饰处理的饰面胶合板（如：微薄木及人造薄木贴面胶合板）。

人均产量：实物劳动生产率美国740m^3/人·年，加拿大624m^3/人·年，印尼60.74m^3/人·年，我国仅3.2m^3/人·年。我国胶合板企业平均生产能力为3342m^3/年，世界平均规模10000m^3/年。到目前为止，国有胶合板企业产量显著减少，“三资”企业已达130多家，集体、民营企业1700多家。

生产企业：按规模可分三类。一类，大型企业，分布在上海、江苏、广东等沿海城市，年生产能力5万～20万m^3，原料靠进口为主，产品质量达到印尼板档次。生产设备先进，达到国际上90年代初水平，其产品在国内市场上占主导地位。例如：苏州维德、上海高潮、无锡江海、深圳光大、浙江德仁、广东南海华光等公司。二类，中型企业，分布在广东、浙江及部分内陆省份，投

表7-15　我国人造板生产情况

单位：m^3

年　份	人造板总产量	胶合板	刨花板	纤维板		其他人造板
				总产量	MDF	
1951	1.69	1.69				
1955	51.75	51.75				
1960	20.72	14.76		5.96		
1970	24.04	17.07	1.50	5.47		
1975	37.37	19.21	2.67	15.49		
1980	91.40	33.00	7.82	50.62		
1981	99.61	35.10	7.70	56.80		
1985	161.58	53.90	18.20	89.50	5.00	
1990	244.60	75.87	42.80	117.24	8.69	
1991	284.21	105.40	61.40	117.40	13.70	
1993	579.79	212.45	157.23	150.97		
1994	644.72	260.62	168.20	193.03	40.00	
1995	1684.60	759.26	435.10	216.40	53.69	273.84
1996	1203.26	459.32	338.28	205.50	69.53	200.16
1997	1648.48	758.45	360.44	275.92	105.86	253.67
1998	1056.33	446.52	266.30	219.51		124.00
1999	1503.90	727.60	240.96	390.60		143.90
2000	2001.66	992.54	286.77	514.43		208.00
2001	2110.82	904.06	344.53	570.11		292.12
2002	2930.18	1135.21	369.31	767.42		658.24
2003	4553.36	2102.35	547.41	1128.33		775.27
2004	5446.49	2098.62	642.92	1560.46	1466.48	1144.49
2005						

资料来源：根据《林业统计年鉴》、《中国林业发展报告》由作者整理得出

资规模一般为数百万元，表板主要从国外购进，芯板采用国产材。产品质量中等档次，在城市销售。三类，小型及手工作坊式企业，分布在河北、山东临沂、苏北等省及南方林区，投资规模仅几十万元甚至十几万元，产品面向农村市场，工艺设备简陋，产品档次低。此外，竹材胶合板生产发展较快，主要分布在产竹省：湖南、江西、四川、浙江，生产企业约200家，产品用于建筑模板及车厢底板。

机械设备：胶合板生产中采用新型旋切机，无卡轴旋切机，最大限度减少碎单板数量，明显提高了原木利用率；对人工材速生小径材采用复合式旋切工艺；单板的斜接、拼接技术得到开发应用。据最新报道，日前低游离甲醛的胶粘剂研制有所突破，用它生产的环保型微薄木贴面装饰胶合板，其甲醛释放量仅为6～9mg/100g，比欧洲El级标准10mg/100g还低。使我国生产的板材第一次达到国际环保标准。在消化吸收引进技术设备的基础上，国内人造板机械厂分别设计制造出胶合板生产主要关键设备：液压双卡旋切机、单板干燥机、热压机（含装卸板机）并已达到国际上80～90年代水平。

(2) 我国纤维板生产现状

湿法硬质纤维板于20世纪50年代初进入中国，90年代逐渐被干法生产工艺所替代。中密度纤维板的生产于20世纪80年代初进入中国，直到80年代末才开始被市场接受。进入90年代，中国中密度纤维板生产进入快速发展阶段，从21世纪开始，中国成为世界第一大纤维板生产国。

数量：我国现有纤维板企业300多家，大多数分布在中国的华东、华南沿海地区。

产量：至2003年底，中国已建成与在建的中、高密度纤维板生产线共444条，总设计生产能力达1816万m^3/a（不含港、澳、台地区）。21世纪以来，中国纤维板生产能力飞速发展，平均每年新增生产线49条，增长产量217万m^3，预计至2005年底中国将建成投产的纤维板生产线450条，形成总生产能力1850万m^3。

生产水平：新建工厂的生产规模在不断提高。中国现有的纤维板生产线中，以国产多层压机生产线为主，多层压机生产线最大单线生产能力可达到年产10万m^3（压机规格6×18×12层）；连续平压生产线最大单线生产能力达到年产24万m^3（压机规格9m×42m）；连续辊压生产线最大单线生产能力为8万m^3。截至2003年底，中国已建成和在建的444条纤维板生产线中多层与单层压机生产线412条，年产1453万m^3，平均每条年产3.5万m^3；连续平压生产线26条，年产337万m^3，平均每条年产13万m^3；连续辊压生产线6条，年产26万m^3，平均每条年产4.3万m^3。

技术水平：目前国际上较领先的纤维板生产技术或设备，如机械剥皮、盘式削片、在线施胶、热能工厂、烟气干燥、微波含水率检测、纤维分解分选、纤维预热增湿、无扫平辊机械铺装、超声波探伤、大幅面板材先砂光后裁板、降醛后处理等工艺技术都在新建生产线中得到广泛应用。单线生产能力的增加和先进技术的应用，提高了生产的可靠性和稳定性，有利于提高产品质量和降低废品率，有效地降低单位产品的木材和能源消耗量，这对于中国这样一个森林资源严重短缺的国家来说十分重要。尤其是热能工厂的应用，将生产过程中产生的树皮、废纤维、锯屑和砂光粉等废料转化为热能，用于提供木片预热、纤维分离、石蜡熔化、制胶纤维干燥、热压所需的热量，特别是热烟气直接用于纤维干燥，大幅度提高了系统的热效率，从而大大减少了外购燃料的数量，既有效地利用了生产废料，又消除了生产废料可能造成的环境污染。

(3) 我国刨花板生产现状

数量：我国现有各种规模刨花板生产线的厂家总数800余家。除西藏、青海之外，各省市均建有刨花板生产线。

产量：年设计能力超过900万m^3，其中年生产能力达10万m^3的企业仅3家，年生产能力5万m^3以上的企业30余家，年生产能力超过1万m^3的企业100多家。2003年，全国刨花板总产量为547.41万m^3，可见这些生产线规模普遍偏小。除西藏、青海之外，各省市均建有刨花板生产线。

人均产量：刨花板生产线规模普遍偏小，2001年人均年生产率仅57平米，远远低于发达国家的水平。

机械设备：我国80年代初引进39条成套刨花板生产线，其设计能力多为年产3万m^3和5万m^3。同时我国与联邦德国比松公司合作制造6套年产5万m^3刨花板成套设备，其引进设备的比例逐套递减。此后又陆续引进多条刨花板生产线，多数生产线的设计能力在年产3万m^3以上，并且以单层热压机居多。

我国刨花板厂的技术装备水平参差不齐。进口的数十条刨花板生产线，其产品质量虽好但产量远远满足不了市场的需求。国产刨花板生产设备，基本上是20世纪八九十年代生产的产量规模小的设备，板坯铺装多采用移动式或固定式的机械铺装机或气流铺装机，板坯热压多采用小幅面的单层压机或多层压机，这些设备经过了近20年的运行，已经老化。由于技术装备落后、设备老化，所以刨花板的刨花质量、形态不好，铺装精度不高，热压厚度偏差大，表面层预固化严重，密度不均匀等，这些都严重影响刨花板的质量，不能满足市场的需求。

问题：近两年来，市场对刨花板需求不断增加，一些土法生产的刨花板以次充好又开始充斥市场，而且占了相当的市场份额，正规厂家生产的刨花板则由于生产成本较一般土法生产的刨花板略高而受到挤压。剧烈的市场竞争，要求我国的刨花板生产向大产量和高质量方向发展。

(4) 我国板材生产存在的问题

人造板工业是我国少有的消费量增长大于生产量增长的行业之一，但工艺水平较落后。有关专家结合市场的需求以及进出口贸易等方面的预测分析，我国的人造板工业仍具有可持续发展的美好前景。但是，我国人造板工业与国际先进水平的差距依然很大，人造板企业多数设备落后、企业规模小、产品质量差、劳动生产率较低。我国人造板产品目前主要为胶合板、刨花板和中纤板。在全国3000余家人造板企业中大多为中小型企业，尤其是在占总企业数2/3的胶合板生产企业中，年产量达1万m^3以上的企业只有100余家，大多数为小企业，且有为数不少的小作坊式工厂，生产的胶合板质量很差。这种状况既扰乱了市场，又浪费了有限的木材资源。刨花板生产企业情况比胶合板稍好一点，在560余家600多条刨花板生产线中，年产3万～5万m^3以上的企业达70家左右，但也有为数不少的工厂使用年产量仅几千m^3至1万m^3的生产线。近年发展速度较快的中纤板企业，尽管全国年总设计能力已居世界第一位，2002年达到1361万m^3，但这却是近400条生产线的总规模，其中75%的企业规模小于3万m^3多数企业仍在生产中、低档规格板，在靠拼产量经营。

原料林基地建设速度滞后于生产线建设速度，原料林建设与生产线建设不同步。部分企业的投资与建设存在盲目性，局部地区生产线建设过度密集，造成原料供应不足，企业恶性竞争，哄抢资源。以国产设备为主的生产线在技术水平的提升方面有待于加快研发。需要进一步采取降低原辅材料的消耗、降低能源消耗和完善环境保护等措施进行技术改造。企业管理人员和优秀技术人员短缺。现有大专院校培训的人才跟不上企业发展的需要。产品质量有待提高，劣质产品仍然存在。早期落后的技术装备生产线还占相当部分，其淘汰速度较慢。部分地区电力供应短缺严重影响生产。由于纤维板生产属于用电大户，特别在夏天用电高峰季节，为了保证居民生活用电，不得不限电停产。

2. 板材产品市场消费现状

今后一段时间中国人造板消费总体分析呈上升趋势，主要原因是基建、生产维修、交通、水利建设等方面，人造板近年来都大有用武之地，特别是随着房地产业，建筑装饰业，家具业的发展，人造板已经成为不可或缺的重要角色。

目前，我国已经成为人造板生产和消费大国，总产量居世界第二位。但人均占有量较低。2001年，人造板总产量达到2110.82万m^3。据专家预测，2005年我国对人造板的需求量为2805万m^3，2010年为3285万m^3。尽管我国的人造板工业发展很快，产量不断提高，但人均占有量仅为0.014m^3，同国际人均消费量相比还是相当低的。

近几年我国人造板工业发展较快，国内板材市场消费需求旺盛，但有一个明显的消费趋势：市场对绿色环保产品的需求。中纤板和刨花板在国外居住场所应用早已使用低毒环保型产品或根据需要使用具有阻燃、防潮功能的产品，并且中纤板和刨花板有超薄、超厚、非标准规格等产品，而在这些方面国内尚有不少差距。

(1) 胶合板的消费状况

胶合板主要应用在建筑装修及家具制造，分别占50%、40%。其次应用到包装、车船、家电、维修，约占10%，木质家具生产中胶合板比例已上升到12.5%。

国外胶合板消费量：世界人造板的主要生产消费市场在北美，1997年消费量达4700万m^3，占全球市场的1/3左右，其中胶合板占首位，达50%以上。该地区大量使用胶合板于建筑业，其胶合板消费预计到2012年下降到1200万m^3，平均每年将以25%的速度递减。胶合板是亚洲人造板产量最高的板种，大约占总产量的75%，由于大径材的减少及热带雨林的保护，胶合板产量呈下降趋势。胶合板的消费在人造板中的比例已从70年代48%下降到90年代40%，2000年下降到31%，预计2010年将下降到22.81%，但考虑到届时全球人造板总消费量会超过3亿m^3，则对胶合板的年消费量仍需以现在的5000万m^3上升到7200万m^3。

国内对胶合板的消费需求。国内对胶合板的需求不断上升，1981年全国消费量仅60万m^3，到1995年消费量954.6万m^3。平均每千人消费8m^3，远低于世界平均水平每千人24m^3，胶合板消费占人造板总量的46%。在国家实施天然林保护工程以前，我国胶合板的消费主要依靠从国外进口，至于出口，则微乎其微。但从1998年以后，胶合板进出口形势逐年逆转。2001年胶合板终于首次实现出口超过进口。从出口方面来看，2000年胶合板出口量为68.98万t，2001年则为96.55万t，增速较快。

消费趋势：随着天然林保护工程实施力度的加大，胶合板原料更趋紧缺，和国外趋势一样，胶合板生产、消费总量占人造板总量比重在下降。其市场空缺主要由正在发展的薄型中密度纤维板（经过饰面处理）所取代。

(2) 纤维板的消费状况

我国纤维板的品种主要有硬质纤维板和中密度纤维板。我国中高密度纤维板生产的发展，除生产能力和生产量的快速增长之外，在产品结构方面也有了新的突破。板材的厚度向薄型板方向发展，板材的密度向高密度方向发展，适应某些特定条件的使用要求。板材幅面向大幅面、多规格方向发展，产品将满足室内装修领域的特别要求。

产品结构的拓宽为扩大中高密度纤维板的应用范围和市场空间创造了条件。目前我国中高密度纤维板主要用途与品种有：强化木地板基材；普通家具制作用中厚板材；普通家具制作用薄型板材；橱柜制作用防潮板材；励模压门、复合门制作用板材；室内装饰用板材；礼品包装盒用板材；鞋跟制作用板材；胶合板厦合地板芯板用薄型板栋；其他用途板材。

(3) 刨花板的消费状况

刨花板由于其性能良好、幅面大、品种多、易于机械加工与表面装饰、用途广泛、价格适中，而在各领域中得到广泛应用，属我国最小规模人造板品种，也是近年来增长趋缓的人造板。

现有的普通刨花板所占市场份额较低，其主要原因是普通刨花板的加工性能和物理力学性能不如中密度纤维板，普通刨花板已处于供大于求的局面。

我国刨花板主要应用在家具和建筑行业，刨花板的应用范围是极其有限的。到1995年，家具和非结构型的室内装修用人造板仍占人造板总产量的50%～60%，而用在建筑业上还不到15%，与发达国家相比有明显差距。直至目前，这一状况仍无多大改变。其主要原因是由于目前生产的刨花板质量无法满足建筑、运输、包装等行业材料要求。为了摆脱普通刨花板产品在低水平上的恶性价格竞争，必须优化产品品种结构，提高其技术含量和附加值，开发质优价廉，真正具有市场竞争力的刨花板新产品。

3. 木地板市场、生产和消费

中国木地板行业是一个新兴的产业，起源于上世纪80年代初。中国木地板行业虽起步较晚，但发展速度很快，在短短不到20年的时间已形成了多种类、多规格，从生产到销售、铺设、售后服务配套，具备一定规模的产业体系。木地板主要分四大类：实木地板、强化木地板、实木复合地板和竹地板。2004年，我国木地板产量已达2.57亿m^2，仅次于欧盟。其中强化木地板居龙头，产量为1.5亿m^2，实木地板7000万m^2，实木复合地板3300万m^2，竹地板400万m^2。木地板产品年创产值达300多亿元人民币。我国已成为名副其实的地板生产大国，正生气勃勃地往生产强国迈进，中国成为世界木地板强国已是势不可挡。

强化木地板是上世纪90年代中期进入中国市场的欧洲舶来品，世界著名品牌有瑞典的柏丽、德国的威泰克、奥地利的爱格尔等。目前我国现有一定规模的强化木地板企业500多家，主要生产地区分布在上海、深圳、北京、杭州、成都。其中，年产销量300万m^2左右规模的企业已比比皆是，有几家企业生产能力超过1500万m^2，有的甚至更大。大亚—圣象、吉象、吉诺森华、克诺双凤、粤海柏高、福人木业、广西三威还拥有国内先进的基材生产线。四川升达、广西三威、大亚—圣象、吉象、福人木业等的原料林基地建设也在着力推进。我国强化木地板的企业规模、技术装备、品种质量、售后服务、营销理念、企业管理都基本与国际先进水平接轨。主要呈现出了三个新趋势：①HDF（高密度纤维板）的大量生产解决了消费者一直关注的基材用料问题，破译了健康地板的优良品质所在，引发健康消费热潮。②强化木地板生产程序中高科技成果的不断引进，使其环保性能不断提高。③强化木地板外观处理工艺更加个性化。激烈的市场竞争推动着主流企业的管理不断科学化。我国强化木地板业将成为世界强化木地板的主角。

实木地板是木地板中最传统、最典雅、最自然的产品。目前材种以国产林为主，有柞木、桦木、榆木、水曲柳、落叶松等。但从发展来看，南洋材、南美材也日益成为主角。实木地板的主要生产地区有上海、南浔、中山、顺德、大连。但令人担忧的是，市场产品质量抽查不合格率和售后服务投诉率居高不下。其中2003年实木地板产品国家质量监督抽查监督检验的合格率仅为76.1%。目前我国生产实木地板的企业约有5000多家，年生产力达6000多万m^2，但年产量达20万m^2以上的企业连5%都不到，普遍存在规模小、质量差和科技含量不高的问题。规范市场秩序，引导顾客正确科学消费，成为了我国实木地板产业亟待解决的首要任务。

实木复合地板起源于欧洲，一般可分为三层实木复合地板和多层实木复合地板两大类。10年间，中国实木复合地板的生产能力已经发展到年产2200多万m^2，占全球设计生产能力的30%左右。生产企业约有100多家，企业主要分布在东北、北京、天津、山东、广东、云南、浙江和江苏等地，实木复合地板企业大多从德国、芬兰、意大利和日本等国引进先进生产设备，技术水平高，自动化强度高。实木复合地板主要以出口为主，三层实木复合地板主要出口欧洲和美国，多层实木复合地板出口日本、韩国和东南亚等地。

竹地板一般可分为全竹地板和竹木复合地板两大类。我国现有竹地板企业100多家，年产量约400万m^2，主要分布在浙江、江西、湖南、贵州、福建、安徽和辽宁等地。竹地板最初起源于我国台湾，也属于民族产业，20世纪90年代中期以前主要在国内销售，近两年来出口量呈现显著增长态势。据不完全统计，我国每年均有350万m^2的竹地板出口，其中以欧洲、北美为主，而且增长量日益明显。由于我国是世界上竹材资源最丰富的国家，现有竹林面积421万hm^2，占世界竹林面积25%，年产竹材1160万t，占世界1/3。竹材又属于速生材，加大对竹材制品的开发、利用，符合当今世界的环保潮流。因此我国的竹材地板生产呈逐年扩大的趋势，出口量也逐年增多，在欧美及一些东南亚国家受到广泛的欢迎。据不完全统计，我国每年均有350万m^2的竹地板出口，其中以欧洲、北美为主，而且增长量日益明显。国内市场上，竹地板在东北很是流行，随着人们对其使用性能的认识进一步加深，其市场前景将更为广阔。

4. 非木材人造板的原料、生产与市场

我国人造板工业快速发展面临一个非常重要的问题，那就是原料的供应问题。因此，利用非木材原料生产人造板是解决人造板原料供应紧缺的最有效途径。而我国是一个农业大国，每年有大量的非木材资源可以用来生产人造板，从而缓解木材资源短缺的问题。可以用于生产非木材人造板的主要资源包括竹子、农业剩余物秸秆和沙生灌木，还有其他无机或有机材料。目前非木材人造板主要包括以下几大类产品：农业剩余物秸秆人造板，主要包括以秸秆为原料的刨花板、中密度纤维板等产品；竹材人造板，主要包括竹材集成材、竹材胶合板、竹材层积材等产品；沙生灌木人造板，主要包括以沙生灌木为原料的刨花板和中密度纤维板；木材与无机物复合人造板，如水泥刨花板、水泥纤维板、石膏刨花板和石膏纤维板等；木材与有机合成物复合人造板，如木塑复合人造板等。非木材人造板自80年代以来在我国得到了快速发展，特别是竹材人造板、沙生灌木人造板以及部分农业剩余物秸秆人造板目前已经形成了比较成熟的产业化生产技术，并在较大范围得到推广，取得了显著的经济效益和社会效益。

竹材人造板的生产与市场。20世纪70年代，竹编胶合板就已经成为技术上成熟的产品，广泛用于包装和建筑业，但只限于利用慈竹这样的小杂竹。进入80年代以后，南京林业大学重点研究了利用毛竹这样的大径级竹材生产胶合板，用于车厢地板和建筑水泥模板，该项技术经过十几年的发展和完善已经产业化。目前仅竹材水泥模板的产量就在200万m^2左右，竹材水泥模板已经成为建筑市场上不可或缺的产品。据有关专家预测，2010年竹材水泥模板的需求量将达到4000万m^2。竹材层积材在90年代初也得到了快速发展。竹材层积材可以充分利用小杂竹和竹材加工剩余物，采用浸渍酚醛树脂的方式胶合压制而成为板材，主要用作车厢地板和建筑模板。在90年代初期，竹地板这一崭新的人造板产品的问世，使竹材人造板的发展进入了一个快速发展时期。目前我国竹地板的产量已经达到了800万m^2左右，在该领域内比较有影响的生产厂家，如杭州大庄地板有限公司和广东锦荣竹木制品有限公司所生产的产品均百分之百出口到国外，形成了固定的消费群体。

农业剩余物秸秆人造板的生产与市场。20世纪90年代后期，国外在利用异氰酸醋树脂生产麦秸、稻草刨花板方面取得了突破，并形成了大规模产业化生产技术。目前，我国在建和已建成的麦秸、稻草刨花板生产线大约有10条左右，设计能力约20万m^3，麦秸、稻草人造板在我国的发展已经有了一个良好的开端。亚麻屑和甘蔗渣刨花板的产品质量均能够达到国家标准的要求，因此其产品能够满足特定区域内的市场要求。麦秸、稻草刨花板目前在国内已有生产。由于采用异氰酸醋作为胶粘剂，因此麦秸、稻草刨花板不含有游离甲醛，在市场上将以无醛人造板与普通木材刨花板和中密度纤维板展开竞争。由于麦秸、稻草原料的特点，其壁厚基本一致，加工出来的碎料的厚度均匀，因此生产出的板材剖面密度均匀，组织结构致密，其再加工性能远远优于普通的刨花板，和木材中密度纤维板相接近。据测算，采用无甲醛秸秆人造板制造家具，与普通木材中密度纤维板相比较，板材原料成本仅仅增加10%左右，但是整个家具产品由于无甲醛，其售价可以提高20%～30%左右，因此秸秆人造板在我国具有广阔的市场前景。

沙生灌木人造板的生产与市场。我国的沙生灌木人造板在20世纪90年代初期已形成了产业化生产技术。第一条沙柳刨花板生产线在内蒙古农业大学林业工程学院的积极支持下于1991年建成投产，并取得了良好的经济效益和社会效益。目前已经建成了5个沙生灌木刨花板厂和1个中密度纤维板厂，生产能力为6万m^3。另外生产能力达25万m^3的4个沙生灌木刨花板和中密度纤维板厂正在筹建之中。

无机人造板在建筑业的应用。20世纪80年代，我国已经开始研究和推广无机人造板，其中比较有代表性的是水泥刨花板和纸面石膏板两种产品。水泥纤维板、水泥刨花板在国外市场已经得到了广泛应用，并且其发展势头越来越好。美国一家公司已经在我国的广东地区设立基地准备开发中国的水泥纤维板市场。我国在吉林省浑江市、山东省沂源和江苏省南京等地建有机械化的水泥刨花板生产线。目前我国的水泥刨花板的产量不高，在建筑业的应用还不广泛。随着我国建筑业的快速发展和对新型墙体材料的推广，强度性能好，具有防潮、防蛀和阻燃等多项功能的水泥刨花板、水泥纤维板等无机人造板必将在我国的建筑材料市场中占有一席之地。

第八章

林产品市场体系（下）

CHAPTER 8 Market System of Forest Product（II）

第四节　纸与纸浆产品市场

一、纸与纸浆生产与消费现状

（一）纸与纸浆市场生产现状

据统计，中国纸业目前的产量在2900万t左右。预计到2010年，中国纸品消费将达到6500万～7000万t。面对如此巨大的纸品消费市场，全球纸业巨头早就虎视眈眈，纷纷抢滩中国市场。

全球纸业排名第六的日本王子制纸投资达2000亿日元（约合人民币139亿元），在江苏南通建设浆纸一体化的联合工厂，第一期斥资600亿日元，建设年产60万t铜版纸的工厂，2006年年底完工。而第二期工程将追加投入1400亿日元，将年产扩大至120万t，预计2010年完工。

国际纸业巨头磨刀霍霍的还有全球排名第二的芬兰、瑞典的合资企业——斯道拉·恩索（STORA ENSO），其在1995年就悄悄地介入广西林地，并早已计划将苏州的铜版纸厂由现在的14万t扩至60万t，预计该扩建项目比日本王子在南通工厂投产更早。

另一世界纸业巨子芬欧汇川集团（UPM-kymmene GROUP）不仅早在广东雷州半岛开发林地，还在江苏常熟动工兴建45万t双胶纸工厂。

世界纸业十强的APP更是看好中国，由印尼著名华人企业家黄奕聪先生于1962年创立的金光集团（Sinar Mas Group），从1993年以来在华投资已达40亿美元。他认为：中国人的文明骄傲——造纸术，却在世界文明迅猛发达的现代社会中受到严峻考验，每年要从国外进口数万吨纸张，这无疑对我们炎黄子孙是一种莫大的遗憾和尴尬。

自1993年起，APP就以长江三角洲和珠江三角洲为投资重点，先后建立了以金东、宁波中华、金华盛、金红叶等为代表，具有世界领先水平的大型造纸企业，以及大规模的现代化速生林区。

金光集团在华已拥有13家全资或控股的浆纸企业及5家林场，总资产达40亿美元，年加工能力达240t，其中中国2003年的销售额达150亿t，纳税达10亿多元，占中国年度税收总额的万分之六，金光集团成为目前在中国造纸业“龙头老大”是当之无愧的。

（二）纸与纸浆市场消费现状

我国已经成为世界上仅次于美国的第二大纸品消费国。近年来，我国日用消费品需求不断增加，出口国外的产品不断增长，使得作为包装材料的纸品的需求也以历史最快的速度增长；再加上我国印刷行业发展迅猛，都造成了我国纸品的生产远远满足不了消费的需求。尤其是以木材为纸浆原料的高档纸更为紧缺。以2002年为例，我国纸品产量为3780万t，但是进口的纸、纸版、废纸和木浆也已高达1874万t，花费外汇70.37亿美元，纸业已经成为我国仅次于石油、钢材外的第三大用汇产业。

外资进入中国市场，主要瞄准以木材为原料的高档产品。这是由于中国经济发展很快，对高档产品的需求量比较大。

二、纸与纸浆进口与出口情况

我国是世界上林纸产品生产大国。据FAO统计，2000年全世界纸张产量为319.95×10^6t，中国纸张产量为37.93×10^6t，占世界总产量的11.85%。同年，全世界纸浆产量为183.50×10^6t。中国纸浆产量为18.38×10^6t，占世界总产量的10.02%。但是，参与国际贸易的中国林纸产品却只占很小比重，我国纸张和纸浆出口量只占世界出口量的3.83%和0.09%。我国林纸产品参与国际贸易的份额与我国林纸产品产量极不相称。随着国际经济一体化后，我国的林业和林纸产品更是直接面向国际市场，受到国际优质林产品的冲击和挑战。

自1993～2000年以来，我国共进口纸浆1357.96万t，进口额为71.5亿美元，年平均进口169.75万t；共进口纸和纸板4504.19万t，进口额为262.43亿美元，年平均进口225.2万t。纸浆、纸和纸板进口量呈现大幅持续增长势头，纸浆2000年比1993年增长5.98倍，进口额增长9.42倍；纸和纸板2000年比1993年增长1.2倍，进口额增长1.4倍。

中国进口林产品结构也发生明显变化，纸产品和纸浆已分别上升至第一、第二位。根据中国海关的统计，2000年中国的林产品进口中原木和锯材进口快速增长，单板进口大幅度下降，胶合板与上年持平，北美材进口量大幅度增加，纸浆和废纸进口继续增长，纸和纸板进口明显下降。纸浆进口过去主要来自北美洲和北欧国家，但受价格因素影响，近年来从俄罗斯、印度尼西亚、巴西和智利等国进口的纸浆明显增长。相反，从北美洲、北欧国家进口的纸浆数量不断减少，其在总进口量中占有的份额也在迅速降低。

2000年，纸类产品进口59.08亿美元，占林产品进口总额的55.48%，占木材产品进口额的61.3%。其中：木浆20.93亿美元，回收纸类5.57亿美元，纸和纸板39.6亿美元，纸制品3.21亿美元。与1999年相比，木浆进口由310万t增加到335万t，增长8.1%，价格也由456美元/t上涨到636美元/t，上涨39.5%。按金额排序，我国木浆进口主要来源于加拿大25.9%、印度尼西亚25.8%、俄罗斯16.8%、美国9.9%、智利7.6%。

2000年，我国纸类产品出口额为6.96亿美元，比1999年增长44%。纸类贸易逆差高达52.12亿美元。

三、中国造纸业状况

（一）我国造纸业的发展

1. 造纸行业形势严峻

根据我国造纸工业现状和发展的趋势来看，近年来，造纸工业面临的形势总体上是比较严峻的。国内纸业面临市场国际化，竞争更加激烈。由于造纸工业在我国是一个传统的原材料工业，多数企业的技术装备还相当落后，生产规模小、污染严重、劳动生产率较低，企业包袱较沉重，经济实力远不及发达国家的同类企业，因此难以与国外企业和产品竞争。从就业影响看，由于有相当一部分缺乏竞争力的企业将倒闭、破产，据估计，受冲击企业面预计达60%，失业人员可达70万人左右。

近年，随着我国对纸浆和造纸产品的关税平均水平的不断调低，我国造纸市场的开放风险已得到一定程度的释放，缓冲了入世后的调整适应度。与进口纸张相比，我国造纸行业在产品价格性能比方面还处于劣势，是主要的纸张进口国。1998年据海关统计，我国进口纸及纸板577.2万t，同比上升4.5%，如果考虑走私和海关统计的实际误差因素，我国进口纸张规模已经达到700万t以上，进口依存度达到20%。根据2002年调整后的海关进口关税税率统计资料，我国纸制品平均关税水平是3.5%，纸及纸板平均关税水平是12%，而纸浆与回收纸的进口关税税率早在1999年就已调整为0。但是，目前国际上大多数国家造纸平均关税水平仅在5%～6%。造纸行业并不属于保护性产业，除新闻纸属于国家战略用纸以外，其他造纸产品预计很难获得长期保护，我国造纸行业平均关税水平还将有大幅度下降，这对我国纸张生产企业将造成进一步的冲击。

另一方面，我国造纸行业目前对外方限制及禁止投资的项目主要有玻璃纸、低档瓦楞纸、黄纸板、钞票纸、邮票纸及年产1.7万t以下的化学浆。实际上，这些项目即使是国内投资项目亦是加以控制的，而且在行业中产值比重亦相当小。而在行业生产中有重要地位的商品纸浆、胶印新闻纸、胶印书刊纸、牛皮箱纸板、高档涂布纸及纸板、高档信息用纸以及造纸原料基地建设等均为鼓励投资的项目和领域，造纸产品平均关税水平的降低所造成的影响将使国内销售竞争白热化。随着进口产品价格的进一步降低，进口纸张的优势将进一步凸现，在市场可获得相当有利的市场地位。至2005年，实际的进口依存度已达到25%左右，而预计到2010年，进口依存度将达到30%左右，造纸产品将与石油产品一样成为用汇大户。同时，国际各大造纸集团在国内纷纷抢滩设厂，例如，印度尼西亚在镇江的年产135万t合资项目开始启动，韩松公司在上海合资兴建的项目，一期工程12万t已投产，规模将达到55万t。这些企业规模较大、技术先进，生产效率远远高于国内生产企业，在与国内生产企业的竞争中也处于有利的地位。因此，腹背受敌的国内造纸企业势必会在销售市场上全力拼搏，巩固市场份额，一场残酷的价格战在所难免。

2．经济环境变化对我国浆纸业的积极作用

(1) 有利于调整林种树种结构。东南亚一些大财团、大商家看好潜力巨大的中国浆纸市场，纷纷在东南沿海地区投巨资，建起一批大规模的制浆造纸现代化企业。同时建立了大面积的速生丰产工业原料林基地，对调整中国的林种树种结构，促进商品林业的发展起到了巨大的推动作用。据初步测算，每造1.2t原纸需1t化学浆，造1吨化学浆需要6t含皮针叶树原木（阔叶树5t），需要0.08hm^{2}林地轮作。年产50万t的浆纸企业，短纤浆林木轮伐期为6年，则需24万hm^{2}的商品林地作支撑，可安排营林、采伐、加工和销售管理人员约6万人就业，同时带动公路、运输、化工、水电、机械等相关产业的发展。

(2) 有利于促进经济增长方式的转变。外商在中国投资，既带来了大量的资金，也带来了管理和浆纸制造、育苗等科学技术。中国目前森林覆盖率16.55%，活立木蓄积量达124.9亿m^3，但集约经营水平低。而外商投资培育的林木科技含量显著增加。如泰国顺和成公司用优质组培苗培育的5年生的速生丰产林，每公顷年均生长量和蓄积量分别为30m^{3}和90m^3，集约经营的林木的生长量和蓄积量的产出分别是广东粗放经营的近12倍和3倍。

(3) 有利于中国木材生产布局的调整。最近，国家林业局提出了对全国林业工程实行系统整合并确立了六大林业重点工程的战略。其中，速生丰产林基地建设工程主要集中在我国东南部地区。可见，国家已经把木材生产的主要任务转移到了经济比较发达的区域，即华南、华东地区，国家木材生产的布局发生了重大变化。而这一区域正是浆纸消费的集中区，也是外资浆纸制造企业投资最集中的地方，消耗木材的潜力巨大，因而有利于促进国家木材生产布局调整到位。

(4) 有利于促进企业规模扩大化，产品结构多元化。近年，面对进口纸张的冲击，扩大企业生产规模是必然之路。一方面，国内生产企业将加速引进国外的先进技术设备，新增企业生产能力，交替形成一个行业内投资扩容的高峰期；另一方面，国内生产企业将以优势企业为主体，通过兼并收购等方式组建大集团、大企业，以提高行业的集中度和专业化协作水平，亦会形成行业内的资产重组高峰期。由于我国缺少资金、技术和资源方面的优势，我国纸张生产企业的另一条出路即是扬长避短，调整产品结构，根据中国的具体特点开发新技术、新产品，适应国内多层次的需要。同时充分利用生产规模小，船小易调头的优势，在夹缝中找到生存之处。因此，入世将推动我国产品结构多元化进程的加速。

（二）对不同纸种的影响

从供给角度看，目前造纸工业仍是进口依存度较大的产业，到2005年已达25%左右。过去我国纸业市场主要是自给型，进口纸张主要起补充作用，近年来进口量不断增大，1998年已达577万吨，占全国生产总量的20%，其中进口新闻纸23.64万t，印刷书写纸34.64万t，铜版纸98.48万t，牛皮卡纸及箱纸板126.36万t，白纸板34.14万t，涂布白纸板及白卡纸54.24万t，瓦楞原纸99.08万t。

目前上述七个纸种的进口关税为12%～15%，其进口量每年都有较大幅度的增长，已对国内生产企业产生了较大的冲击，再行降低税率，势必会使进口纸张的价格下调，必将造成纸张的大量进口，对国内同类产品的生产企业的冲击将会更加严重。在这七个产品种类中，随着关税的变化，高货值产品（如铜版纸、涂布白卡纸等）受到的影响会更大，低货值产品（如牛皮箱纸板、瓦楞原纸等）相对来说，比高货值产品受影响会小些。

但是，国际经济环境的变化及本国关税税率的调整，对我国不同纸种的影响又有所不同。从具体品种看：

新闻纸。这是一个较特殊的产品，目前我国反倾销已胜诉，且新闻纸关税执行的是滑准税，因此，近期对新闻纸影响不会很大。由于技术原因，价格并非是进口新闻纸侵入的惟一因素，质量才是关键。从长远来说，如果国家重点支持的南平、广州、江西、齐齐哈尔等新闻纸企业不加快技术改造进度，不尽快投产达产，并改变落后现状，提高产品质量、扩大规模，几年后仍将会处于被动局面，其冲击是很大的。此外，企业可享受他国较低的技术设备出口税率，为公司利用有限的资金进行设备更新提供了有利的条件。何况，我国为适应国际环境已降低至为零的纸浆进口税率，更是为公司先上浆后上纸，逐个阶段进行设备更新奠定了基础。

铜版纸。目前在国内市场进口产品占主导地位，市场需求量还在不断扩大。国内产量曾高达50万～60万吨，由于技术装备起点较低，质量档次不高，近几年已有多家下马停产，目前年产量在15万t左右。近期上马的几个铜版纸项目也基本上是合资项目，因此，降税后，对国内企业影响不会太大。

高档包装纸板。目前国内生产中高档牛皮箱纸板、白纸板及涂布白纸板等产品的原料多数也是使用进口原料。与国外同类产品相似（废纸和商品木浆），由于这些原料废纸和商品木浆的进口关税已为零关税，因此其影响不大。但由于国内这类企业多数规模较小，生产技术落后，因而不具有竞争力。近几年，进口纸张与国产产品的交战焦点预计将集中于高档牛皮纸板项目，目前国内对此品种的进口依赖较大。因此，预计正在建设高档牛皮纸及纸板项目的青山纸业遭受冲击较大。

手工造纸。红星宣纸生产用于中国传统书画所用的宣纸，属于土法造纸工艺。因此，国外机制纸产品和它没有任何替代性，使其免受进口冲击。相反，近年，日本与东南亚等国对我国的出口纸张关税水平若能有所降低，将有助于增强该公司产品在这些市场上的竞争力，其程度则取决于实质性降低水平。但是，该公司产品毕竟属于特定用户群，受到市场容量的局限，不能指望实现突破性发展。

（三）我国造纸业关税税率变化

近几年，对我国造纸业最直接的影响就是关税税率的降低：目前进口产品价格在关税的作用下，普遍高于国内同类产品的价格，那么随着关税的逐步调整以及国内市场对进口产品的大幅度放开，无疑会使国内的造纸企业处境更加艰难。

2001年，我国的造纸平均进口关税为20%左右，最高的为45%（如卷烟纸），最低的为10%。但大量进口的一些纸种，如新闻纸、印刷书写纸、铜版纸、牛皮卡纸和箱板纸、白纸板和瓦楞厚纸等，一般为12%～15%。目前，国际上大多数国家的纸产品进口税仅为5%～6%，但东南亚国家较高为20%（新加坡为0）。近年，除具有战略意义的新闻纸受到了一定的保护外，其他纸产品的关税势将进一步调低。根据2002年中国进口关税税率表，纸及纸板由原来的平均关税18.6%调减到12%，纸制品由原来的平均关税6%调减到3.5%。家具进口平均税率在20世纪90年代初为70%左右，经过连续调整2001年降至22%，10年内下降了近50个百分点。

在关税的减让未最后确定的情况下，根据1999年中国与美国就入世双边谈判所达成的纸及纸制品最后减让关税税率来看，纸及纸制品的加权平均关税水平将由当时的18.5%下降到6.78%，下降幅度为63.5%。2000年和2001年，我国实施主动降低关税后，2001年纸及纸制品的加权平均关税为17.24%。

国内几个主要纸及纸制品产品的关税变化情况如下：

(1) 新闻纸到2008年底将由现在的基准税率15%逐年降低到5%。

(2) 书写印刷用纸类到2003年底已由12%调整到

5%。

(3) 铜版纸到2004年底已由15%调整到5%。

(4) 牛皮卡纸、牛皮箱纸板及瓦楞原纸等产品到2004年底已由15%调整到5%和2%。

(5) 涂布白板纸和白卡纸到2004年底已由15%下调到5%。

(6) 其他品种到2004年底已逐步下调到5%左右，只有卷烟纸的税率是由35%调整到15%。

由于关税的降低，势必造成进口产品价格的降低，而对国内同类产品造成冲击，从总的趋势来看，高货值产品，如铜版纸、白卡纸、卷烟纸等受到的冲击会大些，而低货值产品如瓦楞原纸、牛皮箱纸板等相对高货值产品来说受到的影响将会小些。

四、中国纸与纸产品市场竞争力分析

（一）中国林纸产品的国际竞争力分析及国际比较

国际市场占有率越高，国际竞争力就越强，反之则弱。与其他林纸产品主要出口国相比，中国林纸产品的国际市场占有率都比较低。

贸易竞争指数大于零，表示该国该产品的生产效率高于国际水平，出口高于进口，具有竞争优势，越接近于1，表明竞争力越强。贸易竞争指数小于零，则表示该国该产品的生产效率低于国际水平，进口大于出口，处于竞争劣势，越接近－1，表明竞争力越弱。贸易竞争指数等于零，则表示该国该产品的生产效率与国际水平相当，进出口相等，其进出口纯属与国际间进行品种交换。

中国木浆产品贸易竞争指数在10年间一直为负值且逐年下降，近年来更是维持在接近-1的水平上。说明中国的木浆产品进口远远大于出口。纸浆产品的情况与木浆产品类似。三种产品中，中国的纸张产品比其他两种产品贸易竞争指数要高些，但也是负值。说明中国的纸张也需要大量从国外进口。

（二）影响我国林纸产品国际竞争力的因素分析

1. 出口价格分析

相同条件下，价格高，竞争力弱，价格低，竞争力强。中国的木浆和纸浆产品在多数年份出口价格都高于世界平均出口价格。显然，出口价格高是导致中国木浆和纸浆国际竞争力低的一个重要因素。中国的纸张在多数年份出口价格低于世界平均出口价格，中国纸张在价格上具有一定的竞争优势，因而中国的纸张比木浆和纸浆产品在国际市场上有更高的竞争力。

2. 产品质量分析

林纸产品对纤维来源的依赖性极高。美国、加拿大、芬兰等世界纸业强国采用木浆造纸的比例超过95%，而我国造纸企业长期以非木材纤维为主，大都以麦草和废纸为主要原料，在主要纤维原料中，木浆仅占14.6%。实践证明，以非木材纤维为主的原料结构，造成了我国林纸产品质量低下。我国纸产品中，低档纸占60%，中档纸占20%，高档纸占20%。新闻纸、印刷书写纸的产量所占比重较小。

3. 绿色贸易壁垒的影响

随着人类环境意识的提高，发达国家利用自己的经济、技术优势，借环保之名，行贸易保护之实，对其他国家特别是发展中国家设置“绿色技术壁垒”。这种壁垒已越来越成为发达国家在国际贸易中所使用的主要技术壁垒。在欧美环境敏感市场，林产品经过认证已成为市场准入的必要条件，即林产品进口国要求出口国出示该批林产品是源自被认证具有可持续发展能力的森林。而我国在森林认证方面起步较晚，得到认证的森林的片数还不多，这严重限制了中国林产品在世界市场上的正常营销。

4. 产业结构分析

现阶段我国林纸产业的基本特征表现为：一方面，林纸产业链条中的两大主体——营林业和加工制造业相对割裂，各个环节都在维护各自的利益，加重了行业发展的成本，挫伤了行业生产者和经营者的积极性，削弱了产业发展的活力，结果导致商品营林业产业化程度低下，原料林基地建设滞后。另一方面，造纸行业集中度低。根据1999年《中国造纸年鉴》中的数据分析，我国造纸行业前4家企业的产量集中度仅为2.44%，企业数集中度仅为0.42%，都远远低于50%的临界点。林纸业产业组织结构的不合理，导致了我国林纸产业缺乏成本竞争力。

五、我国木浆需求中长期供求预测分析

木浆作为优质的造纸原料，在一定时期内，一定生产技术水平下，其需求量将主要取决于纸产品需求量及木浆在造纸原料中的比重。

（一）2015年我国纸产品产量预测

由于我国纸和纸板消费量中大部分用于新闻印刷、包装等生产资料消耗，大约占70%～80%，而且纸及纸板又是低值易耗品，不存在社会保有量问题。因此，经济的发展必然引起纸产品消费的同步发展，这一点已为我国造纸工业发展过程所证明。

自1983年以来，纸产品消费弹性为1.02～1.15，即国民经济增长1%，则纸产品消费量将增长1.02%～1.15%。

需要说明的是：①由于缺乏纸产品库存数据，计算过程中纸消费是以生产量加上净进口量推算所得。考虑我国在大量进口高档纸产品的同时，国内生产的低档产品又大量积压这一事实，国内纸产品实际消费量要低于推算值。②造纸工业未来原料结构调整和企业规模结构调整过程中，小型纸厂将被关闭或限制发展，从而影响产品供给，并进而影响消费。③随着电子出版物的发展和电子阅读的相关技术的突破及网络的普及，数字化图书必然会替代部分纸张印刷等出版物，从而相对减少纸产品消费。④随着水泥散装率的提高，必然会相对减少包装纸的消费。综合这些因素，我们认为，未来纸产品的消费弹性约为0.8～0.9，若国民经济年均增长率“十五”期间为7%～8%，2006～2015年为6%～7%，则纸产品消费年均增长率在“十五”期间为5.6%～6.4%，2006～2015年为4.8%～5.6%，根据轻工部门资料，2000年纸产品消费量为3500万～3600万t。据此推算，至2015年，国内纸产品消费量将分别达到4600万～4800万t和7500万～8100万t。

（二）我国造纸工业原料的发展趋势

我国造纸工业走的是以非木纤维为主要原料的发展道路。在国产纸浆中，木浆比重不足10%，非木浆比重约48%（其中草浆40%），废纸浆比重38%，其他浆比重为4%（国家轻工业局，2000），这种木浆比重过低、以非木纤维为主的原料结构是造成我国造纸工业产品结构失衡、质量低下、企业规模偏小、经济效益差、环境污染严重的根本原因。在我国未来造纸原料结构调整过程中，从造纸工业参与国际竞争、纸产品市场需求和环境保护等角度看，都必然要求逐步提高造纸原料结构中的木浆比重。

首先，从造纸工业参与国际竞争来看，在世界造纸工业发达的国家中，不论是天然林资源丰富的国家，如北美洲、北欧国家，还是天然林资源缺乏的国家，如日本、西班牙等，无一例外地走的是木浆造纸的发展道路。这主要是由于木材造纸具有很多优点：一是木纤维性质好，适合生产高档纸；二是容易集中，适合建大型浆、纸厂，企业规模效益高。相比之下，草类原料纤维难以满足高档纸的生产要求，同时原料的收集、贮存和运输都难以满足大型造纸企业的需要。非木浆为主的原料结构，使得我国造纸工业企业规模以小型化为特征。据不完全统计，1998年，我国造纸企业生产量在10万t以上的只有32家，3万～10万t的有10家，1万～3万t的有1050家，1万t以下的有5320家。1997年，我国造纸企业平均规模为5975t，而世界造纸工业发达的国家纸厂平均规模为4万t，大型造纸企业规模都超过50万t，甚至100万t以上。近十年来，一些国外著名造纸企业已抢占中国纸产品市场。面对国外造纸企业的规模优势，我国造纸工业必须调整原料结构，提高木浆比重，通过新建、扩建、改组改造逐步使企业达到合理的经济规模。

其次，从产品市场需求结构变化看，随着印刷、出版、包装、烟草等行业现代化技术的广泛应用及人民生活水平的不断提高，对胶印新闻纸、双胶印刷纸、中高档书写纸、铜版纸、涂布白纸板、高强度纸板的需求量将大幅增加，而一般包装纸、铜版纸、白纸板、箱纸板等低档纸产品的需求量将相对减少，甚至被逐步淘汰。而我国目前纸产品产量结构中低档产品比重约占50%左右，中档产品比重约占20%，高档产品比重只占30%左右。产品供给结构与需求结构的失衡结果在我国纸产品市场上表现为：一方面印刷与出版及包装用纸和纸板的高中档产品供应不足，需大量依靠进口；而另一方面低档纸产品却大量库存积压。海关统计表明，我国纸及产品进口量呈逐年递增趋势，1995年为302万t，1996年为450万t，1997年达到525万t，1998年上升到577万t。为适应纸产品市场需求结构的变化，轻工部门规划，将逐步淘汰低档瓦楞原纸、低档黄纸板、玻璃纸、油毡原纸等，重点调整和发展高档新闻纸、书写印刷纸、涂布纸、牛皮箱纸板、高档瓦楞原纸等品种。至2005年，中高档产品比例已提高至80%，低档产品降低至20%。产品结构的调整必然要求提高原料结构中的木浆比重。

再次，从减少污染、保护环境角度看，我国目前的草浆为主的造纸原料结构是造成造纸企业环境污染严重的主要原因。一方面草浆造纸技术中黑液的碱回收率低；另一方面，由于草浆造纸的规模小，产品质量低，结构效益差，企业无力进行废水处理。据1996年环保统计公报，我国县及县以上造纸及纸制品废水排放占全国工业总排放量的11%，其中达标排放量仅占14%。而木浆造纸的碱回收技术成熟，可节省大量化工原料，降低成本，提高效益，有助于废水处理，实现达标排放，减轻环境污染。

由上分析可知，提高造纸原料结构中的比重是我国造纸工业发展的必然趋势。考虑我国森林资源的实际情况，轻工部门规划提出，造纸原料结构中木浆比重：2000年为18%，2005年已提高至22%左右，按照这一速度发展，我们预计至2015年木浆比重将可达30%左右。

（三） 木浆需求量预测

综合纸产品需求量和造纸原料结构中的木浆比重，按平均每吨纸耗用0.8t纸浆计算，至2015年纸浆需求量将达810万～845万t和1800万～1940万t。

六、纸浆与造纸业发展对策

（一）纸浆与造纸业发展对策

近年，随着关税的下降，很容易形成西方发达国家造纸跨国公司对我国的倾销，这虽然对我国造纸工业造成了很大的冲击，但也有利于我国林业的休养生息，使我国造纸业获得优质和廉价的原料，从而提高国际竞争力。我国造纸工业要积极利用国外纸浆市场。为了保证有价格稳定、货源充足的国外纸浆和木材供应，我国造纸企业要积极发展对外投资，到森林资源丰富的国家合资或独资经营造纸厂和林场。由于纸浆与造纸业是受资源约束很强的产业，没有充分的资源支持是难以选择出口导向型战略的。我国森林资源缺乏，林地生产率低，木材供需矛盾大的情况和目前的国际环境，从根本上决定了纸浆与造纸业不宜采用出口导向战略。针对我国的林情特点和目前的外部环境（一方面大量出口木片，一方面大量进口木浆与纸产品），在战略选择上应以进口替代型为主。

1．推广速生丰产用材林，实现林纸一体化

原料短缺已成为制约纸业生产发展的瓶颈。据了解，我国作为一个森林资源缺乏的国家，一直以来都是以草浆作为纸张的主要原料，由于成本低，制作工艺简单，因此，80%以上的企业都是规模不大的中小造纸厂。中小造纸厂的存在，不仅造成了严重的污染问题，而且纸张质量低，产品过剩的问题比较严重。但在国外，造纸业90%以上的原料都是木浆。而我国木浆原料的使用率还不足20%。因此，林浆纸一体化成为中国纸业发展的必由之路。目前，我国每年要花费几百亿人民币用于进口纸张和造纸原料，并且这一数字每年都在上升，这无疑给国家造成了沉重的负担。

为了从根本上解决这一问题，历经几十年的摸索，我国已开始大力推进林浆纸一体化的产业模式。

所谓林浆纸一体化是指通过在适宜种植速生丰产林的地区，以制浆造纸企业为核心，把营林、制浆、造纸结合起来，实现原材料的可持续开采和产、供、销一条龙的经营模式。它不仅可以保存原有的林业资源，同时还可以通过开发宜林荒山，扩大林业的面积。由于是企业出资，在减轻国家负担的同时，还可以创造大量的就业岗位；此外，林浆纸一体化的另一个前提就是造纸企业有雄厚的资金和实力，可以在扩大经营的同时，安装良好的排污设备，减少因为造纸对环境造成的污染。

由于企业各种费用负担过重，产品竞争激烈等原因，国内企业林浆纸一体化的道路却困难重重。以广东省为例，目前5万t以下的造纸厂基本亏损，随着我国实施天然林保护工程工作的开展，许多省区木材量大减，造纸用材价格逐渐上浮，有的纸厂已经无米下锅。

面对经济环境的变化，中国制浆造纸业应当走林纸一体化道路，加快造纸林基地建设。尽快发展林纸联合企业，把林业和纸业融为一体，构成林纸结合的联合体，使造纸专用林成为联合体的第一车间，形成育苗、造林、采运、木材加工、制浆造纸“一条龙”和经营销售一体化。林纸一体化好处多，既可以使专用林场有可靠的资金来源（可以由林纸联合公司直接投资，也可以通过利润返回提供资金）和市场保证，也可以使造纸厂按时按量均衡地得到定向培育的、质量规格较一致的、成本较低的木材原料供应，从而使林业和纸业都能得到增值，达到林兴纸旺。国外造纸工业发达的国家由于林纸结合的发展，越来越多的造纸企业建立起了自己的原料基地。如美国国际造纸公司拥有279万hm^2的林地面积，木材自给率达34%，惠好公司则高达97.5%，美国林权归林产企业的人工林面积比重20世纪70年代已达53.6%；巴西最大的克拉宾制浆造纸厂，工厂附近就有19万hm^2林地属于该厂所有，可供工厂所需木材原料的80%。由于林场在造纸厂附近，故贮木场只需贮备15天所需木材即可，由于距离近，运费也便宜。近20～30年在造纸方面脱颖而出的一些国家，如巴西、西班牙、南非、智利、葡萄牙、澳大利亚、印度尼西亚等，其大型制浆造纸企业的建设，绝大多数在建厂前就着手营造造纸工业林，或者先用天然林和传统人工林，随后逐步用造纸专用林来取代。综上所述，我们应借鉴国际上林纸结合的成功经验，力图将那些人力可及的不利于林纸结合的因素转化为有利因素。为了保证在纸浆这种战略性物资的供应上不受制于人，我国必须在实施3亿亩速生丰产用材林工程的基础上，进一步在宜林且又临近大型造纸厂地区推广速生丰产用材林，实现林纸一体化。

林纸结合必须以市场经济为导向，打破部门分家、条块分割的传统体制，运用股份制的办法，通过有偿转让、折价入股、参股等形式，双方建立起以资产为纽带的原料基地。造纸企业在造纸林基地建设上应因地制宜、适地适树、定向培育、科学造林，经营方法上要灵活多样，要坚持物质利益原则，要建立一种利益驱动机制，最大限度地调动广大群众的积极性。林纸结合应从体制上、组织上寻找最佳形式，做到以纸促林，以林保纸。

2．减少废纸进口

原材料缺乏已严重制约中国造纸业的发展，我国国内市场造纸原料需求量巨大，却长期依赖大量进口。以废纸为例，统计数据显示，2003年中国已成为仅次于美国的第二大消费国。我国目前的造纸原料结构中，废纸所占的比重为44%，造纸工业对废纸资源有很大的依赖性。由于近年来我国对废纸进口的需求强劲，已经使国际市场上废纸的价格不断攀升，据海关统计，2003年经广东口岸进口废纸均价为137美元/吨，比2001年的115美元/t上升了19%。2004年1月进口均价仍维持在137美元/t，比2003年同期又上升6%。业内专家指出，国内造纸业将会因废纸进口价格的快速增长而深受影响。

3．大力发展木片生产，减少木片出口

我国林区要通过利用“三剩物”抚育间伐材，培育定向材，大力发展木片生产，减少森林资源的消耗量。1995年全国木片产量达到300万t，创产值25亿元人民币，使东北、内蒙古林区的“三剩物”利用率提高了20%。该年，我国木片出口创汇1.6亿美元，其中向日本出口了150万t。鉴于草浆造纸规模小、能耗高、质量低、污染严重，用木浆造纸逐步取代草浆造纸是必然趋势。由于我国木浆来源不足，因此今后我国林区应顾全大局，减少木片出口。日本使用的一次性木筷中95%来自我国，而且指定要四圈年轮以上的白松或桦木制造的。我国目前生产一次性木筷的工厂有1000多家，年消耗专用木材500万m^3，生产900万大箱、600亿双，相当于北京地区的森林蓄积量。除了供应国内，仅北方地区每年就向日本和韩国出口150亿双。日本政府规定，饭馆对于客人用过的一次性木筷一律回收，因为它们是制造优质纸的原料。据说，日本用它们造纸获得的利润远远超过了进口木筷的费用。日本的森林覆盖率高达65%以上，却从森林覆盖率只有16.55%的我国大量进口木筷，足见其保护森林资源和生态环境的良苦用心。而我国使用完的一次性木筷则成为垃圾，回收率很低，这不能不说是一种浪费。中国造纸企业应该向日本的造纸厂学习，彻底消除一次性木筷一次性利用的现象。

4．利用竹浆代替木浆和草浆

1吨竹浆可以替换5m^3的木材，还可以降低成本800

元。我国拥有丰富的竹资源，竹林面积440万hm^2，占世界竹林面积的25%，竹业年产值120多亿元，出口额4亿多美元。因此，1997年11月6日，由中国和加拿大共同发起，有中国、加拿大、孟加拉国、印度尼西亚、缅甸、尼泊尔、菲律宾、秘鲁、坦桑尼亚参与成立的国际竹藤组织，把总部设在了北京。这是第一个把总部设在北京的国际组织，由此可见我国的竹资源的丰富和竹业的强盛。

5．对造纸工业实行双重扶持

一方面是增加优惠政策的优惠程度和技术改造资金，帮助造纸工业进行结构调整，限制直至取消草浆造纸的同时，加快以大型造纸企业为龙头的集团化重组步伐，以提高规模、降低成本和增强对付国际纸张市场价格变化无常的能力；促进大中型造纸厂的技术改造，降低能耗水耗，提高碱回收率和减少污水排放量，实现可持续发展。另一方面是增加对国内纸张市场特别是新闻纸市场的保护，防止强大的外国造纸跨国公司用倾销来挤垮我国的造纸工业。国家要加强对纸张生产的宏观调控，对于那些对我国市场实行倾销的外国造纸跨国公司，政府要引起足够重视，以保护我国造纸工业的利益和新闻纸这一战略性物资的生产安全。我国企业要运用世贸组织中的《反倾销协议》，向我国有关部门提出反倾销申请。1997年3月底，我国九大新闻纸生产企业——吉林造纸集团公司、广州造纸有限公司、宜宾纸业股份有限公司、江西纸业有限责任公司、岳阳造纸集团公司、石砚造纸厂、齐齐哈尔造纸厂、鸭绿江造纸厂、南平造纸厂在宜宾开会，一致决定联名向我国有关部门提出对美国、加拿大、韩国进口新闻纸的反倾销申请，并委托吉林造纸集团公司为它们的代表。1997年12月，中国对外贸易经济合作部受理了这起国内第一桩反倾销申请。此后，对外贸易经济合作部会同海关总署对倾销和倾销幅度进行了调查，国家经济贸易委员会会同国务院有关部门对损害和损害程度进行了调查。认定这三国出口到我国的新闻纸属于具有可比性相似产品，三国新闻纸存在着17.11%～78.93%的倾销幅度，并对国内新闻纸产业造成了实质损害。例如，1997年使我国九大新闻纸企业由1996年实现税前利润2.65亿元变为全面亏损，平均失业率也由4.46%增加到17.94%。1998年7月10日，外经贸部发布公告，决定对这三国新闻纸实施临时反倾销措施，令他们的进口商向中国海关交付与初步裁定倾销幅度相应的现金保证金。

6．调整纸张进出口政策，整顿进出口秩序

国家要及时调整纸张出口政策，以利用国际市场来减少我国造纸工业的库存，提高其经济效益和发展后劲。增加我国纸产品的出口，不仅可以为国家增加外汇储备，还能够在国际市场获得应得的利益，增强中国造纸企业抗击西方发达国家倾销的实力。国家在鼓励造纸厂增加出口的同时，要帮助它们整顿出口秩序，改变挤占外国纸张市场时那种一哄而上、自相残杀的做法。

（二）提高我国纸业国际竞争力的对策

1．健全林纸产品质量标准体系，提高林纸产品质量

质量与标准密不可分，没有标准就没有质量。与国外林业发达国家相比，我国的林纸产品质量标准种类少而且标准要求低，林纸产品质量标准体系不健全。当前要研究国际林纸产品质量标准，积极采用国际标准和国外先进标准，并参照国际标准制定不低于国际标准的林纸产品标准体系。在林纸产品的生产中要实行严格的质量标准，加强监督检查，提高我国林纸产品的质量。

2．加快森林认证步伐，打破绿色壁垒

森林认证对中国影响最大的是外向型纸浆企业以及一些大型木材加工企业。近年来，欧盟对包括林产品在内的一些进口商品制定了一些具体的政策，一方面规定政府采购必须购买生产过程符合欧盟要求的商品，另一方面采取“贸易鼓励安排”政策，对出口到欧盟国家的林产品，如果其生产过程符合欧盟要求，那么这种商品就可以享受一定比例的关税折扣。所以中国加大力度开展森林认证，有助于保住和开拓中国林产品在国际市场的份额，同时也能为林业企业参与公平竞争创造良好的外部环境。

3.改善产业组织结构

(1) 扶持大型造纸企业，扩大规模，降低成本。现代造纸业具有显著的规模经济特点。因为造纸工业设备投入大，固定成本高，只有企业达到了一定规模，才能降低成本、增强竞争能力。据《新华日报》

（2003.11.26）报道，目前，全国造纸企业约有5000家。企业平均规模年产约6500 t，只相当于世界造纸企业平均年产4万t规模的1/6。规模过小、结构雷同的状况导致了中国造纸企业的经济效益普遍比较差。要充分体现规模经济原则，以大中型骨干造纸企业、企业集团及新建林纸一体化工程项目为依托，结合速生丰产林经营区域的具体条件，实施规模化、专业化集约经营。

(2) 实行林纸一体化战略。理论研究和世界先进国家的发展经验表明：实行林纸结合，走林纸一体化发展战略，对于提高林纸业产业竞争力有十分重要的意义。当前要积极探索林纸一体化的发展模式。可以采用纸厂办林场或林业部门办纸厂，也可以采用合作造纸方式，即纸厂投资与地方建立联营基地。国有大型林业企业建立制浆造纸厂，形成育苗、造林、采伐、制浆、造纸一条龙的产业化经营，有利于充分利用森林资源，创造最佳的经济效益。

(3) 依靠科技进步，提高加工技术水平，调整产品结构。现代造纸工业属于技术密集型行业。当前要紧紧依靠科技进步，利用高新、实用技术改进传统造纸工业，提升造纸工业的技术结构。将中国的林纸产品向高档、特种、多品种方向推进。要根据市场需求，及时调整产品结构，提高我国林纸产品在国际市场上的竞争力。

第五节　木质家具产品市场

中国家具行业在经历明清时期的快速发展之后，长期停滞不前。直到1979年，在中国共产党的十一届三中全会方针指导下，在国家开始贯彻实施改革开放方针政策，推动经济体制由计划经济向市场经济的转变这一大背景下，中国家具行业才发生了深刻而巨大的变化，进入了一个新的发展时期。

20世纪80年代到90年代初开始，在国家鼓励外商来华投资办厂、鼓励引用国外先进生产技术设备政策的带动下，国外的先进家具生产技术、家具生产线不断传入国内，促使中国家具行业取得了长足进步，基本改变了传统手工作坊式生产的落后面貌，初步形成了自己的家具工业体系。

进入20世纪90年代，随着经济的持续繁荣，人民物质文化生活水平日益提高，房地产业开始兴起，中国家具行业也加快了向市场经济转变的进程。此时由于人们对家具的需求量猛增，家具的产量和经济效益随之明显的提高，整个行业呈现出迅猛发展的态势，家具市场空前的繁荣。与此同时，中国家具开始逐渐走向国际市场。

时至今日，中国已经发展成为世界家具生产和出口大国，而且正在朝着世界家具生产和出口强国的目标迈进。

一、木质家具产品市场分类及特点

1．木质家具产品市场的分类

由于家具交换的基本条件不同，家具市场就以不同的形态表现出来。

(1) 按需求和供给的状况不同，家具市场可分为卖方市场和买方市场。当家具的需求大于供给时，称为卖方市场，当需求小于供给时称为买方市场。随着现阶段中国家具业的发展出现过热的迹象，中低档次产品的生产能力已超过国内市场容量，有近40%的产品要在仓库存放半年到一年时间才能销售出去，家具业从短缺经济时代的卖方市场已经转到了现在的买方市场。

(2) 按交易达成的地点不同，家具市场又分为产区市场和销区市场。当交易在销区达成时称为销区市场，交易在产区达成时称为产区市场。家具生产企业的分布和家具消费区域的划分都具有明显的地域性，且两者划分格局大体一致。因此，家具的产区市场和销区市场基本上是统一的。

(3) 按交易参与者的集中和分散程度，可将市场分为集中市场和分散市场。企业或个人根据自身的状况购买家具构成了分散市场。集中市场最显著的特点是中介组织的介入，并在市场中担负着组织和管理的职能。其具体表现形式是，由中介组织在特定的地点组织买方和卖方对多种产品，按照规定的程序从事交易活动。中国家具市场集中市场和分散市场并存。

(4) 按市场的空间结构不同，家具市场又可分为国内市场和国际市场。中国国内已形成六大家具销售市场：一是以上海为中心的华东销售市场；二是以广州和深圳为中心的华南销售市场；三是以武汉和郑州为中心的中原销售市场；四是以沈阳和哈尔滨为中心的东北销售市场；五是以北京为中心的华北销售市场；六是以成都和西安为中心的西部销售市场。中国家具质优价廉，深得国际市场上消费者的喜爱。目前，中国家具出口市场已遍布全球包括美国、中国香港、日本、英国、加拿大、澳大利亚、德国等在内的200多个国家和地区。

上述市场形态在结构、运行方式上有着丰富的内涵，并且随着外部环境的变化而不断变化。

2．木质家具产品市场的特点

(1) 供给约束

木质家具产品特别是实木家具的生产以林木资源的供给为基础，1999年，中国木材实际供应量1.43亿m^3

中有16.7%用于家具生产。预测到2010年，中国木材消费量将达2.4亿m^3，家具用材将达4400万m^3，占总量的18.3%。林木资源的供给是受其生长量和生长周期约束的，同时林木资源的供给还受到林业用地有限性的制约。而中国林木资源十分匮乏，目前木材供需缺口已达8000万m^3，到2010年，木材供需缺口估计达1.2亿～1.6亿m^3，对中国木质家具产品的生产形成制约作用，需要通过引进国际资源来满足需求。2002年，中国进口木材2433.31万m^3，耗用外汇21.38亿美元。但是，现在一些国家出于环境和经济的考虑已不允许木材出口。因此，一旦进口木材受阻，将会给木质家具市场带来不小的影响。可见，木质家具市场是资源约束型市场。

(2) 完全市场导向，但价格虚高现象严重

中国正在逐步地向市场经济转型，家具行业已经成为完全市场导向型的行业，企业完全根据市场的需求决定产品的生产数量和市场价格。但由于消费者的不成熟、家具市场营销混乱、有关市场管理部门监督查处不力等原因，在家具市场上，价格虚高现象比较严重，在大城市，标价在数万元以上的家具比比皆是，实际价格应按标价的20%～30%下浮。

(3) 区域特征明显

中国家具产品的供给和消费带有明显的区域性特征。东北销售区域的沈阳是中国实木家具的最大供应地。位于华南销售市场的广东中山的大涌镇被中国轻工业联合会和中国家具协会联合授予“中国红木家具生产专业镇”称号。由于地方保护主义存在，市场竞争机制弱化，各地地方主销品牌的区域性消费非常突出，许多当地品牌在当地的市场销售位居首列。

(4) 行业集中度低，缺乏具有国际知名度的品牌

中国家具行业企业商号、产品商标数不胜数，家具市场品牌繁多，但家具业80%以上是中小型企业，行业集中度低，年销售额上亿元的企业寥寥无几，市场占有率达到或超过1%的真正意义的家具品牌屈指可数，整个行业处于群龙无首的状态，只有北京“天坛”、伊春“光明”、齐齐哈尔“华鹤”、大连“华丰”、广东“联邦家俬”、新疆“美克”等一些较大的品牌。在出口时，大多数家具企业往往只是接受国外客户的牌子从事定牌加工、来样来料加工赚取中间差价，经济效益不高。

(5) 产品竞争不再是单纯的价格竞争

品种、规格、性能、价格是衡量一个产品的竞争能力的标准。随着人们生活水平和生活质量的改善和提高，对家具的装饰功能和审美价值提出了更高的要求。越来越多的人认识到家具不仅是具有一般实用功能的器具，更是一种蕴藏文化内涵的艺术品。因此，消费者对家具不再仅仅看重价格，更看重家具的艺术风格和内在质量，价格不再是影响消费者选购产品的第一因素。

(6) 会展经济推动行业发展

家具展览会是家具产品流通的一个重要渠道。目前，国内已经形成了广州、深圳、东莞、上海四个著名的国际家具展览会，且规模越来越大，水平越来越高，一些地方的展会也很有特色，对企业向采购商和消费者展示产品、寻找商机、促进国内贸易和出口，以及国内外的交流与合作起到了积极的推动作用。与此同时，国内企业积极出国参展，将中国家具推向世界。

(7) 出口增长迅猛，进口量不大

随着海外来华投资加大和国际市场对中低档家具产品需求的增加，中国家具出口急剧扩大。目前中国已成为世界第二大家具出口国。与出口规模相比，家具的进口量却非常有限（表8-1）。

表8-1　1995～2004年中国木家具进出口额　　单位：亿美元

年　份	1995	1996	1997	1998	1999	2000	2001	2002	2003	2004
出口额	5.98	6.98	9.59	10.85	13.10	16.68	18.52	27.06	28.38	36.81
进口额	0.33	0.18	0.23	0.32	0.25	0.23	0.29	0.39	0.52	0.58

二、木质家具产品市场供求现状

1. 木质家具产品市场供给现状

家具行业是劳动密集型行业，企业进入的门坎很低。20世纪80～90年代各种所有制企业迅速进入到这一行业。目前中国是世界上家具生产企业数量及从业人数最多的国家：企业多达5万多家（其中非国有企业占90%左右），从业人员有500万余人，分别比20年前增长了15倍和14倍左右。生产规模的快速增长伴随着产值的大幅度增加显示出（表8-2），近年来的家具工业总产值年均增长保持在15%以上，尤其是2004年更是以30%以上的速度迅猛增长，远远超过国民经济的发展速度。2006年1～5月份，家具行业实现工业总产值约677亿元，同比增长28.65%。

总体来看，木质家具供给方面存在以下的特点和问题：

(1) 总体生产水平提升，单个企业生产规模偏小

改革开放以来，尤其是近10年来，中国家具业不断发展变化，工业化水平不断提升，总体生产规模庞大。20年前还是由手工作坊构成的家具业，如今已拥有了上千条板式家具和实木家具生产线，上百条自动喷涂、辊淋涂油漆生产线，家具生产企业多达5万多家，从业人员有500万余人。总体规模的快速增长伴随着产值的大幅度增加，2004年木制家具产量达4.28亿件，占全部家具产量的28.61%。

但是，中国家具多为中低档产品，对生产技术的要求不高，中小规模企业比较容易进入这一行业。据统计，在目前的5万余家具企业中，有80%以上是中小企业，而在这其中绝大多数又都是产值在100万元以下、与外贸出口无缘的企业，还有的企业甚至仍处于“小而全”、手工式、作坊式阶段。在大中型企业中，除了台升的产值达到了30亿元人民币以外，年产值和销售额上亿元的企业寥寥无几，市场占有率达到或超过1%的家具企业少之又少，整个行业处于群龙无首的状态，产业集中度比较低。例如，在床垫市场上，中国销量前十位的企业累计市场份额不足10%，而美国的同类数据超过了75%。在从事出口业务的中国家具企业中，除了美克公司出口接近亿美元外，出口超过千万美元的企业都比较少，大多数企业出口仅为百万美元。分散竞争性的市场结构，不利于中国家具行业作为一个整体参与国际市场竞争。

2004年，中国家具行业的总产值为2730亿元，按5万家企业计算，平均生产规模为每家企业年产值546万元（约65.97美元），还不足意大利3个家具工人一年创造的产值。整个行业的劳动生产率较德国、日本、意大利、美国等发达国家的水平低10～20倍。由于企业生产规模偏小，无论是在生产方面还是在出口方面，规模收益都无从谈起，企业一般只能靠偷工减料、以次充好或降低工人工资待遇来削减产品的成本。

(2) 生产技术设备滞后

由于中国家具业基本都是由传统的家庭小作坊发展

表8-2　2000-2004年中国家具工业总产值增长情况

年　份	家具工业总产值（亿人民币）	总产值增长率（%）	家具工业产值占GDP的比重（%）
2000	1200	20.00	1.34
2001	1400	16.67	1.48
2002	1650	17.86	1.57
2003	2040	23.63	1.74
2004	2730	33.82	2.00
2005	3400	24.54	1.86

起来的，因而生产规模较小，硬件设施比较落后，配套设备也不完善。很多木质家具生产厂没有配备烘干房，原材料堆放随意，无独立分离的打包车间和成品仓库，远远达不到现代化生产标准的要求；在实木家具加工技术方面，对木材含水率的控制，只有少数的大型工厂能达到国际水准，中小型工厂缺少必要的手段；在人造板家具方面，即使是比较先进的工厂，也只是由进口单机组成的生产线，其劳动生产率较低。另外，国内工厂所采用的先进加工设备，几乎全部依赖进口。

(3) 产品种类繁多，但档次和附加值不高

中国家具企业生产的家具品种繁多，极大的丰富了家具市场。例如，从家具的使用场合来看，中国生产的家具从原来单一的木板床、桌、椅、板凳等民用家具，发展到了多门类家具，其中增长比较快的是办公家具、民用家具中的厨房家具、卧室家具、客厅家具，以及宾馆家具、校用家具、医用家具；从家具的时代风格来看，现代家具、仿古家具、新古典家具的生产共同发展，适应了国民经济发展和人民生活水平日益提高的需要。

但是，由于中国家具行业自主设计的历史较短，设计人才的普遍缺乏，致使中国家具的开发设计能力和创新能力不足，产品原创性设计落后。而且设计在中国还尚未形成独立的知识产权，导致家具行业仿制、抄袭之风盛行，所生产的产品附加值低，可替代性强，无法满足消费者个性化的需求。市场上的家具产品多为中低档次，科技含量高、附加值高的高档家具产品不到总量的10%。

(4) 家具中有害物质含量超标现象严重

在木质家具生产中，必须使用油漆、涂料、胶黏剂等，这些配套辅助材料都不同程度地含有甲醛、苯、甲苯、苯酚等有害物质，处理不够将引起消费者身体不适症状。由于从加工手段、技术装备水平到原辅材料的供应都不能满足生产高档家具的条件，中国家具企业生产和出口的家具多为中低档产品，技术含量低，质量没有保证。以木质家具为例，2001年国家质量监督检验检疫总局抽查表明，有三分之一的木质家具存在质量问题，其中人造板的甲醛释放量超标等问题严重影响产品的质量。2002年7月，国家质检总局颁布了《室内装饰装修材料有害物质限量》10项强制性国家标准，对木家具、人造板及其制品等有害污染物含量作出了严格规定。标准实施后，国家人造板质检中心对2000多家企业产品进行检测，结果约有40%不达标，原因主要是甲醛释放量过高。2003年，上海市质量技术监督局通过对木家具生产企业开展抽查发现，一半以上的产品不合格，其中因甲醛释放量超标而被判为不合格的占抽检不合格总数的86%。

(5) 品牌家具屈指可数

中国家具品牌创新不足，短期化经营行为严重。纵观中国家具行业，大多数企业或由于缺乏长远的战略眼光，品牌意识薄弱，或由于受资金的制约无力做品牌宣传、塑造企业形象，真正意义的品牌家具屈指可数。还有些企业对品牌自我保护意识淡薄，即使形成了自有品牌，也会因为在出口过程中只求外观合格、不重视内在质量和售后工作的短期化经营行为，而砸了自己的牌子，损害了中国家具品牌的市场形象。因此，在出口产品中具有中国特色的中国品牌家具所占比例不大，出口产品主要以国外定单加工和来样加工为主。

2. 木质家具产品市场需求现状

(1) 市场总体规模巨大，人均家具消费水平偏低

中国不仅是世界上的家具生产大国，同时也是一个重要的家具消费大国。近年来，中国家具市场发展势头良好，呈现出一片繁荣景象，销售规模不断增加（表8-3）。2005年销售额达2349.39亿元，比上年增长了21.53%。

尽管中国家具市场规模很大，但由于中国人口众多，人均家具消费水平并不高。以13亿人口计算，2005年人均家具消费仅为180.72元人民币（约22.59美元），虽然这个数字与1998年的5.48美元相比增长了4倍多，但与其他国家横向比较就可看出差距：世界人均家具消费最高的德国，2003年的人均消费已达371美元，亚洲地区人均家具消费最高的国家新加坡达到233美元，就连巴西、菲律宾、泰国等发展中国家家具人均消费在前几年也已经达到25～27美元。可见，中国人均家具消费水平明显偏低，这反映出中国的经济水平、人均收入及住房条件与世界经济大国相比还有较大的差距。

(2) 销售产品以国产家具为主

中国市场销售的家具一直以本国自产的中低档产品为主。进口家具由于以高档产品为主，价格偏高，在整个中国家具销售市场所占份额很小（表8-4）。2005年，

表8-3　2000～2004年中国国内家具市场销售额[1]及其增长率

年　份	国内家具市场销售额（亿元）	年增长率（%）
2000	913.49	16.45
2001	1093.26	19.68
2002	1219.67	11.56
2003	1479.17	21.28
2004	1933.20	30.69
2005	2349.39	21.53

表8-4　进口家具占中国国内家具消费的比重

年　份	进口额（亿美元）	国内家具市场销售额（亿人民币）	进口家具占国内消费比重（%）
2000	1.04	913.49	0.94
2001	2.62	1093.26	1.98
2002	2.18	1219.67	1.48
2003	5.75	1479.17	3.12
2004	7.26	1933.20	3.11
2005	6.84	2349.39	2.33

表8-5　规模较大的家具销售集团

大型流通企业名称	主要经营地点
金海马（香江）	深圳、广州、上海、天津等
吉盛伟邦	上海、长春、广州、杭州等
好百年	深圳、长沙等
红　星	上海、南京、常州、无锡、北京、杭州、徐州、连云港
月　星	上海、南京、常州
居然之家	北京

[1]由于中国家具行业销售渠道统计不健全，不能得到可靠的销售数据来衡量市场的规模，所以本书用“国内销售额=国内产值+进口额-出口额”的公式推算出国内的市场规模。

中国家具进口关税已经降为零，但是家具进口额却出现了下降，显示了国产家具强大的竞争力。

(3) 经销渠道多样化，营销体系还不发达

中国家具市场销售体系已经初步形成，家具市场正向“大流通、大贸易、大市场”的格局过渡。各式各样的家具店、家具商场、家居广场、家具专卖店如雨后春笋般在全国遍地开花。出现了如金海马（拥有近50个专业商场）、红星（拥有14家品牌家具连锁大卖场）、月星（营业总面积超过30万m^2）等规模较大的家具销售集团（表8–5）。

总结看来，国内家具市场主要销售渠道有以下几类：

① 大型家具商城集散地。这是从上世纪80年代的家具销售摊位市场中发展起来的一种家具流通模式，也是目前国内最为普遍的一种家具销售方式，由生产厂家租用场地销售家具，也有经销商租用场地经营家具，前者占绝大多数，经营品种以民用家具为主，同时兼有办公家具，一般以中低档产品为主，极少有品牌家具。大都分布在家具生产比较集中的地方。

② 经销商自营商场。经销商自建或租用销售场地完全采取采购自营方式经营。它通过与生产企业缔结一定的关系，或代销，或购销，从而直接取得货源，并通过自己的营销队伍把产品销售给消费者。

③ 直销或专卖店经营。即家具企业将家具柜台从传统商店中分离出来，形成家具直销或专卖市场。一般是单独品牌自营，以国内较大生产企业和国外著名品牌为主。

④ 百货公司开辟场地经营家具。随着一家家大型家具专业卖场在各大城市的近郊安营扎寨，加上成本高，销售家具利润低，家具专场从各大百货商场淡出是大势所趋。

除了上述几种家具销售的主要方式外，采用招标方式的集团采购以及定期举办的家具展览会都是比较引人注目的家具销售渠道，电子网络销售也在尝试中得到了发展。

中国的家具流通平台从整体上看还不成熟、不健全，在家具流通领域多为比较原始的直销或租赁商场营销，还没有形成强势的商业资本和品牌。现有的不少大型的知名家具销售卖场都是由一些知名家具生产企业出于市场拓展的需要，以高昂的成本在全国建造起来的，这无疑加大了企业自身的流通成本，这种流通格局显然有悖于国际惯例，对中国家具生产企业的发展牵制很大。以发展的眼光来看，在供过于求的家具市场条件下，没有流通领域的突破，生产难以进一步发展。家具业必须形成现代营销方式，将生产和销售两部分分开，形成一批有实力的专业家具批发或经销商，促进家具流通业和生产的发展。

(4) 消费群体和消费方式变化较大

中国家具的消费群体主要是新婚家庭、婚后稳定生活多年的家庭、老年人家庭及各类型企事业单位。随着生活水平的不断提高，人们对家具产品的使用与需求有了全新的演绎。据一份调查数据显示：光顾家具市场的群体出现了年轻化和高学历化的趋势，如，经常光顾家具市场的人群中20～40岁的消费者占64%，大专学历以上的消费者占78%。另外，消费者购买家具的因素和对家具性能的要求已经发生了很大的变化，如，价格不再是消费者选择的惟一目标，六成消费者对家具的环保性能提出了要求，近一半的调查者希望能亲自参与设计，八成的群体认为家具应注重舒适实用。

三、中国木质家具产品市场竞争力分析

本书用以下两种方法分析中国家具产品的竞争程度和竞争力。

第一，用进口渗透率[①]和出口外销比例衡量的中国家具行业的竞争程度。计算进口渗透率和出口外销比例，并据巴拉萨（1971年）分类法，制造业分为四种，其竞争程度由大到小依次是：与进口相竞争行业、进出口相竞争行业、与进口不相竞争行业、出口行业。中国家具行业2004年的进口渗透率和出口外销比例分别为

[①]进口渗透率=进口额/（进口额+国内产品国内销售额）

3.11%和31.39%，对照表8-6可以看出，中国家具行业属于出口行业，也就是说这个行业竞争程度很小，说明中国家具的优势很强，进口家具无法与之竞争。

第二，用竞争优势指数①衡量的中国家具的国际竞争力。表8-7显示，1996～2004年间，中国家具竞争优势指数均高于0.85，尤其是中国木家具的产品竞争优势指数均接近1，这说明，中国生产家具的效率高于国际水平，中国的家具产品在国际市场上具有很强的比较优势和贸易竞争优势。

现实中的竞争优势体现为理论上的比较优势。中国

表8-6　制造业竞争程度分类

竞争程度	进口渗透率	出口外销比例
与进口相竞争行业	大于10%	小于10%
进出口相竞争行业	大于10%	大于10%
与进口不相竞争行业	小于10%	小于10%
出口行业	小于10%	大于10%

资料来源：缪东玲．中国木质林产品贸易与环境研究．2004

表8-7　1996～2004年中美家具产品竞争优势指数

年　份	中国木家具	中国家具	美国家具
1996	0.95	0.92	−0.58
1997	0.95	0.93	−0.60
1998	0.94	0.92	−0.62
1999	0.96	0.93	−0.69
2000	0.97	0.94	−0.70
2001	0.97	0.88	−0.74
2002	0.97	0.92	—
2003	0.96	0.85	—
2004	0.97	0.87	—

资料来源：根据《中国林业发展报告》、轻工业信息中心数据及USDOC海关值整理计算。

①竞争优势指数(Trade specialization coefficient，TSC)，又称水平分工度指数或贸易专门化指数。它用来反映本国生产的一种产品相对世界市场上供应的它国同种产品来说，是处于效率的竞争优势还是劣势以及优劣的程度。其计算公式为：TSCi=(Xi−Mi)/(Xi+Mi)。式中Xi为某国家第i种产品的出口值，Mi为某国家第i种产品的进口值，TSCi即为某国家第i种产品的竞争优势指数，变化范围在-1和1之间。如果TSCi>0，则表明该国为第i种产品的净出口国，即该产品的生产效率高于国际水平，具有贸易竞争优势，且数值越大，优势越大。如果TSCi<0，则表明该国为第i种产品的净进口国，即本国的这种产品生产效率低于国际水平，处于竞争劣势，绝对值越大，劣势越明显。

家具产品具有比较优势的首要原因可以从要素禀赋理论中得到解释。中国是世界上人口第一大国和劳动力资源第一大国。丰富的劳动力资源使中国劳动力价格十分低廉。例如，中国家具工人的工资仅为美国家具工人工资的六十分之一。再如，生产同样价值的家具，东南亚国家在劳动力工资上花的成本约是中国的3.2倍之多（表8–8）。家具是劳动密集型产品，中国家具生产者的劳动力价格低廉决定了中国家具在价格上具有比较优势。事实上也是如此，例如，中国家具产品出口厂价仅为1000美元，在美国的市场价为3000美元，而美国本土家具企业生产的同质家具产品的市场价将近5000美元。也就是说，中国劳动力丰富的资源禀赋特点是中国家具获得比较优势的最主要因素。另外，先进机器加工技术的采用、较低的工厂启动资金和充足的辅料供应也是中国家具获得比较优势的原因。

综上所述，家具产业这种低层次劳动密集型产业在中国的崛起，反映了中国现阶段资源禀赋的特点，是静态比较优势的体现，也是国际著名家具企业全球战略的现实选择。中国在充分发挥比较优势的同时，也要认识到比较优势会随着时代的变化而发生变化。因此，应该努力将静态的比较优势转变为动态的竞争优势。

四、市场预测

1. 家具需求量继续增加，市场发展前景看好

近几年，我国家具行业发展势头很好，国内市场对家具产品的需求也很大，预计今后10年，国内对家具产品的需求将以每年10%～15%的速度递增。家具市场前景看好，依据如下：

（1）家具市场迎来了“四期”，即①居民住宅进入改善期：目前，全国现有城镇居民1.2亿户，住宅面积20亿m^2，每年约有10%的家庭需要装修和更换家具。据不完全统计，民用家具的需求将占销售总量的二分之一；②青年人结婚进入高峰期：全国每年约有2000万男女青年进入结婚年龄，新组成的1000万个家庭需要装修和购买家具；③老年家具进入更新期：中国已逐渐步人老龄社会，60岁以上的老年人已占全国人口的10%以上，老年人所用家具大多已进入更新期，人均消费额在40～50元左右，总消费额达52亿～65亿元人民币；④宾馆饭店室内装饰和办公家具进入更新期：在国内近2000多家涉外宾馆中，将有30多万套客房需要更新家具和室内装饰。预计高档宾馆家具销售额将达到10亿元人民币左右。此外，随着现代化办公方式的兴起，过去旧的办公座椅逐渐被替代，中高档的办公设备如：班台、屏风、高隔断等销售趋势良好。据预测，办公家具的销售量将占家具销售总量的三成左右。

（2）第三产业和房地产业飞速发展，每年新建的工厂、办公楼、宾馆、学校和商场达数千万平方米，这些集团家具的消费规模每年大约在300亿元人民币左右。私人购房市场迅速崛起带来的家庭装修热潮也带动了对个性民用家具产品需求的不断上升。

（3）随着中国全面小康社会的推进和实现以及农民

表8–8　中国和东南亚国家的家具生产成本构成　　单位：美元

国　家	中　国	东南亚国家
批发价	450	450
原材料	200	180
劳动力	22	70
工厂的经常费用	45	60
运输费用	105	105
预计可得利润	78	25

消费观念的改变，农村家具市场将被启动，广大农村家庭对家具的需求量将以每年20%～30%的速度递增。

(4) 西部、东北两地的开发加之中国即将迎来的2008年奥运会为家具行业带来了商机。

2．高档次、高质量家具产品的需求增加

随着进口家具“零关税”政策的出台和我国经济的发展及人民生活水平的进一步提高，人们对国内外高档次、高质量家具产品的需求将有所增加。同时，传统家具仍能保留一定的需求规模。

3．人造板为原料的家具进一步发展

近年来，家具生产出现了选材的天然化和实木化趋势，实木家具纹理、质感、色泽等性能良好，顺应了消费者对家具返璞归真的要求。但是，由于近年来木材供应的紧张，实木家具的比例有所降低，板式家具却以简单的工艺，低廉的价格，良好的实用性、装饰性和观赏性赢得了人们特别是广大工薪阶层越来越多的喜爱。目前，我国板式家具的产值已占全国家具业总产值的50%左右，约为1000亿元。可以说，板式家具已确立了在我国家具产品中的主导地位。今后板式家具仍然市场广阔，产销量会进一步增加。

五、提升中国木质家具产品市场竞争力的对策

1.扩大企业生产规模

(1) 大中型企业组建家具企业集团

中国家具行业在激烈的市场竞争中发展起来，逐步形成了一定规模，但是产业集中度较低，行业内部竞争激烈，不利于中国家具行业作为一个整体参与国际竞争。随着“入世”和国外家具强国的直接介入，要想在国际市场上生存下来，条件成熟的部分大中型企业应该在不断提高生产水平的同时，通过资本运营，进行并购重组，组成家具企业集团，提高产业集中度，扩大企业的生产和出口规模，增加中国家具行业的整体国际竞争力。

(2) 中小企业开展“专业化分工、社会化协作”

企业规模普遍偏小是中国家具行业的一大特征，也是造成多数中小家具企业无法获得规模经济、劳动生产率低下、竞争实力不强的一个根本原因。哈佛商学院教授迈克·E. 波特（M.E.Porter）在《簇群与新经济学》一文提出的“竞争簇群论”彻底打破了“规模经济”对中小企业发展的制约。该理论认为，由相互独立而又非正式联盟的公司和机构组成的簇群，代表着一种富有活力的组织形式，一个簇群的成员之间广泛连接而产生的总体力量大于其各部分之和，故由中小企业组成的专业化簇群同样较易获得规模经济。也就是说，众多的中小企业如果能有机联系在一起，就会拥有个别企业无法拥有的“整体效益”。在以中小企业为主的意大利家具行业，“竞争簇群论”得到了很好的验证。意大利通过“专业化分工、社会化协作”获得了佩北罗家具工业区的“零部件规模经济”、成内托家具工业区的“集中式规模经济”或“地区规模经济”。中国家具行业与意大利一样以中小企业为主，可以借鉴意大利的作法，让中小家具企业组成专业化簇群，变企业内部分工为社会分工，通过整合形成“地区规模经济”和“零部件规模经济”，以弥补资金及技术的不足，提高生产效率、企业效率和家具质量，增强企业防御风险的能力和市场竞争力。

2.提高家具产品市场竞争力

提升中国家具产品的市场竞争力必须从“技术”和“设计”两方面入手，走品牌化的道路，改变以中低档次产品为主的局面，增加带有中国传统民族风格特色的红木、漆木等高档家具产品的生产。

(1) 提高科技水平与产品研发能力

材料结构、加工工艺、机器设备等物质技术条件是保证实现家具功能、造型和质量的基础。家具企业在进行材料、工艺、设备、技术的创新时，需要解决很多科技难题。比如，要将竹材用于家具的工业化生产，就要研究竹材的防裂、防蛀及防霉的技术，解决空心竹管间的牢固及有效结合方法，开发特种连接件，以及竹材专用加工设备等。又比如，要用杨木制作家具，就要开发提高杨木零部件表面硬度的处理技术，研究涂装时不起毛的涂料和涂装工艺。对于大多数企业来说，科研能力有限，需要与大专院校、科研院所合作，提高研发能力，将高新技术，如CNC机床、计算机辅助设计和柔性

制造技术等用于家具生产，并据此进行家具的设计和创新，全面提升家具的档次和质量。

(2) 加强家具设计，增加产品附加值

以往的消费者仅仅注重家具的物质产品属性，强调其性能、使用功能和实用性。随着人们生活水平和生活质量的改善和提高，对家具的装饰功能和审美价值提出了更高的要求。越来越多的人认识到家具不仅是具有一般实用功能的器具，更是一种蕴藏文化内涵的艺术品。因此，企业必须认识到“设计”已经成为生产现代家具产品最核心的技术，必须重视家具设计师的价值，进一步提高家具产品的设计水平，如在造型设计上要深刻把握消费者的文化内涵、生活习俗和艺术品味；在功能设计方面，要适合现代人的生活需求。在家具产业出现艺术化、时代化、系列化、个性化、民族化发展大趋势的今天，中国家具企业必须紧随世界潮流，根据消费者的不同需求，设计出文化、艺术含量高的家具产品，增加产品附加值，为企业树品牌提供设计支持。

(3) 实施品牌战略

品牌不仅代表了一个企业的实力、信誉、整体形象，也有力的体现了一个民族的素质和一个国家的形象。品牌的核心是产品质量，但其背后既包含着先进的技术、优秀的员工素质、严格的质量保证体系、可靠周到的售后服务，也包含着大量的资金投入、精心的广告宣传和成功的营销策略。国际贸易的竞争已经从价格的竞争逐步转向了品牌的竞争。这一变化在国际家具市场表现得非常明显。目前，世界各大家具企业都在创建自己的品牌，已有的著名品牌有美国的Laz-boy、Universal、Legacy，法国的Style de Vie等等。这些品牌产品在国际市场中有很高的知名度和很强的竞争力，在市场的占有额和附加值方面占尽优势。比如，在德国科隆家具展上，德国高精度、高品质的品牌家具可以比中国同样款式的家具多卖出几倍的价格。

从长远看，一个产业如果没有自己的民族品牌，就不能成为独立的民族产业。中国家具企业要想真正在国外市场上闯出一块属于自己的天地，打造出独立的中国民族家具业，就必须树立强烈的品牌意识，在做好“技术”和“设计”两方面工作的前提下，努力打造出具有市场号召力的国际化品牌，加强售后服务并通过法律形式对品牌进行切实保护，逐渐从以贴牌出口为主发展为以自有品牌产品出口为主。

第六节　非木质林产品市场

非木质林产品的种类繁多，各国的划分也不一致，联合国粮农组织把非木质林产品划分为两大类：即适合家庭自用的产品种类和适合进入市场的产品种类。前者是指森林食品、医疗保健产品、香水化妆品、野生动物蛋白质和木本食用油；后者是指竹藤编织制品、食用菌产品、昆虫产品（蚕丝、蜂蜜、紫胶等）、森林天然香料、树汁、树脂、树胶、糖汁和其他提取物，以及森林旅游产品等等。

传统林业生产经营的主体是木材，过去人们一直把木材以外的森林资源称为林副资源。长期以来，这类资源、产业和学科均不为人们所重视。随着林业产业的迅速发展和林产工业内涵的不断扩大，非木质林产品得到了前所未有的重视和发展。现在非木质林产品已成为人类绿色食品、建筑材料、医疗保健品的重要来源，而且在增加当地人们收入和就业、引导山区脱贫致富等方面发挥着重要的作用。1992年，联合国环境与发展大会（UNCED）通过的《21世纪议程》第11章明确指出："森林和林地作为发展的一种重要资源，它的巨大潜力尚未得到充分认识，改善森林的管理可以增加产品的产量和服务，尤其是木材和非木质林产品的产量，从而有助于增加就业和收入，增加林产品加工和贸易的价值，增加外汇收入，增加投资利润。森林是可再生的资源，所以应该采用与环境保护相适应的方式，实现森林可持续经营"。并强调指出："各国政府应对非木质林产品的开发和利用进行科学的调查，对木材和非木质林产品的特性及其用途进行研究，以更好地利用和扶持非木质林产品的加工，提高其价值和效益，宣传和推广非木质林产品，促进其发展"。对非木质林产品未来的发展，联合国粮农组织在《关于非木质林产品资源开发与利用的未来行动计划》中阐述了非木质林产品的中长期目标和近期目标。中长期目标是建立保护自然生态系统，提高农民收入和创造就业机会，保证林区经济的可持续发展，建立以森林作为生命支持的系统，开展多样化生产力。近期目标是提高认识，吸引社会投资，加强信息基础工作，及时提供信息，加强技术普及，提高业务能力，加强科研机构建设，提高产品品质和产量，加强网络建设和国际合作，促进非木质林产品的发展。

近年来，非木质林产品在国际市场中的地位逐年增强，非木质林产品在国际林产品市场中的重要性逐年上升，令世界瞩目。据联合国粮农组织统计，起码有16大类150种非木质林产品在全球林产品贸易中占据着重要位置，总贸易额达到110亿美元。

联合国粮农组织对国际非木质林产品市场所做出的短期和长期的预测表明，不论是作为进口商还是出口商，发展中国家在深加工、增值林产品全球贸易中将占据更加重要的位置。近年来，中国在非木质林产品的生产和贸易方面不断创造新的纪录，几乎没有其他国家可以与中国相比，特别是中国的一些天然食品和药品获得越来越多国家的青睐，使中国在全球非木质林产品市场中发挥着主导地位。

一、世界非木质林产品的研究情况

非木质林产品的开发可推动传统林业、农业和森林工业经营管理措施的变革，使农林业等土地综合利用形式发挥更强的功能；非木质林产品的开发可提高现有森林的经济价值和多种附加效益，缓解木材过伐的压力，使可持续林业措施更易推广，从而创造显著的社会效益；非木质林产品的开发可在保障人类生活的前提下，实现森林和林地的可持续利用，既不耗费森林建群种林木资源，又不破坏森林的更新能力，从而可减少人口对自然生态系统的压力。高新技术的日益介入将给这一产业带来革命性的变革，因此，非木质林产品资源利用方面的研究迫在眉睫。

温带和北方森林保护和持续经营标准与指标工作组"蒙特利尔行动"已明确地将森林中的非木质林产品年

收获量列入在温带和北方森林保护和可持续的标准与指标的标准2（森林生态系统生产能力的维持）指标体系中，又将非木质林产品的产量和价值，占GDP（国内生产总值）的百分率，产品再循环程度和非木质林产品的供应、消费和利用列入标准6（满足社会需求的长期多种社会经济效益的保持和加强）指标体系之中。1995年，联合国粮农组织根据环发大会文件的要求，在总结过去40年的经验基础上，制定了一项《关于非木质林产品资源开发与利用的未来行动计划》。许多国家也都在制定非木质林产品的发展计划，如日本林野厅设立了林特产政策室，专门研究制定振兴非木质林产品的发展对策。

二、非木质林产品市场分类及特点

非木质林产品的交换活动是在一定的基本条件下进行的，这些基本条件包括供给状况、需求状况、价格状况、交易方式、通讯运输状况、交易者素质、管理水平等等。国民经济发展水平、政治环境、技术环境、自然环境等一般条件都会影响非木质林产品交换的基本条件，进而对非木质林产品的交换活动产生直接或间接的影响。

由于非木质林产品交换的基本条件不同，非木质林产品市场就以不同的形态表现出来。

（一）非木质林产品市场的分类

(1) 按非木质林产品市场交易的种类不同，可分为单一品种的专业化市场和多种产品的综合市场。如：竹藤类产品、果品类等已形成了一些专业市场；林化产品以及一些替代木材原料的制成木制品等已形成了一些综合市场。中国非木质林产品丰富，经济价值十分可观，是人民生活和社会发展所不可缺少的重要资源。非木质林产品主要有纤维产品、食用产品、药用植物产品和植物中的提取物（如树胶、树脂、单宁、芳香油等）及非食用性动物及其产品。这些非木质林产品是森林资源高效利用的重要组成部分。非木质林产品不仅是我国经济果品、油料与化工、医药等工业原料基地，而且植物纤维原料可通过制成木制品以替代木材原料，均是节约木材资源的有效途径。为此，应合理利用非木质森林资源，提高林化工业的产品质量、经济效益、创汇能力和管理水平。专业市场与综合性市场互为补充是我国非木质林产品市场体系建设的一个重要方向。

(2) 按非木质林产品的市场主动权即需求和供给的状况不同来分，通常又可分为买方市场和卖方市场。当非木质林产品的需求大于供给时，称为卖方市场，当需求小于供给时，称为买方市场。笔者认为，现在我们还暂时不能称非木质林产品市场已经完成了由买方市场向卖方市场的转变。当需求大于供给时，厂家自然感到扬眉吐气。但是，如果市场休憩过高，对市场需求的增长必然会有影响，从而使市场供求状况会逐渐产生变化。因此，生产企业不可过于盲目乐观，理智地分析市场，采取必要的防范措施才是明智之举。

(3) 按各地产需情况和交易达成的地点不同，划分为产区市场、销区市场和半产半销区市场。当交易在销区达成时称为销区市场，交易在产区达成时称为产区市场。由于非木质林产品供给明显的地域性和国民经济发展的不平衡性，我国非木质林产品的产区和销区市场比较明显，当然还存在半产销区市场。在经济比较落后和人口比较稀少的林区多形成产区市场，而在经济比较发达和人口比较密集的地区多形成销区市场。一般来说，当买方市场形成时，销区市场较为活跃，而当卖方市场形成时，产区市场较为活跃。

(4) 按交易参与者的集中和分散程度，分为集中市场和分散市场。企业或个人根据自身的经营状况进行非木质林产品的购买和营销活动构成了分散市场。从我国非木质林产品流通的现状来看，分散市场在交换中占主导地位。当交易参与者较多，并进行多种非木质林产品的交易活动时称为集中市场。集中市场最显著的特点是中介组织的介入，并在市场中担负着组织和管理的职能。我国非木质林产品市场一直是集中市场和分散市场并存，两种市场各自有着自身的特点，随着我国市场体系的不断完善，集中市场以其公开、公正、公平、规范的特点，将在非木质林产品流通中发挥越来越大的作用。多种形式的集中市场将成为未来我国非木质林产品市场体系中的一个重要组成部分。

(5) 按市场的销售地域结构不同，又分为国际市场、国内市场和区域市场。随着我国对外贸易的发展，贸易对象国（地区）大幅度增加。我国非木质林产品市场结构发生了很大变化。20世纪50年代主要出口市场以社会主义国家为主，占70%以上，仅前苏联一国就占近50%。70年代至80年代，出口市场重点转向西方发达国家。对亚洲、北美等国家的出口迅速增加，形成了以亚太地区为中心的出口市场格局，所占比重高达80%以上。90年代出口贸易实施多元化的市场战略。

以目前的状况看，我国非木质林产品的销售市场分布主要在工业发达国家。但是，同时，也不能小看了其他不太发达的地区，如西非、西亚等地区。从海关统计上看，这些地区的中国非木质林产品进口数量增长幅度很大，呈现了很好的发展趋势，也应该受到我国出口企业的重视。

(6) 按产品流通渠道的不同，又可分为消费者市场、中间商市场、供应商市场、生产商市场等。流通渠道起到了很多市场职能，提供服务及承担风险，加速产品流通和资金周转，提高消费者市场、中间商市场、供应商市场、生产商市场效益具有至关重要的作用。如备货、分类、减少交易、运输、储存、物权和信息的交换，信用的延伸。渠道的垂直长度由渠道参与者的数量决定。大部分直接渠道中很少有中间商，因为生产商自己在履行市场职能。这给予了生产商对他们产品的更大的控制权。从供应商市场来看：非木质林产品中相当一部分尚未充分利用。因此，随着国内市场经济体制的不断完善和国际大市场产品需求的不断上升，非木质林产品的市场供应商会越来越多，并逐步发展为买方市场。但是，供应商的增加将增大竞争压力，优胜劣汰又将淘汰一大批生产商。这几个环节如何协调，寻求一个利益的平衡点，做到团结、互利互惠是很重要的。从中长期发展的角度来说，作为供应商，应该考虑如何保障原料供应，与生产商建立良好的供求关系，掌握原料的主控权，而不要抬价抢购、低价倾销；同样，作为中间商，也应该探讨如何找到切入点，与供应商以及与消费者之间保持紧密合作关系。几方面都要做到利益共享，风险共担，重合同守信用。共同承担责任，团结一致，努力促进松香行业良性互动和持续发展。

上述市场分类在结构、运行方式上有着丰富的内涵，并且随着外部环境的变化而不断变化。非木质林产品市场的空间结构、交易方式等也会发生变化。

（二）非木质林产品市场的特点

我国林业发展正经历从传统林业向现代林业转变，由政府林业向社会林业转变，由以木材生产为主向多功能林副产品综合利用转变。非木质林产品是重要林副产品资源，其价值曾经一度被严重低估，但它却是山区人口生存发展的重要生产资料。低收入农民家庭收入的10%～25%来源于非木质林产品。在我国林业发生历史性转变之际，木质林产品消耗在天然林区、水源涵养区、脆弱生态区等受到严格限制，商品木材采伐完全禁止，自用材采伐也在逐年减少。相反，非木质林产品的开发利用已成为一个新兴产业并表现出巨大的市场潜力。

1．市场发育水平不断提高，开放程度不断扩大

市场是商品的载体，市场发育水平的高低和市场开放的程度直接影响着产品的市场需求。近年来，随着我国改革开放政策的不断落实以及市场经济体制的建立和不断完善，各类批发市场相继建立，商品流通领域不断扩大。多元化的商品流通渠道网络正在形成。非木质林产品市场已由原来的封闭型或半封闭型发展为全方位开放型，价值规律的调剂作用越来越明显，从而避免了从前那种产地货找人、销地人找货的不平衡局面。对外开放促进了国内市场的需求旺盛，非木质林产品的对外出口越来越多。随着市场发育水平的不断提高和国家对外开放面的扩大，非木质林产品的市场需求将正向增长。

2．市场具有明显的季节性

非木质林产品与农作物产品一样，具有明显的季节性特征。产量受制于产季的天气、开采的面积、林业政策等。林业政策等对当年产季来说，影响不算太大，影响主要体现在中长期的如一年或几年以后。开采面积对产量影响就很直接。天气变化对产量波动的影响是最大的，在当年产季就马上见效。非木质林产品无法长时间贮藏。然而收获季节一过去市价高涨，消费者不敢问津。这种现象使得市场供应旺季过旺，淡季过淡，影响淡季产品的需求。同时，也易造成囤积居奇的现象。

3．市场销售以原料为主，深加工能力弱，资源浪费现象严重

非木质林产品虽然资源丰富、品种繁多，但是规模

小、技术力量薄弱、管理落后、采集量也不稳定。产品多以原料形式直接就地销售，经过加工转化增值的非木质林产品非常少。因此，工业深加工能力的大小就显得举足轻重，直接关系到产品市场销售时间的长短，影响着非木质林产品的市场需求。目前的加工水平，无法满足市场需要，造成资源的极大浪费。

三、非木质林产品供给与需求现状

（一）世界非木质林产品的供给与需求情况

由于非木质林产品的最大价值通常是在当地自给自足经济中实现，而且这类产品常游离于正规销售渠道之外，多用现金交易，因此很难计入统计数字，这也是非木质林产品历来得不到各级投资、开发或管理部门重视的原因所在。表8-9是1991年度世界主要非木质林产品的进出口国情况。

从表8-9可以看出，非木质林产品已成为全球一大产业，在各国的经济中发挥着重要的作用。90年代的欧洲曾经是非木质林产品交易的最大市场，占世界交易额的近一半，其中非木质林产品的进口额占世界的46%，

表8-9　1991年度世界主要非木质林产品进出口国情况　　单位：百万美元

位　次	进口国	进口额	占世界总额（%）	出口国	出口额	占世界总额（%）
世界		107613			98050	
1	美国	13467	12.51	加拿大	16931	17.27
2	德国	12567	11.68	美国	12478	12.73
3	日本	12453	11.57	瑞典	9873	10.07
4	英国	8853	8.23	芬兰	8238	8.40
5	意大利	6166	5.73	德国	6819	6.69
6	法国	6152	5.72	法国	3842	3.92
7	荷兰	4399	4.09	印度尼西亚	3601	3.67
8	中国	3904	3.63	奥地利	3285	3.35
9	比利时/卢森堡	3451	3.21	马来西亚	3120	3.18
10	西班牙	2784	2.59	荷兰	2433	2.48
11	韩国	2612	2.43	日本	2139	2.18
12	瑞士	2136	1.99	比利时/卢森堡	1926	1.96
13	加拿大	1840	1.71	意大利	1818	1.85
14	奥地利	1558	1.45	英国	1727	1.76
15	瑞典	1168	1.09	瑞士	1283	1.31
16	芬兰	512	0.48	西班牙	1120	1.14
合计		84022	78.08		80633	82.24

出口额占世界的43%。

（二）我国非木质林产品供给与需求状况

我国比较重要的非木质林产品有：木本植物食品、木本油脂、漆、蜡，森林饮料、食用菌和野菜、林区中草药材、林产香料、森林旅游，另外还有竹藤、藻及其他动植物产品。

1. 松香

我国幅员辽阔，森林植物资源特别是松脂资源丰富，给发展林产化工提供了有利的条件。松香是我国林产化工产业最重要的非木质林产品，也是我国的传统大宗出口产品，属于支柱产业。松香的应用范围十分广泛，如造纸、胶黏剂、油墨和涂料、医药、食品等行业。近百年来，松香经过科技人员不断的研发和技术改良，已经有400多种用途。由于松香具有独特的分子结构，拥有众多的优势，为人们今后不断开发其应用范围提供了机会。同时松香是地球上少数可以再生的环保资源之一，并且在某些行业是不可以替代的，值得我们大力推广使用。

(1) 市场供给

目前，我国松脂资源各省区都有分布，可采脂面积占10%～20%，年可采脂量150万吨。早在1700年前，在《神农药典》中就有松脂作为药物使用的记载。目前松脂主要产区是广西、广东、云南、福建、江西、湖南等省区，年产脂量70多万t。

我国真正进行松香工业加工是在1922年，当年，广东省河源县将松脂制成了松香，从此揭开了我国松香工业生产的历史。但是解放前，我国松香生产工艺落后，且产量低，只有广东几家土法炼香厂生产松香。1946年，在广西梧州，有了一所私人作坊生产松香。解放后，以广东省为首的南方几省相继大力发展松香生产，广东省作为我国发展松香生产的老大哥省，以其极强的经济意识、外贸港口、与港澳联系密切的有利条件，迅速推开我国松香出口业务，并以此为契机大力发展松香生产，成了我国松香生产的领头省。广东松香工业的发展，带动了具有相同资源和气候条件的广西、福建、江西、湖南、云南等省的松香生产。广西与广东由于历史和地缘的关系，两广经济联系更密切，因此，广西在解放初期就紧随广东大力发展松香生产。福建、江西、湖南、云南等省也在1951年建起了松香厂，并迅速扩大松香生产，使我国松香产量增长迅速。1950年，全国松香产量仅1.2t，到1956年，全国产量已达11万t。50年代，我国平均年产松香6.3万t，60年代平均年产13万t，70年代平均年产25万t，80年代平均年产35万t，90年代平均年产42万t，近几年年产松香已达50万～60万t，去年全国实际年产松香已达60万吨。50多年间全国松香产量增长了50倍。并且，我国现在的松香产量已远远超过美国松香生产在50年代初鼎盛时期的年产约45万t的水平，成为真正的世界上第一松香生产大国。

我国松香工业的快速发展，极大的满足了国内、国际市场对松香产品的需求。松香已发展成为我国一个具有鲜明特色的出口型非木质林产品。尤其是2002年年初，外经贸部正式取消了自1994年开始实行的松香出口许可证招标制度，凡拥有进出口经营权的企业都可以出口松香，经营松香出口的企业迅速增加，我国非木质林产品更是有了广阔领域的发展。我国现有松香生产企业约300余家，主要集中于广西、广东、福建、江西、云南等省（自治区），在湖南、四川等省有少量分布；从产量上看，广西位于第一，广东、福建、云南次之；从生产规模来看，大部分为小型企业，规模较大具有深加工能力的企业不足10%。中国的松香产量和贸易量在全球占有相当重的份量。

(2) 需求

目前，国内市场松香的消费量在20万t/年左右的水平。主要是用松香，对松香改性产品用得很少。国内最大用户是造纸和肥皂工业，松香消费量占75%。到了20世纪末，国内市场消费结构也发生了很大变化。现在一些制皂厂已完全不用松香或者用量很少。在新兴工业中，用松香作黏合剂，用量逐年上升，在口香糖生产中用量也大幅增长。

国内需求已成为松香深加工产品的大市场，如造纸、油漆、油墨、胶黏剂、食品等行业的需求，促进了国内松香深加工产品的发展。以前，通常是我们将松香初级产品出口到国外，经国外深加工后再销回国内。如今，随着我国松香深加工产品的不断开拓，以及国外大企业资金和技术在我国的大规模投入，国内的松香深加工产品有了很大发展。从而也促进了国内松香深加工产品的市场开发，并逐步打进了国际市场。

此外，我国松香年供应国际市场达30万t以上，占国际市场松香年贸易量的70%多，供应世界40多个国家和地区的消费，是世界最大松香供应国。所以，中国松香的生产与出口直接影响到松香国际市场的稳定。

我国松香主要出口到欧盟、日本、美国。香港作为转口港，每年统计的数量也排在前三位。根据中华人民共和国的海关统计分析，进口我国松香数量最大的地区是欧盟，数量在16万t以上，占我国出口总量的55.59%，其次是东亚，主要是日本，数量近两年比较稳定，且具有一定的发展潜力，占我国出口总量的24.69%。绝大部分地区市场增长率呈现了大幅增长的趋势。这是因为：我国松香产量不断增加，外销比例上涨，出口数量也大幅上升；国际市场需求较旺，购买数量也呈现上涨的态势。香港作为我国松香出口的转口港地位不可忽视。出口到美国的数量有较大起伏，但绝对数字并不大，对中国松香出口的地区分布比例没有实质影响，但这个市场不能放弃，应该加大力度进一步开拓。另外，我国脂松香的出口呈现了多方位市场的格局。除欧、日、美市场外，对其他亚非拉国家的出口比重有所上升，如对尼日利亚的出口呈现较大幅度增长，这对扩展松香出口提供了很好的发展机会（表8-10）。

由表8-10分析得出如下一些规律：

近十二年来，中国松香总产量和国内消费量趋同向变动，出口量自1998年至2002年呈同向变动，其他年份呈反向变动；2003年国内消费和出口各占一半；出口量基本趋于持平，保持在30万t左右，国内消费增长较快，在1997年暴产后，1998年又跌至谷底，之后又呈现出上涨趋势。

但是，我国的松香、松节油深加工水平比起先进国家还有很大差距。在先进国家，所有松香、松节油产品都是经过二次甚至多次再加工后才使用，甚至加工到最终产品才出售。而我国还有相当比例的松香、松节油被

表8-10　中国松香产量、出口量统计

年　份	总产量（万t）	出口量（万t）	出口平均价（美元/t）
1994	38	29.2	470
1995	38.9	21.5	612
1996	40.9	17.6	744
1997	53	20.5	779
1998	37	25.4	534
1999	41.3	26.1	543
2000	41.2	28.1	493
2001	42.5	30.2	469
2002	55.1	35.6	448
2003	58.1	30.1	464
2004	59.7	34.12	477
2005	61.5	34.75	732

资料来源：2005年5月30日第9～10期《林化商讯》

直接使用。更重要的，我国超过一半以上的松香是以初级产品出口到国外。松节油也有相当部分是以初级产品出口到国外。从这个角度看，我国虽然是世界第一大松香生产国，却算不上松香产业强国。

2．活性炭

活性炭是一种多孔性的含炭物质，它具有高度发达的孔隙构造，是一种极优良的吸附剂，每克活性炭的吸附面积更相当于八个网球场之多。而其吸附作用是通过物理性吸附力与化学性吸附力达成。其组成物质除了炭元素外，尚含有少量的氢、氮、氧及灰分，其结构则为炭形成六环物堆积而成。由于六环炭的不规则排列，造成了活性炭多微孔体积及高表面积的特性。

活性炭可由许多种含炭物质制成，这些物质包括木材、锯屑、煤、焦炭、泥煤、木质素、果核、硬果壳、蔗糖浆粕、骨、褐煤、石油残渣等。其中煤及椰子壳已成为制造活性炭最常用的原料。由不同原料制成的活性炭具有不同大小的孔径。由椰壳制成的活性炭具有最小的孔隙半径。木质活性炭一般具有最大的孔隙半径，它们用于吸附较大的分子。煤质活性炭的孔隙大小介于两者之间。

活性炭是一种优良吸附剂，具有发达的内部孔隙结构和巨大的比表面积，已广泛应用于工业废水、废气和空气净化装置以及有机合成、食品和医药等工业，还应用于军工及高科技产业。如石化行业的无碱脱臭（精制脱硫醇）、乙烯脱盐水（精制填料）、催化剂载体（钯、铂、铑等）、水净化及污水处理；电力行业的电厂水质处理及保护；化工行业的化工催化剂及载体、气体净化、溶剂回收及油脂等的脱色、精制；食品行业的饮料、酒类、味精母液及食品的精制、脱色；黄金行业的黄金提取、尾液回收；环保行业的污水处理、废气及有害气体的治理、气体净化；以及相关行业的香烟滤嘴、木地板防潮、吸味、汽车汽油蒸发污染控制，各种浸渍剂液的制备等。

活性炭目前在环境保护、工业与民用方面已被大量使用，并且取得了相当的成效。然而活性炭在吸附饱和被更换后，使用单位均将其废弃、掩埋或烧掉，造成资源的浪费和对环境的再污染。活性炭吸附是一个物理过程，因此，还可以采用高温蒸汽将使用过的活性炭内的杂质进行脱附，并使其恢复原有之活性，以达到重复使用的目的，具有明显的经济效益。再生后的活性炭其用途仍可连续重复使用及再生。此外，活性炭在美容领域、饮食领域以及活性炭纤维中也有广泛应用。活性炭在未来将会有极好的发展前景和广阔的销售市场。

(1) 出口

出口市场国别分布格局方面，2002年前10位出口国家或地区依次是日本、美国、韩国、意大利、荷兰、比利时、英国、我国台湾省、瑞典、澳大利亚；2001年是日本、美国、韩国、意大利、我国台湾省、荷兰、比利时、英国、瑞典、法国。

多年来，我国的活性炭主要出口到日、美、韩、欧洲和其他一些发达国家。从上世纪80年代起，由于发达国家考虑到自然资源保护和高劳动力成本问题，这些国家的公司多已从单一生产商转变成为结合研究、生产和管理的新型公司，他们使用高新技术来开发新产品和扩大市场需求。这些公司从我国或其他东南亚的国家买来大量的初级产品或半成品，然后精炼这些产品或改变包装，再进行转口贸易，而不是由他们自己生产产品，而转向通过运用他们的技术、设备、资本、销售网络和商标上的优势，来赚取超额利润，这些利润往往是货物自身价值的几倍。有关的资料显示，从我国出口的活性炭产品，其CIF价格甚至比某些目的地国家在其国内市场买来的原料还要便宜。因此，鼓励有丰富自然资源和较低劳动力成本的国家去生产大量的活性炭，然后在贸易中以低价进口，这些外国活性炭供应商能够维持一个稳定的利润增长。2001、2002年两年，国外发达国家的这种趋势越来越明显，以初级低档次产品为主的我国活性炭出口因此而获得了稳步的增长，2001、2002年分别增长了11.0%、14.4%。直到2005年，我国活性炭出口仍保持增长。

东亚的日本、韩国、我国台湾省三地是我国传统的活性炭出口目的地，日本更已成为我国的第一活性炭出口目的地；我国在这几个地区的活性炭进口市场中占绝对主导地位，2002年的出口分别是4.16万t、1.75万t、0.30万t；对日本、韩国两地的活性炭出口，2002年分别劲增30.8%和37.8%，而台湾则锐减60.5%。日本、韩国两国从事活性炭工业的公司经过几年转型，现已基本转变成为结合研究、生产和管理的新型公司，我国的低档次产品在他们的眼里可以说是“原料”。近几年，我国对日、韩两国活性炭出口之所以能有高速增长，完全是由于它们这种“原料”需求的增长所至。今后能否保持这一趋势多取决于这两国高端产品的发展情况；预计到2005年仍可以保持增长，但经过过去几年的快速增长，而且近年日、韩两国有逐步加强向东南亚投资采购的意向，增速也很可能会放慢。台湾省的情况有所不同，其活性炭高端产品总体的发展状况弱于日、韩两国，近年的步伐甚至有倒退的苗头；其进口来源地也有分散的趋势；而由于产品品种结构方面的原因，台湾从发达国家和东南亚进口的份额近年正逐步增加，而进口我国大陆的份额有所降低。未来对台湾的活性炭输出，市场人士认为其变数极大，恢复增长和继续减退的两种可能都存在，这就要看我国能否及时调整策略，以生产出有针对性的产品品种来重新占领台湾市场。

美国是世界上最大的活性炭市场，以单个国家而言，无论从生产还是消费方面，都是首屈一指的。美国的活性炭进口市场对我国活性炭产业有十分重要的地位。从上世纪80年代末开始至今，我国就一直是美国活性炭进口第一来源国。我国输出的主要是低、中档品种。2002年，我国活性炭对美出口约2.90万t，占2002年美国的活性炭总进口量5.29万t的54.8%。2001年，我国活性炭对美出口也是约2.90万t，对比起来2002年是一个零增长。美国活性炭市场作为目前世界上最成熟的市场，自90年代末开始至今，市场消费情况是，除了某些特定用途的品种外，其他绝大部分的活性炭品种，无论是低、中、高各个档次，基本已趋于成熟饱和状态；我国活性炭对美出口随之也进入了平稳阶段。预计这种平稳状态会维持相当一段时期。但需要注意的是，近年来，随着东南亚活性炭产业的崛起，美国加大了对这一地区的采购力度，在中档次品种上，东南亚和我国将会有越来越激烈的市场竞争。

我国活性炭出口的三大地区除了东亚、美国之外，欧洲市场也是我国传统的活性炭出口目的地。2002年，我国活性炭出口欧洲各国共约3.2万t，与2001年大体持平；现在的欧洲活性炭市场情况和美国有很大的相似之处，是成熟饱和状态，市场竞争激烈；我国的活性炭产品在此有很强的竞争力，但由于欧洲自1996年以来的反倾销，使得对欧洲的出口，自上世纪90年代末开始直至现在，仅能达到3万t左右的水平；本来以我国的活性炭产品竞争力，在欧洲市场应远超3万t左右的市场份额。对我国的活性炭产品来说，欧洲市场最大的问题是反倾销；而由于2002年6月，欧盟对我活性炭反倾销日落复审终裁，决定继续征收323欧元/t的反倾销税，未来几年反倾销时期内，我国活性炭产品对欧出口不容乐观。而较令人意外的是对东南亚的出口。2001、2002年我国活性炭对东南亚的越南、马来西亚、泰国、印度尼西亚出口共有0.41万t和0.51万t。由于低廉的价格，我国的活性炭产品在东南亚颇具竞争力。

(2) 进口

最近的几年，我国活性炭进口呈现出迅猛的增长势头。进口迅猛增长的主要原因是由于国内对一些新类型的活性炭尤其是高级活性炭的需求在快速膨胀；尽管我国的活性炭产业总体的生产能力在世界上数一数二，但由于国内活性炭产业在短期内根本无法改变的生产结构性矛盾，使得国内的一些新类型活性炭尤其是高级活性炭的产量远远无法跟上其快速膨胀的需求。上世纪90年代，我国的活性炭进口平均每年增长约8.8%。1990年，我国进口了约900吨活性炭和相关产品，2000年，进口量增加到2500t，是1990年活性炭进口的近三倍，各种不同类型的高级活性炭，又以颗粒活性炭占最大比例；由于对高级活性炭的需求快速增长，2001年的活性炭进口量大幅度飙升，达到6300t，约960万美元；2002年的活性炭进口量更达到创记录的9300t，约1310万美元，比2000年增长5成左右，大大出乎有关机构早些年前的预测。

我国活性炭进口迅猛增长，一方面固然是由于近年我国总体经济平稳高速发展，拉动了对活性炭需求的快速增长，另一方面也是由于国内活性炭产业生产的结构性矛盾这一原因所至；国内活性炭年生产能力超过20万t，但绝大部分为低档次品种，高档次品种尤其是一些新类型品种生产能力严重不足甚至是空白，从而不得不向国外寻求供应。国内活性炭生产厂家过去大多实行低档次路线，通过庞大的产量来占领市场，这已招至了许多国家和地区的反倾销；走高档次路线，通过多种不同类型的品种，而非以产量方面的优势来打开市场，在几年前就已成为国内众多活性炭生产厂家的共识；但实际的情况在2001、2002年才有所改善；随着国内生产厂家逐步走高档次、多品种路线，以满足国内市场对高级活性炭的需求，我国活性炭进口增长势头将会减弱，再出现像过去两年极高增长速率的可能性极小；预计从2003年到2005年的年平均增长率将会回落到10%～20%，但对高级活性炭的需求仍将不得不主要由国外进口来满足；高级活性炭仍将是近期我国活性炭进口的焦点。

我国活性炭进口市场分布格局方面，最近两三年，发生了很大的变化；过去最大的供应商是美国、我国香港、台湾和西欧的一些国家，而2002年我国活性炭进口最多的是美国，然后较大的依次是我国香港、韩国、日本、菲律宾、印度尼西亚、越南、马来西亚。 由于美国各大活性炭生产厂家加大了在华的销售力度，2002年,我国从美国进口活性炭出现异乎寻常的增长，全年进口量达4300多吨，约占2002年我国活性炭总进口量的45%，对比2001年的1700多t，劲增150%以上；从美国进口的活性炭以中、高档次颗粒炭品种为主。 韩国、日本则一直以高档次的活性炭来打开我国市场，尤其是日本公司的特定用途高等级品种，占据了我国该类品种的大部分市场；2002年，我国从韩国、日本进口的活性炭分别是790t和760t，分别比2001年增长了5.5%和3%，预计到2005年仍会是一个平稳的小幅增长趋势。2002年，我国从东南亚的菲律宾、印度尼西亚、越南、马来西亚等国家进口的主要是果壳活性炭及其原料，从上述四国共进口约1700t，比2001年的约1800t略减5%；由于西方发达国家产业转移的原因，美、日、欧等国际著名活性炭公司纷纷加大了在这些国家的活性炭投资生产，这些国家过去几年对我国的活性炭出口增长很快，但绝大部分为那些合资企业的产品；而由于存在着极大的价格优势，我国的果壳活性炭及其原料又极其缺乏，预计未来几年内从东南亚这些国家进口的数量仍会保持重新增长。至于过去一度在我国活性炭进口市场占据一定地位的我国台湾、新加坡和西欧的一些国家，在2002年度，来自这些国家和地区的数量几乎微不足道；近几年来，这些国家和地区，尤其是新加坡和欧洲，出于环境保护方面的原因，活性炭产业减退很多，而随着它的这种日渐甚微，我国从这些国家和地区的活性炭进口也将逐步减少。

3．栲胶

从一些植物中的皮、果中可以提取一些天然多酚类物质，通称为栲胶，它的主要成分是单宁。它在我国有丰富的资源。产量从解放初数百吨，到1987年达到最高年产量5万t，目前一直保持在2万多t。其原因是栲胶的传统用途是鞣革，而我国栲胶大多来自于落叶松、毛杨梅、余柑等，其产品色泽深，不能适应市场浅色化需求。近年来引种黑荆树等品种，以提高产品质量。

我国早在50年代初就开始引种，到1987年底黑荆树林已达1万多hm^2。在林业部的倡导下，开展了黑荆树立地、种源、营林、采伐及综合利用等方面的研究，举办了栽培技术讲习班，创造出高密度、短伐期矮林作业方式，使轮伐期由乔林作业的9年减少为3～4年，木材及树皮的平均收益可达乔林作业的2.6倍。温州、漳州等地的营造基地林工作已被纳入国家计划，一些大栲胶厂也正在筹建黑荆树基地林。

4．紫胶

紫胶，又名虫胶，是寄生在寄生植物上的紫胶虫所分泌的一种天然动物性树脂，因其颜色紫红，故称紫胶；因系紫胶虫分泌物，又称虫胶。紫胶在采集后通过加工，在加工过程中，提取的副产品紫胶色素，是一种天然食用红色素，用于加工糖果、饮料、糕点、肉类、化妆品等，具有色泽鲜艳、无害于人体健康等优点，是化学合成色素难以相比的，因而受人欢迎，乐于采用。紫胶是云南最具特色的林产化工产品，具有粘接性强、绝缘、防潮、涂膜光滑、透亮等特征，且无毒、无味，是重要的工业原料，被广泛应用于化工、军工、冶金、机械、木器、造纸、电子、医药、食品等行业，具有重要的经济价值。紫胶产品主要有：颗粒胶、有色虫胶片、漂白胶及紫胶红色素等系列产品。

中国紫胶产量居世界第三位，产量约1100t，紫胶片的现在市场价格约为每吨20000元。云南是我国紫胶的主产区，主要种植在思茅、红河、临沧等地，作为云南省主要的生物资源之一，紫胶产量占全国产量的80%以上，由于寄生树种多而优良，云南紫胶年产量居全国首位，占全国9个产胶省区的80%以上，品质较佳。

5．森林旅游

森林旅游是指在可持续发展的基础上，在被保护的森林生态系统内，以自然景观为主体，融合区域人文社会景观对象的郊野性旅游，旅游者通过与自然的接触，达到了解自然，享受自然生态功能的好处，产生顺归自然的意境，从而自觉保护自然、保护环境的一种科学、高雅、文明的旅游方式。

目前，我国森林旅游的形式主要有森林公园、野生动物园、狩猎场等。并不是初具规模的森林区域就可以开展上述的旅游形式。经济利益的获得必须以维持良好的生态状况为基础，必须以生态优先的理念去定位森林旅游的区域、方式以及旅游设施的基本建设情况。被誉为“无价的地理纪念碑”的张家界武陵源景区，由于无节制超容量地开发，严重污染了自然环境，破坏了风景资源。景内的宾馆等建筑面积已超过36万m^2，建筑面积达317万m^2，联合国遗产委员会就此事发出了黄牌警告。20世纪80年代的长白山自然保护区近1万hm^2原始森林受强龙卷风破坏，加上长期大规模高强度机械采伐活动，破坏了幼树、幼苗、地表植被和土壤结构，严重干扰了原始森林内的生态过程，造成水土流失和周边原始森林接连风倒。这些都是森林旅游系统内生态过程被干扰的体现。

(1) 森林旅游资源开发利用不平衡。导致森林旅游区域发展不平衡的主要原因，一是森林资源分布不平衡。我国的森林资源以东北、内蒙古东部、四川、云南等省份居多，其他地区缺林、少林。二是不同的区域开发程度不同，一部分省份虽然资源条件丰富，但开发条件不足，由于森林区域开发难度大，交通不便、信息闭塞，基础设施建设滞后，缺少开发投资的渠道，难以满足森林生态旅游产业的发展要求，发展势头不够强劲，一些具备充分条件的省份则由于开发过程中实施及管理措施不当，造成了资源及其环境的严重破坏。

(2) 私营资本的介入导致经营管理不善。林业的经营主体由于开发资金不足，技术落后，往往会通过市场招商引资、合资、合股、合作经营森林生态旅游的开发项目，但由于缺乏相应的规章制度与约束体系，必然会导致私营者以营利最大化为自身的行为目标，难以平衡经济效益与生态效益之间的关系，也不可能遵循“在保护中利用，在利用中保护”的原则，导致资源管理经营不善是勿需置疑的。

6．竹藤

竹、藤两种最重要的非木材产品，是在多方面可代替木材的具有重要经济、生态、社会效益的森林资源。我国是世界上竹类资源最丰富的国家，竹林种类、面积和蓄积量均居世界前列。我国在竹子科研、生产、开发和利用方面也处于世界领先地位。我国拥有藤制家具和手工艺品上万种，年产值达数亿元人民币，出口创汇960万美元。与竹子相比，我国藤资源比较缺乏，藤制品加工业每年需原藤4万～5万t，其中约85%的原藤依赖进口。我国南部的海南省、广东省、广西壮族自治区和云南省具有适宜间种藤类的人工林和次生林约200万hm^2，具有巨大的棕榈藤推广栽培潜力。

我国竹藤制品产业规模较小，多数企业产品技术含量不高，更新换代能力弱；只有少数较大的竹制品加工企业通过了质量认证体系认证，至今还没有通过环境认证体系认证的企业。此外，国际上正在推行的森林认证，也是我国竹制品企业必须跨过的关口。

四、非木质林产品存在的问题

最初非木质林产品的多种效益和用途并不广为人们所知，它的利用仅限于山区农村，最大价值只在当地自给自足的经济中实现。人们“按需采集”非木质林产品，森林系统自行恢复，不存在对资源的破坏、浪费等问题。随着科学技术的发展和信息交流的提高，人们对非木质林产品的需求量剧增，非木质林产品的开发利用得到迅猛发展，形成了许多规模化的产业，如竹藤产业、药产业、食用菌产业等，非木质林产品的交易从当地经济走向全国甚至全球经济后，出现了：非木质林产品和森林资源遭受破坏； 非木质林产品的开发、保护和当地社区发展产生矛盾； 非木质林产品的经营和销售的落后影响到发展中国家的权益等问题。

（一）对非木质林产品非持续性的采集，导致非木质林产品和森林资源的破坏

虽然当地人对他们所使用的非木质林产品的种类、分布、生境和生长规律等具有非常丰富的乡土知识，但对森林生态系统的演替规律、森林资源的生态学特性及

其合理的管理方法仍缺乏足够的认识，特别是因历史上森林资源的一度丰富，更少有人在利用非木质林产品的同时也考虑“环境”、“可持续性开发”和“生物多样性保护”等问题，人们把森林看作是一个无穷无尽的资源库而毫无节制地开采，导致市场销售较好的一些资源趋于枯竭。受利益的驱使，有的地方用“砍伐、采集”原始的模式采集非木质林产品，以最大限度、最长时间地采集非木质林产品，由于开发过度，导致非木质林产品尤其是其更新能力遭受严重的破坏，一些非木质林产品甚至到了濒临灭绝的地步。20世纪70年代，印度乳香每年可开采4000kg，有经济产出的印度乳香树达8万株，到20世纪90年代末，印度乳香每年开采量下降到1500 kg，印度乳香树从每$hm^2$100株降至38株。刺激苹婆也遭同样厄运。20世纪70年代，每年可采集约2000～3000 kg，但到90年代末，这种胶几乎到了濒临灭绝的程度，有经济产出的树基本灭绝。印度中部为了采集紫荆木的花瓣，反复火烧印度紫荆木，抑制了新树生长，专家预计，到2200年前该树种将会灭绝。我国云南思茅的村民大量采集竹笋导致竹林质量下降，阔叶树种的出现，使得典型的热带竹林变成了栎木林。

（二）非木质林产品的开发、保护与社区发展的矛盾

非木质林产品的市场化推动了非木质林产品加工企业的发展，企业需要更多的非木质林产品以保持企业利润的增长，这使得当地人赖以生存的食物、建材等生活、生产资源相应地减少。非木质林产品的市场化也导致非木质林产品的收入和就业从生产地转移到消费地，使得当地人的收入和就业机会相应地减少。当地在开发非木质林产品过程中所面临的最大问题是缺乏市场信息和完善的商品流通渠道。绝大部分非木质林产品采集者尚未进入真正的非木质林产品交易市场，只能通过中间收购商。收购的种类和价格完全被中间商控制，当地采集者因而丧失了很多应得的收益。例如，云南的松茸菌利润极高，小贩子深入边远村社，挨家收购，中贩子驾车在道路沿线等候，在同一天不同的收购点，一个收购点价格是每公斤200元，相隔5km的收购点是每公斤120元，同等级的松茸菌差异竟达每公斤80元，使得当地采集者的权益受到严重影响。为保护森林资源及生物多样性，政府在社区周围建立了保护区，禁止村社农户在保护区内采集非木质林产品、砍柴、放养牲畜等人为干扰保护区的行为，这给当地人的生活带来很多不便，因此，当地人意见很大，有的人甚至偷偷进入保护区开采森林资源。坦桑尼亚对森林警察作为保护林管理者持有强烈的负面态度并伴有冲突，1993～1997年有关非木质林产品利用问题就发生了24 起法庭案件。

（三）非木质林产品经营和销售的落后影响了发展中国家的权益

大多数发展中国家缺乏对非木质林产品生产和建立资源基地的投资，缺少对非木质林产品的加工、运输、储存技术和可持续管理及社区发展、销售方面的知识技能，缺少覆盖全球消费者、生产者和交易者的市场信息系统，对非木质林产品的利用只能停留在粗加工和传统的利用方式上，利用程度不高并且无资金引进深加工技术和设备。掌握新技术和新市场信息系统的发达国家对非木质林产品进行深加工并销售到世界各地，价值成十上百倍地增加，使得发展中国家的权益受到严重损害。例如，美国纳入国内正常贸易的药草75%是进口的，1995年，美国从63个国家和地区进口药用植物12500t，价值4171万美元，而同年药草业的零售额约16亿美元，价值增长了近40倍。

五、非木质林产品存在问题的原因及解决途径

（一）原因

1．市场的供求关系失衡

松香是一种有机化工的原料，也是具有我国优势的林产资源。在日化、合成橡胶、造纸、工程塑料、涂料、电子等众多行业中有着广泛的用途。随着世界经济的发展，全球的松香使用量也在稳步上升。在计划经济时期，国家和有关政府部门通过控制办厂、出口配额、控制出口公司数量等有效手段，使市场的供求关系得到调节，有效地保护了国家森林资源和国家的资源利益。随着改革开放的进一步深入发展和中国加入WTO，国家

和政府的管理职能发生了改变，原来通过配额对松香生产和出口的数量进行调控的职能已不再存在，市场的供求关系法则起决定的作用。由于松香初级加工工艺简单和投资较少，近年来各类大小松香生产企业迅速增加，使松香的生产能力和产量都大大增加。供求关系的失衡导致了出口越多、价格越降、单位收益越少，也就不足为奇了。

2. 无序的竞争

松香生产的主要原料是松脂，松脂的成本占松香生产成本的70% 以上。在我国南方几个主要松香生产省区，由于各省区对松脂管理政策不一、征收的税费不一，对松香加工企业的管理和收费也是政出多门。因此，在全国同行业内不平等的竞争现象十分突出：有些国有企业每吨松香产品两税负担高达700元，而有些松香生产企业由于是采用承包制，每吨产品两税负担不到200元。正是由于松香生产企业的所有制不同，地方管理政策不同，企业的税费负担不同，因此在无序的竞争中有些企业为了多收松脂而竞相提价抢原料。而在产品销售时为了抢客户又竞相降价推销产品。这种政出多门的无序的恶性竞争，使松脂收购价格和产品销售价格大战越演越烈，导致“多出口，少得汇”。结果受损失的最终是我们国家宝贵的林产资源和整个行业的利益。

3. 缺乏有力的宏观调控和约束管理机制

改革开放以来，松香生产和出口经营经历了由统管到放开的过程，在这个过程中，由于认识上的偏差和对林产资源保护意识的淡薄，导致了我们对资源型的松香生产和出口经营管理缺乏有效的调控。由于行业的自律机制不健全，因此，造成一些企业只顾眼前的经济利益而忽视社会效益和生态效益。把抬价抢购松脂和压价销售松香作为竞争和生存手段。而对于行业内一些个别企业违规犯纪的行为，大多数企业由于无统一的游戏规则也无能为力，只能听之任之，被动应付。近几年来，松香行业原料收购价逐步上升，而产品销售价逐步下降的不争事实都在向整个行业警示：无序的生产、无序的恶性销售竞争，对全行业谁都没有好处，受损害的最终将是企业自己。中国加入WTO和国际石油欧佩克组织给了我们很多有益启示，时代在呼唤中国松香生产行业必须要有创新的资源型生产企业的行业管理。

（二）解决途径

随着社会的进步和经济的发展，人们对非木质林产品的需求将进一步增加。加强当地非木质林产品研究机构的力量，向非木质林产品采集者推广管理与组织技能和开展增值活动，建立完善的市场营销和信息发布体系，制定相关方针、政策保护非木质林产品资源的可持续开发利用，是解决上述问题的对策。

1. 加强当地非木质林产品研究机构的力量

(1) 建立一个完备的资源清查体系。利用先进的方法和技术如3S技术对非木质林产品的数量、分布、可及性等作全面的调查研究，制定非木质林产品开发利用及更新保护的战略措施。

(2) 对非木质林产品进行全面分类、评估。对非木质林产品利用产生的社会、经济和文化的影响做出评估，以确定一种特定的非木质林产品的可持续水平。

(3) 研究非木质林产品的保护、病虫害防治问题，以更好地保存、利用非木质林产品资源。

(4) 人工引种、驯化和培育非木质林产品，以减轻天然非木质林产品的压力，保护森林生态体系的生物多样性。

2. 向非木质林产品采集者推广管理与组织技能，开展产品增值活动

(1) 在发展中国家，很多从事小型森林企业的采集者是文盲、半文盲，对外面的世界了解甚少，各国政府组织或非政府组织应积极地向他们推广管理企业必备的技术，如组织、营销、记账等技术。

(2) 在当地农村开展增值经营活动，向采集者推广非木质林产品的生产、保存和加工利用技术，通过安排生产、质量分级或进行简单加工，如分离脏物、压碎、磨粉、制片等，增加原产地非木质林产品的附加值，使采集者获得更多的利益。

3. 建立完善的市场营销和信息发布体系

(1) 对于目前采集的非木质林产品和其他潜在的非木质林产品，进行市场调查，了解各种与市场有关的因素，如非木质林产品的市场链、市场链的参与者和决策者，加工方法、成品需求等，获得各村的信息，以巩固

村民的交易地位、促进可持续采集。

(2) 建立开发地区、全国的非木质林产品市场。国际的需求只能产生短期的利益，而开发地区和全国市场成本低、竞争少，能获得更多、更长远的利益。

(3) 建立完善的市场信息发布体系。为满足外地城市消费者的需求，必须改变产品质量和信息系统。产品质量的变化需要非木质林产品加工工艺、运输、储存的新技术和战略，同时也需要覆盖广大地区和多种消费者、生产者和交易者的新信息系统。

(4) 改进营销体制。发展合作企业或社区企业，把非木质林产品从采集到最终消费这一条营销链中中间商获得的市场差额利润部分调整到采集者手中。

4. 制定相关方针、政策，保护非木质林产品资源的可持续开发利用

(1) 制定适合非木质林产品资源开发和保护的政策，给予可持续经营为基础的非木质林产品加工企业财政和税收上的优惠政策，促进企业的可持续经营。

(2) 参与式森林管理。让当地人参与毗邻森林的规划、管理、监控等活动，这既能使森林得到更好的保护，又能为当地人提供非木质林产品的来源。

六、中国非木质林产品市场竞争力分析

（一）我国历年主要非木质林产品进出口情况

2001年，非木质林产品进出口额分别为10.64亿美元和32.64亿美元，分别比2000年增长了5.30%和6.70%。进口贸易中，林化产品占54.00%，其余依次为果品类、茶咖啡类、调料药材类、竹藤软木类、苗木类及菌竹笋山菜类。出口贸易中，主要是果品类和菌竹笋山菜类，分别占33.94%和19.41%，其余依次为茶咖啡类、竹藤软木类、林化产品等。林产品进出口贸易仍然维持以亚洲和北美为主的地区市场格局，但进口林产品的市场源有分散化趋势。2001年，我国林产品出口贸易伙伴中的前5名分别为：日本（27.49%）、美国（23.53%）、中国香港（12.39%）、韩国（4.15%）、德国（3.25%），与2000年相比，日本和美国的份额在进一步提高；进口贸易伙伴中的前5名分别为：印度尼西亚（14.77%）、美国（11.42%）、俄罗斯（10.35%）、马来西亚（7.66%）、加拿大（6.11%），与2000年相比，排在前5位的份额下降了2.29个百分点，其中，印度尼西亚、美国、马来西亚的份额均有所下降，而俄罗斯的份额提高了2.55个百分点。我国林产品的进口市场源进一步分散化，同时俄罗斯正在逐步成为我国进口林产品的一个重要的市场源。

2002年，非木质林产品出口34.12亿美元，进口16.19亿美元，分别占林产品出口额和进口额的35.62%和13.60%。出口产品中，33.41%是果类，18.17%为菌、竹笋、山野菜类；进口产品中，林化产品占62.09%，果类占24.15%。2002年，前5位出口贸易伙伴依次是：美国（27.67%）、日本（23.22%）、中国香港（12.70%）、韩国（4.35%）和英国（3.38%）；前5位进口贸易伙伴依次为：印度尼西亚（12.89%）、俄罗斯（12.71%）、美国（11.45%）、马来西亚（9.98%）和加拿大（5.32%）。

2003年，非木质林产品出口额41.39亿美元，占林产品出口总量的33.83%，进口额36.03亿美元，占林产品进口总量的23.24%，非木质林产品进出口分别比2002年增长122.53%和21.32%。林产品进出口市场高度集中于亚洲与北美的少数国家（或地区）。2003年，前5位出口贸易伙伴依次为：美国（29.66%）、日本（21.09%）、中国香港（12.08%）、韩国（3.74%）、英国（3.08%）；前5位进口贸易伙伴依次为：马来西亚（12.86%）、印度尼西亚（12.06%）、美国（11.26%）、俄罗斯（9.89%）、泰国（7.2%）。

2004年，非木质林产品出口50.02亿美元，占林产品出口额的30.69%；进口46.75亿美元，占林产品进口额的25.07%，非木质林产品出、进口分别比2003年增长了20.85%和29.75%。林产品进出口高度集中于亚洲与欧美市场，但亚洲市场份额在下降，欧美市场份额在提高。2004年，前5位出口贸易伙伴依次为：美国（31.42%）、日本（18.26%）、中国香港（11%）、英国（4.05%）、韩国（3.15%）；前5位进口贸易伙伴依次为：马来西亚（13.07%）、印度尼西亚（12.44%）、美国（11.30%）、俄罗斯（10.72%）、泰国（7.19%）。

（二）影响非木质林产品市场竞争力的因素

1．经营规模小，生产者众多

在开放的市场贸易状况下，每个林产品生产者和采集者所拥有的林产品数量较少，导致中间商压低了林产品的收购价，影响了林产品生产者和采集者从林产品总销售收入中获取较大比例的收入。

2．政府是林产品的主要收购者和价格制定者

他们能够制定收购价，即使林产品本身价值较高，林产品销售者也没有选择的余地，这势必导致林产品的产量和质量的下降。制定鼓励生产的政策可能不涉及到产品贸易方面。依靠政府控制林产品销售渠道的做法正逐渐被更开放的市场所取代。然而，当市场正向私有者敞开时，生产限额仍然存在。林产品生产者仍然无权决定生产林产品的种类。制定具有市场约束力的决策是建立一个有效的市场销售体系的基本要求。对于林产品来说，制定保护林木的政策将会对非木质林产品产生影响。例如，禁止采伐，导致人们更多地进入森林采集其他产品。亚太地区国家制定的禁止未加工的林产品出口的禁令，将导致黑市交易猖獗。如果禁止采伐林产品，将会事与愿违，适得其反。

3．信息不对称

林产品当前贸易渠道、每种林产品的数量及价格变化等方面的信息经常不畅。不了解这方面的信息，林产品生产者和采集者不可能在产品的贸易洽谈中获取较高的销售价格。除了林产品现行价格方面的信息以外，也需要了解林产品将来的供需情况、加工林产品发展趋势和未来林产品价格走向等方面的信息，但这方面的信息不容易获得。由于缺乏产品的销售渠道方面的信息，当林产品从采集者脱手，最终到达消费者手中时，中间商所起的作用及提供的服务常被误解和歪曲。林产品开发和贸易过程中，不应忽视中间商所提供的服务，林产品最终收益的大部分都被他们拿走的看法是错误的。

4．人力资源水平低下

我国属于发展中国家，人口众多，劳动资源丰富，且人力资本价格低，我国目前的人力资本价格明显低于亚洲平均水平。农村（山区）是林业的主战场，人力资源虽然丰富，但没有得到充分的开发和利用，原因主要是大量劳动者的素质较低，难以适应经济增长方式转变的需要。

（三）提升中国非木质林产品市场竞争力的几点思考

1．转变林业经济增长方式，加强创新研究，开发深加工产品，推进林产化工企业向大型化发展

(1) 传统的粗放型林业经济增长方式自身存在许多不尽合理的地方，严重制约着林业的快速发展。由于林业经营主体是千家万户分散的农户，组织化程度低、规模小、经营者素质偏低，森林经营停留在粗放型状态，或者不投入任其自然生长，或者不遵循规律、不顾及生态环境，盲目投入，致使林地生产率低，林地退化严重，林产品档次不高，市场竞争力较弱。林产品加工业不发达，科技含量低，大多以初加工为主，原料消耗量大，导致森林资源破坏严重，产品附加值低，产出与投入比不高，属于一种“外延型”再生产。缺乏有效的制度保障和激励机制，科技、信息等现代经济增长要素在林业发展中的作用仍未充分显现，林业经济增长仍然主要依靠劳动力等传统生产要素。我国非木质林产品企业与国外先进水平相比，数量多、规模小、效益差、资源破坏严重。而国外经济发展证明，中小型企业在激烈的市场竞争中是难以生存的。一个行业的发展，没有企业间联合，就不可能形成规模优势和竞争优势。如日本松香企业通过兼并，形成了荒川、东邦、播磨三大公司控制日本市场，开发的深加工产品各有侧重、各具特色，既减少了不必要的竞争，又保证了经济利益。而我国林化资源、加工能力及技术力量的分布很不均衡，所以林化企业的地区布局既要考虑资源产地的利益和经济发展的需要，更要坚持优化结构、以整体利益为重的原则，确保采用高新技术开发的骨干企业的原料供给和生产能力的充分利用。

(2) 我国非木质林产品资源极其丰富，应用面广。但是大多数资源仅粗加工、低价值应用；或者原料直接出口，换取低额外汇；有的资源甚至还没有开发利用。所以，在今后市场竞争中林产化工产业能否进一步发展壮大，取决于能否将这一资源优势尽快转化成经济优势，产生显著的经济效益。所以坚持创新，不断开发具有自主知识产权的深加工产品，并降低成本，开拓国内

外市场，进一步提高经济效益和出口创汇能力，保持在激烈竞争中不断壮大，持久不衰，是发展非木质林产品产业的关键。

2．制定相关方针、政策，保护非木质林产品资源的可持续开发利用

(1) 制定适合非木质林产品资源开发和保护的政策，给予可持续经营为基础的非木质林产品加工企业财政和税收上的优惠政策，促进企业的可持续经营。

(2) 参与式森林管理。让当地人参与毗邻森林的规划、管理、监控等活动，这既能使森林得到更好的保护，又能为当地人提供非木质林产品的来源。

3．建立完善的市场营销和信息发布体系

(1) 建立开发地区、全国的非木质林产品市场。国际的需求只能产生短期的利益，而开发地区和全国市场成本低、竞争少，能获得更多、更长远的利益。

(2) 建立完善的市场信息发布体系。为满足外地城市消费者的需求，必须改变产品质量和信息系统。产品质量的变化需要非木质林产品加工工艺、运输、储存的新技术和战略，同时也需要覆盖广大地区和多种消费者、生产者和交易者的新信息系统。

(3) 改进营销体制。发展合作企业或社区企业，把非木质林产品从采集到最终消费这一条营销链中中间商获得的市场差额利润部分调整到采集者手中。

4．提高人的素质、促进人的全面发展，积极开发和利用人力资源

(1) “以人为本”就是要把人作为发展的根本动力。因此，要实现林业经济增长方式的根本性转变，必须从开发和利用人力资源入手，抓紧建立较为完善的科技咨询培训和教育网络体系，全面提高劳动者的素质。建立稳定而明晰的林地产权制度和配套政策，在经费补贴、信贷资金等方面享有与其他主体一样的优惠政策，加强对广大农民的指导和服务，加强各类服务体系建设，不断提高广大农民的科技文化水平和参与市场竞争的能力。

(2) 向非木质林产品采集者推广管理与组织技能、开展增值活动。在发展中国家，很多从事小型森林企业的采集者对外面的世界了解少，各国政府或组织部门应向他们推广管理企业必备的技术，如组织、营销、记账等技术。

(3) 在当地农村开展增值经营活动，向采集者推广非木质林产品的生产、保存和加工利用技术，通过安排生产、质量分级或进行简单加工，如分离脏物、压碎、磨粉、制片等，增加原产地非木质林产品的附加值，使采集者获得更多的利益。

(4) 加强当地非木质林产品研究机构的力量。建立一个完备的资源清查体系。利用先进的方法和技术资源管理的方法对非木质林产品的数量、分布、可及性等作全面的调查研究，制定非木质林产品开发利用及更新保护的战略措施。对非木质林产品进行全面分类、评估。对非木质林产品利用产生的社会、经济和文化的影响做出评估，以确定一种特定的非木质林产品的可持续水平。研究非木质林产品的保护、病虫害防治问题，以更好地保存、利用非木质林产品资源，保护森林生态体系的生物多样性。研究加工后的非木质林产品废品的开发、利用，节约资源。

七、非木质林产品市场供求预测

市场经济以市场为依托，生产、销售、价格三者之间互相促进、互相抑制，是经济发展的必然规律。把握市场就是把握产品的生命，了解市场需求状况就是了解产品的发展前景。因此，对未来几年非木质林产品的市场需求状况进行分析和预测，是适应市场经济需要，增强决策科学性，合理配置森林资源，优化产品结构，提高非木质林产品在国际市场上的竞争能力的必要前提和重要依据，是制定林业发展规划、决定资金投入方向的有效佐证。

通过预测，能够较准确地掌握非木质林产品目前的市场需求状况，对未来发展趋势及各类产品的市场前景做出预估。同时，还可为生产者、经营者和消费者提供全面的市场信息，为领导者科学决策提供可靠的市场依据。从而避免无市场依据的盲目发展、盲目投资，保护生产者的经济利益。

非木质林产品市场同其他商品市场一样是以一定市场环境为基础的。其市场的形成是以国民经济蓬勃发展，科学技术不断进步，人民生活水平日益提高，人类

开发和利用自然资源能力的进一步增强，人们消费观念的再次转变等为依托的。市场的发展又以其市场环境的改善为前提。

从国内环境来看，一是国民经济发展将实现居民收入的不断增长和生产规模的不断扩大，生产规模的扩大又需要更多的原料供应，促进原料类非木质林产品的生产。二是深化改革的举措将在更广的范围和深度上影响未来经济运行状况并将作用于非木质林产品市场，经济运行将在很大程度上发挥市场机制的自主调控功能，市场配置资源的基础作用将得到更加充分地发挥。三是大力发展农业和基础产业的战略政策将促进非木质林产品的快速发展。四是环境保护意识的加强和森林资源锐减的林业发展形势将迫使人们充分利用现有多种资源，以弥补木材产值下降所造成的经济损失。五是人口增长促进社会商品总消费的不断增长，使非木质林产品的市场需求日益上升。

从国际环境来看，发达国家的经济缓速增长或衰退，是制约市场需求上升的重要因素。发展中国家经济虽然在整体水平上发展较快，但发展极不平衡，亚太地区经济充满活力，海湾国家经济大幅度下降，欧洲大陆经济略有抬头，拉美及非洲各国债务负担沉重，加上许多发展中国家政局不稳，世界政治形势动荡复杂。这些不利于经济发展的外部环境，将给非木质林产品的生产带来很大的影响。尽管国际市场容量将相应扩大，但竞争更加激烈，贸易保护主义倾向不断加剧，我国大宗出口的资源性产品（包括非木质林产品）的出口量难以增加，某些东南亚、南亚国家在初级产品市场上对我国的竞争压力加大。从海关统计数据看，非木质林产品的年出口量尽管在不断增加，但许多曾经很有竞争力的产品的出口量却在下降，而且具有很大的不稳定性。

（一）松香

目前，我国是世界松香生产大国，产量一直处于世界优势地位，根据世界松香产品市场的发展趋势，预测2010年我国松香年产量将为60万t左右。

近年，我国松香年产销量已近60万t，其中约有30万～35万t直接用于出口，另有25万～28万t松香（单指脂松香，不含松香深加工产品。下同）被销到全国各地。今年松香出口形势不理想，而内销继续增加，内销松香量将可达到30万t左右，内销与出口已各占半壁江山。由于国内需求量逐年增长，赶超出口，内需在松香出口疲软的情况下起到了推波助澜的作用。内需这几年市场潜力很大，但大家关注国外市场较多，忽视了内需可挖掘的潜力，所以现在提出了这个很重要的课题。内需某些产品有一定的利润空间，尤其深加工行业比较大，但国外一下升幅太大是不可能的，国际市场是个很稳定的市场，利润率非常的低，可能不会有很大的利润空间。

从我国松脂资源看，可采脂量约为150万t，年产50万t左右。由于加工技术落后，所以主要以原料和初加工品的形式出口。深加工的产品产量仅占松香总产量的30%左右。由此可见，在相当长时期内，制约我国松香生产的主要因素不是资源因素，而是采脂成本的提高和松香产品的深加工技术，组织技术攻关、提高产品的科技含量将是我国松香工业未来发展的基础和方向。

笔者认为，今后几年内中国松香生产总量以控制在60多万t/年的水平上为宜。因为国内市场松香的消费能力为20多万t/年，而出口到国际市场的松香总量也以30多万t/年为宜，加上适当库存，每年保持生产60多万t，中国松香就会平稳地向上发展。反过来，如果不加控制，像1997年那样暴产，国外的消费能力是20万t/年，向国外销售其结果是价格大跌。1997年以前，每年出口20万t左右的松香，松香的出口价维持在743～778美元/t，而到了2000年，松香虽然出口28万t，价格则大跌至493美元/t，每t松香下跌285美元，这是一种巨大的损失。生产的松香虽然多了，但是钱却赚少了。价值规律就是这样，它会迫使你自动减产。例如，1997年虽然生产了53万t，而到了1998年就不得不降产为37万t。

（二）活性炭

据英国的Roskill信息服务公司最新一份分析报告指出，随着世界各国环境法规的日益严格，全球活性炭市场的需求呈现出快速增长的态势。

报告称，今后几年，全球活性炭市场的需求将以平均每年4%的速度快速增长，需求量将从2002年的75万t增加到2005年的84万t。目前，全球活性炭生产能力已经达到80万t/年，未来几年已有计划的扩能将超过3万t/年，潜在的新增产能完全可以满足增长的需要。总的来说，全球活性炭的生产能力将继续呈现供大于求的态势。

由于中国和东南亚地区的原材料、能源和劳动力价格相对比较低廉，全球活性炭产能正在从西方工业化国家向上述地区转移。报告指出，1998～2002年，全球新增活性炭产能超过4万t/年，其中新增产能的三分之一在中国，还有三分之一在东南亚；与此同时，澳大利亚和美国的产能却在减少。

Roskill公司预测，由于全球范围内实施更加严格的环境法规，使得活性炭市场需求将保持持续增长的势头。水处理市场一直是活性炭消费的巨大市场，预计该市场对活性炭的需求将保持每年4%～5%的增长率。

按照今后几年全球活性炭市场的需求以平均每年4%的速度快速增长，需求量将从2002年的75万t增加到2010年的102.64万t。目前，全球活性炭生产能力已经达到80万t/年，未来几年，已有计划的扩能将超过3万t/年，潜在的新增产能完全可以满足增长的需要。总的来说，全球活性炭的生产能力将继续呈现供大于求的态势。

（三）栲胶

原料对栲胶质量有直接关系，各国对这方面的工作都很重视。我国发现厚皮香和马占相思的树皮含缩合单宁分别达25%～35%和23%。总之，很多国家都在不断探寻新的原料，并取得了一定的成绩。栲胶生产发展到现在，人们对它的认识已远远超过了原“鞣革”的范畴。栲胶是一种重要的化工原料，尤其是从可再生的天然资源——植物里获得，在能源紧张的当今世界，更有研究和应用的必要，栲胶生产的前景是极为可观的。

（四）紫胶

过去，紫胶曾被列为二类农副产品，不能自由交易，统一由供销社收购，实行国家定价，个人出售还须持证明，由国家给予奖励。1985年调为三类后，才能在市场上自由交易，价格由买卖双方协商确定，由单一经营变为多渠道、多环节经营。

但是，紫胶市场开放后，没有有效地利用宏观调控手段，缺乏必要的指导，1986年以来，出现了价格升降过猛，产量波动太大，建厂过多和盲目进口原胶等一系列问题，阻碍了紫胶生产的进一步发展。

价格的波动虽然是市场经济中经常出现的现象，但波动幅度太大，升降过猛，胶农缺乏心理承受能力，于生产的发展很不利。原胶价格过低，不能补偿原胶生产中所消耗的生产资料价值和支付的劳动报酬，胶农无利可图，不愿继续生产，有的地方出现砍伐寄主树改种其他经济作物，严重地威胁着云南这一优势资源的开发。

原胶和种胶未真正形成基地化生产，加工厂产品种类不多，不能按用户要求生产适销对路的多种产品。流通不畅，把损失转嫁给胶农，也制约着这一优势资源的进一步开发。

（五）森林旅游

森林旅游是由旅游者、经营者、资源环境构成的生态系统，系统的各要素之间，要素与整体之间存在着一定的有机联系，从而在系统的内部和外部形成一定的结构或秩序，根据系统的内部原理，系统内的任何子系统都是作为前提，相互作用、相互影响的，森林资源系统的破坏最终将导致整个系统的崩溃。

1．增进资本容量

这里所指的资本既包括人造资本，如旅游场地建设的资金、技术、设备等，也包括自然资本，如森林资源培育与经营。这是发展森林旅游生存所要解决的首要问题。目前，我国林业建设资金不足已成为困扰林业发展的一个重要问题，对于人造资本来源应该多元化，社会办林业就要向社会方方面面筹集资金、技术。可以是国内资本，也可以是国外资本；可以是国有资本，也可以是私人资本。但对于自然资本，这是一个累积循环的过程，营林企业以及森林经营的管护者在这方面起着重要作用，自然资本可以说是发展森林生态旅游的首要前提，森林生态旅游虽不消耗资源，但是必须依托森林资源。

2．科学规划，协调发展

确定政府在森林生态旅游开发中的主导地位并发挥主要功能，对森林旅游的项目、景点的功能、布局、生态承载量进行严格的规划，以政府身份协调涉及到森林旅游的各个部门，在确保生态安全的情况下，发挥森林生态最大的经济效益。

3．抓住契机，深化改革

在举国上下大兴林业，“全社会办林业、全民搞绿化”的环境下，政府给予林业生态建设高度的重视，应充分抓好这一时机，开展宣传，转换观念。引导消费者的消费观念，加大森林旅游的行政执法手段，引入市场竞争机制，增进有关林业部门的活力。

4．建立有效的森林生态旅游评价标准及体系

开展森林生态旅游的各个地区，可以结合自身的实际情况，根据科学性、完整性、可行性、层次性的基本原则，构筑有关资源环境、经济和社会等三个方面的指标，通过收集、整理、统计、分析等途径建立符合自己特定区域的评价体系。

（六） 竹藤

我国竹藤产业的发展应紧紧依靠科技进步和提高劳动者素质，走科技含量高、经济效益好、资源消耗低、环境污染少、人力资源优势得到充分发挥的新型工业化道路。

1．重视竹藤原料基地建设

采取“企业带基地，基地连农户”的产业化经营模式发展竹藤产业，建设定向培育优质高产集约化管理的原料基地，确保原料供应，促进企业增效、农民增收。

2．加快推进产业结构升级

我国竹藤产业企业应加强企业之间的联合和合作，走集约化、规模化、国际化发展的道路，推动产业重组，优化资源配置，加快形成以资源培育为基础、以精深加工为带动、以科技进步为支撑的竹藤产业发展新格局；要积极发展精深加工业，力创名牌产品；要鼓励以集约经营方式发展原料林、用材林基地以及食品、珍贵竹种和药材培植等新兴产品产业，培育新的经济增长点。

3．加强科技创新

加强产、学、研的联合，逐步建立以龙头企业为中心的技术创新体系，围绕产业升级和提高竞争力，加强关键技术的开发。

4．加强宏观指导和行业管理

发展竹藤产业，要因地制宜统筹安排好竹藤资源的培育、发展和利用。各地林业部门和竹产业协会要发挥行业管理作用，对竹藤资源的保护、利用、更新实行管理和监督，改进服务，提高效率，改善投资环境。

5．进一步发展国际交流和合作

国际竹藤组织（INBAR）经过6年的发展，已拥有27个成员国、350个单位和个人会员。目前，美国、欧盟、巴西等也在考虑加入国际竹藤组织的问题。6年来，国际竹藤组织的活动促进了竹藤研究开发的国际交流和合作，为帮助发展中国家发展竹藤产业、促进经济发展和改善环境作出了重要贡献，也为中国竹藤产业的进一步发展，为中国竹藤专家和产品走向世界创造了有利条件。

八、世界非木质林产品的发展趋势

随着社会的进步和人们对森林综合效益要求的提高，非木质林产品的经营管理、开发利用将向可持续方向发展，越来越多的非木质林产品将会被开发出来，高新技术将日益介入到非木质林产品资源的调查、研究及非木质林产品的生产和开发中来，非木质林产品的销售和流通将实现全球化。

（一）非木质林产品的经营管理、开发利用将向可持续方向发展

在对非木质林产品需求日益增长的今天，非木质林产品的经营管理、开发利用将向可持续方向发展。农村社区将更加强调非木质林产品的可持续利用这一概念，并采用一系列有效的农村培训方法和工具，在当地人中建立深刻的环境保护意识。吸收当地人共同开展非木质林产品种类的评估和分类、制定非木质林产品的采伐标准和管理规章，运用现代生物繁育技术（如育苗、速生丰产栽培等技术） 进行物种繁殖，进行人工促进非木质林产品资源的天然更新或建立人工栽培非木质林产品的基地，最终实现非木质林产品的可持续利用。

（二）越来越多优质高产的非木质林产品将会被开发出来

当今多种食品以及工业、商业、医药制品业的原料都来源于非木质产品，而目前在国际市场中交易活跃的非木质林产品只有150多种。有些非木质林产品只利用了

其中的一部分，或只开发出部分产品，还有很大的开发利用价值，有些非木质林产品还在深山老林中，没被人们开发利用。随着加工工艺、综合利用技术、产品设计研究及开发利用技术的提高和市场发展的需要，将会有更多、更重要的优质、高产的非木质林产品得到开发利用，特别是对一些粗加工后的废弃物和尚未开发利用的非木质林产品，以满足人们的各种生活、生产需要。

（三）非木质林产品的销售和流通将实现全球化

在信息高速发展的今天，世界各国政治、经济和文化的交流日益频繁，在非木质林产品的销售和流通方面，各国都把非木质林产品的质量、价格和销售策略作为决定市场竞争胜负的关键，并逐步建立和完善了非木质林产品的销售和流通体系、快捷的信息服务，特别是新兴的电子商务将使非木质林产品销售和流通更加国际化。

（四）高新技术从多层面介入

高新技术如生物工程技术、计算机技术和遥感技术将从多个层面介入到非木质林产品资源的调查、研究、生产和开发中来。高新技术将日益介入到非木质林产品资源的调查、研究及非木质林产品的生产和开发中来，越来越多的非木质林产品将会被开发出来。

第九章

林产品市场创新

CHAPTER 9 Market Innovation of Forest Product

第一节　创新与林产品市场

一、创新的含义

所谓创新，从经济学的角度讲，就是创造或引进新的经济事物。这种新的经济事物的外延相当之宽，它既包括可以物化的新产品、新工艺、新工具、新技术，也包括新的组织形式、新的管理方法、新的制度安排，以及新观念、新思想、新思维方式等精神的东西。这两方面的创新有着密切的逻辑关联，后者创新往往成为前者创新的先导和条件，对前者创新具有重要的推动作用。

什么是“新的经济事物”？其内在涵义是什么？这些是我们理解“创新”概念必须搞清楚的问题。这里所说的“新的经济事物”的产生有两条途径：一是新创立或新设计的，是以前从来没有的；二是以旧的经济事物为基础，从旧的经济事物中脱胎而出的。但不管通过哪条途径形成的“新的经济事物”，都必须是自身具有或被赋予了全新本质特征的，富有生机和活力的事物。对旧的事物采取了一些修补和改进措施，但并没有引致旧的事物发生革命性和质态变化的，不能算是“创新”，充其量不过是“改良”或“改进”。

对“新的经济事物”的认定，还有个时间分界问题，亦即必须以某一具体的时点为基准。随着时间的推移，过去的新事物到现在就成了旧事物，而现在被视为新事物的，到将来又变成了旧事物。所谓新事物，是相对于某一时点的旧事物而言的。没有“旧”，也就谈不上“新”。生生不息继续向前运行的经济社会，改变着它所容纳的经济事物的新鲜程度，催生着经济事物不断面世。

根据熊彼特的观点，创新是指作为创新主体的企业家对生产要素的“新组合”，建立一种“新的生产函数”，亦即把一种过去从没有过的关于生产要素和生产条件的“新组合”一如生产体系。这种创新可以分为五个方面：一是引入一种新的产品或提供一种产品的新质量；二是引入新的技术，即采用一种新的生产方法；三是开辟一个新的市场；四是获得一种原料或半成品的新的供给来源；五是实行一种新的组织形式，例如，建立或打破一种垄断地位。熊彼特认为，创新是指在经济活动中引入某种“新的”东西，与技术上的新发明并非可以同日而语。技术上的发明孤立存在时，它仅仅是一项发明。只有当被应用于经济活动，与经济活动相结合时，才成为“创新”。

创新具有重要的社会意义、产业及企业意义。基于对创新的以上理解，林产品市场创新必须结合林产品市场及其近年来的变化，探究林产品市场的变化轨迹。

二、我国林产品市场的基本情况

林产品市场是市场经济体系中富有特色的专业性市场，它既具有一般市场的共性，又具有自身的特色。

1．林产品市场及其要素

市场的构成要素主要是参与者、交易对象以及交易价格等。以林产品为交易对象的市场称为林产品市场。

林产品市场的参与者非常广泛，涉及到生产者、消费者、交易中介以及监管者。从生产者看，生产主体为林场、其他林产品生产企业以及林农等个人或个体户。消费者更加广泛，既有木材及其他初级林产品加工的下游企业，如造纸厂、家具厂等，又有房地产建筑商等最终消费者。交易中介指的是专门以经营林产品买卖的商品流通企业。监管者除了一般的政府部门如工商税务、物价、质检等部门外，这里主要指的是林业政府部门。当然，国外部门作为产品市场的重要组成部分，在我国林产品市场中具有重要的地位，尤其是在林产品的供给上，国外部门的影响极其巨大。

林产品市场的交易对象指的是木材、家具、纸与纸浆等林产品以及非木材林产品等，种类极其繁多，而且各种品种之间差别甚大。林产品市场按其交易对象不同，可以有多种划分，如木材市场、纸浆市场、家具市场等等，并可以进一步细分，有多少种林产品，就可以细分为多少个市场；按地域划分，可以划分为国内市场与国外市场，而国内市场按期交易地点又有多种划分；按经营的层次划分，可以分为批发市场与零售市场等；按交割时间划分，可以分为现货市场、远期市场与期货期权市场。按经营的对象所处阶段划分，有活立木市场、林地市场等等。

林产品市场的价格体系指的是由各种林产品的市场价格组成的相互联系的有机整体。由于均来源于森林及类似用途的土地，因而各种林产品相互之间存在不同程度的关联性，价格上也有一定程度的关联，各种林产品的价格因此形成一定的体系。各种林产品价格（非木材林产品除外）的共同特点是供给弹性的特殊性，价格下降，产品的供给弹性相对较大，但是价格上升，产品的供给弹性相对较弱。

2．林产品市场交易结构

主要指的是林产品的零售市场与批发市场。目前，批发市场相对于其他产品市场，尚处于发展阶段，规模偏小，未能在林产品流通中发挥应有的作用。

从我国林产品市场结构看，规范性的国家级、省级区域的木材及林产品市场经营惨淡，而小型集贸性质的木材及林产品批发市场相对兴旺。据不完全了解，我国现有一个国家级、十多个省级区域的木材及林产品市场，但交易相当清淡，甚至出现“有场无市”的现象。相比之下，不规范的近千个小型集贸性质的木材及林产品批发市场则相对兴旺。规范化的市场建设遭受挫折，难以形成具有相对权威性的价格信息指导体系，对我国林产品价值的发现较为不利。

市场的一个重要功能是风险的交换以及回避机制。但我国林产品市场未能提供此类功能。林产品市场没有较好的风险回避机制，由于价格弹性的不足，加之生产周期很长，林产品生产要承担相当大的风险，但是利润却比较单薄，难有风险溢价的补偿，导致供应长期不足。活立木市场还处于艰难的发展阶段，林地产权市场多数停留在理论探讨上，实际操作中问题很多，而国内林产品期货市场也仅限于橡胶等非木材林产品等极少数品种上，难以为生产者提供足够的风险回避机制。

3．林产品市场交易环节

传统的交易环节主要体现为没有商流与物流之分，直接表现为林场等林产品生产者与林产品供给者直接见面，看货成交；目前的变化来自于商流与物流区分，林产品的供应链与资金供应链分离，往往通过对样品的认可或对产品标准认可后达成交易，尔后可能通过多个环节进行价值的流转，最后由生产者直接将林产品发送至指定地点或最终消费者所在地。

以木材为代表的林产品遭受严格的管理。主要表现为严格的限额采伐制度及其配套的流通管理措施，以及由此产生的寻租现象，导致林产品市场的非市场化的供给。

林产品贸易基本上属于单向补缺型贸易，出口量很小。以木材为主的林产品市场，国内供给缺口巨大，大量林产品来自于国外部门。从进口金额看，已列居我国各种产品进口的前列。

三、我国林产品市场的一些变化

相对于上世纪90年代中期，我国林产品市场发生了许多变化。

1. 林产品市场不断扩大，国外市场尤其突出

我国林产品经过十多年的快速发展，市场不断扩大，尤其是出口快速增长，形成了一个非常重要的国外市场。林产品市场的开拓，一方面源于人们生活水平不断提高而带来的需求的增加；另一方面是林产品企业不断开发产品与市场的结果。

我国主要林产品在满足不断增长的内需的前提下，还不断开拓国际市场。林产品已从纯进口变成纯出口。据海关统计资料显示，2005年，我国主要林产品进出口总额为383.18亿美元，比2004年增长18.51%，相当于林业产业总产值的43%左右。其中，出口额首次突破200亿美元大关，增长29.36%；进口额为176.27亿美元，增长7.87%。林产品顺差为30.64亿美元。

如胶合板，20世纪90年代年需进口100万m^3，而2004年则出口480万m^3；实木复合地板和强化木地板各出口2000m^3；1978年，中国家具行业产值仅为13亿元，1998年达到870亿元，2004年达到2650亿元，其中木质家具当前占比为35%，其出口已占世界贸易量的10%；贴面板、细木工板、木门、木线条、竹藤制品、林化产品等出口量也在日益增加；世界松香需求量有近33.3%由中国提供，中国出口量已经占到松香国际贸易总量的60%以上。2005年林产品出口顺差为30.64亿美元，为建国以来首次。

人造板和家具，则成为今年我国木制品从弱到强、以至最终走向国际的成功事例。这充分验证了我国木制品产业已经成为国家经济发展的一支不可忽视的生力军，不仅迅速崛起，满足了国内经济发展和人民生活的需求，而且快速地在世界范围内与同行展开了积极竞争。

不仅如此，随着人们生活水平的提高，农村市场也得到快速发展。

以家具行业为例，1978年，中国家具行业产值仅为13亿元，1998年达到870亿元，2004年达到2650亿元。1978年至2004年26年的年复合增长率CAGR达到22.7%。1998年到2004年6年的年复合增长率达到20.4%。中国家具行业产值及发展如图9-1所示。

在经济全球化日益加剧及中国经济地位日益增强的大背景下，伴随着中国家具工业的进步，以及更多民营家具企业、外资家具企业的强大，中国家具行业出口额近年来快速提升，中国已成为家具生产大国和出口大国。

据海关统计，2004年中国家具出口额首次超过100亿元，达到103.53亿美元，同比增长39.3%；2004年全年进口额为7.26亿美元，增长26.28%；中国家具行业贸易顺差达16倍之多。中国家具行业2001年至2004年出口额年复合增长率达到37.7%，出口额变化情况如图9-2所示。

在2004年中国各类出口家具中，木家具在家具出口额中占主体地位，出口额为36.81亿美元，占家具总

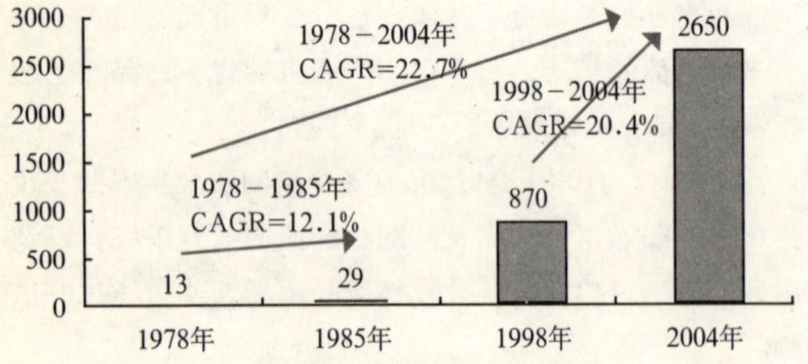

图9-1　中国家具产值发展（亿万人民币）

资料来源：中国家具协会

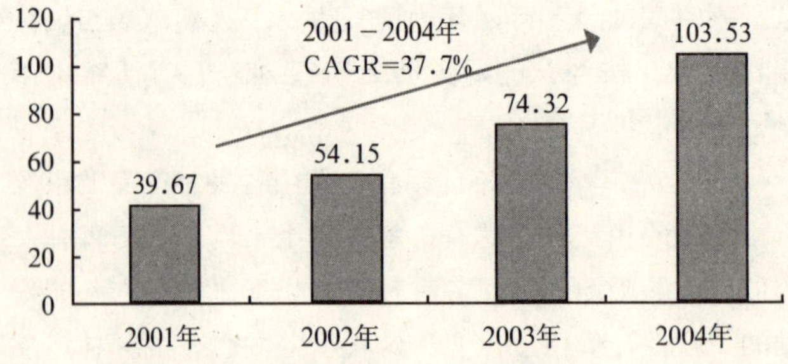

图9-2　中国家具行业出口额（亿美元）

资料来源：中国轻工信息中心

出口额的35.6%；金属家具次之，为13.83亿美元，占13.4%。2004年中国家具出口金额分类结构如图9-3所示。

世界家具中心正向我国转移，2002年，我国家具产值达200亿美元，占世界的10%；2004年家具产值2730亿美元，比上年增长34.15%；2004年家具出口103.53亿美元，比上年增长39.3%；全球家具销量排名第一的瑞典宜家家具公司将其采购中心从新加坡移到我国，已在哈尔滨、青岛、广州、云南和上海设立5个采购中心；美日一些家具采购团常住东北，欧洲也有数千独立零售商从我国进口，美、日、意纷纷在华设厂。

1981年中国的林产品进口总额尚只有112210.9万美元，到1997年已发展到603388.5万美元，平均年递增11%。2000年以后，我国林产品贸易更是快速发展：2001年，我国林产品进出口贸易总额为181.33亿美元，比2000年增长1.75%；2002年214.88亿美元，比上年增长18.50%；2003年277.38亿美元，比上年增长29.09%；2004年349.49亿美元，比上年增长25.99%；2005年达到383.18亿美元，比2004年增长18.51%。

2．原材料供给发生变化

林产品生产对原材料的依赖性较强，在我国不断加强生态建设的情况下，木材资源非常紧张。自上世纪90年代末期以来，我国林产品生产企业原材料获得方式发生了重要变化，主要表现为进口替代，进而表现为原料林建设的快速推进。

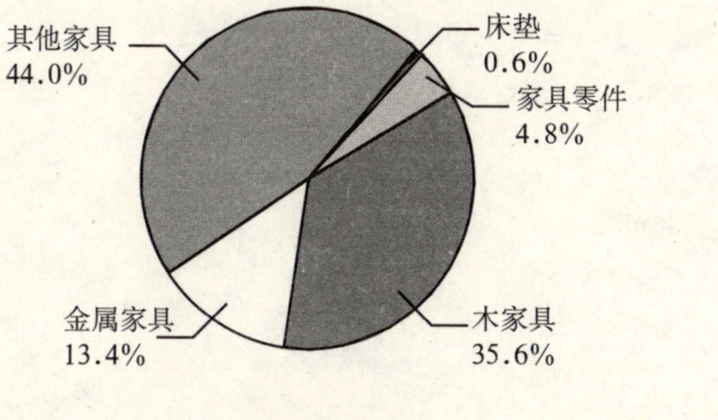

图9-3　2004年中国家具出口金额分类结构

资料来源：中国轻工信息中心

3．活立木交易的发展

伴随着原料林基地建设以及人工速生丰产林的发展，林权改革的推进，活立木市场日趋活跃。这不仅形成了新的林产品市场，同时也为推动林产品原材料生产发挥了极其重要的作用。

4．林产品市场结构发生变化，自发性的集中交易场所贡献突出

林产品种类众多，渠道各异。以家具为例，近几年发生了巨大的变化。我国家具生产逐步向工业现代化方向过渡，带来了销售范围的扩大和销售方式的多样化，一改过去一家一户“前店后厂”、地产地销的低级落后的半封闭的销售形式，正向多层次、多渠道、大贸易、大流通的现代化开放式的销售形式过渡。目前家具行业的界限已被打破，形成了“百业”生产和经营家具的壮观，全国各地出现了“家具总汇、家具城、家具商厦、家具展览中心”、“家具展览会、家具博览会”等大、中、小型家具流通场所。当前家具展规模越来越大，水平越来越高，一些地方的展会也很有特色，对企业的宣传产品，树立品牌，促进国内贸易和出口，以及国内外的交流与合作起到了积极的推动作用。据不完全统计，目前，全国拥有各类家具市场大约有500个以上，面积已达2000多万m^2，其中以零售经营为主的占大多数，约4/5。上海、广东两地的家具批发零售贸易业最为发达。上海市1998年有家具商场1500多家，其中营业面积1000m^2以上的190家，1万m^2以上的大型家具商场15家，家具商店已遍布城郊的各个角落。近两年来，又有丹麦、意大利、德国、美国、英国、西班牙、比利时、荷兰、瑞典、日本、韩国、新加坡等13个国家的客商在上海开设了家具专卖店。广东顺德市乐从镇自20世纪80年代中期以来，在国道两旁建起延绵十里长的大型家具市场，汇聚了2000多家家具经销商，成为国内外名优家具的巨大集散地。

家具生产的发展，扩大了家具的销售范围，也带来了销售方式的多样化。家具流通的主要渠道有贸易集散地性质的巨型家具市场、城市家具销售场馆、大型家具生产企业的分销网络和家具展览会等。采用招标方式的集团采购，是比较引人注目的新的家具流通形式。家具营销企业、营销集团在生产与制造的基础上已初步

形成，出现了如“红星、月星、吉盛伟邦”等规模较大的家具销售集团，建立了一系列家具连锁店并开始对电子网络销售感兴趣。除了购销和代理外，异地直销、连锁、专卖、超市等多样化的销售形式都在尝试中得到了发展。

5．林产品生产中产业集聚现象日益突出

林产工业总产量已名列世界前茅，2005年林业产业总产值8458亿元，林产制造业为3422亿元. 其中人造板1094亿元，木材产量连续三年回升，产量达5560万m^3，竹材产量11.52亿根；中国的人造板总产量6393万m^3，其中胶合板产量2515万m^3，纤维板2061万m^3，刨花板576万m^3，细木工板982万m^3。人造板总产量、胶合板产量及中密度纤维板近三年的增加的产能以上三项均位居世界第一，木地板产销量仅低于欧盟总量，脂松香保持首位，2005年产量为60万t。

产能扩大的同时，我国林产品生产出现了企业集聚现象，形成了多个重要的生产基地。产业结构集群化，形成了具有各地特色的区域经济，利用当地原有的资源优势，同时也带动了地方经济的发展。如浙江海宁沙发，利用当地原来做皮衣的资源与技术优势，现在发展到2亿的块状经济体。家具工业的区域经济特征十分明显，生产企业主要分布在华南、华东、华北和东北等地区，以广东、浙江、江苏、上海、福建等沿海地区为家具的集中产地，位于这些地区的家具企业，整体生产技术水平高，他们的发展带动了全国家具工业的发展和家具市场的繁荣。尤以广东省最为集中。2002年排名全国第一的是广东省，拥有家具生产企业6000多家，产销量占全国家具产销总量的30%，出口量达15 亿美元，占全国家具出口量的一半多。其中又以深圳为最，从出口量来看，深圳的家具出口量占广东出口的50%，占全国出口的33%。其次是浙江省，拥有家具企业2300 多家。第三是福建省，家具年产值超百亿元，出口也在3亿～4亿美元，它是全国最大的竹藤家具生产基地。辽宁列居全国第四位，是后起之秀，每年以超过17%的增长速度发展，尤其是沈阳，不少企业产品已形成了品牌。

第二节　原材料供给

木材既是最重要的林产品，也是其他木材林产品的主要原材料。正如在前文“木材市场”一节中所分析的，我国木材供应缺口极大，森林资源成为我国林产品市场发展的瓶颈。当前阶段主要通过进口木材弥补国内供给的不足，同时大力发展速生丰产林已从根本上消除这一瓶颈。这也成为我国林产品原材料供给的创新举措。

一、原材料进口总体情况

中国由于森林资源极度缺乏，国内林产品（尤其是原木）市场缺口巨大。为了满足国家建设和人民生活的基本需求，早在改革开放之初，在外汇尚十分紧缺的情况下，即实行了原木进口政策。到80年代中期，原木进口规模曾一度超过1000万m^3，约占当时全国商品材产量的1/5。近几年来，随着国民经济的持续快速发展和出口商品的不断扩大，纸浆和纸、纸板的进口，特别是新闻纸和一些中、高档用纸的进口量亦随之大幅度增长。如同石油一样，各类纸产品将继续是进口用汇大户。在连续遭受严重洪灾之后，中央为了保护生态环境，开始在全国范围内实施天然林保护政策，与此同时，又进一步采取了鼓励原材料型林产品的进口政策。

上世纪80年代以前，我国林产品生产所需木材基本来自国内，主要通过森林采伐以满足林产品生产的需要。但90年代中后期，尤其是在1998年实行“天保工程”以后，国内木材紧缺，木材进口成为林产品生产企业重要的原料来源；同时，随着国外主要木材产区对原木出口限制的升级，不少企业开始注重工业原料林基地的投入。

2004年，全国木材产品市场总供给为30669.02m^3，其中进口原木2630.85万m^3，除原木外的其他木质林产品进口者和木材为8273.09万m^3，进口比重高达35.55%。相对于1998年，我国原木进口482.3万m^3，进口木材已成为我国林产品原材料供给的重要组成部分，这充分说明，进口木材产品对平衡我国木材市场供需、稳定市场发挥着不可替代的作用。2005年，我国原木进口2936.8万m^3，用汇32.44亿美元，分别增长11.6%、15.6%；进口原木占同年国内木材产量的62%，弥补了国内市场缺口。聚财进口605.41万m^3，与上年持平。

另外，我国近20年来长期坚持的人工林建设已经初见成效，尤其是20世纪末启动的重点地区速生丰产林工程，提供了大量木材，为缓解林产品原料供应紧张局面发挥了重要的作用。人工林面积达到5325.73万公顷，居世界首位；蓄积量由1998年的10.1亿m^3增加到15.05亿m^3。对缓减我国木材供需矛盾，提高木材供给能力做出了积极的贡献。2004年，速生丰产林工程造林5.68万hm^2，其中农户、外资2.96万hm^2，成为速生丰产林建设的主体，占速生林造林总量的52.29%；全年工程完成投资20650万元，其中国家投资为1795万元，仅占全部投资额的8.52%。

二、原料林基地建设快速发展

1．总体情况

近年来，在国家有关政策的鼓励以及市场需求的推动下，投资原料林基地已成为林产品生产企业的投资热点。

针对我国目前出现的木材需求缺口问题，2002年8月1日，国家正式启动了林业第六项重点工程《重点地区速生丰产用材林基地建设工程》，以培育纸浆原料、人造板原料和大径级用材为目标，到2015年，在我国粤、桂、琼、闽地区，长江中下游地区、黄河中下游地区，东北、内蒙古地区的18个省（区），886个县（市），114个林业局（场）建设原料林基地 1333万hm^2（其中纸浆林基地586万hm^2，人造板材基地497万hm^2，大径级材基地250万hm^2），在总规模1333万hm^2中，将新造人工林618万hm^2，改培现有林715万hm^2，可使我国木材供需矛盾得到缓解。为此，国家计委、财政部、国家林业局经国务院批准印发了《关于加快造纸工业原料林基地建设的若干意见》和林资发［2002］191号文《国家林业局关于调整人工用材林采伐管理政策的通知》等文件，其核心就是加快实行林纸、林板一体化。

2．原料林基地建设进程

2000年，全国共营造用材林121.85万hm^2。

2001年，共营造速生丰产用材林8.8万hm^2，其中纸浆原料林2.1万hm^2，人造板原料林2.1万hm^2，大径级用材林1.6万hm^2，其他工业原料林3hm^2，为工程的全面启动奠定了基础。

2002年，共营造速生丰产用材林11.42万hm^2，其中荒山荒地造林4.57万hm^2，迹地更新造林5.19万hm^2，非林业用地造林1.24万hm^2，现有林分改造培育0.42万hm^2。按培育目的分，共营造纸浆原料林2.30万hm^2，人造板原料林3.39万mh^2，大径级用材林2.06万hm^2，其他工业原料林3.67万hm^2，分别比2001年增长7.48%、57.67%、32.05%和20.72%。

2003年共营造速生丰产用材林5.91万hm^2，完成低质用材林改培1.07万hm^2。工程造林面积中，荒山荒地造林面积2.04万hm^2，遗地更新造林面积2.53万hm^2，非林业用地造林面积1.34万hm^2。农户、外资、龙头企业成为速生丰产林建设的主体，占速丰林造林总量的71.95%。纸浆原料林、人造板原料林、大径级用材林、其他工业原料林继续成为造林重点。

2004年，速生丰产用材林工程造林5.68万hm^2，比2003年下降3.98%，其中荒山荒地造林2.23万hm^2，迹地更新造林2.65万hm^2，非林业用地造林0.81万hm^2。按造林主体划分，农户造林1.59万hm^2，外资造林1.37万hm^2，国有林场（包括集体）造林0.98万hm^2，龙头企业造林0.89万hm^2，其他主体造林0.85万hm^2。农户、外资成为速生丰产林建设的主体，占速生林造林总量的52.29%。工程完成改培面积4846hm^2。造林面积和改培面积从培育目的看，2004年纸浆原料林和其他工业原料林造林继续增加，面积分别为1.56万hm^2和2.02万hm^2，分别比2003年增长35.65%和6.32%，人造板原料林和大径级用材林造林有所减少，面积分别为1.96万hm^2和6203hm^2，比2003年分别下降35.52%和30.19%。全年工程完成投资20650万元，其中国家投资1759万元，仅占全部投资总额的8.52%。

在政策推动下，人工林面积不断扩大：人工林面积由1998年的4666.69万hm^2增加到2004年的5325.73万hm^2，居世界首位；蓄积量由1998年的10.1亿m^3增加到2004年的15.05亿m^3。对缓减我国木材供需矛盾，提高木材供给能力做出了积极的贡献。

3．存在的问题分析

(1) 原材料进口成为众矢之的，受到限制。

(2) 原材料进口受到汇率波动影响很大。

(3) 人工林树种结构。树种结构有待进一步调整。人工林树种单一，主要以针叶树为主，导致了林分生产力降低、地力衰退及病虫害比较严重。

(4) 人工林生产力尚待提高。世界上许多国家把营造工业用材林作为解决木材的供需矛盾的重要途径。新西兰用占森林面积13.8%的人工林，满足了94%的木材需求；智利用占森林面积9%的人工林，满足了全国91%的木材需求。中国已成为人工林的面积占有林地面积的30.38%，而人工林蓄积量仅占森林蓄积量的11.05%，

(5) 质量不高。全国林分平均每公顷蓄积量只有84.73m3，相当于世界平均水平的84.86%，居世界第84位。林分平均胸径只有13.8厘米，林木龄组结果不尽合理。人工林经营水平不高，树种单一现象还比较严重。

(6) 林地流失依然严峻。清查间隔期内有1010.68

表9-1　人工林蓄积量的对比

时　　间	1977-1981	1984-1988	1989-1993	1994-1998	1999-2003
人工林面积（万hm^2）				4666.69	5325.73
人工林蓄积量（亿m^3）	2.73	5.30	7.12	10.13	15.05

万hm^2林地被改变用途或征占改变为非林业用地，全国有林地转变为非林地面积达369.69万hm^2，年均达73.94万hm^2。

(7) 林木过量采伐仍相当严重。一方面可采资源严重不足，另一方面超限额采伐问题依然十分严重，全国年均超限额采伐达7554.21万m^3。根据第六次森林资源清查结果，全国活立木总蓄积量136.18亿m^3，林木年均净生长量4.97亿m^3。“十一五”期间年森林采伐限额占活立木总蓄积量的1.82%，占林木年均净生长量的49.9%。“十一五”期间年森林采伐限额总量与“十五”期间年森林采伐限额总量22310.2万m^3相比，增加2505.3万m^3，主要是近些年来各种社会主体营造的短周期工业原料林采伐量有大幅度增加，如扣除工业原料林采伐量，则同比减少2917.6万m^3。

第三节　活立木市场

一、活立木市场含义及其发展

（一）活立木市场含义及意义

活立木就是指生长在土地上、未经砍伐的林、竹、木。

活立木交易是以活立木为交易对象所形成的市场。由于活立木本身的特性，活立木交易实质上涉及到活立木本身所有权的交易与活立木所在的林地使用权的让渡。

活立木交易具有诸多积极意义。一是缩短造林收益周期，加快资金周转，降低造林经营风险。营林业生产周期少则五六年，多则六七十年甚至更长时间。如此长的周期使得经营者意味着后续资金保证、市场价格、自然灾害、管理层稳定等诸多方面的不确定大大增加，经营风险急剧放大。没有资产流动机制，自然缺少有效的风险转移手段，因而活立木交易在加强营林业的资金周转、降低风险等方面具有重要意义。二是促使分散的林地集中，实现规模经营。三是提高造林质量，迫使营林生产者由厨房经营转向集约型经营。四是引导社会资金流向林业，尤其是投向营林业。五是减少乱砍滥伐现象，因为砍伐量过大会影响当地木材市场的供应，导致木材价格下降，因而进一步影响活立木市场转让价格，活立木资产持有者利益受损，失去采伐动力。六是缓解国家对林业的投入，节约国家资金。

（二）活立木市场的发展

活立木交易在上世纪80年代中期“林业三定”后就已经有少量出现，后随着有关政策的变化不断发展，时至今日，已经形成比较规范的市场体系。

活立木交易主要经历了以下几个阶段：

1．自发试验阶段（1984～1997年）

自1984年开始，在中共中央1号文件提出“在荒山、荒沙、荒滩种草、种树，谁种谁有，长期不变，可以继承，可以折价转让”的政策推动下，在多个省市出现了自发进行人工幼林转让苗头。特别是1990年以后，部分地区甚至正式开始了人工林活立木有偿流转工作试点，如在辽宁新宾、桓仁两县当年发生转让67起，成交面积204.07hm^2，交易金额132万元。其后随着市场经济的发展，各地自行开始了转让活动，活立木交易快速发展，如辽宁在1991年至1997年间共发生转让面积达16.667万hm^2，交易金额达几亿元。

这一阶段，由国家到各省都没有制定相应的法律、法规和政策，在缺乏指导的情况下自发地形成，缺乏完整的市场管理以及运行规则，因而出现了不少问题。主要是无法可依，无章可循，基本处于无序状态，随意流转；买卖双方短期行为现象比较严重，大部分买方的主要目的在于低价套购盗伐木材，获取高额利润。具体表现在买卖活立木数量和质量缺乏统一的衡量标准，没有评估或评估不准确；缺乏监督机制，存在权钱交易，低价出售，捞取回扣；买方不按采伐规程作业，滥伐林木等等。

2．依法规范阶段（1998～2003年）

1998年7月全国人大修改了《森林法》，增加了对森林资源流转的法律规定，对关于森林、林木、林地使用权流转的规范作出了基本的要求，这标志着活立木交易正式纳入了法制化轨道。其后各省市制定了有关实施《森林法》的办法，为森林资源流转以及活立木交易提供了法律和制度上的保障。但规范活立木交易行为的具体法律法规没有出台，交易的范围、交易的形式、交易应遵循的基本原则、程序、政府对交易行为的监控及鼓励政策等方面都不够规范。

这一阶段的问题主要存在以下问题：

流转中的“暗箱操作”，造成集体资产流失。这是现实中群众反响非常强烈、意见最大的问题。几年来，从辽宁省林业厅接待的群众来信来访中看，此类事情日益增多，呈逐年上升趋势。主要表现在：一是集体经济组织领导仗权交易。一些地区的村、组干部把集体所有的森林资源变成了“干部林”，村主任、居民组长不按《村民委员会组织法》的规定流转集体所有的森林资源，自作主张，既不召开村民代表会或村民大会，也不公开，私下签订流转合同，暗中将集体所有的林木低价转让出去，集体资产流失了，个人却从中捞取好处。二是不经林业主管部门批准，私自流转。1998年《森林法》修改后，对森林资源的流转有了明确规定，2001年修改后的《辽宁省实施<中华人民共和国森林法>办法》，对森林资源流转也作了明确规定，但是，在实际工作中执行的并不好。现在全省正在进行的森林资源流转中，不论是私下交易还是公开交易，不论是公平交易还是“暗箱操作”，很少有人主动到各级林业主管部门申请、审批。造成这种情况的原因是：集体经济组织不归林业主管部门领导，不到林业主管部门办理审批手续，也不影响其交易，只是有的需要采伐或是群众不同意出现上访时，林业主管部门才被动得知，处理起来难度很大。另一个原因是各部门法律与法规不一致。《辽宁省农村集体资产条例》规定，农村集体资产包括集体所有的森林、林木和林地，资产流转和评估以及违法的行政处罚都由农业部门管理，影响了林业主管部门正常行使管理职责。

森林资源流转未进行评估，价格偏低。现在各地集体所有的森林资源流转基本是双方议定价格，根本不经林业部门进行森林资产评估。造成这种情况的原因：一是目前林业行业无合法的森林资源资产评估机构，其他评估单位不懂林业专业技术，无人能评估；二是集体经济组织和群众不愿交评估费。

各种不合理收费，影响流转的正常进行。有的县政府明文规定，集体所有的森林资源流转所得，要交纳转让金，交给集体经济组织保管，用于发展林业事业。表面看是有利于林业发展，实际上是侵害了所有者的利益分配权，不利于森林资源正常流转，挫伤了群众发展林业的积极性。

3．快速发展阶段（2003年至今）

2003年6月25日，《中共中央国务院关于加快林业发展的决定》颁布后，我国的活立木市场流转走向了前台。《决定》明确提出：“各种社会主体都可通过承包、租赁、转让、拍卖、协商、划拨等形式参与流转”。这一政策极大地促进了活立木的市场流转进程，在不到两年的时间里，各种交易方式涌现，交易量也逐步放大。

（三）活立木交易方式

目前主要有三种交易方式：交易市场的交易方式、民间交易方式和托管合作造林的交易方式。

交易市场的交易方式，目前较有代表性的是由政府组建的林业要素市场，如福建省永安市林业要素市场等，以及政府监管、企业运作的专业活立木交易市场，如河南省活立木交易市场，通辽市活立木交易中心等。这类市场由于是由政府直接主办或由政府直接监管，市场运作较为规范，市场价格相对合理。在这样的市场交易，林地所有者及投资者的利益能够得到保障。

民间交易方式形式多样，有林业公司与林权拥有者之间的交易，也有集体与个人之间的交易，还有个人与个人之间的交易。这种操作完全是为实现商业化利益而进行的交易，随时随地发生。由于没有进行公开的市场化运作，所以没有受到普遍关注。目前，这种交易正呈上升趋势。

托管合作造林的交易方式多由民办林业公司推出。造林公司承包、收购某地已有林地或新造林地，再将林地以单位面积出售给投资者，同时林木权属也流转给投资者，投资者再付费委托造林公司进行管理经营，到一定年限后，按照合同的规定进行利益分配。

（四）活立木市场运作方式

不同的交易方式有不同的运作方式，但基本特点是林地林权归属明确，以及必须有“林权证”方可交易。鉴于交易市场的交易方式流程比较规范，以此为例对运作方式进行说明。

交易市场交易一般分为三个步骤：交易前公告、撮合交易、交易后交割。

交易前公告是指在经过对交易标的物即活立木的权属的审核，尤其是“林权证”的确认后，通过网站等媒体进行公告，公开交易标的物即活立木的具体信息。立木权属单位或个人必须承诺所提供的信息资料无虚假成份，并提供佐证资料。挂牌交易活立木信息披露必须及时、准确、真实、完整。公告的内容包括：活立木的基本情况、活立木的生长状况、挂牌信息及其他需要公告的信息。

撮合交易的具体办法可以采用协议转让、电子交易以及网上拍卖等方式。

通过电子交易系统交易的活立木于成交次日办理交易交割。

我们可以通过河南省活立木交易市场为例做一具体说明。

河南省活立木交易市场是根据国家林业局关于建立"产权归属清晰、经营主题落实、责权划分明确、利益保障严格、流转顺畅规范、监管服务到位"的现代林业产权制度的改革精神，由河南省人民政府指示，经河南省林业厅同意成立的一个活立木流转、林产权融资平台。它依法为省内外各类所有制企事业单位和个人从事活立木、林地使用权和其他林产权交易及林产权融资提供专业化服务。

河南省活立木交易市场是一个由会员理事会、主市场、执业会员、非执业会员、专家团组成的一个完整市场体系。会员理事会是最高权力机构，负责对整个市场进行监督管理。主市场由河南省林业厅物资站活立木营业所承办，执业会员可以承办营业部，非执业会员分别由建设银行、担保公司和中介机构组成。专家团涵盖资本市场、产权、经济学、会计学、林学、森林调查、法学、社会学等方面的专家。市场制定有交易管理制度、会员管理制度、行业自律性管理制度、内控制度和取费办法。市场实行"统一交易规则、统一挂牌标准、统一信息披露、统一监督管理、集中登记托管、集中清算交割"的"四统二集"制度，从而确保市场规范运行。

河南省活立木交易市场的交易主体是：中国境内具有独立民事能力的法人、非法人经济实体和自然人，交易的对象是用材林、经济林、薪炭林及其林地使用权，办有采伐证的生态林也可以入场交易。

河南省活立木交易市场林权融资业务包括交易融资、非交易融资和招商融资等三个方面。需要利用林权融资的单位和个人持有效证件，向市场申请并经程序审查合格，市场将为其提供融资服务。

"林木产权化、产权标准化、操作规范化、流转电子化"是河南省活立木交易市场的最大特色。市场推出"双托"（林权证在主市场托管，林木由市场认可的专业公司管理）、"单托"（林权证在市场托管，林木由权属人自己管护）、"无托管"（林权证与林木均由权属人自己管理）等三类产品。凡上市交易产品都要经过严格审查、核实、编码、公告、挂牌交易等程序。市场创建有中国活立木交易市场网（www.huolimu.com）和中国活立木电子交易报价系统，与建设银行"网上银行"连接。从而可以通过互联网实现远程交易交割、行情即时播发与查询等。因此，市场具有技术先进、专业水准高、交易灵活、受众广泛等优势。

制定有交易规则，即河南省活立木交易市场交易管理办法（试行），原文如下：

河南省活立木交易市场交易管理办法（试行）

第一章 总 则

第一条 为促进林业要素的优化配置，保证活立木交易的合法性、真实性，维护活立木交易各方的合法权益，根据国家有关法律、法规和政策，制定本办法。

第二条 河南省活立木交易市场（下称本市场）是一个由主市场、分市场组成的二级市场平台，实行"统一交易规则、统一挂牌标准、统一信息披露、统一监督管理、集中登记托管、集中清算交割"的"四统二集"制度，在"自愿、有偿、公开、公平、公正"原则下，依法为省内外各类所有制企事业单位和个人进行活立木交易提供规范服务。

河南省林业厅物资站活立木营业所（下称营业所）作为主市场的运营单位，承担相应的民事责任。分市场的运营单位作为独立法人，应承担其相应的民事责任。

第三条 本市场实行会员制，会员理事会作为常设机构对本市场运行进行监督管理。营业所设立林权证托管部、交易部和直属营业部等职能部门。分市场由会员营业部组成。

"中国活立木交易市场网"作为本市场的门户网站，由营业所负责维护并承担相应的民事责任。

第四条 本办法适用于所有在本市场从事活立木交

易及活立木交易服务的单位和个人。凡在本市场从事活立木交易及活立木交易服务都应当遵守本办法。

第五条 除本办法其他章节另有规定外，下列词汇具有如下定义：

1．活立木：指林分中活着的立木。

2．林产权：指采用股份合作制造林形成的权属所有人拥有的活立木产权。

3．活立木托管公司：指依法在工商部门注册登记，接受业主的委托，对活立木进行管理、报告管理情况并依法收取管理费用的单位。

4．投资人：指在本市场指定银行开设资金户头，依法在本市场买卖活立木的单位和个人。

5．从业人员：指包括从事活立木评估与测评、法律服务、咨询服务、经纪服务在内的工作人员以及营业所在职人员。

6．活立木经纪人：指在国家有关法律、法规和政策的规范下专门从事活立木经纪而获取佣金的单位或个人。

第二章 交易主体

第六条 在本市场进行活立木交易的双方必须是：中国境内具有独立民事权利能力和民事行为能力的法人、非法人经济实体和自然人。

第七条 在本市场交易的双方须首先开立交易帐户，并在本市场指定银行设立专用资金帐户，资金帐户由客户自己管理。

第八条 在本市场开立交易帐户应提交如下资料：

1．法人开户提交资料

(1) 营业执照、税务登记证、法人代码证（原件及复印件）；

(2) 法人代表身份证及经办人身份证（原件及复印件）；

(3) 委托授权书。

2．非法人经济实体开户提交资料

(1) 营业执照、税务登记证（原件及复印件）；

(2) 代表人身份证及经办人身份证（原件及复印件）；

(3) 委托授权书。

3．自然人开户须提交本人身份证（原件及复印件），委托别人代办应提交委托人和被委托人身份证（原件及复印件）及委托授权书。

第三章 交易对象

第九条 下列活立木可以入场交易：

1．依法取得《林权证》并标明用材林、经济林、薪炭林的活立木；

2．依法取得《采伐证》的所有活立木；

3．依法可以交易的其他活立木。

第十条 能够依法交易的林产权和林地使用权作为特定交易对象，可以入场交易。

第十一条 凡进场交易的活立木、林产权应当权属清晰、无争议，且具有相应的林地使用权，未设定行使权力的限制。

第十二条 当年种植的活立木不能入场交易。

第四章 交易形式

第十三条 活立木交易形式可按管理方式不同分别予以确定。

活立木按管理方式不同划分为：“双托”类、“单托”类、“无托管”类。“双托”是指林权证在本市场托管、活立木委托活立木托管公司管理；“单托”是指林权证在本市场托管，活立木由权属人自己管理；“无托管”是指林权证和活立木均由权属人自己管理。

第十四条 活立木交易可采取下列形式：

1．网上挂牌，协议转让；

2．网上挂牌，电子交易；

3．网上拍卖；

4．法律、法规允许的其他交易形式。

第十五条 具体交易形式由权属人确定后，委托本市场执行。

第五章 交易制度

第十六条 活立木入场应提交如下文件资料。

1．“双托”类活立木入场应提交文件资料

(1) 活立木入场登记表；

(2)《林权证》（原件及复印件）；

(3) 林地使用权属证明文件（原件及复印件）；

(4) 活立木权属单位或个人身份证明文件（营业执照或身份证原件及复印件）；

(5) 权属单位或个人对活立木无争议纠纷的声明；

(6) 活立木评估报告或专家签署的测评报告；

(7) 活立木托管公司的营业执照（复印件）及法人代表身份证复印件；

(8) 本市场会员保荐书及其他需要提供的文件。

2. “单托”类活立木入场应提交文件资料

(1) 活立木入场登记表；

(2)《林权证》（原件及复印件）；

(3) 林地使用权属证明文件（原件及复印件）；

(4) 活立木权属单位或个人身份证明文件（营业执照或身份证原件及复印件）；

(5) 权属单位或个人对活立木无争议纠纷的声明。

3. “无托管”类活立木入场应提交文件资料

(1) 活立木入场登记表；

(2)《林权证》（原件及复印件）或其他权属证明文件；

(3) 权属单位或个人对活立木无争议纠纷的声明。

第十七条 办理林权证托管手续，营业所应与权属人签订林权证托管协议，并向原发证机关出具林权证托管知会函。权属人申请，经营业所批准，可解除林权证托管手续。

第十八条 活立木挂牌采用十位数编码，按本市场编码办法执行。

第十九条 活立木交易采取法律许可的形式进行委托。活立木竞价交易委托，实行当日委托有效。

第二十条 竞价交易成交原则是：“时间优先，价格优先”。

第二十一条 电子交易时间，周一至周五：上午9：30—11：30，下午1：00—3：00，周六、周日及法定节假日休市。

第二十二条 进场开展活立木交易，电子交易执行备付金制度，协议转让执行交易保证金制度。

第二十三条 交易交割。通过电子交易系统交易的活立木于成交次日办理交易交割。

第二十四条 交易禁止。若发现交易活立木权属人有隐瞒信息从而影响交易价格的行为，或从业人员有违犯国家法律、法规和政策的行为，本市场将采取当即措施暂停交易或终止交易。

第二十五条 交易佣金。电子交易佣金按成交总金额的千分之三双向收取；协议转让佣金按成交总金额的1%～3%收取，由交易双方各付50%，也可以由交易双方自行约定支付方式。

第二十六条 信息披露。挂牌交易的活立木权属单位或个人必须承诺所提供的信息资料无虚假成份，并提供佐证资料。挂牌交易活立木信息披露必须及时、准确、真实、完整。挂牌活立木信息披露分为挂牌前公告、定期报告和临时报告。

1. 挂牌前公告。是指活立木在挂牌前就活立木的情况在相关媒体上对社会公众进行公告。公告的内容包括：活立木的基本情况、活立木的生长状况、挂牌信息及其他需要公告的信息。

2. 定期报告。电子交易的活立木由活立木托管公司每半年向本市场报告一次；协议转让活立木三个月未成交的应由其权属人向本市场报告一次。定期报告的内容包括：日常管理情况、林间地利用情况、旱涝发生情况、病虫害发生情况。

3. 临时报告。临时报告主要报告突发事件对活立木交易的影响情况。临时报告内容包括：国家重大林业政策调整对交易活立木的影响、林地突发自然灾害、林地突发变故等。

第二十七条 违规处罚。对于提供虚假交易信息的单位和个人，未能充分履行职责甚或违法违规的中介机构和活立木经纪人，对恶意打压或拉抬交易价格而扰乱市场的投资者以及其他违规操作的从业人员，本市场将分别情节轻重给予如下处罚：

1. 警告；

2. 严重警告；

3. 暂停交易；

4. 开除出市场；

5. 提请有关部门追究法律责任。

第六章 争议裁定

第二十八条 若在交易过程中发生争议，由本市场先进行调解，调解不了的，交由司法机关依法裁定。

第七章 附 则

第二十九条 本办法解释权与修订权归河南省活立木交易市场理事会。

第三十二条 本办法自二〇〇六年三月六日起施行。

二、典型的活立木市场现有情况介绍

（一）永安市林业要素市场

永安市林业要素市场成立于2004年10月18日，以加强服务管理为主，设立了林业行政综合窗口和林权登记管理中心、森林资源评估中心、木竹交易中心、林业法律与科技服务中心、林业劳动力培训中心，为林农适时地开展林业专项调查设计和森林资源资产转让、拍卖、抵押等价值评估服务，及时提供各企业与个人木竹产品、加工设备等交易信息，为林农用林权证抵押贷款提供登记和担保服务，实现林木资产资本化，积极做好林业高效经营实用技术培训及推广应用；同时，每月还举办1～2次林木、林权交易拍卖会，并以举牌方式对林木采伐经营权（已办理采伐许可证的林木）和活立木所有权进行拍卖。通过举牌拍卖，在建立规范的林权流转交易平台，对林木林地权属实施动态管理的基础上，避免投标存在的一些管理缺陷，激活商品林木、林权市场流通领域。

与此同时，为适应并满足林改后林农与企业的新需求，该市各乡镇还建立了林权登记管理分中心，配备了专门的林木、林权信息发布显示屏，在各村和一些专业协会、股份林场、经营大户中布设了信息员，把服务延伸到基层，形成了信息收集网络完善、上下联动、方便快捷的服务平台。

为永安市林业经济的市场化发展提供了一个崭新的平台：①规范了林权的流转，特别是活立木的流转，使林木资产实现了资本化。到2006年3月，全市共完成林权流转交易面积28.79万亩，交易金额26254万元；②林权证抵押贷款通过林业要素市场职能作用的发挥得到了实现。到2006年3月，全市林权证抵押贷款、林农林权联保贷款、林业中小企业联保贷款等林业贷款总额达14180万元；③建立了信息与技术服务平台，保护了林农的合法权益，满足了林农对使用技术的需求；④提供了木竹交易与市场中介服务的平台；⑤促进了政府职能转变。林改后，市林业局围绕执法、服务和发展三大职能，精简机构，转变职能，分流了近1/3的人员到要素市场，从事服务管理工作，实现了政府部门由管理为主向服务为主的职能转变。

（二）河南省活立木交易市场

河南省活立木交易市场是根据国家林业局关于建立“产权归属清晰、经营主题落实、责权划分明确、利益保障严格、流转顺畅规范、监管服务到位”的现代林业产权制度的改革精神，由河南省人民政府指示，经河南省林业厅同意成立的一个活立木流转、林产权融资平台。它依法为省内外各类所有制企事业单位和个人从事活立木、林地使用权和其他林产权交易及林产权融资提供专业化服务。

河南省活立木交易市场是一个由会员理事会、主市场、执业会员、非执业会员、专家团组成的一个完整市场体系。会员理事会是最高权力机构，负责对整个市场进行监督管理。主市场由河南省林业厅物资站活立木营业所承办，执业会员可以承办营业部，非执业会员分别由建设银行、担保公司和中介机构组成。专家团涵盖资本市场、产权、经济学、会计学、林学、森林调查、法学、社会学等方面的专家。市场制定有交易管理制度、会员管理制度、行业自律性管理制度、内控制度和取费办法。市场实行“统一交易规则、统一挂牌标准、统一信息披露、统一监督管理、集中登记托管、集中清算交割”的“四统二集”制度，从而确保市场规范运行。

河南省活立木交易市场的交易主体是：中国境内具有独立民事能力的法人、非法人经济实体和自然人，交易的对象是用材林、经济林、薪炭林及其林地使用权，办有采伐证的生态林也可以入场交易。

河南省活立木交易市场林权融资业务包括交易融资、非交易融资和招商融资等三个方面。需要利用林权融资的单位和个人持有效证件，向市场申请并经程序审查合格，市场将为其提供融资服务。

（三）通辽市活立木交易中心

通辽市活立木交易中心是由通辽市政府支持，市林业局指导和监督，汇丰公司投资控股建立的具有独立法人资格的公平交易机构，总部设在内蒙古自治区东部的文化、经济中心——通辽市。

交易中心的经营范围包括：活立木和林地使用权流

转，木材和“碳”交易 ，代办林权权属关系过户手续，中介咨询 ，中介服务，信托服务，造林。

建立活立木交易中心的目的，是为了使林权流转有序、规范以及价格更为合理，为了盘活各种所有制体系管理下的林地资产，为了解决森林资源经营周期长、效益兑现慢、生产风险大等问题。

通辽市活立木交易中心是各种所有制体系管理下的林地的流转交易平台，在此上市交易的林地必须符合交易条件，遵循交易程序，遵守交易制度。

交易中心以服务为第一要素，在林业投资人选择林地、购买林权时，无保留地向投资人介绍所了解的全部林地信息，介绍投资风险。

交易中心陈列所有卖方林地供买方自主选择，同时为买卖双方营造洽谈空间，避免暗箱操作。

通辽市活立木交易中心的经营原则是——公开、公平、公正、有偿。

交易中心下设总部管理机构，交易大厅的四个职能部门，即：林权登记管理、林权交易管理、林权交易服务和资源评估。

目前，交易中心在国内的10个省设有15个分支机构。

三、活立木市场存在的问题分析

(1) 税收政策不明确。国家已全部取消农业税，作为生长周期比农作物还长的林业，投资回报周期长，如果没有优惠的税收政策，造林企业很难做大做强。比如，农民的土地是免税的，但活立木交易中心流转林地，每个流转过程都要交林业税、营业税、增值税等，存在重复纳税问题。

(2) 林权证的办理。目前，活立木交易的最大问题就是林权证的办理。交易中心买卖的目的，是想让活立木的受益时间缩短。比如某人买了10亩八年期的林地，但他持有了五年想变现，经过林产评估公司的评估，就可以在活立木交易中心变现，使其受益时间缩短。但现实的问题是，一块林地每流转一次都要办理林权证，都要经70%以上村民签字、公示，加盖村、乡、林业站、林业局、县政府五个部门的印章，反复盖七次，办理一个林权证至少得用三个月时间。流转一块2000亩的林地，得先办一个大林权证，按每10亩为一个售出单位，还得办200个小林权证。

(3) 砍伐问题。通辽市林业局副局长盛勤等人认为，现在老百姓投资林业的积极性很高，当投资客户达到上百万甚至更多的时候，就面临砍伐的问题，如果砍伐问题解决不了，必然会造成社会问题，活立木还是流转不起来。

(4) 涉嫌非法集资的问题。采访中，许多民营造林企业负责人一再表达了想把活立木流转起来而又放不开手脚的无奈。因为活立木流转本身就是一种产权交易，大量采用社会闲散资金，会被扣上“涉嫌非法集资、吸收公众存款、扰乱金融秩序”等罪名。

因此，一些专家建议，各地要尽快成立政府监管下的森林资产评估机构，推动活立木资产评估业启动，使之逐步走上完善与正规；出台与《关于加快林业发展的决定》相配套的政策法规，建立林业中介企业准入制度、资质认证制度和资金使用监管制度。同时，对进入这一领域的企业，实行资金实力、技术水平和抗风险能力等方面的严格考核，达不到标准的坚决拒于大门之外。

四、发展活立木市场的建议

只要经营规范，各种交易方式对于拓展人们的投资渠道，吸引外资进入林业，促进林业生产要素的流动，调动农民造林积极性等都会起到促进作用。但从现实的操作看，不同交易方式的社会效果是有很大差别的。比如托管合作造林的交易方式，就是在社会上有普遍争议的一种交易方式。这种交易方式本身并不存在问题，问题在于一些企业滥用了这种交易形式。受利益的驱使，一些企业在投资者对林业不了解和信息不对称的情况下，有意夸大投资的回报率，隐瞒经营的实际状况，从而使投资者的风险加大，容易造成社会的不安定。但也有相当一部分的林业公司正在努力寻求规范经营。

民间交易方式尽管交易的辐射面较大，但由于是一对一互相认可的交易，因此社会影响小。但其潜在的问题也不容忽视。因为许多托管造林公司就是通过这种方式承包或收购林地再进行委托合作造林的。如果托管造林公司不规范经营，随着时间的推移，其中的问题暴露后必然累及源头环节，伤及民间交易。

在现实情况下，正规专业市场的交易方式是最有利于当前活立木市场健康发展的交易方式。永安市林业要素市场是政府设立的市场，在政府和林业主管部门的直接管理下，发生在农户之间以及农户与竹木产品加工者之间的交易，既没有恶意炒作现象，也很少出现价格不公情况，更没有欺诈行为。这是政府监控与市场调节双重作用形成的十分完美的市场。通辽市活立木交易中心是在借鉴永安市林业要素市场经验的基础上建立的，是面向全国从事活立木经营活动的专业市场。交易中心由企业投资建立，在林地所有者、公司与社会投资人之间搭建一座交易平台，在政府和林业局监督指导下进行市场运作。为了避免交易中心成为卖方的代言人，采取了交易中心市场准入制度的办法，要求所有的林地转让者，包括交易中心的投资控股方，若想使其林地通过交易中心上市流转，必须符合市场准入标准，遵守交易规则。这样做，既维护了活立木市场交易的公平、公正原则，又保护了所有投资人的合法权益。准入制度还包括对林木成活率的要求，对林地价值和成材率的评估要求，以及对管护公司的林权质押担保要求等，这样，基本可以实现公平交易，避免投机行为。

托管合作造林的一大优势是能够实现跨地区、跨行业的资金融合，能够有效地使社会闲散资金和战略投资投向林业。但这一经营优势也是投资者的弱势所在。因为大多数投资者不具备林业知识，不了解林业经营的风险所在，也不懂得林木在各个时期的价值，且又多数远离其投资林地的所在地，无法有效地监控林地的经营状况，从而出现了信息的严重不对称。因此，当个别公司夸大回报收益时，林地投资人就会盲目相信、盲目投资，但从此也进入了一种非常被动的状况。由于林权流转与委托管护是同步进行的，投资者在签署购买林权合同后，实际还要同步交纳整个林木生长期的全部管理费用，而多数投资者对费用金额是否合理及使用状况不清楚，等于花钱雇用了一个掌控自己支配权的人或单位，而5年至10年的长期等待可能会使这些林业公司经营变数加大、风险增加。一方处于非理性投资状态，那么另一方就很可能暗箱操作。比如，不按合同要求实现林权流转、一块林地卖给多个买主，夸大林木收益率，却未在合同中体现不能实现这一收益率林业公司应该承担的责任，隐瞒林木生长状况和根本不进行管护或管护不到位等问题。由于林业投资回报周期长，经营问题难以及时发现，一旦发现，往往是损失已变得难以挽回。

加大对各种活立木生长的自然知识、市场行情的宣传和加强企业自律行为是两个关键因素。活立木流转市场建立时间短，人们对活立木生长的自然知识和市场行情知之甚少，媒体也很少介绍这方面的知识，投资者的相关知识主要来自于林业公司的宣传。而一些林业公司向投资人进行宣传时，背离了活立木生长的自然规律，有意缩短成材时间，夸大林木的生长量和出材量。活立木投资人在没有其他公共信息来源的情况下，容易听信商家的一面之词。如果媒体广泛宣传相关知识，这样的虚假宣传就会不攻自破。同时，企业也应遵守公共道德，诚实、守信是企业永葆生命力的要旨。用蒙蔽手段吸引投资者，企业终会因无法持续经营、无法回报投资者而祸及自身。因此，企业加强自律，不仅是对投资人负责，也是对自己负责。

但仅靠这些还远远不够。通辽市活立木交易中心从一年多的经营活动中发现，在经济利益诱惑下，企业很难在林地宣传上切实“自律”。建立市场交易机制可能是有效解决这个问题的途径。

通辽市活立木交易中心对任何交易的林权所有者都要进行资质调查，确保信息真实可靠。他们要求上市交易的林权所有单位和个人必须提前一个月将上市流转的活立木详细资料传报给交易中心，交易中心再组织人员对流转林地普查，重点检验林木的成活率和管护水平。同时，请当地林业专家对土壤、苗木、水文等进行评定，然后作出成材率预测评估，再将这些信息通过中心网站和设在全国9省13市的各分支机构公布。由于准入制度的严格执行和交易中心的严格检验，到目前为止，尚未发现在中心上市交易的哪家有林单位提供虚假宣传资料和活立木数据信息，各委托管护的企业也纷纷建立自律条例，向投资人承诺的管护手段一一得以实现。

建立一个有效的活立木市场的交易机制，而这个机制的核心就是政府监督与建立市场准入制度。

政府的监督可以确保企业规范经营。通辽市林业局负责监督和指导活立木交易中心的工作，监督的内容主要是：管辖区内活立木的生长状况和交易中心设在各地分支机构的经营行为。通辽市林业局派专人经常性地到流转林地检查，敦促管护单位加强对流转活立木的抚育与管理，以确保投资人获得最大效益；每块林地流转前，林业局都要对该林地进行评估，对流转价格提出指导性意见；通辽市活立木交易中心为流转林地所制作的所有宣传材料都要报请林业局审阅，合格了才能公开使用等等。政府的监督，有效地杜绝了那种只卖林不管林或少管林，只收取管护费不进行严格管护的欺骗行为。每当通辽市活立木交易中心在通辽以外地区开设新的分支机构营业厅时，通辽市林业局都要派出一名副局长到营业厅所在地，与当地林业局进行联系，以公函形式委托当地林业局对分支机构的经营行为实施监督，有效地防止了个别经营人员的夸大宣传行为。

建立市场准入制度，可以较大限度地降低投资者的风险。通辽市活立木交易中心共建立了五项市场准入制度。

(1) 对进入市场交易的林地核验，限制成活率较低的或预计成材率较低的活立木进入市场流转。如果达不到一定的标准，就不能确保投资人的最终收益。

(2) 没有取得林权资格的林地不能流转。在现今市场上，一些公司部分流转的活立木是事先没有办理《林权证》的。这是不合法的，是对投资者不负责任的作法。

(3) 通辽市活立木交易中心特别制定了活立木管护标准，通过对流转林地的管护队伍的等级验证，限制管护水平不高的林地在交易中心流转。这一措施有效地避免了管护单位收取高额管护费而实际上并不对投资人已经购买的活立木进行有效管理等欺诈行为或不履行合同行为的发生。

(4) 限制价格虚高的活立木上市流转。投资者投资的目的是为了获取投资回报，如果活立木价格虚高，若干年后的木材销售差价就会很低，等于活立木流转者侵占了投资者的利益。通辽市活立木交易中心要求上市流转的活立木的拥有者，要有相关机构的价格评估意见，如果活立木所在地没有有资质的评估机构，则由当地林业局组织林业科研人员进行评估，以此作为投资价格的参考。

(5) 当其他条件都符合进入市场标准要求后，中心还要求流转林地所委托的管护单位必须拿出一部分林地进行质押担保，质押林地的林权证须放置在林地所在地的林业局。在活立木投资人收益前，所担保的林地不允许进入市场流通。据了解，很多林业公司流转活立木时都作出这样的承诺，即如果投资人委托管护的活立木达不到成材标准，没有成材的部分，管护单位按照1：1的比例从自有林地中补足。但这种承诺对投资者的保障意义不大，因为，没有人或单位能够对此担保和证实管护单位是否拥有自有林地或有能力补偿。通辽市活立木交易中心要求质押担保的这一规定，使承诺保障真正落到了实处。

除了这五项准入制度，通辽市活立木交易中心制定的其他交易规则也备受交易者的欢迎。如交易之前，中心要求活立木拥有者必须无条件地公开林地状况，林地所在地的林业主管部门出具当地气候条件、土壤状况、以往相同种类林木生长状况的资料作参考。交易后，活立木投资者有权按照《林权证》上所指定的GPS定位坐标范围考察林地，有权对林地价格产生疑义并提出自己的价格标准，有权对活立木权属过户后的林地管理者进行考察，有权选择新的林地管理者等等。

第四节　林产品市场销售渠道的变迁与创新

木质林产品种类众多，但大体可以分为两大类，一类是最终消费产品，如家具、木地板与生活用纸，另一类为生产资料，专门为下游企业提供原材料或半成品的产品，如木材、胶合板等。不同性质的林产品的销售渠道、市场组织存在明显的不同。但是，伴随着林产品供给与需求的扩大，市场化程度的不断提高，竞争日益激烈，各种林产品流通渠道均在不断地发展。

一、木材市场销售渠道的变迁

历史上，我国木材流通基本经历了三个阶段，即建国初期的自由购销阶段（1949～1952年），计划经济时期的统购统销阶段（1953～1978年），商品经济时期的“双轨制阶段”（1979～1993年）。1994年，我国进入社会主义市场经济时期后，我国木材流通管理实行“凭证采伐”、“持证流通”的管理办法。这一段时期，由于木材流通环节与渠道相差较大，因而基本可以划分为两个阶段，即1998年以前与1999年以后。

（一）1994年至1998年，国有木材销售渠道为主的多家经营格局

为了保护森林资源与生态环境，我国在80年代末期90年代初期开始实施严格的森林限额采伐制度，并实施了凭证流通的管理规定。在此基础上，通过设立木材市场来活跃木材产品的流通；鉴于南方曾经出现的滥砍乱伐问题，国家又出台了南方重点林区“一家进山收购，多家经营”的林区木材流通政策。

1992年前后，原物资部、林业部在全国各木材产区、销区以及木材中转集散地，有计划、有组织地陆续建立了一批不同等级的木材批发市场和木材及林产品交易中心，试图借助于这些木材交易市场，构筑我国木材流通的主渠道，形成一个合理的、企业自愿遵循的、国家可以调控的预期价格导向机制，并为引入林产品期货交易机制做前期准备。

这十多个国家级或省级区域性木材及林产品市场，与通过有近千个小型集贸性质的木材批发市场构成了我国20世纪90年代的木材市场体系。

而“一家进山收购，多家经营”的林区木材流通政策在保护森林资源方面起到了一定作用，并且从源头上或者说收购环节上实行了木材流通的独家经营。1997年以前，南方大部分地区甚至包括非重点林区均实施了这一政策，有的地方甚至当地产材也由林业系统的木材公司经销，例如湖北、安徽等地。

同时，我国每年约有600万m^3的原木进口，基本上由企业直接进口或由国有木材公司经营。

这一时期，我国木材流通渠道为林业部门独家收购，以林业部门系统的木材公司为主渠道，通过木材市场实现木材的流通。如图9-4：

从整个木材市场体系的运行情况来看，各类林产品市场发展不平衡，规范化的国家和省级木材及林产品市场大多交易清淡，而集贸型木材批发市场交易却十分兴旺。

（二）1998年以后，多元化的木材销售格局

90年代中期，部分木材半产区陆续取消了林业部门独家进山收购的限制，规定经营者只要符合规定，办理手续，缴纳有关费用，同样可以进山收购，全面放开经营，平等参与市场竞争。区域性集贸市场进一步活跃。但国家级以及省级木材市场多年来成交量一直没能有效放大，经营困难，而且期货市场的长期整顿也使得国家及木材市场为木材期货交易做前期准备的职能失去意义，以中国北方木材批发市场1998年前后关闭为标志，国家级以及省级木材市场基本退出了木材流通。

1998年开始实施的天保工程，使得天然林砍伐数量急剧下降，国内木材供应不断减少，国外木材流入量大幅增加。经营国外木材进入我国木材市场中的地位显著

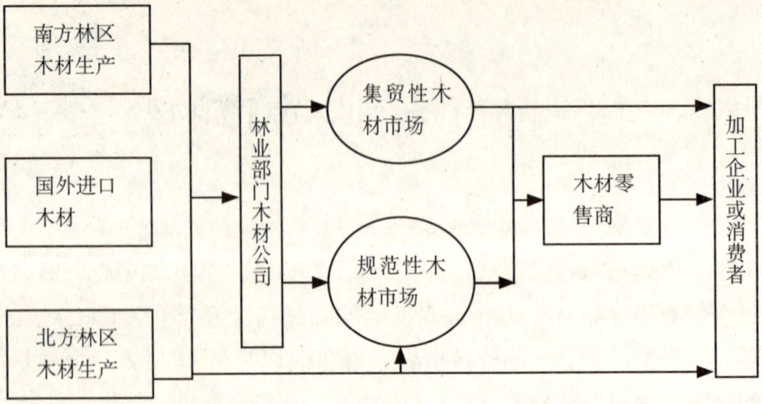

图9-4 我国木材销售渠道示意图

增加。

同时，随着工业人工林建设的推进，众多企业尤其是大型企业加强了自身原料林基地的建设，部分形成了自产自用的原材料供给方式；而部分林区所在地政府也通过木材直接供应等优惠政策招商引资，将木材资源型加工企业引入当地，进一步形成了产销职工的直接流通渠道。

由此形成了直接渠道与间接渠道并存，国有木材流通企业、民营、集体流通企业和个体经营竞争，国有木材市场、集贸市场并存的多渠道经营木材的做法。国有木材市场甚至已经不再是主渠道。木材流通呈现多元化格局。

受多种政策的影响，这一多元化格局在不断发展演变。

进口木材流通方式进一步发展。2001年，由于我国成功入世，企业进出口经营权进一步放开，多家木材加工经营企业拥有了进出口经营权，经营进口木材的企业大幅度增加，不少企业直接在国外购买活立木，进行采伐，直接运回国内深加工。而同时，我国国内木材市场缺口进一步加大，木材进口数量不断增加，以原木为例，由1999年的1014万m^3，增加到2004年的2631万m^3，2005年的2936万m^3。如果考虑木制品进口折合木材的因素，这一数量更是大幅度增加。以2004年为例，除原木以外的林产品进口折合木材数量为8273.09万m^3，进口比例高达35.5%。木材进口抵达港口后，部分甚至没有进入仓库就直接销售，形成了以张家港为代表的港口木材市场，满洲里、绥芬河为代表的口岸木材市场，这对我国木材流通影响深远。

产区木材交易市场兴起。2003年林权制度改革后，福建、江西等南方重点林区陆续取消“一家进山”的独家采购政策，打破垄断，放活经营，在林区设立木材交易市场，方便林农直接进入市场交易，建立价格竞争机制，定期向林农发布木材价格信息。福建甚至在各地县级林业部门显著位置设立电子显示屏，适时公布当地市场各类木材交易的价格与数量信息。这样，集贸性的产区木材交易市场不断兴起，进一步推动了木材流通的多元化进程。

重点销区木材市场不断健全。各地特别是浙、皖、沪等主销区木材市场网络体系建设不断健全。主要表现在：①规模大，驻户多，交易量大。浙江省有木材批发市场数百个，其中，有温州、东阳、湖州南浔等十余个年交易额上亿元的大型木材市场，市场成交量占全省销售量的70%～80%。②多元化，投资小，档次高。③地理区位优势明显。多数市场设在商品交易集散地等城市中心。④市场交易品种齐全。各地木材均有。⑤各市场一般均有一些优惠政策和措施，来去自由。

“无形”市场快速发展。在有形市场不断丰富与完善的同时，“无形”市场也快速发展。以我国快速发展的互联网络与电子商务为技术支撑，多家公司建立网站通过电子商务方式构建了木材交易的无形市场，例如，中国木业交易网、中国木材交易网以及众多区域性的、专门性的木材交易网站蓬勃发展。

市场规范性不断加强。在各地逐步放开多家经营的同时，凭证砍伐、凭证运输的政策没有削弱，反而在进一步加强；同时，虽然林业部门与各地方政府兴建的10多家国家级与省级规范性的木材批发交易中心已经基本退出木材流通舞台，但是市场自身要求的规范性交易所又开始出现。2006年，龙江商联公司投资的绥芬河木材交易所开工新建，其出发点就是引入“一个公平、高效、规范、安全的木材交易新模式”，希冀具备木材交易、测量、交割、结算、仲裁等基本功能，提供交易代理、仓储、物流、广告宣传等服务，具有信息发布、价格形成、验证和核算等衍生功能，以进一步推动木材流通与交易的发展。

（三）木材销售格局变迁的主要原因

从我国木材流通的变迁来看，1994年社会主义市场经济体制开始以来的两个主要的变化在于政府主导的国家级与省级木材批发市场的退出流通以及“一家进山收购，多家经营”的林区的木材流通政策的取消。

规范化的国家和省级木材及林产品市场推出原因分析：规范化的国家和省级木材及林产品市场大多交易清淡，而集贸型木材批发市场交易十分兴旺。主要原因：①规范化市场是自上而下由政府推动的结果，而非市场发展自然升级的产物。合理的市场体系是由高级、中级和低级市场，按照经济发展水平所决定的内在比例，经过有机组合而形成的。我国现阶段的国情决定着低级市场将占据主导地位，高、中级市场将随着经济发展水平的提高而循序发展。任何急于求成地促使市场结构高级化的行为，只能导致事与愿违的结果。②木材的生产者和消费者观念陈旧，不习惯商流物流分离的新型交易方式。③市场建立的研究准备工作不足，服务质量不高，优惠政府不落实，因而进场交易者寥寥无几。

“一家进山收购，多家经营”政策取消的原因：为了加强林政管理，南方集体林区实行了“一家进山收购，多家经营”的林区的木材流通政策，确实见到了一些成效。主要表现为：森林火灾明显减少，滥砍乱伐、乱收乱购、倒卖指标、毁林案件等势头得到遏制，林区秩序明显好转，资源无效消耗明显下降。但是，这种独家垄断收购体制所暴露出来的问题，尤其在集体林区也是相当突出的，集中表现为：①国有木材企业缺乏收购木材的经营动力。主要原因在于，各种收费多而乱，企业不堪重负，收的越多，被各部门盘剥的越多，亏损越严重。按任务收购的材种规格与市场销售不对路，又缺乏收购资金，承担不起沉重的贷款利息。②木材生产者缺乏交售木材的动力。主要原因是，认为独家垄断收购会压级压价，瞪眼吃亏，等待多家竞价收购，不了解市场行情，怕采伐多卖不掉或卖不到好价钱。③独家进山收购的政策被悬空，实际为多家进山收购，这是市场力量对逆经济规律而行的独家垄断收购体制的非正常的矫正。目前的收购商主要包括：掌握收购权的国有木材经营企业和被授权的木材经营单位。当然国有木材企业在向其他木材经营单位收取一定管理费后，将国家赋予的收购垄断进行了租让。④国有木材企业坐收渔利，扭曲平等竞争的市场机制，加重木材生产企业和林农的负担。通过租让收购垄断权获得的管理费，并非通过经营努力所得，而是凭借政府授予的特权所追加的超经济租金。这只能促使国有木材收购企业平添娇气，滋生惰性，更加缺乏市场竞争力，从而退化为政府和市场的双重包袱。如果不惜代价地强制推行独家垄断收购办法，必将扭曲市场机制，导致林区市场萎缩，严重破坏这些地区的林业生产力，其后果是不难想象的。

（四）木材销售格局变迁的启示与建议

1. 木材销售与森林保护的关系

严格限制木材的砍伐，独家垄断收购木材，对于森林保护只能在一定阶段有一定的效果，但从长远来看，必将限制林区的生产力，打击林农生产的积极性，从而无益于森林资源的扩大。只有活跃木材合法流通，促进木材的合法使用，方能真正有益于森林资源的保护。

另外一个佐证就是江苏苏北林业的发展。苏北是中国人造板最发达的地区之一，过去江苏的木材森林覆盖率只有2%，现在已经提高到14%以上，特别是苏北地区森林覆盖率已达到30%，几乎是家家户户都种杨树，甚至使用农田种杨树。原因就在于当地人造板需求非常快，对杨树的需求量大，杨树种植收益明显，因而农民种植杨树的积极性被极大的调动起来。形成了营林业促进木材加工业，加工业拉动了木材需求，反过来又促进了营林业的发展的互相促进的良性循环。可以想象，如果在苏北限制木材砍伐，或者必须由林业部门独家收购，那么这一良性循环还能存在吗?

2．政府意图与市场经济要求的关系

规范化市场是自上而下由政府推动的结果，而非市场发展自然升级的产物。合理的市场体系是由高级、中级和低级市场，按照经济发展水平所决定的内在比例，经过有机组合而形成的。我国现阶段的国情决定着低级市场将占据主导地位，高、中级市场将随着经济发展水平的提高而循序发展。

作为政府部门，拥有比一般企业与民众更多的信息，具有更长远的眼光，也更能注意全局的把握，对于产业的发展具有指导的责任与义务。但是任何急于求成地促使市场结构高级化的行为，只能导致事与愿违的结果。只有尊重市场经济本身的运行规律，以市场经济原则办事，方能达到理想的效果。

3．对我国木材市场销售渠道的建议

(1) 建立规范有序、多家平等竞争的经营体制，促进木材的合法流通，鼓励木材的合法加工与消费，具体做法：

法人经营者必须向林业部门领取木材收购经营许可证，无工商营业执照、税务登记的自然人个体户没有资格申领。同时向申领者做好有关法规和管理制度的宣传工作。

严格执行凭证收购和销售木材制度。对无证的非法经营者要重罚重惩，直至追究刑事责任。

林政部门会同工商、税务机构组成联合稽查组，不定期地抽查市场交易情况，一旦发现无证经营、偷漏税金者立即查处。

(2) 限额采伐制度。目前实行的限额采伐制度，对控制森林资源的过度消耗发挥了重大作用。但是对商品林，尤其是对定向培育的工业用材林的经营却形成了某些阻碍。主要体现在采伐时间和采伐量上受到行政控制。对规模型、集约化经营的工业用材林，一旦到了经济或工艺成熟期而不能采伐，所增加的培育成本和贷款利息，无疑等于强行剥夺了经营者的合法利益。如果采伐限额低于其生产加工能力，必将干扰企业的正常生产活动，导致利润流失，甚至亏损。于是经营者为避免更大损失的发生，被迫采取行贿等非法手段来更改采伐期和采伐限额，这无疑又给掌管采伐权者提供了腐败的温床。更严重的是，干预了经营者的自主权，侵害了其在市场上应享有的平等竞争权利，使市场机制部分失灵，降低了林业产业的吸引力，使得投资者望而却步或者退出该领域，转向其他产业。

采伐限额要顺应今后经营改革的战略需要，同步进行分类管理调整，尤其是对定向培育的工业用材林，应进行如下改革：①采伐限额制改为采伐备案制，让经营者享有工业企业同等的自由权待遇，使商品林经营与一般商品经营遵循同等市场法则。②如果采伐备案制一时难以实行，可采用审核制。由经营者自行提出采伐时期和采伐量，交林业部门审核，只要不对森林资源总体上构成威胁，造成浪费，原则上予以核准，只有在特殊情况下才进行程序性干预。③如果前述两制实行均有困难，林政部门可放宽采伐时期和采伐限额的规定范围，尽量给经营者留有回旋余地。

二、家具展会销售模式

中国家具市场销售体系已经初步形成，家具市场正向“大流通、大贸易、大市场”的格局过渡。各式各样的家具店、家具商场、家居广场、家具专卖店如雨后春笋般在全国遍地开花。出现了如金海马（拥有近50个专业商场）、红星（拥有14家品牌家具连锁大卖场）、月星（营业总面积超过30万m^2）等规模较大的家具销售集团。另外，采用招标方式的集团采购以及定期举办的家具展览会都是比较引人注目的家具流通形式，电子网络销售也在尝试中得到了发展。

（一）展会为企业创新搭建平台

今年，深圳国际家具展的展示现场，“青岛一木”的展品赚足了采购商的眼球。在开展的当天，就签约近100个加盟经销商。青岛一木新颖的产品设计，使企业在展会上订单不断。谈到“一木”产品的创新，不可不谈展会这个牵线红娘。在2005年济南家具展上，“青岛一木”遇到了深圳家具“研发院”。双方在合作开发新产品的共识指引下，开始了合作历程。6个多月里多次磋商、反复研究，双方机制磨合、智慧凝聚的成果在展会上大放异彩。实验证明“青岛一木”与深圳家具“研发院”找到了结合点，开创了一种成功模式，得到了市场的认可。青岛一木的掌门人殷兆坤谈到此项合作时说：“我们自身也有设计室和设计师，但是，从设计信息的占有量和设计理念等方面，我们都没有优势。因此，选择专业机构是适合企业发展的一种方式，我们已经尝到了甜头。”

（二）新产品的聚集地

中国家具协会副理事长陈宝光向记者谈到行业借展会平台推动设计创新时说：从1999年开始，中国家具协会为了推动家具行业设计工作的展开，在中国国际上海家具展览会中设立了两个赛事，一个是以年度起名的“中国家具设计大奖赛”；一个是以届次顺序起名的“中国家具产品设计大奖赛”，2004年即为“第六届中国家具产品设计大奖赛”。前一个旨在鼓励在校学生和社会上的广大设计工作者，后一个主要针对家具生产企业。到2004年9月，这两个赛事已经连续举办了6次。在这之前，从1994年开始的“全国家具展览会”也进行了产品设计奖的评比。陈宝光谈到赛事的结果时说，多年以来这几个赛事对于推动中国的家具设计起到了很大的作用。现如今全国大大小小的展会，几乎没有一家不设这两个奖的，对于家具设计的推动可以说是惠泽长远、功不可没。

展会带动家具特色区域发展。2004年，广东佛山顺德乐从镇组织23家优秀企业参加了北京家具展，在展会上乐从镇获得了中国轻工联合会和中国家具协会授予的“中国家具商贸之都”的荣誉称号；同年，山东省家具协会组织山东宁津县从事桌椅家具的生产企业参加第十届中国国际家具展时，喜获“中国桌椅之乡”荣誉称号。这种家具特色产业区域称号我国已评出8个。会展业带动了家具特色区域的形成。它们是区域经济的主体，推动着区域经济的迅猛发展。如广东佛山市顺德区龙江镇的软体家具、办公家具和家具原辅材料产业群，广东东莞市厚街镇的家具和展览产业群，广东中山市大涌镇的红木家具产业群，浙江安吉县的办公椅产业群等。

三、木地板市场销售渠道创新

厂家—总经销商—二级批发商—三级批发商—零售店—消费者，此种渠道层级可谓传统销售渠道中的经典模式，也是很多木地板企业所运用的模式。然而这样的销售网络却存在着先天不足，在许多产品可实现高利润、价格体系不透明、市场缺少规则的情况下，销售网络中普遍存在的“灰色地带”使许多经销商实现了所谓的超常规发展。然而众多的木地板企业却有“养虎贻患”之感。多层次的销售网络不仅进一步瓜分了渠道利润，而且经销商不规范的操作手段如竞相杀价、跨区销售等常常造成了严重的网络冲突；更重要的是，经销商掌握的巨大市场资源，几乎成了木地板企业的心头之患——销售网络漂移，可控性差，成了说不定哪天就会掉下来的一把利剑。改革势在必行。由此，木地板企业的销售网络进入了一个多元化发展的新阶段。

（一）渠道体制：由金字塔式向扁平化方向转变

传统的销售渠道呈金字塔式的体制，因其广大的辐射能力，为木地板企业初期产品占领市场发挥出了巨大的作用。但是，在供过于求、竞争激烈的市场营销环境下，传统的渠道存在着许多不可克服的缺点：一是企业难以有效地控制销售渠道；二是多层结构有碍于效率的提高，且臃肿的渠道不利于形成产品的价格竞争优势；三是单项式、多层次的流通使得信息不能准确、及时反馈，这样不但会错失商机，而且还会造成人员和时间上的资源浪费；四是企业的销售政策不能得到有效的执行落实。因而，许多木地板企业正将销售渠道改为扁平化的结构，即销售渠道越来越短、销售网点则越来越多。销售渠道短，增加了企业对渠道的控制力；销售网点多，则增加了产品的销售量。如一些企业由多层次的批发环节变为一层批发，即厂家—经销商—零售商，甚至直接为厂家—零售商。一些企业在大城市设置办事处、分公司等，直接为经销商、零售商提供服务。例如，四川省大林产有限公司在全国设立了30多个分支机构直接面向专卖店的经销商。甚至有些企业自己建立直销店，但其中的渠道冲突问题要由企业很好地解决，否则有可能得不偿失，渠道网络受到严重冲击。

（二）渠道运作：由总经销商为中心，变为终端市场建设为中心

销售工作千头万绪，从销售网络开发到经销商开发，从铺货到促销，内容繁多，但归结起来，销售工作要解决两个问题：一是如何把产品送到消费者的面前，让消费者见得到；二是如何把产品送进消费者的心中，让消费者乐得买。不同时代，企业解决这两个问题的方式是不同的。

即便是在 20 世纪 90 年代后期，企业还多是在销售通路的顶端，通过市场炒作和大户政策来展开销售工作。当市场转为相对饱和的状态，对企业的要求由“经营”变为“精营”、由“广耕”变为“深耕”时，这种市场运作方式的弊端就表现得越来越明显：

——企业把产品交给经销商，由经销商一级一级地分销下去，由于网络不健全、通路不畅、终端市场铺开率不高、渗透深度不足等原因，经销商无法将产品分销到厂家所希望的目标市场上，结果厂家产品的广告在电视上天天与消费者见面，消费者在零售店却难觅产品踪影。厂商无法保证消费者在零售店里见得到、买得到、乐得买。

——产品进入零售店后，摆放到什么位置、如何展示陈列、POP广告如何张贴、补货能否及时等等，这些终端工作经销商往往做不到位，影响了终端销售力。

——厂家的销售政策无法得到经销商的全面执行，其结果是厂家的促销力度越来越大，但促销的效果却越来越差。

——厂家与经销商的利益矛盾，使得厂家无法确保一个稳定的市场，经销商无序经营，窜货、降价倾销现象屡禁不绝。

——厂家调动经销商积极性的成本越来越大，导致厂家无利经营，如此等等。

实践证明，这种市场运作方式越来越成为销售工作的桎梏。针对这些弊病，木地板企业应该以终端市场建设为中心来运作市场。企业一方面通过对代理商、经销商、零售商等各环节的服务与监控，使得自身的产品能够及时、准确而迅速地通过各渠道环节到达零售终端，提高产品市场展露度，使消费者买得到；另一方面，在终端市场进行各种各样的促销活动，提高产品的出样率，激发消费者的购买欲，使消费者乐得买。

（三）渠道建设：由交易型关系向伙伴型关系转变

传统的渠道关系是“我”和“你”的关系，即每一个渠道成员都是一个独立的经营实体，以追求个体利益最大化为目标，甚至不惜牺牲渠道和厂商的整体利益。

在伙伴式销售渠道中，厂家与经销商由“你”和“我”的关系变为“我们”的关系，由油水关系变为鱼水关系。厂家与经销商一体化经营，可以实现厂家对渠道的集团控制，使分散的经销商形成一个整合体系，渠道成员为实现自己或大家的目标共同努力，追求双赢（或多赢）。木地板企业在渠道建设上应该向伙伴型关系转变。

木地板企业与经销商合作的形式很多，如：①联合促销。企业与经销商共同进行促销，如合作广告——经销商发布广告，企业给予一定金额的补贴（从货款中扣除或凭单据报销）；陪同销售企业派销售人员协助经销商向其下级客户销售；销售工具——企业为经销商提供样品、POP 等。②专门产品。企业为经销商提供专门产品，既可以增强销售网络凝聚力，也可以减少消费者购买时对价格的比较。如厂家对大的零售商专门生产某一产品，以及经销商买断某一品牌经营等。③信息共享。企业与经销商共享市场调查、竞争形势、消费者动向等方面的信息。④培训。即企业为经销商提供销售、产品、管理和营销等方面的培训活动，以提高经销商的销售和管理水平。如此等等。

在紧密型的伙伴关系中，企业与经销商共同致力于提高销售网络的运行效率、降低费用、管控市场。从企业的角度讲，需要重视长期关系（如帮助经销商制定销售计划），渠道成员责任共担（如建立零库存管理体制），积极妥善解决渠道纠纷，木地板企业的销售人员要担当经销商的顾问（而不仅是获取订单），为经销商提供高水平的服务。厂家为经销商提供人力、物力、财力、管理和方法等方面的支持，以确保经销商与木地板企业共同进步、共同成长。

在实践中，有以下几种方式可以组合木地板生产企业与经销商的关系：

（1）合同式体系。在企业与经销商之间，经销商与经销商之间，以一定的合约为约束，在一定的利益基础上，把渠道中各个独立的实体联合起来，形成一个合同式的营销体系。特许经营就是一个典型的合同式体系，通过特许权，将生产到经销的各个环节连接起来，形成一个完整的直达终端的经营体系。

（2）管理式体系。一些厂家依靠自己的市场声誉、产品创新能力及其他力量，成为整体流通渠道的主导成员，从而将销售渠道中的不同成员联合成一个体系。

（四）市场重心：由大城市向地、县市场下沉

以往许多木地板企业是以大城市为重点开发的目标市场，在大城市，至少是在省会城市设立销售机构。当众多木地板企业为争夺大城市市场而进行你死我活的竞争时，木地板企业可以将市场重心转移到地区、县级市场，着眼于地、县级市场的开发，在地、县级市场上设立销售机构。企业以大城市为销售重心，靠一个或几个经销商来辐射整个省级市场，受经销商销售网络宽度和深度的局限，容易出现市场空白点，造成市场机会的浪费。将销售重心下沉，在地区设立销售中心，则可能做好地区市场；以县为中心设立办事处则可能做好县城—乡镇—村级市场。尤其是现在的强化木地板的大众化的趋势更要求市场重心的下沉。

市场重心下沉是一个细化市场的过程，这种细化也反映在对经销商的选择上，销售机构下沉，客户也要下沉。以往木地板企业是以省城为中心来选择经销商，有一些经销商是在省城做市场，甚至是在省城做局部市场，而“下沉”则要求在每个县选择、设立经销商。

企业对经销商的政策也由此发生了变化，从重点扶持大客户转移到重点扶持二、三批经销商。一个地区级的经销商的销售量可能只有一级经销商的 1/10，但得到支持可能会比大客户更好。通过提高地、县级经销商市场竞争力，做“小方块”的规范来实施更大市场的规范。

（五）渠道激励：由让经销商赚钱变为让经销商掌握赚钱方法

我国木地板行业现有的经销商队伍是以个体户为基础发展起来的，整体的素质不高。许多经销商是在经商大潮中靠着“敢干”而发家的，他们具有四点不足：一是市场开发能力不足，二是促销能力不足，三是管理能力不足，四是自我提高能力不足，等等。木地板企业对渠道的激励措施应该不再仅仅是给经销商送“红包”，而是让经销商掌握赚钱的方法，对经销商进行培训。培养他们的经营理念和管理水平。

有的企业甚至要送经销商去上 MBA，要与新加坡及香港的大学合作，把经销商送去强化培训，真正学到东西，实实在在提高。这也是企业给经销商的一份长远利益。

总之，营销环境的变化要求木地板企业的经营必须做出相应调整。目前一些企业进行的销售渠道的改造正是这种调整的体现，先知先为者无疑将在日后的激烈竞争中握有更大的致胜筹码。

第五节 林业产业集聚

“产业群（Industrial Cluster）”这一概念最早是由波特在其1990年版的《国家竞争优势》一书中明确提出的，随后在学术界被广泛应用，并被派生出许多的相似概念。但统一的定义至今还未形成。伯特认为，产业群是在既竞争又合作的特定区域内，彼此关联的公司、专业化供货商、服务供应商和相关产业的企业以及政府和其他相关机构（例如大学、规则制定机构、智囊团、职业培训机构以及行业协会等）的地理集聚体。从这个意义上说，产业群不仅包括对竞争非常重要的一系列相关产业和其他实体，例如专业化投入品的供应商，还通常向下游扩展到客户，向上游延伸到互补性产业或使用相关技能、技术或公共投入的互补性产品或公司。甚至当国外公司持续对产业群投资时，他们也可能成为集群的一部分。随着林业产业的快速发展，在我国沿海出现了不少产业群。

一、我国林业产业群

（一）家具产业集群

家具工业的区域经济特征十分明显，生产企业主要分布在华南、华东、华北和东北等地区，以广东、浙江、江苏、上海、福建等沿海地区为家具的集中产地，位于这些地区的家具企业，整体生产技术水平高，他们的发展带动了全国家具工业的发展和家具市场的繁荣。尤以广东省最为集中。2002年排名全国第一的是广东省，拥有家具生产企业6000多家，产销量占全国家具产销总量的30%，出口量达15亿美元，占全国家具出口量的一半多。其中又以深圳为最，从出口量来看，深圳的家具出口量占广东出口的50%，占全国出口的33%。其次是浙江省，拥有家具企业2300多家。第三是福建省，家具年产值超百亿元，出口也在3亿～4亿美元，它是全国最大的竹藤家具生产基地。辽宁列居全国第四位，是后起之秀，每年以超过17%的增长速度发展，尤其是沈阳，不少企业产品已形成了品牌。

浙江省有家具企业2500多家，其中2000多家集中在温州。这2000多家中有1000多家家具制造企业，年产值达30多亿元，还有1000多家家具经销企业，年销售额突破50多个亿。2003年，浙江家具产值140亿人民币，其中80亿是温州创造的。在温州，围绕家具产业已经形成较为完善的专业化分工，一个家庭小厂甚至只生产某个产品的一个配件，或只负责完成某个产品的一道工序，另外一些企业只负责销售或采购，成千上百的工厂通过互相协作，建立了良好的产、供、销链，形成了最有浙江特色的“专业市场+家庭工厂”式的经营模式，也就是“小企业，大市场”的“浙江模式”。

具体到乡镇来看，家具产业集群主要有：广东中山市大涌镇的“中国红木家具生产专业镇”；山东宁津县的“中国桌椅之乡”；广东东莞大岭山镇的“中国家具出口第一镇”和“中国家具出口重镇”；四川成都的武侯区的“中国西部家具商贸之都”；广东顺德龙江镇的“中国家具制造重镇”和“中国家具材料之都”。

（二）木地板产业群

1．江苏横林地板产业集群

130多家工厂，300多家配套企业，2005年销量占全国总量的46%，出口达到1800万m^2，占全国的三分之一，预计2006年的出口量将达到3000万m^2。

2．浙江南浔地板产业集群

拥有333家木地板中小企业，年产实木地板7200万m^2，年销售额达到40多亿元。

如浙江安吉县的“中国椅业之乡”；广东顺德乐从镇的“中国家具商贸之都”。

二、我国林业产业群的基本特征

我国林业产业群基本上属于中小企业产业集群以及

低技术产业集群（家具业以及木地板在国外关于高技术产业和低技术产业的分类中，是属于低技术类别的，被称为“创新性的低技术产业”（Innovative Low-tech Industry）。具有地域化集聚、专业化分工、社会化协作三个基本特征。

（一）地域化集聚

这是林业产业产业集群的最基本特征。因为在产业相对集中的地方，自然会形成地域优势，根据地域优势进行科学分工是工业化发展的规律。产业集群最显著的特征之一，是相当数量的中小企业在一定范围的区域内集中布局，由龙头企业带动，配套企业协作，构成自发性企业群落，通过衍生、扩张、拓展为更大范围、更大影响的区域布局，从而集约利用生产要素和释放规模效应。现阶段，在长三角及其周边地区，拥有两种典型的产业集群。一种是龙头企业带动式的产业集群。以大企业为核心，占有主动权，周围拥有大量的中小企业作为大企业的配套协作企业。另一种是共生共长式的产业集群。集聚区内没有龙头大企业，基本上以本地中小企业为主，由于长时间相互合作，使这些企业具备了很强的地方凝聚力。这种由于众多关联企业同在一地，使得模仿学习效应和竞争效应明显。众多同类产业、关联产业的中小企业在地域上的集聚，一方面带来了产品的集聚，生产规模效应，另一方面还带来了信息、资金、人才、物流的集聚，甚至竞争的集聚，形成了各具特色的专业市场，大大加快了企业技术创新的步伐。

（二）专业化分工

林业产业集群的生产经营具有很强的专业化特征。由专业化分工形成的社会化分工网络，促进了人员培训、销售网络、原材料供应的专业化。这种专业化和社会化的高度发展，就有可能形成地区性的新产品、新技术孵化器和区域品牌，各地最新的技术就会向该地区聚集，从而形成产业集群发展壮大的良性循环机制。由于较高程度的专业化分工，大量的劳动力得以就业，不仅缓解了当地就业压力，还能使生产效率成倍提高。

（三）社会化协作

随着产业集群的发展，生产服务社会化程度不断提高，推动了服务性工种逐步从企业内部转移到企业外部，一批专司服务的机构就会出现，专门提供产前、产中、产后服务。同时，产业集群发展所集聚的人流、物流、资金流以及信息流，还会带动运输、仓储、电信、餐饮、旅馆、娱乐、教育、卫生、中介服务、金融保险、房地产等行业的发展。如湖州南浔的建材市场和织里的童装市场等，都是在装饰木制品和童装产业集群加快发展的环境下应运而生的。

三、林业产业集群的作用和优势

由于林业产业集群内聚集了大量同类或相关产业的企业，每一种产品可有多家企业同时生产，下游企业和消费者可轻易选择到质量最好、价格最廉、服务最优的产品，因此其集群区内的企业竞争就十分激烈。为了在激烈的竞争中立于不败之地，产业集群区内的企业就会想方设法寻求资金支持，提高技术水平，扩大生产规模，严格内部管理，降低生产成本。在现阶段，中小企业产业集群的作用和优势主要体现在：

首先，产业集群发展能够使中小企业形成规模化效应。产业集群能够使单个中小企业的原材料采购、产品销售规模化，中小企业之间可通过转包、战略联盟、服务合同等形式，把具有产业联系的生产分工到不同的企业进行，以提高企业经济效益。如在湖州南浔的木地板产业集群区内拥有333家木地板中小企业，年产实木地板7200万m^2，年销售额达到40多亿元，是中小企业产业集群发展规模效应的有效体现。

其次，产业集群有利于拓展国内外市场。产业集群的市场优势在于它的产业规模，以及在产业规模基础上建立起来的专业市场、区域性品牌和开拓国内外市场的整体竞争力。地域化集聚和区域品牌效应有利于形成专业市场，产业集群与专业市场的相互依存是其竞争优势的重要体现。产业集群的发展为区域内形成专业市场提供了基础条件，而专业市场的形成又将推动产业集群的加速发展。从湖州市南浔实木地板产业集群发展的实践来看，由于许多木地板中小企业产业的集聚发展，有力促进了该区域内的南浔建材专业市场的良性循环，使其每年达到了突破100亿元的成交额。反过来，产业集群区内的中小企业又依托建材专业市场，进一步拓展了企业产品对外营销的市场，加快了自身的发展。

第三，产业集群有利于区域内中小企业竞争力的提升。产业集群的发展模式，既保持了中小民营企业灵活应对、反应敏捷的特点，又能形成群体规模，从而获得竞争优势。产业集群能够使得区域内的中小企业转变发展成为具有区域创新能力的竞争优势。产业集群区内上下游企业的关联配套，降低了区内企业的成本。产业集群发展到一定程度，产业的专业化分工与协作体系日趋完善，使产业具有明显的成本优势。

第四，产业集群的发展有利于促进中小企业相互影响，形成加速发展的趋势。产业集群能够把具有产业关联的各类中小企业联结成较紧密联系的团队，而要保持该团队的发展前景就必须对每一生产环节的质量有着较高的要求，并统一改进工艺技术，不断加强研发力量的培育及对市场的开拓，从而汇集产业集聚区内所有企业的生产要素，如人才、资金等，形成加速发展的合力。产业集群的存在也促进中小企业间竞争意识的增强，其模仿效应也会使其新思想在企业间迅速传递，从而使整个行业受益，形成加速发展的趋势。

第五，产业集群的发展有利于形成地区性的品牌效应。产业集群奠定了打造区域品牌的优势，同时，区域内那些已经具备了一定规模、实力和品牌的企业又能以自身品牌的影响增强区域品牌的知名效应。与单个企业、单个产品的品牌效应相比，地区的品牌效应更形象、更直接、影响力更大，因为它是众多企业品牌的集聚和提炼。"中国童装之都"的湖州织里童装、"木地板之都"的南浔木业、"中国竹乡"的安吉竹制品等，之所以有相当的知名度，主要得益于中小企业的云集、产业的集聚发展。这种产业集聚群所带来的知名品牌效应的影响力是单个中小企业根本无法达到的。

四、发展壮大林业产业集群途径的探讨

以往产业集群的产生发展，主要得益于以民营企业为主体，自发性竞争的市场机制作用。在市场经济体制日益完善的现阶段，林业产业集群要发展壮大的可在以下方面寻求途径：

第一，把产业集群建设纳入当地经济社会发展的整体规划。应结合打造建设先进制造业基地、城镇建设规划和经济发展的阶段性特点，通过整顿规范、合理布局规划建设特色产业工业园区等，把各地具有明显优势和特色的中小企业产业集群，纳入到地方经济社会发展的整体规划和当地政府工作的议事日程，加强规划和服务，加强领导和管理，加强配套基础设施建设，努力消除不利于中小企业产业集群发展壮大的各种因素，为其发展提升创造良好环境。

第二，加快与中小企业产业集群相配套的专业市场建设。围绕特色产业集群，广泛吸收社会资金，参与专业市场建设，积极发展各类辅助市场，不断壮大市场规模。进一步强化现有专业市场的管理，改善市场发展环境，完善市场功能，注重市场的形象塑造，提高市场知名度，进一步扩大市场辐射面，为加快产业集群区建设发展拓展更大的空间。定期开展与中小企业产业集群相关的如产品博览会、产品设计大奖赛、精品展示、当地产业集群发展理论研讨会等活动，打响地区产业品牌，扩大产业集群的影响力和市场占有率，进一步提高产业集群区的知名度。

第三，大力培育扶持和引进龙头骨干企业，带动提升主导产业集群化。要大力扶持和外引一批产业关联度高、带动力强的集群区龙头骨干企业，鼓励促进其加速发展，在工艺、技术、装备、产品开发等方面领先于国内外同行业，以带动整个产业集群的整体发展，提高整体竞争力。鼓励引导产业集群的中小企业走以资本为纽带、产品为核心、技术为依托，走重组、联合、股份制改造之路，营造"航空母舰"和"专业舰队"，提高产业的组织化水平。

第四，加快技术创新，形成产业集群的技术开发优势。积极尝试建立产业集群区与高等院校的合作关系，联合有关高等院校和科研单位在本集群区共创共建技术开发、服务分支机构，构建公用技术开发服务平台，增强技术创新能力。积极跟踪国内外同行业先进技术，鼓励集群区企业加强新产品研发，形成自主知识产权的核

心产品，增强企业核心竞争力。推动企业间开展技术交流与合作，实现技术创新在产业集群内的整体效应，提高产业技术水平。鼓励集群区各类企业采用新设备、新技术、新工艺，加大技改投入，不断提高档次和规模，增强企业的市场竞争能力，促进中小企业产业集群持续、快速、健康发展。

第五，加快建设产业集群信息网络服务平台，提高企业信息化水平。以产业集群区为单位，设立“特色产品国际在线”信息网，充分运用现代电子商务手段传播集群区的产业产品信息，加强对产业集群区的企业、产品等的信息发布，为产业集群区中小企业服务。

第三篇

林产品贸易

PART 3 Foreign Trade of Forest Product

本篇由第十章到第十三章构成。主要论述了林产品贸易的理论基础、中国林产品对外贸易状况及约束条件、林产品国际贸易格局、中国林产品贸易发展走势及贸易战略选择等问题。林产品贸易制约消费并决定着分配和资源配置关系，林产品贸易的可持续发展是保护生态环境、保障林业产业安全及满足人们日益增长的消费需求的重要条件。结合林产品的特殊属性，利用国际贸易理论框架，有针对性地验证了中国林产品对外贸易的竞争优势及存在的问题。通过分析林产品贸易的商品结构和交易国别，对改变中国严重依赖外来资源补给的发展困境提出了对策建议。着眼于利用国内和国际两种资源和两种市场，充分发挥中国林产品的比较优势，合理发展产业内贸易，对于中国林产品对外贸易的发展战略和政策调整提出了改革思路。

第十章

林产品贸易理论及实证

CHAPTER 10 Theories and Demonstrations of Forest Product Trade

第一节 国际贸易理论概述

林产品贸易的理论解释一方面要结合国际贸易的理论逻辑框架，另一方面要针对林产品贸易的行业特性，从而对林产品贸易的实践活动予以理论指导和现象解释。传统的国际贸易理论作为现代经济理论的专门分支始于亚当·斯密，其在《国富论》中提出了绝对优势理论，后经大卫·李嘉图修正，形成了比较优势论。比较优势论解释了互利贸易的基础，以及贸易利益的来源。比较优势论最终由俄林将其完善，俄林的要素禀赋论是比较优势理论成为我们所熟知的国际贸易主流理论。两百年来，比较优势论作为国际贸易理论的奠基理论。传统的经验解释认为，国际分工是以比较优势论为原则的，即发达国家出口资本密集型产品，进口劳动密集型产品，发展中国家出口劳动密集型产品，进口资本密集型产品，通过这种交换，各国都能从贸易中获得利益。

国际贸易理论发展的第一个阶段是古典贸易理论阶段。国际贸易的思想可以追溯到重商主义时代。重商主义者以其财富观为基础，推论出“奖出限入”的贸易政策。1766年，亚当·斯密在其划时代著作《国富论》中系统阐述了分工和自由经济的观点，批判了重商主义的财富观和贸易观，提出了国际贸易的绝对优势理论。1817年，大卫·李嘉图在其代表性著作《政治经济学及赋税原理》一书中，进一步发展了亚当·斯密的理论，提出和论证了国际贸易的比较优势原理，确立了其后国际贸易理论的发展方向。其后的一些学者，如穆勒、马歇尔和艾奇沃斯等，集中研究了贸易条件的决定问题。在20世纪两次世界大战间隔时期，关于比较优势的研究出现了重大进展。

古典贸易理论包括基于劳动生产率的“绝对成本”理论和基于生产技术差异的“比较成本”理论。古典贸易理论认为，国际贸易及其利益的产生在于交易国家之间的差异，认为实行自由贸易，为一国提供了改善资源效率的机会，利用这个机会，使有限的资源相对集中于比较优势的行业，就可以用较小的资源投入，通过国内生产和对外贸易两个系统，既获得较大的产出，又满足国内外需求。传统的国际贸易理论是古典经济学的产物，其理论的假设前提很多，这些假设前提与自由市场经济学的前提是一致的。

自由贸易的有效性和合理性所依赖的基本假定是，国际市场和国内市场都是一个完全竞争的市场结构。这在现实中又是不存在的。在这个贫富悬殊、经济实力差距很大、由世界经济大国决定贸易规则主导国际贸易的世界上，自由贸易只是一种理想，没有一个国家真正实行过。传统国际贸易理论自它诞生之日起，就不断遭到严重的挑战。

国际贸易理论发展的第二个阶段是新古典国际贸易理论，以基于要素禀赋差异的资源配置理论为代表。新古典国际贸易理论放松了古典贸易理论各个次要假定前提，提出了某些新的观点。例如，将两个国家与生产多种产品生产联系起来，提出在多种产品生产的条件下，每个国家总是可以出口其中一部分自己有比较优势的商品，而进口另一部分本国有比较劣势的产品，推进了古典贸易理论的使用范围。1919年，赫克歇尔在《对外贸易对收入分配的影响》一文中，首先提出了要素禀赋差异是决定国际分工和贸易的基础的观点。其后，他的学生俄林在1933年出版的《区际贸易与国际贸易》一书中，进一步阐述和发挥了赫克歇尔的要素禀赋理论，因而后来人们又称要素禀赋理论为赫克歇尔——俄林理论，简称H－O理论。1936年，哈伯勒在《国际贸易理论》一书中，用机会成本理论解释了比较优势理论，在贸易理论模型化方面作出了实质性的贡献。哈伯勒、勒纳、里昂惕夫、米德等人将一般均衡分析的新古典模型与赫克歇尔——俄林的要素禀赋论融为一体，最终形成了国际贸易理论的标准模型。在20世纪相当长的时期内，以新古典模型为表达形式的要素禀赋理论在国际贸易理论中占据着统治地位。20世纪40年代里昂惕夫之迷，对要素禀赋理论关于国际贸易商品和要素模式的估计提出了疑问。20世纪60年代以后，国际贸易领域出现了诸如发达国家间（即要素禀赋相似国家间）的贸易以及相似产品之间（即生产所需要素比例相似的产品之间）的贸易等新的现象，对此，新古典贸易理论的解释力明显下降。

国际贸易理论发展的第三个阶段是新国际贸易理论阶段。20世纪70年代末至80年代初，以克鲁格曼和赫尔普曼为代表的一批经济学家，提出了所谓“新贸易理论”。新贸易理论认为，除了要素禀赋差异外，规模经济也是国际贸易的原因和贸易利益的另一个独立决定因素。即使在没有偏好、技术和要素禀赋差异的情况下，规模经济也能引导各国开展专业化分工和贸易。新贸易理论引入规模经济的假设，打破了新古典贸易理论规模收益不变的完全竞争的假设，使得关于贸易理论研究的重心由国家间的差异转向市场结构和厂商行为方面，使研究更加深入。

第二次世界大战后，随着科学技术的进步和生产力的不断发展以及国际政治经济形势的相对稳定，国际贸易的规模越来越大，国际贸易的商品结构和地区分布与战前相比发生了很大变化，发达国家之间的贸易比重相对扩大，产业内贸易迅速发展。对这些新情况，传统的国际贸易已难作出有力的解释，因此，经济学家们在里昂惕夫之迷的推动下，在国际贸易研究中不断探索，纷纷著书立说，阐述自己的观点。先后出现了可获得性学说、熟练劳动说、人力资本说、研究开发要素说、规模报酬递增说、产业内贸易说、技术差距论、产品生命周期说、原料周期说、偏好相似说等新贸易理论。

进入近代经济，特别在二战后，国际市场上出现了很多令比较优势论无法解释的现象。如技术产品之间的贸易大大增加、产业内贸易的发展、相似国家之间的贸易、不同国家在国际市场上的力量呈现不同的发展历程，等等。这些新现象引发了人们对传统贸易理论的反思。20世纪70年代末以来，国际经济学家开始提出一些新的理论来解释日趋复杂的国际贸易。主要代表性的理论有：需求偏好理论、技术差距论、生命周期理论、新贸易理论、国家竞争优势论，等等，这些理论从不同的角度对国际贸易的新现象做出了解释。

改革开放以来，我国对外贸易实施的是比较利益原则，我国基本上是利用我国劳动力成本低的优势，发展劳动密集型产业参与国际贸易。从国际经验看，很多发展中国家在实施比较优势原则的过程中都或多或少地步入了“比较利益陷阱”(在劳动密集型产品和资本密集型产品的贸易中，以劳动密集型和自然资源密集型产品出口为主的国家总是处于不利地位)。对于我国林产品贸易的理论解释来说，本研究主要依据目前具有自然资源和劳动力资源的禀赋现状及我国目前的经济发展水平，有针对性的选用可计量的理论工具分析中国林产品贸易状况，期望在现有的比较优势的基础上形成寻求具有国际竞争优势的产业结构，将中国林产品比较优势转化为竞争优势，以确立中国林产品参与国际贸易与分工的外贸战略与政策定位。

表10-1　主要国际贸易理论及代表观点

理　论	主要理论观点及政策主张	局　限　性	代表人物
重商主义理论	财富观；认为货币是一国财富的根本；鼓励本国商品输出，限制外国商品输入；禁止货币输出，奖励输入的货币政策；奖出限入政策；保护关税政策；发展本国工业政策。	不成熟、肤浅，没有形成系统的理论；对国际贸易问题研究不全面不科学；把货币与财富混为一谈，错误地认为货币是衡量一个国家富强程度的尺度。	海尔斯 斯坦福德 托马斯·孟
绝对利益论	分工可以提高劳动生产率；分工的原则是绝对优势或绝对利益；国际分工的基础是有利的自然禀赋或后天的有利条件。	交换引起分工而交换是人类固有的倾向的观点是错误的，事实上交换以分工为前提；不能解释国际贸易的全部，只说明了国际贸易中的一种特殊形式；没有研究不具有绝对利益的国家能否参与国际贸易的问题。	亚当·斯密
比较利益论	认为各国不一定要专门生产劳动成本绝对低的产品，而只要生产相对低的产品便可以进行对外贸易并从中获益；两优取其重，两劣取其轻。	所揭示的贸易各国获得的利益是静态的短期利益；泛泛地论证了按照比较优势原则开展专业化生产和贸易，对所有参加国都有利之后，对于更复杂的问题如引起各国劳动成本差异的原因等没有触及；其理论基础劳动价值论是不完全、不彻底的。	大卫·李嘉图
相互需求论	认为两国产品的交换比例越接近本国国内的交换比例，本国获利越少，相反越接近对方国家国内交换比例，本国获利越多；互惠贸易的范围；贸易利得的分配；相互需求法则；提供曲线；商品相对价格的决定与贸易均衡；贸易条件。	相互需求强度决定贸易条件的论点是不切实际的；没有从规范经济学角度分析商品交换是否公平合理，是否等价交换，是否存在剥削等问题；边际效用论和生产成本论对供给曲线的解释带有主观任意性。	约翰·穆勒 马歇尔
要素禀赋论	一国的比较优势产品因而对应出口的产品是它在生产上使用该国相对充裕而便宜的生产要素，而进口的产品是它在生产上密集使用该国相对稀缺而昂贵的生产要素。	要素禀赋论和要素价格均等化学说所依据的一系列假设条件都是静态的，忽略了国际国内经济因素的动态变化，使理论难免存在缺陷。	赫克歇尔俄林 萨缪尔森
里昂惕夫之迷	发现了某种要素资源丰富的国家反而进口该要素密集的产品；可能的解释有劳动效率的差异、人力资本的差异、贸易壁垒的存在、自然资源因素及要素密集度逆转。	不能对战后国际贸易的实际做出有力的解释。	里昂惕夫

第二节　中国林产品比较优势理论解释

一、比较优势理论及解释

一个世纪以前，英国古典经济学家大卫?李嘉图创立了比较成本理论，奠定了西方国际贸易理论的基础。李嘉图在其名著《政治经济学与赋税原理》中，表述了比较成本思想。按照大卫?李嘉图比较成本优势的基本原理，如果中国林产品在国内同其他产品交换比率低于国际市场上同类产品交换比率，中国便有竞争优势；相反，如果国内林产品同其他产品交换比率较高，则没有竞争优势。

同时，根据瑞典经济学家俄林和赫克歇尔生产要素禀赋学说关于"一国应当生产和出口资源丰富产品，进口资源稀缺产品，才能获得国际贸易利益"的观点。我们认为，中国森林资源属于稀缺资源，因此林产品不具有国际竞争优势。如果这一假设成立，那么应当通过减少以森林资源为条件产品的生产和出口，降低国内森林资源消耗压力，促使森林资源价格上升。同时通过进口森林资源基础产品，参与国际森林资源的配置，获取资源保护利益。但是从经济意义上看，森林资源是可再生资源，其丰富和稀缺程度是动态概念，不排除结构上某些方面的丰富，如天然林资源稀缺，人工林资源不一定稀缺；阔叶材资源稀缺，针叶材资源不一定稀缺；林产品总体上竞争优势弱，个体产品则可能具有优势。因此，在正确把握中国林产品比较优势的基础上，通过制定和实施既能够适应国际贸易环境变化要求，又不脱离中国林业产业实际的贸易战略，充分发挥中国部分林产品国际竞争优势，就能够为改变整个林业产业竞争弱势，培育形成产业国际竞争力开辟道路。

分析中国林业产业比较优势，目的在于把握中国林业产业开展国际贸易，并通过国际贸易参与国际木材资源配置，进而全面推进产业升级的可能性。产业是否有比较优势，以及是否通过努力形成比较优势，是产业能否在国际化进程中取得实际利益的前提条件。一般说来，准确反映产业比较优势，应当对产业包括的所有产品进行比较优势分析。对木材产业来说，由于相关统计数据缺乏，难以对中国木材产业全部产品进行比较优势研究，因此本研究选择一些主要木材产品进行分析，用局部情况来概括说明中国木材产业比较优势情况，期望对探索中国木材产业国际贸易的发展有一定的理论指导和实际意义。

联合国粮农组织（FAO）和国际林业研究中心（CIFOR）将木质林产品划分为六种类型：工业用原木、锯材、木制人造板、木材纸浆、纸、薪柴与木炭。其中只有0.3%薪柴进入国际贸易市场，而工业用原木与锯木则占8%和20%，各国均重视附加值相对较高的林产品贸易。本研究中林产品的界定主要考察原木、锯材、胶合板、纸及纸板、纸浆、木浆等六种主要类型。

（一）大卫·李嘉图比较成本优势原理分析

假设S国与T国同时生产A、B两种产品，S国生产一单位A或B产品需要人数a_S或b_S劳动一年，T国生产一单位A或B产品需要a_T或b_T。

定义1：相对成本（Relative Cost）指同种产品的本国成本与它国成本之比率。

若记S国A产品的相对成本为$R_S(A)$，则有$R_S(A) = a_S/a_T$。

类似地有$R_S(B)=b_S/b_T$。

显然：

(1) 相对成本是针对一种产品而言的，每种产品都有其相对成本存在；

(2) 相对成本是一种成本的纵向比较；

(3) 一种产品的相对成本对于不同国家有不同取值；

(4) 对一国而言，产品的相对成本越低越好。

如果$R_S(A)<R_T(A)$，说明S生产A产品所耗资

源较之T国要少，因此S国的A产品对于T国具有绝对优势。R_S越小，这种优势越突出。一国某种产品相对成本低，那么就应该出口该产品，而另一种产品相对成本高，那么就应该进口该产品，两国之间的双边贸易便由此产生。但如果一国所有产品的相对成本均低于或均高于另一国，绝对成本理论对此便无能为力。解决这一局限性，必须利用以下概念。

定义2：比较成本（Comparative Cost）指一国中两种产品的相对成本之比率。

A产品对B产品的比较成本记作C（A/B）。

对于不同国家，同样两种产品的比较成本是不同的。

比如S国A产品对B产品的比较成本$C_S(A/B)=R_S(A)/R_s(B)$，

恰等于T国B产品对A产品的比较成本$C_S(A/B)=C_T(B/A)$，

或等于T国A对B的比较成本的倒数$C_S(A/B)\times C_T(A/B)=1$，

在这个定义之下，比较成本思想的空间立体框架为：

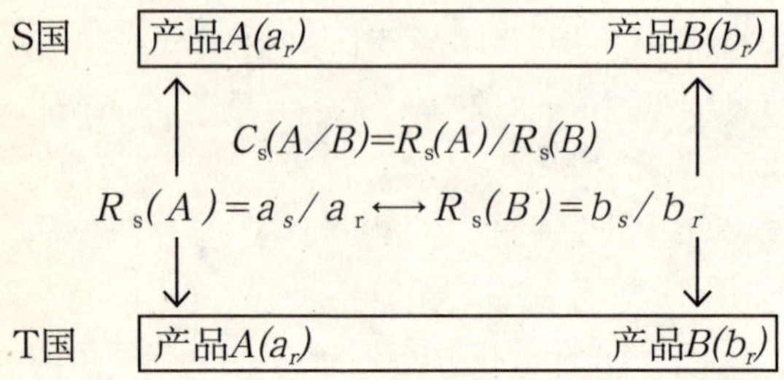

图10-1　比较成本思想的空间立体框架

第一步：纵向比较，得到相对成本$R_S(A)$和$RS(B)$。

第二步：横向比较，得到比较成本$C_S(A/B)$。

（二）比较成本理论的数学测算

两国之间产品通过比较成本，可以判别出哪一国哪种产品具有比较优势，从而决定自由贸易格局和贸易走向。根据上述比较成本定义，中国林产品是否具有比较优势，其判别的方法如下：

如果一国A产品对B产品的比较成本为$C(A/B)$，则A产品具有比较优势，B产品具有比较劣势，反之亦然，比较优势是相对而言的。这种相对性有两重含义：一是相对于本国另一种产品而言，如果一国A产品具有比较优势，则该国B产品就具有比较劣势。

因为若$C(A/B)<1$，则有$C(B/A)=1/C(A/B)>1$。

另一重要含义则是相对于与之进行贸易的另一国的同类产品而言，如果S国A产品具有比较优势，则T国产品就具有比较劣势。

因为若有$C_S(A/B)<1$，

$C_S(A/B)=C_T(B/A)$，

故$C_T(B/A)<1$。

这个结论使得我们在利用比较成本思想判别一国产品的优劣时十分简便。数字1就是其界限。如果我们把$C(A/B)$改写为以下形式，

$$C(A/B)=\frac{R_S(A)}{R_S(B)}=(\frac{a_S}{a_T})/(\frac{b_S}{b_T})=\frac{a_S b_T}{a_T b_S}$$

则更易于操作。

在李嘉图经典范例中，假设葡萄牙和英国进行贸易，葡萄牙生产1单位呢绒和酒各需要90人和80人劳动一年，英国生产一单位呢绒和酒各需要100人和120人劳动一年。

	呢 绒（A）	酒（B）
葡萄（S）	90	80
英国（T）	100	120

虽然英国两种产品都处于相对劣势，但是

$$C_T(A/B)=\frac{100\times 80}{90\times 120}=0.74<1$$

比较而言，英国呢绒仍然具有比较优势。同理，虽然葡萄牙两种产品都有相对优势，但

$$C_S(A/B)=\frac{90\times 120}{100\times 80}=1.35>1$$

因此葡萄牙呢绒存在比较劣势。就是说，葡萄牙生产呢绒效率不如生产酒效率高，宁愿出口酒至英国换取英国呢绒的进口。而英国生产酒的效率不如生产呢绒效率高，宁愿出口呢绒至葡萄牙以换回酒。于是双边贸易便产生了。

（三）关于比较成本多种解释的统一

(1) 根据上述比较成本定义：对于S国，当$C_S(A/B)<1$，$R_S(A)<R_T(B)$，或 $\frac{As}{Bt}<\frac{Bs}{Bt}$。

这就是说，不论在S、T两国生产A、B两产品的实际成本如何，在S国生产A产品的相对成本总是低于B产品的相对成本。相对成本越低，该产品的相对优势或比较优势越显著，反之亦然。

(2) 若将$Cs(A/B)$换写为：

$$C_S(A/B)=\frac{Rs(A)}{Rt(A)}=\frac{As}{At}:\frac{Bs}{Bt}=\frac{As}{Bs}:\frac{At}{Bt}。$$

将李嘉图经典例子具体数据代入，则有对于葡萄牙，$C(\text{呢绒}/\text{酒})=\frac{90}{80}:\frac{100}{120}=\frac{9}{8}:\frac{5}{6}$，对于英国，

$C(\text{呢绒}/\text{酒})=\frac{100}{120}:\frac{90}{80}=\frac{5}{6}:\frac{9}{8}$。

日本小岛清先生判别$C(A/B)<1$还是$C(A/B)>1$，要比从两个分数之比值中寻求两个较小数字去判别逻辑要严密得多，操作要简单一些。

由$C(A/B)$判别产品A和B的相对价格，从而把西方经济学家相对价格之解说统一到此定义上来。

(3) 若$C_S(A/B)<1$，则S国A产品的相对价格较之T国低，B产品相对价格较之T国高，反之亦然。

当$C_S(A/B)<1$时，$\frac{As}{At}:\frac{Bs}{At}<1$，亦是说S国A产品与B产品的成本比比率要比T国成本比率小，成本比率决定比率在S国便有1单位A产品和1单位B产品价格之比为$\frac{At}{Bt}$，即1单位A产品换$\frac{As}{Bs}\times 1$单位B产品。

因此，同样1单位A产品，在S国可换到$\frac{As}{Bs}\times 1$单位的B产品，在T国则可换$\frac{At}{Bt}$单位的B产品，而$\frac{As}{Bs}>\frac{At}{Bt}$，所以1单位A产品在S国换到的B产品比在T国换得少，即是说A产品在S国的价格相对T国要低一些，或者说S国A产品的相对价格低。

$C_T(B/A)=C_S(A/B)$，故$C_T(B/A)<1$，即是说B产品在T国的价格相对于S国要低一些，等于说S国B产品的相对价格比T国高。

而相对价格低的产品具有相对优势或比较优势，因此，由$C(A/B)<1$可导出A产品相对价格低从而具有比较优势，这与前面判定方法是一致的。

在李嘉图经典例子中，对于英国，$C(\text{呢绒}/\text{酒})=0.74<1$，所以英国呢绒相对价格低，酒的相对价格高。事实上，在英国1单位呢绒只能换到$\frac{100}{120}=0.83$单位酒，拿到葡萄牙却能换到$\frac{90}{80}=1.125$单位酒。对于葡萄牙则相反，$C(\text{呢绒}/\text{酒})=1.35>1$，所以葡萄牙呢绒的相对价格高，酒的相对价格低，在葡萄牙1单位只能换到$\frac{80}{90}=0.89$单位呢绒，拿到英国却能换到1.2单位呢绒。所以葡萄牙愿以酒与英国换呢绒。

(4) 亦可由$C(A/B)$判别产品的机会成本之大小。若$S(A/B)<1$，则 S国A产品的机会成本小于T国A产品的机会成本，S国B产品的机会成本大于T国B产品的机会成本。反之亦然。

机会成本是指为了多生产某种产品而必须减少的生产其他产品的数量。对于S国，由于A、B产品的成本比率为$\frac{As}{Bs}$，1单位A产品的成本=$\frac{As}{Bs}$单位B产品的成本。

因此，在资源一定时，多生产某个单位A产品就相当于必须减少生产$\frac{As}{Bs}$个B产品，即S国A产品的机会成本等于$\frac{As}{Bs}$。

同理，T国A产品机会成本等于$\frac{As}{Bs}$。而$\frac{As}{Bs}<\frac{At}{Bt}$和$\frac{As}{Bs}>\frac{At}{Bt}$

分别等价于$(A/B)<1$和$C(A/B)>1$，所以同一产品两国机会成本之大小取决于是$C(A/B)<1$还是$C(A/B)>1$。

当$C(A/B)<1$，即有$\frac{As}{Bs}<\frac{At}{Bt}$，所以S国$A$产品的机会成本小于T国$A$产品的机会成本。而$C_T(B/A)=C_S(A/B)<1$，故T国$B$产品的机会成本小于S国$B$产品的机会成本。

机会成本小的产品，就是具有相对优势或比较优势的产品，因此，由$C(A/B)<1$可以导出A产品的机会成本小从而具有比较优势，这与前面的判别方法也是一致的。这样，西方经济学家的机会成本解说可以在比较成本的新定义下统一起来。

二、中国林产品比较优势实证

20世纪90年代以来，中国木质林产品贸易进口增幅高于出口增幅，贸易逆差有所扩大。森林资源匮乏引起我国生态环境的恶化，林产品供给不足严重影响了我国林业的发展。为保护生态环境、缓解木材供需矛盾，我国每年花费大量外汇进口木材及其制品，外汇消耗1996年已达53.2亿美元，而2000年以来林产品进口额每年都超过100亿美元。2002年中国木质林产品出口中，主要产品类别构成依次为：家具43.88%、木制品30.24%、人造板及单板9.16%、纸和纸浆8.94%。近年来，美国、日本和中国香港是我国木质林产品出口的主要市场，三者所占比重超过70%，而且美国所占比重在逐年提高，中国香港和日本所占比重在不断下降；与出口相比，我国木质林产品进口市场主要集中于俄罗斯、美国和印度尼西亚，最近几年我国木质林产品进口额中的近40%来源于这三国，而且表现出美国市场相对稳定、印度尼西亚市场逐年转向俄罗斯的变化特点。依据中国林产品主要交易产品与国别来看，比较优势理论检验从贸易竞争指数和显性比较优势指数分析如下。

（一）中国木质林产品贸易竞争指数分析

贸易竞争指数（Trade Competitive Index，简写TCI）——又称水平分工度指标或对外竞争力系数，它反映本国生产的某种产品相对世界市场上供应的它国同种产品来说，是处于生产效率的竞争优势还是劣势状态及优劣程度。其计算公式为：

$$TCI_i=\frac{(X_i-M_i)}{(X_i+M_i)}\ (i=1,\ 2,\ 3,\ \cdots,\ n)$$

式中：TCI_i为某国家第i种产品的贸易竞争指数。

其中：X_i为某国家第i种产品的出口值；M_i为某国家第i种产品的进口值。

如果TCI_i的值大于0，则表示该国为第i种产品的净出口国，表明该国这种产品的生产效率高于国际水平，具有贸易竞争优势，且数值越大，优势越明显；如果TCI_i的值小于0，则表明该国为第i种产品的净进口国，即本国的这种产品生产效率低于国际水平，处于竞争劣势，绝对值越大，劣势越明显。

为了方便研究中国木质林产品的竞争力，将木质林产品细分并选取三类有代表性的产品：

一类是资源密集型产品，如原木、锯材；第二类是劳动相对密集型产品，如胶合板、纸和纸板、木制品、木家具；第三类是资本和技术相对密集的产品，如木浆。

表10-2显示，1981～2005年，除木制品和木家具为正值、锯材由负值变为正值再转为负值外，我国主要木质林产品的贸易竞争指数均为负值。这说明在木制品和木家具生产方面，我国处于绝对优势，有较强竞争力；而在其他主要木质林产品上处于绝对劣势状态，这与我国实际情况吻合。

如果把除木制品和木家具以外的木质林产品的贸

表10-2　1981～2005年中国主要木质林产品贸易竞争指数

年份	原木	锯材	胶合板	木浆	纸和纸制品	木制品	木家具
1981	−0.94	0.90	−0.94	−1.00	−0.84	0.82	
1982	−0.96	−0.80	−0.99	−1.00	−0.76	0.90	
1983	−0.97	−0.83	−0.97	−1.00	−0.73	0.42	
1984	−0.98	−0.53	−0.99	−0.99	−0.75	0.78	
1985	−0.97	−0.74	−0.99	−1.00	−0.86	0.49	
1986	−0.96	−0.66	−0.97	−0.99	−0.86	0.48	
1987	−0.92	−0.47	−0.99	−0.99	−0.87	0.54	
1988	−0.88	−0.39	−0.99	−0.98	−0.84	0.71	
1989	−0.84	0.31	−0.98	−0.98	−0.84	0.55	
1990	−0.84	0.10	−0.97	−0.98	−0.87	0.84	
1991	−0.77	0.21	−0.96	−1.00	−0.88	0.83	
1992	−0.79	0.03	−0.93	−0.99	−0.86	0.85	0.84
1993	−0.73	−0.07	−0.91	−0.97	−0.85	0.83	0.80
1994	−0.82	0.06	−0.92	−0.97	−0.86	0.82	0.82
1995	−0.77	0.13	−0.90	−0.92	−0.83	0.82	0.90
1996	−0.88	0.04	−0.81	−0.97	−0.86	0.87	0.95
1997	−0.92	−0.16	−0.60	−0.97	−0.85	0.89	0.95
1998	−0.96	−0.50	−0.78	−0.98	−0.84	0.84	0.94
1999	−0.99	−0.65	−0.54	−1.00	−0.85	0.89	0.96
2000	−0.99	−0.69	−0.40	−0.99	−0.78	0.94	0.97
2001	−0.99	−0.67	−0.02	−0.99	−0.71	0.96	0.97
2002	−0.98	−0.66	−0.43	−0.99	−0.76	0.98	0.97
2003	−0.97	−0.71	−0.51	−0.97	−0.80	0.89	0.99
2004	−0.95	−0.77	−0.53	−0.92	−0.86	0.86	0.96
2005	−0.95	−0.79	−0.55	−0.95	−0.87	0.89	0.98

资料来源：依据历年《林业统计年鉴》测算数值所得

易竞争指数取绝对值，我们不难看出，1995年开始，胶合板的贸易竞争指数绝对值相对要小一些，这说明我国这些产品的劳动生产率要高于其他木质林产品，而且其竞争力水平逐渐提高。纸和纸制品竞争力水平也相对提高。根据比较优势理论可知，即使一国的产品都处于绝对劣势状态，如果该国选择劣势较小的产品进行生产和出口，也可以获得贸易利益。因此，我们在胶合板、纸和纸板上具有相对比较优势，而在原木、木浆等资源或资本密集型产品方面比较劣势一直都比较大。

（二）中国木质林产品显示比较优势指数分析

显示比较优势指数（Reveale Comparative Advantage）是一个国家某种产品占其出口总值的份额与世界该种产品占世界出口总值的份额的比率。它反映一国某种产品出口贸易的强度和专业化优势。用公式表示为：

$$RCA_i=\frac{X_{ij}/X_{it}}{X_{wj}/X_{wt}}$$

（i=1，2，3，…，n，j=1，2，3，…，n）

式中：RCA_{ij}代表显示比较优势指数。

其中：X_{ij}代表i国家第j种产品的出口值；X_{it}代表i国

表10-3　1997～2000年主要木质林产品的显示比较优势分析

国家	年份	原木	锯材	胶合板	纸和纸板	木浆
中国	1997	1.76	0.69	1.84	1.80	0.03
	1998	1.14	0.54	1.41	1.93	0.02
	1999	0.49	0.35	1.00	1.55	0.02
	2000	0.75	0.44	1.53	0.63	0.04
美国	1997	1.74	0.82	0.39	0.78	1.52
	1998	1.61	0.70	0.30	0.80	1.35
	1999	1.48	0.74	0.25	0.74	1.32
	2000	1.43	0.79	0.27	0.81	1.29
加拿大	1997	0.30	9.44	0.93	3.78	8.08
	1998	0.65	9.04	1.15	3.43	7.65
	1999	0.81	8.90	1.31	3.18	7.49
	2000	0.98	8.14	1.28	3.26	7.38
马来西亚	1997	7.67	2.79	12.5	0.10	
	1998	5.43	2.12	10.9	0.08	
	1999	6.49	2.10	8.67	0.11	
	2000	5.39	1.29	9.78	0.08	
韩国	1997			0.14	0.73	0.02
	1998			0.35	0.88	0.03
	1999			0.30	0.85	0.03
	2000			0.26	0.82	0.05
日本	1997			0.02	0.32	
	1998			0.02	0.29	
	1999			0.02	0.34	
	2000			0.01	0.34	

资料来源：依据历年《林业统计年鉴》测算数值所得

家全部产品的出口值；X_{wj}代表世界上第j种产品的出口总值；X_{wt}代表世界所有产品的出口总值。

如果$RCA_{ij}>1$，则表示i国家j种产品具有显示比较优势，其数值越大，显示比较优势越明显；如果$RCA_{ij}<1$，则表示i国家第j种产品不具有显示比较优势，其数值越小，比较劣势越明显。

用显示比较优势指数估算中国木质林产品国际贸易比较优势。选取两类国家与我国木质林产品进行国际比较分析，一类是木材资源丰裕型国家：美国、加拿大、马来西亚；另一类是木材资源稀缺型国家：日本和韩国。

由表10－3可以看出，1997～2000年，我国在胶合板、纸和纸板上是具有显示比较优势的，这主要是因为它们是属于劳动相对密集型产品。而原木从具备显示比较优势到失去显示比较优势，这是与1998年实施“天保工程”分不开的。锯材的显示比较优势指数一直小于1，而且不断降低，处于比较劣势。而在木浆方面，显示比较优势指数约为0.02，说明了它们根本不具备比较优势。

从国际比较看，在原木和锯材方面，木材资源大国美国、加拿大、马来西亚都处于明显比较优势，但除了加拿大的原木和美国的锯材显示比较优势指数有轻微上升外，其显示比较优势指数趋于下降。这一方面说明了各国环保意识不断增强，限制了原木出口；另一方面则是因为原木、锯材都属于低附加值产品，创汇收益差，所以各国纷纷代之以出口高附加值的产品。在胶合板方面，除了胶合板大国马来西亚外，我国对美国、日本、韩国等都具有明显的比较优势，对加拿大也有微弱的比较优势。在纸和纸板方面，除了加拿大外，我国也具有比较优势，但是这些比较优势都不是很明显，这说明我国劳动力成本优势并未完全发挥作用，还存在很大的发展空间；另一原因是因为这些产品目前主要依靠本国的木材资源，由于我国木材价格偏高，优质材数量又少，所以影响了产品比较优势。在木浆方面，木材资源丰富的经济发达国家，如美国、加拿大，占据了明显的比较优势，这与它们已经达到较高的经济发展阶段密切相关。

从显示比较优势指数和贸易竞争指数两方面分析的结论基本一致，即近年来我国的木制品、家具、胶合板、纸和纸板等多属于劳动相对密集型产品，是具有竞争力和国际比较优势的，木质林产品出口应以这些产品为主。原木和锯材类资源密集型产品应以进口为主。在木浆等资本和技术密集型产品上，同林产工业发达国家有明显差距，出口额小，比较劣势大，也基本符合我国林产工业资本积累和技术相对落后的情况。

（三）中国木质林产品比较优势判断

1．中国木质林产品国际贸易比较优势所在

以单板、纤维板、胶合板、木片和木制板等为例，中国在这些产品方面已具有比较优势，在单板方面，比较优势超过美国和日本，低于巴西、马来西亚、加拿大和德国；在纤维板方面，明显高于美国、法国和日本，但同巴西、马来西亚和德国有比较大的差距，与加拿大相近。在胶合板方面，中国超过了美国、德国、日本和韩国，有着明显的比较优势，但同胶合板生产大国巴西和马来西亚相比则有着较大的差距。在木制板方面，除巴西、马来西亚和加拿大外，中国比美国、德国、法国、日本、韩国等有比较明显的比较优势。

这些情况从一个侧面表明，中国木材产业主要产品是有国际比较优势的，因此，存在通过国际贸易获取国际比较利益的条件。同时，有比较优势的木材产品大多数属于劳动密集型产品，说明中国木材产业劳动密集型产品有着开展国际贸易的优势。而在资本密集型和技术密集型的产品木浆、纸浆等生产和贸易方面，中国同木材工业先进国家有着明显差距，基本没有形成比较优势，符合中国木材产业资本积累和技术进步相对落后的实际情况。

2．进口原料与出口制成品的问题

根据H－O理论可知，一国的生产和出口应较多地使用本国资源丰富的产品。既然中国是劳动力资源大国，出口制成品就应较多地使用中国丰富的劳动力资源。在一些主要木材产品上，虽然目前人力成本优势暂时抵消了低效率的影响，但是这种比较优势不能持久。中国要在今后长期维持和发展比较优势，还有赖于木材加工业由低效型向高效型转变。在中国现有人造板产品中，存在着品种少、应用范围窄、深加工产品少、不能满足国内市场需要，有些产品还要依赖进口；在家具方面，出口产品档次低、附加值不高、竞争主要以价格取胜，满足不了国外消费者日益增长的需求。这说明在劳动力密集型产品上，我们还没有充分利用自己比较优势的资源，劳动力成本所占比重太小，产品附加值低，影响了出口创汇能力的提高。因此，今后应对这些产品进行深加工，努力提高产品附加值，增加产品中劳动力的比重，充分发挥比较优势，争取更大的贸易利益。

结合选择两类国家同中国木材工业生产进行比较，一类是木材资源丰富的美国、德国、法国、巴西、马来西亚、加拿大等国，一类是木材资源贫乏的日本和韩国等国。同除马来西亚以外其他国家比较，中国原木生产和贸易有着明显比较优势，主要是因为美国、德国、加拿大、法国、巴西等国家的木材贸易主要集中在木材加工制品方面，而日本和韩国则没有出口原木条件。但是随着中国天然林保护工程和退耕还林工程的展开，以及国家对原木出口限制政策的实施，原木生产和贸易比较优势难以作为提高中国木材产业国际竞争力的条件发挥作用。

3. 木质林产品国际贸易比较优势分析结论

通过木材产业比较优势分析，可以得出以下结论：

(1) 中国木材产业劳动密集型产品存在着生产和贸易上的比较优势，具备同无论是木材资源丰富国家还是木材资源贫乏国家进行国际贸易的条件，有了形成国际竞争力的可能性。而在资本密集型和技术密集型的产品方面，中国木材产业不具有比较优势，因此，这些产品的国际竞争力培育需要更长时间。

(2) 中国木材产业具有比较优势的产品，不仅对木材资源贫乏国家有着广阔的出口前景，而且存在同木材资源丰富国家进行贸易的机会和市场。

(3) 扩大具有比较优势木材产品的出口贸易，是中国木材产业国际化的主要途径之一，同时，扩大不具比较优势的木材产品的进口贸易也是弥补国内包括原材料、资本和技术不足的重要手段。

(4) 无论是出口有比较优势的产品，还是进口不具有比较优势的产品，都对参与国际木材资源配置，提高产业素质，进而培育国际竞争力有着积极意义。

中国森林资源短缺、劳动力资源丰富、资本和技术相对落后，发挥比较优势，弥补比较劣势，一定时期内出口劳动力密集型产品，进口资源和技术密集型产品，这对参与国际木材资源配置，提高产业素质，增加资本积累，使中国森林资源得以休养生息，具有重要意义。

由于世界性森林资源减少，使得一些国家从发展本国经济和保持生态平衡角度出发，纷纷设置木材出口壁垒，世界木材贸易前景暗淡，价格上涨，这对木材缺乏的中国无疑是一种打击，进口代价会逐步加大。从长期观点来看，不能过分依赖世界木材市场直接供应原木。退一步说，即使进口木材条件良好，我们也要慎重选择这种解决方式。木材可以进口，但生态环境无法进口。进口木材需要大量外汇，会使国内营林资金减少，进口木材用汇的50%是林价，进口木材等于拿外汇到别国去造林。因此，利用木材进口贸易长期内不是解决木材短缺的最佳方式。

第三节　中国林产品产业内贸易理论实证

一、产业内贸易理论及解释

比较优势理论主要分析了产业间贸易及获利来源问题，本研究针对20世纪90年代以来，中国与相关贸易伙伴林产品产业内贸易现状，结合产业内贸易理论分析中国林产品产业内贸易的发展趋势及问题。最新海关统计数据汇总分析，2005年中国主要林产品进出口总额为383.18亿美元，比上年增长18.51%，相当于2005年林业产业总产值的43%左右，林产品贸易份额及国民经济贡献愈发重要。2005年主要林产品出口额首次突破200亿美元，增长29.36%，进口额为176.27亿美元，增长7.87%。林产品贸易顺差为30.64亿美元。导致90年代以来中国木质林产品贸易的快速增长原因很多，其中国际贸易自由化的加深和世界林产品产业内贸易的不断增长和扩张，是考察中国木质林产品贸易快速增长的有效视角。

产业内贸易(Intra-industry Trade，简称IIT)，即同时出口和进口无论是在生产投入还是消费上几乎可以完全相互替代的某类产品(Tharakan，1985)。从统计上讲，同类产品是指按国际贸易标准分类（SITC）至少前三位数相同的产品，即至少属于同类、同章、同组的商品，既出现在一国的进口项目中，又出现在该国的出口项目中。依据产品差别的不同形态，产业内贸易又可分为两种类型：一种是垂直差别产品的产业内贸易(Vertical Product Differentiated Intra-industry Trade，简称VIIT)，是指产品仅仅在质量上存在着差别，另一种是水平差别产品的产业内贸易(Horizontal Product Differentiated Intra-industry Trade，简称HIIT)，主要表现为产品有着同样的质量但是它们的（真实的或者假想的）特色（Characteristic）不同。

根据赫克歇尔—俄林—罗布斯津定理(H-O-R Theorem)，导致行业内贸易的关键是存在国家之间行业内的专业化。其一，行业内贸易是相同要素密集型产品之间的交换。显而易见，这些产品之间替代可能性很大。其二，在有关行业内贸易文献里，一般都强调了有多种产品被生产和参与贸易。在存在多种要素、多种产品的情况下，某些部门扩张而另一些部门收缩时不会出现边际机会成本上升的现象。行业内这两个特征使它和李嘉图贸易模型联系在了一起。在传统李嘉图贸易模型里，我们可以推论出，即使在规模收益不变和市场完全竞争的条件下，行业内贸易依然可能发生。

（一）H-O-R模型假设

假设有两个国家（Ⅰ国和Ⅱ国），生产3种产品，X_1、X_2和Y。其中前两种产品是完全行业内产品，这意味着在所有要素价格比情况下它们都具有相同的要素密集度。并假定相对产品Y而言，行业内贸易产品X_1、X_2是资本密集型产品。两国用于生产X_2、Y的技术是相同的，在生产X_1的技术上存在着生产率（希克斯中性）的差异：

Ⅰ国：

$X_1=F(KX_1,KX_2)$

$X_2=F(KX_2,LX_2)$

$Y=G(K_Y,L_Y)$

Ⅱ国：

$X_1=F(KX_1,KX_2)$

$X_2=F(KX_2,LX_2)$

$Y=G(K_Y,L_Y)$

（二）产业内贸易对总体均衡的有效性

Ⅰ国在X_1产品的生产上具有绝对技术优势，只有Ⅰ国的技术被用于该产品的生产，同时由于两种行业内产品之间的边际转移率（MRT）是一直不变的，X_1产品的相对价值$PX_1=1/A$。Y产品的相对价格P_y由世界供求决定。

在资本密集度上$KX_1=KX_2>K_y$，确定劳动与资本要素价格比率为w/r，可确定要素在不同生产部门的配置情况。

用V表示世界要素禀赋，$(V^1,V^2)=[(K^1,L^1),(K^1,V^2)]$为两国要素禀赋组合。

在总体均衡时i部门的要素利用量$V(i)=[K(i),L(i)$，λ_{ij}表示j国在i产品的总体均衡产量中所占份额。

在此情况下要素价格均等化（FPE总体均衡的标志）解集为：

$$FPE=\{V^1,V^2/\lambda x_{21},\lambda x_{22},\lambda y_1,\lambda y_2\geqslant 0$$

$$\text{且}\lambda x_{21}+\lambda x_{22}=1$$

$$\lambda y_1+\lambda y_2=1,\lambda x_{11}=1,\lambda x_{12}=0,$$

$$V1=\sum\lambda_{i1}V(i),V^2=\sum\lambda_{i1}(i)\}$$

上述关系表明，要素价格均等化（FPE）是世界总要素禀赋通过产品贸易在两国配置的结果：

（1）用相同技术生产的产品（X_2和y），其生产是按照一定比例在各国之间分配。

（2）I国能生产全部X_1产品均衡供给量，因为该国在X_1的生产上具有技术优势。

（3）有一点是一致的，即每个国家的要素都得到充分利用，世界经济达到总体均衡。

（三）产业内贸易理论经验

作为传统贸易理论"主心骨"的新古典贸易理论，将比较优势源泉分解为多种生产要素，分别提出了赫克歇尔—俄林定理(H—O Theorem)、斯托珀—萨缪尔森定理（Stolper—Samulson Theorem)、要素价格均等化定理（Rybcynski Theorem)、罗布斯津定理(Rybcynski Theorem)。对新古典贸易理论验证正是围绕上述4个核心定理展开的，其中对H—O定理的验证最为典型。

早期关于产业内贸易的实证研究主要是一些经验分析，试图证明产业内贸易现象的存在，以Gruel和Lloyd(1975年）的经验分析最为典型。Gruel和Lloyd(1975年)指出：在考察贸易流量时，有很大一部分贸易是产业内贸易。根据他们的研究，不仅在同质产品中而且在差异产品中也存在着产业内贸易。

他们提出了产业内贸易的"Gruel—Lloyd"指标：

$$\text{IITijk}=\frac{2Min(Xijk,Xikj)}{(Xijk+Xikj)}$$

其中，i表示产业，j和k表示国家，$Xijk$和$Xikj$表示两国I产业产品的出口。尽管有的学者认为，产业内贸易不过是一个虚构的数据分类，Gruel和Lloyd指出：生产和消费层面的同质商品会因区位或时间而不同，前者(区位)差异会导致边境贸易，而后者(时间)会导致季节性贸易。虽然它们并非同要素禀赋型贸易安全不相符，它们仍然可以被度量为产业内贸易。

鉴于Gruel和Lloyd（1975年）的研究并未包括一个正式的理论，Helpman(1987年)试图在理论与数据之间建立起正式联系。Helpman最初的验证是基于所有贸易都是产业内贸易的假定而对产业内贸易量进行验证的。

Helpman定义了一个关于一组贸易伙伴国规模相似性指标和一个描述产业内贸易的结构方程，建立了产业内贸易量同贸易伙伴国规模相似性之间的函数关系式：

$$\frac{V_1}{GNP_1}=\frac{GNP_1}{GNP_{\text{world}}}\times SIMLARIT$$

GNP_1、GNP_{world}分别表示国家组I和世界GNP。V_1表示国家组I的产业内贸易量。据此他估计了OECD国家1956～1981年产业内贸易量，并将结果绘成曲线图，发现产业内的贸易量随着国家规模相似性的增加而增加。

二、产业内贸易理论实证

产业内贸易现象早在20世纪50年代就被学者提出并广泛关注，在后续研究中，产业内贸易涉及各个产业，尤以制造业作为其研究重点。中国林产品贸易研究通常被排除在产业内贸易分析的视野外，原因主要在于林产品被认为其贸易模式反映的是比较优势形态，即固有资源禀赋差异（赫克歇尔-俄林模型）决定因素。事实上中国林产品的生产同样具有产品差异化、规模经济和不完全竞争市场结构的特征，尤其随着中国收入水平的提高，人们对林产品质量、品种、档次等产品多样化要求将越来越高，这些因素都直接推动了林产品产业内贸易的增长。近年来，林产品产业内贸易现象国际间开始

表 10-4　1993～2004年全国木质林产品进出口额统计　（单位：千万美元）

年份		1993	1994	1995	1996	1997	1998	1999	2000	2001	2002	2003	2004
原木	出口	7.09	4.32	0.42	2.93	2.95	1.25	0.80	0.79	0.56	0.32	0.09	0.06
	进口	45.90	43.04	36.84	45.78	67.70	59.91	124.86	165.56	169.39	213.83	244.72	280.43
锯材	出口	13.30	16.39	19.47	19.42	19.38	11.49	13.94	17.91	19.69	19.23	23.39	21.69
	进口	15.31	14.56	14.91	18.01	26.81	34.83	66.19	98.20	98.85	116.75	119.04	138.27
单板	出口	1.31	1.53	2.80	2.74	4.31	4.16	4.64	5.57	6.97	8.93	—	—
	进口	7.54	6.77	7.72	9.36	16.84	15.26	20.49	19.23	9.59	8.94	—	—
刨花板	出口	0.08	0.14	0.28	0.47	0.93	0.47	0.69	0.89	0.61	2.19	—	—
	进口	1.33	0.98	1.16	1.99	2.85	2.97	5.06	6.56	8.37	10.45	—	—
纤维板	出口	0.89	1.10	1.29	1.11	0.91	0.59	0.53	1.02	0.93	2.05	8.30	13.03
	进口	4.20	5.40	5.95	7.01	10.59	13.42	20.68	28.29	27.91	30.26	33.74	28.08
胶合板	出口	3.35	3.16	3.91	6.23	15.15	6.49	12.36	18.89	24.23	42.70	48.63	102.23
	进口	76.22	81.63	77.37	64.38	60.55	54.36	41.58	43.68	25.44	25.89	32.35	32.54
纸类	出口	8.54	10.44	15.69	15.33	19.02	18.83	17.57	30.92	41.53	44.41	86.22	82.10
	进口	129.63	163.75	185.73	237.73	277.24	288.38	318.59	317.05	291.96	330.94	372.75	384.85
木家具	出口	34.53	49.35	59.79	69.79	95.91	108.47	130.95	166.85	185.21	270.63	284.07	368.14
	进口	3.76	4.82	3.27	1.75	2.25	3.15	2.48	2.31	2.86	3.86	5.23	5.82

资料来源：历年《中国林业发展报告》《海关统计年鉴》《中国林业统计年鉴》

表10-5 1993～2004年木质林产品G．L指数统计

年份 / 产品	1993	1994	1995	1996	1997	1998	1999	2000	2001	2002	2003	2004	平均G．L
原木	26.76	18.24	22.69	12.03	8.34	4.07	1.27	0.95	0.65	0.30	0.07	0.05	7.95
锯材	92.99	94.07	86.76	96.24	83.92	49.64	34.79	30.86	33.21	28.29	32.85	27.13	57.56
单板	29.65	36.84	53.25	45.33	40.78	42.79	36.94	44.91	84.22	99.95	—	—	42.89
刨花板	11.35	24.31	38.94	38.06	49.09	27.48	23.84	23.85	13.51	34.72	—	—	23.76
纤维板	35.24	33.93	35.58	27.31	15.89	8.54	5.03	6.97	6.44	12.71	39.49	63.41	24.21
胶合板	8.43	7.46	9.61	17.64	40.03	21.35	45.84	60.39	97.55	75.50	79.89	48.29	42.67
纸类	12.36	11.98	15.59	12.12	12.84	12.26	10.46	17.77	24.90	23.66	37.57	35.17	18.89
木家具	19.63	17.81	10.36	4.88	4.59	5.64	3.72	2.73	3.04	2.81	3.62	3.11	6.83
平均G．L	29.55	30.58	34.10	31.70	31.94	21.47	20.24	23.55	32.94	34.74	42.91	37.67	—

资料来源：根据历年《中国林业发展报告》《海关统计年鉴》《中国林业统计年鉴》相关数据测算完成

受到关注，但这些研究多以发达市场经济国家为考察对象，针对性地分析中国林产品产业内贸易问题的实证研究有待重视。

本研究旨在考察中国木质林产品产业内贸易的发展状况，尤其针对中国这个最大的发展中国家和最大的转型经济体，木质林产品产业内贸易是否会具有一些特殊的性质，并试图分析中国木质林产品产业内贸易的影响因素及贸易自由化的进程中，中国木质林产品产业内贸易的发展变化趋势问题。

（一）木质林产品产业内贸易的测定及指标优化

作为研究中国木质林产品产业内贸易的测定，贸易发展水平及贸易发展程度的判定是重要的考核指标。结合实践中Grubel Herbert & P．J．Lloyd通用的格鲁贝尔－劳尔德指标（G．L），产业内贸易程度测定的计算公式为：

$$G.\ L_n=\frac{(X_n+M_n)-|X_n-M_n|}{X_n+M_n}\times 100=\left[1-\frac{X_n-M_n}{X_n+M_n}\right]\times 100$$

其中，X_n为n产业一定时期的出口值，M_n为n产业一定时期的进口值。

G．Ln表示产业内贸易指标，其取值区间为0～100。在计算产业内贸易比重时，一般采用联合国国际贸易的分类标准，分为0～9类商品，也可以采用海关合作理事会颁布的编码协调制度（HS）来分类，但在统计时要取其中交易额较大的若干类产品。

本研究在应用G．L指标时注意了其合理性及其应用拓展性问题：首先，考虑到G．L指标是实证分析产业内贸易现象的工具，用于研究具体某个产业的产业内贸易水平比用于研究整体产业内贸易水平更加适合。其次，为了优化G．L指标本身仅仅作为比值的难以描述性，克服其无法反映一个国家产业内贸易的规模和发展速度，本研究引入了产业内贸易绝对量指标：

$$A_i=(X_i+M_i)-|X_i-M_i|$$

$$A_j=\sum_{i=1}^{n}(X_i+M_i)-\sum_{i=1}^{n}|X_i-M_i|$$

其中，A_i表示i产业的产业内贸易的绝对量，A_j表示

*j*国产业内贸易的总量。

（二）实证分析——中国木质林产品产业内贸易及考核

本研究为了保持资料的可比性，参考了FAO分类和《海关统计年鉴》（中华人民共和国海关总署，2001）、《2005年中国林业发展报告》（国家林业局，2005）、《中国林业统计年鉴（2002）》（国家林业局，2002）的统计口径，将木质林产品界定为：原木类、锯材类、单板类、刨花板、纤维板、胶合板、纸类和木家具。由于林产品种类繁多，其他难以统计的数据不作为重要考核依据，不过分析结论依然足以支持木质林产品产业内贸易的考核要求。表10-4是1993～2004年的全国木质林产品进出口额的统计。

根据上述产业内贸易测定方法，可以初步判定相关时期的木质林产品产业内贸易G．L指数（表10-5）。

经验数据分析：由表10-5看出，中国林产品贸易变化幅度较大的是锯材、单板和胶合板，G．L指数分别从1993年的92.99、29.65和8.43变化到2004年的27.13、99.95（2002年）和48.29。G．L指数相对较低的是原木和木质家具，2004年分别仅为0.05和3.11。

总体看来：中国林产品产业内贸易的程度层次不齐，且变化幅度也比较大，单一产品的产业内贸易程度变化极其不规则，只有部分产品如纸类、木家具相对较稳定，但其产业内贸易程度非常低。胶合板的产业内贸易程度不断提高，主要是中国国内胶合板生产不断规模化、产业化，出口竞争力有所提高所致。原木指数几乎降为零，也符合中国保护本国的木质天然自然资源，加强环保生态平衡的现状，同时也与政府出台的更多原木资源出口限制措施有关。木家具G．L指数下降主要是进出口极为不平衡所致，2004年木家具的出口约为36.81亿美元，而进口仅约为0.582亿美元。

结合图10-1中国木质林产品产业内贸易G．L指数变化趋势，研究表明，中国木质林产品产业内贸易G．L指数平均水平是上升的，其可以作为重要因素来描述90年代以来中国林产品贸易不断增长的部分原因。

（三）优化指数设置及分析——产业内贸易对于林产品考核的适应性问题

由上述G．L指数的初步分析，可以了解中国木质林产品的产业内贸易程度的基本情况，但考虑G．L指标本身作为数值的非完全性问题，其描述中国木质林产品的产业内贸易的规模和发展速度仍有欠缺，本研究进一步优化了指标体系，从木质林产品产业内贸易的绝对量指标进行分析，进一步研究产业内指数对于林产品贸易考核的适应性问题。

结合前述产业内贸易绝对量指标，通过汇总核算实证得出相关分析数据：

通过绝对量数据考察，分析中国木质林产品产业内贸易绝对量的变化情况如图10-2。分析结论：从绝对量指标上看，除了原木略有下降，其他各类产品基本上是上升趋势。其中纸类和胶合板绝对量增加最为明显，分别从1993年的17.07和6.71上升到2004年的164.21和

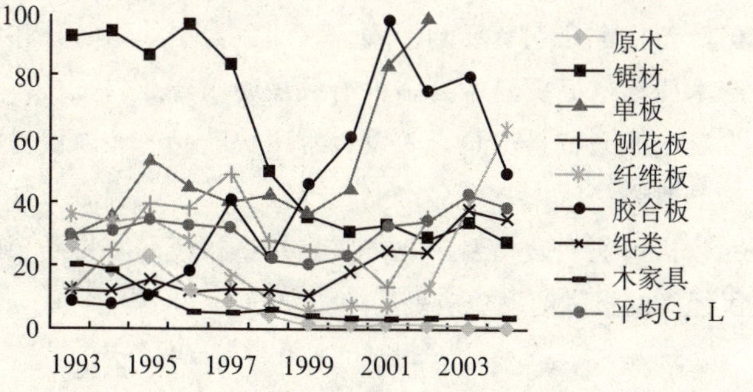

图10-1　1993～2004年
中国木质林产品产业内贸易G．L指数变化趋势图

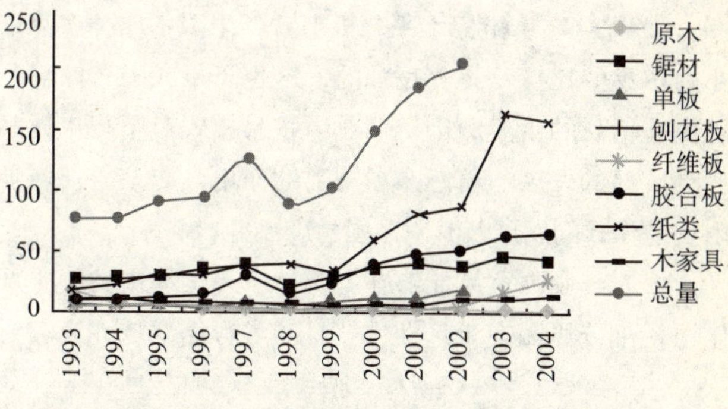

图 10-2　1993～2004年木质林产品产业内贸易绝对量指标及总量分析（单位：千万美元）

表10-6　1993～2004年木质林产品产业内贸易绝对量和总量指标统计　（单位：千万美元）

产品	指标	1993	1994	1995	1996	1997	1998	1999	2000	2001	2002	2003	2004
原木	绝对量	14.18	8.64	9.43	5.86	5.89	2.49	1.60	1.59	1.11	0.63	0.18	0.13
锯材	绝对量	26.60	29.12	29.83	36.01	38.77	22.99	27.88	35.83	39.37	38.47	46.79	43.39
单板	绝对量	2.62	3.06	5.60	5.49	8.63	8.31	9.29	11.13	13.95	17.86	—	—
刨花板	绝对量	0.16	0.27	0.56	0.94	1.85	0.95	1.37	1.78	1.21	4.39	—	—
纤维板	绝对量	1.79	2.21	2.58	2.22	1.83	1.19	1.07	2.04	1.86	4.11	16.61	26.07
胶合板	绝对量	6.71	6.33	7.81	12.46	30.30	12.99	24.73	37.79	48.45	51.79	64.69	65.08
纸类	绝对量	17.07	20.87	31.39	30.67	38.04	37.65	35.15	61.85	83.05	88.81	172.45	164.21
木家具	绝对量	7.52	9.65	6.53	3.49	4.50	6.29	4.96	4.62	5.71	7.73	10.46	11.64
	总量	76.66	80.14	93.74	97.13	129.82	92.88	106.04	156.62	194.72	213.78	—	—

65.08。从总量上看，中国木质林产品总体趋势是上升的，即从1993年的76.66上升到2002年的213.78。结论认为，中国木质林产品产业内贸易规模在逐年扩大，其发展速度也相当快，对于考核中国林产品贸易问题，依据产业内贸易理论具有其合理性。

三、产业内贸易检验结论及启示

通过统计中国历年木质林产品贸易数据及实证分析，从产业内贸易的角度考察和分析了中国木质林产品贸易现状及原因，研究主要结论及启示如下：

(1) 从G．L指标水平分析来看，中国木质林产品产业内贸易的比重是逐年增加的，这也正是我国林产品贸易快速增长的重要原因。产业内贸易模式对中国木质林产品贸易的发展起着越来越重要的作用，应该重视产业内贸易模式的发展及其对中国林产品的影响。

(2) 产业内贸易能够在木质林产品贸易中发挥重要作用，部分原因在于产业内贸易的进行需要彼此有差异的产品，需要充分利用科学技术提高木质林产品加工水平，将产品向高质量、多品种、差异性等方向发展，逐步走向规模化、产业化特征的道路，以增加中国木质林产品在产业内贸易中的竞争优势地位。

(3) 中国木质林产品产业内贸易总体规模是扩大的，但在部分产品如原木方面，发展规模受到限制，产业内贸易程度和绝对量水平比较低，针对这种不平衡状况，应该在保持总体规模扩大的基础上，充分发挥优势产品，进一步提高其产业内贸易程度，提高国际竞争力。

(4) 就木质林产品贸易而言，中国木质林产品贸易仍然包括产业间贸易的形式。因此，对于如何区分和确定木质林产品贸易中有多少份额是属于产业内贸易，多少是产业间贸易也是有效发展木质林产品产业内贸易的重要研究领域，林产品产业“门限问题”的确定及针对性分析产业间贸易及产业内贸易对于林产品贸易乃至国民经济的贡献问题也应是后期研究的关注问题。

第十一章

中国林产品贸易现状及问题

CHAPTER 11 Present Situation and Problems of Forest Product Trade

第一节　中国林产品贸易约束条件

一、资源约束分析

中国是一个山多地少、以农业为主的发展中国家。据中国第五次森林资源清查的结果，中国森林覆盖率已由1993年的13.92%上升到1998年的 16.55%。全国森林面积由原来的1.337亿hm^2扩大到1.589亿hm^2。森林蓄积量由原来的101.73亿m^3，　增加到112.67亿m^3。按中国人口计算，人均有林地0.11hm^2，人均蓄积量8.6m^3。就中国的土地和人口而言，中国仍是少林国家。

中国是世界上木材及木制品生产大国，也是一个消费大国，同时又是人均占有森林（木材）资源很少的国家。1998年以来，国家开始实施天然林保护工程，对国内森林采取逐年减伐措施，使国内木材市场出现了较大的供应缺口，“天保”工程使得每年进入流通领域的天然林商品材以10%的幅度递减。2003年底，国内木材需求量已达到3亿～3.3亿m^3，按照国家下达的“十五”期间森林采伐限额，每年只能提供1.4亿～1.5亿m^3，如果严格按照国家限额计划采伐，国内木材市场供应缺口达1.6亿m^3以上。按历年森林消耗数据，国内目前最大可能提供木材2.3亿m^3（在森林超采1.2亿m^3的情况下），因此木材供应缺口至少有0.7亿～1亿m^3。预计到2005年木材需求至少3.7亿m^3，木材供应缺口至少1.2亿m^3；2015年木材需求达4.6亿m^3，缺口为1.7亿m^3。

随着中国经济步入稳步发展阶段，生产建设的扩大和人民生活水平的提高进一步刺激着木材消费，近十年，木材消费需求以平均每年1000万m^3的速度迅猛增加，按2001年原木进口单价计算，相当每年增加木材需求达80多亿元人民币（近10亿美元）。按照原木市值计，目前中国木材市场容量近2000亿元人民币(250亿美元)，如果以木制品终极产品生产的工业增加值率按平均50%的保守估计，木业市场容量约达3000亿元人民币。而到2005年，木业市场容量将约达3500亿元人民币，2015年约达4000亿元人民币。木材来源于森林，特别是针叶林，绝大多数更来源于天然林。

1998年，中央政府对18个省、市、区启动了天然林保护工程，每年调减木材产量500万～600万m^3。到2010年，每年平均调减木材产量至少600万m^3，其中大部分为珍贵树材和优质大径材。全国木材产量锐减。2001年木材产量从1997年6397万m^3下降到4700万m^3，1998～2000年，3年共减少1695万m^3。木材代用品曾在1997～1999年升温，但是人们发现，除了代用品价格高外，还有的带来居室污染及视觉不适。天然针叶林成为了国内关注的又一热点。北方农村历来使用针叶林，农村建房刺激着针叶材市场。但是国内木材资源目前仍以10%速度递减，2002年将减至4200万m^3，2002年供需缺口至少在6000万m^3。

中国原木消费居世界第三，2001年，木材年产8000万m^3，缺口6000万m^3，预计2010年，市场消费至少将达2.4亿m^3，比1999年1.43亿m3增长9900万m^3，增长70%。其中建筑及装饰业，预计消耗6350万m^3，增长11%；家具业预计达4400万m^3，增长100%；造纸业消耗达9100万m^3，基本持平。基本用材特别是针叶材是最急缺资源。根本上解决数量和质量上的缺口，至少30年以上的进口是不争的共识。

（一）国内供给严重不足

1999年，全国木材计划产量6767万m^3，实际最后产量5236万m^3，而同期全国主要行业消耗木材9180万m^3。建筑业和房屋内装修行业是主要的木材消耗行业，约为6200万m^3；其次是家具、造纸、煤炭行业，分别为1100万m^3、700万m^3、600万m^3；再次是车船、化工、铁道等，分别是200万m^3、60万m^3、50万m^3。国产材不能满足市场需求，导致了进口材大幅增长。中国是世界上木材及木制品的生产大国，也是一个消费大国，同时又是人均占有森林（木材）资源很少的国家。1998年以来，国家开始实施天然林保护工程，对国内森林采取逐年减伐措施，使国内木材市场出现较大供需缺口。“天保”工程使得每年进入流通领域的天然林商品材以10%的幅度递减。如果严格按照国家限额计划采伐（表11-1）消耗数据，国内计划供给与林产品需求矛盾问题十分突出。木材作为中国重要稀缺资源，对于目前国内能源紧张的现实影响重大，基础建设等国家重点行业正密切关注中国林产品国际贸易后期的发展态势。

2001年，国内木材实际需求量已达到3亿～3.3亿m^3，按照国家下达的“十五”期间森林采伐限额，其中2001年国产木材产量超计划完成5035万m^3，增加483万m^3，增长 10.6%。供需缺口至少为0.7亿～1亿m^3。预计到2005年木材需求至少3.7亿m^3，木材供应缺口至少1.2亿m^3；2015年木材需求达4.6亿m^3，缺口为1.7亿

表11-1 1995～2005年中国木材计划产量及趋势

年 度	计划产量（万m^3）	增减幅度（%）	占全国木材总供给量
1995	6767	2.3	63.5
1996	6710	−0.8	65.1
1997	6395	−4.7	58.4
1998	5966	−6.7	50.2
1999	5327	−10.7	42.5
2000	4724	−11.3	35.6
2001	4552	−3.64	32.8
2002	4436	−2.55	23.6
2003	4759	7.28	21.2
2004	5197	9.21	16.9
2005	5300	9.25	18.1

m^3。分析上述研究数据，虽然2003年首次实现7年来计划产材正增长，国家通过退耕还林等措施使得国内产量逐年逐步回涨，但计划部分占全国木材总供给量却在降低，国内林产品需求将越来越依赖通过国际资源配置的进口来实现。

（二）结构性矛盾严重

用材林中，过成熟林面积量由1993年19.6亿m^3降为2000年的13.5亿m^3，2010年将进一步降为8.75亿m^3。国内生产中，1999年林木产量5236万m^3，比1998减少了12.2%。2000年生产4672万m^3，比上年减少20%，2001年又减少至3900万m^3。减少主要是天然林木大径级木材。从进口产品国家结构调整重点可看到，优质大径级材、装潢用材，可代替东北产区的俄罗斯北洋材是国家优惠进口的重点。即国家更倾向于天然林针叶材等优质品种的进口。1999年底，国家为了鼓励木材进口，对原木和锯材实行了“零”关税，进口木材的数量迅速上升，原木与锯材由1997年的774万m^3，迅速上升至1999年的1400万m^3，2000年的1945万m^3，2001年的2257万m^3，2002年已达3151万m^3，2002年是1997年的4倍。主要林产品进口中，原木增长幅度最大，纸和纸浆则是林产品进口数量依赖最大的品种，反映了中国经济发展中经济文化事业对外贸依存度加大（表11-2）。

中国林产品进口结构性矛盾严重，中国林产品整

表11-2　主要林产品进口结构变化对比核算

	1993年		2005年	
	数量（万m^3）	比重（%）	数量（万m^3）	比重（%）
原　木	345.9	13.1	2445.6	25.1
锯　材	172.7	6.5	539.8	5.5
胶合板	445.8	16.9	78.1	0.8
单　板	70	2.7	29.3	0.3
纸和纸浆	1602.4	60.8	6665.4	68.3
合　计	2636.8	100	9759	100

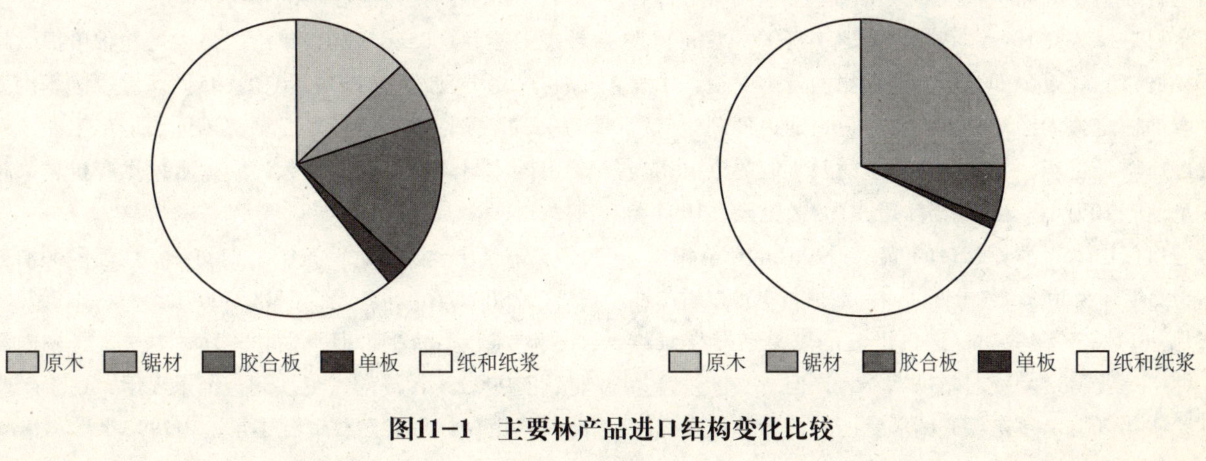

图11-1　主要林产品进口结构变化比较

体水平不合理。除了总体进口量增加迅速外，进口结构明显依赖纸及纸浆、原木、锯材等主要产品。原木和锯材进口量的大幅增加使国内市场对进口材的依存度迅速扩大，国内原木和锯材市场对进口材的依存度已分别由2000年的19%和18%，上升到2002年的27%和24%。纸及纸浆由于国内森林资源远远不能满足造材原料需求，并且政府推行林纸一体化政策，国内制浆水平远达不到国际制浆大国的技术，国内原来草浆制纸向木浆结构的变化极大刺激了纸及纸浆的进口依赖。

（三）总量缺口矛盾扩大是定势

2000～2010年间，生产建设用材年均缺口总量3300万～4300万m^3是目前的市场共识。从“十五”开始，林产品进口占全社会总消费均超过40%以上，远远超出供需一般缺口。林产品进口占全国进口贸易总额基本维持在4%左右，林产品进出口贸易差额成为中国整体对外贸易顺差中较少逆差产业（表11-3），林产品贸易地位日益显著。

表11-3 “十五”林产品进口量值变化核算

年份	全国木材供给与林产品进口量（万m^3）		林产品进出口额及贸易差额（亿美元）			林产品进口额占全国进口额比重（%）
	全国木材供给	林产品进口量	林产品进口额	林产品出口额	林产品贸易逆差	
2001	13872	9320	101.3	80.1	21.2	4.16
2002	18787	9445	119.1	95.8	23.3	4.03
2003	22413	9759	155.0	122.4	32.7	3.76
2004	30669	10904	186.5	163.0	23.5	3.32
2005	32598	12147	207.15	205.7	1.41	2.95

分析认为：目前国产木材无论在质量和数量上都无法满足日益增长的需求，发展人工林、提倡木材节约和增加木材进口势在必行。1999年国家实行了一系列刺激林产品进口的政策，即：原木和锯材实行零关税；木材进口取消核定公司经营制度；木材进口通关便利化等。木材进口增长迅速，至2001年，木材及木制品进口相当原木量达9320万m^3，进口金额超过100亿美元。1991年木材进口仅占木材消耗总量的9%，到2001年升至40%以上，2003年升至50%。“十五”四年数据基本可以看出：林产品进口将逐步增加；进口用汇的贸易逆差持续增长，林产品贸易逆差绝对量虽然不大，但有利于改善某些贸易伙伴（特别是东盟）的顺差压力；随着林产品进口重要区域（美国、东盟）关系的改善，林产品在全国进口贸易额的比重将在2005年再次上升。最近林业预测数据显示，2005年和2015年中国最大可能程度提供的商品材产量分别约为1.70亿m^3和1.95亿m^3。中国国内生产的木材，无论是数量还是质量都远远满足不了需求，随着中国木材缺口的越来越大，中国木材供应也越来越依赖进口。

第五次全国森林清查结果表明：年均超限额消耗森林资源8679万m^3，约合商品材5300万m^3。特别近几年，计划外采伐虽减少，但也在4000万m^3以上。计划内商品材约有9000万m^3流向市场。调查结果显示：用于生产商品材的用材林中成熟林资源不足，由1993年19.6亿m^3降至2000年13.5亿m^3，2010年将降至8.75亿m^3；除杨木、桦木等木材资源，大径级木材急剧减少；林分低龄化严重，不应采伐的中幼林被大量采伐，采伐中幼林面积占总采伐面积的78.5%。

资源情况整体形势严峻。国内木材资源突出的矛盾还表现在结构不合理。造成了总量和结构性短缺。保护国内资源、解决生产建设和人民生活对优质材的需求，进口木材不是权宜之计，应该是30～50年的国策。

二、比较优势约束分析

木材取自森林，是全球范围重要的传统材料。当今世界四大材料（钢材、水泥、木材及塑料）中，木材是惟一可再生(Regeneration)、多次再用(Reuse)和循环利用(Recycle)的生物资源，国际上称之为“3R”资源，木材具有各种非再生矿物资源不可比拟的天然优势。具有质轻、高强、吸音、绝缘和优美的天然纹理，具有丰富的色调与光泽，优异的装饰性能，是当前建筑、室内装修与家具制作的必然首选材料。木材是多孔生物材料，具有良好的视觉、触觉及室内外湿度、温度、光线调节的功能，能改善居住环境。

木材平均导热系数为0.107千卡/米.小时·度，在同等厚度建筑材料中，木材隔热效率为砖墙的6倍、混凝土的1.5倍、铝的1770倍。因而木材能减少外界天气变化对室内的影响，使人感觉安详舒适，其中针叶材效果更好，国际上称为“环境材料”。木材在生产应用过程中蕴含极为丰富的化学复合成份，具有环境保护、杀菌、降压、安神等保健作用。 木材纤维含量高（占木材总重量40%左右）、质量好、价格低，是不可替代原料。木材加工方便，生产同等重量材料，能耗最低。如以针叶材能耗为1，则水泥为5；塑料为30；钢为40；铝为70。全世界工业原料中45%以上为木材，其加工能耗仅为所有工业原材料加工能耗的4%。

森林采伐业对森林资源依赖性较大，能够提供木材出口的国家大多是森林资源丰富、人口相对少的国家。同时由于各国劳动力能力的差异会导致培育森林能力的不同。最初森林资源是天然林，随着地球人口增加，来自天然林的木材已无法满足人们的需要，就不得不培育人工林，而人工林培育又受自然力以及培育森林技术的约束和限制，这种培育森林的能力和森林自然萌生能力，就构成了国家间森林资源相对稀少性。在实行自由贸易政策的前提下，森林资源相对丰富国家的木材会源源不断地流入森林资源相对稀少的国家。

但是应该看到，任何一个国家（或地区）不可能完全根据市场需要在短时间内培育出人工林，以满足市场需要，这是木材商品生产的缺陷。由于树木生长速度小于木材消费速度，因而世界森林资源将越来越少，能提供出口木材的国家也随之减少。

比较优势理论是以贸易相对成本作为衡量基础的。然而在世界经济一体化日益发展的今天，所有实际数据都是在世界贸易条件下产生的。因此，本研究借助于显示比较优势指数和贸易竞争指数来对中国木材产品国际贸易比较优势进行估算。

（一）林产品比较优势评价指标界定

1．显示比较优势指数

显示比较优势指数是一个国家某种产品占其出口总值的份额与世界该种产品占世界出口总值份额的比率。反映一国某种产品出口贸易的强度和专业化优势，用公式表示为：

$$RCA_{ij}=X_{ij}/X_{it}/X_{wj}/X_{wt}$$

式中：RCA_{ij}——显示比较优势指数；

X_{ij}——i国家第j种产品的出口值；

X_{it}——i国家全部产品的出口值；

X_{wj}——世界上第j种产品的出口总值；

X_{wt}——世界所有产品的出口总值。

如果$RCA_{ij}>1$，则表示i国家第j种产品具有显示比较优势，其数值越大，显示比较优势越明显；如果$RCA_{ij}<1$，则表示i国家第j种产品不具有显示比较优势，其数值越大，比较劣势越明显。

2．贸易竞争指数

贸易竞争指数，又称水平分工度指标，它用来反映本国生产一种产品相对世界市场上供应同种产品来说，是处于效率竞争优势还是劣势以及优劣程度。贸易竞争指数计算公式为：

$$TCI_i=X_i-M_i/X_i+M_i$$

式中：TCI_i——某国家第i种产品的贸易竞争指数；

X_i——某国家第i种产品的出口值；

M_i——某国家第i种产品的进口值。

如果TCI_i值>0，则表示该国为第i种产品的净出口国，表明该国这种产品生产效率高于国际水平，具有贸易竞争优势，且数值越大，优势越大。如果TCI_i值<0，则表明该国为第i种产品的净进口国，即本国这种产品生产效率低于国际水平，处于竞争劣势，绝对值越大，劣势越明显。

（二）中国木质林产品国际贸易比较优势指数分析

国际贸易之所以能进行，是因为贸易能给各国带来利益，世界分工形成以后，各国所需产品不可能全部由自己生产出来，只能生产最适合于自己生产的产品，然后再同别国交换自己需要的产品。国际贸易是以国际分工为基础的，国际分工使各国都有生产某种商品的特殊适合性，而世界木材生产特殊性首先表现在各国森林资源的不同。

世界森林资源分布是不均匀的，世界森林资源绝大部分分布在北半球，并且集中在俄罗斯、加拿大、美国等少数国家，这些国家的森林资源十分丰富，而其他一些国家森林资源相对贫乏，另外一些特殊树木只有在特定条件下才能生长，由于这些原因出现了世界木材生产的分工和贸易。

对中国林产品具体分析选取两类国家来研究中国林产品比较优势，一类是木材资源丰裕型国家：美国、加拿大、马来西亚；另一类是木材资源稀缺型国家：日本和韩国。

木材产品种类很多，特选取了三类有代表性的产品。第一类是资源密集型产品如原木、锯材。第二类是劳动密集型产品如胶合板、纸和纸板。第三类是资本和技术密集型产品如纸浆、木浆。

1．显示比较优势指数分析

中国在胶合板、纸板上是具有显示比较优势的，显示比较优势指数均大干1，主要是因为它们是属于劳动相对密集型产品；而原木从具备显示比较优势到失去显示比较优势，这种变化与国家在1998年实施天然林保护工程是分不开的；锯材的显示比较优势指数一直小于1，而且不断降低，处于比较劣势；而在木浆、纸浆方面，显示比较优势指数在0.02左右，说明了它们根本不具备比较优势。

从国际比较看，在原木和锯材方面，除加拿大外，木材资源大国美国、马来西亚都处于明显比较优势。但其中有一个总体趋势，那就是显示比较优势指数趋于下降。一方面说明各国生态保护意识不断增强，限制了原木出口；另一方面则是因为原木、锯材都属于低附加值产品，创汇收益差，所以各国纷纷代之以出口高附加值的木材产品。

在胶合板方面，除了胶合板大国马来西亚外，中国对美国、日本、韩国等具有比较优势。在纸和纸板方面，除了加拿大外，中国也具有比较优势。但是这些比较优势都不是很明显，这说明中国劳动力成本优势并未完全发挥作用，还存在很大发展空间。另一原因则是这些产品目前主要依靠本国木材资源，由于中国木材价格偏高，优质材数量又少，所以造成了产品出口困难。

在木浆和纸浆方面，木材资源丰富、经济发达国家如美国、加拿大，占据了明显比较优势，这与它们已达到较高的经济发展阶段密切相关。

2．贸易竞争指数分析

除家具外，中国主要木材产品贸易竞争指数均为负值。说明在家具方面，中国处于绝对优势，而在其他主要木材产品上处于绝对劣势状态，这与中国实际情况是相吻合的。

如果我们把除家具以外的木材产品贸易竞争指数取绝对值，我们不难看出，胶合板、纸板贸易竞争指数相对要小一些。这说明，在中国这些产品劳动生产率要高于其他木材产品。根据比较优势理论可知，即使一国产品都处于绝对劣势状态，如果该国选择劣势较小产品进行生产和出口，也可以获得贸易利益。

因此，在胶合板、纸板上是具有相对比较优势，而在原木、木浆、纸及纸浆等资源和资本密集型产品方面则比较劣势较大。

（三）中国木质林产品进出口贸易的主要影响因素

影响木材进口贸易的因素很多：主要是外汇储备、国内外价格、汇率变动、国内收入及进出口政策等因素。一些发达国家资金及外汇充足，可进口大量木材满足国内需要，同时对于国内资源也是一种保护。

1．国内收入对林产品进口的影响

设M＝进口额

P_a＝以本国货币计算的木材价格

Y＝国内收入，

则进口函数：$M=F(P_a, Y)$

其中：

$\delta M/\delta Y \geqslant 0$，进口额是国内收入的递增函数。

$\delta M/\delta P_a \leqslant 0$，进口额是本国货币木材价格的递减函数。

国内收入增加则进口木材数量增加，国内收入减少则进口木材数量减少。

同时，进口木材又受国内外价格影响，这在中国表现尤其突出。中国长期以来木材价格偏低，而进口木材成本偏大，导致人们经营进口木材积极性不高。也正因为如此，过去长期以来中国木材进口贸易一直由国家统一经营进行补贴。近年来，这种情况有了彻底的改变。

2．汇率影响木质林产品进口的分析

汇率调整对木材进出口贸易也有一定影响。

因为$P=RP_f$，当外国木材价格P_f固定时，汇率R上升表示本国货币木材价格上升，R下降表示本国货币木材价格下降，这样由于汇率上升和下降导致进口木材数量的增加和减少。这是因为：

$$\frac{\delta M}{\delta R}=\frac{\delta M}{\delta P_a} g \frac{\delta (RP_a)}{\delta R}=\frac{\delta M}{\delta P_a} g P_t<0\left[Q\frac{\delta M}{\delta P_a}<0, P_t>0\right]$$

当其他条件不变时，本国货币木材价格上升，木材进口额M减少；反之，则M增加。国家将外国汇率调高使得进口木材成本加大，不利于木材进口。

即使国家外汇充足，木材经营贸易条件良好，也不能过多地依赖进口木材，进口木材会造成对国内木材业竞争，使国内木材经营条件恶化。培育森林是一个商品生产的过程，商品生产受价值规律调节，进口木材导致木材供应量增加，木材价格下降。由于培育森林资源的获利减少，使得营林积极性下降。如果资金是自由导向的话，应该投入营林方面的资金就会转入其他行业投资，从事其他行业，林业劳动力就业机会就会减少。

如果大量进口木材就会冲击国内木材市场，使国产木材不能按自身价值出售，出现国产木材滞销现象。国内林业企业为了把自己的产品销售出去，不得不低价倾销。为了维持企业基本收益，养活大量剩余劳动力，只有加大计划外木材采伐，来弥补木材价格下降而造成的收入亏缺。所以说，进口木材对国内森林资源的保护作用是暂时的、短期的，不能从根本上解决木材供应问题。从长期角度来说，木材进口不能作为中国解决木材短缺的主要办法。

（四）中国木质林产品比较优势变化趋势

从显示比较优势指数和贸易竞争指数两方面分析，得出结论是基本一致的，即中国在家具、胶合板等是具有国际比较优势的。这些产品大多数属于劳动密集型产品，说明中国木材产业中的劳动密集型产品具有开展国际贸易的优势。木材产品出口应以这些产品为主。原木和锯材这类稀缺资源产品应以进口为主。

在木浆、纸浆等资本和技术密集型产品上，中国同木材工业发达国家有着明显差距，出口贸易额小，比较劣势大，基本符合中国木材产业资本积累和技术相对落后的情况。

在木材制品中，造纸原料和纸制品所占比重最高，达64%（按金额计）。在对外木材贸易中，中国较具优势的产品有木片、拼花地板及地板坯料、建筑用木制品、建筑模板；处于劣势的产品有纤维板、刨花板、纸及纸板。

20世纪90年代，中国原木、单板、纤维板、胶合板、纸张及纸板、木片和木制板是具有显示比较优势的。从比较优势指数上看，1995年原木为0.84，到2000年上升为2.23；单板1995年为0.26，2000年上升为1.38；纤维板1995年为0.90，2000年上升为1.60；纸张及纸板由1995年的1.65上升到2000年的1.93。

但是，木片、木制板和胶合板的比较优势却出现下降趋势，胶合板从1995年的3.57下降到2000年的1.38，木片和木制板分别从1995年的3.79和2.48下降到2000年的2.13和1.89。而木浆、纸浆和硬质板显示比较优势指数小于1，则反映中国这些木材产品生产不但没有形成比较优势，而且贸易水平是在下降。木片、木制板和胶合板比较优势下降，三种产品主要依靠本国木材资源。

由于中国20世纪90年代以来，特别是20世纪90年代后半期对森林资源保护的加强，使得这些主要利用国内木材资源的产品生产受到了影响，出口比重有所下降，同时这类产品国际出口增加。以木制板为例，德国、加拿大、日本和韩国1995年出口比重分别为2.08%，7.57%，0.06%和0.45%，到2000年分别上升为2.66%，9.60%，0.07%和0.62%。木浆及纸浆等产品没有比较优势，主要是因为这些产品资本和技术含量较高，而在资本和密集型木材产品生产方面，中国相对落后。

（五）中国木质林产品比较优势问题分析

中国森林资源短缺、劳动力资源丰富、资本和技术相对落后，发挥比较优势，弥补比较劣势，一定时期内出口劳动力密集型产品，进口资源和技术密集型产品，这对参与国际木材资源配置，提高产业素质，增加资本积累，使中国森林资源得以休养生息，具有重要意义。

由于世界性森林资源减少，使得一些国家从发展本国经济和保持生态平衡角度出发，纷纷设置木材出口壁垒，世界木材贸易前景暗淡，价格上涨，这对木材缺乏的中国无疑是一种打击，进口代价会逐步加大。从长期观点来看，不能过分依赖世界木材市场直接供应原木。

退一步说，即使进口木材条件良好，我们也要慎重选择这种解决方式。木材可以进口，但生态环境无法进口。进口木材需要大量外汇，会使国内营林资金减少，进口木材用汇的50%是林价，进口木材等于拿外汇到别国去造林。因此，利用木材进口贸易长期内不是解决木材短缺的最佳方式。

1. 中国木质林产品国际贸易比较优势所在

以单板、纤维板、胶合板、木片和木制板等为例，中国在这些产品方面已具有比较优势，在单板方面比较优势超过美国和日本，低于巴西、马来西亚、加拿大和德国；在纤维板方面，明显高于美国、法国和日本，但同巴西、马来西亚和德国有比较大的差距，与加拿大相近。在胶合板方面，中国超过了美国、德国、日本和韩国，有着明显比较优势，但同胶合板生产大国巴西和马来西亚有着较大的差距。在木制板方面，除巴西、马来西亚和加拿大外，中国比美国、德国、法国、日本、韩国等有比较明显的比较优势。

这些情况从一个侧面表明，中国木材产业部分主要产品是有国际比较优势的，因此，存在通过国际贸易获取国际比较利益的条件。同时，有比较优势的木材产品大多数属于劳动密集型产品，说明中国木材产业劳动密集型产品有着开展国际贸易的优势。而在资本密集型和技术密集型的产品如木浆、纸浆等生产和贸易方面，中国同木材工业先进国家有着明显差距，基本没有形成比较优势，符合中国木材产业资本积累和技术进步相对落后的实际情况。

2. 进口原料与出口制成品的问题

根据H−O理论可知，一国应生产和出口较多地使用本国丰富资源的产品。既然中国是劳动力资源大国，所出口制成品就应较多地使用中国丰富的劳动力资源。在一些主要木材产品上，虽然目前人力成本优势暂时抵消了低效率的影响，但是这种比较优势不能持久。中国要在今后长期维持和发展比较优势，还有赖于木材加工业由低效型向高效型转变。在中国现有人造板产品中，品种少、应用范围窄、深加工产品少、不能满足国内市场需要，有些产品还要依赖进口；在家具方面，出口产品档次低、附加值不高、竞争主要以价格取胜，满足不了国外消费者日益增长的需求。这说明在劳动密集型产品上我们没有充分利用自己的比较优势资源，劳动力成本所占比重太小，产品附加值低，影响了出口创汇能力的提高。因此，今后应对这些产品进行深加工，努力提高产品附加值，增加产品中劳动力的比重，充分发挥比较优势，争取更大的贸易利益。

选择两类国家同中国木材工业生产进行比较，一类是木材资源丰富的美国、德国、法国、巴西、马来西亚、加拿大等国，一类是木材资源贫乏的日本和韩国等国。同除马来西亚以外其他国家比较，中国原木生产和贸易有着明显比较优势，主要是因为美国、德国、加拿大、法国、巴西等国家的木材贸易主要集中在木材加工制品方面，而日本和韩国则没有出口原木条件。但是随着中国天然林保护工程和退耕还林工程的展开，以及国家对原木出口限制政策的实施，原木生产和贸易比较优势难以作为提高中国木材产业国际竞争力的条件发挥作用。因此，从利用国际市场和资源形成中国木材产业国际竞争力优势的角度考虑，分析木材加工产品的比较优势更有实际意义。

3．木质林产品国际贸易比较优势分析结论

通过木材产业比较优势分析，可以得出以下结论：

(1) 中国木材产业劳动密集型产品存在着生产和贸易上的比较优势，具备同无论是木材资源丰富的国家还是木材资源贫乏的国家进行国际贸易的条件，有了形成国际竞争力的可能性。而在资本密集型和技术密集型的产品方面，中国木材产业不具有比较优势，因此，这些产品的国际竞争力培育需要更长时间。

(2) 中国木材产业具有比较优势的产品，不仅对木材资源贫乏国家有着广阔的出口前景，而且存在同木材资源丰富国家进行贸易的机会和市场。

(3) 扩大具有比较优势木材产品的出口贸易，是中国木材产业国际化的主要途径之一，同时，扩大不具比较优势的木材产品的进口贸易也是弥补国内包括原材料、资本和技术不足的重要手段。

(4) 无论是出口有比较优势的产品，还是进口不具有比较优势的产品，都对参与国际木材资源配置，提高产业素质，进而培育国际竞争力有着积极意义。

三、技术指标差异约束分析

根据目前林产品市场发展状况，以胶合板为例，中国林产品工业技术指标方面与国际存在一定差异。产自中国的特别廉价奥古曼（Okoume）胶合板对欧洲出口的与日俱增，中国林产品比较优势以劳动密集型加工业为代表的胶合板正逐步融入世界市场的同时，也受制于与欧美技术指标的差异。

随着胶合板生产的发展和生产技术水平的提高，近几年内中国胶合板的生产已成为中国具有比较优势的产业，出口呈上升之势，然而，面对胶合板出口态势，中国不少生产企业却由于对国外胶合板标准不熟悉而错失商机，为了帮助中国胶合板生产企业了解、熟悉相关国家进口胶合板的质量要求，以美国进口胶合板标准与中国胶合板产品标准的差异为例，分析对比并提出相应的对策。

（一）中外标准差异对比

美国进口胶合板标准的全称为进口阔叶树材胶合板采购标准（简称IHPA），并于1997年3月4日被国际木制品协会理事会（IWPA）所采纳。适用于从东南亚及世界其他国家进口在美国销售和消费的阔叶树材胶合板产品。中国胶合板产品国家标准GB/T　9846.1—9846.12−88及GB/T13009−91目前正在修制订，现已完成GB/T9846.1—9846.9−200x标准送审稿（预计2002年内将召开标准审查会）。因此，作为对比分析，中国胶合板标准以修制订的GB/T9846.1—9846.9−200x（送审稿）为主。

(1) 树种

IHPA标准规定，制造胶合板面板、背板和芯板的树种通常为热带阔叶树材，如龙脑香科中的龙脑香属、冰片香木、婆罗双属等，类似于GB/T9846中的热带阔叶树材胶合板。由于中国胶合板标准是以面板树种来确定该胶合板的树种，对背板及芯板树种均无明确规定，而IHPA对面板、背板和芯板的用材都有要求，即要求使用热带阔叶树材或弹性模量及密度相近的树种，面背板亦可用不同树种。

(2) 分类

IHPA标准依据胶合板胶层的耐水性和耐久性，将胶合板分为两类，即I类和II类，前者供室外用，后者供室内用。分类方法与中国GB/T9846中I类胶合板及II类胶合板分类方法相同。

(3) 板材结构

在板材结构方面，IHPA的规定在GB/T9846中基本上都能体现，如中心层两侧单板需对称、偶数层的应用等。但对面、背板厚度，IHPA的要求更严格，其规定：当合板厚度≤5.2mm时，面、背板的厚度应不小于0.55mm；合板厚度≥5.2mm时，面板在旋切、干燥、热压、砂光后的平均厚度应为0.80mm，最低不小于0.66mm；背板在旋切、干燥、热压、砂光后的厚度应不小于0.66mm。中国标准GB/T9846规定则是不管合板厚度多少，仅要求表板厚度不得小于0.55mm。

(4) 尺寸和公差

① 幅面尺寸

IHPA规定：胶合板幅面尺寸通常为1220mm×1830mm、1220mm×2135mm、1220mm×2440mm以及1220mm×3050mm等几种，厚度为2.7mm到25.4mm，比GB/T 9846标准多出幅面尺寸1220mm×3050mm和厚度2.7mm规格。

② 尺寸公差

长宽尺寸公差。IHPA规定为-0/+1.6mm，比GB/T 9846规定的-3.5/+3.5mm严格。

厚度公差。IHPA中，两面砂光的胶合板分两种：墙面板（厚度≤5.5mm）的为-0/+0.2mm；标准型（厚度在3.6～5.5mm）为-0.2/+0.2mm，厚板（厚度≥9mm）为-0.5/+0.2mm。而GB/T 9846对单面砂光的3mm板，要求厚度公差为-0.3/+0.2mm；3mm以上-25mm的为-（0.4+0.3t）/+（0.2+0.3t）mm（t为胶合板公称厚度）。从厚度公差看，IHPA的要求比GB/T 9846严格，这也是中国胶合板生产企业的薄弱环节，应引起特别注意，要在生产过程中严加控制。

边缘直度。IHPA中规定板材长度≤2440mm，其公差为0.80mm，>2440mm为1.2mm，也比GB/T9846规定的1mm/m严格，因此，裁边时要注意控制偏差。

方规度。IHPA采用测量板材对角线长度方法，与GB/T9846-1988相同。但IHPA规定>1220mm×1220mm合板为2.4mm，自1220mm×1220mm以下为1.6mm。GB/T9846-1988中规定：前者根据公称长度不同，分别为4mm、5mm、6mm，后者为3mm，比IHPA的规定宽松。

(5) 外观等级

IHPA将面板分为4个等级，即BB级、CC级、贴面级（Overlay）及实用级（Uility）。GB/T 9846亦将面板分为4个等级，即特等、一等、二等及三等。从等级内容看，这两个标准都包含了对材质的要求和加工要求。总体上IHPA对材质要求比GB/T 9846要求宽松。具体为：

活节。IHPA规定最大直径依次为19mm、25.4mm、50.8mm及允许；GB/T9846规定依次为10mm、20mm、50mm及不限。

死节。IHPA规定最大直径依次为：不允许、填补良好并配色、填补良好并配色及填补；GB/T9846则依次为：不允许、4mm、6mm及15mm。

夹皮、腐朽、变色。IHPA规定均比GB/T9846的要宽松。

裂缝。IHPA规定BB级不允许有，其他3个等级为细缝，比GB/T 9846的规定严格。

虫孔。IHPA的BB级比GB/T9846的特等要求稍松；CC级规定最大直径为1.6mm，比GB/T9846规定的2mm要严格。

加工缺陷。IHPA没有像GB/T9846分得那么细，但不允许有大补片及压痕，而GB/T9846中二、三等板允许补片，只有特等板不允许压痕，其他等级均允许压痕。IHPA虽允许补条存在，但仅允许板的端部使用补条，BB及CC级对补条尺寸也有限制。

背板质量。IHPA总体要求比较松，除对节孔、虫孔、裂缝有限定要求外，其余缺陷都为允许。对有限定要求的缺陷一般也比GB/T9846的规定要宽松。

芯板质量。IHPA明确规定，面板下面的芯板不应有空隙、叠层、端裂、厚薄不均以及其他可在面板上显露出来的缺陷。对空隙和端裂，除规定BB级用芯板为不允许外，CC级和贴面级用芯板都有限定，只是这些规定都比GB/T9846严格。另外，IHPA对芯板组成条数和条宽也有规定，且须机拼，这些也与GB/T9846中要求有所不同，需引起注意。

(6) 物理力学性能

对胶合板的物理力学性能，IHPA与GB/T9846都只规定含水率及胶层胶合性能。

① 含水率。IHPA要求胶合板出厂时的含水率不得超过12%，而GB/T9846则规定胶合板出厂时含水率为6%～14%。两者检测方法相同，都有绝对含水率表示。

② 胶合性能。IHPA与GB/T9846有相同之处，也有不同之处。对I类胶合板，IHPA规定进行干状剪切试验、循环水煮剪切试验及二次循环水煮试验3项。

IHPA循环水煮剪切试验的处理条件与GB/T9846I类胶合板相同，都是采用煮—干—煮共28h处理。剪切试验后，对破坏胶层进行观察，评定木材破坏率，平均破坏载荷大时，对木材破坏率要求可低些；而GB/T9846主要用胶合强度来评定胶合质量。另外，在评判木材破坏率时，人为因素较多，应选业务熟练、责任心强的人担任此项工作。至于试件尺寸，两国标准的规定相同，剪断面长度也都分为A型、B型两种，区别在于IHPA规定表板厚度≤1.6mm时用B型试件尺寸，而GB/T9846则规定表板厚度≤1mm时采用B型试件尺寸。

对二次循环水煮试验，其过程是将76mm×76mm试件水煮4h，然后在（63±3）℃温度下干燥20h，再煮4h，然后再在（63±3）℃下干燥3h，最后检查胶合板胶层是否出现分层现象，任何在连续长度上有超过25.4mm分层的试件即可视为不合格，必须有90%试件通过此项测试，而在GB/T9846中则没有这项测试。

对II类胶合板，IHPA采用三次循环浸渍试验，即每张板至少取6片127mm×50.8mm试件，在（24±3）℃水中浸渍4h，然后在49～52℃温度下干燥19h至含水率为4%～12%范围内。重复此循环直至所有试件破坏或直至完成三次循环。当胶合板胶层之间任一分层连续长度超过6.4mm及宽度为0.08mm时，该试件为不合格。90%测试板中，须有5/6试件通过第一次循环，有4/6试件通过第三次循环；在所有测试板中，95%试件应通过第一次循环，85%试件应通过第三次循环，GB/T9846是采用试件在（63±3）℃热水中浸渍3h，然后测定试件胶合强度。因此，IHPA对II类胶合板胶层评定与试验方法与GB/T9846完全不同，对这种差异，生产企业还需要做大量的对比试验，然后方可作出判断。

(7) 甲醛释放量

对于使用脲醛树脂或三聚氰胺甲醛树脂胶合板，IHPA规定要用大室法（ASTM　E1333—96）测定甲醛释放量，用作墙板合板允许其最大浓度为0.25mg/m^3，工业用合板则为0.37mg/m^3。GB/T　9846虽也有甲醛释放量要求，但采用的测试方法是日本标准干燥器法，指标值为Fc0<0.5mg/L、Fc1<1.5mg/L、Fc2<5.0mg/L。这两个标准是否有对应关系目前尚未定论，中国目前也不具备大室法测试手段，所以对企业来说，要从头做起。

(8) 包装和标志

IHPA对产品包装有明确规定，以适应海运要求。另外，要求每个板条箱包装内，除最上面一张应面板朝下而其余面板朝上放置，这一点与GB/T9846包装要求是一致的。每箱包装板材的数量则依据板材厚度确定，如厚度2.7mm为220张，厚度3.0mm为200张。IHPA对胶合板的标志也有明确要求，分板条箱标志和板材标志。板材标志应包含制造国家、面板等级及胶层类别、生产厂名等，比GB/T9846多出制造国名称一项。

（二）标准对比对于中国林产品比较优势培育的启示

(1) 中国胶合板生产企业在寻求美国胶合板进口商时，首先要了解美国进口胶合板概况和贸易政策，其次是对照自身生产条件和美国进口胶合板标准质量要求，判断企业能否生产符合美国进口胶合板标准水平的产品。

(2) 在与美国进口商签定贸易协定后，一定要严格按标准要求组织和管理生产，尤其是中国胶合板生产中较为薄弱的几个环节，如厚度公差及对芯板质量等工序，要严格把关，设专人检查负责，避免产品因质量不符而造成经济损失。

(3) 加强和提高检验人员的素质和水平，通过一系列强化手段使检测人员达标上岗。对中国尚未采用而国外标准中已有的检验项目，要求检测人员必须先熟悉，进行反复对比试验，寻找差距所在，并根据存在的问题进行生产工艺参数的适当调整。

第二节　中国林产品贸易状况

一、中国木质林产品消费指标及结构

（一）中国木材消费概况

中国木质林产品的消费状况近十年发生了重大变化，本文以木材为对象进行研究。中国木材消费主要集中在建筑及装修行业、人造板及家具制造业、造纸业三大领域，这三大行业消耗木材量及份额2000年分别为4000万m^3（占22%）、5000万m^3（占 28%）和6000万m^3（占 38%）。其余为农业、水利用材等约2500万m^3（占12%）。90年代中国人均木材消费量0.2m^3左右，随着中国经济社会的发展，人均消费量在不断增加。消费量指标估计中国到2010年木材有效需求量为3.2亿，供需缺口为7000万m^3。为了弥补木材供应不足，进口木材是有效的途径。

尽管人口数量上升，国内材供给有限，但整体木材消费同样上升，说明人们对木材消费的现实需要和心理期望受供需矛盾及价格上涨等因素的干扰并不是决定性的。目前中国现实人均年消费量是世界人均消费量的62%，随着中国经济发展及人民生产及生活要求的提高，中国将是世界木材消费最具潜力的市场。

（二）中国木材消费结构

在宏观紧缩的“九五”末期，针叶材需求严重超出人们的预期，“十五”及2008奥运经济的持续发展，针叶材用材消耗将大幅增长，市场需求潜力巨大。但现实中国由于供需矛盾而进口量的数量远远超出了供给缺口数量。中国进口的针叶材在80年代中至90年代初，美国所占比重达62%，主要以花旗松和铁杉为主。但是，近年来，由于诸多原因，美国正在丧失着中国针叶材市场，而俄

表11-4　中国木材消费主要结构　　单位：万m^3

使用部门	1998年		1999年		2000年		2001年	
	消费量	比例（%）	消费量	比例（%）	消费量	比例（%）	消费量	比例（%）
建筑用材	5592.7	26.6	6084.9	27.7	6169.8	27.3	6254.7	27.9
坑　木	862.7	4.1	870.5	4.0	878.3	3.9	886.1	4.0
造　纸	1735.0	8.2	1830.0	8.30	1925.0	8.5	2020.0	9.0
家　具	1194.6	5.7	1259.7	5.73	1324.1	5.9	1389.9	6.2
农　业	850.0	4.0	880.0	4.01	1000.0	4.4	1020.0	4.5
胶合板材	232.5	1.1	239.0	1.08	265.0	1.2	271.5	1.2
车船材	350.0	1.7	370.0	1.68	450.0	2.0	470.2	2.1
枕　木	80.0	0.4	84.2	0.38	100.0	0.4	105.0	0.5
火　柴	74.1	0.4	74.9	0.34	75.6	0.3	76.4	0.3

（续）

使用部门	1998年		1999年		2000年		2001年	
	消费量	比例（%）	消费量	比例（%）	消费量	比例（%）	消费量	比例（%）
铅　笔	18.2	0.1	18.4	0.1	18.6	0.1	18.8	0.1
包装材	590.0	2.8	592.1	2.7	600.0	2.7	603.4	2.7
生产维修	2180.0	10.4	2240.0	10.2	2300.0	10.2	2360.0	10.5
市场用材	2300.0	10.9	2400.5	10.92	2500.0	11.0	2600.0	11.6
薪　材	4998.0	23.7	5002.6	22.8	5000.0	22.1	5001.0	22.3
合　计	21057.8	100	21966.5	100	22600.1	100	22426.9	100

注：数据来源于《海关统计年鉴》、《林业年鉴》、《中国林业发展报告》

罗斯及新西兰针叶材出口已成为中国市场的新生力量。

此表可见：应用于建筑用材、生产维修、市场用材、车船木的针叶材是市场的主渠道，而相关行业多倾向于价格合理、优质的型材。国内生产的限制和进口材中的质量不一，使替代材成为市场的被动选择。目前市场用材结构中基本建设主要以白松、杉木为主；装修、家具、胶合板主要以东南亚、非洲、大洋洲的阔叶林、山毛榉、柚木等为主；装饰用材主要以俄罗斯北洋材、红松等为主；组合家具、家庭隔离墙、负重隔断、餐桌则以云杉、水曲柳为主。

（三）中国木材需求径级估算

按照中国木材需求的径级要求估算，从供需结构上，大、中径级材市场需求为65%，小径级约为35%，国家大、中径级材供给仅约占40%，供需不合理，除俄罗斯北洋材以外进口材远远满足不了中国当前市场和未来市场对大中径级材的需求（表11–5）。

2002年，全国木材总需求量约2.6亿～2.8亿m^3，实

表11–5　中国木材需求径级估算　　单位：万m^3

用材部门	不同径级的需要量							
	2000年				2010年			
	大径	中径	小径	合计	大径	中径	小径	合计
一、生产用	3376	2385	4432	10184	3745	2505	8280	14530
文体用品业	34	4	38	40	5		45	50
化　工	78	12		90	80	20		100
纤　维			110	110			180	180
车船材	265			265	290			290
交　通	85			85	95			95

（续）

用材部门	不同径级的需要量							
	2000年				2001年			
煤　炭		875		875		920		920
造　纸			2588	2588			6300	6300
家　具	1016	254		1270	1240	310		1550
胶合板材	663			663	750			750
培植业			500	500			550	550
农民自用	465	470	465	1400	450	450	450	1350
其　他	770	770	760	2300	800	800	800	2400
二、建筑用	2902	2944	2040	7886	3665	3275	1710	
合　计	6278	5331	6463	18070	7310	5780	9990	
所占百分比	35	29.5	35.5		34	25.8	40.2	

资料来源：林凤鸣：《我国林产品贸易现状极其前景分析》，中国林业，2000年第5期

际可供给量1.42亿m^3。2005～2010年，中国木材年需求量约3.05亿～3.2亿m^3，实际可供给量为1.77亿m^3，扣除薪材、生产建设用材，平均缺口总量在3300万～4300万m^3，总缺口量矛盾扩大的趋势急需优质进口材来解决，特别是对于珍贵树种和大径级针叶材的需求，市场已基本形成了共识。

二、中国木质林产品进出口状况

（一）中国林产品进口分析

中国木材进口外汇支出从1992年的21.3亿美元增加到1996年的52.2亿美元，1997～1998年每年过60亿美元，进口量1995年达到2900万m^3以上。1998年以来，实施天然林保护工程，国内森林采取逐年减伐的措施，国内木材市场出现较大供需缺口。“天保”工程使得每年进入流通领域的天然林商品材以10%的幅度递减。到2003年，林产品进口量达到9759万m^3。

1999年，国家进行了一系列刺激林产品进口的政策，主要包括：原木和锯材实行零关税；木材进口取消核定公司经营制度；木材进口通关便利化等。木材进口增长迅速。2001年更是突破1600万m^3。目前中国原木进口量占世界原木进口量的7.47%，仅次于日本，为世界第二大进口国。据预测，2010年，中国原木消费量将达19400万m^3，占亚太地区消费总量的33%，中国木材进口问题突出。

1．中国林产品进口情况

(1) 林产品进出口所占比例差距分化

90年代中国林产品进出口相对均衡，在“天保”工程实施以来，林产品进出口占全国进出口比重逐步分化，中国林产品进出口占全国进出口比重不合理，其中林产品出口比重逐步下降，进口比重过分依赖国际原材料市场，影响了林产品国际贸易的可持续发展。

(2) 进口针叶材快速增长

2000年原木进口1361.2万m^3，比1999年增加347.6万m^3，增长34.3%。进口材种，阔叶材略多过针叶材，全年共进口721.5万m^3，针叶材进口639.7万m^3。5年来，针叶材虽一度低迷，但进口增长速度仍快于阔叶林，每年平均增长59.6%。

针叶材进口迅猛增长的主要原因是固定建设投资、中小城镇建设等等因素。同时，农村建房增速也是针叶

材需求增长的重要原因。

(3) 进口国别分布依赖性严重

“九五”期间原木进口国别主要为俄罗斯、马来西亚、加蓬、印度尼西亚、缅甸、新西兰等国，进口依赖性严重。“九五”期间江苏张家港是全国原木进口第一大港，主要为热带原木，2000年进口约180万m^3；陆路运输是以黑龙江边贸口岸为主，主要为俄罗斯北洋材进口；上海港和东莞是进口高档针叶材的主要口岸。

1999年上海口岸统计，进口美国木材74批，计3.6万m^3（其中原木3.3万m^3），与1998年相比，批数增加34.55%，立方数增加28.57%，主要品种为花旗杉、铁杉，极少量加工化妆胶合板用红橡、白橡等贵重木材和室内装潢用高档窖干板材。

目前，中国大约从全球50多个国家大量进口木材，中国的主要林产品贸易伙伴稳定在俄罗斯、印度尼西亚、马来西亚和美国，在木材制品中，造纸原料和纸制品所占比重最高，达69%。其中从俄罗斯主要进口白松、红松、樟子松、落叶松以及柞、桦、榆、锻等阔叶树原木；从美国和加拿大主要进口花旗松、铁杉等针叶材；从大洋洲的新西兰、澳大利亚进口辐射松和热带、亚热带的阔叶树种；从南美巴西、阿根廷进口檀木和黄松、柚木等品种；从非洲刚果、加蓬、几内亚等国进口奥古曼原木和各种热带硬木；从欧盟德国、芬兰及罗马尼亚等进口栎木、柚木、红木、枫木、山毛榉、樱桃木和花梨木等阔叶材。近几年从东盟成员国马来西亚、印度尼西亚进口的柳桉及热带雨林名贵树种正在快速增加。其中林产品进口主流品种以俄罗斯北洋材为主，锯材进口显示日趋品种多元化、高档化的新格局；热带锯材进口增长较快，东盟区域贸易成为中国林产品进口的重要来源地；北美和大洋洲国家正在加大对华出口的比例。

(4) 市场价格不合理

国内市场价格主要依赖国际原木及天然林，林产品市场价格随国内装修及房产建设增长，更多依赖松、杉等实木地板拉动，对于自然林木的依赖强烈拉动进口的快速增长，不利于国内速生丰产林木的培育及维护。

在品种适应国内地理分布上体现出南北地区的明显差异性。其中在上海及华东地区和广州等南方地区和沿海一带，进口木材以东盟及非洲中高档的建筑装潢材、地板坯料为主。北方地区由于大兴安岭原始林的限伐，出现地区性的品种缺口，美国、俄罗斯产的雪松、樟白松、落叶松大量进入，成为进口针叶材的主要地区。随着中国—东盟自由贸易区进程的加快，林产品进口的地理方向更加倾向于印度尼西亚及越南等国家。这种变化短期内有利于改善中国与东盟对欧美其他产品出口竞争带来的贸易差额矛盾。

通过分析，2001年木材及木制品进口相当原木量达9320万m^3，进口金额超过100亿美元。1991年木材进口仅占木材消耗总量的9%，到2001年升至40%以上，2003年升至50%。“十五”三年数据基本可以看出：林产品进口将逐步增加；进口用汇的贸易逆差呈增长态势，林产品贸易逆差绝对量虽然不大，但有利于改善某些贸易伙伴（特别是东盟）的顺差压力；随着与林产品进口重要区域（美国、东盟）关系的改善，林产品在全国进口贸易额的比重将在2005年再次上升。最近林业预测数据显示，2005年和2015年我国最大可能程度提供的商品材产量分别约为1.70亿m^3和1.95亿m^3。我国国内生产的木材，无论是数量还是质量都远远满足不了需求。随着我国木材缺口的越来越大，我国木材供应也越来越依赖进口。

2．拉动中国木材进口原因探析

随着我国经济步入稳步发展阶段，生产建设的扩大和人民生活水平的提高进一步刺激着木材消费，近十年木材消费需求以平均每年1000万m3的速度迅猛增加，按2002年原木进口单价计算，相当每年增加木材需求达100多亿元人民币（约13亿美元）。按照原木市值计，目前中国木材市场容量接近2000亿元人民币(250亿美元)，如果以木制品终极产品生产的工业增加值率按平均50%的测算，木业市场容量约达3000亿元人民币。2005年，木业市场容量将约达3500亿元人民币，2015年约达5000亿元人民币以上。林产品的巨大市场容量与国内供给的缺口矛盾，使得中国林产品进口成为了近十年外贸逆差的重点行业。拉动木材持续进口增加的原因主要涉及以下方面。

(1) 国家固定资产投资继续拉动木材需求增长

2001年是积极财政政策的第四年，又是“十五”计划的第一年；国债发行1500亿元，全社会固定资产投资增长10%，是基本用材增加的强大要求。重点工程的开工（淮河、嫩江、右江水利枢纽等工程）、青藏铁路、西气东输、南水北调、西部开发的实质投资，大量增加了对木材特别是针叶材的需求。内需增加强大要求，特别是“十五”的起步、中国加入WTO、2008奥运经济的刺激，使新一轮针叶材市场的高潮必将到来。例如俄罗斯林，1996年进口52.7万m^3，2000年达593.1万m^3，增加11倍，平均递增83.2%。2001年上半年进口超过380万m^3，同比增长100.3万m^3，增长势头正反映了旺盛的需求。

(2) 城市化发展的需求对于木材进口的刺激

“十五纲要”提出：“有重点发展小城镇、积极发展中小城市。”国外经验证明：城市化水平达到30%以后，城市化将是快速发展时期。目前中国的城市化水平已达30%，这表明未来20年将是中国城市化加速发展的阶段。城市化进程中，中国平均每年5000万农村人口向城市转移。建筑业、装修装饰业、家具业商机无限，特别是针叶材比重上升，首当其冲。江浙等华东沿海地区主要倾向于优质、高档化原木，本地区的基建用材和工业生产用材60%依靠美、俄优质进口材。

(3) 住宅建设及装饰装修对内需市场的不良冲击

住房个人购买比例在增大，对住房装修需求同样加大。“十五”期间，城镇住宅计划27亿m^2。1999年住宅产业增加值已近4%，超过钢铁、能源、化工、电子、汽车、纺织等行业。从国际比较看，在人均国民经济总产值突破1000美元时，住宅投资和住宅建设均会快速增长。1998年226个地级以上的城市中，市区人均国内生产总值超过1万元人民币的已有109个，中国居民住房消费快速增长，同时带来装修装饰的大发展。城镇新房95%以上都须不同程度装修；2000年底城镇实有住宅面积46.8亿m^2，房改正以10倍于新建住房的公房转化为城镇居民自有财产，旧住宅的改造和装修随产权关系的改变而启动，存量住宅装饰的总量已赶上和赶过新建住宅的装修量；中国仅星级涉外宾馆7500多家，平均每7～8年需更新装修；农村住房，“九五”农村建房41.17亿m^2，平均每年8.2亿m^2，“十五”农村建房将可能超过45亿m^2，东南沿海农村更显富裕，更多使用针叶材。

(4) 家庭家具及装饰更加依赖原木进口

目前国外家具进口额有1亿美元左右，而中国市场容量超过1000亿元人民币，且以每年10%～15%的速度递增。“十五”期间，家具产业总产值可望达2000亿元人民币。居室家具、内壁、地板、门框、窗框装饰，现多追求环保，上海注册经营木材的单位已有75000户，2001年装饰工程产值2000亿元人民币。针对针叶材耐腐和机械性能好的特点，华东区选择中必是首选型材。

（二）中国木质林产品出口分析

我国是林产品进出口贸易大国，加入世界贸易组织后，每年的进出口贸易总额都在200亿美元以上，并呈现逐年增加的趋势。国内消耗的木浆80%以上依靠进口，每年进口木质林产品折合木材近1亿m^3，相当于我国年产商品材的2倍以上。林产品进出口逆差严重。出口林产品结构不断优化，家具已成为最重要的出口林产品。长期以来，中国出口林产品一直以经济林产品（林副特产品、干鲜果品）和松脂加工产品为主，木材产品出口量较少。近几年来，随着林产品工业的发展和外商投资企业的迅速增加，家具和纸板等高附加值产品的出口量不断增加，林产品出口结构逐步优化。1998年，家具出口额已增加到21.9亿美元，遥遥领先于其他林产品，占总出口额的比重上升到63.8%。

中国林产品贸易中，我国具优势产品有木片、拼花地板及地板坯料、建筑用木制品、建筑模板；处于劣势的产品是纤维板、刨花板、纸及纸板。但优势产品的出口远未形成规模，还有相当大的发展空间。

2000年，中国林木产品中锯材与合板的进出口形势发生了较大变化，其共同点为进口走跌，出口回暖。中国林木产品进口总量趋增的情况下，锯材及合板的进口量反而下降，出口量却增加。

1. 中国林产品出口政策变化

近年来， 锯材、胶合板进口量总趋势向上主要是因为实施“天保”工程，木材资源总量减少，而且国内装修热不断升温所致。自2002年以来，海外大量原木涌进国门，木材供应充裕，尤其是制造合板的原木量饱和，因而进口商则加以节制；持续几年国内装修高热，伴随住房改革到位，大宾馆、酒店的数量饱和，商品房价格居高不下，装修用材的总需求开始逐步过渡到保热阶段，继续升温的空间很小，市场消费渐趋平稳，作为装修用材主力的锯材、合板进口自然随之缩减；国内锯材、合板生产厂家众多，竞争日趋激烈，不少锯材品种、规格更适合市场需求；胶合板生产质量亦有明显提高，一些大型企业生产的合板已具有很高水平。因此，从国外进口的锯材、合板量减，反而出口量倒逐步上升。锯材、合板的进出口情况变化证明，中国林木产品市场的发展总体趋势是向好、向上的。

1999年进出口贸易政策的调整，在一定程度上推动了中国木材加工工业的发展，特别是人造板工业的发展。一方面，不断扩大的原木、锯材进口规模为人造板工业提供着充足的原材料；另一方面，不断更新的设备加之大量低廉的人力成本，使中国木材加工制品在质量和价格方面越来越具有较强国际竞争优势。

近几年，中国单板和胶合板的出口贸易不断扩大，而进口则逐年减少。单板比较优势已从1999年的-0.63提高到2002年的0.1；胶合板从-0.54提高到0.24。

2002年，全国共出口单板6.98万吨，比前一年增加了49.02%，其中饰面用板出口量约占出口总量的25%，胶合板用板占22%；单板出口金额达8931万美元，比前一年增加了27.14%。进口单板21.5万t，比前一年减少了14.62%；进口金额达8938万美元，比前一年减少了6.78%。

中国进口单板三大货源国依次为马来西亚、柬埔寨和美国，从这三个国家进口单板量分别为11.11万、2.92万和1.81万t。华北、辽宁、吉林和海南省进口主要源自美国；华东、华南进口主要源自马来西亚；黑龙江、内蒙的进口主要源自俄罗斯。单板进口量最多是广东、上海和浙江，分别为11.22万、2.09万和1.68万t。

近年来，虽然单板和胶合板进口量均迅速减少，出口不断扩大，但胶合板这种趋势要比单板明显得多。1999年，中国单板和胶合板的出口与进口比分别为1/10和4/10；但到2000年，单板出口仍远小于进口，比例为3/10，而胶合板已改变了进口大于出口的局面，达到15/10，而2002年则更加扩大了这一比例，达到28/10。

2002年，胶合板出口179.27万m^3，比前一年增长85.69%；出口金额达4.27亿美元，比2001年增加76.23%。胶合板进口63.63万m^3，比2001年微降2.30%；进口金额2.59亿美元，比2001年微增1.78%。

中国胶合板主要出口至韩国、日本、美国和香港，分别占出口总量的18%、15%、14%和14%；胶合板进口主要来自印度尼西亚，占71%，其次为马来西亚，占16%。

2002年胶合板出口的前三甲为江苏、山东和广东，出口量分别为63.86万、33.80万和24.11万m^3；进口最多的三省分别为广东、上海和江苏，进口量分别为34.21万、8.86万和7.77万m^3。

预计未来几年里，胶合板和单板出口将继续走强，进口也会继续下降。但随着木制品关税的逐年下降，使用进口板成本会有一定程度减少，因而，预计胶合板降幅趋缓，但由于单板下降空间充足，其降势应会比胶合板明显。

2．中国林产品出口趋势分析

2001年，我国家具出口已占世界家具市场的16.2%，为第一家具出口国。2002年全社会户消费品零售总额达到40911亿元，比上年增长8.8%，生产资料销售额突破7亿元，达到71410亿元。2002年以木材为主要原料的木质家具产值达到1650亿元，出口54.2亿美元，增长36.5%。地板发展迅速，2003年，全国实木地板产量超过12000万m^2，增幅在40%以上。胶合板2002年出口179.3万m^3，增长了85.6%，纤维板出口5.6万t，增长了2.9倍。

2002年以来，中国木材进出口形势可谓全线火旺。主要特点：原木、锯材、薄板以至胶合板、纤维板等木材制品在进口、出口贸易两方面都有较大幅度增长；正当不少木材进出口方面业内人士普遍认为，中国生产和生活用热带原木及锯材市场已经进入保温期，其海关港口及陆路口岸的货储量及社会库存量已达到饱和之际，热带原木及锯材进口量又大幅度跳升，进口的同时还大幅度出口；胶合板进口重又现出往日强劲的幅度。

据2003年统计出口数据：2003年我国林业产业总产值达5860亿元，林产品出口家具13亿件，出口数量居世界首位；2003年松香年产44万t，出口量居世界首位；2003年人造板4553万m^3，产量居世界第二。

据2004年统计出口数据：2004年林产品进出口贸易总额达349.49亿美元，比2003年增长25.99%。2004年林产品出口额为163.01亿美元，增长33.22%；2004年林产品进口额为186.48亿美元；2004年林产品进出口贸易逆差为23.47亿美元，比2003年缩减了28.14%。?2004年木质林产品出口中，人造板出口成倍增长，进口总量下降；胶合板仍占有绝对优势，家具出口52.29亿美元，比2003年增长37.05%。

据2005年上半年统计最新数据：2005年上半年林产品进出口贸易总额179.6亿美元，同比增长17.7%。其中：出口91.9亿美元，增长31.1%，顺差4.2亿美元。近年林产品对外贸易首次实现顺差，出口以附加值较高的深加工产品和有比较优势的劳动密集型产品为主。主要有家具、纸制品、小木制品、人造板、锯材、藤草苇及其制品等。

(1) 中国木材进出口已进入相对成熟期

经过“天保”工程实施后几年来木材进出口市场的历练，中国木材进出口显然已经日趋成熟，国际贸易完全依据市场变化，甚至是较为超前的判断来决定木材进出口数量、材种、金额以及形式等。例如，中国原木以往只进不出或多进少出，但2002年一季度出口增幅超过了进口。这说明中国在保证木材进口能充分供应市场的前提下，根据市场调节，可以将对外贸有利的那部分木材出口，从而使市场结构更趋合理。

(2) 中国生产及生活用热带原木需求高热不减

2002年以来，中国尽管原木进口同比仍以10.89%幅度攀升，但是，被业内人士看好的基建用针叶原木进口幅度却只与去年持平，反倒是被人们以为市场已趋向平稳生产、生活用热带原木却以69.12%幅度大步增升。这更充分说明，中国民族人造板生产的发展以及城镇（包括富裕了的农村）住宅装修可谓高热不减。这也让人们看到，市场变化是有其规律的，是不以人们的计划、意志以及愿望为转移的。

(3) 中国木材工业产品出口速度加快，问题仍然存在

近年来，中国木材工业生产快速发展，正在由木材工业产品进口国逐步向既进口又出口转变。从提升幅度来讲，薄板最大，为287%；锯材为19.47%，令人欣喜的是在人造板，中国不太看好纤维板生产，由于近年来水平提高，出口幅度竟以33%的幅度在增长。值得注意的是，2002年以来，中国胶合板进、出口的增长幅度均达到了60%以上，但以往出口大于进口的势头停抑了。这就有必要提醒中国胶合板生产和出口企业，一是要继续保持和提高胶合板质量；二是当对中国胶合板进口热情下降时，应考虑向欧美等地区拓展；三是要把甲醛含量降到国际环保标准以下。

(4) 木材进出口总量还将继续增长

从2002年以来中国木材进出口的势头来看，2003年继续保持增升。这主要取决于中国经济发展状况良好，木材需求将会出现强力反弹。此外西部开发、奥运工程、三峡水库都将继续拉动木材需求的上扬。

中国的胶合板出口近年呈稳步上升趋势，主要源于以下几方面因素：

其一，品种更新速度快。中国很多胶合板厂商密切跟踪国际市场的变化，以“按需生产”为第一原则，不时向国际市场推出适合不同消费需求的胶合板新品种。

其二，生产不断规模化。中国胶合板工业发展迅速，生产厂家已有2000家以上，年产量约800万m^3，不仅足以满足日益增长的国内需求，还可以大量出口。据了解，前几年连云港口岸曾大量进口过日本胶合板，而现在进口量为零。

其三，产品质量和工艺水平高。中国胶合板企业不仅在品种和产量上大动脑筋，而且在质量上精益求精，其中一些国有企业及合资企业的产品质量与国际先进水平不相上下，已在国际市场逐渐确立自己的地位。

其四，价格优势明显。与日韩等国相比，中国有着更为廉价的劳动力资源，在质量不相上下的情况下，价格优势自然成了增强竞争力的砝码。

但是，在胶合板出口稳步上升的情况下，中国的胶合板行业也不能盲目乐观。首先，国内企业在产品的质量上不能仅满足于赶上国际普通水平，况且中国在某些品种如环保类产品无醛胶合板工艺上与国际先进水平相比还有明显欠缺。进一步提高胶合板质量和工艺水平，才能提高产品在国际市场上的竞争力。不容忽视，虽然近年单板和胶合板的出口形势很好，但其质量等级远未达到印度尼西亚、马来西亚等国家水平，未来中国胶合板工业还将继续面临着来自这些国家强有力的竞争，以及进口原材料价格压力增强的考验。

第十二章

中国林产品贸易发展走势

CHAPTER 12 Development Trend of Forest Product Trade

第一节　林产品国际贸易格局

一、林业可持续发展动态

发展是人类社会和自然界永远的主题，林业产业的发展是建立在森林资源的基础上的。就我国而言，同样在破坏森林得到惨重的教训后，才开始保护并发展森林的。近年来，随着党和国家对林业的重视和国家经济实力的增强，我国林业产业受破坏的速度已经变缓，程度已经减轻，国家财政和地方财政对林业的投入也在逐年增加。尽管如此，我国的森林覆盖率还是偏低，林业可持续发展进程缓慢，由于森林资源的过度消耗，使有限的自然资源已接近极限负荷量，留给后人回旋的余地已相当狭小，森林恢复和林业可持续发展问题，已到了非解决不可的时候了。

（一）中国林业产业目前存在的问题

1．林产品的利用率低，浪费严重

我国林业产业采取的是以“高投入高消耗高污染”为特点的粗放式经济增长模式，尽管资源投入量大，产出水平不高，“砍树”仍成为我国利用林业资源的主要方式。以林产品为主的加工企业，都是以自然资源作为加工对象的初级产业，产品初级化，加工深度不够，科技含量低，附加值低，而且是资源价值双向流失，林业产业的科技贡献率仅为20%左右，远远低于其他行业。

2．市场化进程缓慢，制约林业的可持续发展

(1) 林业产业产权不明晰

改革开放之后，国家主张对集体方式经营不善的林区和林地，在国家保有所有权的基础上，可对林地采取租赁、承包等方式，使林地的使用权和收益权转入寻常百姓家。尽管国家有如此的规定，但在具体的执行过程中，林权所有者的合法权益缺乏法律保护，林地的使用权和收益权的界定不明显，因而林地的经营收益得不到保障，缺乏生产的激励体制，以致个人和法人从事林业经营的积极性不高，甚至会对林地破坏熟视无睹，并且不会对林地的建设投入太多。

(2) 森工企业和林场的经营管理模式比较落后

经营机制和管理体制落后是森工企业陷入困境的主要原因。森林工业企业受传统计划经济的束缚，大多数企业经营单一，缺乏市场竞争力，缺乏自己的核心竞争力。大多数森工企业除经营单一外，机制不活，管理滞后。在需要建立现代企业机制的大环境下，森工企业在用人、用工、工资分配等方面依然是计划经济的管理方

式，大锅饭现象突出，是要死一起死，要富一起富，缺少生机和活力，更缺少在市场中竞争的机制。少数效益较好的森工企业都是改制较好、管理严格、机制灵活的企业。

(3) 法制法规不够健全，执法不严

我国已经设立的林业法律制度的完整性、严密性存在缺陷，在立法原则、履行程序、实现方式、法律责任等方面的制度内容上有遗漏、空白、不明确之处。在执法方面，有的地方政府和部门的领导法制观念仍很淡薄，存在地方保护主义，有法不依，甚至以权代法、以权压法，使党和国家有关保护森林资源的政策、法令难于落到实处。

3．林业产业人才匮乏，成为林业可持续发展的瓶颈

人才资源的短缺已经成为严重制约我国林区经济社会发展的主要因素，是比森林资源短缺更为紧迫、更为严重的问题。据有关资料显示，我国农林业科技人员在人口中的比例为万分之一，而发达国家是万分之三十到四十。林业是一个专业性很强的行业，非常需要具有专业知识的人加入进来。就目前来说，全国的林业大学仅有6所，林学专业学校也只有35所，仅占全国各类学校总额的0.94%。面对全国这个超大的林业市场，林业专业学校提供的人才是远远不够的，林业知识人才的欠缺已经成为制约林业发展的一个瓶颈。

4．森林资源破坏严重，林业可持续发展基础薄弱

我国一直遵循的传统的发展观，即以“高投入高消耗高污染”三高为代表的粗放式经济增长模式，这种三高的增长模式不仅造成了资源的严重浪费，而且破坏了自然的自我更新能力。林业产业在发展的同时，对森林和环境进行的破坏性利用，使环境急剧恶化，使林业产业发展的空间减少，可以利用的资源范围缩小。

（二）实现林业可持续发展的对策

1．转变观念

转变观念主要包括两个方面的转变，首先是改变对可持续发展的认识，其次是转变对林业产业的认识。现在还有为数不少的人认为可持续发展有点玄，是务虚的，不肯把可持续发展作为一种科学的发展观看待。我们要发展可持续发展就要认识到它的重要性和必然性，否则，“务虚”的可持续发展观是不能长久的。所以首先我们要加强对可持续发展的学习，从小事做起。除了改变对可持续发展的认识之外，我们还需要转变对林业产业的认识。一直以来，我们在发展林业的过程中所关注的是林业的经济效益，对林业的生态建设和生态效益则关注较少，造成森林资源破坏严重，发展前景黯淡。要实现林业产业的可持续发展，就要重视林业，从根本上认识到林业产业的多重价值。

2．为林业发展提供政策支持

要转变对林业可持续发展认识的误区，除了宣传教育外，还需要有政策的引导和支持。

(1) 建立生态效益补偿基金，政府用多种方式对林业产业的投资者给予合理的补偿，保障投资者的利益；

(2) 继续对林业实行长期限、低利息的信贷扶持政策，有关金融机构对个人造林育林，要适当放宽贷款条件。按照农村税费改革的总体要求，逐步取消原木、原竹的农业特产税；

(3) 完善产权制度，保障森林、林木和林地使用权的合理流转，以调动社会各界造林积极性。

3．进一步完善法律体系

在政策的基础上，有法律的强制实施作为保障，我国林业可持续发展才能顺利进行下去。在立法上，要坚持生态效益优先的原则，在生态利益与经济利益及其他利益发生冲突时，优先考虑生态利益。在执法方面，必须加强林地管理，坚持依法治林，加强基层执法队伍建设，实现森林资源保护的规范化、制度化。在诉讼方面，把我国资源状况的严重问题和资源诉讼的特殊性联系起来，建立专门的资源诉讼法院。在法律责任方面，应建立健全法律责任制度。法律责任制度的不健全是我国法律中普遍存在的问题。在我国的森林立法中，这方面的问题也比较的明显，我们应当建立完善的法律责任制度，使得其能真正发挥其效用，从而达到对我国森林资源的保护和林业经营的管理。

4．提高人才素质，增加人才数量

首先扩大我国高校对林业专业人才的招生。尽管大学生就业压力逐年上升，就林业来说，有专业知识的高级技术人才供远远小于求，基层管理人员和技术性人

才缺口很大。我们只有扩大林学专业的招生规模才能为林业产业的发展提供足够多的人才；其次是对林业从业人员进行定期培训。很多林业从业人员不是林学专业出身，缺乏林业相关知识，科技水平不高，对林业行业的法规了解不多，他们难以用科学的方式指导生产，还可能产生执法不严、有法不依的情况。林业管理机构就需要对这些人员进行培训，加强林业从业人员对林业法规政策和专业技术知识的学习，定期更新知识，为林业产业的可持续发展提供高素质的人才。再次把林区居民纳入林业的管理体系中，可降低林区管理的成本，扩大就业。因为林地面积宽广，若只依靠政府管理，不仅成本高昂，且难以面面俱到，管理效率不高。把林区居民纳入到林业管理体系中来不仅可以降低政府管理成本，提高管理效率，还可以扩大就业，提高林区居民的生活水平。

5. 转变企业经营管理模式

要转变森工企业和林场的经营管理模式，就要实现政企分离，实行林业分类经营管理体制。转变政府职能，把森林资源管理职能从森工企业中剥离出来，转由国有林管理机构代表国家行使；把目前由企业承担的社会管理职能逐步分离出来，转由政府承担，使企业真正成为独立的经营主题，参予市场竞争。

6. 提高林产品的技术含量，发展绿色产业化经营

在我国可持续发展上，需要科技的不断发展为支持。就林业产业来说，技术含量低，产品结构单一，附加值低是我国林业产品没有市场的主要原因之一，所以我们要增加对林业产业的技术投入，建立林业科技创新体制，深化林业科技体制改革，提高科学技术对林业产业的科技贡献率，从而提高林产品的核心竞争力，增强我国林产品在世界市场上的竞争能力。根据世界环境与发展现状，多数专家学者认为："21世纪是绿色经济世纪、绿色产业世纪"。由于与生态环境有关的事物，在国际上都冠以"绿色"，为了更加突出绿色产品来源于最佳生态环境，因此，又称"绿色产业工程"。绿色产业是21世纪的主导、支柱产业，是21世纪世界经济发展的必然选择。林业产品是一种自然的、无毒副作用的高生态效益的产品，符合现在人民的需要，具有广阔的市场前景。在市场经济条件下，拥有市场的产品才具有发展的活力和动力，才能在残酷的市场竞争中立于不败之地。

二、中国林产品贸易地理方向及国别结构

（一）世界林产品贸易的区域结构

将全球的林产品贸易按洲进行分块来分析。从贸易量上来看，世界林产品的主要净出口地区为北美和南美洲，主要净进口地区为东亚，拉美和非洲也是林产品的进口地区，而欧洲(欧洲占世界林产品总进口额的一半以上)和亚太地区林产品的进出口贸易大体处于持平状态。在20世纪90年代，世界林产品出口最多的地区为欧洲36489.3万m^3，占据世界总出口量的38.77%，再加上北美洲的28856.4万m^3（占30.66%），就占据了世界总出口量的近70%。而世界主要林产品净进口量最多的地区是亚洲（为42324.1万m^3）和欧洲（为12941.9万m^3），其所占比例分别为38.9%和44.98%，占据了世界总进口量的83.88%。

如果从国别方面来分析，在上世纪90年代，世界林产品进出口贸易比例情况如表4-1所示，世界排名前五位的林产品进口国主要是美国、日本、德国、英国和意大利，其林产品进口的总额几乎占到全球贸易总量的一半（其中美国和日本的占有份额就超过了全球的四分之一）。随着世界贸易的不断发展，其进口情况变化不是很大，在进口上，俄罗斯、瑞典、芬兰和新西兰进入了前六名，取代了日本、英国、意大利的地位，另外巴西、智利、马来西亚、巴布亚新几内亚等国的进口形势也不容忽视。

再从林产品品种上来看，原木的出口国主要是俄罗斯、美国、马来西亚；进口国为中国、日本。家具的主要出口国有意大利、中国、德国；其排名前列的进口国是德国、美国、法国和日本。由此，我们可以大体地看出，发达国家仍然是世界林产品贸易中的主角，但是随着发展中国家经济的不断发展，其地位也在不断上升。

北美是全球林产品贸易的主要进口地区，同时也是重要的出口地。其中，美国是全球最大的林产品进口国（是林产品的净进口国），虽然美国的森林资源非常

丰富，而且由于其国家经济与科技的发达，在林产品生产上也具有很大的能力，但其国内对林产品仍是供不应求。美国进口的木制品主要来自加拿大，胶合板则主要从印度尼西亚进口。美国是目前世界上居于前列的家具消费市场，在其家具的进口中，意大利占20.8%、中国占13.6%、德国占8.9%。美国同时也是世界上第二大林产品出口国，其工业原木、锯材和木浆的出口量居于世界前列（其中原木的出口约占全球总出口量的13%左右，处在第一位），加拿大、欧洲、日本及其他亚太地区国家都是其林产品的主要消费者。

而北美的另一林业大国加拿大也是全球排名第一的林产品出口国，在原木、锯材以及木浆上占有优势，是纸浆、针叶锯材及新闻纸的最大出口国。由于具有极丰富的资源优势，在全球家具市场中也占有一定的地位。长期以来，加拿大的木材及木制品主要出口到美国。

欧洲是世界林产品贸易的第二大消耗地区，是纸和纸浆的主要出口国，而原木则大多从北美、俄罗斯和非洲进口，其他大多数林产品则是从亚洲进口的。德国和法国都是林产品的净进口国，意大利也是重要的进口国；瑞典是世界第四大木材产品出口国，其出口产品包括半成品和成品，而木材原料为主要进口产品。瑞典、德国和芬兰占据了欧洲林产品出口的主要地位，也是纸和纸浆的主要出口国。欧洲也是世界上最大且最具活力的家具消费市场，其家具的年消费量达到688亿欧元，对外主要从中国、印度尼西亚和南非等国家进口。同时也是世界上最大的家具进口市场，估计每年进口价值230亿欧元的货物。它集中了德国、意大利、法国和英国等居于世界前列的家具业发达国家。特别是意大利，其家具出口额占其生产总值的20%，占全球出口的10%，主要出口到美国和日本。比利时是欧洲家具第三大出口国，也是软体家具的第六大生产国，其出口家具占产量的80%，是世界上比例最高的国家。

俄罗斯在世界林产品贸易市场中占有重要地位，但主要是单向性的出口贸易，每年除进口家具和少量的纸产品外（俄罗斯家具市场有一半以上需要进口），其他林产品进口量很少。其生产的原木（其出口量居世界第二位，主要出口到日本、中国和东欧一些国家）、锯材、纸浆和纸是主要的出口林产品，阔叶材胶合板也占到了出口总额的9%（主要出口到美国和欧盟市场，占到了总出口量的50%以上）。虽然近几年俄罗斯的主要林产品产量下降幅度较大，但并不影响其在出口方面的主要地位，实际上除了锯材等个别林产品外，其他都保持了较明显的增长，尤其以纸产品和胶合板最为突出。中国是俄罗斯林产品最主要的进口国（针叶材原木所占分额最大），约占俄罗斯出口总量的25%，紧跟其后的是日本和芬兰。虽然俄罗斯鼓励生产家具和纸产品等成品和高附加值产品出口，但就目前而言，其出口的林产品仍以初级林产品为主，在人造板、纸浆等深加工产品的出口上还需加强。

非洲的原木产量占世界第三，并缓慢增长，而其他林产品产量却只占世界的1%，近年来非洲热带木材正逐渐转向亚洲市场。目前，非洲出口的热带原木和初加工木材有近70%进入了亚洲市场。巴西主要出口原木、锯材、胶合板，是木浆和纸产品的主要出口国。随着非洲的整体发展趋势，巴西对其林产品贸易的目标市场定位已不仅仅是诸如欧盟、欧洲等传统市场，而是将眼光投向了亚洲和中东等更广阔的空间。但因为其主要生产低增值产品，非洲仍将处于全球林产品贸易的边缘。东南亚诸国也是热带阔叶原木的主要出口地，木材生产和贸易发展迅速，但锯材和胶合板所占比例却很小。马来西亚、巴西和印度尼西亚是热带地区重要的3个发展中出口国，马来西亚和印度尼西亚已成为原木、锯材和人造板的主要出口国（其原木出口占全球的70%）。马来西亚出口的林产品主要有阔叶树锯材、板材，特别是胶合板已超过其总产量的70%，主要出口地区为日本、中国、泰国及其他亚欧地区。近年来，随着人工林的发展，其人工林橡胶木家具的出口也正迅速增长。印度尼西亚胶合板出口量几乎占世界胶合板市场总出口量的一半，再加上马来西亚，两国的胶合板生产占全球胶合板市场的80%以上。

由于森林资源状况、木材加工工艺等方面的不同，各地区、各国家在发展林产品贸易方面都有其侧重点，不尽相同。但总得来说，发达国家占据了世界林产品贸易的80%左右，但是随着经济的发展，近年来，发展中国家在全球林产品贸易中所占份额正逐年上升。

表12-1　2001～2004年度我国进口林产品分布国别及比例

年　份	2001	2001	2003	2004
1	印度尼西亚（14.77%）	印度尼西亚（12.89%）	马来西亚（12.86%）	马来西亚（13.07%）
2	美　国（11.24%）	俄罗斯（12.71%）	印度尼西亚（12.06%）	印度尼西亚（12.44%）
3	俄罗斯（10.35%）	美　国（11.45%）	美　国（11.26%）	美　国（11.30%）
4	马来西亚（7.66%）	马来西亚（9.98%）	俄罗斯（9.89%）	俄罗斯（10.72%）

（二）我国林产品贸易的区域结构

近年来，我国林产品贸易并不只是量上的变化，在进出口的区域上也发生着极大的变化。过去我国进口林产品局限于东南亚、北美、俄罗斯等地区，现在已发展到俄罗斯、亚洲、非洲、欧洲、大洋洲、北美洲和南美洲等50多个国家和地区。而在出口方面，则主要集中在北美、日本、韩国、德国等地区。总的来说，我国的林产品进出口主要集中于亚洲与欧美市场（近年来，亚洲市场份额在下降，欧美市场份额在提高），同时向着世界各地区分散发展。

1．林产品进口

从表12-1中我们可以看到，自2001年以来，我国的林产品进口国主要集中在印度尼西亚、美国、俄罗斯、马来西亚以及泰国和加拿大。其中，印度尼西亚、美国、俄罗斯和马来西亚四国虽然每年的位置有所变化，但一直交替居于前四位，几乎占据了我国林产品进口市场的一半。具体来看，印度尼西亚和美国的位置都在下降，而马来西亚却从第四位跃居第一位，俄罗斯在2002年有所上升，但从2003年又跌到了第四位。

我国的原木进口主要来自于亚洲、大洋洲及非洲。以2003年为例，来自亚洲的原木占我国总进口量的15.9%，大洋洲占15.5%，非洲占9.8%，三个洲的总进口量超过了40%。随着各国林业政策的改变以及我国市场需求的变化，大洋洲很有可能超过亚洲成为我国原木进口的第一位。从国别来看，排在前四位的是：俄罗斯占56.44%、马来西亚占11.51%、新西兰占7.55%和巴布亚新几内亚占5.41%，到2004年俄罗斯更是占到了64.63%。

到2001年，我国的锯材进口国（地区）就已达50个，主要有印度尼西亚、美国、马来西亚和泰国、俄罗斯和加拿大等国，其中处于前四位的份额分别是32.11%、10.88%、9.84%和6.10%。而在2003年，印度尼西亚虽然仍处于第一位，但其份额已降到了19.73%，比2002年减少了33万m3；马来西亚甚至退出了前四位；美国、泰国的份额有所上升，俄罗斯更是上升到第四位。

另外，如纤维板的进口主要集中于德国、马来西亚、澳大利亚、泰国和新西兰等国；刨花板则主要从泰国、比利时、马来西亚、德国和意大利等国进口；而木浆的进口国是加拿大、印度尼西亚、俄罗斯、智利和巴西等。

从国内区域情况看，我国进口林产品的地区主要分为南北两大板块，并且已经形成了大型的集散中心。南方板块主要包括江苏、上海及华东地区和广东一带，张家港是其最具代表性的大型集散地；北方板块包括东北三省和内蒙古地区，最具代表性的集散地是黑龙江的绥芬河。

我国原木的进口主要集中在黑龙江和内蒙古两省区。由于绥芬河接近我国最大的原木供给国俄罗斯，因此绥芬河成为我国进口原木最多的地区。相较之，北方板块进口原木较少。近两年，广东的进口量在减少，2004年比2003年下降了26.3%，与此同时，上海和江苏的进口量却在增加。我国的主要原木进口集散地除了绥芬河还有满洲里、二连浩特和张家港，2004年，这四个集散地进口的原木占去了全国总进口量的50%以上。锯材主要来自于北美和东南亚，其进口地区主要以东南沿海

表12-2　2001～2004年度我国出口林产品分布国别（地区）及比例

年　份	2001	2001	2003	2004
1	日　　本（27.49%）	美　　国（27.67%）	美　　国（29.66%）	美　国（31.42%）
2	美　　国（23.53%）	日　　本（23.22%）	日　　本（21.09%）	日　本（18.26%）
3	中国香港（12.39%）	中国香港（12.70%）	中国香港（12.08%）	中国香港（11%）
4	韩　　国（4.15%）	韩　　国（4.35%）	韩　　国（3.74%）	英　国（4.05%）
5	德　　国（3.25%）	英　　国（3.38%）	英　　国（3.08%）	韩　国（3.15%）

和南方口岸为主，广东、上海、浙江和江苏等地的进口量都居于前列。这是由于在这些地方有比较发达的木材加工业，对锯材有着较大的需求量，而且交通方便。

2. 林产品出口

从表12-2中可以看到，2001年我国林产品出口贸易伙伴的前五名分别为：日本、美国、中国香港、韩国和德国，这五国总共占据了我国林产品出口超过70%的份额。但随着我国经济的发展及世界形势的改变，其国别份额也发生着变化。到2004年，从前五名来看：美国和英国的份额都在增加，美国连续三年保持第一位，而英国也上升到了第四位；日本、中国香港、韩国和德国所占份额都在下降，德国已经被挤出了前五名。

我国的胶合板产品主要用于出口，亚洲、北美、欧洲等地是我国胶合板的主要消费市场。就2001年来说，我国出口胶合板的国别分布为：香港16.07%、韩国14.89%、日本14.15%、美国13.20%，占据全年出口量的70.01%。亚洲的韩国、日本是我国胶合板的主要出口国，但由于其国家人口较少消费量难于预测，这种情形也许会发生改变。北美以美国为主，从2001年开始，美国的人造板工业开始恢复，但对我国胶合板的进口量并没有较大幅度的下调，有时还呈现上升的趋势。2004年的上半年，我国出口到美国的胶合板量大幅上升，其中硬木胶合板增长了3倍，但到下半年又回落到正常水平。欧洲对我国胶合板的进口大约为美国的一半，但欧洲对胶合板的消费量只是美国的三分之一，因此，欧洲的市场份额有望提高。

我国是世界上家具出口的第一大国，主要出口到美洲、欧洲和亚洲等地区。以2003年为例，排在前四位的出口国（地区）是美国、中国香港、欧盟和日本，其所占份额分别是52%、13%、12%和9%。近年来，我国出口家具在国外屡屡遭到反倾销，这也恰恰促进了我国家具出口向着出口国家（地区）多元化及产品多元化的格局发展。目前，我国家具出口国家（地区）已增至100多个，虽然近期家具出口仍以美国为主，但从发展趋势上看，欧洲、加拿大和其他地区的份额增长很快。

从国内来看，我国的中东部地区已经成为人造板生产中心，其产量比重逐年增大，到2004年已占全国产量的74.39%，其中山东、江苏、河北、浙江四省是我国人造板的主要产地，占全国人造板总产量的63.4%以上。与此情形相对应的是我国北方和内地以及西部地区则稍显滞后，但随着林业产业的发展及振兴东北老工业基地等政策的出台，这些地方具有很强的反弹力。

我国的家具工业有着明显的区域经济特征，生产企业主要集中在华南、华东、华北和东北等地区。其中，广东是最为集中的省份，2000年的家具出口额就占据了全国家具出口总额的50.5%。而且广东深圳的家具出口额居国内城市之首，几近占据了全省家具出口总额的半壁江山。另外，辽宁的大连和关东的大岭山镇也都居于前列。

三、国际林产品贸易状况及发展趋势

随着人口和社会经济的发展，世界木材和林产品的需求不断增加，而从环境保护角度考虑又不能过量采伐森林，因此人工林在世界林业的发展中扮演着越来越重要的角色。

目前，全世界森林面积为34亿hm^2，占全球陆地面积的27%。世界森林分布很不均匀，全球60%的森林集中在不发达地区。但是俄罗斯、巴西、加拿大和美国的森林面积占全球森林面积一半以上。近50年来，由于天灾人祸等原因，世界森林面积不断缩小。1950年，世界人均森林面积达到1.6hm^2，而目前世界人均森林面积已下降到0.6hm^2。1850年以来，世界人口从13亿增长到60亿，增长幅度超过4倍，超过任何时期，而同期森林采伐的速度更快。近几十年内，毁林速度更高，人口增长数更大。林地对人口的比例不断下降。自1960年，作为衡量森林资源压力的关键指标，人均可用森林面积下降了50%。17亿多人口生活在森林覆盖率处于极低水平的40个国家。到2025年，由于又有13个国家面临森林资源短缺，这一数字将增加近2倍，达到约46亿。

近年来，世界木材产量一直呈现缓慢增长趋势，年平均增长大约在1%左右，这种增长是建立在世界森林过度消耗基础上的。但原木出口则呈下降趋势，因而原木出口量占原木生产量比重也在下降。虽然各国相继采取原木出口壁垒政策，原木出口比重和总量将进一步下降，与此同时，经过加工的半成品和成品的出口量则呈下降趋势。随着世界人口的增长，人均蓄积量将下降，供需缺口将扩大，木材特别是大径材将更难得到，且单位成本也将上升。

由于世界各国森林资源及开发情况有所不同，在世界木材贸易中所处地位也是不同的。俄罗斯自然资源丰富，是世界木材贸易主要生产国之一，俄罗斯生产的原木、锯材、纸浆和纸是该国主要出口品种，原木主要出口到日本、中国和东欧一些国家。俄罗斯森林允许采伐量的60%集中在俄罗斯东部地区，这一地区木材采伐量只占总产量的34%。在俄罗斯东部地区，俄罗斯出于需要，经济工作重心向东部地区转移，开发西伯利亚和远东的森林资源是俄罗斯长期追求的目标。但是长期以来，由于俄罗斯远东和其他地区劳动力不足、资金短缺，致使林业未得到充分发展，实际承担不了世界木材贸易的重任。

作为重要国际贸易商品，木材产品贸易对许多国家贸易平衡有重要影响，木材产品和森林资源也是国际社会讨论环境问题的核心。世界林产品生产一直呈上升趋势。世界木材消费量每年递增1.3%。发展中国家木材消费量增加迅速，占全球的消费比例已从70年代的14%上升到目前的27%。

2000年世界木材初级加工产品贸易额达1450亿美元。木浆、纸及纸板占贸易总额的3/4，而木材原料、锯材、人造板占1/4。高附加值木材产品总贸易额为2000亿美元，占贸易总额的4%～5%。

从全球林产品贸易市场结构分析，发达国家林产品进出口额集中了全球林产品贸易总额的80%，发展中国家仅占20%。美国、德国和法国既是世界上主要林产品出口国，也是主要林产品进口国。加拿大和美国林产品出口占全球林产品出口的31%。加上芬兰、瑞典和德国，这5个国家林产品出口已占到全球林产品卖方市场一半以上。世界上林产品进口最多的国家是美国（占17%）、日本（占15%），其次是德国、英国。这4个国家的林产品进口量差不多占全球进口量的一半。2000年世界林产品贸易额达到1523亿美元，占全球农产品贸易额的30%，约相当于全球出口总额的3%。1999年，世界木材生产量达到32.33亿m^3，其中53%木材为燃料，47%木材为工业用料。在15亿m^3工业用料中，造纸用木材占28%，板材占61%，其他11%为原木。

第二节　中国宏观政策与林产品贸易

林业既是一项重要的基础产业，又是一项重要的公益事业，世界上多数国家对林业都制定了特殊法规，不但实行低税率，而且财政还给予较多的扶持政策。我国是个少林国家，资源少、基础差，当前正是面临调减木材产量、调整产业结构的时期，林业的发展更需要国家给予重点扶持和全社会的支持。

改革开放以来，党和国家十分重视林业的发展，制定了一系列保护森林、发展林业的政策和措施，实行减税让利，发放贴息贷款等特殊政策，扶持林业的发展，如国务院国办发（1986）75号文件规定，从1987年起对国有林区森工企业改为实行“财务包干”办法；国务院国阅（1990）7号文件规定，从1991年起对东北、内蒙古等国有林区森工企业木材产品税税率从10%减为5%，同时对次小薪材和以“三剩物”为原料的14种综合利用产品实行免税政策；国家银行自1986年以来先后发放林业项目贴息贷款、森工多种经营专项贴息贷款、治沙贴息贷款等，这些措施对缓解林业“两危”起到了一定作用，但由于林业历史上积累下来的问题很多，经济危困的局面仍未从根本上得到解决。

一、财政金融政策

1. 对林产品实行轻税制

林业是国家扶持的基础产业，生产周期长，投入大，收益低，原木税率的确定应与国家扶持政策相吻合。国家现行规定原木的税费率很高，加重了林业的负担，超过了林业的承受力，现行原木税费主要包括：①产品税10%；②农林特产税7%；③育林费：按木材销售收入的12%～26%提取；④维简费：集体林区8%；国有林区每立方米10元，以上经费约占木材收入的45%～50%，此外有的地方还有名目繁杂的各种收费，不仅企业难以承受，而且也违背了税收原则。

我们认为，原木作为林业的主产品，税率水平不宜过高，原木取消产品税改为统一征收农业特产税后，由于新的农业特产税条例中没有开减免税的口子，即使允许现行减免政策执行到期，今后按法定税率征收，企业也有困难，还会要求减免，不利于税法的贯彻。另外，林业大多地处边远的少数民族地区，地方财政困难，农业特产税划为地方收入后，减免税的矛盾就会更加突出，难以解决。因此，应该对林产品实行轻税制，部分产品实行免税制。

2. 改革森工企业的利润分配制度

森工企业从1987年开始，以省区林业主管部门为一户对财政实行“财务包干”的办法，对行业内部调剂盈亏，调整产业结构，安置富余职工起了积极作用。1996年森工企业开始实行税利分流，仍需要国家对林业采取以下特殊经济政策：

（1）为加强资源管理，合理限产、定产，调剂企业间盈亏，调整产业结构，对国家森工企业采用以林业企业集团为单位计算缴纳所得税的办法。

（2）由于森工企业“两危”严重，历史遗留问题多，社会负担重，很难适应市场经济的运转，为使之在平等条件下参与市场竞争，应采取以下措施减轻企业包袱：①对历史遗留问题的政策亏损挂帐，财政给予政策性补贴；②对森工企业的基建贷款改贷投资，改为国家投入资本金；③原有国有林区森工企业交给地方使用的育林基金，改为财政预算内事业费拨款解决；④对企业负担的社会性支出如政策经费、公检法经费、学校医院经费等由地方财政拨款解决；对森林警察的支出由中央财政武警经费预算拨款解决；对离退休职工的劳保支出，应由国家、企业、职工多方统筹解决。

3. 价格政策适时调整

我国目前尚无全国统一的林价政策，国有林区与集体林区关于林价的设想和做法不尽一致；国家关于“国有林区林价政策”（1990）标明国有林区林价的历史转折，但并没有真正解决营林投入的补偿问题，致使一些试点林价运行的企业积极性不高。

由于目前的差价政策中，木材与其他林产品的差价过小，从而不利于控制优势树种和优质材的大量需求，再加上木材与其替代品的比价不合理，使得木材替代产业发展缓慢。因此这种政策实际上仍然是重在鼓励木材的生产和消费，林业也就仍集中于木材产品的生产开发上，使得森林资源的综合开发、综合利用难以充分实现。

林价政策应以政府扶持为主要特征。之所以要实行林价的政府扶持政策，原因在于：其一，营林受自然条件影响较大，其铲除经常与预期相差较大；其二，现行林价偏低的主要原因在于缺少补偿来源，影响林业的收入和营林生产规模的扩大；其三，营林生产周期长，资金周转慢，政府有必要改善其投资环境，鼓励营林业的投资。

林价的政府扶持政策，主要体现在：国家参与协调林价的补偿，完善林价补偿机制，保证营林生产有稳定的资金来源，以满足森林资源扩大再生产的需要。林价的政府扶持，主要是通过林价基金制度的建立而实现。林价基金主要来源于林价的提留部分和国家财政拨款。

国家参与林价补偿有以下几种不同情形：

(1) 当理论林价高于实际林价时，所高出部分由林价基金予以补偿；

(2) 当理论林价低于实际林价水平时，其差额要按一定比例缴入林价基金；

(3) 当理论林价与实际林价水平持平时，则林价基金不参与活动。

可见，国家参与林价补偿的标准是理论林价与实际林价的比较结果。这种政府扶持的林价政策，能够起到很好的效果，其预期效应有：

(1) 基本上能保证营林生产的资金来源，从而可望在实现营林简单再生产的基础上，实现扩大再生产；

(2) 林价扶持意味着国家对营林生产的重视和鼓励，必将调动和促进营林生产者经营森林的积极性；

(3) 林价制度的全面实施，可望促进营林生产核算体系的建立，促进营林生产的完全商品化经营；

(4) 林价的实行，可望促进森林市场的培育和建立，并逐步实现林业市场体系的完善。

4. 重视项目融资

在某些大型能源、矿产开发项目中，项目融资已成为一种重要的筹资方式。项目融资成功的主要依据不是发起人的资信等级，而是项目本身未来的预期收益和资产(如储量，矿业权)，为支持林业企业“走出去”，国内金融机构特别是开发性金融机构可以考虑作为牵头行，联合国内外的其他金融机构为林业项目进行融资安排。

(1) 贸易融资。我国大型林业企业“走出去”战略中，无论是采购国外的机器设备还是购买国外的森林资源，都将涉及大量的国际贸易。商业性金融机构可提供贸易融资，解决其流动性资金需求。开办此业务，既支持了国内林业企业的境外发展，也为国内金融机构扩展业务范围以及国内金融机构的“走出去”提供了一个契机。

(2) 向资源国提供长期优惠贷款，同时签订政府间长期林产品购买协议。对国内林业企业“走出去”提供支持可以由政府或政策性金融机构向资源国提供长期优惠贷款，同时与该国政府签订长期林产品购买协议，可由对方以等额的森林资源分期偿还贷款本金，这一安排同时为林业资源长期稳定供应提供有效保障。

5. 调整金融机构林业信贷政策

林业项目贷款周期长、流动性相对较差，贷款期限长与金融机构所筹集资金期限短的矛盾比较突出。

吸引低成本保险基金的介入。经调研发现，养老保险金可用于林业投资，特别是大径级优质树种用材林的种植。

(1) 养老保险金。如果一个人从23岁开始缴纳养老保险金，到其60岁退休使用该项资金，期间约37年。我国养老保险金使用方向仅为国债和银行固定资产购置。

(2) 大径级珍贵树种用材林培育。根据《重点地区速生二六林基地建设工程规划》，将在粤桂琼闽四地培育桃花心木、抽木、西南桦，培育期25～30年；长江中下游地区培育楠木、樟树，培育期25年；东北地区培育水曲柳、黄波罗、椴树、核桃楸、栎类及红松等树种，培育期25～40年。

(3) 养老保险金储存期与培育大径级珍贵林种项目贷款期限非常吻合。养老保险金储存利率低，优质大径级材是当今和将来市场的紧俏产品，不存在市场问题，收益稳定；二者通过制度结合，既解决了林业资金不足的难题，又为养老保险找到了使用出路，可以说是优势互补。

(4) 保险公司可以委托特定的金融机构或购买林业债券的方式投资。开展此项业务的前提是，珍贵树种的种植技术和经营管理方式符合银行信贷资金运作要求。

整合国家投资林业的专项资金。

(1) 多渠道筹集林业所需投资。可以将扶贫款、农业开发贷款与造林结合发放，还可以动员企业与农民投资；

(2) 进行体制创新，将来源稳定的林业资金作为资本金注册林业担保公司，为造林项目贷款提供担保，辅以形成的林木资产作抵押，通过信贷资金放大林业投资倍数。

同时可以考虑争取外国政府赠(贷)款和各类组织基金等问题。

总之，以政府的组织优势结合金融机构的融资优势，建立起强大的信用机制，缓解和消除林业发展所需资金的体制瓶颈，打通融资渠道，以市场的方法解决林业发展面临的问题。

二、国家外贸政策

1. 林产品出口的刺激政策

像大多数商品的贸易一样，许多林产品的国际贸易也受各种各样限制贸易流量的措施所控制和调节。这些措施包括关税以及多种形式的非关税壁垒(NTB)和非关税措施(NTM)。近年，贸易保护主义和贸易壁垒抬头形成反潮流，一方面关税由于多次降低关税的谈判而减少，另一方面，各国正越来越多地借助非关税壁垒和非关税措施来控制进口。这些措施包括出口国自动地向自己实施配额的协议以限制他们向某些国家的出口，这些措施已经被作为一种限制贸易的方式，代替了正规的配额和关税制度。

关税结构的另外一种特性应该引起注意，同大多数工业品一样，林产品关税征收中有一种倾向，即对于原料，税率很低或者免税，但随着产品加工程度的提高，税率也不断提高，这叫做关税级增。这种关税结构在林产品贸易中是很普遍的。因而，只有极少数的国家对原木或造船材的进口设置壁垒。对于制材、木浆和另外一些初加工林产品，也有关税减免的趋势。然而，对于深加工制成品，例如，木门、牛皮纸、家具、高级书写纸等，则普遍征收较高额的关税，实行其他更严格的贸易限制。

现在人们普遍认为，出口在经济发展进程中将起着重大的作用，因而采取各种各样的措施鼓励增加出口。针对每一系列的出口都有一套从总体上促进出口的政策，而不考虑其产量或部门，这些政策有时被归为“促进出口战略”的组成部分，这种做法的基础是实际的汇率变动。如果稍有变化，汇率也可能有所降低，降低汇率对各种产品的出口实际上都起着补贴的作用。这种战略为各国提供了根据自己潜在的比较优势进行专业出口生产的市场刺激形式。出口政策的另一个极端是对特殊工业和特殊商品直接给予出口补贴，其不利方面是，这种补贴政策常常被认为违反了关贸总协定的反倾销条款规定。在这些极端政策中，有一种是为促进国内特殊工业的扩大或向其提供帮助而制定的，这种辅助政策将普遍提高该部门的出口能力，并最终完全背离其制定的本意，转而对出口进行间接性的补贴。

刺激出口的其他一些方式，包括出口退税、减让运输费、对出口商品所需原料的免税进口、按出口金额进行外汇留成，以及促进某些有出口潜力的产业政策等。

以上所述的鼓励出口政策中，有几种刺激政策，主要针对林业的某些方面，并且能够同样有效地促进林产品出口，它们包括：

(1) 汇率政策。汇率政策通常是促进出口的工业化政策的一部分，韩国和台湾在利用市场汇率鼓励出口方面已经成为最成功的榜样。二者从这个政策中受益的是硬木单板工业，尽管它们需从亚太地区进口原材料——原木，但都发展起了生气勃勃的出口外向型单板工业，尤其是韩国，其成功至少有部分归功于各种类型的出口补贴。

(2) 提高林业管理水平的政策。有许多国家的政府都制定了对林业管理进行改善和补贴的政策，如果这些政策成功，就能从总体上降低林产品的成本，从而间接地增强工业竞争力，刺激出口。

(3) 发展商业性人工林政策。许多国家采取直接补贴的方式营造商业性人工林，在巴西和智利等一些国家，其国内实行转高补贴的大量人工林生产的木材都很可能用于出口。因此，这项政策也可促进出口。

(4) 降低国内立木价格的政策。任何保持立木价格低于市场水平的政策都可以视为一种补贴。保持立木价格低于市场水平的成功政策可能会降低最终产品的价格。但必须注意，这种政策的长期影响可能会减少森林采伐的利润，从而使重新造林的投资降低。

(5) 针对木材加工的工业化政策。除以上讨论的韩国和台湾的经验外，在70年代后期，印度尼西亚也开始着手制定有关的政策，发展高效、大型的热带硬木加工业，重点是为了生产出口单板，其次是为了保存森林资源，发展国内加工业，并且允许采伐向政府租入的森林资源。

(6) 出口鼓励的内含。出口刺激可能由各种政策产生，从降低汇率到直接的出口补贴。在一定程度上，鼓励出口措施作为对现存贸易壁垒的补充是无可指责的。然而，从发展的观点看，对于那些不大可能具有比较优势的工业，一个国家应当避免对其投入过量的补贴去引导出口。

2．关税和非关税壁垒

关税是传统的贸易壁垒，它是进口某种货物时由进口国征收的税。征收关税提高了进口货的价格，从而使进口商品处于相对不利的地位，以限制进口量并降低其在进口国内的利用率。目前，世界林产品贸易中的关税状况是：世界上贸易发达的地区、国家，如欧共体、美国、日本等的原木税率都很低，在发达国家和发展中国家的关税结构中，都有关税级增的现象，发展中国家的每一种林产品的税率相比发达国家都要高得多。

除了关税壁垒外，另一套进口限制有时称为非关税壁垒。非关税壁垒的主要目的是限制贸易，这些壁垒包括各种政策和程序，例如：配额、偶发的禁令、随意的检查、进口许可证要求、繁琐的通关手续、进口最低限价。通过一系列有代表性的非关税壁垒，包括配额、禁令、数量限制和其它对于木材和木材制品的非关税壁垒的作用，非关税壁垒在发展中国家的实施率较之发达国家更高。

作为最普通非关税壁垒——配额，当不征收进口税时，进口配额可限定被允许进口的特定商品最大进口量。对于林产品，发展中国家比发达国家更为普遍地实施配额制。但是，随着配额的日益流行和林产品加工程度的不断提高，对于发达国家，特别是欧共体，对初级木制品实行配额的频率最高。虽然配额一般是由进口国单方面制定实施的，但近年来对来自进口国方面的压力，出口国的反应是越来越多地“自动地”实行出口配额。当配额被视为在一定时间内实施以应付某些“暂时”困难的工具时，上述情况便经常发生。再者，因为“自动”配额是由出口国专门实施的，它为进口国解除了某些与关贸总协定明令禁止的贸易保护联系在一起的责任关系。例如，进口国无需向出口国提供赔偿。

3．由出口国设置的林产品贸易壁垒

尽管大多数贸易壁垒是由进口国或在进口国的坚持下设置的，但有时也并不完全如此。对于林产品或其他自然资源，贸易壁垒常常是由出口方设置的，这种情况常见于对未加工木材特别是原木设置出口限制或各种禁令。对出口进行限制的理论基础是，阻止原材料的出口，鼓励本国的生产，并促进国内产品的增值，从而创造更多的就业机会，随后就可出口像制材或单板一类的制成品。尽管这种做法很普遍，但争议很大，主要的反对意见认为，一个国家在原木产品上可能有比较优势，但并不一定意味着它在加工方面也有这种优势，其结果限制原木出口的国家可能在木材加工方面没有足够的竞争力，而无法成为有实力的制成品出口国。

4．外汇管制和有效保护

贸易壁垒的一种形式是外汇管制，这是一种间接性质的障碍，有时被视为非关税措施，通过控制进口所需外汇的配置，一国政府就可以控制进口商品的构成。因此，外汇管制能够形成一道强有力的屏障，以阻止商品进入实行管制的国家。

尽管人们的注意力被引向名义关税水平，但我们不能忽视，与保护政策相应的经济措施是有效保护。制成品的名义关税水平有意识地掩盖了实际的保护水平(即有效保护)。例如，单板的进口税是15%，而在国内生产单板其增加的价值量是50%（假设终极市场层板价值的50%来自于进口的木材，50%来自于国内的加工)，这样，有效保护提供给国内的单板加工业30%的价值。也就是说，有效保护带给国内一单板加工业的价值比名义关税所能提供的大一倍。

三、产业政策

（一）主要政策

1．加强重点工程政策扶持

在天保工程上，国家投资近千亿元，全面停止长江上游、黄河上中游地区的木材生产，大幅度调减东北内蒙古等重点国有林区的木材产量。大力加强森林资源保护，杜绝超限额采伐，妥善解决企业富余人员的分流、安置以及企业职工养老保险等问题。解决国有企业长期的债务拖欠问题，加快工程区内荒山荒地的造林，积极开发利用林下资源，面向林区职工，积极推行国有林区森林资源承包经营。

对退耕还林工程，国家无偿向退耕户提供粮食和现金补助。在长江流域和南方地区，每亩退耕地每年补粮食300斤，在黄河流域以及北方地区，每亩退耕地每年补助粮食200斤，每亩退耕地每年补助现金20元。粮食和现金补助年限，还草的按两年计，还商品林的按五年计，还生态林的暂按八年计。国家给予种苗和造林费的补助标准是按退耕地和荒山，每亩50元。当前国务院对退耕还林的政策是，巩固成果，确保质量，完善政策，稳步推进。

对三北、长江等防护林工程，国家提供一定的种苗和造林补助，平均一亩地100元左右。

速生丰产林是以发挥经济效益为主，以地方投资、企业投资、民间投资、外资等投资为主，国家给予政策性贴息贷款扶持，并在种苗和病虫害防治等方面给予适当补助。国家的农业综合开发资金，对经济林、花卉等示范基地，给予适当补助。

2．深化林业产权制度改革

要明晰产权，尽快核发林权证。已经划定的自留山，由农户长期无偿使用，不得强行收回。自留山上的林木一律归农户所有。对能够绿化而不能及时造林绿化的要采取措施限期绿化。分包到户的责任山，要保持承包关系的稳定。承包户不愿意继续承包的.可以交回集体经济组织另行处理。对于目前仍由集体统一管理的山林，要区分情况，分类指导，积极探索一些有效的经营形式。比如实行分户承包经营、拍卖等。

3．加快推进森林、林木和林地使用权的合理流转

各种社会主体都可以通过承包、租赁、转让、拍卖、协商划拨的形式参与。林子可以作为一种特殊商品买卖。森林、林木和林地使用权可依法继承、抵押、担保、入股和作为合资、合作的出资或条件。积极培育林木市场，开展森林资源的资产评估。规范流转程序，加强流转管理。国家林业局正在抓紧制定流转办法，报国务院批准后实施。

4．放手发展非公有制林业

国家鼓励各种社会主体跨私有制、跨行业、跨地区投资发展林业。凡是有能力的农户、城镇居民、科技人员、私营企业主、外国投资者、企事业单位，甚至是机关团体的干部、职工，都可以合伙参与林业开发。非公有制林业具有合法地位。在对待公有制林业和非公有制林业上，要实行统一的税费政策、资源利用政策和融资政策。

5．深化重点国有林区和国有林场、苗团管理体制改革

国有森工企业要按照政企分开的原则，剥离森工企业的森林资源管理职能，分离企业承担的社会管理职能，转由政府承担。国有森工企业要按照专业化协作的原则，进行企业重组，妥善分流安置企业富余职工。目前国家林业局正在抓紧制定改革方案。

（二）政策实施战略

林业发展将继续调整生产力布局；突出抓好一批新的重点亮点工程；调整造林方式，优化造林结构；调整改革林木采伐管理政策。

1．在新形势下继续调整完善林业生产力布局

国家林业局根据形势变化，根据四项重要的调查监测结果，做出了当前我国生态建设正处于“治理与破坏相持的关键阶段”的形势判断。并且提出了“东扩、西至、北休、南用”的新的指导思想，这是在六大工程的基础上，林业建设思想的一个新发展。

“东扩”是指大力扩展东部少林地区林业发展的空

间和内涵，进一步适应该区对良好生态系统服务功能的需求。这一区域包括北京、天津、上海、河北、山东、河南中东部、安徽北部、江苏等华北中原地区和东南沿海地区。这一区域为我国少林地区，也是粮食主产区，还是大中城市聚集、经济发达、人口稠密的地区。其主要问题是，林业建设的定位不高、总量不足、效益不佳，林业发展不能满足区域经济社会发展全局的需要，“东扩”的基本思路是完善政策，拓展空间，延伸产业，持续发展。

“西治”是指加快西部地区的生态治理步伐，为西部大开发战略的顺利实施提供生态基础支撑。这一区域包括山西、内蒙古中西部、河南西北部、广西西北部、重庆、四川、贵州、云南、西藏、陕西、甘肃、宁夏、青海、新疆，这一区域是我国生态最脆弱、治理难度最大、任务最艰巨的区域，也是少数民族聚集、经济社会相对落后、生物多样性最为丰富的地区，是我国生态建设的主战场。其主要问题是土地荒漠化、沙化和水土流失十分严重，人民群众生活困难，生态保护压力巨大。“西治”的基本思路是加大投入，加快治理，分区施策，科学利用。

“北休”是指深入推进东北地区天然林休养生息，重振东北林业雄风。这一区域包括辽宁、吉林、黑龙江和内蒙古大兴安岭林区。这一区域是我国的重点国有林区，也是我国的重点粮仓和重点工业基地，曾为我国国民经济的原始积累做出历史性贡献。其主要问题是资源危机、经济危困尚未根本解决，林区职工的积极性和林地的巨大生产潜力还没有充分发挥出来。“北休”的基本思路是加快改革，推进转变，抓好调整，再创辉煌。

“南用”是指充分利川南方优越的光热水土条件和经济社会优势，全面提高林业的质量和效益。这一区域包括安徽南部、湖北、湖南、江西及浙江、福建、广东、广西、海南大部分地区。这一区域是我国南方重点集体林区和木材供应战略基地，是林业产业发展最具活力的地区，也是我国著名的鱼米之乡。其主要问题是森林质量效益和整体生态功能不高，林地生产率低，森林结构不合理，林地湿地保护形势严峻，林业企业低水平建设。“南用”的基本思路是强化科技，提高质量，以用促增，目标多赢。

2．在继续推进六大工程的基础上，突出抓好一批新的重点、亮点工程

主要有沿海防护林体系建设工程，防沙治沙工程，林木生物质能源工程，碳汇项目，森林经营工程，木本粮油，林业有害生物防治等。

沿海防护林工程——列入国家“十一五”规划，加快立法进程。完善功能、扩大总量、提高质量、加强保护、增加投资。作为“东扩”战略的亮点工程加以实施。

防沙治沙工程——“三北”工程要以防沙治沙为主，逐步加大投资。在继续抓好京津风沙源工程治理的同时，在全国沙化严重地区，铺开建设一批不同类型的防沙治沙实验示范区。防沙治沙和用沙相结合，大力推进沙产业。

林木生物质能源——把发展林木生物质能源，作为林业的生产目标之一，纳入议程，抓紧抓好。大力发展可更新灌木、速生乔木，充分利用采伐抚育加工剩余物，积极培育经营木本油料，为生物发电、炼制生物柴油和乙醇提供原料。着手编制林木生物质能源发展规划，建立一批林木生物质能源示范基地。

林业碳汇——积极参与国际气候变化谈判进程，充分利用好清洁发展机制，实施造林再造林业碳汇项目，为中国林业发展开辟新的途径注入新的活力，为国家推行国际环境战略创造有利条件。

森林经营——针对森林面积不断增大和森林质量不高的实际状况，在“十一五”期间国家要大力加强森林经营。制定全国森林经营规划，实施生态公益林抚育与低效林改造项目工程，实施珍贵树种培育项目工程。

木本粮油——把林业发展与解决三农问题相结合，制定实施以木本粮油为主的“林业富民”计划。争取国家农业综合开发资金向发展木本粮油倾斜。在大力发展名、特、优、新经济林品种和普遍抓好调整结构，提高质量的同时，下一步突出抓好油茶的培育和开发。

林业有害生物防治——实行预防为主，科学防控，依法治理，促进健康的新方针。国家投资启动以监测、检疫、预替等为基础的预防工程。在防治手段上转向以实行生物防治和综合措施为主。对预防见诸成效，一段时期无重大有害生物灾害发生的给予重奖。

3．要按照自然规律和经济规律办事，积极调整造林方式，优化造林结构

适度降低人工造林比重，增加封山育林比重；适度降低乔木树种比重，增加灌木树种比重；适度降低针叶树种比重，增加阔叶树种比重；适度降低单纯林比重，增加混交林比重；适度降低经济林比重，增加生态林比重；适度降低外来树种比重，增加乡土树种比重。

4．积极调整林木采伐管理政策

根据目前中国森林资源的状况(总量少、质量差、分布不均)，国家在今后相当一个时期内，仍然要实行限额采伐制度。原则是年消耗量要小于年生长量，以逐步恢复森林生机，实现林业可持续发展。对生态林和商品林实行不同的采伐管理政策。生态林要管严，商品林要放活。对人工工业原料林不再规定采伐年龄，单列采伐指标。允许企业、团体和个人直接申请采伐指标。加大农田防护林的适时更新力度。对竹林国家不再纳人采伐限额管理。严格控制天然林商业性采伐。

第三节　中国林产品贸易可持续发展应注意的问题

一、进出口结构平衡问题

由于世界森林资源的日趋减少，林产品的供需矛盾变得越来越突出，因此不断优化一个国家的林产品贸易结构对保护本国资源和促进贸易发展有着重要的作用。林产品贸易结构是受到很多因素影响的，从国际贸易理论、产业结构理论以及区域结构理论出发，探讨其对林产品贸易结构的影响，以便提出合理的优化林产品贸易结构的措施。

中国林产品进口结构性矛盾严重，中国林产品整体水平不合理。除了总体进口量增加迅速外，进口结构明显依赖纸及纸浆、原木、锯材等主要产品。原木和锯材进口量的大幅增加使国内市场对进口材的依存度迅速扩大。国内原木和锯材市场对进口材的依存度已分别由2000年的19%和18%，上升到2002年的27%和24%。纸及纸浆由于国内森林资源远远不能满足造材原料的需求，林纸一体化政策，使得国内水平达不到国际技术，国内草浆制纸向木浆结构的变化刺激了纸及纸浆的进口。

长远看，未来原木和锯材进口量仍会是增长的趋势，由于各国相继限制原木的出口而鼓励锯材及其他深加工产品的出口，因而今后我国木材产品进口会以锯材比例增大，原木进口比例相对稳定为趋势。由于原木和锯材有一定的替代性，国家势必会增加锯材的进口，而相应减少对原木的进口。虽然国内加工类产品（板材）进口有一定减少甚至出口创汇，但国内资源制约与需求激增的缺口矛盾短期内并不能改变中国林产品整体进口大国的现实。

我国是林产品进出口贸易大国，加入世界贸易组织后，每年的进出口贸易总额都在200亿美元以上，并呈现逐年增加的趋势。国内消耗的木浆80%以上依靠进口，每年进口木质林产品折合木材近1亿m^3，相当于我国年产商品材的2倍以上。林产品进出口逆差严重。出口林产品结构不断优化，家具已成为最重要的出口林产品。长期以来，中国出口林产品一直以经济林产品（林副特产品、干鲜果品）和松脂加工产品为主，木材产品出口量较少。近几年来随着林产品工业的发展和外商投资企业的迅速增加，家具和纸板等高附加值产品的出口量不断增加，林产品出口结构逐步优化。1998年，家具出口额已增加到21.9亿美元，遥遥领先于其他林产品，占总出口额的比重上升到63.8%。

林产品贸易中，我国具优势的产品有木片、拼花地板及地板坯料、建筑用木制品、建筑模板；处于劣势的产品是纤维板、刨花板、纸及纸板。但优势产品的出口远未形成规模，还有相当大的发展空间。

2001年，家具出口已占世界家具市场的16.2%，为第一家具出口国。2002年全社会消费品零售总额达到40911亿元，比上年增长8.8%，生产资料销售额突破7万亿元，达到71410亿元。2002年以木材为主要原料的木质家具产值达到1650亿元，出口54.2亿美元，增长36.5%。地板发展迅速，2003年全国实木地板产量超过12000万平方米，增幅在40%以上。胶合板2002年出口179.3万m^3，增长了85.6%，纤维板出口5.6万t，增长了2.9倍。

据2003年统计出口数据：2003年我国林业产业总产值达5860亿元，中国林产品出口家具13亿件，出口数量居世界首位；2003年松香年产44万t，出口量居世界首位；2003年生产人造板4553万m^3，产量居世界第二。

据2004年统计出口数据：2004年林产品进出口贸易总额达349.49亿美元，比2003年增长25.99%。2004年林产品出口额为163.01亿美元，增长33.22%；2004年林产品进口额为186.48亿美元；2004年林产品进出口贸易逆差为23.47亿美元，比2003年缩减了28.14%。2004年木质林产品出口中，人造板出口成倍增长，进口总量下降；胶合板仍占有绝对优势，家具出口52.29亿美元，比2003年增长37.05%。

据2005年上半年统计最新数据：2005年上半年林

产品进出口贸易总额179.6亿美元，同比增长17.7%。其中：出口91.9亿美元，增长31.1%，顺差4.2亿美元。近年林产品对外贸易首次实现顺差，出口以附加值较高的深加工产品和有比较优势的劳动密集型产品为主。主要有家具、纸制品、小木制品、人造板、锯材、藤草苇及其制品等。

二、林产品结构调整问题

自从“天保工程”实施以来，为了振兴林业，扭亏增盈，各林业局在以营林为基础，采育相结合，造多于采，保持青山常在，永续利用的基本方针指引下，从单一的木材生产逐渐走上了以林养木，以林养人的立体开发、多种经营的现代格局管理林业。就其林产品来讲，近几年来，各林业局瞄准市场，想方设法，把生产原木、成材等工业用材料，扩大到其他部门所需的协议短材、协议坯料、协议半成品或成品方面上来。与此同时，各林业局还在变劣质低价的滞销材为优质高价的畅销材方面，创建了不可估量的功绩。根据木材生产这一走向，调整林产品结构方案就显得非常必要。

（一）林产品的生产现状

所谓林产品就是指那些以林木为主要原料加工而成的产品。为了便于国际间的林产品生产与贸易，联合国粮农组织林业署把林产品共分十大类——初加工材、再加工剩余物和可回收利用木产品、木片和刨花、简易加工材、成材、人造板、纸浆、纸和纸板、废纸和栓皮。从木质含量上看，这十大类林产品又可归纳为木质产品和木制产品两类。木质产品就是人们常说的木材、木产品、纯木产品和实木产品等。这类产品的木质含量是百分之百，如原木、成材、木片、枝梗、梢头和各种坯料等产品。木制品则是以木产品为主要原料，经过加工处理后，再加胶合剂、黏合剂、填充剂、附加剂等辅助材料加工而成的林产品，如人造板、木炭、纸浆、纸和纸板等产品。

（二）林产品的销售情况

政企分开后，各林业局已变成了一个独立自主的经济实体，自负盈亏。从这时起，林业局的林产品生产均按与木商签定的协议规定组织生产。可是木材生产是属资源开发性质的生产，不同其他工业生产，完全按协议规定将林木加工成所需的林产品，几乎是不可能的。因为树种的不同，木材缺陷的不同，材质也不一样，总要有一部分木材，因不符合协议规定而被剔除，另作处理。于是，生产出的林产品可分为优质高价畅销材、劣质低价滞销材、次薪材。

优质高价畅销材是指那些材长较长、材质较好的试销对路的原木，深受顾客的欢迎，价格相对要高一些；相比之下，那些材长较短、等级较低的原木，不太受顾客欢迎，价格相对要低一些，称之为劣质低价的滞销材；还有一原木，顾客根本不要，积压在楞场，称之为次薪材。

在滞销材的次薪材中，还有部分木材材质比较优良，由于可生产林产品，受品种和数量的限制，混在滞销材和次薪材中，这部分优质材不能剔除，却按着较低的价格卖给了顾客。这个问题应引起我们高度重视，因为它直接影响到企业的经济收入，决不可掉以轻心。

（三）林产品结构调整

基于上述林产品生产与销售情况，为了充分利用可采蓄积，林产品的生产应该摆脱传统的生产格局，扩宽原木、成材、人造板材以外的林产品目录。外延的林产品目录就是我们这个调整方案的核心。

新产品的开发，要瞄准市场，看好那些使用木质原料的其他部门。如高档建筑、木质装饰、木质器具、家具、工艺美术、乐器音响、烧烤业、熏烤业等部门。想方设法，变原木为坯料、半成品或成品。

随着坯料产品目录的固定和扩大，原条合理造材的协议短材林产品的数量将会大幅度增加，滞销材将会大幅度减少，出现了畅销材和次薪材并存的景象。原木产品结构的这种变化，不会影响木材生产工艺，仅在合理造材这道工序中给量材员增加了新的内容，责任加大了，特别是在原木集运材的生产工艺中，量材员的责任更大。

总之，现行的林产品目录应朝着畅销原木、胶合板、协议短材、协议坯料、协议半成品或成品方向调整，想方设法增加畅销材、胶合板、协议短材、协议坯料、协议半成品或成品的品种和数量，减少次薪材，消灭滞销材。

（四）调整方案的可行性

1．占领市场的可能性

过去是直接卖给对方原木，现在我们可以用协议短材替代原木，也可以直接供给协议坯料、协议半成品或成品。这一改变，对方减少了木质部件的生产，我们扩大了林产品的生产范围，岂不是两全其美。实践已经证明：只要我们把短材或坯料或半成品或成品的售价比对方自己生产的成品成本下降几个百分点，对方就会让给我们。如现行的成本鞋楦坯料、画笔杆坯料就是这样占领了市场。

2．生产协议短材的可能性

市场占领后，协议短材或协议坯料或协议半成品或协议成品的生产就可迎刃而解。

对一根原条来说，实践证明，造优质高价长材很难，但造优质高价短材，相对来讲要容易得多，而且造出的数量要比长材多几倍，甚至几十倍。只要确定好合理造材原则，把好量材设计这一关，生产优质高价的协议短材，不用改变现有工艺就能做到，而且还能增加经济收入。

3．经济分析

落实本方案的关键在于占领市场，扩大林产品的品种和数量。扩大了这部分林产品有两笔帐可算。第一笔帐就是为占领市场我们把这部分林产品的售价降低了几个百分点，是否失算；第二笔帐是改低质长材为优质短材，是否失算。

第一笔帐计算结果经实践证明是不失算的，因为售价降几个百分点，尚离成本很远，是有利可图的。从现实生产工艺上看，这部分林产品的产生是通过量材设计造出来的。量材设计的目标函数锁定在原条售价最高，其结果必定是最佳的选择。实际上，就是因为这部分林产品的长度短、规格小，所以才能把滞销材和次薪材中的那些优质材剔除，变成所需的林产品。滞销材和次薪材的售价显然要比畅销材的售价低，降几个百分点也不失算。

第二笔帐计算结果经实践证明也是不失算的。因为改低质长材为优质短材是在生产工艺不变的条件下进行的，也就是说，生产成本没变，优质高价产品数量却增加了，售价也就随之增加了，显然也不失算。

综上所述，林产品结构应朝着畅销原木、胶合板、协议短材、协议坯料、协议半成品、协议成品等产品方向调整。实践证明，这种调整技术上是可行的，经济上是合理的。

调整后的林产品结构方案不但能够提高企业的经济效益，而且还能提高可采蓄积的利用率。

三、国际市场多元化问题

全球每年有1/4的林产品进入国际市场，以1993年为例，林产品贸易量达到1040亿美元，占世界商品贸易量的3%。近年来，国际林产品贸易出现了一些令人关注的趋势，主要有：林产品的贸易量迅猛增长；非木质林产品在国际贸易中的地位逐年增强；出口产品精加工的层次越来越高，同其他地区相比，亚洲国家林产品深加工能力提高得最快；环境保护对国际林产品贸易的影响更加深刻；乌拉圭回合协议对国际林产品贸易的影响成为国际林业界的研究重点。

目前，全球林产品贸易明显地分成三大贸易区域集团，即环太平洋地区、北美地区和欧洲地区。主要进口国基本为发达国家，如按林产品进口额计算，欧洲占一半以上，日本、美国、加拿大占25%。近年来，发展中国家，特别是亚洲国家，在全球林产品进口额中的比例逐年上升，主要进口产品为原木和半成品，经深加工后再出口。

在出口方面，美国和加拿大是世界上工业用原木、锯材和木浆的主要出口国。欧洲国家则是纸张产品的主要出口国。印度尼西亚和马来西亚已成为热带阔叶材、原木、锯材和人造板的主要出口国。巴西、智利和亚洲一些新兴的工业国家成为木浆和纸产品的主要出口国。联合国粮农组织对国际林产品市场所做出的短期和长期的预测表明，不论是作为进口商还是出口商，发展中国家在深加工、增值林产品全球贸易中将占据更加重要的位置。

（一）北美加拿大——纸浆、针叶锯材及新闻纸最大出口国

长期以来，加拿大木材及木制品主要出口到美国，加拿大森林覆盖率为47.6%，蓄积量为236亿m^3，年生长量3.3亿m^3，而年采伐量只有1.6亿m^3，不到生长量的一半，而现有成过熟林所占比重很大，即使以后木材采伐趋向偏远地区，但其技术水平和交通条件发达，都能非常有效进行开发。加拿大现在已开始大规模地造林，木材出口将是稳定的。

美国是世界木材主要出口国和进口国。虽然美国木材及木制品进口大于出口，是净进口国，但其西海岸原木出口价大大高于国内销售价，直接出口有利可图。美国森林覆盖率为32.7%，蓄积量为201亿m^3，年生长量为5.21m^3，年采伐量为4.4亿m^3，年采伐量低于年生长量约20%，加上美国林地相当一部分是商业用地，所以美国木材出口是稳定的，但我们应看到，加拿大和美国出于保护国内生态环境考虑，相继制定了限制木材出口的措施。

（二）欧洲——林产品进出口大市场

欧洲大多从北美、俄罗斯和非洲进口原木，再向其他地区出口纸和纸浆，纸和纸浆主要出口芬兰、瑞典、德国和奥地利。欧洲原木进口量占世界原木贸易比重最大，超过半数；纤维板、木浆、纸浆进口比重都达40%以上。出口中，纤维板和碎料板所占比重较大，分别为58.6%和53.95%；从产量来看，碎料板和纤维板所占比重较大，为47.52%和37.5%，而原木产量比重则相对较低。

芬兰胶合板出口量所占比重最大，这与它是欧洲第一大胶合板生产国有关，居第二位；在纤维板和碎料板、原木出口量方面德国所占比重最大；法国其次，可见德国以生产节约森林资源的林产品为主。

除原木外，欧洲其他林产品产量年均增长速度都低于世界水平，其中增速最快的是碎料板，其次是纤维板，增速最慢的是原木，这种现象与欧洲所采取政策有关。从20世纪60年代初开始，欧洲一些国家都先后调整了森林工业政策。欧洲新政策特点是：

(1) 在稳定或少量增加木材采伐量的前提下，通过发展木材综合利用来增加林产品的产量。

(2) 通过优先发展精加工产品（人造板、纸和纸板及家具）来提高单位木材原材料产值。

(3) 走以工养林、以林促工、林工结合的发展道路。

(4) 这些政策实质是向剩余物要资源，向加工深度要产值，向林产工业要育林基金。

（三）亚洲——木质林产品贸易关注点

(1) 亚洲整体林产品进口是出口量的2倍左右。当然有些国家也依靠出口林产品维持国民经济。其中日本、中国、韩国是主要进口国，马来西亚与印度尼西亚是主要出口国。亚洲原材料工业原木依附性极强，50%原木靠进口。主要来源地为美国、俄罗斯、智利、加拿大等国。日本、中国、马来西亚与印度尼西亚是主要原木消耗国。

(2) 东南亚诸国是热带阔叶原木主要出口地，木材生产和贸易发展迅速。贸易结构中以原木为主，锯材和胶合板所占比例很小，菲律宾已于1977年就开始停止原木出口，后来修改为出口量不超过原木年产量的25%；印度尼西亚已于1985年停止原木出口；马来西亚政府也已于1990年 1 月 1 日开始禁止原木出口。由于东南亚热带阔叶林多年掠夺性采伐，已遭到很大破坏，森林面积缩小，材质下降，这种趋势还将继续。但与此同时，该地区胶合板产量和出口量却都激烈上升，印度尼西亚胶合板出口量几乎占世界胶合板市场总出口量的一半。

（四）南美洲——巴西及智利等国是世界上另一重要木材生产地区

主要出口原木、锯材、胶合板和纸浆。但该地区森林资源破坏相当严重，大洋洲一些国家也出口木材，但数额较少。

智利在世界林产品消费及工业原木生产地区性份额中，在南美排名第四。南美地区森林种植有名的主要林种为松树和桉树，分别供木材加工和纸浆及纸品加工用。智利是南美主要定向于出口的林业工业国，纸浆和制纸是最重要的部分。1998年美国成为智利林产品出口

单一最大的市场，日本市场列第二。美国购进货物大部分为高附加值的产品，如线条、橱具（店铺木架）及家具。木制家具部分极被看好。智利销售家具主要到欧洲市场；办公及厨房用具到南美；家具散件到亚洲；所用的主要树种有辐射松及LENGA（一种当地树种）。智利作为纤维资源基地和林产品供应国而引人注目，它有速生人工林、良好信誉的装运及与其他地区相比较较低的土地费用。

巴西有南美最大的经济与林业工业，重点投资于松树人工林以获得木材与工程板及桉树制浆。巴西国内经济市场很大，其出口降低。巴西是人工南方松树种（火炬杉、湿地杉）的主要出口国，主要面向北美市场。巴西和智利出口到美国的绝大多数是进入线条、木工场加工业。由于环境因素，巴西桃花心木（红木）贸易上，面临日益增长的限制，被列为CITES（《濒危野生动植物种国际贸易公约》）名单。

南美地区发展趋势：由于巴西与智利人工林成熟发展，南美出口预期增长。其他软木生产国如加拿大、美国正面临受到来自南美供应国的与日俱增的竞争。与新西兰供给比较，巴西与智利人工林则不占比较优势。2005年巴西针叶木材短缺，许多没有更多投入在下一栽植代。工业全球化将持续，美国、欧洲及亚洲的公司纷纷到南美寻找原材料并建立加工厂。南美地区的木料运输费用仍很低。工业将沿附加值加工业发展，木基板材生产旺盛。制浆和造纸开拓了硬木市场，硬木桉树市场经过5～10年得到发展，主要在家具制造运用上。阿根廷和乌拉圭由于大力投资于种植业，特别是桉树，在下一个5～10年也将成为重点对象。

（五）其他区域林产品贸易及热点问题

（1）新西兰进口针叶木增幅加快。中国从新西兰进口原木以辐射松和新西兰花旗松居多。辐射松原木以生产胶合板芯板和生产出口包装箱为主要用途。新西兰花旗松原木，因价格优势，已替代美国花旗松的进口。新西兰2002年上半年向我国出口木材62.3万m^3，增长了114%，在诸多进口国中，新西兰增幅最大。新西兰辐射松的良好材性和较有竞争力的价格，已逐步被中国市场认可。新西兰木材采伐99.8%来自人工林，2005年木材采伐量达到2500万m^3，2025年将达到6000万m^3，是很有前景的进口基地。

（2）印度尼西亚政策明显变化。印度尼西亚为保护本国森林资源减少原木出口，1985年印度尼西亚禁止原木出口，1997年亚洲金融危机，印度尼西亚影响最大，1998年解除禁令。但由于政府管理不力，大量原木被盗伐和走私出口，印度尼西亚原始森林面积由此而迅速减少。目前只有1800万hm^2森林没有被开垦，严重破坏了生态环境与森林的永续利用。由于原木走私严重，给印度尼西亚国内木材工业带来了巨大的困难，全国115家胶合板厂中，已有2/3停止运转。为了保护本国木材工业，保护森林和本国工业，印度尼西亚政府规定自2001年11月8日起，暂停原木出口。同时不排除继续禁止原木出口和其他管制的可能性，因此我国木材进口商要注意印度尼西亚动向。

（3）澳大利亚进入中国木材进口重要基地。澳洲盛产辐射松等针叶材和大径级优质阔叶材。澳大利亚及巴布亚新几内亚等国家原木、锯材和其他木制品出口中国沿海城市及内地经济发达地区。中国重点工程建设项目及住宅建设质量首选木材是澳洲所产针叶材。澳洲所产硬阔叶木材则是中国装饰装修用材佳品。澳洲木材在中国进口木材市场上颇受消费者青睐。澳洲向中国出口的木材将会逐年增加，向传统中国木材进口供应地抢占份额。

（4）日本进口中国合板数量剧增。2002年以来，日本从中国进口合板数量急剧增加。中国企业引进了现代化的设备和技术，目前生产的合板质量已与日本产品相差无几。价格上中国合板低于日本和印度尼西亚产品，因此越来越多的日本用户开始改用中国合板。但是中国合板多以杨树作原木，很多只能用在包装等领域，不适合作结构性材料。日本商社人士建议，如果中国企业能采用俄罗斯针叶树来加工合板，那么在日本市场销路会更好。

（5）非洲世界热带木材市场份额占有量加大。据《非洲农业》期刊报道，非洲木材占世界热带木材市场的份额为7%。其木材出口每年为木材生产国带来共10亿多美元的收入。非洲热带木材的主要产区为刚果河流域。主要国家包括加蓬、喀麦隆、中非共和国、刚果

（布）、刚果（金）和赤道几内亚六国。拥有200多万平方公里的热带雨林，占全非洲此类森林的70%，占世界热带雨林总面积的25%。世界上仅次于亚马孙河流域的第二大热带雨林区，与亚马孙河流域并称为"地球绿色肺叶"。欧洲出于技术与生态原因而对非洲木材的进口下降。鉴此，非洲热带木材逐渐转向亚洲市场。亚洲吸收了近70%非洲出口的热带原木和初加工木材。日本和韩国将非洲原木加工后再向马来西亚、印度尼西亚和印度出口。

(6) 越南近年来大量出口本国生产的木材及制品。全球范围内林业木制品出口受国内环保的影响，不同程度限制或禁止了本国木材产品（尤其是原木）出口。东南亚木材生产重要国家越南，却在近年来大量出口本国生产的木材及制品。以2003年为例，该国全年出口木材产品价值高达5.5亿美元。2004年该国出口木材产品的金额价值已激增到8亿美元。为了保证本国林产品出口，越南加大了对亚洲传统木材进口国如日本、韩国、中国等木材市场的开发力度。同时出口木材市场拓展到沙特、科威特、阿联酋和伊拉克等中东地区国家。越南对木材生产大国也进行木材出口渗透，例如美国、澳大利亚、新西兰以及非洲一些国家和南美洲。

四、林产品贸易预期走势

全球每年有1/4的林产品进入国际市场，以1993年为例，林产品贸易量达到1040亿美元，占世界商品贸易量的20%。近年来，国际林产品贸易出现了一些令人关注的趋势，主要有：林产品的贸易量迅猛增长；非木质林产品在国际贸易中的地位逐年增强；出口产品精加工的层次越来越高，同其他地区相比，亚洲国家林产品深加工能力提高得最快；环境保护对国际林产品贸易的影响更加深刻；乌拉圭回合协议对国际林产品贸易的影响成为国际林业界的研究重点。

日前，全球林产品贸易明显地分成三大贸易区域集团，即环太平洋地区、北美地区和欧洲地区。主要进口国基本为发达国家，如按林产品进口额计算，欧洲占一半以上，日本、美国、加拿大占25%。近年来，发展中国家，特别是亚洲国家，在全球林产品进口额中的比例逐年上升，主要进口产品为原木和半成品，经深加工后再出口。

在出口方面，美国和加拿大是世界上工业用原木、锯材和木浆的主要出日国。欧洲国家则是纸张产品的主要出口国。印度尼西亚和马来西亚已成为热带阔叶材、原木、锯材和人造板的主要出口国。巴西、智利和亚洲一些新兴的工业国家成为木浆和纸产品的主要出口国。联合国粮农组织对国际林产品市场所做出的短期和长期的预测表明，不论是作为进口商还是出口商，发展中国家在深加工、增值林产品全球贸易中将占据更加重要的位置。

（一）国际林产品贸易的发展趋势

1．非木质林产品异军突起

近年来，非木质林产品在国际林产品贸易中的重要性逐年上升，令世界瞩目。据联合国粮农组织统计，有16大类150种非木质林产品在全球林产品贸易中占据着重要位置，总贸易额达到110亿美元。目前，总的贸易流向是从发展中国家向发达国家出口，美国、日本和欧盟约占总进口量的60%。贸易额较大的非木质林产品有人参、黑蘑菇、木棉、西米、燕窝、草药、松脂、松香、藤类、竹类、紫胶虫、蜂蜜、丹宁、染料、调料、软木、蚕丝等。联合国粮农组织认为，近年来，中国在非木质林产品的生产和贸易方面不断创造新的纪录，从加工品种来讲，几乎没有其他国家可以与中国相比，特别是中国的一些天然食品和药品获得了越来越多国家的青睐，使中国在全球非木质林产品贸易中发挥着主导地位。如，1992年全球草药的贸易额为1.7亿美元，其中中国占30%。印度、印度尼西亚、马来西亚、泰国和巴西也是非木质林产品的重要出口国。

2．人工林产品逐渐成为国际林产品贸易的主体

在国际林产品贸易中，另一个引人注目的倾向是，随着天然林的迅速消失和国际社会环保呼声的高涨，大片的天然森林，特别是原始森林被禁止采伐，人们不可能再靠它们来满足国际市场上对林产品不断增长的需要。全球林产工业界面临的最大挑战是，要在符合持续发展的原则下，用有限的森林资源来满足不断增长的社会对林产品的需求。据联合国粮农组织统计，

1980～1990年，全世界每年对工业原木的需求量(不包括薪炭材)从8亿m^3增长至16亿m^3，预计到2010年将增长至27亿m^3。在发达国家，1990～2010年，这种需求量将增加5.31亿m^3，从12.24亿m^3增长至18.75亿m^3，而在发展中国家，需求量将从3.78亿m^3增长到7.99亿m^3。速生、丰产、优质的人工林材逐渐成为林产品加工的主要原材料，人工林产品日益成为国际林产品市场的生力军，开发、推广和利用有利于环境保护、持续发展和经济效益高的林产品加工技术已成为全世界林产工业界面临的共同挑战，这种形势又进一步刺激了人工林的种植，促进了林产品领域的国际合作，推动了整个林业事业的持续发展。

3. 环境保护对国际林产品贸易的影响日益深刻

在国际林产品贸易中，还有一个引人注目的倾向是，随着国际社会环境保护意识的增强，对林产品进出口的控制和管理已逐年严格。由于发展中国家森林管理和林产品加工水平相对较低，有利于环境保护的一些措施往往成为制约这些国家扩大林产品国际贸易的因素，因此在国际林业论坛上，环境保护与林产品贸易的关系往往成为争论的焦点。广大发展中国家一方面在发展森林工业的过程中更注重对环境的保护；另一方面在警惕发达国家提出的某些过高的环保标准，避免它们成为新的壁垒。当前直接影响到林产品贸易的环保问题有三个：

第一，废纸的回收和利用。废纸约占发达国家固体垃圾的1/3，而用其生产新闻纸和纸板是提高废纸利用率、保护环境、减轻对森林资源压力的有效途径。为此，一些国家制定了自愿的或强制性的法规。从1980年以后，废纸回收率平均每年增长5.3%。美国、西欧和日本等国的回收率已分别达到37%、41%和53%。同废纸紧密相关的是有关包装材料回收和利用的法规也纷纷出笼。一些国家，如日本还鼓励回收和利用被拆除房屋中的人造板等废旧材料。

第二，林产品生产和加工的技术法规及标准。为保护环境，许多国家制定了严格的法规法律和森工作业准则及产品标准，以减少林产品加工，特别是纸浆和纸张生产过程中对水源、空气和土壤的污染。许多法规禁止带有有毒物质的林产品进入国际市场，如禁止进出口用甲醛胶贴合的人造板。这些法规提高了生产成本，从而削弱了一些国家在国际市场上的竞争能力。

第三，林产品出口许可证制度。国际社会认识到，只要进入流通领域的木材来自于可持续管理的森林，林产品贸易本身就不会危害环境，因此，人们逐渐将关注的焦点放到建立林产品出口许可证制度上。这种许可证通常由两部分组成，一部分为森林管理许可证，它说明木材原产地森林管理的可持续性，包括资源清查、经营规划、道路建设、营林和采伐等情况，以及林业活动对环境、经济和社会的影响；另一部分为产品许可证，说明木材及其制品的生产和销售过程。这种制度试图将国际林产品贸易同持续管理森林资源相结合，使用户易于识别并购买从持续管理的森林中获取的木材及其制成品。到目前为止，对此持完全赞成和绝对反对的国家都很少，绝大多数国家持“有限兴趣”的态度。迫于国际环保界的压力，预计建立林产品出口许可证制度一事将继续成为国际林业论坛上的热点议题。

（二）中国林产品市场前景分析

近年来，我国林产业呈现快速发展的态势，其市场空间主要来自于消费总量增长和产品结构调整两个方面：

1. 国内林产品消费总量稳步增长、进口量和贸易额快速增加

林产品消费总量稳步增长——住宅商品化、小城镇建设等一系列经济政策出台，促使我国林产品消费进入快速增长期。1995～2001年，各类林产品消费(折合量)平均增长6.7%，预计到2005年，我国木材需求总量将达到2.3亿～2.4亿m^3，年均增长约7%。

木材进口量持续快速增长，林产品进口贸易额接近石油——2001年我国木材消费首次出现了进口量超过国内供材的历史性转变(进口折合原木9791万m^3，国产材约8100万m^3)，木材及其制品进口量由1990年的1331万m^3增长到2000年的8471万m^3。2001年，林产品进口额达106.49亿美元，同比增长20.31%，接近石油，位居国内主要进口行业的第二位。(另据报道：针对美国限制钢铁进口的“201条款”，2002年5月23日我国也提出了实行惩罚性关税产品清单，包括废纸、显油和电动压缩机。可以看出，主要原料型林产品进口在我国国际贸易中的

地位在逐渐增强，这一点值得关注)。

2．结构调整市场空间大

国内林产业现有产能存量大，但产品结构不合理，如人造板的产品合格率不足20%，木浆比例仅为23%。国家陆续出台环保、节水、节能等工业生产新标准后，低档产品将逐步让出大部分市场，高档林产品消费替代潜力较大。

国内人造板合格产品不足20%，新标准出台后，国内企业正在加速产业升级。2000年国内人造板产量达2002万m^3，已位居世界第一位，但合格率不足20%。2002年1月1日，国家质量监督检验检疫总局正式出台了《室内装饰装修材料人造板及其制品中甲醛释放限量》的标准，2002年7月将强制执行。预计新标准出台后，高档产品的替代市场空间较大。

国内造纸业调整原料结构，木浆、废纸浆替代部分草浆是发展方向，对纸浆材的需求稳定增长。据统计，2001年我国使用木浆比例达23%，已超过造纸行业“十五”规划2005年木浆比例达到20%的预测，其主要原因有三：第一，加入WTO后，纸产品竞争压力加大，高档木浆纸需求增加，纸浆材需求增大；第二，环保压力加大，草浆生产能力逐步萎缩，草浆的碱回收率通常在75%以下，而木浆的碱回收率可高达95%，对环境污染压力小。我国非木浆比重已由1998年的48%下降到2001年的33% ；第三，受水资源紧缺的限制，我国将优先发展木浆造纸。由于受产品质量、原料收购成本等问题困扰，草浆生产规模小，工艺设备落后，目前吨草浆耗水量比木浆高200%～300%。根据经贸委工业节水“十五”规划，造纸被确定为六大重点节水行业之一。综合分析，木浆替代部分草浆生产是造纸业发展的必然趋势，导致相当长时间内浆纸材原料供应短缺。

3．林产业群体产业链长，资金需求量大

林产业链条长，产业组织结构涉及面广，其相关的速生丰产用材林、制浆造纸业、板材加工业、专用设备制造业等都属于资金密集型行业，对资金的需求量较大。

根据上述分析结果：建议重点扶持原料林、制浆业及具有资源潜力优势、技术含量高、初步形成规模生产的大型造纸及木材加工企业的产业升级，对国内造纸、木材加工生产、机械设备制造业也应给予必要的关注。

第十三章

中国林产品贸易发展战略

CHAPTER 13 Strategies of Forest Product Trade

第一节　贸易发展战略回顾及讨论

在过去的20多年里，中国经济体制改革不断深入，对外开放不断扩大，贸易则是中国对外开放的基本内容之一。对外贸易的发展，不仅扩大了中国对外开放的范围和内容，而且也推动了经济的发展。外贸的迅速发展与外贸体制的改革和外贸战略的调整是分不开的。中国的贸易发展战略在过去20多年里发生了很大的变化，对推动贸易和经济的发展起到了很大的作用。但是现在，中国的经济发展又进入了一个新的阶段，国际经济格局也发生了极大的变化，面临新的国际国内形势，特别是已加入世界贸易组织这样的重大转折，我国在过去20多年里实施的贸易发展战略也必须进行调整。

一、贸易发展战略理论

对于贸易发展战略，国际上一般分为进口替代战略和出口导向（或出口替代、出口鼓励)战略两类，也有学者把前者叫做内向型战略，把后者称作外向型战略。国际上，不同的学者对贸易发展战略的定义并不完全相同，但有一个共同之处，那就是看贸易奖励制度是否是中性的。如果奖励制度是偏向鼓励在国内市场销售的，就是进口替代战略；如果奖励制度是中性的，就是出口导向战略。那么，如果奖励制度是偏向出口的，有的学者则把它称作极端出口促进战略。

所谓的“中性”就是政府的干预政策对进口和出口、外销和内销不发生作用，或者说只发生中和的抵消作用。在完全竞争时，政府不对进出口进行干预，实行完全的自由贸易。

战后的50年里。长期推行进口替代战略的国家经济发展相对比较慢，而积极推行出口导向战略的国家经济发展都比较快。其中最显著的例子就是东亚一些国家和地区战后的迅速发展。所谓出口导向战略并不是没有进口替代活动，并不是政府没有干预，并不是政府对进口没有限制。只是这些国家和地区在对进口进行限制、推动进口替代活动的同时，也大力鼓励出口，使出口鼓励方面的政府干预措施很大程度上抵消了进口方面的干预措施。

二、关于我国贸易发展战略的讨论

改革开放以来，由于对外贸易在国民经济中的作用日益重要，关于我国贸易发展战略的讨论也日益多了起来。

第一种意见认为，出口导向战略只适合于小国依附型经济，不能为我国所采用。从理论上说，主张进口替代战略所依据的就是保护贸易理论，即通过贸易保护来实现本国的工业化，使本国避免在初级产品贸易条件恶化情况下出口初级产品而受损。提倡保护贸易的学者其实也并不是反对贸易，而是认为在现实的情况下，落后国家利用它们的比较优势进行贸易从长远来看并不有利，只有转变比较优势，实现工业化才能更好地参与国际分工，进行国际贸易。

第二种观点是，主张我国利用比较优势推行出口导向战略。而主张出口导向战略所依据的就是比较优势理论，因为在大体“中性”的时候，一国就能根据其比较优势参与国际分工，使资源配置得到改善，使福利得到提高，比较成本论、要素禀赋论等是这一战略的主要理论基础。这一理论所强调的其实就是充分利用和发挥现有的比较优势。

第三种看法是，认为我国应当实行出口导向与进口替代相结合的综合战略。但它不是一种简单地把进口替代与出口导向政策加在一起的战略，而是根据我国国内各产业、地区以及整体经济发展的不同水平，有针对性地实施进口替代或出口导向战略。然而，综合战略的主张却难找到理论依据。不仅如此，它在实践上也并不成立。因为根据上面关于贸易战略定义的讨论，我们知道，无论哪种战略都有可能同时存在进口替代活动和出口鼓励措施，只是哪种政策措施的份量更重，战略就偏向哪一边。从严格的理论意义上说，比较优势理论倡导的是自由贸易，而不是什么出口导向。而且在实践上推行出口导向战略的国家往往都有进口替代活动，因此，出口导向战略本身就是一种“综合的”战略。

三、国际经济贸易格局的新变化

贸易发展战略是一种对外的战略，因此这种战略要能够实施，就必须对外面的世界有一个比较准确的了解和把握。

（一）经济全球化

新世纪世界经济的显著变化是经济全球化。经济全球化的进程早就开始了，只是这种全球化到了20世纪末才以前所未有的深度和广度体现出来，而且其形式也发生了深刻的变化。从深度上看，这是由于产业革命极大地提高了社会生产力，促进了商品贸易、生产投资和资金流动的全球化；从广度上看，这是由于苏联东欧剧变，“两个并行的市场”不复存在，国际政治经济地理发生了深刻的变化；从形式上看，经济的全球化已不再是一般商品和资本等要素的全球流动，而更表现为信息的全球迅速传递。信息技术革命的发展不仅使信息在全球的传递比以往任何时候都更迅速，而且使这种传递更便捷、更可靠、成本更低。信息的快捷传递一方面为经济的全球化提供了基础，另一方面也在一定程度上节约了商品、服务、资本和人员等要素的全球化流动。

在经济全球化的进程中，美国无疑占了主导地位。全球化的结果是经济的运行超出了国家的范围，因此它必然要求某种超国家的机构来协调甚至管理世界的投资、贸易、金融等活动，世界银行、国际货币基金、世界贸易组织等世界性经济组织，以及各种区域性经济合作组织就是顺应这种要求的产物。

经济全球化导致的直接影响为：世界贸易迅速增长；世界的生产投资和对外直接投资不断增加；金融资金流动加速。进而出现：以跨国公司构建为代表的生产全球化和金融全球化，从而对一国的经济产生冲击，对一国的经济主权和宏观经济产生冲击，对一国的生产和市场产生冲击，对一国的贸易和国际收支产生冲击。

然而经济全球化也给各国带来前所未有的机遇：资源更优配置；促进经济增长；推动产业升级；缩小与发达国家的差距。

（二）产业革命和知识经济

18世纪80年代，第一次产业革命以蒸汽机的发明和应用为代表。19世纪70年代，发生了以内燃机和电动机为代表的第二次技术革命。20世纪50年代到70年代，发生了规模巨大、影响深远的以电子计算机、原子能、宇航工业等为标志的第三次技术革命。第四次技术革命是从80年代开始在美国兴起，并且正以加速的趋势越来越强烈地影响着世界各国。这次技术革命是以计算机、信息通讯技术和生物工程为标志，展开了席卷全球的“信息革命”和“知识革命”的浪潮。

经济增长的源泉越来越多地来自知识，特别是科技的贡献。现在的主导产业已逐步转变为以知识为基础的产业。经济增长已不再主要靠投资和就业的增加，而是靠技术和知识的投入，它促进了经济的全球化进程。

知识经济必定是全球化的经济。知识在经济发展中日益显示的重要性，对于我们的对外贸易和对外经济关系有着十分重要的启示。一个重要的启示是，建立在自然资源基础上的比较优势已经不起决定性重要作用了。一个国家通过吸收先进国家的技术知识，可以较快地改变自己的比较优势，形成一种动态的竞争优势，使自己在国际竞争中随着国内产业的不断升级和技术的不断进步使优势不断提高，从而较快地赶上发达国家。另一个重要启示是，由于知识和技术在经济发展和对外贸易中起着日益重要的作用，因此，我们也必须尽快发展技术和知识密集的产业。

（三）世界政治经济地理的新变化

区域经济一体化趋势明显。当今世界上影响比较大的区域经济一体化组织主要有欧洲联盟、北美自由贸易区和亚太经济合作组织，其中历史最长、最成功的是欧盟，而与我国关系最密切的是亚太经济合作组织。由于区域性贸易组织一般都在组织内部加快了消除贸易壁垒、实现贸易自由化的步伐，而在对外方面一般不设置更高的贸易壁垒，因此，这种区域经济一体化很大程度上也是有利于全球经济一体化、有利于世界贸易的发展的。

世界贸易经济格局发生变化。整个世界现在都已纳入到一个市场经济体系中来了。在这样一个体系中，中心—外围的基本格局并没有发生根本变化。不能否认，在当今世界上，美国、欧盟和日本仍是三个最大的经济贸易中心，并且从单个国家来看，美国仍占据着不可动摇的霸主地位。由于美国的领头作用，使国际贸易中高技术产品的贸易以及金融保险、电讯、咨询等方面的服务贸易在国际贸易中的比重将越来越大；通过网络进行的电子贸易越来越重要。显然，技术产品的贸易和服务贸易将越来越成为今后国际贸易的重要内容，而利用网络进行的电子贸易方式则是未来国际贸易的方向。高科技的发展使经济全球化出现了一些新的特点，但是并没有导致全球各国经济发展差距的缩小，也没有使世界经济的波动减缓。

（四）进入新世纪的中国经济

1．中国加入了世界贸易组织

关税与贸易总协定的最基本原则就是非歧视的原则。这一原则主要体现在总协定的最惠国条款和国民待遇条款中。关税与贸易总协定的主要作用是推动全球自由贸易，避免重新走向30年代的贸易保护主义。世界贸易组织于1995年1月1日正式取代关税与贸易总协定；经过半年的交接之后世界贸易组织的协定于1995年7月1日正式生效。

我国现在正在逐步向大国转变。虽然目前我国占世界贸易总量的比重还不大，但是中国在美国、日本、欧盟、韩国、新加坡等世界主要贸易国家的对外贸易中已占相当比例，成了它们的主要贸易伙伴。

在这种情况下，如果中国不加入世界贸易组织，这就意味着我们不但不能享受全球贸易谈判的成果，而且我们也将面临在以后的贸易中不断与不同的国家，特别是一些大国进行谈判的局面。可以肯定，世界贸易组织不会一方面为中国提供一个自由贸易的国标环境，而另一方面让中国实施某种保护贸易的措施，并从中得益的。

中国加入世界贸易组织，有些人、有些部门会受到一定的损失，今后的竞争也将越来越激烈，而利用关税和非关税手段进行保护的贸易政策也越来越难以实施。这是不是意味着我们的一些幼稚产业和敏感部门今后就不能得到保护了。第一，加入世界贸易组织以后，我们的幼稚产业和敏感部门一般还都有五年左右的过渡期。在这一时期内，我们还是能够利用关税、配额等贸易手段来进行一定的保护的。第二，如果中国遇到严重的国际收支困难，或某些产业由于外来商品的冲击而受到实际损害，或者这些商品的进口实际上阻止了国内相关产业的建立等情况，我们还是可以援引关税与贸易总协定中的有关条款，实行临时性的关税或非关税数量限制，甚至暂时停止进口。第三，虽然总的来说关税和配额、许可证等非关税措施将逐步取消，但是事实上还有其他措施可以利用。一是技术性贸易措施。这包括技术标准方面的措施、卫生检疫方面的措施、商品包装与标签方面的措施等。二是环境保护措施。我国可以更多地根据我国的实际情况利用环境保护手段来限制国外商品和服务的进入。三是反倾销、反补贴措施。我国以后如果能够更多更好地利用这方面的措施，也能够起到保护我国有关产业的目的。上面提到的这些措施都是符合世界贸易组织原则的，也是现在许多发达国家在大量利用的。如果我国加入了世界贸易组织，我国就可以注重这方面措施的利用，从而更好地维护我国的利益。

2．中国加入世贸组织对林业发展的影响

(1) 主要林产品关税减让

我国对249种林产品承诺入世后降低关税。根据我国最新颁布的2002年进出口关税税则，木材、纸及其制品平均关税为8.9%，除原木、锯材、木浆等原料性产品继续实行零关税外，其他林产品关税均有不同程度降低，平均降幅达33.5%。

(2) 林产品进出口管理变化

我国大部分林产品均没有进出口数量限制、指定经营等非关税措施，仅有原木、锯材、松香出口和胶合板进口实行非关税措施管理。根据我国对非关税措施的承诺，从2002年起：

① 原木列入禁止出口目录。

② 锯材出口仍实行数量限制，由外经贸部分配出口许可证。但执行国家林业局牵头制定的进口原木加工锯材出口试点管理办法，取消由进口原木加工锯材的出口数量限制，分别由黑龙江省林业厅和外经贸厅出具出口证明及许可证。

③ 取消胶合板进口数量限制，不再实行进口许可证管理。加入WTO后三年内取消指定经营。

④ 取消松香出口配额许可证和经营单位限制。

(3) 补贴与反补贴

中国加入世贸组织享有议定书中列出的24项补贴，其中直接对林业补贴有两种：一是外资企业优惠政策。对从事林业的外资企业，在初次所得允许免除和减免期满后，15%～30%的所得税减免经税务机关批准仍可适用10年；外国投资者向林业提供特殊技术而获得的特许经营费，可适用10%的所得税优惠税率。二是对某些林业企业的补贴，指增值税退税政策。其他一些补贴形式也与林业有间接关系，如国家政策性银行贷款、用于扶贫的财政补贴、出口产品退税等。与林业有关的这些补贴均符合WTO相关规则，入世后可继续实行。

3．与贸易有关的知识产权制度

中国加入工作组报告书中列明中国知识产权法律包括《中华人民共和国保护植物新品种条例》，并由农业部和国家林业局负责植物新品种的保护。

4．加入WTO对中国林业发展的促进作用

加入WTO后，我国林业应积极参与多边贸易体制，强化多边贸易体制的功能，这样能够获得比单边、双边及区域层次更多的发展机会和扩散效应。

(1) WTO为我国林业提供了在全球经济贸易中广泛的合作和参与机会

WTO作为一个多边贸易谈判场所和论坛组织，为所有成员提供了多边的合作和参与的机会。对我国林业来说，通过这一组织，可以表达自己的要求与观点，提出自己的建议与主张；通过谈判达成协议，在履行义务与承诺的同时，享受相应的权利和优惠。在这一体制内，我国林业可以与占世界贸易95%的130多个成员国更广泛、更有效地开展经贸合作与交流，寻求更多的发展机会。

(2) 中国林业拥有平等地参与国际经贸竞争规则的制定权

WTO的各项协定、协议覆盖了世界经济贸易的众多领域，被称为“经济联合国”。在WTO内，在多边贸易规则的制定中，我国林业可以充分行使自己的权利，否决少数国家强行推行的一些不符合我国林业发展利益的协议或规则，使多边贸易体制公平、公正地维护包括发展中国家在内的所有成员国的共同利益，并使其发展不至于被少数成员操纵或控制。这是发展中国家长期争取建立新的国际经济秩序的重要成果。这种决策权的获得，使国际经贸竞争规则多了一些非歧视性，少了一些掠夺性、攻击性和侵略性。在一个共同议定的规则下，由于各国经贸政策变动而产生的不确定性减少，交易障碍减少，使我国林业企业能较平等地进行市场竞争，实现互利互惠，共同发展。

(3) WTO的争端解决机制是中国林业维护自身利益

的有力武器

WTO争端解决机制的强化和权威性的确立，为我国林业提供了对付少数发达国家强权的重要手段。长期以来，由于发展中国家经贸实力较弱，一直是少数贸易大国实施单边报复措施的受害者，一旦不满足这些国家的要求，则面临发达国家单方面实行的贸易报复或威胁。因为在国与国之间的双边贸易争端中，如果其中之一不是WTO成员，则这种争端的解决很大程度上是由双方的经济实力、报复力量决定的，是非曲直是依某一方自身的利益或标准来判断的，争端解决很难具有客观性和公正性。而参加WTO可以借助其争端解决机制，按WTO的规则，而非个别国家的国内法或标准，更不是强权来解决贸易争端。这不仅仅是在双边途径之外，多了一种维护自身经贸利益的手段，并且在双边谈判不能奏效时，在面临单边主义的威胁或压力时，能利用这一多边体制讨回公道，维护自身利益。解决争端的规则、标准是140多个WTO成员国共同谈判确定的，不是某一个国家单方面制定的，这对争端是非的判定、权利义务的平衡至关重要，是对付贸易中的强权政治、霸权的有效途径，尤其对弱小的贸易国更是如此.

(4) 有利于提高林业在国民经济发展中的地位和新一轮多边贸易谈判中的作用

随着全球经济的不断发展，环境问题越来越受到各国和有关国际组织的重视，“贸易与环境”问题正日益显示出其重要性和敏感性。

在乌拉圭回合结束时，贸易部长们通过了《关于服务贸易与环境的决定》，决定在WTO组织中成立贸易与环境委员会，以进一步在更广的范围内对贸易与环境问题进行讨论。在多边贸易体制下，无论是发达国家还是发展中国家都将把环境问题放在一个突出的位置。林业作为陆地生态环境建设的主体，在环境问题中居于首要的位置，这已成为共识。正因为如此，在加入WTO后，林业在我国制定国民经济发展的各项政策中的地位将进一步提高。

1999年11月召开的WTO西雅图部长级会议未能发动新一轮多边贸易谈判，部分原因是因为各国环保组织的强烈反对。在新一轮多边贸易谈判议程中，WTO成员就环境问题提出了许多议题，环境问题将成为新一轮多边贸易谈判的一个热点。林业在新一轮多边贸易谈判中将扮演重要的角色和发挥更积极的作用。

四、中国经济发展阶段的变化

经过20年的改革开放，我国的经济已经发展到了一个新的阶段。“短缺经济”转变为“过剩经济”，这预示着数量扩张阶段的结束和质量提高阶段的到来。同时，我国的改革和开放也到了一个新的阶段。经济体制改革已经初步实现了从计划体制向市场体制的转变，但是社会主义市场经济体制还没有完全确立，对外开放在范围和程度上也已达到了前所未有的地步。

从目前来看，需求不足问题比较突出，因此短期内贸易战略可以大力鼓励发展劳动密集型出口，以达到增加就业、提高收入、促进增长的目的。这样做不仅必要，而且有可能，因为我国现在的比较优势还是建立在简单劳动力基础上。过去的20年，我国靠比较优势的发挥，推动了贸易和经济的发展，现在这种优势还没有丧失，还应当发挥。但是从长期来看，由于简单劳动力在经济发展中的作用越来越小，经济增长越来越依靠技术和知识，因此，贸易战略应当更着重于产业结构的升级和技术水平的提高。

五、中国贸易改革与贸易发展战略的变迁

从1949年新中国成立至今的50年里，中国的贸易发展战略与整个国家的经济发展战略一样，经历了十分剧烈的调整和转变。1978年改革开放以来，贸易战略和贸易政策随着对外贸易体制改革的进展而不断发生变化。改革和调整使得中国的对外贸易发展战略从原来的封闭式、内向型、进口替代向开放式、外向型、出口导向转变。1978年以来，我国贸易发展战略的这种变革和调整顺应了中国对外开放的要求，发挥了中国的比较优势，促进了中国的贸易发展和经济发展。这种调整和变革也在很大程度上适应了国际经济格局的变化及经济全球化、贸易自由化的趋势，使中国在国际贸易和国际经济

中的地位不断得到提高。

但是，面临知识经济时代的来临，面临信息技术下的经济全球化浪潮，面临国内经济从“短缺”经济转变为“过剩”经济，并且经济体制向社会主义市场体制过渡的要求，特别是面临中国加入世界贸易组织这样一个事实，目前的贸易发展战略也显露出它的一些不足。

（一）1978年以前的贸易战略

建国初期，我国的贸易战略基本上是一种与世隔离、闭关自守的战略。用国际上关于贸易战略分类的标准来看，这是一种“极端的进口替代战略”。我们把对外贸易放在一种辅助的地位，对外贸易的方针是“互通有无、调剂余缺”；我们把自力更生强调到了极点，只有自己不能生产的才进口，自己生产有余的才出口，而不是根据国际分工的原理，根据比较优势来安排生产和进出口贸易。我国实行的是对外贸易管制并采用保护贸易政策。1978年以前的30年中，我国的贸易发展是比较慢的。

（二）1978年后外贸体制改革的进程

1978年，我国开始改革开放以后，总的趋势是从极端的内向型向外向型转变，从封闭式向开放式转变，从进口替代向出口导向转变。这一系列的转变都是由于外贸体制的改革才得以实现，并且是落实在具体的贸易政策上的。

对外贸易改革的过程就是一个贸易自由化的过程，它最终要建立的就是一个由市场调节的、与国际接轨的、自由贸易的体制。

（三）贸易战略转变的表征

我国的贸易发展战略在过去20年里确实发生了相当大的变化。第一，我国的关税水平已大大下降。虽然名义关税水平还比许多国家高，但是实际的关税收入水平已与发达国家相似，处于很低的水平上。第二，虽然我国采用了较多的数量控制措施，但是自20世纪90年代以来，为了更好地与国际接轨，加入到国际分工和经济全球化的潮流中去，我国在许可证等数量控制方面也已大幅度降低。第三，在采用关税和非关税措施保护国内市场的同时，为了抵消这些措施的资源扭曲效应，鼓励更多的出口，国家推出了关税减免、贸易补贴、出口退税等多种优惠政策。而随着关税和非关税保护水平的降低，国家在鼓励出口的抵消性优惠措施方面也相应减少，使政策逐步统一了起来。第四，经过20多年的调整，人民币汇率高估的情况已基本得到纠正。第五，我国的有效保护率水平还比较高，表现为关税和非关税保护结构的递升性较强，但是确切的计算非常困难。据此，我们可以得出一个结论：中国在过去20年里，贸易发展战略已从极端的进口替代转向了接近于中性的出口导向战略了。

贸易改革和贸易战略的转变推动了贸易和经济的增长。由于贸易战略的转变，国内外价格的扭曲和隔离就降低甚至消除了，比较优势发挥出来了，对外贸易也就迅速地发展了起来。对外贸易的发展，通过引进新的产品、新的技术、新的工艺，以及先进的管理经验，通过减缓和消除外汇缺口，通过促进国内产业结构的提升，通过增加人们的就业和收入，也推动了经济的增长。

六、贸易发展战略的选择

在过去的20多年里，中国的贸易发展战略发生了很大的变化，基本上是沿着从进口替代向出口导向转变的方向调整。

尽管如此，我们的战略目标并没有变，那就是在使资源配置不断优化的基础上，推动我国的经济持续稳定地发展，使我国到下世纪中叶成为中等发达的国家。

（一） 贸易发展战略的作用和问题

在过去的20多年里，中国的贸易发展战略发生了重大的调整和深刻的变化。这种调整和变化使贸易战略对经济发展起到了相当大的作用，主要表现在如下一些方面。

发挥了现有的比较优势，推动了对外贸易的发展。改革开放以来，虽然中国还有较多的关税和非关税保护措施，但是为了鼓励出口，中国政府出台了不少优惠政策，使得具有比较优势的产品大量出口。

保护了国内的产业，缓解了投入方面的约束，有助于国内产业的升级。中国这种具有“中性”性质的贸易战略起到了类似自由贸易的作用，在“中性”的出口导向战略下，出口并没有减少，甚至还迅速增加。出口的发展，使中国得到了大量的外汇收入，能够进口各种国内缺乏的投资品，缓解或消除了产业升级中的投资约束，使新的产业能够建立起来，发展起来。

加工贸易迅速发展，形成了“体外循环”。加工贸易主要是用进口的原材料和零部件，经过加工后再出口，因此它更充分地利用了我国劳动力多这一优势，并形成了某种“体外循环”，即加工贸易与国内市场在相当程度上是分离的。这种“中性”的出口导向的贸易战略确实有利于既发挥现有的比较优势，又推动产业升级。

促进了经济的增长。中国在过去20年中采取的接近“中性”的战略，由于在保护的同时，也鼓励了出口，从而使贸易的增长比国内经济增长还快。

但是从我国的实践来看，这种战略也暴露出一些问题，主要表现在如下三个方面。第一，比较优势的转变没有产业升级快。虽然我国国内许多新的产业已经建立起来了，但是大多数新兴产业都还没有能够打入国际市场。而且有相当一部分产业，虽然产品在中国已经能够生产出来，但是高技术含量的零部件却还是依赖进口。也就是说，在我国的生产过程很大程度上还是劳动相当密集的。这样的话，我国就没有像日本和韩国那样，随着产业的升级，使比较优势也发生迅速的转变。我国资本比较密集的产品和技术知识比较密集的产品在国际市场上还没有真正具有很强的竞争力。第二，对外贸易的得益不大。由于我们是给了大量的优惠政策和条件才鼓励了出口，并且对外贸易中加工贸易的比重越来越大，因此，中国的出口中附加值不高，对外贸易的净效益不大。第三，由于一方面鼓励出口，另一方面又限制进口，导致国内产业与出口产品结构不一致。而且，为了鼓励出口或限制进口，国家出台了许多政策，并为贯彻落实这些政策措施建立了许多机构。这一方面导致了为钻政策空子而进行的寻租行为，另一方面也使得政策成本越来越高，并在不同地区或不同行业形成了不公平的竞争条件。

因此，这种出口导向的贸易发展战略，虽然说很大程度上已经转向“中性”，但是这还是一种有很多政府干预、很强政府管理的高干预、高成本的“中性”贸易战略。当然，90年代以来，我国在出口鼓励和进口限制两方面的政府干预已明显降低。但是与世界上大多数国家相比，我国的政府干预还是比较高的。

（二） 贸易战略选择的客观制约因素

贸易发展战略的选择受到多方面因素的制约。从宏观角度看，主要是国内的改革与发展以及世界经济的发展和变化这两方面的制约。

在我国还不是世界贸易组织成员的时候，我国的贸易战略主要根据国内的需要和条件来确定。具体的贸易改革措施和贸易政策也是随着国内改革和发展的进程而调整的。

除此之外，经济的全球化和信息化也使我国目前的贸易战略和政策受到很大的挑战。经济的全球化使要素在全球范围内配置，使生产在全球范围内布局，使商品和服务在全球化范围内销售，从而使我国的保护政策不断减少和取消。经济的信息化使商务交易方式开始发生变化，电子商务已经成为一种趋势。现行的许多政策措施都已经不相适应甚至过时，也就必须进行调整和改革了。同时，由于经济的全球化和信息化，全球社会的消费重心已逐步转向服务而不是工业产品。这意味着工业产品必将出现全球性的生产过剩。而我国目前还主要大量出口劳动密集型的产品。

由于上述各种制约，政府对贸易进行干预的能力将会下降，贸易战略只能朝着自由贸易的方向调整。我国加入世界贸易组织后，国内的制约已经不起主导作用。国内的问题只能靠国内的政策而不是对外贸易政策来解决。

加入世界贸易组织后，我国可以与世界其他国家一样享受世界贸易组织的各项权利和义务，因此，我国的比较优势可以更好地发挥出来。然而，这也可能使我国比较优势的转变变得更困难了。本来在一定的保护下可以建立和发展的新产业现在从一开始可能就面临国际成熟企业的竞争，处于不利的地位。

（三）贸易战略和政策的选择

显然，我国今后的贸易战略必须在世界贸易组织的框架下选择。也就是说，在国际条件制约下，我国的贸易战略不能违反世界贸易组织的原则。虽然在这样的框架下，我国的选择余地比以前小了，但是我们还是可以对贸易战略进行一定的选择，并作出相关的政策搭配。

1. 贸易战略选择的一般考虑

如果从一般的分类考察，贸易战略只分为进口替代和出口导向两类。但是实际上进口替代和出口导向都可以有不同的程度，因而可以有非常多的贸易战略。由于所谓“中性”只是指对出口和进口同样对待，因此如果我们从政府干预的强弱程度去考察，“中性的”战略可以是政府高干预的，也可以是低干预的，还可以是无干预的。

我国在过去20年里实行的基本上是一种高干预的战略，只是从高(计划)干预的进口替代战略转变到了高(商业政策)干预的出口导向战略。显然，我们正在朝自由贸易方向前进，但是短期内实现无干预的中性自由贸易是不可能的。因此，基本的选择只能是较快地转向低干预的出口导向战略。只要我们加入世界贸易组织，那么根据我国的承诺，根据世界贸易组织的原则，我们也只能选择较低干预的出口导向战略。

由于国际经济形势和格局发生了巨大变化，我们不可能再像日本、韩国在20世纪五六十年代那样，通过保护和进口替代实现产业的迅速升级，并通过鼓励出口实现这些产业的比较优势的转变。我们在过去的20年里大体上也是这么做的，并且也取得了类似的效果。但是我国比较优势转变的速度没有日本和韩国当年那么快。究其原因，并非是我国的贸易战略和贸易政策出了问题，也并非是国内的产业政策出了问题，而是我国的基本要素状况决定了这一结果：我国劳动力的总体受教育水平比这两个国家要低，绝对非熟练劳动力人数比这两个国家要多得多。从这个意义上说，贸易战略和贸易政策能够对产业升级和比较优势的转变起到一定的作用，但不起决定性作用。

在目前的国际条件下，我国的贸易战略选择几乎是惟一的，那就是低干预的出口导向战略。但是现在国内有一种看法，那就是经历了东亚危机之后，东亚国家那种出口导向型的战略已经不再有效，我国也不能再依靠出口导向战略来推动经济的发展，而应主要依靠国内需求来拉动。

2. 贸易政策的选择和搭配

虽然在加入世界贸易组织的前提下，我国对贸易战略选择的余地很小，几乎只能实行低干预的出口导向战略，而且最终方向是基本自由的贸易，但是如何实行这种战略，政策如何搭配仍是一个值得探讨的问题。我国今后贸易战略的总方向上面已经指出，应当是从过去的高干预的接近中性的出口导向战略转向低干预的中性战略。在实施中，至少以下几个方面是可以考虑调整的。

第一，逐步取消繁杂的鼓励加工贸易的办法(最多将其限制在出口加工区内)，使得对不同地区、不同产业的关税和非关税政策逐步统一起来。根据世界贸易组织的原则，逐步取消非关税措施，并把关税真正降低，但是仍在允许的范围内实施递升的关税结构，使我国的新兴产业的名义关税率比较低，但有效关税率仍保持较高的水平，起到一定的保护作用。

第二，使用世界贸易组织允许使用的措施，例如反倾销、反补贴措施；例如在本国产业受到进口产品严重威胁时临时限制进口等等。这里的关键是我国必须制定相应的法规和程序，使得采取这样的措施时可以根据一定的标准和程序进行。如果国内没有相应的法规，即使要根据世界贸易组织的原则采取行动，也会缺乏实际操作上的可能。

第三，学习其他国家，特别是发达国家，尽快制定环保等方面的贸易法规，利用“合法”手段来对需要重点发展的新兴产业进行保护。环境保护是当今世界上许多国家非常重视的一个方面，也是它们用来进行贸易保护的重要手段。我国在环境保护方面已经进行了许多投入，也建立了不少法规，但是在贸易方面的环境保护法规还比较缺乏，或者说我国的环境保护法规还没有与对外贸易很好地结合起来。今后的环境贸易立法应当成为我国贸易立法的一项重要内容。

第四，如果我们要实行大体“中性”的战略，那么，在进口保护方面的关税和非关税壁垒逐步减少和消除的同时，对出口的鼓励总体上也应当降低。特别是对劳动密集的加工贸易，由于其弊端甚多，不易再大力鼓励。而从生产性质来说，劳动密集的加工贸易本来就是我国具有比较优势的项目，不必再大力鼓励，因此对这类出口的鼓励要逐步减少和取消。我国应更多地发挥进出口银行的作用，按照国际惯例进行进出口信贷，鼓励具有潜在比较优势的机电产品和高技术产品的出口。

第五，服务贸易领域应迅速改变以前“堵”的做法。既然加入世界贸易组织后必须开放，政策重点就不要再放在限制外商服务企业进入上面。在这同时，更不应限制本国非国有企业进入金融、贸易、保险、电信等领域，而应更多地鼓励中国的服务企业发展，建立民族服务企业，以抗衡外资服务企业。

总的说来，贸易战略要从以前高干预的“中性”战略调整到低干预的“中性”战略，限制进口的传统关税和非关税(如配额、许可证等)要逐步减少和取消，同时要逐步取消一般的鼓励出口的措施。在进口方面，要尽可能多利用环境保护、卫生检疫、技术标准乃至文化习惯等方面的措施来达到保护国内产业的目的；在出口方面，要多利用出口退税、出口信贷等国际通行的方法来鼓励出口，使得出口在增长的同时也促进产业的升级和比较优势的转变。然而，从长期来看，产业的升级和比较优势的转变更主要的要靠国内其他战略和政策的实施，特别是科教兴国战略、国家产业政策等的协调和配合。

第二节　中国林业定位及林产品战略

在新时期，林业一方面承担着培育、管护和发展森林资源，保护生物多样性、森林景观、森林文化遗产和提供多种森林产品的根本任务，另一方面肩负着优化生态环境、促进经济发展的双重使命。

一、中国林业定位的重大转变

在中国林业史上，林业曾作过两次明确定位：第一次是20世纪50年代，当时生产木材是国家建设对林业的主导需求，林业定位为国民经济的基础产业，形成了以木材生产为中心的林业建设指导思想；第二次是20世纪70年代末以后，生态建设日益受到重视，林业被定位为“既是重要的基础产业，又是重要的公益事业”。这一时期，中国开展了规模宏大的生态工程建设，但由于林业体制的惯性和木材需求居高不下等原因，林业仍然没有脱离以生产木材为主的轨道。进入20世纪90年代，森林在生态环境建设中的主体地位以及在可持续发展中的关键地位越来越受到关注，保护和发展森林资源，改善生态环境成为国家对林业的主导需求，中国林业的发展现状和发展要求决定了林业的第三次定位。林业是生态环境建设的主体，是从事维护国土生态安全、促进经济可持续发展、向社会提供森林生态服务的行业。这一定位充分体现了生态优先的原则。

二、中国森林资源存在的问题

我国幅员辽阔，气候多样，森林资源十分丰富。林业是受资源约束较强的产业，森林资源存量、资源禀赋对一国林业具有重要影响。从某种意义上讲，今天中国林业的核心是森林资源。但中国森林资源的状况并不乐观。从资源拥有总量看，中国尚处前列，但从资源相对占有量来看，中国则是资源匮乏国家，人均占有森林面积和蓄积，均低于世界平均水平。同时从资源禀赋来看，中国遗产性资源存量少，剩余资源多留存在边陲及主要江河上中游，形成了资源与需求有较大空间距离，同时目前中国森林可采资源日渐减少，人工林虽然面积巨大，但质量低下，难以承担衔接历史与未来断点的重任。

1．森林资源与世界比较，覆盖率低，人均占有森林资源少

联合国粮食与农业组织有关材料表明，世界森林资源绝大部分集中在北半球。那里居住着地球上75%的人口，集中了95%以上的针叶林、90%以上的阔叶林和工业用材林。其中，俄罗斯森林资源最多，共有森林面积7.64亿hm^2，占世界森林面积的22.2%；蓄积量807亿m^3，占世界森林总蓄积量的21.0%。其次是北美洲和南美洲。从人均占有的森林面积看，世界每人平均为0.6hm^2，以太平洋地区为最多，人均4.1hm^2，北美洲人均2.8hm^2，亚洲最少，人均为0.2hm^2。就国家来说，以法属圭亚那为最多，人均为196.5hm^2。从人均占有的森林蓄积数量看，世界平均每人72m^3，以南美洲最多，人均为500m^3；其次是太平洋地区，人均为315m^3；亚洲最少，人均仅有20m^3。

森林覆盖率是一项综合反映一国国土面积与森林资源之间的关系，并进行国际比较的重要指标。一般将覆盖率超过50%以上的国家视为多林国，低于10%的国家为少林国。根据我国第五次森林资源清查结果，我国森林覆盖率为16.55%，略高于10%的下限，森林与国土的关系相对紧张。

我国土地面积约占世界总量的7%，人口占世界总量的22%，而森林面积仅占世界的4.6%，全国森林面积15894.1万hm^2，林木总蓄积量不足世界总量的3%，活立木总蓄积量124.9亿m^3，森林蓄积量为112.7亿m^3，全国活立木年均净生长量为419亿m^3，年均消耗量为3.20亿m^3。我国用材林蓄积约为68.8亿m^3(除台湾省及西藏控制线外)，若扣除在相当时期内尚无条件进行采伐的西藏部分资源(约为5亿m^3)以及过熟林自然枯损外，实

际可用蓄积不到35亿m^3。按人口平均占有量计算，我国人均占有林地面积0.128hm^2，蓄积9.048m^3。分别只相当于世界人均水平0.6hm^2和72m^3的21.3%和12.5%。森林覆盖率16.55%，只有世界平均值27%的61%。如果扣除竹林(0.45%)、经济林(2.11%)，我国森林覆盖率只有13.99%。人均森林面积和人均蓄积量，分别排列世界的第120位和第121位，森林覆盖率排列在第142位。

2. 林地利用率不高，树木利用率低

现有林业用地中林地资源的质量不高，无林地和疏林地仅占25%，我国有林地面积仅占林地面积的60%，而瑞典为98%，日本为96%，美国为95%。我国树木利用率低，树木出材率仅为25%，而世界林业发达国家则全树利用，甚至对整个森林系统都能充分利用。我国树木利用率低，又进一步加剧了森林资源的消耗。由于森林资源的不足，引起了我国生态环境的恶化、林产品供给不足、林业经济危困，严重地影响了我国林业的发展。

3. 森林集约经营水平低

全国大部分森林为粗放经营，现有3507万hm^2中幼龄林亟需抚育，林分质量低。世界林业发达国家森林集约经营水平高，从建立种子园到良种选育，使用种子园生产的优良无性系种子，林木生长的遗传增益可达10%以上。造林地经过抚育措施，林木生长量提高30%～50%，甚至提高6～7倍。而我国在建立种子园、无性系、基因工程、定向培育、林木施肥方面的工作还有待发展。我国森林质量呈下降趋势，生长量低，全国平均每公顷蓄积量为84m^3，世界平均为114m^3。我国大径材蓄积比例减少，人工林树种单一，结构不合理，稳定性差，次生林面积大，单位产量低。我国人工用材林发展始于20世纪60年代，40余年来，我国共造已成林人工林4666.69万hm^2，未成林人工林461.51万hm^2，合计已拥有人工林5128.20万hm^2。我国平均每年造林面积400万～480万hm^2，每年义务植树25亿株。我国已是世界有名的人工林大国。但是，我国人工林质量很差。在5128.20万hm^2人工林中，被列为用材林的有2914.42万hm^2，其平均蓄积为34.76m^3/hm^2，平均生长量仅为3$m^3/(hm^2\cdot$年)。这就是说，人工用材林的总蓄积只有约10.1亿m^3，出材率最多为8.6亿m^3；我国40年造林的总成果，只够用2年。我国每公顷用材林平均蓄积量为72.50m^3，成过熟林蓄积量为27.40亿m^3，与世界林业发达国家比较处于低产出、低效益的状态。

4. 森林资源分布极不均衡

受自然条件制约和地区社会经济发展的不平衡因素的影响，我国森林资源分布极不均衡，东北、西南和东南各地森林资源较多，华北、中原和西北各地森林资源分布少，差异极大。森林资源主要集中分布在几大林区。据调查，仅黑龙江、吉林、内蒙古、四川、云南五省(自治区)森林面积、蓄积就占全国森林面积的42.7%、蓄积的58.6%；南方集体林区10省(自治区)森林面积、蓄积占全国森林面积、蓄积的38.4%和17.8%，其平均森林覆盖率为38.12%；而生态环境极其脆弱的西部地区，如新疆、青海、甘肃、宁夏、西藏的大部分地区以及内蒙古西部森林资源十分稀少，有的省(自治区)森林覆盖率不足1%，并且不断恶化。

森林资源分布不均的特点还反映在人口、经济发展关系的不平衡上。现有森林主要分布在远离人口密集、经济发达的地域，不仅增加了经营利用森林的费用，尤其是运输费用，也使人们的生活环境得不到森林资源的直接保护，降低了生活质量。近年来在我国日渐兴盛的与森林有关的旅游、文化、休憩等也由于森林距离遥远而增加了出行的难度和费用。

5. 森林结构不合理

我国森林划分为防护林、用材林、薪炭林、特别用途林和经济林五大林种。

我国林种结构不合理。突出表现在用材林比重大，占76.93%，而其他林种比重少，特别是防护林少，只有16.55%。薪炭林占3.45%，特用林占3.07%，比例也是较低的。像我国这样的少林国家，森林资源总量原来就少，许多地区的生态环境非常脆弱，防护林少则更加不利于发挥森林的生态防护效益。从区域情况看，有的地区林种结构不合理现象更为明显。例如，京、津、唐地区经济发达，人口密集，北京又是政治和文化中心，而周边地区的防护林还达不到全国平均水平。

从林龄结构上看，不合理主要反映在幼、中龄林多，成过熟林资源少的林分低龄化上，林龄结构严重失调。全国森林中幼龄林和中龄林占2/3以上，在用材林中，尤其是在老的国家林区已接近无成熟林可采伐的状态。从区域林区状况分析，森林资源低龄化的倾向更为严重。例如东南部丘陵山地林区，幼、中龄林面积占80%以上，近熟、成熟林蓄积只有约40%，距离正常情况下的60%～70%相距甚远。

三、我国用材林发展中存在的问题

尽管国家采取了提供低息贷款，优先引进外资，延长土地承包期和允许林地、林木权属转让等措施支持速生丰产用材林建设，但由于比较效益偏低等因素，近年来，速生丰产林建设总体上呈下滑势头。在现有用材林总面积中，中幼林7395.26万hm^2，占74.40%。由于抚育间伐严重滞后，造成林地生产力降低，森林资源损失严重。据测算，因抚育间伐不及时，不仅全国每年平均减少森林资源净生长量约1.2亿m^3，约损失森林资源资产达240亿元（按200元/m^3计），而且使近1.5亿m^3可间伐材资源得不到利用。

全国用材林平均蓄积量由第二次资源清查(1977～1981年)的85.4m^3/hm^2，下降到目前的72.5m^3/hm^2，而世界森林平均蓄积量为114m^3/hm^2，大大高于我国。同时，全国用材林成、过熟林针叶材蓄积的比重，由第二次资源清查的61.9%上升到目前的66.3%，成、过熟林阔叶材蓄积的比重由38.1%下降到33.7%。大径木、珍贵树种比例也在大幅度减少，木材结构性矛盾十分突出，不能满足国民经济对多树种、多材种的需求。

我国三大区域每公顷蓄积量和年生长量相差不大，并不因气候、树种的速生性不同有较大的差别，这说明我国人工用材林的林分质量普遍不高。可以看出，我国人工用材林建设，走的是只图面积大、不求质量高的按计划经济行政指令完成任务的路子，致使林地生产力低，林农生产积极性低，科技含量低，造成了低投入、低产出、低效益的局面。

另外，我国人工林往往树种单一，而且高度纯化，又多为针叶树种，强化了人工林本身的一些弱点，更暴露出生态上的脆弱性。研究表明：我国人工林森林病虫害日益加剧，地力衰退严重，生存环境与生物多样性严重下降。

通过以上分析，可以看出，现在我国用材林建设处于历史低谷期，将对今后林产工业带来不利影响。

四、合理利用我国森林资源的基础优势

我国地域辽阔，地理、气候条件等自然因素复杂多样，形成了我国森林资源类型多的特点。全世界木本植物2万余种，我国有约8000余种，是世界木本植物种类的40%，其中乔木有2000多种。竹类资源也十分丰富，约有40多个属，400多个种，总面积达400多万hm^2，是世界上竹类资源最多的国家。由于我国从南到北地跨热带、亚热带、暖温带、温带和寒温带5个主要气候带，因而形成了雨林、热带季雨林、亚热带常绿阔叶林、暖温带落叶阔叶林、温带针叶林与阔叶混交林、寒温带针叶林等多种主要的森林类型。如果详细划分类型则更多。

在众多的森林资源类型中，许多具有很高的价值，包括经济价值、观赏景观价值、生物多样性价值等。例如，经济价值高的树种有银杏、红豆杉、漆树、橡胶树、红木、杜仲、桑树、茶树等。世界主要的食用油树种有150种，我国就有100种左右。此外，还有众多干鲜果品种、天然香料、饮料等树种。许多树种资源不仅经济价值高，而且为我国所特有。例如，水杉、银杏、红豆杉、杜仲、珙桐等。另外还有更多的稀少树种。在我国1000多种经济价值较高的树种中，许多树种都可以形成新的产业。

我国森林资源总的变化趋势是：森林面积逐年增加，每年以205万hm^2速度递增，林木生长量开始大于消耗量，森林资源的发展在数量上开始走出“低谷”，扭转了长期以来森林资源下降的局面，实现了森林面积和森林蓄积的“双增长”。森林资源是决定林业生存和发展的基础。加入WTO后冲击的重点虽然是林产工业，但竞争的焦点却在于林业产品，而林产品的关键原料在于森林资源。我国森林资源的发展空间在世界上占有很大优势：①我国目前尚有4693万hm^2宜林地，有1400多万hm^2可用于发展的用材林，其中1/3适合发展速生丰产用材林。众多的林地为我国发展森林资源提供了广阔的空间，说明发展森林资源具有很大的潜在优势。②目前，

我国实施了天然林保护工程和生态林业建设，但是每年尚能生产工业用材4000万m^3左右，对我国林产工业生存和发展是一个巨大的支持。③我国人工林规模大，发展迅猛。目前我国人工用材林面积已达4667万hm^2，居世界首位。专家们预测，2000年后大约年均可增加工业用材1000万m^3。如果进一步加强管理，提高单位蓄积量，其工业用材产量将成倍的增加，到2010年，工业用材的一半将由人工林来解决，可见我国人工林的优势所在。

另一方面，森林资源培育业属于劳动密集型产业，我国林业有丰富的劳动力资源。目前我国林业和林产工业富余劳动力达100余万，我国农村约有1亿个剩余劳动力和1/2的剩余劳动时间，利用潜力巨大，这就为我国森林资源培育提供了劳动力的保障。我国劳动力的特点是劳务工资低，与发达国家比较，相差20倍，与亚洲“四小龙”的劳务工资相比，也相差近10倍。因此，我国森林资源培育生产的林产品的劳务成本较低，这对于劳动密集型产品来说，就构成了较为明显的竞争优势。无论是在国际市场上，还是在国内市场上，与国外产品相比都具有成本竞争优势。

竹类资源是热带、亚热带地区森林资源的重要组成成分，是一种再生和可持续利用的资源。竹子的特点是生长快、繁殖力强、产量高、更新容易、适应性广、用途多；一次造林易成功，可年年发笋成竹，长期受益，并且竹子全身都是宝，可供综合开发利用。东南亚各国把竹林资源誉为“绿色金矿”。我国是世界竹类资源最为丰富、竹类栽培和加工利用历史最为悠久的国家，共有40多属400多种，竹子面积和蓄积及年产量均居世界之首。竹产业已经成为林业的新兴产业，竹类工业利用已悄然兴起，它不仅用来造纸，还用来制造质量上乘的竹胶合板、竹地板。竹材和竹制品无论在品种还是在产量方面，在世界上我国均为首位。竹林中的竹笋和竹荪是天然保健食品，也是出口创汇的重要资源。据报道，20世纪90年代初，我国竹材及竹产品出口创汇平均每年为2.4亿美元左右，2000年竹类产品的出口额达到3.8亿美元左右，2010年可望达到10亿美元。

我国林副产品资源丰富，其中不少产品产量位居世界前列，尤其是松香，产量高、质量好，在国际上享有很好的声誉。我国林副产品中不少是名特优产品，有较强的国际市场竞争能力，基本垄断了港澳市场，在东南亚、日本、德国市场上也占有很大份额。

五、中国林产品贸易战略选择

建国以来，我国木材流通实行的是进口替代模式，其他的林产品实行的是出口导向模式。90年代，又提出以进口替代为主、出口导向为辅的综合发展战略模式。改革开放以来，中国林产品实施出口导向战略，对外贸易取得了迅速发展，外贸规模发生了巨大变化。然而中国现行的出口导向战略是鉴于自身小国经济的基础上，利用前些年相对有利的国际经济环境形成的，而当前中国已发展成为一个真正意义上的经济大国和贸易大国，并加入了世界贸易组织，出口导向战略赖以成功的国内经济环境发生了根本变化，同时，经济全球化作为世界经济的发展趋势也对现行战略提出了挑战。在新背景下，中国林产品如果继续实施全面的出口导向战略将面临大量新的难题，类似的有：出口扩张难度加大、贸易条件恶化、外贸依存度过高、贸易纠纷增多等。现行的贸易战略不利于经济稳定、结构优化及产业结构升级。

中国木材流通实行的进口替代模式，随着国内木材采伐量的缩减，我国逐年增加了木材及木制品的进口，成为世界上原木进口量最多的国家。我国大量进口木材喜忧参半。喜的是保护了本国仅存的原始林和天然次生林，使之得到休养生息，使大江大河的流域生态得以恢复；同时我国进口来自可持续经营的森林生产的木材，也促进了出口国经济的发展。忧的是如果有的木材是来自不可持续经营的森林，特别是来自非法砍伐，那就会在一定程度上加剧区域性生态的破坏。事实上，一些国际环保组织，如世界自然基金会、太平洋环境组织等对我国大量进口来自俄罗斯、东南亚和非洲原始森林的木材已颇有微词。特别当前世界经过认证的森林仅有4%～5%。有学者认为，应当通过更好地经营国内森林和减少人均木材消费来解决这个问题。与其禁伐不如通过经济手段鼓励使用替代建筑材料，增加木质复合板和经过认证的“可持续木材”的使用，中国木材流通的进口替代模式也已受到明显阻碍。

长期以来，我们在保护天然林资源和改善生态环境的前提下，立足于大力发展人工林，以满足国内的需求。为促进新世纪中国林业的发展，必须树立“发展开放型经济、增强国际竞争力”的指导思想，积极应对经济全球化、贸易自由化以及我国入世的机遇与挑战。基于以上分析，我们必须清醒地认识到，尽管改革开放以来中国木材流通实行的是进口替代战略，其他的林产品实行的是出口导向战略，对经济发展曾起到积极作用，但是，在中国已步入大国经济、加入WTO以及经济全球化迅猛发展的今天，出口导向战略和进口替代战略正面临日益严峻的挑战，已很难适应根本变化了的国内外经济环境。因此，中国林业既不能采取一般意义上的低干预的出口导向战略，也不能再采用全面的出口导向战略和进口替代战略，我们应该充分利用国际有利形势，重构灵活机动、富有弹性的开放型外贸发展战略，冲破资源短缺和林业本身的局限，积极主动参加国际大循环。战略调整应关注基于竞争优势，与大国经济、全球化经济背景相适应的全球竞争战略。

全球竞争战略是以国家竞争优势理论为基础，一国具有比较优势并不意味着具有竞争优势，应该结合传统的比较优势基础，强调比较优势动态化发展，以政府的前瞻性政策为引导，通过企业群体合作以及企业内部科技创新、对外直接投资等措施来培育和发展主导产业的国际竞争优势。我们提倡产业间注重比较优势的进一步发展，产业内注重竞争战略的培育。通过获得并长期保持新的比较优势，促进产业内贸易发展，进而实现扩大国内国外市场份额、加快产业结构升级，促进国民经济平衡、可持续发展的目标。

六、实施林产品贸易战略调整的措施

1．实行市场多元化，提高外贸抗风险的能力

当前，中国林产品国际市场80%以上集中于美、日、欧盟等发达国家，在复杂的国际经贸关系下，这种过分集中的市场结构严重削弱了中国外贸的灵活性、稳定性和竞争力。作为经贸大国，中国必须实行对外贸易的市场多元化，增加回旋余地，保持主动地位，提高外贸抵抗外来风险的能力。

2．加速统一国内市场，扩大内需

对于人口众多、市场广阔的经济大国来说，外贸对经济增长的促进作用依托于国内市场的支持，庞大的国内需求才是推动经济稳定快速增长的最主要动力。中国要加速统一国内市场，同时运用适度的货币政策，来扩大国内对投资品的总需求，实现以内需促增长，适当降低外贸依存度，保持林产品对外贸易的可持续平衡增长。

3．应对贸易壁垒和森林认证，实施外贸可持续发展

政府应通过一系列法规、制度，转变企业传统的单一经济目标为经济与环保双赢的复合目标。中国应认真研究各种重要的国际标准并加以宣传、推广，保证林业进出口商品在技术、安全、卫生、环保各方面接近或达到国际标准的要求，减少贸易摩擦。绿色产品和森林认证是未来贸易的主流，中国要通过绿色产品和认证产业等措施大力开拓国际市场。

4．依靠“科技兴贸”，优化出口结构，解决区域经济二元性问题

中国必须依靠“科技兴贸”重新培植中国林业出口产品和林业产业的动态比较优势，不断提高出口林产品的国际竞争力和经济效益。中国地区之间都有着各自的比较优势，在对外贸易中应充分发挥各地的相对比较优势来发展各地的主导出口产业，避免不合理的内部竞争，实现资源的合理配置，缩小区域经济差异。

5．加快对外直接投资，加深国际化进程

中国林业企业要想真正适应经济全球化发展趋势，就必须组建跨国公司到国外进行直接投资从事经营活动。从长远看，在经济全球化进程当中，中国的林业企业应该重视跨国经营，在全球范围内配置资源利用市场。

6．引导外资结构和投向，提高外资利用率

中国应加紧引导外资结构和投向。在引进外资的结构上应侧重于跨国公司的直接投资，不仅可以填补国内投资资金缺口，还可以引进先进生产技术、管理方法、提升自身技术水平。引导外资主要投向技术密集型、知识密集型产业，投向内地和内需产业，投向跨国公司的当地研发中心，投资领域也要从产品生产扩大到服务和技术贸易领域。

附件一

《海关主要进出口林产品（木质、非木质）代码》

一、木质林产品

1．原木类

4403

2．锯材类

4406、4407

3．单板类

4408、4409

4．胶合板类

4412、4413

5．纤维板类

4411

6．刨花板类

4410

7．木制品类

4414、4415、4416、4417、4418、4419、4420、4421、96091010、96091020

8．纸　类

（1）木浆类

4701、4702、4703、4704、4705、47062000

（2）纸和纸制品

4707、48（出口数量×0.3、出口金额×0.4、进口数量×0.8、进口金额×0.8）

4707、49（出口数量×0.3、出口金额×0.3、进口数量×0.9、进口金额×0.9）

9．家具类

94016100、94016900、94033000、94034000、94035010、94035091、94035099、94066010、94036091、94036099

10．其　他

4401、4402、4404、4405

二、非木质林产品

1．苗木类

0602、0603、0604

2．菌、竹笋、山菜类

07095110、07095190、07095200、07099010、07108010、07119031、07119032、07099033、07119091、07123010、07323020、07123030、07123090、07129010、07129040、2003、20059031、20059039

3．果　类

07112000、0801、0802、08041000、08042000、08044000、08045000、0805、0806、0808、0809、08102000、08104000、08105000、08109010、08109090、08112000、08119010、08119090、08121000、08129000、0813、0814×0.9、120312071010、12071090、12079200、12079910、12079990×0.1、12089000×0.2、20057000、20066010、20060020、2007、20081910、20081920、20081990、20083010、20083090、20084010、20084090、20085000、20086000、20087010、20087090、20089100、20089200、20089910、20089990、20091100、20091900、20092000、20093000、20096000、20097000、20098010、20099010、2204、2205、2206×0.5、2208×0.2、23065000、23066000、

2307、23081000

4．茶、咖啡类

0901、0902、0903、18、21011100、21011200、

21012000

5．调料、药材、补品类

04090000、09041100、09041200、0906、0907、

0908、09005000×0.3、09091010、1211、

12121000、12123011、12123012、12123090、

30049051、30049052、30049053

6．林产化工类

1301、130212000、13021910、13022000×0.8、

14041000×0.6、1509、1510、1511、1513、

15154000、15156000、15159000、291421000、

3201、33011100、33011200、33011300、

33011400、33011900、33012910、33012930、

33012940、33012950、33012960、33019020、

3802100、3803、3805、3806、3807

7．竹藤软木类

14011000、1401200、14019090×0.3、4501、

4502、4503、4504、46012010、46019100、

46021030、46021050、94015000、94038010

说明：引自《中国林业统计年鉴（2000）》所附的《海关进出口主要林产品木质、非木质）代码》

附件二

《中国加入WTO林产品（木质及非木质）关税逐年减让表》

税　号	加　入	2002	2003	2004	2005	2006	2007	2008	2009	2010
04090000	21	19	17	15						
06031000	18.7	17.2	13.6	10						
06049100	17.8	15.2	12.6	10						
06049900	17.8	15.2	12.6	10						
08011100	13.8	13.2	12.6	12						
08011910	13.8	13.2	12.6	12						
08011990	13.8	13.2	12.6	12						
08012100	13	12	11	10						
08012200	13	12	11	10						
08013100	26	24	22	20						
08013200	23.3	20	16.7	13.3	10					
08021100	27.6	26.4	25.2	24						
08021200	22	18	14	10						
08022100	28	27	26	25						
08022200	22	18	14	10						
08023100	28	27	26	25						
08023200	26	24	22	20						
08024010	28	27	26	25						
08024090	28	27	26	25						
08025000	25	20	15	10						
08029010	13	12	11	10						

税 号	加 入	2002	2003	2004	2005	2006	2007	2008	2009	2010
08029020	28	27	26	25						
08029030	28	27	26	25						
08029049	27.6	26.4	25.2	24	24	24				
08029090	27.6	26.4	25.2	24	24	24				
08045010	21	19	17	15						
08045020	21	19	17	15						
08045030	21	19	17	15						
08051000	28.4	22.6	26.8	11						
08052010	28.8	23.2	17.6	12						
08052090	28.8	23.2	17.6	12						
08053000	28.4	22.6	16.8	11						
08054000	28.8	23.2	17.6	12						
08059000	36	34	32	30						
08061000	29.2	23.8	18.4	13						
08062000	28	22	16	10						
08081000	22	18	14	10						
08082012	22.8	19.2	15.6	12						
08082013	22.8	19.2	15.6	12						
08082019	22	18	14	10						
08082020	17.2	16.8	16.4	16						
08091000	28	27	26	25						
08092000	22	18	14	10						
08093000	22	18	14	10						
08094000	28	22	16	10						
08102000	28	27	26	25						
08105000	33.3	30	26.7	23.3	20					
08109010	39	36	33	30						
08109020	26	24	22	20						
08109090	26	24	22	20						

税 号	加 入	2002	2003	2004	2005	2006	2007	2008	2009	2010
08109090	24	21	18	15	12					
08119090	33	32	31	30						
08121000	33	32	31	30						
08129000	33	32	31	30	29.5	28.6	27.2	26.8	25.9	25
08131000	28	27	26	25						
08132000	28	27	26	25						
08133000	28	27	26	25						
08134010	26	24	22	20						
08134020	28	27	26	25						
08134030	28	27	26	25						
08134090	28	27	26	25						
08140000	31	29	27	25						
09011100	15	12.8	10.4	8						
09011200	15	12.8	10.4	8						
09012100	27	23	19	15						
09012200	27	23	19	15						
09019010	13	12	11	10						
09021010	24	21	18	15						
09021090	24	21	18	15						
09022010	24	21	18	15						
09022090	24	21	18	15						
09023010	24	21	18	15						
09023020	24	21	18	15						
09023090	24	21	18	15						
09024010	24	21	18	15						
09024020	24	21	18	15						
09024090	24	21	18	15						
09030000	22	18	14	10						
09061000	11.7	10	18.3	6.7	5					

税号	加入	2002	2003	2004	2005	2006	2007	2008	2009	2010
09091010	26	24	22	20						
12089000	18	17	16	15						
12111010	8.4	7.6	6.8	6						
12111090	6.6	6.4	6.2	6						
12112010	12.9	11.8	10.7	9.7	8.6	7.5				
12112020	26	24	22	20						
12112091	26	24	22	20						
12112099	26	24	22	20						
12119011	8.4	7.6	6.8	6						
12119012	8.4	7.6	6.8	6						
12119013	8.4	7.6	6.8	6						
12119014	7.2	6.8	6.4	6						
12119015	7.2	6.8	6.4	6						
12119016	7.2	6.8	6.4	6						
12119017	7.2	6.8	6.4	6						
12119018	7.2	6.8	6.4	6						
12119019	7.2	6.8	6.4	6						
12119021	7.2	6.8	6.4	6						
12119022	7.2	6.8	6.4	6						
12119023	7.2	6.8	6.4	6						
12119024	7.2	6.8	6.4	6						
12119025	7.2	6.8	6.4	6						
12119026	7.2	6.8	6.4	6						
12119027	7.2	6.8	6.4	6						
12119028	7.2	6.8	6.4	6						
12119029	7.2	6.8	6.4	6						
12119031	7.2	6.8	6.4	6						
12119032	7.2	6.8	6.4	6						
12119034	7.2	6.8	6.4	6						

税　号	加　入	2002	2003	2004	2005	2006	2007	2008	2009	2010
12119039	7.2	6.8	6.4	6						
12119091	4.8	4.2	3.6	3						
12119099	9.6	9.4	9.2	9						
12123011	26	24	22	20						
12123012	26	24	22	20						
12123090	26	24	22	20						
14041000	11	9	7	5						
15091000	14.8	13.2	11.6	10						
15099000	14.8	13.2	11.6	10						
15100000	14.8	13.2	11.6	10						
15111000	63.3	52.4	41.6	30.7	19.9	9				
15119000	63.3	52.4	41.6	30.7	19.9	9				
15131100	10	10	10	10	9.5	9				
15131900	10	10	10	10	9.5	9				
15132100	10	10	10	10	10	9				
15132900	10	10	10	10	10	9				
15156000	23	22	21	20						
15159000	32	28	24	20						
18010000	9.2	8.8	8.4	8						
18040000	29.8	27.2	24.6	22						
18050000	18	17	16	15						
18062000	11.2	10.8	10.4	10						
18063100	10.4	9.6	8.8	8						
18063200	11.2	10.8	10.4	10						
18069000	10.4	9.6	8.8	8						
20057000	19	16	13	10						
20060010	33	32	31	30						
20060020	33	32	31	30						
20060090	33	32	31	30						

税号	加入	2002	2003	2004	2005	2006	2007	2008	2009	2010
20079910	13.3	5								
20079990	13.3	5								
20081910	26	24	22	20						
20081920	23.2	19.8	16.4	13						
20081990	22	18	14	10						
20083010	26	24	22	20						
20083090	26	24	22	20						
20084010	26	24	22	20						
20084090	26	24	22	20						
20085000	26	24	22	20						
20086000	26	24	22	20						
20087010	22	18	14	10						
20087090	26	24	22	20						
20089100	11.7	5								
20089200	19	16	13	10						
20089910	26	24	22	20						
20089990	24	21	18	15						
20091900	33	32	31	30						
20092000	27	23	19	15						
20093000	29	24.8	21.4	18						
20096000	29	26	23	20						
20097000	30	27.5	25	22.5	20					
20098010	29	26	23	20						
20099010	29	26	23	20						
21011100	36.8	30.2	23.6	17						
20011200	43.3	40	36.7	33.3	30					
21012000	42.8	39.2	35.6	32						
22041000	44.6	34.4	24.2	14						
22042100	44.6	34.4	24.2	14						

税　号	加　入	2002	2003	2004	2005	2006	2007	2008	2009	2010
22042900	47	38	29	20						
22043000	50	45	40	35	30					
22060000	60.5	58.2	55.9	53.6	51.4	49.1	46.8	44.5	42.3	40
22082000	46.7	37.5	28.3	19.2	10					
22083000	46.7	37.5	28.3	19.2	10					
22084000	43	32	21	10						
22085000	46.7	37.5	28.3	19.2	10					
22086000	46.7	37.5	28.3	19.2	10					
22087000	46.7	37.5	28.3	19.2	10					
22089000	46.7	37.5	28.3	19.2	10					
29142100	7	5.5								
30049051	5	3								
30049052	5	3								
30049053	5	3								
33011900	23	22	21	20						
33012920	18.3	17.5	17.5	16.3	15					
33019020	23	22	21	20						
38062010	8.3	6.5								
38062090	8.3	6.5								
38063000	8.3	6.5								
38069000	8.3	6.5								
38070000	8.3	6.5								
44079910	5	3	1							
44081010	6	4								
44089010	4.7	3								
44089090	4.7	3								
44091000	11.3	9.4	7.5							
44092000	10.6	8.4	6.2	4						
44101100	12.4	9.6	6.8	4						

税　号	加　入	2002	2003	2004	2005	2006	2007	2008	2009	2010
44104900	12.4	9.6	6.8	4						
44109000	13.8	11.7	9.6	7.5						
44111100	10.5	8.4	6.2	4						
44111900	13.8	11.7	9.6	7.5						
44112100	12.4	9.6	6.8	4						
44112900	12.4	9.6	6.8	4						
44113100	9	7.5								
44113900	9	7.5								
44119100	9	7.5								
44119900	8	6	4							
44121400	10.6	8.4	6.2	4						
44121900	10.6	8.4	6.2	4						
44122200	11.7	10								
44122300	11.7	10								
44122900	11.7	10								
44129200	11.5	9.8	8							
44129300	11.7	10								
44129900	10.6	8.4	6.2	4						
44151000	13.8	11.7	9.6	7.5						
44152000	13.8	11.7	9.6	7.5						
44181000	12.4	9.6	6.8	4						
44182000	12.4	9.6	6.8	4						
44183000	12.4	9.6	6.8	4						
44184000	13.8	10.4	7.2	4						
44185000	13.8	11.7	9.6	7.5						
44189000	12.4	9.6	6.8	4						
44190010	14	10.5	7	3.5	0					
44190090	14	10.5	7	3.5	0					
44201010	14	10.5	7	3.5	0					

税　号	加　入	2002	2003	2004	2005	2006	2007	2008	2009	2010
44201020	14	10.5	7	3.5	0					
44201090	14	10.5	7	3.5	0					
44209010	7.2	4.8	2.4	0						
44209090	14	10.5	7	3.5	0					
44211000	14	10.5	7	3.5	0					
44219010	6	4	2	0						
44219090	14	10.5	7	3.5	0					
45019000	2	0								
45049000	6.6	4.4	2.2	0						
48010000	12	11	8.5	8.5	7.5	5				
48021000	9	7.5								
48022000	9	7.5								
48023000	9	7.5								
48024000	9	7.5								
48025100	9	7.5								
48025200	8.5	6.8	5							
48025300	8.5	6.8	5							
48026000	8.5	6.8	5							
48030000	11.3	9.4	7.5							
48041100	8	8	7	5						
48041900	11	9	7	5						
48042100	11	9	7	5						
48042900	11	9	7	5						
48043100	9.8	7.2	4.6	2						
48043900	9.8	7.2	4.6	2						
48044100	9.8	7.2	4.6	2						
48044200	11	9	7	5						
48044900	9.8	7.2	4.6	2						
48045100	9.8	7.2	4.6	2						

税号	加入	2002	2003	2004	2005	2006	2007	2008	2009	2010
48045200	11	9	7	5						
48045900	9.8	7.2	4.6	2						
48051000	9	7.5								
48052100	11.3	9.4	7.5							
48052200	11.3	9.4	7.5							
48052300	11.3	9.4	7.5							
48052900	11.3	9.4	7.5							
48053000	11.3	9.4	7.5							
48054000	9	7.5								
48055000	9	7.5								
48056000	11.3	9.4	7.5							
48057000	11.3	9.4	7.5							
48058000	11.3	9.4	7.5							
48081000	9	7.5								
48082000	9	7.5								
48083000	9	7.5								
48089000	9	7.5								
48091000	11.3	9.4	7.5							
48092000	11.3	9.4	7.5							
48099000	11.3	9.4	7.5							
48101100	11	9	7	5						
48101200	11	9	7	5						
48102100	11	9	7	5						
48102900	11	9	7	5						
48103100	11	9	7	5						
48103200	11	9	7	5						
48103900	11	9	7	5						
48109100	11	9	7	5						
48109900	11.3	9.4	7.5							

税　号	加　入	2002	2003	2004	2005	2006	2007	2008	2009	2010
48111000	9	7.5								
48112100	15	12.5	10	7.5						
48112900	15	12.5	10	7.5						
48113110	15	12.5	10	7.5						
48103190	15	12.5	10	7.5						
48113911	9	7.5								
48113919	9	7.5								
48113990	11.3	9.4	7.5							
48114010	9	7.5								
48114090	11.3	9.4	7.5							
48119000	11.3	9.4	7.5							
48120000	9	7.5								
48131000	32.5	26.3	20	13.8	7.5					
48132000	32.5	26.3	20	13.8	7.5					
48139000	32.5	26.3	20	13.8	7.5					
48141000	19.2	16.3	13.3	10.4	7.5					
48142000	19.2	16.3	13.3	10.4	7.5					
48143000	19.2	16.3	13.3	10.4	7.5					
48149000	19.2	16.3	13.3	10.4	7.5					
48150000	19.2	16.3	13.3	10.4	7.5					
48161000	19.2	16.3	13.3	10.4	7.5					
48162000	19.2	16.3	13.3	10.4	7.5					
48163000	19.2	16.3	13.3	10.4	7.5					
48169010	19.2	16.3	13.3	10.4	7.5					
48169090	19.2	16.3	13.3	10.4	7.5					
48171000	19.2	16.3	13.3	10.4	7.5					
48172000	19.2	16.3	13.3	10.4	7.5					
48173000	19.2	16.3	13.3	10.4	7.5					
48181000	19.2	16.3	13.3	10.4	7.5					

税　号	加　入	2002	2003	2004	2005	2006	2007	2008	2009	2010
48182000	19.2	16.3	13.3	10.4	7.5					
48183000	19.2	16.3	13.3	10.4	7.5					
48184000	19.2	16.3	13.3	10.4	7.5					
48185000	19.2	16.3	13.3	10.4	7.5					
48189000	19.2	16.3	13.3	10.4	7.5					
48191000	18.3	15	11.7	8.3	5					
48192000	18.3	15	11.7	8.3	5					
48193000	19.2	16.3	13.3	10.4	7.5					
48194000	19.2	16.3	13.3	10.4	7.5					
48195000	19.2	16.3	13.3	10.4	7.5					
48196000	19.2	16.3	13.3	10.4	7.5					
48201000	19.2	16.3	13.3	10.4	7.5					
48202000	19.2	16.3	13.3	10.4	7.5					
48203000	19.2	16.3	13.3	10.4	7.5					
48204000	19.2	16.3	13.3	10.4	7.5					
48205000	19.2	16.3	13.3	10.4	7.5					
48209000	19.2	16.3	13.3	10.4	7.5					
48211000	15	12.5	10	7.5						
48219000	15	12.5	10	7.5						
48221000	9	7.5								
48229000	15	12.5	10	7.5						
48231100	19.2	16.3	13.3	10.4	7.5					
48231900	19.2	16.3	13.3	10.4	7.5					
48232000	11.3	9.4	7.5							
48234000	11.3	9.4	7.5							
48235100	15	12.5	10	7.5						
48235900	15	12.5	10	7.5						
48236000	19.2	16.3	13.3	10.4	7.5					
48237000	19.2	16.3	13.3	10.4	7.5					

税　号	加　入	2002	2003	2004	2005	2006	2007	2008	2009	2010
48239010	9	7.5								
48239020	19.2	16.3	13.3	10.4	7.5					
48239030	19.2	16.3	13.3	10.4	7.5					
48239090	19.2	16.3	13.3	10.4	7.5					
49070090	11.3	9.4	7.5							
49081000	11.3	9.4	7.5							
49089000	11.3	9.4	7.5							
49090090	11.3	9.4	7.5							
49100000	11.3	9.4	7.5							
49111090	11.3	9.4	7.5							
49119100	11.3	9.4	7.5							
49119900	11.3	9.4	7.5							
94015000	12.8	11	7.3	3.7	0					
94016100	12.8	11	7.3	3.7	0					
94016900	12.8	11	7.3	3.7	0					
94033000	14.7	11	7.3	3.7	0					
94034000	14.7	11	7.3	3.7	0					
94035010	14.7	11	7.3	3.7	0					
94035091	14.7	11	7.3	3.7	0					
94035099	14.7	11	7.3	3.7	0					
94036010	14.7	11	7.3	3.7	0					
94036091	14.7	11	7.3	3.7	0					
94036099	14.7	11	7.3	3.7	0					
94038010	14.7	11	7.3	3.7	0					

说明：

（1）根据《中华人民共和国加入议定书》《附件8：第152号减让表》整理

（2）其中不含“最终约束税率”等于“加入之日约束税率”的林产品

附件三

《中国加入WTO主要木质林产品关税减让表》

税　号	商品描述	加入日约束税率	最终约束税率	实施期	最初谈判权
44011000	-薪柴 -木片或木粒	7			LV,US
44012100	--针叶木	1			LV,US
44012200	--非针叶木	1			LV,US
44013000	-锯末、木废料及碎片	1			LV,US
44020000	木炭（包括果壳炭及果核炭）	10.5			MY,US
44031000	-用油漆、着色剂、杂酚油处理	1			NZ,US,UY
44032000	-其他方法处理的针叶木 -其他方法处理的本章子目	1			NZ,US,UY
44034100	--深红色红柳桉木等 --其他	1			US,UY
44034910	---柚木	1			US,UY
44034990	---其他 -其他	1			US,UY
44039100	--栎木	1			US,UY
44039200	--山毛榉木 --其他	1			US,UY
44039910	---楠木	1			US,UY
44039920	---樟木	1			US,UY
44039930	---红木	1			US,UY
44039940	---泡桐木	1			US,UY

税　号	商品描述	加入日约束税率	最终约束税率	实施期	最初谈判权
44039990	－－－其他	1			US,UY
44041000	－针叶木的	8			US
44042000	－非针叶木的	8			US
44050000	木丝；木粉	8			US
44061000	－未浸渍	2			US
44069000	－其他	2			US
44071000	－针叶木 －本章子目注释所列的热带木	1			CA,EC,GT,US,UY
44072400	－－苏里南肉豆蔻木等	3			EC,US,UY
44072500	－－深红色红柳桉木等	3			MY,US
44072600	－－白柳桉木等 －－其他	3			MY,US
44072910	－－－柚木	5			US,UY
44072990	－－－其他 －其他	3			GT,MY,US,UY
44079100	－－栎木	1			US,UY
44079200	－－山毛榉木 －－其他	1			US,UY
44079910	－－－樟木、楠木、红木	5	1		US,UY
44079920	－－－泡桐木	2			JP,US,UY
44079990	－－－其他	2			CA,EC,MY,US,UY
44081010	－－－饰面用薄板	6	4	2002	GT,MY,US
44081020	－－－制胶合板用薄板	4			GT,MY,US
44081090	－－－其他	4			GT,US
44083110	－－－饰面用薄板	4			US
44083120	－－－制胶合板用薄板	4			US
44083190	－－－其他	4			US
44083910	－－－饰面用薄板	4			GT,US
44083920	－－－制胶合板用薄板	4			GT,US

税 号	商品描述	加入日约束税率	最终约束税率	实施期	最初谈判权
44083990	---其他	4			GT,US
44089010	---饰面用薄板	4.7	3	2002	US
44089020	---制胶合板用薄板	3			GT,MY,US
44089090	---其他	4.7	3	2002	GT,MY,US
44091000	-针叶木	11.3	7.5	2003	US
44092000	-非针叶木	10.6	4	2004	BO,DO,EC,HN,MY,NI,PA,SG,US
4410	木质碎板及其他类似木质材料板 -木制的				
44101100	--蜷片板，包括取向板	12.4	4	2004	AU,CL,NZ,US
44101900	--其他	12.4	4	2004	AU,CL,NZ,US
44109000	-类似木质材料的	13.8	7.5	2004	AU,EC,US
44111100	--未经机械加工或盖面的	10.5	4	2004	AU,KR,US
44111900	--其他 -密度超过每立方厘米0.5克， 但未超过每立方厘米0.8克	13.8	7.5	2004	EC,US
44112100	--未经机械加工或盖面的	12.4	4	2004	AU,CL,NZ,SG,US
44112900	--其他 -密度超过每立方厘米0.35克， 但未超过每立方厘米0.5克	12.4	4	2004	AU,CL,NZ,US
44113100	--未经机械加工或盖面的	9	7.5	2002	US
44113900	--其他	9	7.5	2002	US
44119100	--未经机械加工或盖面的	9	7.5	2002	US
44119900	--其他	8	4	2003	US
44121300	--至少有一表层是本章子目注释所列的热带木	12			EC,MY,US
44121400	--其他，至少有一表层是非针叶木	10.6	4	2004	US
44121900	--其他	10.6	4	2004	MY,US

税　号	商品描述	加入日约束税率	最终约束税率	实施期	最初谈判权
44122200	--至少有一层是本章子目注释所列的热带木	11.7	10	2002	JP,US
44122300	--其他，至少含有一层木碎料板	11.7	10	2002	JP,US
44122900	--其他	11.7	10	2002	MY,US
44129200	--至少有一层是本章子目注释所列的热带木	11.5	8	2003	AU,EC,JP,MY,US
44129300	--其他，至少含有一层木碎料板	11.7	10	2002	AU,EC,JP,US
44129900	--其他	10.6	4	2004	US
4413	强化木，成块、板、条或异型的				
44130000	强化木，成块、板、条或异型的	6			EC,SG,US
44140000	木制的画框、相框、镜框及类似品	20			AU,US
44151000	-箱、盒、板条箱、圆桶及类似的包装容器；电缆卷筒	13.8	7.5	2004	US
44152000	-木托盘、箱形托盘及其他装载用木板；木制的托盘护框	13.8	7.5	2004	US
44160000	木制大桶、琵琶桶、盆和其他木制箍桶及其零件，包括桶板	17			US
44170000	木制的工具、工具支架等	17			US
44181000	-窗，法兰西式（落地）窗及其框架	12.4	4	2004	BO,DO,HN,NI,PA,US
44182000	-门及其框架和门槛	12.4	4	2004	BO,DO,HN,NI,PA,US
44183000	-拼花地板	12.4	4	2004	EC,US
44184000	-水泥构件的模板	13.6	4	2004	US
44185000	-木瓦及盖屋板	13.8	7.5	2004	JP,US
44189000	-其他	12.4	4	2004	MY,US
4419	木制餐具及厨房用具：				
44190010	---木制一次性筷子	14	0	2005	CA,JP,US
44190090	---其他	14	0	2005	CA,JP,US

税　号	商品描述	加入日约束税率	最终约束税率	实施期	最初谈判权
44201010	---木刻及竹刻	14	0	2005	EC,US
44201020	---木扇	14	0	2005	CR,EC,JP,US
44201090	---其他	14	0	2005	EC,US
44209010	---镶嵌木	7.2	0	2004	EC,US
44209090	---其他	14	0	2005	EC,JP,US
4421	其他木制品：				
44211000	-衣架	14	0	2005	US
44219010	---卷轴，纡子，筒管，缝纫用线轴及类似品	6	0	2004	JP,US
44219090	---其他	14	0	2005	US
45011000	-未加工或简单加工的天然软木	6			CH,US
45019000	-其他	2	0	2002	US
45020000	天然软木等	8			JP,US
45031000	-塞子	8.4			US
45039000	-其他	10.5			JP,US
45041000	-块、板、片及条；任何形状的砖、瓦；实心圆柱体，包括圆片	8.4			US
45049000	-其他	6.6	0	2004	US
46011000	-缏条及类似产品等 -植物材料制席子、席料及帘子	10			JP,US
46012010	---藤制的 ---草制的	10			US
46012021	----蔺草制的	10			JP,US
46012029	----其他 ---芦苇制的	10			JP,US
46012031	----苇帘	10			US
46012039	----其他	10			US
46012090	---其他	10			US

税　号	商品描述	加入日约束税率	最终约束税率	实施期	最初谈判权
46019110	---藤制的	10			EC,US
46019190	---其他	10			EC,JP,US
46019900	--其他	10			JP,US
46021010	---藤制的	10			EC,US
46021020	---草制的	10			EC,US
46021030	---竹制的	10			EC,US
46021040	---玉米皮制的	10			EC,JP,US
46021050	---柳条制的	10			EC,US
46021090	---其他	10			EC,JP,US
46029000	-其他	10			US
4701	机械木浆				
47010000	机械木浆	0			CA,NZ,US
4702	化学木浆，溶解级				
47020000	化学木浆，溶解级	0			CA,NZ,US
47031100	--针叶木的	0			CL,US
47031900	--非针叶木的 -半漂白或漂白	0			US
47032100	--针叶木的	0			CA,CL,US
47032900	--非针叶木的	0			BR,CA,US
4704	亚硫酸盐木浆，但溶解级的除外 -未漂白				
47041100	--针叶木的	0			CA,US
47041900	--非针叶木的 -半漂白或漂白	0			US
47042100	--针叶木的	0			CA,US
47042900	--非针叶木的	0			CA,US
4705	半化学木浆				
47050000	半化学木浆	0			US
47061000	-棉短绒纸浆	0			US

税　号	商品描述	加入日约束税率	最终约束税率	实施期	最初谈判权
47062000	–从回收（废碎）纸或纸板提取的纤维浆 –其他	0			US
47069100	––机械浆	0			NZ,US
47069200	––化学浆	0			US
47069300	––半化学浆	0			CA,US
4707	回收（废碎）纸或纸板				
47071000	–未漂白的牛皮纸或纸板的废碎品及瓦楞纸或纸板的废碎品	0			US
47072000	–主要由漂白化学木浆制成未经本体染色的其他纸和纸板废碎品	1			CA,US
47073000	–主要由机械浆制成的纸或纸板(例如，报纸、杂志及类似印刷品)的废碎品	1			NZ,US
47079000	–其他，包括未分选的废碎品	1			US
4801	成卷或成张的新闻纸				
48010000	成卷或成张的新闻纸	12	5	2006	CA,JP,US
48021000	–手工制纸及纸板	9	7.5	2002	JP,US
48022000	–光敏、热敏、电敏纸及纸板的原纸和原纸板	9	7.5	2002	JP,US
48023000	–碳化原纸	9	7.5	2002	JP,US
48024000	–壁纸原纸 –其他纸及纸板等	9	7.5	2002	US
48025100	––每平方米重量小于40克	9	7.5	2002	JP,US
48025200	––每平方米重量在40克及以上，但不超过150克	8.5	5	2003	JP,US
48025300	––每平方米重量超过150克	8.5	5	2003	JP,KR,US
48026000	–其他纸及纸板，所含用机械方法制得的纤维超过全部纤维重量的10%	8.5	5	2003	CA,JP,US

税　号	商品描述	加入日约束税率	最终约束税率	实施期	最初谈判权
4804	成卷或成张的未经涂布的牛皮纸及纸板，但不包括税号4802或4803的货品 −牛皮挂面纸				
48041100	−−未漂白	8	5	2004	CA,JP,US
48041900	−−其他 −袋用牛皮纸	11	5	2004	JP,US
48042100	−−未漂白	11	5	2004	US
48042900	−−其他 −其他牛皮纸及纸板，每平方米重量不超过150克	11	5	2004	JP,US
48043100	−−未漂白	9.8	2	2004	US
48043900	−−其他 −其他牛皮纸及纸板，每平方米重量超过150克，但小于225克	9.8	2	2004	AU,JP,US
48044100	−−未漂白	9.8	2	2004	US
48044200	−−本体均匀漂白所含用化学方法制得的木纤维超过全部纤维重量的95%	11	5	2004	JP,US
48044900	−−其他 −其他牛皮纸及纸板，每平方米重量在225克及以上	9.8	2	2004	JP,US
48045100	−−未漂白	9.8	2	2004	JP,US
48045200	−−本体均匀漂白，所含用化学方法制得的木纤维超过全部纤维重量的95%	11	5	2004	JP,US
48045900	−−其他	9.8	2	2004	US
4805	成卷或成张的其他未经涂布的纸及纸板，加工程度不超过本章注释二所列范围				

税　号	商品描述	加入日约束税率	最终约束税率	实施期	最初谈判权
48051000	-半化学的瓦楞纸(瓦楞原纸) -多层纸及纸板	9	7.5	2002	AU,US
48052100	--每层都漂白	11.3	7.5	2003	JP,US
48052200	--仅单面表层漂白 --三层及以上的纸和纸板，仅双面表层漂白	11.3	7.5	2003	KR,US
48052900	--其他	11.3	7.5	2003	JP,US
48053000	-亚硫酸盐包装纸	11.3	7.5	2003	JP,US
48054000	-滤纸及纸板	9	7.5	2002	KR,US
48055000	-毡纸及纸板	9	7.5	2002	JP,US
48056000	-其他纸及纸板，每平方米重量在150克及以下	11.3	7.5	2003	JP,US
48057000	-其他纸及纸板，每平方米重量在150克以上，但小于225克	11.3	7.5	2003	US
48058000	-其他纸及纸板，每平方米重量在225克及以上	11.3	7.5	2003	KR,US
4806	成卷或成张的植物羊皮纸、防油纸、描图纸、半透明纸及其他高光泽透明或半透明纸				
48061000	-植物羊皮纸	7.5			JP,US
48062000	-防油纸	7.5			JP,US
48063000	-描图纸	7.5			US
48064000	-高光泽透明或半透明纸	7.5			JP,US
48071000	-用天然沥青、焦油或石油沥青黏合各层的纸及纸板	7.5			KG,KR,US
48079000	-其他	7.5			JP,KG,KR,US
48081000	-瓦楞纸及纸板，不论是否穿孔	9	7.5	2002	AU,US
48082000	-袋用皱纹牛皮纸，不论是否压花或穿孔	9	7.5	2002	US

税　号	商品描述	加入日约束税率	最终约束税率	实施期	最初谈判权
48083000	-其他皱纹牛皮纸，不论是否压花或穿孔	9	7.5	2002	US
48089000	-其他	9	7.5	2002	JP,US
48091000	-复写纸及类似拷贝纸	11.3	7.5	2003	JP,US
48092000	- 自印复写纸	11.3	7.5	2003	JP,US
48099000	-其他	11.3	7.5	2003	JP,US
48101100	--每平方米重量不超过150克	11	5	2004	JP,KR,US
48101200	--每平方米重量超过150克 -书写、 印刷或类似用途的纸及纸板， 所含用机械方法制得的纤维超过全部重量的10%	11	5	2004	JP,US
48102100	--轻质涂布纸	11	5	2004	CA,JP,US
48102900	--其他 -牛皮纸及纸板， 但书写、 印刷或类似用途的除外	11	5	2004	JP,KR,US
48103100	--本体均匀漂白，所含用化学方法制得的木纤维超过全部纤维重量的95%，每平方米重量不超过150克	11	5	2004	JP,US
48103200	--本体均匀漂白，所含化学方法制得的木纤维超过全部纤维重量的95%，每平方米重量超过150克	11	5	2004	KR,US
48103900	--其他 -其他纸及纸板	11	5	2004	JP,KR,US
48109100	--多层的	11	5	2004	CA,US
48109900	--其他	11.3	7.5	2003	JP,KR,US
48111000	-焦油纸及纸板、沥青纸及纸板 -胶黏纸及纸板	9	7.5	2002	US
48112100	--自黏的	15	7.5	2004	JP,US

税　号	商品描述	加入日约束税率	最终约束税率	实施期	最初谈判权
48112900	--其他 -用塑料（不包括黏合剂）涂布、浸渍或覆盖的纸及纸板 -漂白的，每平方米重量超过150克	15	7.5	2004	JP,US
48113110	---彩色相纸用双面涂塑纸	15	7.5	2004	JP,US
48113190	---其他 --其他 ---绝缘纸及纸板	15	7.5	2004	JP,US
48113911	----电解电容器纸	9	7.5	2002	JP,US
48113919	----其他	9	7.5	2002	JP,US
48113990	---其他 -用蜡、石蜡、硬脂精、油或甘油涂布、浸渍、覆盖的纸及纸板	11.3	7.5	2003	JP,US
48114010	---绝缘纸及纸板	9	7.5	2002	JP,US
48114090	---其他	11.3	7.5	2003	JP,KR,US
48119000	-其他纸、纸板、纤维素絮纸及纤维素纤维网纸	11.3	7.5	2003	AU,JP,US
4812	纸浆制的滤块、滤板及滤片				
48120000	纸浆制的滤块、滤板及滤片	9	7.5	2002	JP,US
4813	卷烟纸，不论是否切成一定尺寸、成小本或管状				
48131000	-成小本或管状	32.5	7.5	2005	US
48132000	-宽度不超过5厘米成卷的	32.5	7.5	2005	JP,US
48139000	-其他	32.5	7.5	2008	JP,US
4814	壁纸及类似品；窗用透明纸				
48141000	-用木粒或草粒等饰面的壁纸	19.2	7.5	2005	JP,US
48142000	-用塑料涂面或盖面的壁纸及类似品，起纹、压花、着色、印刷图案或经其他装饰	19.2	7.5	2005	JP,US

税　号	商品描述	加入日约束税率	最终约束税率	实施期	最初谈判权
48143000	-用编结材料（不论是否平行连接或编织）盖面的壁纸及类似品	19.2	7.5	2005	JP,US
48149000	-其他	19.2	7.5	2005	JP,US
4815	以纸或纸板为底制成的铺地制品，不论是否切成一定尺寸				
48150000	以纸或纸板为底制成的铺地制品，不论是否切成一定尺寸	19.2	7.5	2005	US
48161000	-复写纸或类似拷贝纸	19.2	7.5	2005	JP,US
48162000	-自印复写纸	19.2	7.5	2005	JP,US
48163000	-油印蜡纸 -其他	19.2	7.5	2005	JP,US
48169010	---热敏转印纸	19.2	7.5	2005	JP,US
48169090	---其他	19.2	7.5	2005	JP,KR,US
48171000	-信封	19.2	7.5	2005	JP,US
48172000	-封缄信片、素色明信片及通信卡片	19.2	7.5	2005	JP,US
48173000	-纸或纸板制的盒子、袋子及夹子，内装各种纸制文具	19.2	7.5	2005	KR,US
48181000	-卫生纸	19.2	7.5	2005	US
48182000	-纸手帕及纸面巾	19.2	7.5	2005	US
48183000	-纸台布及纸餐巾	19.2	7.5	2005	JP,US
48184000	-纸卫生巾及止血塞、婴儿纸尿布等	19.2	7.5	2005	JP,US
48185000	-衣服及衣着附件	19.2	7.5	2005	JP,US
48189000	-其他	19.2	7.5	2005	JP,US
48191000	-瓦楞纸或纸板制的箱、盒、匣	18.3	5	2005	JP,US
48192000	-非瓦楞纸或纸板制的可折叠箱、盒、匣	18.3	5	2005	US
48193000	-底宽40厘米及以上的纸袋	19.2	7.5	2005	JP,US

税　号	商品描述	加入日约束税率	最终约束税率	实施期	最初谈判权
48194000	–其他纸袋，包括锥型袋	19.2	7.5	2005	JP,US
48195000	–其他包装容器，包括唱片套	19.2	7.5	2005	JP,US
48196000	–办公室、商店场所使用的卷宗盒、信件盘、存储盒及类似品	19.2	7.5	2005	KR,US
48201000	–登记本、帐本、笔记本及类似品	19.2	7.5	2005	JP,US
48202000	–练习本	19.2	7.5	2005	JP,US
48203000	–活动封面文件夹及卷宗皮等	19.2	7.5	2005	JP,US
48204000	–多联商业表格纸、页间夹有复写纸的本	19.2	7.5	2005	JP,US
48205000	–样品簿及粘贴簿	19.2	7.5	2005	JP,US
48209000	–其他	19.2	7.5	2005	JP,US
4821	纸或纸板制的各种标签				
48211000	–印制	15	7.5	2004	AU,JP,US
48219000	–其他	15	7.5	2004	JP,US
4822	纸浆、纸或纸板制的筒管、卷轴及类似品				
48221000	–纺织纱线用	9	7.5	2002	JP,US
48229000	–其他	15	7.5	2004	JP,US
48231100	–– 自黏的	19.2	7.5	2005	JP,US
48231900	––其他	19.2	7.5	2005	KR,US
48232000	–滤纸及纸板	11.3	7.5	2003	JP,US
48234000	–已印制的自动记录器用打印纸卷、纸张等	11.3	7.5	2003	JP,US
48235100	––印制、压花或打排孔的	15	7.5	2004	JP,US
48235900	––其他	15	7.5	2004	JP,US
48236000	–纸或纸板制的盘、碟、 盆、杯及类似品	19.2	7.5	2005	US
48237000	–压制或模制纸浆制品 –其他	19.2	7.5	2005	US

税　号	商品描述	加入日约束税率	最终约束税率	实施期	最初谈判权
48239010	－－－其他机器、仪器用纸及纸制品	9	7.5	2002	JP,US
48239020	－－－神纸及类似用品	19.2	7.5	2005	US
48239030	－－－纸扇	19.2	7.5	2005	JP,US
48239090	－－－其他	19.2	7.5	2005	AU,JP,US
4901	书籍、小册子、散页印刷品等				
49011000	－单张的，不论是否折叠 －其他	0			EC,US
49019100	－－字典或百科全书等	0			EC,US
49019900	－－其他	0			AU,EC,US
4902	报纸、杂志及期刊登				
49021000	－每周至少出版四次	0			US
49029000	－其他	0			US
4903	儿童图画书、绘画或涂色书				
49030000	儿童图画书、绘画或涂色书	0			US
4904	乐谱原稿或印本等				
49040000	乐谱原稿或印本等	0			US
4905	各种印刷的地图、水道图等				
49051000	－地球仪、天体仪 －其他	0			US
49059100	－－成册的	0			US
49059900	－－其他	0			US
49060000	手绘建筑、工程、工商地形或类似用途的设计图纸原稿等	0			US
49070010	－－－邮票	7.5			JP,US
49070020	－－－钞票	0			JP,US
49070030	－－－证券凭证	0			JP,US
49070090	－－－其他	11.3	7.5	2003	JP,US
4908	转印贴花纸等				
49081000	－釉转印贴花纸等	11.3	7.5	2003	JP,US

税　号	商品描述	加入日约束税率	最终约束税率	实施期	最初谈判权
49089000	–其他	11.3	7.5	2003	JP,US
49090010	–––印刷或有图画的明信片	7.5			EC,US
49090090	–––其他	11.3	7.5	2003	EC,US
4910	印刷的各种日历，包括日历芯				
49100000	印刷的各种日历，包括日历芯	11.3	7.5	2003	JP,US
4911	其他印刷品，包括印刷的图片等 –商业广告品、商品目录等				
49111010	–––无商业价值的	0			AU,JP,US
49111090	–––其他	11.3	7.5	2003	AU,JP,US
49119100	––图片、设计图样及照片	11.3	7.5	2003	US
49119900	––其他	11.3	7.5	2003	AU,US
9401	坐具（包括能作床用的两用椅但税号94.02的货品除外）及零件				
94015000	–藤、柳条、竹及类似材料制坐具 –木框架的其他坐具	12.8	0	2005	JP,US
94016100	––装软垫的	12.8	0	2005	US
94016900	––其他 –金属框架的其他坐具	12.8	0	2005	US
9403	其他家具及其零件				
94033000	–办公室用木家具	14.7	0	2005	AU,EC,JP,US
94034000	–厨房用木家具 –卧室用木家具	14.7	0	2005	EC,JP,US
94035010	–––红木制 –––其他	14.7	0	2005	BO,DO,HN,NI,PA,US
94035091	––––漆木家具	14.7	0	2005	BO,DO,HN,NI,PA,US
94035099	––––其他 –其他木家具	14.7	0	2005	BO,DO,HN,NI,PA,US
94036010	–––红木制 –––其他	14.7	0	2005	BO,DO,HN,NI,PA,US

税　号	商品描述	加入日约束税率	最终约束税率	实施期	最初谈判权
94036091	-----漆木家具	14.7	0	2005	BO,CA,DO,HN,NI,PA,US
94036099	-----其他	14.7	0	2005	AU,BO,DO,HN,NI,PA,US
94038010	---藤、柳条、竹及类似材料制	14.7	0	2005	US
96091010	---铅笔	21			JP,US
96091020	---颜色铅笔	21			JP,US

说明：

（1）根据《中华人民共和国加入议定书》《附件8：第152号减让表》整理。

（2）如果“最终约束税率”不同于“加入日约束税率”，则“最终约束税率”将按照“实施期”列明的日期实施。实施栏表明达到“最终约束税率”的日期。

（3）关税削减将按附件2逐年减让表实施。

（4）主要木质林产品税号按附件1 确定。

附件四

《中国加入WTO主要非木质林产品关税减让表》

税　号	商品描述	加入日约束税率	最终约束税率	实施期	最初谈判权	其他税费
04090000	天然蜂蜜	21	15	2004	AU ,EC,US	0
06022010	---种用苗木	0			US	0
06022090	---其他 -杜鹃，不论是否嫁接	10			LK,US	0
06023010	---种用	0			GT,JP,US	0
06023090	---其他 -玫瑰，不论是否嫁接	15			GT,JP,US	0
06024010	---种用	0			GT,US	0
06024090	---其他 -其他	15			GT,US	0
06029010	---蘑菇菌丝 ---其他	0			CA,CR,GT,US	0
06029091	----种用苗木	0			CR,GT,US	0
06029099	----其他	10			GT,US	0
06031000	-鲜的	18.7	10	2004	CO,EC,LK,SG,US	0
06039000	-其他	23			EC,US	0
06041000	-苔藓及地衣 -其他	23			GT,JP,US	0
06049100	--鲜的	17.8	10	2004	CR,GT,US	0
06049900	--其他	17.8	10	2004	CR,EC,GT,JP,US	0

税　号	商品描述	加入日约束税率	最终约束税率	实施期	最初谈判权	其他税费
07095110	---松茸	13			US	0
07095190	---其他	13			US	0
07095200	--块菌	13			US	0
07099010	---竹笋	13			US	0
07108010	---松茸	13			GT,MX,US	0
07112000	-油橄榄	13			US	0
07119031	----竹笋	13			US	0
07119032	----松茸	13			US	0
07119033	----洋蘑菇	13			US	0
07119091	----蘑菇及块菌	13			GT,US	0
07123010	---黑木耳	13			US	0
07123020	---银耳(白木耳)	13			US	0
07123030	---蘑菇	13			GT,US	0
07123090	---其他	13			US	0
07129010	---笋干丝	13			US	0
07129040	---蕨菜	13			US	0
08011100	--干的 --其他	13.8	12	2004	PH,US	0
08011910	---种用	13.8	12	2004	PH,US	0
08011990	---其他 -巴西果	13.8	12	2004	PH,US	0
08012100	--未去壳	13	10	2004	BO,US	0
08012200	--去壳 -腰果	13	10	2004	BO,DO,HN, NI,PA,US	0
08013100	--未去壳	26	20	2004	PH,TH,US	0
08013200	--去壳	23.3	10	2005	LK,PH,TH, US	0
08021100	--未去壳	27.6	24	2004	US	0

税　号	商品描述	加入日约束税率	最终约束税率	实施期	最初谈判权	其他税费
08021200	--去壳 -榛子	22	10	2004	US	0
08022100	--未去壳	28	25	2004	US	0
08022200	--去壳 -核桃	22	10	2004	US	0
08023100	--未去壳	28	25	2004	AU,US	0
08023200	--去壳 -栗子	26	20	2004	US	0
08024010	---板栗	28	25	2004	BO,DO,HN,JP,NI,P,US	0
08024090	---其他	28	25	2004	BO,DO,HN,JP,NI,PA,US	0
08025000	-阿月浑子果(开心果) -其他	25	10	2004	US	0
08029010	---槟榔	13	10	2004	US	0
08029020	---白果	28	25	2004	JP,US	0
08029030	---松子仁 ---夏威夷果	28	25	2004	US	0
08029041	----种用	0			AU,JP,US	0
08029049	----其他	27.6	24	2004	AU,JP,US	0
08029090	---其他	27.6	24	2004	AU,JP,US	0
08041000	-椰枣	15			BO,DO,HN,NI,PA,PK,US	0
08042000	-无花果	30			BO,DO,HN,JP,NI,P,US	0
08044000	-鳄梨	25			BO,DO,GT,HN,MX,NI,PA, US	0

税　号	商品描述	加入日约束税率	最终约束税率	实施期	最初谈判权	其他税费
08045010	---番石榴	21	15	2004	AU,BO,CO,DO,EC,GT,HN,MX,NI,PA,PH,TH,US	0
08045020	---芒果	21	15	2004	AU,BO,CO,DO,EC,GT,HN,MX,NI,PA,PH,TH,US	0
08045030	---山竹果	21	15	2004	AU,BO,CO,DO,EC,GT,HN,MX,NI,PA,PH,TH,US	0
08051000	-橙 -柑橘、杂交柑橘	28.4	11	2004	AR,AU,BO,DO,HN,MX,NI,PA,US,UY	0
08052010	---蕉柑	28.8	12	2004	AU,BO,DO,HN,NI,PA,US, UY	0
08052090	---其他 榅桲	28.8	12	2004	AU,BO,DO,HN,NI,PA,US, UY	0
08053000	-柠檬及酸橙	28.4	11	2004	AR,AU,BO,CO,DO,HN,MX,NI,PA,US,UY	0
08054000	-柚	28.8	12	2004	BO,DO,HN,JP,NI,P,US, UY	0
08059000	-其他	36	30	2004	AU,CO,US,UY	0
08061000	-鲜的	29.2	13	2004	AU,CL,MX,US	0
08062000	-干的	28	10	2004	AU,CL,US	0
08081000	-苹果 -梨及榅桲 ---梨	22	10	2004	AU,CA,CL,NZ,US	0
08082012	----鸭梨及雪梨	22.8	12	2004	JP,US	0
08082013	----香梨	22.8	12	2004	JP,US	0

税　号	商品描述	加入日约束税率	最终约束税率	实施期	最初谈判权	其他税费
08082019	-----其他	22	10	2004	AU,CL,JP,NZ,US	0
08082020	---榅桲	17.2	16	2004	US	0
08091000	-杏	28	25	2004	US	0
08092000	-樱桃	22	10	2004	JP,US	0
08093000	-桃，包括 油桃	22	10	2004	AU,CL,US	0
08094000	-梅及李	28	10	2004	AU,CL,US	0
0810	其他鲜果					
08102000	-木莓、黑莓、桑椹及罗甘莓	28	25	2004	GT,US	0
08104000	-蔓越桔及越桔	30			GT,US	0
08105000	-猕猴桃 -其他	33.3	20	2005	CL,GT,JP,NZ,US	0
08109010	---荔枝	39	30	2004	AU,CO,GT, JP,US	0
08109020	榅桲 ---榴莲	26	20	2004	AU,CO,GT,JP,NZ,TH,US	0
08109090	---其他	24	12	2005	AU,CO,GT,JP,NZ,TH,US	0
08112000	-木莓、黑莓等 -其他	30			GT,PL,US	0
08119010	---栗子，未去壳	30			GT,PL,US	0
08119090	---其他	33	30	2004	GT,PL,US	0
0812	暂时保藏					
	直接食用					
08121000	-樱桃	33	30	2004	JP,US	0
08129000	-其他	33	25	2010	JP,US	0
08131000	-杏	28	25	2004	US	0
08132000	-梅及李	28	25	2004	US	0

税　号	商品描述	加入日约束税率	最终约束税率	实施期	最初谈判权	其他税费
08133000	-苹果 -其他干果	28	25	2004	US	0
08134010	---龙眼干、肉	26	20	2004	US	0
08134020	---柿饼	28	25	2004	US	0
08134030	---红枣	28	25	2004	US	0
08134090	---其他	28	25	2004	JP,US	0
08135000	-本章的什锦坚果或干果	18			US	0
08140000	柑橘属水果或甜瓜、包括西瓜等	31	25	2004	US	0
09011100	--未浸除咖啡碱	15	8	2004	BO,CO,CR,DO,EC,GT,HN,MX,NI,PA,US	0
09011200	--已浸除咖啡碱 -已焙炒的咖啡	15	8	2004	BO,CO,CR,DO,EC,GT,HN,MX,NI,PA,US	0
09012100	--未浸除咖啡碱	27	15	2004	BO,CO,CR,DO,EC,GT,HN,MX,NI,PA,US	0
09012200	--已浸除咖啡碱 -其他	27　15　2004 0			BO,CO,CR,DO,EC,GT,HN,MX,NI,PA,US	
09019010	---咖啡豆荚及咖啡豆皮	13	10	2004	BO,DO,GT,HN,NI,PA,US	0
09019020	---含咖啡的咖啡代用品	30			BO,DO,GT,HN,NI,PA,US	0
0902	茶 -绿茶					
09021010	---花茶	24	15	2004	GT,US	0

税　号	商品描述	加入日约束税率	最终约束税率	实施期	最初谈判权	其他税费
09021090	---其他 -其他绿茶未发酵	24	15	2004	JP,US	0
09022010	---花茶	24	15	2004	US	0
09022090	---其他 -红茶	24	15	2004	US	0
09023010	---乌龙茶	24	15	2004	US	0
09023020	---普洱茶	24	15	2004	JP,US	0
09023090	---其他 -其他红茶	24	15	2004	JP,US	0
09024010	---乌龙茶	24	15	2004	US	0
09024020	---普洱茶	24	15	2004	US	0
09024090	---其他	24	15	2004	US	0
0903	马黛茶					
09030000	马黛茶	22	10	2004	AR,US	0
0904	胡椒、辣椒干及辣椒粉 -胡椒					
09041100	--未磨	20			MY,US	0
09041200	--已磨 -辣椒干及辣椒粉	20			MY,SG,US	0
09061000	-未磨	11.7	5	2005	LK,US	0
09062000	-已磨	15			US	0
0907	丁香、母丁香、公丁香及丁香梗					
09070000	丁香、母丁香、公丁香及丁香梗	3			LK,US	0
09081000	-肉豆蔻	8			US	0
09082000	-肉豆蔻衣	8			US	0
09083000	-豆蔻	3			CR,GT,LK， US	0

税　号	商品描述	加入日约束税率	最终约束税率	实施期	最初谈判权	其他税费
09091010	---八角茴香	26	20	2004	US	0
09095000	-小茴香子；杜松果	15			US	0
12030000	干椰子肉	15			US	0
12071010	---种用	0			CR,US	0
12071090	---其他 -棉子	10			CR,US	0
12079200	--牛油树果 --其他	20			US	0
12079910	---种用	0			US	0
12079990	---其他	10			US	0
12089000	-其他	18	15	2004	SG,US	0
12111010	---新疆胀果甘草	8.4	6	2004	US	0
12111090	---其他 -人参	6.6	6	2004	US	0
12112010	---西洋参	12.9	7.5	2006	CA,JP,US	0
12112020	---野山参(西洋参除外) ---其他	26	20	2004	US	0
12112091	----鲜的	26	20	2004	KR,US	0
12112099	----其他 ---主要用作药料的植物及其某部分	26	20	2004	KR,US	0
12119011	----当归	8.4	6	2004	JP,US	0
12119012	----田七	8.4	6	2004	US	0
12119013	----党参	8.4	6	2004	US	0
12119014	----黄连	7.2	6	2004	US	0
12119015	----菊花	7.2	6	2004	US	0
12119016	----冬虫夏草	7.2	6	2004	US	0
12119017	----贝母	7.2	6	2004	US	0

税　号	商品描述	加入日约束税率	最终约束税率	实施期	最初谈判权	其他税费
12119018	————川芎	7.2	6	2004	JP,US	0
12119019	————半夏	7.2	6	2004	US	0
12119021	————白芍	7.2	6	2004	US	0
12119022	————天麻	7.2	6	2004	US	0
12119023	————黄芪	7.2	6	2004	US	0
12119024	————大黄籽黄	7.2	6	2004	US	0
12119025	————白术	7.2	6	2004	US	0
12119026	————地黄	7.2	6	2004	US	0
12119027	————槐米	7.2	6	2004	US	0
12119028	————杜仲	7.2	6	2004	US	0
12119029	————茯苓	7.2	6	2004	US	0
12119031	————枸杞	7.2	6	2004	US	0
12119032	————大海子	7.2	6	2004	US	0
12119033	————沉香	3			US	0
12119034	————沙参	7.2	6	2004	US	0
12119049	————其他					
12119050	———主要用作香料的植物及其某部分 ———其他	8			AU,JP,US	0
12119091	————鱼藤根、除虫菊	4.8	3	2004	US	0
12119099	————其他	9.6	9	2004	US	0
12121000	—刺槐豆，包括刺槐豆子 —海草及其他藻类	20			US	0
12123011	————苦杏仁	26	20	2004	US	0
12123012	————甜杏仁	26	20	2004	JP,US	0
12123090	———其他 ——甜菜	26	20	2004	US	0
13011000	—虫胶	15			US	0

税　号	商品描述	加入日约束税率	最终约束税率	实施期	最初谈判权	其他税费
13012000	–阿拉伯胶 –其他	15			US	0
13019010	–––胶黄耆树胶(卡喇杆胶)	15			US	0
13019020	–––乳香没药及血竭	3			US	0
13019030	–––阿魏	3			US	0
13019040	–––松脂	15			US	0
13019090	–––其他	15			US	0
13021200	––干草的	6			US	0
13021910	–––生漆	20			US	0
13022000	–果胶、果胶酸盐及果胶酸酯	20			CH,US	0
14011000	–竹	10			US	0
14012000	–藤 –其他	10			US	0
14019090	–––其他	10			EC,US	0
14041000	–主要供染料或鞣料用的植物原料	11	5	2004	US	0
15091000	–初榨的	14.8	10	2004	US	0
15099000	–其他	14.8	10	2004	US	0
15100000	其他橄榄油及其分离品	14.8	10	2004	AU,US	0
15111000	–初榨的	63.3	9	2006	BO,BR,CR,DO,HN,MY,NI,PA,SG,US	0
15119000	–其他	8			BO,CR,DO,HN,MY,NI,PA,SG,US	0
15131100	––初榨的	10	9	2006	MY,PH,US	0
15131900	––其他 –棕榈仁	10	9	2006	MY,PH,SG, US	0
15132100	––初榨的	10	9	2006	MY, US	0

税　号	商品描述	加入日约束税率	最终约束税率	实施期	最初谈判权	其他税费
15132900	--其他	10	9	2006	MY，US	0
15154000	-桐油及其分离品	20			US	0
15156000	-希蒙得木油及其分离品	23	20	2004	US	0
15159000	-其他	32	20	2004	SG,US	0
18010000	生或焙炒的可可豆	9.2	8	2004	BO,CO,DO,EC,HN,MY,NI,PA,US	0
18020000	可可荚壳皮及废料	10			US	0
18031000	-未脱脂	10			US	0
18032000	-全脱脂或部分脱脂	10			SG,US	0
18040000	可可脂、可可油	29.8	22	2004	MY,US	0
18050000	未加糖或其他甜物质的可可粉	18	15	2004	MY,US	0
18061000	-加糖或其他甜物质的可可粉	10			CO,MY,US	0
18062000	-其他重量超过2千克的块状或条状含可可食品	11.2	10	2004	AU,CH,US	0
18063100	--夹心	10.4	8	2004	AU,CH,EC, LV,US	0
18063200	--不夹心	11.2	10	2004	CH,LV,US	0
18069000	-其他	10.4	8	2004	AU,CH,EC,JP,LV,SG,US	0
20031011	----小白蘑菇	25			US	0
20031019	----其他	25			US	0
20031090	---其他	25			US	0
20032000	-块菌	25			US	0
20057000	-油橄榄	19	10	2004	US	0
20059031	----水煮竹笋，容积在8升及以上	25			JP,US	0
20059039	----其他	25			JP,US	0

税 号	商品描述	加入日约束税率	最终约束税率	实施期	最初谈判权	其他税费
20060010	---蜜枣	33	30	2004	CR,US	0
20060020	---橄榄	33	30	2004	CR,US	0
20060090	---其他	33	30	2004	AU,CR,JP,US	0
20071000	-均化食品 -其他	30			CR,PL,US	0
20079100	--柑橘属水果-- 其他	30			CR,PL,US	0
20079910	---罐头	13.3	5	2002	AU,CL,CR,JP,PL,US	0
20079990	---其他	13.3	5	2002	AU,CL,CR,JP,PL,US	0
20081910	---核桃仁罐头	26	20	2004	EC,JP,US	0
20081920	---其他果仁罐头	23.2	13	2004	EC,US	0
20081990	---其他 -菠萝	22	10	2004	EC,JP,US	0
20083010	---罐头	26	20	2004	AU,CU,EC,JP,US	0
20083090	---其他 -梨	26	20	2004	CU,EC,US	0
20084010	---罐头	26	20	2004	AU,EC,US	0
20084090	---其他	26	20	2004	EC,US	0
20085000	-杏	26	20	2004	EC,US	0
20086000	-樱桃 -桃	26	20	2004	EC,US	0
20087010	---罐头	22	10	2004	CL,EC,US	0
20087090	---其他	26	20	2004	EC,US	0
20089100	--棕榈芯	11.7	5	2002	BO,CR,DO,EC,HN,NI,PA,US	0
20089200	--什锦果实 -其他	19	10	2004	AU,EC,SG, US	0

税　号	商品描述	加入日约束税率	最终约束税率	实施期	最初谈判权	其他税费
20089910	---荔枝罐头	26	20	2004	EC,US	0
20089990	---其他	24	15	2004	EC,TH,US	0
20091100	--冷冻的	7.5			BR,CO,CU,MX,PL,US	0
20091900	--其他	33	30	2004	AU,CO,CU,PL,US	0
20092000	-柚汁	27	15	2004	CO,CU,PL,US	0
20093000	-其他未混合的柑橘属水果汁	29	18	2004	CU,PL,US	0
20096000	-葡萄汁，包括酿酒葡萄汁	29	20	2004	CL,PL,US	0
20097000	-苹果汁 -其他未混合的水果汁或蔬菜汁	30	20	2005	AU,CL,PL, US	0
20098010	---水果汁	29	20	2004	JP,PH,PL,US	0
20099010	---水果汁	29	20	2004	AU,CU,PL,US	0
21011100	--浓缩精汁	36.8	17	2004	CH,CO,US	0
21011200	--以浓缩精汁或咖啡为基本成分的制品	43.3	30	2005	CH,US	0
21012000	-茶马黛茶浓缩精汁及以其为基本成分	42.8	32	2004	SG,US	0
22041000	-汽酒 -其他酒加酒精抑制发酵的酿酒葡萄	44.6	14	2004	AU,LV,US	0
22042100	--装入2升及以下容器的	44.6	14	2004	AU,BO,CL,DO,HN,NI,PA,US	0
22042900	--其他	47	20	2004	AU,CL,US	0
22043000	-其他酿酒葡萄汁	50	30	2005	CL,US	0
22051000	-装入2升及以下容器的	65			US	0
22059000	-其他	65			US	0

税 号	商品描述	加入日约束税率	最终约束税率	实施期	最初谈判权	其他税费
22060000	其他发酵饮料	60.5	40	2010	JP,US	0
22082000	–蒸馏葡萄酒制得烈性酒	46.7	10	2005	US	0
22083000	–威士忌酒	46.7	10	2005	JP,US	0
22084000	–朗姆酒及其他甘蔗蒸馏酒	43	10	2004	BO,CU,DO,HN,NI,PA,US	0
22085000	–杜松子酒	46.7	10	2005	US	0
22086000	–伏特加酒	46.7	10	2005	JP,LV,PL,US	0
22087000	–利口酒及柯迪尔酒	46.7	10	2005	JP,LV,US	0
22089000	–其他	46.7	10	2005	BO,DO,HN,JP,MX,NI,PA,PL,US	0
23065000	–椰子或干椰肉的	5			PH,US	0
23066000	–油棕果或油棕仁的	5			MY,SG,US	0
23070000	葡萄酒渣；粗酒石	5			US	0
23081000	–橡果及七叶树果	5			US	0
29142100	––樟脑	7	5.5	2002	US	0
30049051	––––中药酒	5	3	2002	CH,CR,US	0
30049052	––––片仔	5	3	2002	CH,CR,US	0
30049053	––––白药	5	3	2002	CH,CR,US	0
32011000	–坚木浸膏	5			US	0
32012000	–荆树皮浸膏 –其他	6.5			US	0
32019010	–––其他鞣料浸膏	6.5			US	0
32019090	–––其他	6.5			JP,US	0
33011100	––香柠檬油	20			JP,US	0
33011200	––橙油	20			US	0
33011300	––柠檬油	20			US	0
33011400	––白柠檬油(酸橙)	20			US	0

税　号	商品描述	加入日约束税率	最终约束税率	实施期	最初谈判权	其他税费
33011900	——其他 –非柑橘属果实精油	23	20	2004	US	0
33012910	———樟脑油	20			US	0
33012920	———香茅油	18.3	15	2005	LK, US	0
33012940	———桂油	20			US	0
33012950	———山苍子油	20			US	0
33012960	———桉叶油	20			US	0
33019020	———柑橘属果实精油脱萜的萜烯副产品	23	20	2004	JP, US	0
38021000	–活性碳	6.5			JP, MY, US	0
38030000	妥尔油，不论是否精炼	6.5			JP, US	0
38051000	–脂松节油、木松节油和硫酸盐松节油	6.5			US	0
38052000	–松油	6.5			US	0
38059000	–其他	6.5			JP, US	0
38061010	———松香	10			AU, JP, US	0
38062010	———松香盐及树脂酸盐	8.3	6.5	2002	US	0
38062090	———其他	8.3	6.5	2002	US	0
38063000	–酯胶	8.3	6.5	2002	US	0
38069000	–其他	8.3	6.5	2002	US	0

说明：
(1) 根据《中华人民共和国加入议定书》《附件8：第152号减让表》整理。
(2) 如果“最终约束税率”不同于“加入日约束税率”，则“最终约束税率”将按照“实施期”列明的日期实施。实施栏表明达到“最终约束税率”的日期。
(3) 关税削减将按附件2逐年减让表实施。
(4) 主要木质林产品税号按附件1 确定。

参考文献

BIBLIOGRAPHY

[1] ITTO. 1993. Guidelines on the conservation of biological diversity in tropical production forests. Yokohama, Japan (www.itto.or.jp).

[2] FAO. 1996. FAO model code of forest harvesting practice. Rome (www.fao.org).

[3] Murphy, S.T. 1996. Status and impact of invasive conifer aphid pests in Africa.

[4] United Nations . 1998. Kyoto Protocol to the United Nations Framework Convention on Climate Change. New York , USA.

[5] FAO. 1999. Code of practice for forest harvesting in Asia - Pacific. RAP Publication 1999/12. Bangkok, FAO Regional Office for Asia and the Pacific (www.fao.org).

[6] Mooney, H.A. & Hofgaard , A. 1999. Biological invasions and global change . In O.T. Sandlund , P.J. Schei & ?. Viken, eds. Invasive species and biodiversity management, pp.139 - 148.

[7] FAO. 2001a. Global Forest Resources Assessment 2000: main report. FAO Forestry Paper 140. Rome.

[8] FAO. 2001b. Governance principles for concessions and contracts in public forests. Rome (www.fao.org).

[9] McNeely, J.A., Mooney, H.A., Neville, L.E., Schei, P. & Waage, J.K. 2001. Global strategy on invasive alien species. Gland, Switzerland, and Cambridge, United Kingdom, IUCN.

[10] Pimentel, D., McNair, S., Janecka, J., Wightman, J., Simmonds, C. 2001. Economic and environmental threats of alien plant, animal and microbe invasions. Agriculture, Ecosystems and Environment, 84(1) : 1 - 20.

[11] ITTO. 2002. Guidelines for the restoration, management and rehabilitation of degraded and secondary tropical forests. Yokohama, Japan (www.itto.or.jp).

[12] White, A. & Martin, A. 2002. Who owns the world' s forests? Forest tenure and public forests in transition . Washington, DC, Forest Trends.

[13] Fa, J.E., Peres, C.A. & Meeuwig, J. 2002. Bushmeat exploitation in tropical forests: an intercontinental comparison. Conservation Biology, 16(1), February 2002: 232 - 237.

[14] FAO. 2003. Forestry Outlook Study for Africa. FAO Forestry Paper 141. Rome.

[15] R.C. Thatcher, J.L. Searcy, J.E. Coster & G.D. Hertel, eds. The southern pine beetle, pp. 7 - 28. Technical Bulletin 1631 . Washington , DC, United States Department of Agriculture (USDA) Forest Service, Science and Education Administration.

[15] UNECE/FAO. 2005. European Forestry Sector Outlook Study. Geneva, Switzerland, UNECE and Rome, FAO.

[16] ITTO. 2005. Annual review and assessment of the world timber situation 2005. Yokohama, Japan.

[17] ITTO. 2006. Status of tropical forest management 2005.Yokohama, Japan.

[18] USDA. 2006. Forest Service Web site. Washington, DC (ww.fs.fed.us).

[19] Messer li, B. & Hofer, T. 2006. Floods in Bangladesh: history , dynamics and rethinking the role of the Himalayas. Tokyo , United Nations University Press.

[20] United Nations . 2006. United Nations commodity trade statistics database (COMTRADE). New York, USA (www. unstats.un. org).

[21] 陈国梁，聂影．中国木材流通论．北京：中国林业出版社，1994

[22] 姚昌恬．WTO与中国林业．北京：中国林业出版社，2002

[23] 程国强．WTO农业规则与中国农业发展．中国经济出版社，2003

[24] 张春霞，朱永杰．林产品贸易学．北京：中国林业出版社，1999

[25] 张彩虹：林业投资与林业经济增长的研究．北京：中国林业出版社，2001

[26] 施昆山．当代世界林业．北京：中国林业出版社，2001

[27] 海闻．国际贸易：理论·政策·实践．上海：上海人民出版社等，1993

[28] 张二震，马野青．国际贸易政策．北京：中国青年出版社，1996

[29 张幼文．外贸政策与经济发展．上海：立信会计出版社，1997

[30] 张静河．WTO农产品协议：规范与承诺．安徽：黄山出版社，2000

[31] 曲大富．WTO与第三产业．北京：人民日报出版社，2000

[32] 李育才．面向21世纪的林业发展战略．北京：中国林业出版社，1996

[33] 中华人民共和国林业部．全国森林资源统计（1988～2000）

[34] 中华人民共和国国家林业局．中国林业统计年鉴（2000～2006）

[35] 国家林业局．2005年中国林业发展报告．北京：中国林业出版社，2006

[36] 江泽慧．澳大利亚、新西兰保护和利用天然林的基本政策．世界林业研究，1999年第1期

[37] 江泽慧．中国林产品发展的现状与前景．木材工业， 2006年第2期

[38] 侯员兆，赵杰．发展现代林业产业带——21世纪中国林业的选择．林业经济，1999年第6期

[39] 侯知正，王恺．2010年我国木材供需基本达到平衡的探讨．木材工业，1998年第12期

[40] 林风鸣．21世纪初世界人造板需求预测及分析．林产品信息总汇，1996年第16期

[41] 林风鸣．中国木材和主要林产品的生产、消费和贸易现状及其在2010年的发展趋势．林业科技通讯，1999年第6期

[42] 林风鸣．我国林产品贸易现状及其前景分析．中国林业，2000年第5期

[43] 王玉玲，杨平．当前我国林业发展存在的问题初探．林业经济，1999年第4期

[44] 曹玉昆，李惠英．构建林业创新体系是林业发展必由之路．林业经济，1999年第6期

[45] 王育民．高科技产业与林业产业的竞争力．林业经济，2000年第3期

[46] 吴志腾．林业企业建立现代制度的几点思考．中国林业企业，2000年第3期

[47] 陈根长．中国林业政策的回顾与展望．中国林业，2000年第1期

[48] 周昌祥．发展人工用材林要走产业化道路．林业工作研究，2000年第12期

[49] 贾治邦．加快发展现代林业 推进社会主义新农村建设．求是，2006年第14期

[50] 贾治邦．集体林权制度改革给我们的几点启示．林业经济，2006年第6期

[51] 周生贤．全面实施以生态建设为主的林业发展战略．宏观经济研究，2005年第3期
[52] 周生贤．论我国林业的跨越式发展．林业经济，2001年第6期
[53] 姚昌恬．“九五”期间我国林业发展状况分析．林业经济，2001年第1期
[54] 姚昌恬．中国人造板工业现状与入世对策．林业经济，2002年第4期
[55] 程南洋，聂影．中国林产品经营的时空结构及其发展路径．林业经济问题，2006年第3期
[56] 聂影，杨红强．政策面调整下中国林产品对外贸易走势研究．林业经济问题，2006年第1期
[57] 杨红强，聂影．贸易可持续发展的环境保护评价指标研究．中央财经大学学报， 2004年第11期
[58] 曾杰杰，聂影．江苏省林木种苗产业科技化的现状与问题分析．南京林业大学学报（人文社会科学版），2003年第4期
[59] 聂影．政府、市场与林业生态建设研究．生态经济，2000年第12期
[60] 聂影．我国木材进口面临的机遇和威胁．对外经贸实务，1999年第8期
[61] 杨红强．我国木材产品贸易状况与竞争力探析．林业经济，2000年第5期
[62] 沈文星．秸秆人造板的产业化问题．林业科学，2007年第3期
[63] 沈文星．自由贸易体制对中国林产品贸易可持续发展影响研究．绿色中国，2005年第24期
[64] 沈文星．苏北人造板工业企业竞争力研究．林业经济问题，2005年第1期
[65] 俞小平，孙学江．利用资本市场 组建企业集团 发展林业产业．中国林业企业，2000年第3期
[66] 张智光．江苏杨树资源及其产业经济可持续发展方案制定．绿色中国，2005年第18期
[67] 张智光．江苏省林业产业结构调整的战略体系研究．林业科学，2004年第5期
[68] 温作民．森林生态建设中若干经济因素分析．林业经济， 2001年第9期
[69] 乔玉洋，马天乐．浅谈江苏省林业产权制度改革中的资金管理问题．林业经济问题，2002年第3期
[70] 肖平，张敏新．木材加工企业纵向一体化发展的成本分析．绿色中国，2005年第24期
[71] 王晓栋，宋维明．发展中俄木材贸易的思考．中国林业经济，2007年第1期
[72] 程宝栋．产业集聚与中国木材产业竞争力研究．北京林业大学学报， 2006年第2期
[73] 宋维明．未来中国木材资源获取途径探究．北京林业大学学报（社会科学版），2006年第2期
[74] 田明华，宋维明．新形势下北京林业大学国际经济与贸易专业人才培养探索．中国林业教育， 2006年第3期
[75] 刘琳琳．北京市木材市场需求趋势分析．木材工业，2006年第3期
[76] 王昭，宋维明．中国家具出口贸易增长分析．林业经济问题，2006年第2期
[77] 李怒云，宋维明．气候变化与中国林业碳汇政策研究综述．林业经济，2006年第5期
[78] 宋维明．对我国木材国际贸易战略的几点思考．林业经济，2000年第5期
[79] 程宝栋．我国木材产品国际贸易的比较优势分析．国际贸易问题， 2003年第10期
[80] 李怒云．全球气候变化谈判中我国林业的立场及对策建议．林业经济，2003年第5期
[81] 张春霞．建设绿色产权交易市场 发展绿色经济．林业经济，2003年第12期
[82] 张春霞．城市化与城市林业的发展．林业经济，2001年第7期
[83] 李树生，韩春明．中国林业投资状况分析．吉林省经济管理干部学院学报，2005年第6期
[84] 程宝栋，宋维明．中国木材产业资源基础及可持续性分析．林业资源管理，2006年第1期
[85] 肖小兵．2005年度我国纤维板生产发展状况．木材工业，2006年第2期
[86] 普映山．论当前中国林业技术创新的首要战略．世界林业研究，1998年第2期
[87] 俞海山．国际贸易外部效应的表现、特点及消减对策．国际贸易问题，2004年第2期